JN304079

新不動産登記関係法令とその読み解き方
改訂版

山田　猛司　編著

セルバ出版

改訂にあたって

　当初、不動産登記法の改正に始まり、不動産登記令案が平成16年10月8日にパブリックコメントに付され、同年12月1日に公布され、同時に不動産登記規則案がパブリックコメントに付され、平成17年2月18日に公布された。不動産登記事務取扱手続準則については平成17年2月25日に通達が出されたわけであるが、例年関係六法が出版されるのが10月ぐらいであるのに対し、上記のように年をまたいで相次いで不動産登記法、不動産登記令、不動産登記規則、不動産登記事務取扱手続準則が公布されたので、法令集の出版が対応できない状態となっていた。

　そこで、緊急に「不動産登記法関係法令とその読み解き方」を出版する運びとなったわけであるが、法令集のみを出版しても、ご案内のとおり不動産登記法においても不動産登記令においても政省令への委任事項が多く、一見して読みづらい法体系とされているので、簡単な読み方を紹介しようとなったのが本書出版の経緯である。

　以上のような状況での出版であるので、法令集が出そろいいろいろな解説本が出た後においては本書の使命は果たしたものと考えていたので、旧版を出版してから1年にも満たない間に改訂版を出版することになろうとは思っていなかった。

　しかし、新不動産登記法も施行から1年もたたないうちに新法も改正され、平成18年1月20日から筆界特定制度が施行され、それに伴い平成16年の改正（平成17年施行）と同様、不動産登記法、不動産登記令、不動産登記規則、不動産登記事務取扱手続準則も改正されたので、本年度においても登記関係の六法が対応しきれていない状況になっている。

　そこで、本書では、旧版における関係法令を現時点での法令に更新し、併せて筆界特定制度に関する通達を掲載し、同時に読み解き方のバージョンアップを図ったものである。

　本改訂版において新たに作成したものは、「法・令・規則・準則」を4段対照式にして、法令の総目次の項目と条文が検索できるものと、体系的に条文が検索できるものであるが、これは、不動産登記関係法令に関してはほとんどの条文が単独で表題がついており、それを見ればある程度の内容が推察できることに着目し、各関係法令の総目次として法令の索引としての効果を期待し、その総目次を法律、政令、省令、通達を一覧とし各関係法令の相互関係を理解するうえでの一助としながら、項目別索引としての効果を期待し作成した。

　なお、平成18年5月施行の新会社法による不動産登記への影響についても触れている。

　また、旧版における条文検索を充実させ単語検索としての効果も期待するものであるが、他の法令集にはない利便性を提供しようという試みはどこまで功を奏したかという点については読者各位の批判を待たなければならないが、少しでも読者各位の不動産登記法関連法規の理解の一助となれば、望外の喜びである。

　平成18年2月

司法書士　山田　猛司

本書は、平成18年2月2日現在の法令に基づくものです。

新不動産登記関係法令とその読み解き方　目次

改訂にあたって

第1編／新不動産登記法令の読み解き方
- (1) 新不動産登記法令条文を読み解く法　　6
- (2) 4段対照式「法・令・規則・準則」総目次の条文検索一覧　　28
- (3) 4段対照式「法・令・規則・準則」体系の条文検索一覧　　62
- (4) 主要用語の条文検索便覧　　96
- (5) 平成17年3月7日以降に変わった7つの改正点　　109
- (6) オンライン指定庁になってからの主な変更点　　121

第2編／新不動産登記法令・通達
- (1) 不動産登記法　　132
- (2) 不動産登記法の施行期日を定める政令　　173
- (3) 不動産登記令　　174
- (4) 不動産登記規則　　220
- (5) 不動産登記事務取扱手続準則の改正について（通達）　　301
- (6) 不動産登記事務取扱手続準則　　302
- (7) 不動産登記法の施行に伴う登記事務の取扱いについて（通達）　　397
- (8) 不動産登記法等の一部を改正する法律の施行に伴う筆界特定手続に関する事務の取扱いについて（通達）　　413
- (9) 筆界特定がされた場合における登記事務の取扱いについて（依命通知）　　467
- (10) 筆界特定の手続に関する保管金の取扱いについて（通達）　　469

(11) 筆界特定の手続に関する保管金の取扱いに関する規程 ……… 480
(12) 筆界特定の申請における対象土地の価額の算定事務の取扱いについて（通知）……… 481
(13) 不動産登記法改正における筆界特定制度の創設に伴う登記所からの通知請求の取扱いについて ……… 482

第3編／新不動産登記関係法令・参考資料

(1) 不動産登記法の改正についての要綱（骨子）……… 484
(2) 衆議院附帯決議 ……… 487
(3) 参議院附帯決議 ……… 488
(4) 不動産登記法の施行に伴う関係法律の整備等に関する法律 ……… 489
(5) 不動産登記法の施行に伴う関係法律の整備等に関する法律（抄）……… 491
(6) 不動産登記法の施行に伴う関係法律の整備等に関する法律により改正された法律一覧 ……… 492
(7) 新たな土地境界確定制度の創設に関する要綱案 ……… 496
(8) 電子情報処理組織による登記事務処理の円滑化のための措置等に関する法律 ……… 509
(9) 電子署名及び認証業務に関する法律（抜粋）……… 512
(10) 民事訴訟法（抜粋）……… 513
(11) 登記申請書のＡ４横書きの標準化について ……… 514
(12) 電子情報処理組織を使用する方法による申請の導入等に伴う不動産登記法の改正に関する担当者骨子案 ……… 515
(13) 電子情報処理組織を使用する方法による申請の導入等に伴う不動産登記法の改正に関する担当者骨子案の補足説明 ……… 517

第1編
新不動産登記法令の読み解き方

(1) 新不動産登記法令条文を読み解く法……………………… **6**
(2) 4段対照式「法・令・規則・準則」総目次の条文検索一覧…… **28**
(3) 4段対照式「法・令・規則・準則」体系の条文検索一覧……… **62**
(4) 主要用語の条文検索便覧………………………………… **96**
(5) 平成17年3月7日以降に変わった7つの改正点………… **109**
(6) オンライン指定庁になってからの主な変更点…………… **121**

凡例　第1編の本文中、次の略称を使っている。
　法＝不動産登記法
法附＝不動産登記法附則
　令＝不動産登記令
令附＝不動産登記令附則
　規＝不動産登記規則
規附＝不動産登記規則附則
　準＝不動産登記事務取扱手続準則
通達＝平成17年2月25日法務省民二第457号民事局長通達
　別＝別表

１ 新不動産登記法令条文を読み解く法

❶新不動産登記法令の仕組みが変わった

新法では、次表のように法令の名称が一部変わっている。

種別	旧法関係		新法関係
法律	不動産登記法	→	不動産登記法
政令	不動産登記法施行令	→	不動産登記令
法務省令	不動産登記施行細則	→	不動産登記規則
民事局長通達	不動産登記事務取扱手続準則	→	不動産登記事務取扱手続準則

また内容も、旧法では、法律に登記申請書等に関する事項を規定（旧法第36条～第39条及び第111条以下参照）し、申請書の内容から登記事項を規定していたもの（旧法第51条）を、新法では、逆に登記事項は法律に規定し、登記申請書に関しては政令に規定するなどして、下図のように整理された。

さらに、従来登記先例になっていたものや解釈によっていたものも、今回法令に組み入れた部分もある。

法令	主な規定内容
不動産登記法	登記所、登記記録、申請権者又は申請義務者、登記事項その他の登記制度の骨格に関する事項等を規定
不動産登記令	旧法における申請書の記載事項や添付書面に相当する事項等登記申請の手続に関し必要な事項を規定
不動産登記規則	登記記録の記録方法その他の登記の事務に関し必要な事項について規定
不動産登記事務取扱手続準則	法務局内部の事務手続について規定

したがって、旧法で慣れ親しんできた条文の構成とはまるで違うものとなっているため、とまどうことも多くある。また、法律で政省令への委任事項が多いため、法律のみ読んでも登記申請書の作成に必要な情報が不足し、法律・政令・省令等を全部みなければ登記申請に必要なすべての情報収集が不可能となってしまっている。

しかし、旧法では、必要書類を法律で一括して規定（旧法第35条、細則第42条・42条の２等）していたので、その添付の要否は個別の登記申請における解釈に委ねられており、一般の人にはわかりづらい部分もあったと思う。

そういった点については、新法の政令で、各個別の登記事項ごとに別表の形式により整理しているので、基本部分さえ押さえておけばあとの個別的な、何を申請書に記載し、何を添付しなければならないかという点が一目瞭然となっている部分もある。

❷新法の読み方の基本原則は

　添付情報のうち「登記識別情報」と「登記原因を証する情報」については、法律に規定されているが、それ以外の添付情報等は政令（不動産登記令）に規定されているので、

1．誰がどんな登記ができるのかという点については法律を参照し

↓

2．その登記を申請するための申請情報や添付情報については政令を参照し

3．具体的にどのような形式で申請や添付をしなければならないかという点については省令を参照する

ということが新法を読むときの基本となる。

❸書面申請を例にとってみると

　書面申請を例にとって、申請書に記載すべき事項や添付書類を確認するときをみてみると、次のようになる。

原則

> 書面によって申請する場合（法18②）は、申請書を提出し（令15）、申請書に必要な添付書類を添付しなければならない（令15）。

(1)　申請書への記載事項は登記の目的（令3⑤）、登記原因及びその日付（令3⑥）、申請人の住所・氏名（令3①）、申請人が法人であるときは、その代表者の氏名（令3②）、当該代理人の氏名又は名称及び住所並びに代理人が法人であるときはその代表者の氏名（令3③）等（令3及び別表）を記載し、申請人又はその代表者若しくは代理人が記名押印し（令16Ⅰ）、申請書は登記の目的及び登記原因に応じ、一の不動産ごとに作成しなければならない（令4）が、管轄が同一で「登記の目的」及び「登記原因及びその日付」が同一であるときは1件で申請できる（令4ただし書）。

(2)　当該申請書には、原則として、代理権限証書（令7②）や法人の資格証明書（令7①）及び登記原因を証する情報（令5ロ）等（令4及び別表）を添付しなければならず、所有権の登記名義人が登記義務者である場合は印鑑証明書を添付しなければならない（令16Ⅱ、規48⑤、規47③イ）。

(3)　なお、登記義務者の印鑑証明書（令16Ⅲ）や法人の資格証明書（令17Ⅰ）については、作成後3か月以内のものでなければならない。

　というように、旧法とあまり変わらない部分が多いのであるが、従来権利に関する登記については、登記所へ出頭しなければならなかったものが出頭しなくてもよくなったり（旧法第26条による出頭主義の廃止）、「記名押印」の代わりに「署名」でよくなった場合（令47）が規定される等利便性を増した部分もある。

❹申請書に関する不動産登記規則をみると

　その他、申請書に関して不動産登記規則により、次の取扱いが要求されている。

　ただし、準則第36条第4項によれば「申請の不備の内容が規則第34条第1項各号に掲げる事項に関するものであるときその他の法第25条に規定する却下事項に該当しないときは、補正の対象としない。申請情報の内容に不備があっても、添付情報（公務員が職務上作成したものに

> 規則第三十四条　登記の申請においては、次に掲げる事項を申請情報の内容とするものとする。
> 一　申請人又は代理人の電話番号その他の連絡先
> 二　分筆の登記の申請においては、第七十八条の符号
> 三　建物の分割の登記又は建物の区分の登記の申請においては、第八十四条の符号
> 四　附属建物があるときは、主たる建物及び附属建物の別並びに第百十二条第二項の符号
> 五　敷地権付き区分建物であるときは、第百十八条第一号イの符号
> 六　添付情報の表示
> 七　申請の年月日
> 八　登記所の表示

限る。）により補正すべき内容が明らかなときも、同様とする。」とされているので、記載しなくても却下されることはないと考えられる。

　例えば、申請人の連絡先が申請書に記載されていなくても補正にはならないし、住民票の住所と申請書記載の住所が違っていても住民票の住所が優先され、補正になることはないということである。

　また、却下事項に該当しないときは、補正にならない場合の例としては規則第66条第２項の「登記識別情報を記載した書面は、封筒に入れて封をするものとする。」という規定に反して、もし封筒に入れずに添付した場合であっても、補正にはならないということである（ただし、そのリスクは当然申請人が負担することになる）。

　さらに、申請方法としては、電子申請と書面申請に分かれるので、どちらを選択するかという点でも規定の読み方が違ってくる。

　例えば、前述の印鑑証明書一つをとっても、

(1)　電子申請による場合は、所有権の登記名義人が登記義務者かどうかに関わりなく、電子署名と電子証明書を添付（提供）することになり（令12、14）

(2)　未指定庁では、電子署名及び電子証明書は使用することができないが、指定庁の書面申請の場合には、電子署名及び電子証明書の使用が認められる（法18、附則６Ⅰ）

(3)　印鑑証明書は、作成後３か月以内のものでなければならないが（令16Ⅱ）、電子証明書には有効期間はない。（ただし、受付の際に有効でなければならず、電子申請の際には申請書に付された電子署名の他、添付情報に付された電子署名についても自動的に電子署名の検証及び電子証明書の有効性の確認が行われ、その結果が印刷される。（通達２の１(2)）

というように取扱いに違いが出てくる。

❺電子申請と書面申請の政省令における款単位の適用関係をみると

　次ページの「登記申請」の図は、不動産登記法第18条の電子申請と書面申請の政省令における章単位（款単位）による適用関係図であるが、実際には書面申請においても、添付情報の電磁的記録による添付が認められているので、細分化され、附則による読替規定や未指定庁における経過措置等により、さらに複雑化して適用される。

　さて、登記申請をする際には、電子申請と書面申請では法令の適用が違うことがわかったので、具体的にはどのようになるかをみてみよう。

❻書面申請による所有権登記名義人住所変更登記を例にとってみると

　例えば、書面申請による所有権登記名義人住所変更登記を申請する場合を例にとってみると、

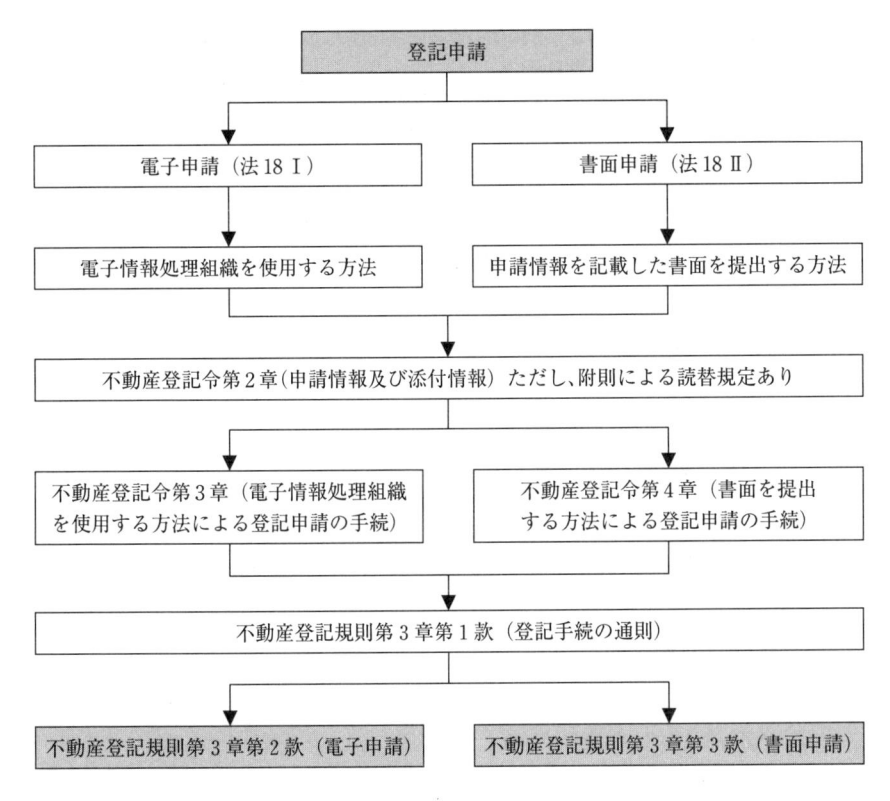

```
                          ┌─────────────┐
                          │  登記申請   │
                          └──────┬──────┘
                    ┌────────────┴────────────┐
              ┌─────▼──────┐            ┌─────▼──────┐
              │電子申請(法18Ⅰ)│            │書面申請(法18Ⅱ)│
              └─────┬──────┘            └─────┬──────┘
        ┌───────────▼────────────┐   ┌────────▼───────────────┐
        │電子情報処理組織を使用する方法│   │申請情報を記載した書面を提出する方法│
        └───────────┬────────────┘   └────────┬───────────────┘
                    └────────────┬────────────┘
         ┌──────────────────────▼──────────────────────────┐
         │不動産登記令第2章(申請情報及び添付情報) ただし、附則による読替規定あり│
         └──────────────────────┬──────────────────────────┘
                    ┌───────────┴────────────┐
        ┌───────────▼────────────┐   ┌────────▼───────────────┐
        │不動産登記令第3章(電子情報処理組織│   │不動産登記令第4章(書面を提出│
        │を使用する方法による登記申請の手続)│   │する方法による登記申請の手続)│
        └───────────┬────────────┘   └────────┬───────────────┘
                    └────────────┬────────────┘
         ┌──────────────────────▼──────────────────────────┐
         │      不動産登記規則第3章第1款(登記手続の通則)         │
         └──────────────────────┬──────────────────────────┘
                    ┌───────────┴────────────┐
        ┌───────────▼────────────┐   ┌────────▼───────────────┐
        │不動産登記規則第3章第2款(電子申請)│   │不動産登記規則第3章第3款(書面申請)│
        └────────────────────────┘   └────────────────────────┘
```

次のようになる。

(未指定庁における所有権登記名義人住所変更の例)

```
              登記申請書
登記の目的  1番所有権登記名義人住所変更
原   因  平成○年○月○日住所移転
変更後の事項 住所 東京都新宿区四谷○丁目○番○号
申 請 人  東京都新宿区四谷○丁目○番○号
              司法太郎 (注1)
添付情報の表示
  登記原因証明情報 (注2)  申請書の写し (注3)  代理権限証明情報
平成○年○月○日 申請  ○○法務局  ○○出張所
代 理 人  東京都世田谷区上祖師谷五丁目11番10号 (注4)
          司法書士 山 田 猛 司
          電話 03-5384-2720 (注5)
登録免許税  金1,000円
不動産の表示 (注6)
省略
```

注1　申請人又は代理人の電話番号その他の連絡先は代理人の連絡先を記載すれば申請人の連絡先を記載する必要はない（規34条）。
注2　単独申請である登記名義人表示変更登記は公的証明である住民票の写しを添付。
注3　登記済証の交付を希望する場合は申請書と同一の内容を記載した書面を提出すれば（規附則15Ⅱ）、従来通りの登記済証の交付を受けられる（規附15Ⅲ）。
注4　代理人の住所の表示は事務所でも自宅でもいいが（昭40.10.14民事甲第2910号民事局長通達）、資格者代理人の印鑑証明書を添付すべき場合（本件ではないが、登記識別情報や登記済証を添付できない場合の本人確認情報の提供）があることを考えると、事務所を記載したほうがよいと思う（準49Ⅱ）。
注5　代理人の電話番号その他の連絡先は、任意的記載事項であるので記載しなくても補正の対象とはならないが（規34条、準36条4項）、補正があった場合等のスムーズな処理を考えると、記入しておいたほうがいい。
注6　不動産の表示は、登記簿上の表示と一致していなければならないが、不動産番号を記載した場合は、当該記載により所在・地番・地目・地積等の不動産の表示を省略することも可能となる（令6、規34Ⅱ、90、規附4）。

　所有権登記名義人ということで、不動産登記法第64条には「登記名義人の氏名若しくは名称又は住所についての変更の登記又は更正の登記は、登記名義人が単独で申請することができる」と規定されているので、所有者が単独で申請できることになる。その他は、前述した一般原則どおりであるが、次に不動産登記令別表23をみよう。

（不動産登記令別表抜粋）

項	登記	申請情報	添付情報
二十三	登記名義人の氏名若しくは名称又は住所についての変更の登記又は更正の登記	変更後又は更正後の登記名義人の氏名若しくは名称又は住所	当該登記名義人の氏名若しくは名称又は住所について変更又は錯誤若しくは遺漏があったことを証する市町村長、登記官その他の公務員が職務上作成した情報（公務員が職務上作成した情報がない場合にあっては、これに代わるべき情報）

別表23では、次のことがわかる。
(1)　登記名義人の氏名若しくは名称又は住所についての変更の登記又は更正の登記をするには、
(2)　変更後又は更正後の登記名義人の氏名若しくは名称又は住所を申請情報とし、
(3)　当該登記名義人の氏名若しくは名称又は住所について変更又は錯誤若しくは遺漏があったことを証する市町村長、登記官その他の公務員が職務上作成した情報（公務員が職務上作成した情報がない場合にあっては、これに代わるべき情報）を添付しなければならない。
　一般原則でみたとおり、登記の申請には登記原因証明情報を提供しなければならないことになっているが、登記名義人の住所の変更の登記では、市町村長の作成した住所について変更のあったことを証する情報、つまり「住民票の写し」が登記原因証明情報だということがわかる。
　なお、添付情報に記載している登記官が作成した書類とは、会社の本店移転などのように商業登記上の変更を証明しなければならない場合の「会社履歴事項証明書」であり、カッコ書の（公務員が職務上作成した情報がない場合にあっては、これに代わるべき情報）というのは、外国に居住する人の場合には住民票がそもそも存在しないので、日本の公務員が証明できないことになり、その場合の領事官等の証明書を添付する場合を注意的に規定しているわけである。

❼相続による所有権移転の例でみると

　さて、基本的なことが理解できたと思うので、次は相続による所有権移転をみてみよう。
　通常の所有権移転については、一般原則どおり登記権利者と登記義務者の共同申請により（法60）、当該申請人を申請情報として提供しなければならないが（令3Ⅰ）、相続による権利の移転登記は、登記権利者が単独ですることができる（法63Ⅱ）ので、申請の形式が違う。
　共同申請の場合は、登記義務者の登記識別情報（登記済証）を提供しなければならないが（法22）、相続の場合は登記義務者がいないので、登記識別情報（登記済証）を提供する必要はない。
　また、添付する登記原因証明情報は、共同申請の場合には当事者（最低でも登記義務者）の作成したものを提供すれば足りるが、単独申請の場合、当事者の作成に係るものであるときは、いわゆる自己証明になってしまうので、原則として公的証明書が必要となる。
　一般の所有権移転登記であれば、不動産登記令別表30をみて、相続による権利の移転の場合は同22をみる。

（不動産登記令別表抜粋）

項	登記	申請情報	添付情報
二十二	法第六十三条第二項に規定する相続又は法人の合併による権利の移転の登記		相続又は法人の合併を証する市町村長、登記官その他の公務員が職務上作成した情報（公務員が職務上作成した情報がない場合にあっては、これに代わるべき情報）及びその他の登記原因を証する情報
三十	所有権の移転の登記		イ　登記原因を証する情報 ロ　登記名義人となる者の住所を証する市町村長、登記官その他の公務員が職務上作成した情報（公務員が職務上作成した情報がない場合にあっては、これに代わるべき情報）

　別表30の所有権移転登記には、「登記原因を証する情報」「登記名義人となる者の住所を証する市町村長、登記官その他の公務員が職務上作成した情報」を添付しなければならないと規定されているが、別表22の相続による権利の移転の登記には「相続又は法人の合併を証する市町村長、登記官その他の公務員が職務上作成した情報（公務員が職務上作成した情報がない場合にあっては、これに代わるべき情報）及びその他の登記原因を証する情報」を添付しなければならないと規定されている。

　そうなると、相続による所有権の移転に関しては、別表22と30が重畳的に適用され、登記原因を証する情報しては、相続を証する市町村長が職務上作成した情報及びその他の情報（令別表22）及び住所を証する市町村長が作成した情報を添付しなければならない（令別表30）ことになる。
　したがって、通常の所有権移転登記の場合の添付書類は、
① 　登記原因証明情報（令別表30イ）
② 　所有権に関する登記済証（法22、法附則6）
③ 　印鑑証明書（令16Ⅱ）
④ 　住所証明書（令別表30ロ）
⑤ 　代理権限証明情報（令7②）

⑥　代表者資格事項証明書（令7①）
となり、相続による所有権移転の場合の添付書類は、
①　登記原因証明情報（令別表22）
②　住所証明書（令別表30ロ）
③　代理権限証明情報（令7②）
となる。

　　そこで、注意事項。
　相続における登記原因証明情報については、従前の相続を証する書面と同一であるので、被相続人の戸籍・除籍・改正原戸籍等（原則出生まで遡る）、除票（戸籍と登記簿の住所を一致させるため）と、相続人の戸籍謄本、住民票の他、遺産分割協議がある場合は印鑑証明書付の遺産分割協議書の添付が必要となるが、相続登記の際は原本還付に注意が必要である。
　新法施行前までは、相続関係説明図で相続を証する書面はすべて返却してもらっていたのであるが、基本通達第1の7で「相続による権利の移転の登記等における添付書面の原本の還付を請求する場合において、いわゆる相続関係説明図が提出されたときは、登記原因証明情報のうち、戸籍謄本又は抄本及び除籍謄本に限り、当該相続関係説明図をこれらの書面の謄本として取り扱って差し支えない。」とされているので、相続登記については添付書類の原本還付が認められることは従前どおりであるものの、「相続関係説明図」の添付で還付できるのは「戸籍謄本又は抄本及び除籍謄本」のみであるので、それ以外の住民票の写しや遺産分割協議書の原本還付をする場合にはそれらの写しを添付しなければならないことである。
　また、遺産分割協議書に添付する印鑑証明書についても原本還付が認められている。
　規則第55条に「書面申請をした申請人は、申請書の添付書面（磁気ディスクを除く。）の原本の還付を請求することができる。ただし、令第十六条第二項、第十八条第二項又は第十九条第二項の印鑑に関する証明書及び当該申請のためにのみ作成された委任状その他の書面については、この限りでない。」と規定されていることから、印鑑証明書については原本還付ができないと思っている人がいるが、原本還付ができない印鑑証明書は、本条による不動産登記令第16条第2項、第18条第2項又は第19条第2項の印鑑に関する証明書に限られる。
　したがって、
①　所有権の登記名義人が登記義務者となった場合の印鑑証明書
②　所有権以外の登記名義人が登記義務者となり、かつ、登記識別情報（登記済証）を提供できない場合の印鑑証明書
③　第三者の許可・同意又は承諾者に添付した印鑑証明書
のみであるので、それ以外の遺産分割協議書に添付する印鑑証明書や、表題登記に添付する建築業者の印鑑証明書などは原本還付することができるわけである。
　なお、原本還付については、今回の改正により申請時点ではなく調査完了時点まで還付請求ができるが、還付の時期は調査完了後であるので、その点も注意を要する（規55Ⅲ）。

❽書式や添付書類は法務省ホームページで

　書式及び添付書類の解説については、法務省ホームページに置いて公開されているので、そちらをみていただきたい。
＊新不動産登記法の施行に伴う登記申請書等の様式について
　　ＵＲＬ（http://www.moj.go.jp/MINJI/MINJI79/minji79.html）
＊新不動産登記法の施行に伴う登記嘱託書等の様式について
　　ＵＲＬ（http://www.moj.go.jp/MINJI/MINJI80/minji80.html）

❾法律と政省令の関係をみると

法律と政省令の関係をみてみると、次表のようになる。

「法律から政省令への委任および政令から省令への委任一覧」

法律	登記所、登記記録、申請権者又は申請義務者、登記事項その他の登記制度の骨格に関する事項等	
政令	申請書の記載事項や添付書面に相当する事項等登記申請の手続に必要な事項	① 申請情報の内容（法18条） ② 登記名義人が登記識別情報を提供しなければならない登記（法22条） ③ 登記すべきものでないとき（法25条13号） ④ 申請情報の提供の方法並びに添付情報（法26条） ⑤ 登記義務者が行方不明の場合において担保権の登記の抹消を単独で申請するときにおける添付情報（法70条3項） ⑥ 写しの交付を請求することができる図面（法121条1項）
省令	登記記録の記録方法その他の登記の事務に関し必要な事項	1　新法で省令に委任することとされている事項 (1) 不動産が二以上の登記所の管轄区域にまたがる場合の当該不動産に関する登記の事務をつかさどる登記所の指定方法（法6条第2項）→「規40」 (2) 登記簿及び登記記録並びに地図、建物所在図及び地図に準ずる図面の記録方法その他の登記の事務に関し必要な事項（法15条）→「規4～33」 (3) 電子申請における申請情報の提供の方法（法18条1号）→「規41～44」 (4) 申請情報の全部又は一部を記録した磁気ディスクの規格等（法18条第2号）→「規51・52」 (5) 申請情報が提供されたときの受付帳の記載方法（法19条1項）→「規56」 (6) 登記識別情報の通知方法（法21条本文）→「規63」 (7) 登記識別情報を通知しない場合（法21条ただし書）→「規64」 (8) 法第23条第1項の通知の方法（法23条1項「法務省令で定める方法」）→「規70」 (9) 法第23条第1項の通知に対する申出期間（法23条第1項「法務省令で定める期間」）→「規70⑧」 (10) 法第23条第1項の申出の方法（法23条1項「法務省令で定めるところにより」）→「規70⑤～⑦」 (11) 法第23条第2項に規定する前住所地への通知を要しない場合（法23条2項）→「規71Ⅱ」

省令	

⑿ 法第23条第2項に規定する前住所地への通知の方法（法23条2項）→「規71Ⅰ」

⒀ 資格者代理人からの本人確認の情報の提供内容等（法23条4項1号）→「規72」

⒁ 不動産を識別するために必要な事項（法27条4号）→「規90」

⒂ 登記官の調査の際の電磁的記録に記録された事項の表示方法（法29条2項）→「規94」

⒃ 地目及び地積に関し必要な事項（法34条第2項（法2条18号、19号）→「規99地目、100地積」

⒄ 地番区域の定め方（法35条）→「規98」

⒅ 土地の表題部の更正の登記ができる事項のうち、法第27条第4号に掲げるもの（法38条）→「規90」

⒆ 分筆後の土地に関し権利が消滅した旨の登記の記録方法（法40条）→「規104Ⅱ～Ⅵ」

⒇ 合筆の登記の制限の例外（法41条6号）→「規105」

(21) 建物の種類、構造及び床面積に関し必要な事項（法44条2項）→「規113種類、114構造、115床面積」

(22) 家屋番号の定め方（法45条）→「規112」

(23) 合体に伴う権利の消滅の登記の記録方法（法50条）→「規120Ⅵ」

(24) 敷地権について変更があったときに、その効力が一棟の建物に属する他の建物に及ぶもの（法51条5項）→「規122Ⅰ」

(25) 建物の表題部の更正の登記ができる事項（法53条）→「規122Ⅱ」

(26) 敷地権が敷地権でなくなった場合における特定登記に係る権利が消滅した旨の登記の記録方法（法55条1項）→「規125Ⅱ～Ⅳ」

(27) 建物の合併の制限の登記の例外（法56条第5号）→「規131」

(28) 権利の順位を明らかにするために必要な事項（法59条8号）→「規146～148」

(29) 職権抹消における通知に代わる公告の方法（法71条2項）→「規154」

(30) 表題登記がない不動産について所有権の保存の登記をするときにすべき当該不動産の表題部の登記事項（法75条）→「規157」

(31) 地役権の設定の登記をしたときに、要役地についてすべき登記事項（法80条4項）→「規159条・160」

(32) 共同担保目録の様式（法83条2項）→「規166～170、附則19」

(33) 信託目録の様式（法97条2項）→「規176、附則12・13」

(34) 法第105条第1号の仮登記をすることができる場合（法105条1号）→「規178」

(35) 法第119条第4項ただし書で規定する登記事項証明書の交付の請求方法（法119条4項ただし書前段）→「規205Ⅰ、194ⅡⅢ」

(36) 登記手数料の納付を現金をもってする方法（法119条4項ただし書後段）→「規205ⅡⅢ」

(37) 登記事項証明書の交付の請求を請求に係る不動産の所在地を管轄する登記所以外の登記所の登記官に対してすることができない場

省令

　　　合（法119条5項）→「規195」
(38) 電磁的記録に記録された地図等の閲覧の方法（法120条2項）→「規202」
(39) 電磁的記録に記録された土地所在図の情報の内容を証明した書面の作成方法（法121条1項）→「規21」
(40) 電磁的記録に記録された登記簿の附属書類の閲覧の方法（法121条2項）→「規202」
(41) 登記簿、地図、建物所在図及び地図に準ずる図面並びに登記簿の附属書類の公開に関し必要な事項（法122条）→「規193、198、199、203、204」

2　政令で省令に委任することとされている事項
(1) 土地所在図の作成方法（令2条2号）→「規73、74、75、76」
(2) 地積測量図の作成方法（令2条3号）→「規73、74、75、77」
(3) 地役権図面の作成方法（令2条4号）→「規79、80」
(4) 建物図面の作成方法（令2条5号）→「規73、74、81、82、84」
(5) 各階平面図の作成方法（令2条6号）→「規73、74、83、84」
(6) 権利の順位を明らかにするために必要な事項（令第2条8号）→「規147」
(7) 申請情報の作成単位の例外（令4条ただし書）→「規35」
(8) 不動産を識別するために必要な事項（令6条1項「法務省令で定めるもの」）→「規34Ⅱ」
(9) 不動産を識別するために必要な事項のうち申請情報の内容を省略するために申請情報の内容とすべき事項（令6条1項「法務省令で定めるところによる申請情報の内容」及び同条2項）→「規34Ⅱ～Ⅳ」
(10) 申請人が法人である場合に、当該法人の代表者の資格を証する情報の提供を要しない場合（令7条1項1号）→「規35、44Ⅱ」
(11) 代理人によって登記を申請する場合に、当該代理人の権限を証する情報の提供を要しない場合（令7条1項2号）→「規36Ⅱ、44Ⅲ」
(12) 申請情報と併せて住所を証する情報を提供しなければならない場合に、当該情報の提供を省略するために提供を必要とする情報（令9条）→「規36Ⅳ」
(13) 電子申請における添付情報の提供方法（令10条）→「規41～44」
(14) 申請情報その他の電子署名が行われた情報を送信するときに併せて送信すべき電子証明書（令14条）→「規43」
(15) 書面を提出する登記申請において申請情報を記録した磁気ディスクを提出する場合の当該磁気ディスクの構造等（令15条）→「規51」
(16) 書面を提出する登記申請において添付情報を記録した磁気ディスクを提出する場合の当該磁気ディスクの構造等（令15条）→「規52、51Ⅲ～Ⅶ」

新不動産登記法令条文を読み解く法

省令		
	⒄	申請人等が申請情報を記載した書面に記名押印を要しない場合（令16条1項）→「規47」
	⒅	申請情報を記載した書面に押印した申請人等の印鑑証明書の添付を要しない場合（令16条2項）→「規48」
	⒆	申請情報の全部を磁気ディスクに記録して提出する場合の提出方法（令16条5項）→「規51ⅥⅦ」
	⒇	委任による代理人によって登記を申請する場合において、申請人等が委任状に記名押印を要しない場合（令18条1項）→「規49Ⅰ」
	㉑	代理人の権限を証する情報を記載した書面に押印した申請人等の印鑑証明書の添付を要しない場合（令18条2項）→「規49Ⅱ」
	㉒	同意書又は承諾書にその作成者の記名押印を要しない場合（令19条1項）→「規50Ⅰ」
	㉓	同意書又は承諾書に記名押印した作成者の印鑑証明書の添付を要しない場合（令19条2項）→「規50Ⅱ、48①〜③」
	㉔	登記識別情報に関する証明の請求に必要な事項（令22条3項）→「規68」
	㉕	新法及び新令の施行に関し必要な事項（令24条）→「規附則他全般」
	㉖	追加担保としての先取特権の保存の登記を申請する場合において前の登記に当該担保権に係る共同担保目録があるときに必要な申請情報の内容（新令別表の42の項の申請情報欄ロ）→「規168」
	㉗	追加担保としての質権の設定又は転質の登記を申請する場合において前の登記に当該担保権に係る共同担保目録があるときに必要な申請情報の内容（新令別表の46の項の申請情報欄のハ）→「規168」
	㉘	追加担保としての根質権の設定の登記を申請する場合において前の登記に当該担保権に係る共同担保目録があるときに必要な申請情報の内容（新令別表の47の項の申請情報欄のホ⑷）→「規168」
	㉙	追加担保としての質権の処分の登記を申請する場合において前の登記に当該担保権に係る共同担保目録があるときに必要な申請情報の内容（新令別表の49の項の申請情報欄のハ）→「規168」
	㉚	追加根担保としての根質権の処分の登記及び民法第361条において準用する同法第398条ノ16の登記を申請する場合において前の登記に当該担保権に係る共同担保目録があるときに必要な申請情報の内容（新令別表の49の項の申請情報欄のヘ⑷））→「規168」
	㉛	民法第361条において準用する同法369条ノ12第2項の規定により根質権を分割して譲り渡す場合において、分割前の根質権に関する共同担保目録があるときに必要な申請情報の内容（新令別表の51の項の申請情報欄のホ）→「規169」
	㉜	追加担保としての抵当権の設定の登記を申請する場合において、前の登記に当該担保権に係る共同担保目録があるときに必要な申請情報の内容（新令別表の55の項の申請情報欄のハ）→「規168」
	㉝	追加担保としての根抵当権の設定の登記を申請する場合におい

省令			て、前の登記に当該担保権に係る共同担保目録があるときに必要な申請情報の内容（新令別表の56の項の申請情報欄のニ(4)）→「規168」
		(34)	追加担保としての抵当権を他の債権のための担保とし、又は抵当権を譲渡し、若しくは放棄する場合の登記を申請する場合において、前の登記に当該担保権に係る共同担保目録があるときに必要な申請情報の内容（新令別表の58の項の申請情報欄のハ）→「規168」
		(35)	追加担保としての根抵当権を他の債権のための担保とし、又は根抵当権を譲渡し、若しくは放棄する場合の登記を申請する場合において、前の登記に当該担保権に係る共同担保目録があるときに必要な申請情報の内容（新令別表の58の項の申請情報欄のヘ(4)）→「規168」
		(36)	根抵当権を分割して譲り渡す場合の登記を申請する場合において、分割前の根抵当権に係る共同担保があるときに必要な申請情報の内容（新令別表の60の項の申請情報欄のホ）→「規169」

❿「不動産登記規則案」に関する意見募集の実施結果（報告）をみると

　今回の不動産登記規則に関してのパブリックコメントの集計結果が法務省から公表されたので、次にそのまとめと関係規則とを掲載する。解釈の際の参考にしていただきたい。
　なお、関係規則については、報告当時のもので、規則中の修正部分もあるが、解釈には影響がないと思われるので、そのまま掲載する。

「不動産登記規則案」に関する意見募集の実施結果について（報告）
第１　意見数　39件
　（司法書士（個人）及び関係団体25、土地家屋調査士（個人）及び関係団体５、司法書士兼土地家屋調査士（個人）１、金融機関の関係団体１、その他の団体１、その他の個人６）
第２　意見の概要と考え方
第３　意見についての考え方

	第２　意見の概要 ※意見は、主なものの要旨のみを取り上げている。	第３　意見についての考え方 ※意見及びこれに対する考え方は、主なものの要旨のみを取り上げている。
1	第13条（地図の記録事項）について 　第１項第７号に基本三角点等の名称があるときは、その名称も地図の記録事項とすべきとの意見、第２項の括弧書は削除すべきとの意見があった。	第13条（地図の記録事項）について 　第１項第７号に基本三角点等の名称も地図の記録事項とすべきとの意見については、基本三角点等の位置の記録方法の内容として検討する。第２項の括弧書は削除すべきとの意見を受けて、原案を修正することとした。
2	第14条（建物所在図の記録事項）について	第14条（建物所在図の記録事項）について

	第4号に「形状」を入れるべきとの意見があった。	建物所在図の機能から考えて、「形状」を要件にする必要はないと考える。
3	第28条（保存期間）について 　第9号の権利に関する登記の申請情報等の保存期間は、受付の日から20年とすべきとの意見、閉鎖登記記録の保存期間を80年とすべきとの意見があった。	第28条（保存期間）について 　第9号の権利に関する登記の申請情報等の保存期間等については、将来的な課題として検討する。
4	第34条（申請情報）について 　第1項第1号の「申請人の電話番号その他の連絡先」は任意の申請情報とすべきとの意見、代理人によって申請する場合には「代理人」の電話番号その他の連絡先とすべきとの意見、第1項第6号の「申請の年月日」は書面申請の場合にのみ申請情報の内容とすべきとの意見、規則案第118条第1号イの敷地権の符号も申請情報の内容とすべきとの意見があった。	第34条（申請情報）について 　第1項第1号の「申請人の電話番号その他の連絡先」及び同項第6号「申請の年月日」は任意の申請情報であると考える。代理人によって申請する場合には「代理人」の電話番号その他の連絡先とすべきとの意見及び第118条第1号イの敷地権の符号も申請情報の内容とすべきとの意見を受けて、原案を修正することとした。
5	第36条（資格証明情報の省略等）について 　資格証明書の添付は登記情報交換システムにより省略することができるとの意見があった。	第36条（資格証明情報の省略等）について 　資格証明書の添付は、公平の観点から省略することができないと考える。
6	第39条（申請の取下げ）について 　取下げをすることができなくなる登記完了の時点を明示すべきとの意見があった。	第39条（申請の取下げ）について 　登記完了の時点は、登記官が、登記録に登記事項等を記録した上、登記官の識別番号を記録した時点であることは明らかである。
7	第45条（申請書等の文字）について 　第2項に「その字数を欄外に記載した部分」への押印も規定すべきとの意見があった。	第45条（申請書等の文字）について 　第2項に「その字数を欄外に記載した部分」への押印も規定すべきとの意見を受けて、原案を修正することとした。
8	第48条（申請書に印鑑証明書の添付を要しない場合）等について 　印鑑証明書を作成すべき登記所に申請する場合にも印鑑証明書は必ず添付させるべきとの意見、第48条第1項、第49条第1項及び第50条第1項の公証人等の認証の対象が書面である旨の表現に改めるべきとの意見があった。	第48条（申請書に印鑑証明書の添付を要しない場合）等について 　公証人等の認証の対象が書面である旨の表現に改めるべきとの意見を受けて、原案を修正することとした。
9	第54条（受領証の交付の請求）について 　受領証には、申請情報のすべてを記載	第54条（受領証の交付の請求）について 　受領証の交付請求は申請書提出後にも

	することを要すべきとの意見、受領証の交付請求は申請書提出後にも行えることを明らかにすべきとの意見があった。	行えることを明らかにすべきとの意見を受けて、原案を修正することとした。
10	第59条（登記官による本人確認）について 　本人確認をすべき場合を限定列挙すべきとの意見があった。	第55条（添付書面の原本の還付請求）について 　原本還付の対象については、登記の正確性の観点から原案を維持すべきと考える。他方、原本還付の時期について登記官による照合後とすべきとの意見を踏まえ、原案を修正することとした。なお、原本還付の請求が代理人でもできることは当然である。
11	第55条（添付書面の原本の還付請求）について 　原本還付の対象につき、すべての書面を対象とすべきとの意見、個別の委任状以外の書面すべてを対象とすべきとの意見、印鑑証明書又は委任状についても対象とすべきとの意見、登記原因証明情報として提出する（根）抵当権設定契約書も対象とすべきとの意見、原本還付ができない書類を明確にすべきとの意見があった。 　また、原本還付の時期について登記官による照合後とすべきとの意見、申請時とすべきとの意見があったほか、原本還付を請求することができる者に代理人を明示すべきとの意見もあった。	第59条（登記官による本人確認）について 　登記官による本人確認をすべき場合を限定列挙することは、成りすましによる不正な登記を防止することができないおそれがあるので、相当でないと考える。
12	第61条（登記識別情報）について 　登記識別情報は、不動産ごとに定めるべきでないとの意見があった。	第61条（登記識別情報）について 　登記識別情報は、登記の正確性を確保する観点から、不動産ごとに定めるべきと考える。
13	第63条（登記識別情報の通知の方法）について 　書面申請の場合においては、郵送による登記識別情報通知書の交付を認めるべきとの意見があった。	第63条（登記識別情報の通知の方法）について 　書面申請の場合において郵送による登記識別情報通知書の交付を認めることについては、確実かつ迅速に通知を行う観点から検討すべき問題があるので、将来的な検討課題としたいと考えている。
14	第64条（登記識別情報の通知を要しない場合）について	第64条（登記識別情報の通知を要しない場合）について

	システム障害がありダウンロード可能な期間が経過した場合には、救済措置を設けるべきとの意見があった。	極力、システム障害が生じないようなシステムを構築する予定であるが、仮に登記所のシステムに何らかの障害が生じた場合には柔軟な対応をしたいと考えている。
15	第65条（登記識別情報の失効の申出）について 　正当な理由によらない失効の申出は却下すべきとの意見、登記識別情報の有効性の証明請求後の一定期間は失効ができないとすべきとの意見があった。	第65条（登記識別情報の失効の申出）について 　失効の申出に制限を設けることは、登記の正確性の観点から相当でないと考える。
16	第66条（登記識別情報の提供）について 　登記識別情報は、書面申請の場合でも、必ず封筒に入れる必要はないとの意見、申請書に記載する方法も認めるべきとの意見があった。	第66条（登記識別情報の提供）について 　書面申請において登記識別情報を封筒に入れないで提供しても、これを理由に却下する扱いにはなっていない。
17	第67条（登記識別情報の提供の省略）について 　登記識別情報の不通知の申出をした者にも第67条の適用があるかを明らかにすべきとの意見があった。	第67条（登記識別情報の提供の省略）について 　登記識別情報の不通知の申出をした者にも第67条の適用があると考えている。
18	第68条（登記識別情報に関する証明）について 　複数の登記識別情報の証明請求を一回で行えるようにすべきとの意見があった。	第68条（登記識別情報に関する証明）について 　複数の登記識別情報の証明請求を一回で行えるようにすべきとの意見を受けて、同一の登記名義人について複数の登記識別情報の証明請求を一回で行うことができるようにシステムの検討・開発を行いたいと考えている。
19	第70条（事前通知）について 　事前通知に基づく申出の期間は、国内については3週間とすべきとの意見、外国については4週間以上とすべきとの意見、5週間とすべきとの意見があったほか、事前通知書の到達時から起算すべきとの意見があった。また、第1項第1号に法人の代表者の住所に送付する場合も含めるべきとの意見があった。	第70条（事前通知）について 　事前通知に基づく申出の期間は、現在の郵便事情のほか、登記の迅速性の観点から、原案が相当と考える。第1項第1号に法人の代表者の住所に送付する場合も含めるべきとの意見を受けて、原案を修正することとした。
20	第71条（前の住所地への通知）について 　行政区画の変更の場合等には前の住所地への通知を省略すべきとの意見、資格	第71条（前の住所地への通知）について 　行政区画の変更の場合等には、前の住所地への通知を省略すべきとの意見を受

	者代理人による本人確認の情報の内容が相当と認める場合には前の住所地への通知を省略すべきとの意見、住所変更の登記と所有権の移転の登記を連件で申請すべき場合には前の住所地への通知を省略すべきとの意見があった。	けて、原案を修正することとした。資格者代理人による本人確認の情報の内容が相当と認める場合や住所変更の登記と所有権の移転の登記を連件で申請すべき場合であっても、住所移転を利用した成りすまし事案に対処するため、前の住所地への通知を省略することは相当でないと考える。
21	第72条（資格者代理人による本人確認情報の提供）について 　資格者代理人が法人である場合に当該申請において当該法人を代表する者が本条の資格者代理人に該当することを明らかにすべきとの意見、外国人登録原票記載証明書を2号書面とすべきとの意見があった。申請代理人でない資格者代理人についても本人確認情報の提供を認めるべきとの意見があった。	第72条（資格者代理人による本人確認情報の提供）について 　資格者代理人が法人である場合に当該申請において当該法人を代表する者が本条の資格者代理人に該当することを明らかにすべきとの意見を受けて、原案を修正することとした。外国人登録原票記載証明書は、同居の親族等本人以外の者も交付を請求することができるから、2号書面とするのは相当でないと考える。申請代理人でない資格者代理人について本人確認情報の提供を認めることは、新不動産登記法第23条第4項第1号において予定されていない。
22	第73条（土地所在図等の作成方式）について 　電子申請において提供される土地所在図等について、作成者である土地家屋調査士の職・氏名が明らかになるように作成すべきとの意見があった。	第73条（土地所在図等の作成方式）について 　電子申請において提供される土地所在図等に作成者である土地家屋調査士の職・氏名を明らかにすべき点については、土地家屋調査士法施行規則の改正において検討することとする。
23	第74条（土地所在図等の作成方式）について 　書面申請において提出する土地所在図等はA版化すべきとの意見があった。	第74条（土地所在図等の作成方式）について 　書面申請において提出する土地所在図等は、保管等の関係からA版化するのは相当でないと考える。
24	第77条（地積測量図の内容）について 　第1項第7号の「特別の事情」を明らかにすべきとの意見、地積測量図について世界座標化すべきとの意見があった。	第77条（地積測量図の内容）について 　第1項第7号の「特別の事情」については、通達等で明らかにする予定である。
25	第79条（地役権図面の内容）について 　地役権図面には、作成者の職・氏名が明らかになるように作成すべきとの意見があった。	第79条（地役権図面の内容）について 　地役権図面についての作成者の職・氏名までは必要ないと考える。

26	第92条（行政区画の変更等）について 　第92条は総則の通則として規定すべきとの意見があった。	第92条（行政区画の変更等）について 　行政区画の変更等の規定は、表題部の不動産登記事項のみに係るものと考える。
27	第93条（実地調査）について 　ただし書に土地家屋調査法人が代理人となる場合の作成者も明記すべきとの意見、ただし書から「その他の申請情報と併せて提供された情報」という部分を削除すべきとの意見があった。	第93条（実地調査）について 　ただし書に土地家屋調査法人が代理人となる場合の作成者も明記すべきとの意見を受けて原案を修正することした。「その他の申請情報と併せて提供された情報」については、実地調査の要否の判断資料とすることを否定するのは相当でないと考える。
28	第107条（合筆の登記における権利部の記録方法）について 　第1項第1号の「合併」は「合筆」と改めるべきとの意見があった。	第107条（合筆の登記における権利部の記録方法）について 　土地の合筆に伴う所有権の登記の表現としては、原案が適切と考えている。
29	第165条（根抵当権等の分割譲渡の登記）について 　根抵当権の分割譲渡においても付記登記ですべき場合があるとの意見があった。	第165条（根抵当権等の分割譲渡の登記）について 　根抵当権の分割譲渡においても付記登記ですべき場合があるとの意見を受けて、原案を修正することとした。
30	第193条（登記事項証明書の交付の請求情報等）について 　第4項の代理人の権限を証する書面には印鑑証明書を添付させるべきとの意見、第5項の利害関係がある理由を証する書面は提示でなく添付とすべきとの意見があった。	第193条（登記事項証明書の交付の請求情報等）について 　第4項の代理人の権限を証する書面には、印鑑証明書を添付させるまではないと考えている。また、第5項の利害関係がある理由を証する書面は、提示により相当な判断ができると考えている。
31	第197条（登記事項証明書の作成及び交付）等について 　第197条第1項、第200条第1項及び第2項、第201条第1項及び第2項は、「登記官印」は「職印」とすべきとの意見があった。	第197条（登記事項証明書の作成及び交付）等について 　第197条第1項、第200条第1項及び第2項、第201条第1項及び第2項は、「登記官印」は「職印」とすべきとの意見を受けて、原案を修正することとした。
32	附則について 　登記済証についても送付を認めるべきとの意見、未指定庁において旧法の「登記済証」を交付するときは、「登記完了証」を交付する必要がないとの意見があった。	附則について 　確実かつ迅速な交付の観点から、登記済証について送付を認めるべきでないと考えている。旧法の「登記済証」を交付するときは、なお従前の例による（新規則案附則第15条第3項及び第5項）とされているので、当然「登記完了証」を交付する必要がないことになる。

33	別表第三について 「区分建物の番号」は「区分建物の名称」の誤記であるとの意見があった。	別表第三について 「区分建物の番号」は「区分建物の名称」の誤記であるとの意見を受けて、原案を修正することした。
34	その他 上記のほか、次の意見があった。 (1) 書面申請の規定を原則とする条文とすべきとの意見 (2) 代表者の氏名は、代理人による申請の場合は申請情報の内容とすることを要しないとの意見 (3) 委任による代理権が不消滅の場合の代理権限情報の扱いを明確にすべきとの意見 (4) 破産管財人がする所有権の移転の登記には登記識別情報の提供を要しないとの規定を設けるべきとの意見 (5) 法第14条第１項の地図として備え付けられた地図についても、その要件が欠くことを判明したときは、地図に準ずる図面として変更することができる旨の規定を設けるべきとの意見 (6) 資格者を優遇すべきでないとの意見 (7) 登記事項要約書に共同担保目録を記載すべきとの意見 (8) a登記事項証明書等の手数料を下げるべきとの意見	その他 　破産管財人がする所有権の移転の登記は、単独申請であるので、登記識別情報の提供を要しない。制度上要件を欠くものを法第14条第１項の地図として備え付えることは想定されていない。

⓫国会審議での議論が規則や準則に活かされている例をみると

　以上が法務省コメントに関係規則を掲載したものであるが、法律の成立過程における国会審議の中で議論されている部分も、今回の規則や後に出される不動産等事務取扱手続準則（平成17年２月25日法務省民二第456号）の中に生かされているものもある。

　次に、２点例示しよう。

例１　平成16年５月12日衆議院法務委員会において

　○松野（信）委員　それから、実務的に考えますと、よくありますのは、住宅ローンで抵当権がついている物件を売買する、それで、新しく買う人は、別の銀行から融資を得て、売買代金を融資を得て購入する。そうしますと、まず売り主の方は抵当権の抹消登記手続をする、それから、売り主から買い主に、売買を登記原因とする所有権移転登記手続をする。そして、新しい買い主さんの方にはその融資先が抵当権を設定する。こういう一連の流れで現実にはよくなされて、例えば司法書士さんの事務所でしたり銀行でしたり、やって、いわゆるこの連件登記申請というのは日常的によく行われているわけですね。

　それが、今度のオンライン申請でスムーズにいくかどうか。例えば、抵当権の抹消で登

記識別情報が出てくるのを待って、もう一遍また売買の移転登記で登記識別情報が出てくるのを待ってというような、そういう煩雑なことになりはしないかどうか。この点はどうでしょうか。
○房村政府参考人　御指摘のように、一連の取引に関する登記申請について、連件申請ということで一括して処理をするという仕組みを現行法はとっておりますが、これは、オンライン化した場合にもその連件申請は可能とすることにしております。
　オンラインの段階で連件であるということを明示して申請をしていただければ、現行法の連件申請と同じような処理をいたします。登記識別情報についても、そういった処理が終わってから出すという形になりますので、その点は現行の取り扱いを維持したいと思っております。

　以上の議論があって、不動産登記規則第67条では次のように規定された。
　「同一の不動産について二以上の権利に関する登記の申請がされた場合（当該二以上の権利に関する登記の前後を明らかにして同時に申請がされた場合に限る。）において、前の登記によって登記名義人となる者が、後の登記の登記義務者となるときは、当該後の登記の申請情報と併せて提供すべき登記識別情報は、当該後の登記の申請情報と併せて提供されたものとみなす。」

例2　平成16年5月14日衆議院法務委員会において

○辻委員　適正な運用を心がけるに当たってやはり考慮していただきたい点を申し上げたいと思うんですが、例えば民事訴訟で代理人がついたら、何か事が起こったときに、いろいろ情報を伝えなければいけないとか、いろいろ事態が変わったというような場合には、やはり代理人のところに裁判所は連絡をするわけですよ。御本人のところに直接連絡をすることはないわけですね。それは、訴訟はそういう代理人の制度できちっと運用されている、それは信頼した制度がきちっと確立しているからなわけです。だから、裁判官は、弁護士である代理人を通さないで、頭越しに原告なり被告、本人のところに連絡をとることはないわけですよ。
　そうだとすれば、二十四条の運用に当たっても、先ほど山内委員も御指摘になられましたけれども、これで決済が終わりました、あとは登記を申請しましたから大丈夫ですよというふうに言ったのに、登記官から直接、登記権利者、予定者のところに、ないしは、この場合には本人確認なんだから登記義務者ですね、ということで呼び出しがかかった。そうすると、登記義務者にかかれば、それは登記権利者にも当然情報が行くわけだから、それを取り扱った資格者代理人としては立場がないわけですよ。
　だから、やはり運用のあり方としては、疑念を持ったときにはとりあえず司法書士の先生に、どうなんですかということを、とりあえずはまずは問い合わせをするような配慮が運用としてはあってしかるべきだと思いますよ。この点はどうでしょうか。
○房村政府参考人　それは当然、代理人の方による申請であれば、問題が生じたとき、まずは代理人の方に確認をするというのが、現に、実際に起きている不祥事件についての報告を見ておりましても、まずは代理人の方に確認をして、それでらちが明かないときに初めて本人の方から直接聞くというようなことをやっているわけでございますので、そういう運用は、別に、この条文ができたからといって変わるわけではなくて、やはり直接的な連絡の窓口としては代理人の方になろうかと思います。

　以上の議論があって、不動産登記事務取扱手続準則第33条第2項では、次のように規定された。

「登記官は、登記の申請が資格者代理人によってされている場合において、本人確認の調査をすべきときは、原則として、当該資格者代理人に対し必要な情報の提供を求めるものとする。」
　以上の例でわかるように、国会の審議過程での議論が、具体的に法令に具体化されている部分もあり、大変興味深いものでもある。

⓬ 筆界特定制度の導入に伴う「不動産登記規則」の改正に関する意見募集の実施結果について（報告）

第1　意見数　17件（団体　7件，個人10件）
第2　異見の概要
第3　意見についての考え方

	第2　意見の概要 ※意見は、主なものの要旨のみを取り上げている。	第3　意見についての考え方 ※意見及びこれに対する考え方は、主なものの要旨のみを取り上げている。
1	第207条（筆界特定申請情報）について 　第1項は、削除し、又は任意的記載事項とすべきとの意見があった。 　第2項第4号は、申請人の範囲を広げるべきではないため、削除すべきとの意見があった。 　第2項第5号は、申請人が必ずしも明らかにできない場合も想定されるので、柔軟に対応すべきとの意見があった。 　第3項は、関係人に関する事項は削除し、又は任意的記載事項にすべきとの意見があった。 　第3項第9号の手数料は、低額にすべきであるとの意見があった。	第207条（筆界特定申請情報）について 　第1項は、法第131条第2項第4号の解釈を明らかにしたものである。 　第2項第4号は、分筆及び所有権移転登記をする前提として筆界を特定する必要が生ずることを想定しており、この場合において、一筆の土地の一部の所有権を取得した者に申請権を認めることは、法の趣旨に反するものではないと考える。 　第2項第5号は、申請段階で正確な測量図面を提供することを要求するものではない。また、申請人が主張する筆界線は、任意的記載事項である。 　第3項は、任意的記載事項である。
2	第209条（筆界特定添付情報）について 　通達等で具体例を明示すべきとの意見があった。	第209条（筆界特定添付情報）について 　所有権を有することを証する情報の意義は、表題登記を申請する場合の添付情報である所有権を有することを証する情報と同様である。
3	第211条（筆界特定書面申請の方法等）について 　第7項は、郵送申請も可能なので、削除すべきとの意見があった。	第211条（筆界特定書面申請の方法等）について 　第7項は、申請人の便宜及び手続の円滑な処理のために必要な規定であると考える。
4	第216条（補正）について 　筆界特定申請は、通常の登記事件とは異なり直ちに対応できないものが生じてくると思われるので、補正に関して相当の期間を定めてほしいとの意見があった。	第216条（補正）について 　具体的な事件の補正期間については、意見を踏まえて、運用上、検討したい。

5	第217条（公告及び通知の方法）について 　第1項の手続開始の公告は、管轄登記所でも掲示をすべきであり、公告期間も2週間ではなく、手続終了時までとすべきとの意見があった。	第217条（公告及び通知の方法）について 　管轄登記所における公告の要否については、意見を踏まえ、運用上、検討したい。また、掲示期間については、2週間で十分であると考える。
6	第218条（意見又は資料の提出）について 　代理人が資格者代理人であるときは、その職名をも明らかにすべきとの意見があった。	第218条（意見又は資料の提出）について 　代理人の職名を明らかにすることはもとより差し支えないが、必要的な事項とする必要はないと考える。
7	第220条（書面の提出方法）について 　意見又は資料は、期日に参加する者の数だけの写しの提出を促すか、又は、閲覧・謄写が期日前にできるように運用すべきとの意見があった。	第220条（書面の提出方法）について 　資料提出者の負担を考慮する必要があるが、運用上、検討したい。また、意見を踏まえ、期日までに十分な期間をおくよう柔軟に対応したいと考えている。
8	第221条（資料の還付請求）について 　不必要となった資料は返還すべきであるが、必要な資料は保管しておく必要があるとの意見があった。	第221条（資料の還付請求）について 　筆界特定手続記録上、提出された資料及び提出者が明らかにされるので、資料そのものを登記所に保管しておく必要はないと考える。
9	第224条（意見聴取等の期日における筆界特定登記官の権限）について 　筆界特定登記官は、当事者及び関係者が求めた者については、原則として傍聴を許さなければならないとし、手続上やむを得ない場合のみ、手続参加を制限することができる規定とすべきとの意見があった。	第224条（意見聴取等の期日における筆界特定登記官の権限）について 　意見聴取等の期日の具体的な運用の在り方については、意見を踏まえて検討したい。
10	第228条（調書等の閲覧の方法）について 　閲覧だけでなく、謄写も認めるべきとの意見があった。	第228条（調書等の閲覧の方法）について 　法律上調書等の謄写権を認める規定はないが、運用上、検討したい。
11	第231条（筆界特定書の記録事項等）について 　第1項第4号は「理由の要旨」ではなく、詳細な事情を明示する「理由」とすべきとの意見があった。 　第4項第5号の位置の範囲を特定するのは例外的な場合とすべきであり、厳格な要件を定めるべきとの意見があった。 　境界標の設置を申請人に促す規定を設けるべきとの意見があった。	第231条（筆界特定書の記録事項等）について 　第1項第4号は、筆界特定書に理由の要旨を記載する旨規定した法第143条第1項を受けたものである。 　法第123条第2号によれば、筆界の位置の範囲を特定するのは筆界の位置を特定することができない例外的な場合であることが明らかである。 　境界標の設置を申請人に促すことについては、運用上、検討したい。

12	第233条（登記記録への記録）について 　登記記録に記録がされた土地とどの土地との間で筆界特定がされたかが、分かるようにすべきとの意見があった。	第233条（登記記録への記録）について 　筆界特定の内容は、筆界特定書の閲覧により確認することができるので、登記記録上は、筆界特定の手続がされたこと及びその手続を特定する事項が記録されていれば足りると考える。
13	第235条（筆界特定手続記録の保存期間）について 　筆界特定書以外の筆界特定手続記録の保存期間は、もっと長くすべきとの意見があった。	第235条（筆界特定手続記録の保存期間）について 　意見を踏まえ、原案を修正する方向で検討したい。
14	第237条（筆界確定訴訟の確定判決があった場合の取扱い）について 　筆界確定訴訟の判決が確定した場合には、登記記録にもその旨の記録をすべきとの意見があった。	第237条（筆界確定訴訟の確定判決があった場合の取扱い）について 　筆界確定訴訟の確定判決の有無は、筆界特定書を閲覧すること等によって知ることができるようにするならば、登記記録に記録する積極的な意義は乏しいと考える。
15	第243条（申請の取下げ）について 　法133条の通知公告後は、通知のされた関係人等の同意を得なければ、取下げができないようにすべきとの意見があった。	第243条（申請の取下げ）について 　筆界特定の手続は、申請人が手数料及び手続費用をすべて負担して、筆界特定登記官に対し、筆界を特定することを求める手続であるから、申請人の取下げを制限することは相当ではないと考える。
16	第244条（手続費用）について 　手続費用については、基準を通達等で明らかにし、低額にすべきとの意見があった。	第244条（手続費用）について 　意見を踏まえ、手続費用については、できる限り申請人にとって予測可能な形で運用したいと考えている。

2　4段対照式「法・令・規則・準則」総目次の条文検索一覧

次表は、不動産登記法令の総目次の条文とタイトルから検索できるようにまとめたものです。

不動産登記法	不動産登記令
（平成16年6月18日法律第123号） 最終改正：平成17年4月13日法律第29号	（平成16年12月1日政令第379号） 最終改正：平成17年11月7日政令第337号
目　次	目　次
第1章　総則（第1条—第5条）	第1章　総則（第1条・第2条）
第2章　登記所及び登記官（第6条—第10条）	
第3章　登記記録等（第11条—第15条）	
第4章　登記手続 　第1節　総則（第16条—第26条）	第2章　申請情報及び添付情報（第3条—第9条） 第3章　電子情報処理組織を使用する方法による登記申請の手続（第10条—第14条） 第4章　書面を提出する方法による登記申請の手続（第15条—第19条）
第2節　表示に関する登記 　　第1款　通則（第27条—第33条） 　　第2款　土地の表示に関する登記（第34条—第43条） 　　第3款　建物の表示に関する登記（第	

この表の使い方

この表は、各法令を独立のものとして縦に読んで使用してください。

不動産登記手続を大中小に分類すると、不動産登記法が「大分類」で、不動産登記令が「中分類」で、不動産登記規則は「小分類」となり、不動産登記事務取扱手続準則は登記所内部での事務処理方法が記載されていることになりますので、6～7頁の法令に規定している内容の違いを参考に検索するときに便利です

なお、「項目」ごとに関連事項検索したい場合には62頁以下の条文検索一覧が、また調べたい「用語」がわかっている場合には96頁以下の条文検索便覧も併せてご利用いただくと便利です。

不動産登記規則	不動産登記事務取扱手続準則
（平成17年2月18日法務省令第18号） 最終改正：平成17年11月11日法務省令第106号 　不動産登記法（平成16年法律第123号）及び不動産登記令（平成16年政令第379号）の施行に伴い、並びに同法及び同令の規定に基づき、並びに同法及び同令の規定を実施するため、不動産登記法施行細則（明治32年司法省令第11号）の全部を改正する省令を次のように定める。	（平成17年2月25日法務省民2第456局長通達） 最終改正：平成17年12月22日法務省民2 　　　　　第2904局長通達
目　次	目　次
第1章　総則（第1条―第3条）	第1章　総則（第1条）
	第2章　登記所及び登記官（第2条―第7条）
第2章　登記記録等 　第1節　登記記録（第4条―第9条） 　第2節　地図等（第10条―第16条） 　第3節　登記に関する帳簿（第17条―第27条の2） 　第4節　雑則（第28条―第33条）	第3章　登記記録等 　第1節　総則（第8条―第11条） 　第2節　地図等（第12条―第16条） 　第3節　登記に関する帳簿等（第17条―第23条） 　第4節　雑則（第24条―第27条）
第3章　登記手続 　第1節　総則 　　第1款　通則（第34条―第40条） 　　第2款　電子申請（第41条―第44条） 　　第3款　書面申請（第45条―第55条） 　　第4款　受付等（第56条―第60条） 　　第5款　登記識別情報（第61条―第69条） 　　第6款　登記識別情報の提供がない場合の手続（第70条―第72条） 　　第7款　土地所在図等（第73条―第88条） 　第2節　表示に関する登記 　　第1款　通則（第89条―第96条） 　　第2款　土地の表示に関する登記（第97条―第110条） 　　第3款　建物の表示に関する登記（第	第4章　登記手続 　第1節　総則 　　第1款　通則（第28条―第30条） 　　第2款　受付等（第31条―第36条） 　　第3款　登記識別情報（第37条―第41条） 　　第4款　登記識別情報の提供がない場合の手続（第42条―第49条） 　　第5款　土地所在図等（第50条―第58条） 　第2節　表示に関する登記 　　第1款　通則（第59条―第66条） 　　第2款　土地の表示に関する登記（第67条―第76条） 　　第3款　建物の表示に関する登記（第

不動産登記法	不動産登記令
44条－第58条） 第3節　権利に関する登記 　第1款　通則（第59条－第73条） 　第2款　所有権に関する登記（第74条－第77条） 　第3款　用益権に関する登記（第78条－第82条） 　第4款　担保権等に関する登記（第83条－第96条） 　第5款　信託に関する登記（第97条－第104条） 　第6款　仮登記（第105条－第110条） 　第7款　仮処分に関する登記（第111条－第114条） 　第8款　官庁又は公署が関与する登記等（第115条－第118条）	
第5章　登記事項の証明等（第119条－第122条）	
第6章　筆界特定 　第1節　総則（第123条－第130条） 　第2節　筆界特定の手続 　　第1款　筆界特定の申請（第131条－第133条） 　　第2款　筆界の調査等（第134条－第141条） 　第3節　筆界特定（第142条－第145条） 　第4節　雑則（第146条－第150条）	
第7章　雑則（第151条－第158条）	第5章　雑則（第21条－第24条）

不動産登記規則	不動産登記事務取扱手続準則
111条－第145条） 　第3節　権利に関する登記 　　第1款　通則（第146条－第156条） 　　第2款　所有権に関する登記（第157条・第158条） 　　第3款　用益権に関する登記（第159条・第160条） 　　第4款　担保権等に関する登記（第161条－第174条） 　　第5款　信託に関する登記（第175条－第177条） 　　第6款　仮登記（第178条－第180条） 　第4節　補則 　　第1款　通知（第181条－第188条） 　　第2款　登録免許税（第189条・第190条） 　　第3款　雑則（第191条・第192条）	77条－第103条） 　第3節　権利に関する登記 　　第1款　通則（第104条－第111条） 　　第2款　担保権等に関する登記（第112条－第114条） 　　第3款　信託に関する登記（第115条） 　　第4款　仮登記（第116条） 　第4節　補則 　　第1款　通知等（第117条－第122条） 　　第2款　登録免許税（第123条－第131条）
第4章　登記事項の証明等（第193条－第205条）	第5章　登記事項の証明等（第132条－第140条）
第5章　筆界特定 　第1節　総則（第206条） 　第2節　筆界特定の手続 　　第1款　筆界特定の申請（第207条－第213条） 　　第2款　筆界特定の申請の受付等（第214条－第217条） 　　第3款　意見又は資料の提出（第218条－第221条） 　　第4款　意見聴取等の期日（第222条－第226条） 　　第5款　調書等の閲覧（第227条・第228条） 　第3節　筆界特定（第229条－第232条） 　第4節　筆界特定手続記録の保管（第233条－第237条） 　第5節　筆界特定書等の写しの交付等（第238条－第241条） 　第6節　雑則（第242条－第246条）	
	第6章　雑則（第141条－第146条）

不動産登記法	不動産登記令
第8章　罰則（第159条－第164条）	
附則	附則
第1章　総則（第1条－第5条） （目的）第1条 （定義）第2条 （登記することができる権利等）第3条 （権利の順位）第4条 （登記がないことを主張することができない第三者）第5条	第1章　総則（第1条・第2条） （趣旨）第1条 （定義）第2条
第2章　登記所及び登記官（第6条－第10条） （登記所）第6条 （事務の委任）第7条 （事務の停止）第8条 （登記官）第9条 （登記官の除斥）第10条	
第3章　登記記録等（第11条－第15条） （登記）第11条 （登記記録の作成）第12条 （登記記録の滅失と回復）第13条 （地図等）第14条 （法務省令への委任）第15条	

不動産登記規則	不動産登記事務取扱手続準則
附則	
第1章　総則 （定義）第1条 （登記の前後）第2条 （付記登記）第3条	第1章　総則 （趣旨）第1条
	第2章　登記所及び登記官 （管轄登記所の指定）第2条、第3条 （他の登記所の管轄区域への建物のえい行移転の場合）第4条 （他の登記所の管轄区域にまたがる場合の管轄登記所）第5条 （事務の停止の報告等）第6条 （登記官の交替）第7条
第2章　登記記録等 　第1節　登記記録（第4条ー第9条） （登記記録の編成）第4条 （移記又は転写）第5条 （記録事項過多による移記）第6条 （登記官の識別番号の記録）第7条 （登記記録の閉鎖）第8条 （副登記記録）第9条 　第2節　地図等（第10条ー第16条） （地図）第10条 （建物所在図）第11条 （地図等の閉鎖）第12条 （地図の記録事項）第13条 （建物所在図の記録事項）第14条 （地図及建物所在図の番号）第15条 （地図等の訂正）第16条 　第3節　登記に関する帳簿（第17条ー第27条の2） （申請情報等の保存）第17条 （帳簿）第18条 （申請書類つづり込み帳）第19条 （土地図面つづり込み帳）第20条 （地役権図面つづり込み帳）第21条	第3章　登記記録等 　第1節　総則 （管轄転属による登記記録等の移送等）第8条 （管轄転属による地番等の変更）第9条 （事務の委任による登記記録等の移送）第10条 （管轄区域がまたがる場合の移送の方法）第11条 　第2節　地図等 （地図の作成等）第12条 （地図に準ずる図面の備付け）第13条 （地図等の備付け等についての報告）第14条 （建物所在図の作成等）第15条 （地図等の変更の方法等）第16条 　第3節　登記に関する帳簿等 （帳簿の備付け及び保存期間）第17条 （帳簿等の様式）第18条 （申請書類つづり込み帳）第19条 （登記簿保存簿等）第20条 （再使用証明申出書類つづり込み帳等）第21条

不動産登記法	不動産登記令
第4章　登記手続 　第1節　総則（第16条—第26条） （当事者の申請又は嘱託による登記）第16条 （代理権の不消滅）第17条 （申請の方法）第18条 　1　電子情報処理組織を使用する方法 　2　書面を提出する方法 （受付）第19条 （登記の順序）第20条 （登記識別情報の通知）第21条 （登記識別情報の提供）第22条 （事前通知等）第23条 （登記官による本人確認）第24条 （申請の却下）第25条 （政令への委任）第26条	第2章　申請情報及び添付情報（第3条—第9条） （申請情報）第3条 （申請情報の作成及び提供）第4条 （一の申請情報による登記の申請）第5条 （申請情報の一部の省略）第6条 （添付情報）第7条 （登記名義人が登記識別情報を提供しなければならない登記等）第8条 （添付情報の一部の省略）第9条 第3章　電子情報処理組織を使用する方法による登記申請の手続(第10条—第14条) （添付情報の提供方法）第10条 （登記事項証明書に代わる情報の送信）第11条 （電子署名）第12条 （表示に関する登記の添付情報の特則)第13条 （電子証明書の送信）第14条 第4章　書面を提出する方法による登記申請の手続（第15条—第19条） （添付情報の提供方法）第15条 （申請情報を記載した書面への記名押印等）第16条 （代表者の資格を証する情報を記載した書面の期間制限等）第17条 （代理人の権限を証する情報を記載した書面への記名押印等）第18条 （承諾を証する情報を記載した書面への記名押印等）第19条

不動産登記規則	不動産登記事務取扱手続準則
（建物図面つづり込み帳）第22条 （職権表示登記等書類つづり込み帳）第23条 （決定原本つづり込み帳）第24条 （審査請求書類等つづり込み帳）第25条 （登記識別情報失効申出書類つづり込み帳）第26条 （請求書類つづり込み帳）第27条 （筆界特定書つづり込み帳）第27条の2 　　第4節　雑則（第28条－第33条） （保存期間）第28条 （記録の廃棄）第29条 （登記記録の滅失等）第30条 （持出禁止）第31条 （管轄転属による登記記録等の移送）第32条 （管轄転属による共同担保目録の移送）第33条	（つづり込みの方法）第22条 （帳簿等の廃棄）第23条 　　第4節　雑則 （登記記録等の滅失又は滅失のおそれがある場合）第24条 （登記簿等を持ち出した場合）第25条 （通知番号の記載）第26条 （日記番号等の記載）第27条
第3章　登記手続 　第1節　総則 　　第1款　通則（第34条－第40条） （申請情報）第34条 （一の申請情報によって申請することができる場合）第35条 （資格証明情報の省略等）第36条 （添付情報の省略）第37条 （申請の却下）第38条 （申請の取下げ）第39条 （管轄区域がまたがる場合の移送等）第40条 　　第2款　電子申請（第41条－第44条） （電子申請の方法）第41条 （電子署名）第42条 （電子証明書）第43条 （住所証明情報の省略等）第44条 　　第3款　書面申請（第45条－第55条） （申請書等の文字）第45条 （契印等）第46条 （申請書に記名押印を要しない場合）第47条 （申請書に印鑑証明書の添付を要しない場合）第48条 （委任状への記名押印等の特例）第49条 （承諾書への記名押印等の特例）第50条 （申請情報を記録した磁気ディスク）第51条 （申請書に添付することができる磁気ディスク）第52条 （申請書等の送付方法）第53条 （受領証の交付の請求）第54条 （添付書面の原本の還付請求）第55条	第4章　登記手続 　第1節　総則 　　第1款　通則 （申請の却下）第28条 （申請の取下げ）第29条 （原本還付の旨の記載）第30条

不動産登記法	不動産登記令

不動産登記規則	不動産登記事務取扱手続準則
第4款　受付等（第56条－第60条） （申請の受付）第56条 （調査）第57条 （登記の順序）第58条 （登記官による本人確認）第59条 （補正）第60条	第2款　受付等 （申請の受付）第31条 （申請書等の処理）第32条 （登記官による本人確認）第33条 （他の登記所の登記官に対する本人確認の調査の嘱託）第34条 （不正登記防止申出）第35条 （補正期限の連絡等）第36条
第5款　登記識別情報（第61条－第69条） （登記識別情報の定め方）第61条 （登記識別情報の通知の相手方）第62条 （登記識別情報の通知の方法）第63条 （登記識別情報の通知を要しない場合）第64条 （登記識別情報の失効の申出）第65条 （登記識別情報の提供）第66条 （登記識別情報の提供の省略）第67条 （登記識別情報に関する証明）第68条 （登記識別情報を記載した書面の廃棄）第69条	第3款　登記識別情報 （登記識別情報の通知）第37条 （登記識別情報の通知を要しないこととなった場合）第38条 （登記識別情報の失効の申出）第39条 （登記識別情報に関する証明）第40条 （登記識別情報の管理）第41条
第6款　登記識別情報の提供がない場合の手続（第70条－第72条） （事前通知）第70条 （前の住所地への通知）第71条 （資格者代理人による本人確認情報の提供）第72条	第4款　登記識別情報の提供がない場合の手続 （登記識別情報を提供することができない正当な理由）第42条 （事前通知）第43条 （事前通知書のあて先の記載）第44条 （事前通知書の再発送）第45条 （相続人等からの申出）第46条 （事前通知書の保管）第47条 （前の住所地への通知方法等）第48条 （資格者代理人による本人確認情報の提供）第49条
第7款　土地所在図等（第73条－第88条） （土地所在図、地積測量図、建物図面及び各階平面図の作成方式）第73条、第74条 （土地所在図及び地積測量図の作成単位）第75条 （土地所在図の内容）第76条 （地積測量図の内容）第77条 （分筆の登記の場合の地積測量図）第78条 （地役権図面の内容）第79条 （地役権図面の作成方式）第80条 （建物図面及び各階平面図の作成単位）第81条 （建物図面の内容）第82条 （各階平面図の内容）第83条 （建物の分割の登記の場合の建物図面等）第84条 （土地所在図の管理及び閉鎖等）第85条	第5款　土地所在図等 （地積測量図における筆界点の記録方法）第50条 （土地所在図及び地積測量図の作成方法）第51条 （建物図面の作成方法）第52条 （各階平面図の作成方法）第53条 （建物図面又は各階平面図の作成方法）第54条 （図面の整理）第55条 （表題部の変更の登記又は更正の登記に伴う図面の処理）第56条 （国土調査の成果に基づく登記に伴う地積測量図の処理）第57条

不動産登記法	不動産登記令
第2節　表示に関する登記 　　　第1款　通則（第27条－第33条） （表示に関する登記の登記事項）第27条 （職権による表示に関する登記）第28条 （登記官による調査）第29条 （一般承継人による申請）第30条 （表題部所有者の氏名等の変更の登記又は更正の登記）第31条 （表題部所有者の変更等に関する登記手続）第32条 （表題部所有者の更正の登記等）第33条 　　　第2款　土地の表示に関する登記（第34条－第43条） （土地の表示に関する登記の登記事項）第34条 （地番）第35条 （土地の表題登記の申請）第36条 （地目又は地積の変更の登記の申請）第37条 （土地の表題部の更正の登記の申請）第38条 （分筆又は合筆の登記）第39条 （分筆に伴う権利の消滅の登記）第40条 （合筆の登記の制限）第41条 （土地の滅失の登記の申請）第42条 （河川区域内の土地の登記）第43条 　　　第3款　建物の表示に関する登記（第44条－第58条） （建物の表示に関する登記の登記事項）第44条 （家屋番号）第45条 （敷地権である旨の登記）第46条 （建物の表題登記の申請）第47条 （区分建物についての建物の表題登記の申請方法）第48条 （合体による登記等の申請）第49条 （合体に伴う権利の消滅の登記）第50条 （建物の表題部の変更の登記）第51条 （区分建物となったことによる建物の表題部の変更の登記）第52条 （建物の表題部の更正の登記）第53条 （建物の分割、区分又は合併の登記）第54条	

38　第1編　新不動産登記法令の読み解き方

不動産登記規則	不動産登記事務取扱手続準則
（地役権図面の管理）第86条 （地役権図面の閉鎖）第87条 （土地所在図の訂正等）第88条 　　第2節　表示に関する登記 　　　第1款　通則（第89条－第96条） （表題部の登記）第89条 （不動産番号）第90条 （表題部の変更の登記又は更正の登記）第91条 （行政区画の変更等）第92条 （実地調査）第93条 （実地調査における電磁的記録に記録された事項の提示方法等）第94条 （実地調査書）第95条 （職権による表示に関する登記の手続）第96条 　　　第2款　土地の表示に関する登記（第97条－第110条） （地番区域）第97条 （地番）第98条 （地目）第99条 （地積）第100条 （分筆の登記における表題部の記録方法）第101条 （分筆の登記における権利部の記録方法）第102条 （地役権の登記がある土地の分筆の登記）第103条 （分筆に伴う権利の消滅の登記）第104条 （合筆の登記の制限の特例）第105条 （合筆の登記における表題部の記録方法）第106条 （合筆の登記における権利部の記録方法）第107条 （分合筆の登記）第108条 （土地の滅失の登記）第109条、第110条 　　　第3款　建物の表示に関する登記（第111条－第145条） （建物）第111条 （家屋番号）第112条 （建物の種類）第113条 （建物の構造）第114条 （建物の床面積）第115条 （区分建物の家屋番号）第116条 （区分建物の登記記録の閉鎖）第117条 （表題部にする敷地権の記録方法）第118条 （敷地権である旨の登記）第119条 （合体による登記等）第120条 （附属建物の新築の登記）第121条 （区分建物の表題部の変更の登記）第122条 （建物の表題部の変更の登記等により敷地権	（土地所在図等の除却）第58条 　　第2節　表示に関する登記 　　　第1款　通則 （地番区域の変更）第59条 （実地調査）第60条 （実地調査上の注意）第61条 （実地調査書）第62条 （申請の催告）第63条 （実地調査の代行）第64条 （職権による表示に関する登記の実地調査書等の処理）第65条 （日付欄の記録）第66条 　　　第2款　土地の表示に関する登記 （地番の定め方）第67条 （地目）第68条 （地目の認定）第69条 （地積）第70条 （所有権を証する情報）第71条 （分筆の登記の申請）第72条 （土地の表題部の変更の登記又は更正の登記の記録）第73条 （分筆の登記の記録方法）第74条 （合筆の登記の記録方法）第75条 （分合筆の登記の記録方法）第76条 　　　第3款　建物の表示に関する登記 （建物認定の基準）第77条 （建物の個数の基準）第78条 （家屋番号の定め方）第79条 （建物の種類の定め方）第80条 （建物の構造の定め方等）第81条 （建物の床面積の定め方）第82条 （建物の再築）第83条 （建物の一部取壊し及び増築）第84条 （建物の移転）第85条 （合併の禁止）第86条 （所有権を証する情報等）第87条 （建物の所在の記録方法）第88条 （附属建物の表題部の記録方法）第89条 （区分建物の構造の記録方法）第90条

不動産登記法	不動産登記令
（特定登記）第55条 （建物の合併の登記の制限）第56条 （建物の滅失の登記の申請）第57条 （共用部分である旨の登記等）第58条 第3節　権利に関する登記 　第1款　通則（第59条－第73条） （権利に関する登記の登記事項）第59条 （共同申請）第60条 （登記原因証明情報の提供）第61条 （一般承継人による申請）第62条 （判決による登記等）第63条	

不動産登記規則	不動産登記事務取扱手続準則
の登記をする場合の登記）第123条 （敷地権の登記の抹消）第124条 （特定登記に係る権利の消滅の登記）第125条 （敷地権の不存在による更正の登記）第126条 （建物の分割の登記における表題部の記録方法）第127条 （建物の分割の登記における権利部の記録方法）第128条 （建物の区分の登記における表題部の記録方法）第129条 （建物の区分の登記における権利部の記録方法）第130条 （建物の合併の登記の制限の特例）第131条 （附属合併の登記における表題部の記録方法）第132条 （区分合併の登記における表題部の記録方法）第133条 （建物の合併の登記における権利部の記録方法）第134条 （建物の分割の登記及び附属合併の登記における表題部の記録方法）第135条 （建物の分割及び区分合併の登記における表題部の記録方法）第136条 （建物の区分及び附属合併の登記における表題部の記録方法）第137条 （建物の区分及び区分合併の登記における表題部の記録方法）第138条 （建物の分割の登記及び附属合併の登記等における権利部の記録方法）第139条 （建物が区分建物となった場合の登記等）第140条 （共用部分である旨の登記等）第141条 （共用部分である旨の登記がある建物の分割等）第142条 （共用部分である旨を定めた規約等の廃止による建物の表題登記）第143条 （建物の滅失の登記）第144条 （敷地権付き区分建物の滅失の登記）第145条 　　第3節　権利に関する登記 　　　第1款　通則（第146条―第156条） （権利部の登記）第146条 （順位番号等）第147条 （付記登記の順位番号）第148条 （権利の消滅に関する定めの登記）第149条 （権利の変更の登記又は更正の登記）第150条	（床面積の記録方法）第91条 （附属建物の略記の禁止）第92条 （附属建物等の原因及びその日付の記録）第93条 （附属建物の変更の登記の記録方法等）第94条 （合体による変更の登記の記録方法）第95条 （分割の登記の記録方法）第96条 （区分の登記の記録方法）第97条 （附属合併の登記の記録方法）第98条 （区分合併の登記の記録方法）第99条 （建物の分割及び附属合併の登記の記録方法）第100条 （附属建物がある建物の滅失の登記の記録方法）第101条 （附属建物がある主たる建物の滅失による表題部の変更の登記の記録方法）第102条 （共用部分である旨の登記における記録方法等）第103条 　　第3節　権利に関する登記 　　　第1款　通則 （職権による登記の更正の手続）第104条、第105条 （許可書が到達した場合の処理）第106条 （職権による登記の抹消の手続の開始）第107条

不動産登記法	不動産登記令
（登記名義人の氏名等の変更の登記又は更正の登記等）第64条 （共有物分割禁止の定めの登記）第65条 （権利の変更の登記又は更正の登記）第66条 （登記の更正）第67条 （登記の抹消）第68条 （死亡又は解散による登記の抹消）第69条 （登記義務者の所在が知れない場合の登記の抹消）第70条 （職権による登記の抹消）第71条 （抹消された登記の回復）第72条 （敷地権付き区分建物に関する登記等）第73条 　　第2款　所有権に関する登記（第74条－第77条） （所有権の保存の登記）第74条 （表題登記がない不動産についてする所有権の保存の登記）第75条 （所有権の保存の登記の登記事項等）第76条 （所有権の登記の抹消）第77条 　　第3款　用益権に関する登記（第78条－第82条） （地上権の登記の登記事項）第78条 （永小作権の登記の登記事項）第79条 （地役権の登記の登記事項等）第80条 （賃借権の登記等の登記事項）第81条 （採石権の登記の登記事項）第82条 　　第4款　担保権等に関する登記（第83条－第96条） （担保権の登記の登記事項）第83条 （債権の一部譲渡による担保権の移転の登記等の登記事項）第84条 （不動産工事の先取特権の保存の登記）第85条 （建物を新築する場合の不動産工事の先取特権の保存の登記）第86条 （建物の建築が完了した場合の登記）第87条 （抵当権の登記の登記事項）第88条 （抵当権の順位の変更の登記等）第89条 （抵当権の処分の登記）第90条 （共同抵当の代位の登記）第91条 （根抵当権当事者の相続に関する合意の登記の制限）第92条 （根抵当権の元本の確定の登記）第93条 （抵当証券に関する登記）第94条 （質権の登記等の登記事項）第95条	

不動産登記規則	不動産登記事務取扱手続準則
（登記の更正）第151条 （登記の抹消）第152条 （職権による登記の抹消）第153条 （職権による登記の抹消の場合の公告の方法）第154条 （抹消された登記の回復）第155条 （敷地権の登記がある建物の権利に関する登記）第156条	（職権による登記の抹消の公告）第108条 （利害関係人の異議に対する決定）第109条 （職権による登記の抹消の手続）第110条 （差押えの登記等の抹消の通知）第110条の2 （書類の契印）第111条
第2款　所有権に関する登記（第157条・第158条） （表題登記がない不動産についてする所有権の保存の登記）第157条 （表題部所有者の氏名等の抹消）第158条	
第3款　用益権に関する登記（第159条・第160条） （地役権の登記）第159条 （地役権図面の番号の記録）第160条	
第4款　担保権等に関する登記（第161条―第174条） （建物を新築する場合の不動産工事の先取特権の保存の登記）第161条 （建物の建築が完了した場合の登記）第162条 （順位の譲渡又は放棄による変更の登記）第163条 （担保権の順位の変更の登記）第164条 （根抵当権等の分割譲渡の登記）第165条 （共同担保目録の作成）第166条 （共同担保目録の記録事項）第167条 （追加共同担保の登記）第168条 （共同担保の根抵当権等の分割譲渡の登記）第169条 （共同担保の一部消滅等）第170条 （抵当証券交付の登記）第171条 （抵当証券作成及び交付の登記）第172条 （抵当証券交付の登記の抹消）第173条 （買戻しの特約の登記の抹消）第174条	第2款　担保権等に関する登記 （前の登記に関する登記事項証明書）第112条 （共同担保目録の目録番号の記載）第113条 （共同担保目録の記号及び目録番号）第114条

不動産登記法	不動産登記令
（買戻しの特約の登記の登記事項）第96条 　　第5款　信託に関する登記（第97条－第104条） （信託の登記の登記事項）第97条 （信託の登記の申請方法）第98条 （代位による信託の登記の申請）第99条 （受託者の更迭による登記等）第100条 （職権による信託の変更の登記）第101条 （嘱託による信託の変更の登記）第102条 （信託の変更の登記の申請）第103条（信託の登記の抹消）第104条 　　第6款　仮登記（第105条－第110条） （仮登記）第105条 （仮登記に基づく本登記の順位）第106条 （仮登記の申請方法）第107条 （仮登記を命ずる処分）第108条 （仮登記に基づく本登記）第109条 （仮登記の抹消）第110条 　　第7款　仮処分に関する登記（第111条－第114条） （仮処分の登記に後れる登記の抹消）第111条 （保全仮登記に基づく本登記の順位）第112条 （保全仮登記に係る仮処分の登記に後れる登記の抹消）第113条 （処分禁止の登記の抹消）第114条 　　第8款　官庁又は公署が関与する登記等（第115条－第118条） （公売処分による登記）第115条 （官庁又は公署の嘱託による登記）第116条 （官庁又は公署の嘱託による登記の登記識別情報）第117条 （収用による登記）第118条	

不動産登記規則	不動産登記事務取扱手続準則
第5款　信託に関する登記（第175条－第177条） （信託の登記）第175条 （信託目録）第176条 （受託者の解任による付記登記）第177条	第3款　信託に関する登記 （信託目録の作成等）第115条
第6款　仮登記（第178条－第180条） （法第15条第1号の仮登記の要件）第178条 （仮登記及び本登記の方法）第179条 （所有権に関する仮登記に基づく本登記）第180条	第4款　仮登記 （仮登記の抹消）第116条
第4節　補則 　第1款　通知（第181条－第188条） （登記完了証）第181条 （登記完了証の交付の方法）第182条 （申請人以外の者に対する通知）第183条 （処分の制限の登記における通知）第184条 （職権による登記の抹消における通知）第185条 （審査請求に対する相当の処分の通知）第186条 （裁判所への通知）第187条 （各種の通知の方法）第188条 　第2款　登録免許税（第189条・第190条） （登録免許税を納付する場合における申請情	第4節　補則 　第1款　通知等 （各種通知簿の記載）第117条 （通知書の様式）第118条 （管轄区域がまたがる場合の登記完了の通知の様式等）第119条 （市町村長に対する通知）第120条 （通知書の返戻の場合の措置）第121条 （日計表）第122条 　第2款　登録免許税 （課税標準認定価格の告知）第123条

不動産登記法	不動産登記令
第5章 登記事項の証明等（第119条－第122条） （登記事項証明書の交付等）第119条 （地図の写しの交付等）第120条 （登記簿の附属書類の写しの交付等）第121条 （法務省令への委任）第122条	
第6章 筆界特定 　第1節　総則（第123条－第130条） （筆界特定定義）第123条 （筆界特定の事務）第124条 （筆界特定登記官）第125条 （筆界特定登記官の除斥）第126条 （筆界調査委員）第127条 （筆界調査委員の欠格事由）第128条 （筆界調査委員の解任）第129条 （標準処理期間）第130条	

不動産登記規則	不動産登記事務取扱手続準則
報等）第189条 （課税標準の認定）第190条 　　　第3款　雑則（第191条・第192条） （審査請求を受けた法務局又は地方法務局の長の命令による登記）第191条 （登記の嘱託）第192条	（電子申請における印紙等による納付）第124条 （前登記証明書）第125条 （使用済の記載等）第126条 （納付不足額の通知）第127条 （還付通知）第128条 （再使用証明）第129条 （再使用証明後の還付手続）第130条 （再使用証明領収証書等の使用）第131条
第4章　登記事項の証明等（第193条－第205条） （登記事項証明書の交付の請求情報等）第193条 （登記事項証明書等の交付の請求の方法等）第194条 （他の登記所の登記官に対してする登記事項証明書の交付の請求の制限）第195条 （登記事項証明書の種類等）第196条 （登記事項証明書の作成及び交付）第197条 （登記事項要約書の作成）第198条 （副登記記録による作成）第199条 （図等の写し等の作成及び交付）第200条 （土地所在図等の写し等の作成及び交付）第201条 （閲覧の方法）第202条 （手数料の納付方法）第203条 （送付に要する費用の納付方法）第204条 （電子情報処理組織による登記事項証明書の交付の請求等の手数料の納付方法）第205条	第5章　登記事項の証明等 （請求書の受付）第131条 （登記事項証明書等の作成の場合の注意事項等）第133条 （地図等の写し等の作成）第134条 （土地所在図等の写し等の作成）第135条 （登記事項証明書等の認証文）第136条 （登記事項証明書等の職氏名の記載）第137条 （請求書の措置）第138条 （閲覧）第139条 （手数料を徴収しない場合）第140条
第5章　筆界特定 　第1節　総則（第206条） （定義）第206条	

不動産登記法	不動産登記令
第2節　筆界特定の手続 　　第1款　筆界特定の申請（第131条－第133条） （筆界特定の申請）第131条 （申請の却下）第132条 （筆界特定の申請の通知）第133条 　　第2款　筆界の調査等（第134条－第141条） （筆界調査委員の指定等）第134条 （筆界調査委員による事実の調査）第135条 （測量及び実地調査）第136条 （立入調査）第137条 （関係行政機関等に対する協力依頼）第138条 （意見又は資料の提出）第139条 （意見聴取等の期日）第140条 （調書等の閲覧）第141条 　　第3節　筆界特定（第142条－第145条） （筆界調査委員の意見の提出）第142条 （筆界特定）第143条 （筆界特定の通知等）第144条 （筆界特定手続記録の保管）第145条	

不動産登記規則	不動産登記事務取扱手続準則
第2節　筆界特定の手続 　　第1款　筆界特定の申請（第207条－第213条） （筆界特定申請情報）第207条 （一の申請情報による複数の申請）第208条 （筆界特定添付情報）第209条 （筆界特定電子申請の方法）第210条 （筆界特定書面申請の方法等）第211条 （筆界特定申請書等の送付方法）第212条 （筆界特定添付書面の原本の還付請求）第213条 　　第2款　筆界特定の申請の受付等（第214条－第217条） （筆界特定の申請の受付）第214条 （管轄区域がまたがる場合の移送等）第215条 （補正）第216条 （公告及び通知の方法）第217条 　　第3款　意見又は資料の提出（第218条－第221条） （意見又は資料の提出）第218条 （情報通信の技術を利用する方法）第219条 （書面の提出方法）第220条 （資料の還付請求）第221条 　　第4款　意見聴取等の期日（第222条－第226条） （意見聴取等の期日の場所）第222条 （意見聴取等の期日の通知）第223条 （意見聴取等の期日における筆界特定登記官の権限）第224条 （意見聴取等の期日における資料の提出）第225条 （意見聴取等の期日の調書）第226条 　　第5款　調書等の閲覧（第227条・第228条） （調書等の閲覧）第227条 （調書等の閲覧の方法）第228条 　第3節　筆界特定（第229条－第232条） （筆界調査委員の調査の報告）第229条 （筆界調査委員の意見の提出の方式）第230条 （筆界特定書の記録事項等）第231条 （筆界特定の公告及び通知）第232条 　第4節　筆界特定手続記録の保管（第233条－第237条） （筆界特定手続記録の送付）第233条	

不動産登記法	不動産登記令
第4節　雑則（第146条－第150条） （手続費用の負担等）第146条 （筆界確定訴訟における釈明処分の特則）第147条 （筆界確定訴訟の判決との関係）第148条 （筆界特定書等の写しの交付等）第149条 （法務省令への委任）第150条	
第7章　雑則（第151条－第158条） （登記識別情報の安全確保）第151条 （行政手続法の適用除外）第152条 （行政機関の保有する情報の公開に関する法律の適用除外）第153条 （行政手続等における情報通信の技術の利用に関する法律の適用除外）第154条 （行政機関の保有する個人情報の保護に関する法律の適用除外）第155条 （審査請求）第156条 （審査請求事件の処理）第157条 （行政不服審査法の適用除外）第158条	第5章　雑則（第20条－第24条） （登記すべきものでないとき）第20条 （写しの交付を請求することができる図面）第21条 （登記識別情報に関する証明）第22条 （登記の嘱託）第23条 （法務省令への委任）第24条 （別表1）表題部所有者の氏名若しくは名称又は住所についての変更の登記又は更正の登記 （別表2）表題部所有者についての更正の登記 （別表3）表題部所有者である共有者の持分についての更正の登記 （別表4）土地の表題登記 （別表5）地目に関する変更の登記又は更正の登記 （別表6）地積に関する変更の登記又は更正の登記（11の項の登記を除く。） （別表7）法第38条に規定する登記事項（地目及び地積を除く。）に関する更正の登記 （別表8）分筆の登記 （別表9）合筆の登記 （別表10）土地の滅失の登記（法第43条第5

不動産登記規則	不動産登記事務取扱手続準則
（登記記録への記録）第234条 （筆界特定手続記録の保存期間）第235条 （準用）第236条 （筆界確定訴訟の確定判決があった場合の取扱い）第237条 　　第5節　筆界特定書等の写しの交付等 　　　　（第238条－第241条） （筆界特定書等の写しの交付の請求情報等）第238条 （筆界特定書等の写しの交付の請求方法等）第239条 （筆界特定書等の写しの作成及び交付）第240条 （準用）第241条 　　第6節　雑則（第242条－第246条） （手続費用）第242条 （代理人）第243条 （申請の却下）第244条 （申請の取下げ）第245条 （筆界特定書の更正）第246条	
	第6　雑則 （審査請求の受理）第141条 （相当の処分）第142条 （審査請求事件の送付）第143条 （審査請求についての裁決）第144条、第145条 （登記の嘱託）第146条 別記（省略）

不動産登記法	不動産登記令
	項の規定により河川管理者が嘱託するものに限る。) (別表11) 地積に関する変更の登記 (法第43条第6項の規定により河川管理者が嘱託するものに限る。) (別表12) 建物の表題登記 (13の項及び21の項の登記を除く。) (別表13) 合体による登記等 (法第49条第1項後段の規定により併せて申請をする所有権の登記があるときは、これを含む。) (別表14) 法第51条第1項から第4項までの規定による建物の表題部の変更の登記又は法第53条第1項の規定による建物の表題部の更正の登記 (15の項の登記を除く。) (別表15) 敷地権の発生若しくは消滅を原因とする建物の表題部の変更の登記又は敷地権の存在若しくは不存在を原因とする建物の表題部の更正の登記 (別表16) 建物の分割の登記、建物の区分の登記又は建物の合併の登記 (別表17) 共用部分である旨の登記又は団地共用部分である旨の登記がある建物の滅失の登記 (別表18) 共用部分である旨の登記 (別表19) 団地共用部分である旨の登記 (別表20) 法第58条第5項に規定する変更の登記又は更正の登記 (別表21) 建物の表題登記 (法第58条第6項又は第7項の規定により申請するものに限る。) (別表22) 法第63条第2項に規定する相続又は法人の合併による権利の移転の登記 (別表23) 登記名義人の氏名若しくは名称又は住所についての変更の登記又は更正の登記 (別表24) 抵当証券が発行されている場合における債務者の氏名若しくは名称又は住所についての変更の登記又は更正の登記 (法第64条第2項の規定により債務者が単独で申請するものに限る。) (別表25) 権利の変更の登記又は更正の登記 (24の項及び36の項の登記を除く。) (別表26) 権利に関する登記の抹消 (37の項及び70の項の登記を除く。) (別表27) 抹消された登記の回復 (別表28) 所有権の保存の登記 (法第74条第1項各号に掲げる者が申請するものに限る。)

不動産登記規則	不動産登記事務取扱手続準則

不動産登記法	不動産登記令
	（別表29）所有権の保存の登記（法第74条第2項の規定により表題部所有者から所有権を取得した者が申請するものに限る。）
（別表30）所有権の移転の登記
（別表31）表題登記がない土地についてする所有権の処分の制限の登記
（別表32）表題登記がない建物についてする所有権の処分の制限の登記
（別表33）地上権の設定の登記
（別表34）永小作権の設定の登記
（別表35）承役地についてする地役権の設定の登記
（別表36）地役権の変更の登記又は更正の登記
（別表37）地役権の登記の抹消
（別表38）賃借権の設定の登記
（別表39）賃借物の転貸の登記
（別表40）賃借権の移転の登記
（別表41）採石権の設定の登記
（別表42）先取特権の保存の登記（43の項及び44の項の登記を除く。）
（別表43）建物を新築する場合における不動産工事の先取特権の保存の登記
（別表44）所有権の登記がある建物の附属建物を新築する場合における不動産工事の先取特権の保存の登記
（別表45）債権の一部について譲渡又は代位弁済がされた場合における先取特権の移転の登記
（別表46）質権（根質権を除く。以下この項において同じ。）の設定又は転質の登記
（別表47）根質権の設定の登記
（別表48）債権の一部について譲渡又は代位弁済がされた場合における質権又は転質の移転の登記
（別表49）民法第361条において準用する同法第376条第1項の規定により質権を他の債権のための担保とし、又は質権を譲渡し、若しくは放棄する場合の登記
（別表50）民法第361条において準用する同法第393条の規定による代位の登記
（別表51）民法第361条において準用する同法第398条の12第2項の規定により根質権を分割して譲り渡す場合の登記
（別表52）民法第361条において準用する同法第398条の19第2項の規定により根質権の担保

不動産登記規則	不動産登記事務取扱手続準則

不動産登記法	不動産登記令
	すべき元本が確定した場合の登記（法第95条第2項において準用する法第93条の規定により登記名義人が単独で申請するものに限る。）
（別表53）民法第361条において準用する同法第398条の20第1項第3号の規定により根質権の担保すべき元本が確定した場合の登記（法第95条第2項において準用する法第93条の規定により登記名義人が単独で申請するものに限る。）
（別表54）民法第361条において準用する同法第398条の20第1項第4号の規定により根質権の担保すべき元本が確定した場合の登記（法第95条第2項において準用する法第93条の規定により登記名義人が単独で申請するものに限る。）
（別表55）抵当権（根抵当権を除く。以下この項において同じ。）の設定の登記
（別表56）根抵当権の設定の登記
（別表57）債権の一部について譲渡又は代位弁済がされた場合における抵当権の移転の登記
（別表58）民法第376条第1項の規定により抵当権を他の債権のための担保とし、又は抵当権を譲渡し、若しくは放棄する場合の登記
（別表59）民法第393条の規定による代位の登記
（別表60）民法第398条の12第2項の規定により根抵当権を分割して譲り渡す場合の登記
（別表61）民法第398条の19第2項の規定により根抵当権の担保すべき元本が確定した場合の登記（法第93条の規定により登記名義人が単独で申請するものに限る。）
（別表62）民法第398条の20第1項第3号の規定により根抵当権の担保すべき元本が確定した場合の登記（法第93条の規定により登記名義人が単独で申請するものに限る。）
（別表63）民法第398条の20第1項第4号の規定により根抵当権の担保すべき元本が確定した場合の登記（法第93条の規定により登記名義人が単独で申請するものに限る。）
（別表64）買戻しの特約の登記
（別表65）信託の登記
（別表66）信託財産に属する不動産についてする受託者の更迭による権利の移転の登記（法第100条第1項の規定により新たに選任

不動産登記規則	不動産登記事務取扱手続準則

不動産登記法	不動産登記令
	された受託者が単独で申請するものに限る。) (別表67)信託財産に属する不動産についてする一部の受託者の任務の終了による権利の変更の登記(法第100条第2項の規定により他の受託者が単独で申請するものに限る。) (別表68)仮登記の登記義務者の承諾がある場合における法第107条第1項の規定による仮登記 (別表69)所有権に関する仮登記に基づく本登記 (別表70)仮登記の抹消(法第110条後段の規定により仮登記の登記上の利害関係人が単独で申請するものに限る。) (別表71)民事保全法第53条第1項の規定による処分禁止の登記(保全仮登記とともにしたものを除く。)に後れる登記の抹消(法第111条第1項(同条第2項において準用する場合を含む。)の規定により仮処分の債権者が単独で申請するものに限る。) (別表72)保全仮登記とともにした処分禁止の登記に後れる登記の抹消(法第113条の規定により仮処分の債権者が単独で申請するものに限る。) (別表73)国又は地方公共団体が登記権利者となる権利に関する登記(法第116条第1項の規定により官庁又は公署が嘱託するものに限る。) (別表74)不動産の収用による所有権の移転の登記 (別表75)不動産に関する所有権以外の権利の収用による権利の消滅の登記
第8章 罰則(第159条―第164条) (秘密を漏らした罪)第159条 (虚偽の登記名義人確認情報を提供した罪)第160条 (不正に登記識別情報を取得等した罪)第161条 (検査の妨害等の罪)第162条 (両罰規定)第163条 (過料)第164条 (施行期日)附則第1条 (経過措置)第2条 (コンピュータ化の経過措置)第3条	

不動産登記規則	不動産登記事務取扱手続準則

不動産登記法	不動産登記令
（閉鎖登記簿の経過措置）第4条 （登記簿の謄本・抄本に関する経過措置）第5条 （未指定庁の経過措置）第6条 （登記済証に関する経過措置）第7条 （施行前にされた登記の申請）第8条 （表示に関する登記の申請義務）第9条 （敷金の登記に関する経過措置）第10条 （行政事件訴訟法関する経過措置）第11条 （罰則に関する経過措置）第12条 （法務省令への委任）第13条	
	附　則 （施行期日）第1条 （経過措置）第2条、第3条 （旧根抵当権の分割による権利の変更の登記の申請情報）第4条

不動産登記規則	不動産登記事務取扱手続準則
附　則 （施行期日）第1条 （経過措置の原則）第2条 （登記簿の改製）第3条 （未指定事務に係る旧登記簿）第4条 （閉鎖登記簿）第5条 （旧登記簿が滅失した場合の回復手続）第6条 （第3条指定を受けている登記所からの移送）第7条 （第3条指定を受けていない登記所からの移送）第8条 （共同担保目録）第9条、第10条、第11条 （信託目録）第12条、第13条 （共同担保目録等の改製）第14条 （法附則第6条の指定前の登記手続）第15条 （法附則第7条の登記手続）第16条 （電子情報処理組織を使用する方法による登記事項証明書の交付の請求）第17条 （予告登記の抹消）第18条 （旧根抵当権の分割等による権利の変更の登記）第19条 （民法の一部改正に伴う経過措置）第20条 附　則（平成17年8月15日法務省令第82号）抄 別表1（第4条第1項関係）土地の登記記録 別表2（第4条第2項関係）区分建物でない建物の登記記録 別表3（第4条第3項関係）区分建物である建物の登記記録 別記（省略）	

③ 4段対照式「法・令・規則・準則」体系の条文検索一覧

　次表は、不動産登記法令の体系からの条文検索ができるようにまとめたものです。法律から令・規則・準則をひもつきの形で検索できますから、不動産登記法の法体系が一覧でき、理解に役立ちます。

不動産登記法	不動産登記令
（平成16年6月18法律第123号） 最終改正：平成17年4月13日法律第29号	（平成16年12月1政令第379号） 最終改正：平成17年11月7日政令第337号
第1章　総則（第1条〜第5条）	第1章　総則（第1条・第2条）
第2章　登記所及び登記官（第6条〜第10条）	
第3章　登記記録等（第11条〜第15条）	
第4章　登記手続 　第1節　総則（第16条〜第26条）	第2章　申請情報及び添付情報（第3条〜第9条） 第3章　電子情報処理組織を使用する方法による登記申請の手続（第10条〜第14条） 第4章　書面を提出する方法による登記申請の手続（第15条〜第19条）
第2節　表示に関する登記 　　第1款　通則（第27条〜第33条） 　　第2款　土地の表示に関する登記（第34条〜第43条） 　　第3款　建物の表示に関する登記（第44条〜第58条） 　第3節　権利に関する登記 　　第1款　通則（第59条〜第73条） 　　第2款　所有権に関する登記（第74条〜第77条）	

―― この表の使い方 ――

　この表は不動産登記法の「大分類」を基本項目とし、それに関連又は該当する法令を右の不動産登記令、不動産登記規則、不動産登記事務取扱手続準則の順に参照できるように分類しましたので、調べたい項目を不動産登記法を起点として右横の不動産登記令・不動産登記規則・不動産登記事務取扱手続準則をご覧ください。

　なお、調べたい「用語」がわかっている場合には、96頁以下の条文検索便覧も併せてご利用いただくと便利です。

不動産登記規則	不動産登記事務取扱手続準則
（平成17年2月18日法務省令第18号） 最終改正：平成17年11月11日法務省令第106号	（平成17年2月25日法務省民2第456局長通達） 最終改正：平成17年12月22日法務省民2第2904局長通達
第1章　総則（第1条～第3条）	第1章　総則（第1条）
	第2章　登記所及び登記官（第2条～第7条）
第2章　登記記録等 　第1節　登記記録（第4条～第9条） 　第2節　地図等（第10条～第16条） 　第3節　登記に関する帳簿（第17条～第27条の2） 　第4節　雑則（第28条～第33条）	第3章　登記記録等 　第1節　総則（第8条～第11条） 　第2節　地図等（第12条～第16条） 　第3節　登記に関する帳簿等（第17条～第23条） 　第4節　雑則（第24条～第27条）
第3章　登記手続 　第1節　総則 　　第1款　通則（第34条～第40条） 　　第2款　電子申請（第41条～第44条） 　　第3款　書面申請（第45条～第55条） 　　第4款　受付等（第56条～第60条） 　　第5款　登記識別情報（第61条～第69条） 　　第6款　登記識別情報の提供がない場合の手続（第70条～第72条） 　　第7款　土地所在図等（第73条～第88条） 　第2節　表示に関する登記 　　第1款　通則（第89条～第96条） 　　第2款　土地の表示に関する登記（第97条～第110条） 　　第3款　建物の表示に関する登記（第111条～第145条） 　第3節　権利に関する登記 　　第1款　通則（第146条～第156条） 　　第2款　所有権に関する登記（第157条・第158条）	第4章　登記手続 　第1節　総則 　　第1款　通則（第28条～第30条） 　　第2款　受付等（第31条～第36条） 　　第3款　登記識別情報（第37条～第41条） 　　第4款　登記識別情報の提供がない場合の手続（第42条～第49条） 　　第5款　土地所在図等（第50条～第58条） 　第2節　表示に関する登記 　　第1款　通則（第59条～第66条） 　　第2款　土地の表示に関する登記（第67条～第76条） 　　第3款　建物の表示に関する登記（第77条～第103条） 　第3節　権利に関する登記 　　第1款　通則（第104条～第111条）

不動産登記法	不動産登記令
第3款　用益権に関する登記（第78条～第82条） 第4款　担保権等に関する登記（第83条～第96条） 第5款　信託に関する登記（第97条～第104条） 第6款　仮登記（第105条～第110条） 第7款　仮処分に関する登記（第111条～第114条） 第8款　官庁又は公署が関与する登記等（第115条～第118条）	
第5章　登記事項の証明等（第119条～第122条）	
第6章　筆界特定 　第1節　総則（第123条～第130条） 　第2節　筆界特定の手続 　　第1款　筆界特定の申請（第131条～第133条） 　　第2款　筆界の調査等（第134条～第141条） 　第3節　筆界特定（第142条～第145条） 　第4節　雑則（第146条～第150条）	
第7章　雑則（第151条～第158条）	第5章　雑則（第20条～第24条）
第8章　罰則（第159条～第164条）	
附則	附則
（目的）第1条	（趣旨）第1条
（定義）第2条	（定義）第2条
（登記することができる権利等）第3条	

不動産登記法	不動産登記令
第3款　用益権に関する登記（第159条・第160条） 第4款　担保権等に関する登記（第161条～第174条） 第5款　信託に関する登記（第175条～第177条） 第6款　仮登記（第178条～第180条）	第2款　担保権等に関する登記（第112条～第114条） 第3款　信託に関する登記（第115条） 第4款　仮登記（第116条）
第4節　補則 　第1款　通知（第181条～第188条） 　第2款　登録免許税（第189条・第190条） 　第3款　雑則（第191条・第192条）	第4節　補則 　第1款　通知等（第117条～第122条） 　第2款　登録免許税（第123条～第131条）
第4章　登記事項の証明等（第193条～第205条）	第5章　登記事項の証明等（第132条～第140条）
第5章　筆界特定 　第1節　総則（第206条） 　第2節　筆界特定の手続 　　第1款　筆界特定の申請（第207条～第213条） 　　第2款　筆界特定の申請の受付等（第214条～第217条） 　　第3款　意見又は資料の提出（第218条～第221条） 　　第4款　意見聴取等の期日（第222条～第226条） 　　第5款　調書等の閲覧（第227条・第228条） 　第3節　筆界特定（第229条～第232条） 　第4節　筆界特定手続記録の保管（第233条～第237条） 　第5節　筆界特定書等の写しの交付等（第238条～第241条） 　第6節　雑則（第242条～第246条）	
	第6章　雑則（第141条～第146条）
附則	
	（趣旨）第1条
（定義）第1条	

不動産登記法	不動産登記令
(権利の順位) 第4条	
(登記がないことを主張することができない第三者) 第5条	
(登記所) 第6条	
(事務の委任) 第7条	
(事務の停止) 第8条	
(登記官) 第9条	
(登記官の除斥) 第10条	
(登記) 第11条	
(登記記録の作成) 第12条	
(登記記録の滅失と回復) 第13条	

不動産登記法	不動産登記令
（登記の前後）第2条 （付記登記）第3条	
（管轄区域がまたがる場合の移送等）第40条	（管轄登記所の指定）第2条、第3条 （他の登記所の管轄区域への建物のえい行移転の場合）第4条 （他の登記所の管轄区域にまたがる場合の管轄登記所）第5条
	（事務の停止の報告等）第6条
	（登記官の交替）第7条
（登記記録の編成）第4条 （移記又は転写）第5条 （記録事項過多による移記）第6条 （登記官の識別番号の記録）第7条 （登記記録の閉鎖）第8条 （副登記記録）第9条 （申請情報等の保存）第17条 （帳簿）第18条 （申請書類つづり込み帳）第19条 （土地図面つづり込み帳）第20条 （地役権図面つづり込み帳）第21条 （建物図面つづり込み帳）第22条 （職権表示登記等書類つづり込み帳）第23条 （決定原本つづり込み帳）第24条 （審査請求書類等つづり込み帳）第25条 （登記識別情報失効申出書類つづり込み帳）第26条 （請求書類つづり込み帳）第27条 （筆界特定書つづり込み帳）第27条の2 （保存期間）第28条 （記録の廃棄）第29条 （持出禁止）第31条 （管轄転属による登記記録等の移送）第32条 （管轄転属による共同担保目録の移送）第33条	（管轄転属による登記記録等の移送等）第8条 （管轄転属による地番等の変更）第9条 （事務の委任による登記記録等の移送）第10条 （管轄区域がまたがる場合の移送の方法）第11条 （帳簿の備付け及び保存期間）第17条 （帳簿等の様式）第18条 （申請書類つづり込み帳）第19条 （登記簿保存簿等）第20条 （再使用証明申出書類つづり込み帳等）第21条 （つづり込みの方法）第22条 （帳簿等の廃棄）第23条 （登記簿等を持ち出した場合）第25条 （通知番号の記載）第26条 （日記番号等の記載）第27条
（登記記録の滅失等）第30条	（登記記録等の滅失又は滅失のおそれがある場合）第24条

不動産登記法	不動産登記令
（地図等）第14条	
（法務省令への委任）第15条	
（当事者の申請又は嘱託による登記）第16条	（登記の嘱託）第23条
（代理権の不消滅）第17条	
（申請の方法）第18条 本文	（申請情報）第3条 （申請情報の作成及び提供）第4条 （一の申請情報による登記の申請）第5条 （申請情報の一部の省略）第6条 （添付情報）第7条 （添付情報の一部の省略）第9条
（電子情報処理組織を使用する申請の方法）第18条（1号）	（添付情報の提供方法）第10条 （登記事項証明書に代わる情報の送信）第11条 （電子署名）第12条 （表示に関する登記の添付情報の特則）第13条（電子証明書の送信）第14条
（書面を提出する申請の方法）第18条（2号）	（添付情報の提供方法）第15条 （申請情報を記載した書面への記名押印等）

不動産登記法	不動産登記令
（地図）第10条 （建物所在図）第11条 （地図等の閉鎖）第12条 （地図の記録事項）第13条 （建物所在図の記録事項）第14条 （地図及び建物所在図の番号）第15条 （地図等の訂正）第16条 （土地所在図、地積測量図、建物図面及び各階平面図の作成方式）第73条、第74条 （土地所在図及び地積測量図の作成単位）第75条 （土地所在図の内容）第76条 （地積測量図の内容）第77条 （分筆の登記の場合の地積測量図）第78条 （地役権図面の内容）第79条 （地役権図面の作成方式）第80条 （建物図面及び各階平面図の作成単位）第81条 （建物図面の内容）第82条 （各階平面図の内容）第83条 （建物の分割の登記の場合の建物図面等）第84条 （土地所在図の管理及び閉鎖等）第85条 （地役権図面の管理）第86条 （地役権図面の閉鎖）第87条 （土地所在図の訂正等）第88条	（地図の作成等）第12条 （地図に準ずる図面の備付け）第13条 （地図等の備付け等についての報告）第14条 （建物所在図の作成等）第15条 （地図等の変更の方法等）第16条 （地積測量図における筆界点の記録方法）第50条 （土地所在図及び地積測量図の作成方法）第51条 （建物図面の作成方法）第52条 （各階平面図の作成方法）第53条 （建物図面又は各階平面図の作成方法）第54条 （図面の整理）第55条 （表題部の変更の登記又は更正の登記に伴う図面の処理）第56条 （国土調査の成果に基づく登記に伴う地積測量図の処理）第57条 （土地所在図等の除却）第58条
（登記の嘱託）第192条	（登記の嘱託）第146条
（申請情報）第34条 （一の申請情報によって申請することができる場合）第35条 （資格証明情報の省略等）第36条 （添付情報の省略）第37条 （管轄区域がまたがる場合の移送等）第40条	
（電子申請の方法）第41条 （電子署名）第42条 （電子証明書）第43条 （住所証明情報の省略等）第44条	
（申請書等の文字）第45条 （契印等）第46条	（原本還付の旨の記載）第30条

不動産登記法	不動産登記令
	第16条 （代表者の資格を証する情報を記載した書面の期間制限等）第17条 （代理人の権限を証する情報を記載した書面への記名押印等）第18条 （承諾を証する情報を記載した書面への記名押印等）第19条
（受付）第19条	
（登記の順序）第20条	
（登記識別情報の通知）第21条	
（登記識別情報の提供）第22条	（登記名義人が登記識別情報を提供しなければならない登記等）第8条
（事前通知等）第23条	
（登記官による本人確認）第24条	
（申請の却下）第25条	（登記すべきものでないとき）第20条

不動産登記法	不動産登記令
（申請書に記名押印を要しない場合）第47条 （申請書に印鑑証明書の添付を要しない場合）第48条 （委任状への記名押印等の特例）第49条 （承諾書への記名押印等の特例）第50条 （申請情報を記録した磁気ディスク）第51条 （申請書に添付することができる磁気ディスク）第52条 （申請書等の送付方法）第53条 （受領証の交付の請求）第54条 （添付書面の原本の還付請求）第55条	
（申請の受付）第56条 （調査）第57条	（申請の受付）第31条
（登記の順序）第58条	（申請書等の処理）第32条
（登記識別情報の定め方）第61条 （登記識別情報の通知の相手方）第62条 （登記識別情報の通知の方法）第63条 （登記識別情報の通知を要しない場合）第64条 （登記識別情報の失効の申出）第65条 （登記識別情報に関する証明）第68条	（登記識別情報の通知）第37条 （登記識別情報の通知を要しないこととなった場合）第38条 （登記識別情報の失効の申出）第39条 （登記識別情報に関する証明）第40条 （登記識別情報の管理）第41条
（登記識別情報の提供）第66条 （登記識別情報の提供の省略）第67条 （登記識別情報に関する証明）第68条 （登記識別情報を記載した書面の廃棄）第69条	
（事前通知）第70条 （前の住所地への通知）第71条 （資格者代理人による本人確認情報の提供）第72条	（登記識別情報を提供することができない正当な理由）第42条 （事前通知）第43条 （事前通知書のあて先の記載）第44条 （事前通知書の再発送）第45条 （相続人等からの申出）第46条 （事前通知書の保管）第47条 （前の住所地への通知方法等）第48条 （資格者代理人による本人確認情報の提供）第49条
（登記官による本人確認）第59条	（登記官による本人確認）第33条 （他の登記所の登記官に対する本人確認の調査の嘱託）第34条 （不正登記防止申出）第35条
（申請の却下）第38条	（申請の却下）第28条

不動産登記法	不動産登記令
（政令への委任）第26条	（法務省令への委任）第24条
（表示に関する登記の登記事項）第27条	
（職権による表示に関する登記）第28条	
（登記官による調査）第29条	
（一般承継人による申請）第30条	
（表題部所有者の氏名等の変更の登記又は更正の登記）第31条	別表 1 表題部所有者の氏名若しくは名称又は住所についての変更の登記又は更正の登記
（表題部所有者の変更等に関する登記手続）第32条	
（表題部所有者の更正の登記等）第33条	別表 2 表題部所有者についての更正の登記 別表 3 表題部所有者である共有者の持分についての更正の登記
（土地の表示に関する登記の登記事項）第34条	別表 4 土地の表題登記
（地番）第35条	
（土地の表題登記の申請）第36条	
（地目又は地積の変更の登記の申請）第37条	別表 5 地目に関する変更の登記又は更正の登記 別表 6 地積に関する変更の登記又は更正の登記（11の項の登記を除く。）
（土地の表題部の更正の登記の申請）第38条	別表 7 法第38条に規定する登記事項（地目及び地積を除く。）に関する更正の登記
（分筆又は合筆の登記）第39条	別表 8 分筆の登記

不動産登記法	不動産登記令
（申請の取下げ）第39条 （補正）第60条	（申請の取下げ）第29条 （補正期限の連絡等）第36条
（表題部の登記）第89条 （不動産番号）第90条 （表題部の変更の登記又は更正の登記）第91条 （行政区画の変更等）第92条 （職権による表示に関する登記の手続）第96条	（地番区域の変更）第59条
（実地調査）第93条 （実地調査における電磁的記録に記録された事項の提示方法等）第94条 （実地調査書）第95条	（実地調査）第60条 （実地調査上の注意）第61条 （実地調査書）第62条 （申請の催告）第63条 （実地調査の代行）第64条 （職権による表示に関する登記の実地調査書等の処理）第65条 （日付欄の記録）第66条
	（所有権を証する情報）第71条
（地番区域）第97条 （地番）第98条	（地番の定め方）第67条
（地目）第99条 （地積）第100条	（地目）第68条 （地目の認定）第69条 （地積）第70条
	（土地の表題部の変更の登記又は更正の登記の記録）第73条
（分筆の登記における表題部の記録方法）第101条 （分筆の登記における権利部の記録方法）第102条 （地役権の登記がある土地の分筆の登記）第103条	（分筆の登記の申請）第72条 （分筆の登記の記録方法）第74条

不動産登記法	不動産登記令
	別表 9 合筆の登記
（分筆に伴う権利の消滅の登記）第40条	
（合筆の登記の制限）第41条	
（土地の滅失の登記の申請）第42条	
（河川区域内の土地の登記）第43条	別表10土地の滅失の登記（法第43条第5項の規定により河川管理者が嘱託するものに限る。） 別表11地積に関する変更の登記（法第43条第 6 項の規定により河川管理者が嘱託するものに限る。）
（建物の表示に関する登記の登記事項）第44条	別表12建物の表題登記（13の項及び21の項の登記を除く。）
（家屋番号）第45条	
（敷地権である旨の登記）第46条	
（建物の表題登記の申請）第47条	
（区分建物についての建物の表題登記の申請方法）第48条	
（合体による登記等の申請）第49条	別表13合体による登記等（法第49条第 1 項後段の規定により併せて申請をする所有権の

不動産登記法	不動産登記令
（合筆の登記における表題部の記録方法）第106条 （合筆の登記における権利部の記録方法）第107条 （分合筆の登記）第108条	（合筆の登記の記録方法）第75条 （分合筆の登記の記録方法）第76条
（分筆に伴う権利の消滅の登記）第104条	
（合筆の登記の制限の特例）第105条	
（土地の滅失の登記）第109条、第110条	
（建物）第111条 （家屋番号）第112条 （建物の種類）第113条 （建物の構造）第114条 （建物の床面積）第115条 （区分建物の登記記録の閉鎖）第117条 （附属建物の新築の登記）第121条 （敷地権の登記の抹消）第124条	（建物認定の基準）第77条 （家屋番号の定め方）第79条 （建物の個数の基準）第78条 （建物の種類の定め方）第80条 （建物の構造の定め方等）第81条 （建物の床面積の定め方）第82条 （建物の再築）第83条 （建物の一部取壊し及び増築）第84条 （建物の移転）第85条 （所有権を証する情報等）第87条 （建物の所在の記録方法）第88条 （附属建物の表題部の記録方法）第89条 （区分建物の構造の記録方法）第90条 （床面積の記録方法）第91条 （附属建物の略記の禁止）第92条 （附属建物等の原因及びその日付の記録）第93条 （附属建物の変更の登記の記録方法等）第94条
（家屋番号）第112条 （区分建物の家屋番号）第116条	（家屋番号の定め方）第79条
（表題部にする敷地権の記録方法）第118条 （敷地権である旨の登記）第119条	
（建物の区分の登記における表題部の記録方法）第129条 （建物の区分の登記における権利部の記録方法）第130条	
（合体による登記等）第120条	（合体による変更の登記の記録方法）第95条

不動産登記法	不動産登記令
	登記があるときは、これを含む。)
（合体に伴う権利の消滅の登記）第50条	
（建物の表題部の変更の登記）第51条	別表14法第51条第1項から第4項までの規定による建物の表題部の変更の登記又は法第53条第1項の規定による建物の表題部の更正の登記（15の項の登記を除く。）
（区分建物となったことによる建物の表題部の変更の登記）第52条	
（建物の表題部の更正の登記）第53条	別表14法第51条第1項から第4項までの規定による建物の表題部の変更の登記又は法第53条第1項の規定による建物の表題部の更正の登記（15の項の登記を除く。）
（建物の分割、区分又は合併の登記）第54条	別表16建物の分割の登記、建物の区分の登記又は建物の合併の登記
（特定登記）第55条	別表15敷地権の発生若しくは消滅を原因とする建物の表題部の変更の登記又は敷地権の存在若しくは不存在を原因とする建物の表題部の更正の登記
（建物の合併の登記の制限）第56条	
（建物の滅失の登記の申請）第57条	別表17共用部分である旨の登記又は団地共用部分である旨の登記がある建物の滅失の登記
（共用部分である旨の登記等）第58条	別表18共用部分である旨の登記 別表19団地共用部分である旨の登記 別表20法第58条第5項に規定する変更の登記又は更正の登記 別表21建物の表題登記（法第58条第6項又は第7項の規定により申請するものに限る。）

不動産登記法	不動産登記令
（区分建物の表題部の変更の登記）第122条 （建物の表題部の変更の登記等により敷地権の登記をする場合の登記）第123条	
（建物の区分及び附属合併の登記における表題部の記録方法）第137条 （建物の分割の登記及び附属合併の登記等における権利部の記録方法）第139条 （建物が区分建物となった場合の登記等）第140条	
（建物の分割の登記における表題部の記録方法）第127条 （建物の分割の登記における権利部の記録方法）第128条 （附属合併の登記における表題部の記録方法）第132条 （区分合併の登記における表題部の記録方法）第133条 （建物の合併の登記における権利部の記録方法）第134条 （建物の分割の登記及び附属合併の登記における表題部の記録方法）第135条 （建物の分割及び区分合併の登記における表題部の記録方法）第136条	（分割の登記の記録方法）第96条 （区分の登記の記録方法）第97条 （附属合併の登記の記録方法）第98条 （区分合併の登記の記録方法）第99条 （建物の分割及び附属合併の登記の記録方法）第100条
（特定登記に係る権利の消滅の登記）第125条 （敷地権の不存在による更正の登記）第126条	
（建物の合併の登記の制限の特例）第131条	（合併の禁止）第86条
（建物の滅失の登記）第144条 （敷地権付き区分建物の滅失の登記）第145条	（附属建物がある建物の滅失の登記の記録方法）第101条 （附属建物がある主たる建物の滅失による表題部の変更の登記の記録方法）第102条
（共用部分である旨の登記等）第141条 （共用部分である旨の登記がある建物の分割等）第142条 （共用部分である旨を定めた規約等の廃止による建物の表題登記）第143条	（共用部分である旨の登記における記録方法等）第103条

不動産登記法	不動産登記令
（権利に関する登記の登記事項）第59条	
（共同申請）第60条	
（登記原因証明情報の提供）第61条	
（一般承継人による申請）第62条	
（判決による登記等）第63条	別表22法第63条第2項に規定する相続又は法人の合併による権利の移転の登記
（登記名義人の氏名等の変更の登記又は更正の登記等）第64条	別表23登記名義人の氏名若しくは名称又は住所についての変更の登記又は更正の登記 別表24抵当証券が発行されている場合における債務者の氏名若しくは名称又は住所についての変更の登記又は更正の登記（法第64条第2項の規定により債務者が単独で申請するものに限る。）
（共有物分割禁止の定めの登記）第65条	別表25権利の変更の登記又は更正の登記（24の項及び36の項の登記を除く。）
（権利の変更の登記又は更正の登記）第66条	別表25権利の変更の登記又は更正の登記（24の項及び36の項の登記を除く。）
（登記の更正）第67条	別表25権利の変更の登記又は更正の登記（24の項及び36の項の登記を除く。）
（登記の抹消）第68条	別表26権利に関する登記の抹消（37の項及び70の項の登記を除く。）
（死亡又は解散による登記の抹消）第69条	
（登記義務者の所在が知れない場合の登記の抹消）第70条	
（職権による登記の抹消）第71条	
（抹消された登記の回復）第72条	別表27抹消された登記の回復
（敷地権付き区分建物に関する登記等）第73条	
（所有権の保存の登記）第74条	別表28所有権の保存の登記（法第74条第1項各号に掲げる者が申請するものに限る。） 別表29所有権の保存の登記（法第74条第2

不動産登記法	不動産登記令
（権利部の登記）第146条 （順位番号等）第147条 （付記登記の順位番号）第148条	（書類の契印）第111条
（権利の変更の登記又は更正の登記）第150条	
（登記の更正）第151条	（職権による登記の更正の手続）第104条、第105条 （許可書が到達した場合の処理）第106条
（権利の消滅に関する定めの登記）第149条 （登記の抹消）第152条	
（登記の抹消）第152条	
（登記の抹消）第152条	
（登記の抹消）第152条 （職権による登記の抹消）第153条 （職権による登記の抹消の場合の公告の方法）第154条	（職権による登記の抹消の手続の開始）第107条 （職権による登記の抹消の公告）第108条 （利害関係人の異議に対する決定）第109条 （職権による登記の抹消の手続）第110条 （差押えの登記等の抹消の通知）第110条の2
（抹消された登記の回復）第155条	
（敷地権の登記がある建物の権利に関する登記）第156条	
（表題部所有者の氏名等の抹消）第158条	

不動産登記法	不動産登記令
	項の規定により表題部所有者から所有権を取得した者が申請するものに限る。）
（表題登記がない不動産についてする所有権の保存の登記）第75条	別表31表題登記がない土地についてする所有権の処分の制限の登記 別表32表題登記がない建物についてする所有権の処分の制限の登記
（所有権の保存の登記の登記事項等）第76条	
（所有権の登記の抹消）第77条	別表30所有権の移転の登記
（地上権の登記の登記事項）第78条	別表33地上権の設定の登記
（永小作権の登記の登記事項）第79条	別表34永小作権の設定の登記
（地役権の登記の登記事項等）第80条	別表35承役地についてする地役権の設定の登記 別表36地役権の変更の登記又は更正の登記 別表37地役権の登記の抹消
（賃借権の登記等の登記事項）第81条	別表38賃借権の設定の登記 別表39賃借物の転貸の登記 別表40賃借権の移転の登記
（採石権の登記の登記事項）第82条	別表41採石権の設定の登記
（担保権の登記の登記事項）第83条	
（債権の一部譲渡による担保権の移転の登記等の登記事項）第84条	別表45債権の一部について譲渡又は代位弁済がされた場合における先取特権の移転の登記 別表48債権の一部について譲渡又は代位弁済がされた場合における質権又は転質の移転の登記 別表57債権の一部について譲渡又は代位弁済がされた場合における抵当権の移転の登記
（不動産工事の先取特権の保存の登記）第85条	別表42先取特権の保存の登記（43の項及び44の項の登記を除く。）
（建物を新築する場合の不動産工事の先取特権の保存の登記）第86条	別表43建物を新築する場合における不動産工事の先取特権の保存の登記 別表44所有権の登記がある建物の附属建物を新築する場合における不動産工事の先取特権の保存の登記

不動産登記法	不動産登記令
(表題登記がない不動産についてする所有権の保存の登記) 第157条	
(地役権の登記) 第159条 (地役権図面の番号の記録) 第160条	
(根抵当権等の分割譲渡の登記) 第165条 (共同担保目録の作成) 第166条 (共同担保目録の記録事項) 第167条 (追加共同担保の登記) 第168条 (共同担保の根抵当権等の分割譲渡の登記) 第169条 (共同担保の一部消滅等) 第170条	(前の登記に関する登記事項証明書) 第112条 (共同担保目録の目録番号の記載) 第113条 (共同担保目録の記号及び目録番号) 第114条
(建物を新築する場合の不動産工事の先取特権の保存の登記) 第161条	

不動産登記法	不動産登記令
（建物の建築が完了した場合の登記）第87条	
（抵当権の登記の登記事項）第88条	別表47根質権の設定の登記 別表50民法第361条において準用する同法第393条の規定による代位の登記 別表55抵当権（根抵当権を除く。以下この項において同じ。）の設定の登記 別表56根抵当権の設定の登記
（抵当権の順位の変更の登記等）第89条	
（抵当権の処分の登記）第90条	別表51民法第361条において準用する同法第398条の12第2項の規定により根質権を分割して譲り渡す場合の登記 別表58民法第376条第1項の規定により抵当権を他の債権のための担保とし、又は抵当権を譲渡し、若しくは放棄する場合の登記 別表60民法第398条の12第2項の規定により根抵当権を分割して譲り渡す場合の登記
（共同抵当の代位の登記）第91条	別表59民法第393条の規定による代位の登記
（根抵当権当事者の相続に関する合意の登記の制限）第92条	
（根抵当権の元本の確定の登記）第93条	別表52民法第361条において準用する同法第398条の19第2項の規定により根質権の担保すべき元本が確定した場合の登記（法第95条第2項において準用する法第93条の規定により登記名義人が単独で申請するものに限る。） 別表53民法第361条において準用する同法第398条の20第1項第3号の規定により根質権の担保すべき元本が確定した場合の登記（法第95条第2項において準用する法第93条の規定により登記名義人が単独で申請するものに限る。） 別表61民法第398条の19第2項の規定により根抵当権の担保すべき元本が確定した場合の登記（法第93条の規定により登記名義人が単独で申請するものに限る。） 別表62民法第398条の20第1項第3号の規定により根抵当権の担保すべき元本が確定した場合の登記（法第93条の規定により登記名義人が単独で申請するものに限る。） 別表63民法第398条の20第1項第4号の規

不動産登記法	不動産登記令
（建物の建築が完了した場合の登記）第162条	
（担保権の順位の変更の登記）第164条	
（順位の譲渡又は放棄による変更の登記）第163条	

4段対照式「法・令・規則・準則」体系の条文検索一覧

不動産登記法	不動産登記令
	定により根抵当権の担保すべき元本が確定した場合の登記（法第93条の規定により登記名義人が単独で申請するものに限る。）
（抵当証券に関する登記）第94条	
（質権の登記等の登記事項）第95条	別表46質権（根質権を除く。以下この項において同じ。）の設定又は転質の登記 別表49民法第361条において準用する同法第376条第1項の規定により質権を他の債権のための担保とし、又は質権を譲渡し、若しくは放棄する場合の登記 別表54民法第361条において準用する同法第398条の20第1項第4号の規定により根質権の担保すべき元本が確定した場合の登記（法第95条第2項において準用する法第93条の規定により登記名義人が単独で申請するものに限る。）
（買戻しの特約の登記の登記事項）第96条	別表64買戻しの特約の登記
（信託の登記の登記事項）第97条	別表65信託の登記
（信託の登記の申請方法）第98条	別表65信託の登記
（代位による信託の登記の申請）第99条	別表65信託の登記
（受託者の更迭による登記等）第100条	別表66信託財産に属する不動産についてする受託者の更迭による権利の移転の登記（法第100条第1項の規定により新たに選任された受託者が単独で申請するものに限る。） 別表67信託財産に属する不動産についてする一部の受託者の任務の終了による権利の変更の登記（法第100条第2項の規定により他の受託者が単独で申請するものに限る。）
（職権による信託の変更の登記）第101条	
（嘱託による信託の変更の登記）第102条	
（信託の変更の登記の申請）第103条	
（信託の登記の抹消）第104条	
（仮登記）第105条	

不動産登記法	不動産登記令
（抵当証券交付の登記）第171条 （抵当証券作成及び交付の登記）第172条 （抵当証券交付の登記の抹消）第173条	
（買戻しの特約の登記の抹消）第174条	
（信託の登記）第175条 （信託目録）第176条	（信託目録の作成等）第115条
（受託者の解任による付記登記）第177条	
（建物の区分及び区分合併の登記における表題部の記録方法）第138条	

不動産登記法	不動産登記令
（仮登記に基づく本登記の順位）第106条	別表69所有権に関する仮登記に基づく本登記 別表70仮登記の抹消（法第110条後段の規定により仮登記の登記上の利害関係人が単独で申請するものに限る。）
（仮登記の申請方法）第107条	別表68仮登記の登記義務者の承諾がある場合における法第107条第1項の規定による仮登記
（仮登記を命ずる処分）第108条	
（仮登記に基づく本登記）第109条	
（仮登記の抹消）第110条	
（仮処分の登記に後れる登記の抹消）第111条	別表71民事保全法第53条第1項の規定による処分禁止の登記（保全仮登記とともにしたものを除く。）に後れる登記の抹消（法第111条第1項（同条第2項において準用する場合を含む。）の規定により仮処分の債権者が単独で申請するものに限る。）
（保全仮登記に基づく本登記の順位）第112条	
（保全仮登記に係る仮処分の登記に後れる登記の抹消）第113条	別表72保全仮登記とともにした処分禁止の登記に後れる登記の抹消（法第113条の規定により仮処分の債権者が単独で申請するものに限る。）
（処分禁止の登記の抹消）第114条	
（公売処分による登記）第115条	
（官庁又は公署の嘱託による登記）第116条	別表73国又は地方公共団体が登記権利者となる権利に関する登記（法第116条第1項の規定により官庁又は公署が嘱託するものに限る。）
（官庁又は公署の嘱託による登記の登記識別情報）第117条	
（収用による登記）第118条	別表74不動産の収用による所有権の移転の登記 別表75不動産に関する所有権以外の権利の収用による権利の消滅の登記

不動産登記法	不動産登記令
（建物の区分及び区分合併の登記における表題部の記録方法）第138条 （法第15条第1号の仮登記の要件）第178条	
（仮登記及び本登記の方法）第179条 （所有権に関する仮登記に基づく本登記）第180条	
	（仮登記の抹消）第116条
（登記完了証）第181条 （登記完了証の交付の方法）第182条	（各種通知簿の記載）第117条 （通知書の様式）第118条 （管轄区域がまたがる場合の登記完了の通知の様式等）第119条 （市町村長に対する通知）第120条

不動産登記法	不動産登記令
（登記事項証明書の交付等）第119条	（登記識別情報に関する証明）第22条
（地図の写しの交付等）第120条	
（登記簿の附属書類の写しの交付等）第121条	（写しの交付を請求することができる図面）第21条
（法務省令への委任）第122条	（法務省令への委任）第24条
（筆界特定定義）第123条	
（筆界特定の事務）第124条	
（筆界特定登記官）第125条	
（筆界特定登記官の除斥）第126条	
（筆界調査委員）第127条	

不動産登記法	不動産登記令
（申請人以外の者に対する通知）第183条 （処分の制限の登記における通知）第184条 （職権による登記の抹消における通知）第185条 （審査請求に対する相当の処分の通知）第186条 （裁判所への通知）第187条 （各種の通知の方法）第188条	（通知書の返戻の場合の措置）第121条 （日計表）第122条
（登録免許税を納付する場合における申請情報等）第189条 （課税標準の認定）第190条	（課税標準認定価格の告知）第123条 （電子申請における印紙等による納付）第124条 （前登記証明書）第125条 （使用済の記載等）第126条 （納付不足額の通知）第127条 （還付通知）第128条 （再使用証明）第129条 （再使用証明後の還付手続）第130条 （再使用証明領収証書等の使用）第131条
（登記事項証明書の交付の請求情報等）第193条 （登記事項証明書等の交付の請求の方法等）第194条 （他の登記所の登記官に対してする登記事項証明書の交付の請求の制限）第195条 （登記事項証明書の種類等）第196条 （登記事項証明書の作成及び交付）第197条 （登記事項要約書の作成）第198条	（請求書の受付）第131条 （登記事項証明書等の作成の場合の注意事項等）第133条 （登記事項証明書等の認証文）第136条 （登記事項証明書等の職氏名の記載）第137条 （請求書の措置）第138条
（地図等の写し等の作成及び交付）第200条 （土地所在図等の写し等の作成及び交付）第201条	（地図等の写し等の作成）第134条 （土地所在図等の写し等の作成）第135条
（副登記記録による作成）第199条 （閲覧の方法）第202条 （手数料の納付方法）第203条 （送付に要する費用の納付方法）第204条 （電子情報処理組織による登記事項証明書の交付の請求等の手数料の納付方法）第205条	（閲覧）第139条 （手数料を徴収しない場合）第140条
（定義）第206条	

不動産登記法	不動産登記令
（筆界調査委員の欠格事由）第128条	
（筆界調査委員の解任）第129条	
（標準処理期間）第130条	
（筆界特定の申請）第131条	
（申請の却下）第132条	
（筆界特定の申請の通知）第133条	
（筆界調査委員の指定等）第134条	
（筆界調査委員による事実の調査）第135条	
（測量及び実地調査）第136条	
（立入調査）第137条	
（関係行政機関等に対する協力依頼）第138条	
（意見又は資料の提出）第139条	
（意見聴取等の期日）第140条	
（調書等の閲覧）第141条	
（筆界調査委員の意見の提出）第142条	

不動産登記法	不動産登記令
（筆界特定申請情報）第207条 （一の申請情報による複数の申請）第208条 （筆界特定添付情報）第209条 （筆界特定電子申請の方法）第210条 （筆界特定書面申請の方法等）第211条 （筆界特定申請書等の送付方法）第212条 （筆界特定添付書面の原本の還付請求）第213条 （筆界特定の申請の受付）第214条 （管轄区域がまたがる場合の移送等）第215条 （代理人）第243条	
（補正）第216条 （申請の却下）第244条 （申請の取下げ）第245条 （代理人）第243条	
（公告及び通知の方法）第217条	
（意見又は資料の提出）第218条 （情報通信の技術を利用する方法）第219条 （書面の提出方法）第220条 （資料の還付請求）第221条	
（意見聴取等の期日の場所）第222条 （意見聴取等の期日の通知）第223条 （意見聴取等の期日における筆界特定登記官の権限）第224条 （意見聴取等の期日における資料の提出）第225条 （意見聴取等の期日の調書）第226条	
（調書等の閲覧）第227条 （調書等の閲覧の方法）第228条	
（筆界調査委員の調査の報告）第229条 （筆界調査委員の意見の提出の方式）第230条	

不動産登記法	不動産登記令
（筆界特定）第143条	
（筆界特定の通知等）第144条	
（筆界特定手続記録の保管）第145条	
（手続費用の負担等）第146条	
（筆界確定訴訟における釈明処分の特則）第147条	
（筆界確定訴訟の判決との関係）第148条	
（筆界特定書等の写しの交付等）第149条	
（法務省令への委任）第150条	（法務省令への委任）第24条
（登記識別情報の安全確保）第151条	
（行政手続法の適用除外）第152条	
（行政機関の保有する情報の公開に関する法律の適用除外）第153条	
（行政手続等における情報通信の技術の利用に関する法律の適用除外）第154条	
（行政機関の保有する個人情報の保護に関する法律の適用除外）第155条	
（審査請求）第156条	
（審査請求事件の処理）第157条	
（行政不服審査法の適用除外）第158条	
（秘密を漏らした罪）第159条	
（虚偽の登記名義人確認情報を提供した罪）第160条	
（不正に登記識別情報を取得等した罪）第161条	
（検査の妨害等の罪）第162条	
（両罰規定）第163条	
（過料）第164条	

不動産登記法	不動産登記令
（筆界特定書の記録事項等）第231条 （登記記録への記録）第234条 （筆界特定手続記録の保存期間）第235条 （準用）第236条	
（筆界特定の公告及び通知）第232条 （筆界特定手続記録の送付）第233条	
（筆界特定書の更正）第246条	
（手続費用）第242条	
（筆界確定訴訟の確定判決があった場合の取扱い）第237条	
（筆界特定書等の写しの交付の請求情報等）第238条 （筆界特定書等の写しの交付の請求方法等）第239条 （筆界特定書等の写しの作成及び交付）第240条 （準用）第241条	
	（審査請求の受理）第141条
（審査請求を受けた法務局又は地方法務局の長の命令による登記）第191条	（相当の処分）第142条 （審査請求事件の送付）第143条 （審査請求についての裁決）第144条、第145条

不動産登記法	不動産登記令
附　則 （施行期日）第1条	附　則 （施行期日）第1条
（経過措置）第2条	（経過措置）第2条、第3条
（コンピュータ化の経過措置）第3条	
（閉鎖登記簿の経過措置）第4条	
（登記簿の謄本・抄本に関する経過措置）第5条	
（未指定庁の経過措置）第6条	
（登記済証に関する経過措置）第7条	
（施行前にされた登記の申請）第8条	
（表示に関する登記の申請義務）第9条	
（敷金の登記に関する経過措置）第10条	
（行政事件訴訟法関する経過措置）第11条	
（罰則に関する経過措置）第12条	
（法務省令への委任）第13条	（旧根抵当権の分割による権利の変更の登記の申請情報）第4条

不動産登記法	不動産登記令
附　則 （施行期日）第1条 （経過措置の原則）第2条 （登記簿の改製）第3条 （未指定事務に係る旧登記簿）第4条 （閉鎖登記簿）第5条 （旧登記簿が滅失した場合の回復手続）第6条 （第3条指定を受けている登記所からの移送）第7条 （第3条指定を受けていない登記所からの移送）第8条 （共同担保目録）第9条、第10条、第11条 （信託目録）第12条、第13条 （共同担保目録等の改製）第14条 （法附則第6条の指定前の登記手続）第15条 （法附則第7条の登記手続）第16条 （電子情報処理組織を使用する方法による登記事項証明書の交付の請求）第17条 （予告登記の抹消）第18条 （旧根抵当権の分割等による権利の変更の登記）第19条 （民法の一部改正に伴う経過措置）第20条 　附　則（平成17年8月15日法務省令第82号）抄 別表1（第4条第1項関係）土地の登記記録 別表2（第4条第2項関係）区分建物でない建物の登記記録 別表3（第4条第3項関係）区分建物である建物の登記記録 別記（省略）	

4 主要用語の条文検索便覧

次表は、新不動産登記法令の主要な用語の条文検索をまとめたものである。
本文中、次の略称を使っている。

* 法＝不動産登記法
* 令＝不動産登記令
* 規則＝不動産登記規則
* 準則＝不動産登記事務取扱手続準則
* 通達（無印）＝平成17年2月25日法務省民二第457号民事局長通達
* 通達（筆）＝平成17年12月6日法務省民二第2760号民事局長通達
* ⅠⅡⅢ＝1項2項3項
* ①②③＝1号2号3号
* 別＝別表
* 附＝附則

用語	法	令	規則	準則	通達
印鑑証明書			48	34Ⅱ．35Ⅲ．46．49Ⅱ．104Ⅱ	1-1(8)．1-2-(2)．1-10-(1)イ．1-14(1)．筆24．筆45
印鑑に関する証明書		16Ⅱ．16Ⅲ．18Ⅱ．18Ⅲ．19Ⅱ	48①．48③．49Ⅱ①．49Ⅱ③．55Ⅰ		
印刷				32Ⅲ．41Ⅱ．141．	1-11(1)オ．1-13(5)．2-1(2)．2-2．2-4．2-6．2-9(2)．(4)
永小作権	3③．50．59	別34			
援用	なし	なし	なし	なし	なし
書留			53Ⅰ．70Ⅰ②③．212Ⅰ．	11Ⅱ．	筆44．62．
合筆	39ⅠⅢ．41．	8①．別9イロ	35①．47③(5)．87Ⅰ．105．106．107③Ⅴ．108Ⅰ	16(5)．67(2)(6)．75．76	筆1．163
合併	17②．54③．55Ⅲ．56．63Ⅱ	8③Ⅱ③．16．22	35②③④⑤．47③イ(5)．107①．108．	16Ⅱ(5)．76．79(9)．86．98．99．100	筆49

用語	法	令	規則	準則	通達
			131．132．133．134．135．136．137．138．139．140Ⅳ		
仮処分	111．113．118Ⅳ	別71．72．74			
仮登記	73．105．106．107．108．109．110．111．112．113．114．126①．134Ⅱ①．157Ⅳ	7⑤ロ(2)．7Ⅲ②④．8⑧．別68．69．70．71．72	47③イ．178．179．180．195	116	筆5
関係土地	123④．126①．133②．134Ⅱ．135Ⅰ．137Ⅰ．143Ⅰ		207Ⅲ⑥		筆4．6．29．31．52．53．87(3)．88．89(1)エ．152．153．154
官庁	16．100．102Ⅱ．115．116．117．118．附6	7Ⅱ．16Ⅳ．17Ⅱ．18Ⅳ．19Ⅱ．別73	43④．63Ⅲ．64．177．182Ⅱ．209Ⅱ．211Ⅲ．附15Ⅳ	33(1)．37Ⅴ．71．87Ⅲ	1-1(2)ア．筆22．25．26．87
還付	附6．7	附2	38Ⅲ．39Ⅲ．55．213．221．244Ⅲ．245Ⅲ．附6Ⅱ	21(2)．28Ⅱ⑥⑦．29ⅢⅤⅥ．30．41Ⅳ．128．130	1-3(1)ア．1-4(1)．1-5(2)．1-7．2-7．2-8(2)．筆39．48．75．81．83．107．108
記名（登記名義人を除く）		16．18．19．	16Ⅹ．47．48②．49．50．70Ⅴ②．74Ⅱ．79Ⅳ．211Ⅱ．Ⅳ．	35Ⅲ．46．125Ⅲ．	1-10(1)．1-14(1)．筆45．
記名押印		16．18．19．	16Ⅹ．47．48②．49．50．74Ⅱ．79Ⅳ．211Ⅱ．Ⅳ．	35Ⅲ．46	1-10(1)．1-14(1)．筆45．
却下	23Ⅲ．24Ⅰ．		16⑬．24．28	28．31Ⅳ．	1-1(2)．1-

主要用語の条文検索便覧

用語	法	令	規則	準則	通達
	25．71ⅢⅣ．94Ⅲ．108Ⅳ．132．133Ⅰ		⑭．38．60Ⅰ．213Ⅲ．216．237．244	33(5)．36(3)ⅣⅤ．41Ⅳ．42Ⅱ．109Ⅰ．110Ⅰ．142ⅠⅣ．143Ⅱ	2(1)．1－11(2)アイ(イ)ウ(イ)．1－12(2)イ(3)ア．1－13(6)．2－2(2)(5)エ．2－5．2－7．2－8(2)．2－9(1)．3－1(1)．3－2．3－5．筆3．14．15．17．18．19．20．29．30．31．32．33．37．38．45．46．48．50．51．63．64．65．67．68．69．70．71．73．74．75．83．84．136．137．140．144．147．153
旧根抵当権		附4	附19		
行政書士	なし	なし	なし	なし	なし
共同担保目録	83Ⅱ	別42．46．47．49．51．55．56．58．60	7．9．28⑥．32Ⅰ．33．102．110Ⅱ．124ⅥⅦ．166．167．168．169．170．193⑤．197Ⅱ④Ⅲ．236．附7．8Ⅲ．9．10．11．14	8Ⅰ．9Ⅱ．112．113．114．137Ⅲ	1－16．2－8(1)
決定	25．70Ⅱ．71Ⅲ．100．108Ⅳ132．附38	7Ⅴロ(2)．附3．別26．54．63	16ⅩⅢ．18⑧．24．28⑭．38ⅠⅤ	18(17)Ⅰ．23(9)．28．109．110．142Ⅰ．142Ⅳ．143Ⅱ	筆68．70．71．72．144エ
原本			18⑨．24．28⑭．55．213．	18(17)Ⅰ．23(9)．28ⅡⅤ．30．	1－4(1)．1－7．1－13．(1)(5)．

用語	法	令	規則	準則	通達
			220	110Ⅲ Ⅳ. 133(6)	筆48. 71. 107. 156
公認会計士	なし	なし	なし	なし	なし
採石権	3⑨. 50. 82	別41			
先取特権	3⑤. 70Ⅲ. 73. 83. 84. 85. 86	3⑪ヘ. 別13. 26. 42. 43. 44. 45	35⑨. 123Ⅰ. 124Ⅵ. 161. 別2. 3		
資格証明書					筆34. 144(3)イ
資格を証する書面			193Ⅴ. 227Ⅳ. 238Ⅴ	35Ⅲ(2). 46Ⅱ	
質権	3⑥. 70Ⅲ. 73. 83. 84. 95	3⑨⑪ヘ. 8⑥. 別13. 26. 46. 47. 48. 49. 50. 51. 52. 53. 54	3②ハ. 35⑨. 47③イ(1). 123Ⅰ. 124Ⅳ. 165. 169ⅡⅢ		
司法書士	128②			49Ⅱ(1)(2)	筆27
住民票			36Ⅳ		筆21
住民票コード			36Ⅳ		
収用	74③. 118	別28. 74. 75			
順位	4. 59⑧. 89. 91. 106. 112	2⑧. 8⑥. 別13. 42. 46. 47. 49. 50. 55. 56. 58. 59. 74	1②. 2. 147. 148. 163. 164. 165. 167③. ニ. 175. 179. 197Ⅳ	37(2)	
承諾	33Ⅱ. 33Ⅳ. 40. 50. 55. 58Ⅲ. 66. 67Ⅱ. 68. 72. 74Ⅱ. 107. 109Ⅰ. 110. 116. 137Ⅳ	7⑤ハ. 19. 別2. 3. 13. 18. 19. 25. 26. 27. 29. 36. 37. 39. 40. 68. 69. 70. 73	50. 104. 120Ⅴ. 125. 178	104Ⅱ. 105. 106Ⅱ	筆101
省略		6. 9	36. 37. 44. 67. 197Ⅲ. 198Ⅱ	31Ⅲ. 35Ⅲ. 71Ⅱ. 72Ⅱ. 87Ⅲ. 136Ⅲ	1-10. 3-4. 筆22

用語	法	令	規則	準則	通達
嘱託	16. 24Ⅱ. 43Ⅱ Ⅲ Ⅳ Ⅴ Ⅵ. 76Ⅱ Ⅲ. 94Ⅱ Ⅲ Ⅳ. 102. 115. 116. 117. 118Ⅱ. 147. 161Ⅰ. 附6	2⑦. 3⑦ロ. ⑧ロ. 7Ⅱ. 16Ⅳ. 17Ⅱ. 18Ⅳ. 23. 別10. 11. 73	31Ⅱ. 34Ⅳ. 43④. 59. 63Ⅲ. 64①. 157Ⅲ. 171. 172. 177. 182Ⅱ. 184.. 192. 附15Ⅳ①	25ⅡⅢ. 34. 37Ⅴ. 71Ⅱ. 87Ⅲ. 110の2. 146	1－1－(8). 1－10. 3－2. 3－5
除斥	10. 126				筆64(1)
職権	28. 29Ⅰ. 39ⅡⅢ. 46. 51Ⅵ. 58Ⅳ. 71. 76Ⅱ. 80Ⅳ. 94ⅠⅡ. 101. 109Ⅱ. 111Ⅲ. 114. 118Ⅳ Ⅴ Ⅵ		16⑮. 18⑥⑦. 23. 28⑪. 96. 123Ⅱ. 153. 154. 165Ⅳ. 177. 185. 附18	4Ⅳ. 9Ⅰ. 16(1)Ⅱ(1). 18(4)(17)イウ. 23(7)(8). 59. 60Ⅰ. 63Ⅰ. 65. 104. 106Ⅰ. 107. 108. 110	1－11(2)アオ. 3－2. 3－3. 筆144. 153
書面申請			1④. 17Ⅱ. 20Ⅰ. 21Ⅰ. 22Ⅰ. 38Ⅲ. 39②Ⅲ. 54Ⅰ. 55Ⅰ. 56Ⅱ. 60Ⅱ②. 63②. 64③. 66②. 70Ⅴ②. 73Ⅰ. 74. 79Ⅳ. 80Ⅱ. 166Ⅱ. 176Ⅱ. 182②. 189Ⅴ. 190Ⅱ. 206②. 211. 245②. 附9. 10Ⅴ. 12Ⅳ	28Ⅲ. 28Ⅳ. 29Ⅳ. 29Ⅴ. 36Ⅱ. 41Ⅱ. 46Ⅰ	2－2(2). 2－8(3). 筆25. 26. 37. 42. 44. 47. 54. 56. 57. 76. 81
所有権登記名義人	123⑤. 131Ⅰ. 133Ⅰ. 146ⅡⅢⅣ		207Ⅲ⑥		筆5. 6. 14. 15. 32. 50. 52. 105. 115
所有権の移転	32. 73Ⅲ. 77. 118ⅠⅤ	8⑤. 別30. 74	47③イ(3)	118⒁イ	筆53
所有権の保存	32. 74. 75. 76. 87Ⅰ	3⑥⑦ロ⑧ロ. 7Ⅲ①. 別28. 29	34Ⅳ. 157. 162Ⅱ	118⒁イ	

用語	法	令	規則	準則	通達
署名		12. 13Ⅰ. 14.		16Ⅸ. Ⅹ. 17. 42. 43. 47. 49Ⅰ. 50Ⅰ. 51Ⅶ. 65Ⅸ. 68Ⅹ. 70Ⅴ. 74Ⅱ. 79Ⅳ. 210Ⅲ. Ⅳ. 211Ⅱ. Ⅳ.	46Ⅰ.	1-10(1). 1-13(1). 1-14(1). 2-1(2). 2-2(5). 筆43. 45. 97. 122.
信書				43Ⅰ. 70Ⅰ②③Ⅲ. 188. 204Ⅱ. 212Ⅰ. 217Ⅱ.		筆44. 140
信託原簿				附12Ⅴ. 13		
信託目録	97Ⅱ		別65	7. 9. 28⑦. 32Ⅰ. 46Ⅲ. 176. 193⑤. 197Ⅱ⑤Ⅲ. 236. 附6Ⅰ. 7Ⅰ Ⅲ. 8Ⅲ. 12. 13. 14		
対象土地	123③④. 124. 126①. 131Ⅲ③④. 132①⑤⑥⑦. 133. 134. 135. 136. 137. 139. 140Ⅰ. 142. 143Ⅰ. 145. 146			207Ⅱ⑤⑥Ⅲ⑤⑥. 208. 211Ⅶ. 222. 223Ⅰ. 231②Ⅳ④. 233. 234. 235②		筆3. 4. 6. 14. 19. 27. 29. 30. 31. 32. 38. 40. 41. 47. 50. 52. 53. 54. 55. 58. 59. 60. 64. 73. 79. 84. 87. 88. 89. 91. 92. 105. 110. 115. 123. 125. 132. 133. 136(4). 137. 143. 150(1). 151. 152. 153. 154. 162
代表者	24. 126③. 134Ⅱ②. 163	3②③. 7①. 12Ⅰ. 13Ⅰ. 16Ⅰ. 17. 18		16Ⅲ②③. 43. 44Ⅱ. 46. 47②③. 48②.	35ⅠⅢ. 43Ⅱ. 46Ⅱ	1-13(1). 筆25. 26. 28. 45

用語	法	令	規則	準則	通達
		I	49①②Ⅱ②. 62②. 65Ⅱ②③. 68②③. 70①. 72①. 93. 193Ⅱ②③Ⅴ. 207Ⅱ. 209①. 211Ⅱ Ⅳ. 218③④. 227③④Ⅳ. 238②③Ⅴ. 243		
地役権	3④. 50. 80	2④. 13Ⅰ. 20④. 21Ⅰ. 別8. 9. 35. 36. 37	1⑦. 18④. 21. 28⑬. 79. 80. 86. 87. 102. 103Ⅰ. 104ⅣⅤⅥ. 105①. 107Ⅱ Ⅲ. 108Ⅲ. 159. 160	17Ⅱ(2). 18(3) (18)イオ. 23(3). 58. 118(7)(8)	1-14
地役権図面		2④. 13Ⅰ. 21Ⅰ. 別8. 9. 35. 36	1⑦. 18④. 21. 28⑬. 79. 80. 86. 87. 160	17Ⅱ(2). 18(3) (18)イオ. 23(3). 58	
地上権	3②. 46. 50. 78	別12. 13. 21. 28. 32. 33			
賃借権	3⑧. 81	別12. 13. 21. 28. 32. 38. 40			
通知	21. 22. 23. 67ⅠⅢⅣ. 71 ⅠⅡⅢ. 117. 133. 134. 136. 137Ⅱ. 140Ⅰ Ⅳ. 141. 144. 145. 157Ⅲ. 附6Ⅲ	別53. 62. 71. 72.	18⑩. 19. 28 ⑮. 40ⅡⅢⅣ. 47③ハ. 56Ⅳ ④. 62. 63. 64. 65Ⅰ. 70. 71. 103ⅢⅣ. 110ⅢⅣ. 119 ⅡⅢ. 124Ⅷ Ⅸ. 159ⅡⅤ. 168ⅤⅥ. 170 Ⅳ. 181Ⅰ. 183. 184. 185.	4Ⅱ. 17(5)(11) (12). 18(6)(7)(13) (17)カチツ. 21(2)(3). 23(11). 26. 28Ⅷ. 31 Ⅰ. 32Ⅰ. 33(4). 35Ⅷ. 37. 38. 40(2). 41ⅣⅥ. 42(1). 43. 44. 45. 46. 47. 48. 49Ⅳ. 61Ⅰ.	1-1(2)エ. 1-8. 1-10. 1-16. 2- 2(2). 2-3(2). 2-7. 3-1. 筆38. 58. 61. 67. 68. 69. 77. 78. 83. 92. 99. 100. 105. 111. 112. 128. 131. 134. 135. 136. 138.

用語	法	令	規則	準則	通達
			186. 187. 188. 217. 223. 232 V. 244 V. 245 Ⅱ V. 246 Ⅱ	65. 107 Ⅱ. 110 Ⅰ. 110の2. 117. 118. 119 Ⅲ Ⅳ. 120. 121. 124 Ⅲ. 127. 128. 130 Ⅱ. 142 Ⅲ	139. 140. 141. 142. 144. 146. 148. 151. 152. 154
抵当権	3⑦. 40. 50. 55. 58 Ⅲ. 70 Ⅲ. 73. 83. 84. 88. 89. 90. 91. 92. 93	3⑨⑪ヘ. 8⑥. 附4. 別13. 18. 19. 25. 26. 55. 56. 57. 58. 59. 60. 61. 62. 63	3②イハ. 35 ⑨. 47③⑴. 104①③. 120 V①③. 123 Ⅰ. 124 Ⅵ. 125①③. 165. 169. 171. 172. 189 Ⅳ. 附19	125	
電子証明書		14	16 Ⅸ. 17 Ⅰ. 43. 44. 51 Ⅷ Ⅸ. 52 Ⅱ. 65 Ⅸ. 68 Ⅹ. 70 Ⅶ. 210 Ⅳ. 211 Ⅵ	49 Ⅱ⑴⑶	1−14⑴. 2−1⑵. 2−2⑸⑹. 筆43
電子署名		12. 13. 14	16 Ⅸ. 17 Ⅰ. 42. 43. 51 Ⅶ. 65 Ⅸ. 68 Ⅹ. 70 Ⅴ. 210 Ⅲ. Ⅳ	46 Ⅰ	1−13⑴. 1−14⑴. 2−1⑵. 2−2⑸. 筆43
電子申請			1③. 17. 19. 39①. 41. 44 Ⅰ. 44 Ⅱ. 60 Ⅱ①. 63①. 64②. 66①. 70 Ⅴ①. 73 Ⅰ. 182. 189 Ⅴ. 206①. 210. 245①. 附10 Ⅱ. 附12 Ⅱ. 附15 Ⅰ	28 Ⅴ. 32 Ⅲ. 33 Ⅳ. 35 Ⅸ. 36 Ⅰ. 46 Ⅰ. 47. 48 Ⅲ. 62 Ⅲ. 124	1−1⑷. 1−3⑵. 1−13⑴⑸. 1−14⑴. 2−1. 2−2⑴. 2−4. 2−5. 2−6⑴. 2−8. 2−9. 筆37. 42. 43. 57. 76
電磁的記録	2⑤. 14 Ⅵ. 23 Ⅳ②. 29 Ⅱ. 120 Ⅰ Ⅱ. 121	13 Ⅰ. 14. 15	12 Ⅰ Ⅱ. 13 Ⅱ. 17 Ⅰ. 20 Ⅱ Ⅲ. 27③⑤⑧. 27	8 Ⅰ. 12. 15 Ⅰ. 16⑵⑹⑺. 131 Ⅰ. 134.	1−11⑴イ. 1−13⑴⑵⑸. 2−9⑸. 筆35.

主要用語の条文検索便覧　103

用語	法	令	規則	準則	通達
	IⅡ．134		の2．29．31Ⅱ．32．42．51Ⅷ．52Ⅱ．73Ⅰ．74Ⅰ．80Ⅱ．85Ⅳ．94Ⅰ．193Ⅰ．200Ⅱ．201Ⅱ．202Ⅱ．219②．228Ⅱ．230．231Ⅲ．232ⅡⅢ．233Ⅱ．235ⅡⅢ．236．238．240Ⅱ．附4Ⅲ	135．136(7)(8)(9)(10)(11)(12)(13)(14)	128．159．160
添付情報		2①．7．9．10．12Ⅱ．13．15．20⑧．別表	1⑥．17Ⅰ．28⑨⑩．34⑥．37．41．46Ⅲ．52Ⅰ．87Ⅰ．88Ⅰ．206④⑤．207Ⅲ⑧．209．210ⅠⅢ．211ⅤⅥ	36Ⅳ．71Ⅰ．112	1－12(2)ウ．1－13．2－1(2)．2－2(5)エ．筆18．21．22．23．24．25．26．34．42．46
添付書面			1⑥．17Ⅱ．19．38Ⅲ．39Ⅲ．53．54Ⅰ．55Ⅰ．206⑤．210ⅠⅡ．211Ⅰ．212．213Ⅰ．244Ⅲ．245Ⅲ	28ⅥⅦ．29ⅤⅥ．34Ⅱ．35ⅢⅤ．36Ⅲ	1－1(8)1－7．1－11(2)ア．1－16．筆18．25．26．42．44．46．48．75．81．150(4)
登記完了			39Ⅱ．55Ⅳ．64③．181．182．附15Ⅳ②．16	66．118(5)．119	1－5(1)．2－1(2)．2－9(3)
登記完了証			181．182．附16		1－5(1)
登記義務者	2⑬．22．23．25⑦．60．62．67．70．71Ⅰ．86．98Ⅰ．107．111．116	3⑪イロ．別26．68．73	47③．66．67．70．71．161．181．附16	43Ⅱ．48Ⅱ．108	3．5．10

用語	法	令	規則	準則	通達
登記原因証明情報	61				1－7
登記原因を証する情報	25⑧．61	7⑤ロ．7Ⅲ．別22．25．26ホ．27．29ロ．30．31．32．33．34．35．36．37．38．39．40．41．42．43．44．45．46．47．48．49．50．51．55．56．57．58．59．60．64．65．68．70．73．74．75	15Ⅱ		1－4(1)
登記原因を証する書面			附15Ⅲ、Ⅵ		
登記権利者	2⑫．22．60．62．63．67．69．70．71．98Ⅱ．107．108．115．116．117	3⑪イロハ．20②．別26．73	63Ⅲ．64．181Ⅰ．182Ⅱ．附15ⅢⅣ．16	37Ⅴ．108	4
登記識別情報	2⑭．21．22．23．117．151．159．161．附6Ⅲ．7	3⑫．8．22．附2ⅡⅢ	18⑪．26．27⑦．28⑯．47③ロハ．61．62．63．64．65．66．67．68⑤Ⅱ．69．178	17(5)．18(8)(13)(17)．33(5)(6)．37．38．39．40．41．42	1－1－(2)オカ．1－3－(2)．1－10．2－2．2－3．2－7
登記事項証明書	119．附5	11．別12．13．15．16．21．28．32．35．36．37．47．49．56．58	28①．193．194．195．196．197．199．205．附4Ⅲ．17	17(7)．18⑮(17)ス．37Ⅱ．110の2Ⅱ．111Ⅰ．112．125Ⅰ．131．133．136．137．138．140．142．143Ⅱ	1－1(8)．1－15．筆152(1)

用語	法	令	規則	準則	通達
登記事項要約書			27②．193．198．199．附4Ⅲ	131	
登記申請書			53Ⅱ	121	
登記名義人	2⑪⑬⑭．21．22．25⑦．30．37．38．39．40．41③④．42．43Ⅳ．48Ⅳ．49．50．51．52．53．54．55．56．57．58．59．62．64．65．67．74Ⅱ．77．87Ⅱ．89．93．110．117．123⑤．126．131．133．134．146．160	3．8．20．22．附2．別13．14．18．19．21．23．28．29．30．32．52．53．54．61．62．63．70	3①．16．35⑦．47③．61．65．67．68．72．88．104．107．120．124．125．128．157．183．184．196．198．207．209．210．附16	35．37．40．118	1－2(2)．1－11(2)アイ．1－12(1)(2)．筆5．6．14．15．16．21．23．24．32．50．52．88．105．115．154
同時	19ⅡⅢ．98Ⅰ．104ⅠⅢ	20⑥	37Ⅰ．67	31Ⅱ．125Ⅱ	筆35．111．113．117．150
特定登記所			209①②．227Ⅳ．238Ⅴ．243		筆25．26．28
土地家屋調査士	128②．附10		93	49Ⅱ(1)(2)	筆27
取り下げ			39Ⅰ．245Ⅰ	29．36Ⅴ	2－8(2)．筆76．82．83．136．137．140
取下			19．39．245	29．31Ⅳ．33(5)．41Ⅳ．128Ⅱ	1－1(2)オ．2－5．2－6．2－7．2－8(2)．2－9(3)(4)．筆76．77．78．79．80．81．82．83．144．153

用語	法	令	規則	準則	通達
根質権		3⑨．別４６．４７．４９．５０．５１．５２．５４	3②ハ．47③イ(1)．165．169		
根抵当権	88．92．93	3⑨．附4．別55．56．58．59．60．61．62．63	3②ハ．47③イ(1)．165．169．附19		
筆界調査委員	127．128．129．134．135．136．137．140．142．143	21Ⅱ	226②．229．230．231⑦		筆64(1)．84．85．86．87．91．94．96．99．102．121．122．124．144(1)ウ(2)ア．158
筆界特定登記官	125．126．127エ．130．131Ⅰ．132．133Ⅰ．134Ⅲ．139．140．141．142．143．144．146Ⅴ		213ⅢⅣ．214．216．219③．220Ⅱ．221Ⅱ．222．224．226．228．229．231．232．233．242．244．245．246		筆19．37．38．61．62．64(1)．85．94．95．104．113．115．116．118(3)(5)．120．121．124．146．150．152．154．155
標準処理期間	130				筆84
副登記記録			9．199		
不動産の表示	1．2②③．3．25⑪．29Ⅰ．75		8．198ⅠⅡ		
不動産番号			1⑧．34ⅡⅢ．65Ⅱ⑤イ．68Ⅰ⑤イ．90．181Ⅱ．184Ⅱ①．185Ⅰ①イ．193②．207Ⅲ②．231②．別1．2．3	37(1)	筆29．54
不動産を特定				40(3)(4)	

主要用語の条文検索便覧

用語	法	令	規則	準則	通達
分割	54．59⑥．65	3⑪ニ．8④．附4．別16．51．60	3②イハ．34③．35②③．47③イ(2)．84．127．128．135．136．139．142．165．169．176Ⅲ．附9Ⅲ．19	16Ⅱ(4)．54．79(8)．96．100	
弁護士	128②			49Ⅱ(2)	筆27
補正	25．132		60．216	29Ⅴ．33(5)．36．42Ⅱ	1－1(2)オ．1－2(2)．2－2(6)．2－4．2－5．2－6(2)．3－1(4)．筆38．65．66
本登記	106．109Ⅰ．112．113．114	別69	179．180．附6Ⅰ	116	
本人確認	24		59．71Ⅱ④．72	33．34．35Ⅶ Ⅷ．49	1－1．1－2．1－9．1－10
身分証明書					筆102
身分を示す証明書	29Ⅱ．137Ⅵ				
優先	なし	なし	なし	なし	なし
郵送					1－13(2)
郵便			53Ⅰ．70Ⅰ．Ⅲ．71Ⅰ．188．204Ⅱ．212Ⅰ．217Ⅱ	11Ⅱ．	筆44．62．140．
要約書			27②．193．198．199．附4Ⅲ	131	

5 平成17年3月7日以降に変わった7つの改正点

❶平成17年3月7日から変わった主な改正点
平成17年3月7日の施行日から変わった主な改正点は、次のとおりである。

(1) 出頭主義の廃止
　　出頭のみで回収は不可（規63②）

> （登記識別情報の通知の方法）
> 第六十三条　登記識別情報の通知は、次の各号に掲げる申請の区分に応じ、当該各号に定める方法によるものとする。
> 　一　電子申請　法務大臣の定めるところにより、登記官の使用に係る電子計算機に備えられたファイルに記録された登記識別情報を電子情報処理組織を使用して送信し、これを申請人又はその代理人の使用に係る電子計算機に備えられたファイルに記録する方法
> 　二　書面申請　登記所において登記識別情報を記載した書面を交付する方法
> 2　登記官は、前項の通知をするときは、法第二十一条本文の規定により登記識別情報の通知を受けるべき者及び前条第一項各号に定める者以外の者に当該通知に係る登記識別情報が知られないようにするための措置を講じなければならない。
> 3　第一項の規定にかかわらず、官庁又は公署が登記権利者のために登記の嘱託をしたときにおける登記識別情報の通知は、官庁又は公署の申出により、登記識別情報を記載した書面を交付する方法によりすることができる。この場合においては、官庁又は公署は、当該申出をする旨を嘱託情報の内容とするものとする。

(2) 保証書の廃止

(3) 変容した事前通知
　①個人の場合は本人限定受取郵便（2週間）（規70①Ⅷ）
　②法人の場合は書留郵便（2週間）（規70②Ⅷ、準44Ⅱ）
　③海外の場合は書留郵便（4週間）（規70③Ⅷ）
　④相続の開始があった場合（準47Ⅰ）
　⑤再送付申出（準46）

> （事前通知）
> 第七十条　法第二十三条第一項の通知は、次の各号に掲げる場合の区分に応じ、当該各号に定める方法により書面を送付してするものとする。
> 　一　法第二十二条に規定する登記義務者が自然人である場合又は当該登記義務者が法人である場合において当該法人の代表者の住所にあてて書面を送付するとき　日本郵政公社の内国郵便約款の定めるところにより名あて人本人に限り交付し、又は配達する本人限定受取郵便又はこれに準ずる方法
> 　二　法第二十二条に規定する登記義務者が法人である場合（前号に掲げる場合を除く。）　書留郵便又は信書便の役務であって信書便事業者において引受け及び配達の記録を行うもの

三　法第二十二条に規定する登記義務者が外国に住所を有する場合　書留郵便若しくは信書便の役務であって信書便事業者において引受け及び配達の記録を行うもの又はこれらに準ずる方法
　2　前項の書面には、当該通知を識別するための番号、記号その他の符号（第五項第一号において「通知番号等」という。）を記載しなければならない。
　3　第一項の規定による送付は、申請人が速達料に相当する郵便切手を提出したときは、速達の取扱いをしなければならない。同項第二号又は第三号の場合において、信書便の役務であって速達に相当するものの料金に相当する当該信書便事業者の証票で法務大臣が指定するものを提出したときも、同様とする。
　4　前項の指定は、告示してしなければならない。
　5　法第二十三条第一項に規定する申出は、次の各号に掲げる申請の区分に応じ、当該各号に定める方法によりしなければならない。
　　一　電子申請　法務大臣の定めるところにより、法第二十二条に規定する登記義務者が、第一項の書面の内容を通知番号等を用いて特定し、申請の内容が真実である旨の情報に電子署名を行った上、登記所に送信する方法
　　二　書面申請　法第二十二条に規定する登記義務者が、第一項の書面に通知に係る申請の内容が真実である旨を記載し、これに記名し、申請書又は委任状に押印したものと同一の印を用いて当該書面に押印した上、登記所に提出する方法（申請情報の全部を記録した磁気ディスクを提出した場合にあっては、法第二十二条に規定する登記義務者が、申請の内容が真実である旨の情報に電子署名を行い、これを記録した磁気ディスクを第一項の書面と併せて登記所に提出する方法）
　6　令第十四条の規定は、前項の申出をする場合について準用する。
　7　第四十三条の規定は、前項において準用する令第十四条の法務省令で定める電子証明書について準用する。
　8　法第二十三条第一項の法務省令で定める期間は、通知を発送した日から二週間とする。ただし、法第二十二条に規定する登記義務者が外国に住所を有する場合には、四週間とする。

(4) 前住所通知（所有権のみ）（法23Ⅱ、規71、全住所＝準49Ⅱ）

（前の住所地への通知）
第七十一条　法第二十三条第二項の通知は、転送を要しない郵便物として書面を送付する方法又はこれに準ずる方法により送付するものとする。
　2　法第二十三条第二項の法務省令で定める場合は、次に掲げる場合とする。
　　一　法第二十三条第二項の登記義務者の住所についての変更の登記（更正の登記を含む。以下この項において同じ。）の登記原因が、行政区画若しくはその名称又は字若しくはその名称についての変更又は錯誤若しくは遺漏である場合
　　二　法第二十三条第二項の登記の申請の日が、同項の登記義務者の住所についてされた最後の変更の登記の申請に係る受付の日から三月を経過している場合
　　三　法第二十三条第二項の登記義務者が法人である場合
　　四　前三号に掲げる場合のほか、次条第一項に規定する本人確認情報の提供があった場合において、当該本人確認情報の内容により申請人が登記義務者であることが確実であると認められる場合

(5) 特則としての「資格者による本人確認情報」制度（法23Ⅳ）
　①代理人としての資格者（職印の印鑑証明書要）（規72、規50）

（資格者代理人による本人確認情報の提供）
第七十二条 法第二十三条第四項第一号の規定により登記官が同号に規定する代理人（以下この条において「資格者代理人」という。）から提供を受ける申請人が申請の権限を有する登記名義人であることを確認するために必要な情報（以下「本人確認情報」という。）は、次に掲げる事項を明らかにするものでなければならない。
一　資格者代理人（資格者代理人が法人である場合にあっては、当該申請において当該法人を代表する者をいう。以下この条において同じ。）が申請人（申請人が法人である場合にあっては、代表者又はこれに代わるべき者。以下この条において同じ。）と面談した日時、場所及びその状況
二　資格者代理人が申請人の氏名を知り、かつ、当該申請人と面識があるときは、当該申請人の氏名を知り、かつ、当該申請人と面識がある旨及びその面識が生じた経緯
三　資格者代理人が申請人の氏名を知らず、又は当該申請人と面識がないときは、申請の権限を有する登記名義人であることを確認するために当該申請人から提示を受けた次項各号に掲げる書類の内容及び当該申請人が申請の権限を有する登記名義人であると認めた理由
2　前項第三号に規定する場合において、資格者代理人が申請人について確認をするときは、次に掲げる方法のいずれかにより行うものとする。ただし、第一号及び第二号に掲げる書類及び有効期間又は有効期限のある第三号に掲げる書類にあっては、資格者代理人が提示を受ける日において有効なものに限る。
一　運転免許証（道路交通法（昭和三十五年法律第百五号）第九十二条第一項に規定する運転免許証をいう。）、外国人登録証明書（外国人登録法（昭和二十七年法律第百二十五号）第五条に規定する外国人登録証明書をいう。）、住民基本台帳カード（住民基本台帳法第三十条の四十四第一項に規定する住民基本台帳カードをいう。ただし、住民基本台帳法施行規則（平成十一年自治省令第三十五号）別記様式第二の様式によるものに限る。）又は旅券等（出入国管理及び難民認定法（昭和二十六年政令第三百十九号）第二条第五号に規定する旅券及び同条第六号に規定する乗員手帳をいう。ただし、当該申請人の氏名及び生年月日の記載があるものに限る。）のうちいずれか一以上の提示を求める方法
二　国民健康保険、健康保険、船員保険等若しくは介護保険の被保険者証、医療受給者証（老人保健法（昭和五十七年法律第八十号）第十三条に規定する健康手帳の医療の受給資格を証するページをいう。）、健康保険日雇特例被保険者手帳、国家公務員共済組合若しくは地方公務員共済組合の組合員証、私立学校教職員共済制度の加入者証、国民年金手帳（国民年金法（昭和三十四年法律第百四十一号）第十三条第一項に規定する国民年金手帳をいう。）、児童扶養手当証書、特別児童扶養手当証書、母子健康手帳、身体障害者手帳、精神障害者保健福祉手帳、療育手帳又は戦傷病者手帳であって、当該申請人の氏名、住所及び生年月日の記載があるもののうちいずれか二以上の提示を求める方法
三　前号に掲げる書類のうちいずれか一以上及び官公庁から発行され、又は発給された書類その他これに準ずるものであって、当該申請人の氏名、住所及び生年月日の記載があるもののうちいずれか一以上の提示を求める方法
3　資格者代理人が本人確認情報を提供するときは、当該資格者代理人が登記の申請の代理を業とすることができる者であることを証する情報を併せて提供しなければならない。

(6)　登記原因証書の廃止
　①共同申請と単独申請の要件
　②承諾書は別項目（令7⑤ロ、ハ）

③登記済証作成素材（規附15）

（法附則第六条の指定前の登記手続）
第十五条　新規則中電子申請に関する規定及び第三十六条第四項の規定は、法附則第六条の指定（以下「第六条指定」という。）の日からその第六条指定に係る登記手続について適用する。
2　第六条指定を受けていない登記所の登記手続に係る登記の申請をするときは、登記原因を証する情報を記載した書面であって不動産所在事項、登記の目的及び登記原因その他の申請に係る登記を特定することができる事項を記載したもの又は申請書と同一の内容を記載した書面を提出するものとする。
3　法附則第六条第三項の規定により読み替えて適用される法第二十一条本文又は法附則第六条第三項の規定により読み替えて適用される法第百十七条の登記済証その他の登記権利者に係る登記済証の作成及び交付については、なお従前の例による。この場合においては、前項の規定により提出された書面を旧法第六十条第一項に規定する登記原因を証する書面又は申請書の副本とみなす。
4　法附則第六条第三項の規定により読み替えて適用される法第二十一条ただし書の法務省令で定める場合は、次に掲げる場合とする。
　一　法附則第六条第三項の規定により読み替えて適用される法第二十一条本文の規定により登記済証の交付を受けるべき者があらかじめ登記済証の交付を希望しない旨の申出をした場合（官庁又は公署が登記権利者のために登記の嘱託をした場合において、当該官庁又は公署が当該登記権利者の申出に基づいて登記済証の交付を希望しない旨の申出をしたときを含む。）
　二　法附則第六条第三項の規定により読み替えて適用される法第二十一条本文の規定により登記済証の交付を受けるべき者が、登記完了の時から三月以内に登記済証を受領しない場合
　三　法附則第六条第三項の規定により読み替えて適用される法第二十一条本文の規定により登記済証の交付を受けるべき者が官庁又は公署である場合（当該官庁又は公署があらかじめ登記済証の交付を希望する旨の申出をした場合を除く。）
　四　申請人が第二項に規定する書面を提出しなかった場合
5　新規則第六十四条第二項の規定は、前項第一号及び第三号の申出をするときについて準用する。
6　第六条指定を受けていない登記手続において登記を完了した場合における登記済証（第三項の登記済証を除く。）の作成及び交付については、なお従前の例による。この場合においては、第二項の規定により提出された書面又は法附則第六条第三項の規定により読み替えて適用される法第二十二条の規定により提出された登記済証を旧法第六十条第一項に規定する登記原因を証する書面若しくは申請書の副本又は同条第二項に規定する登記済証若しくは書面とみなす。
7　第四項及び第五項の規定は、前項の場合について準用する。
8　第六条指定がされるまでの間における第六条指定を受けていない登記手続についての新規則第七十条の適用については、同条中「法第二十二条」とあるのは、「法附則第六条第三項の規定により読み替えて適用される法第二十二条」とする。
9　旧細則第四十四条ノ十七の規定は、第六条指定がされるまでの間、第六条指定を受けていない登記手続について、なおその効力を有する。

(7)　申請書副本の廃止
　　登記済証作成素材（規附15）

(8) 登記官の職権による本人確認制度の導入
　①不正登記防止申出制度の新設（旧、不受理申出）（準34②）
　②事前確認発展型（準34④⑤⑥）

(9) 登記済証不発行制度（法附6による読替）

(10) 登記原因証書に代わる「登記原因証明情」の必要的提出制度（令7⑤）

(11) 原本還付手続の変更
　①事前還付から事後還付へ（規55）

> **（添付書面の原本の還付請求）**
> 第五十五条　書面申請をした申請人は、申請書の添付書面（磁気ディスクを除く。）の原本の還付を請求することができる。ただし、令十六条第二項、第十八条第二項又は第十九条第二項の印鑑に関する証明書及び当該申請のためにのみ作成された委任状その他の書面については、この限りでない。
> 2　前項本文の規定により原本の還付を請求する申請人は、原本と相違ない旨を記載した謄本を提出しなければならない。
> 3　登記官は、第一項本文の規定による請求があった場合には、調査完了後、これを還付するものとする。この場合には、前項の謄本と当該請求に係る書面の原本を照合し、これらの内容が同一であることを確認した上、同項の謄本に原本還付の旨を記載し、これに登記官印を押印するものとする。
> 4　前項後段の規定により登記官印を押印した第二項の謄本は、登記完了後、申請書類つづり込み帳につづり込むものとする。
> 5　第三項前段の規定にかかわらず、登記官は、偽造された書面その他の不正な登記の申請のために用いられた疑いがある書面については、これを還付することができない。

　②連件申請と登記済証（規附15ⅡⅢⅣ④、規55、規67）
　③相続関係説明図（戸籍以外の書類は不還付）

(12) 受領証手続の変更
　①書面申請のみの登記完了前まで（規54）

> **（受領証の交付の請求）**
> 第五十四条　書面申請をした申請人は、申請に係る登記が完了するまでの間、申請書及びその添付書面の受領証の交付を請求することができる。
> 2　前項の規定により受領証の交付を請求する申請人は、申請書の内容と同一の内容を記載した書面を提出しなければならない。ただし、当該書面の申請人の記載については、申請人が二人以上あるときは、申請書の筆頭に記載した者の氏名又は名称及びその他の申請人の人数を記載すれば足りる。
> 3　登記官は、第一項の規定による請求があった場合には、前項の規定により提出された書面に申請の受付の年月日及び受付番号並びに職氏名を記載し、職印を押印して受領証を作成した上、当該受領証を交付しなければならない。

　②受領証の返納不要（返納規定なし）

(13) 共同担保目録の変更
　①コンピュータ庁では添付不要（法83Ⅱ、規166他）

> （共同担保目録の作成）
> 第百六十六条　登記官は、二以上の不動産に関する権利を目的とする担保権の保存又は設定の登記の申請があった場合において、当該申請に基づく登記をするとき（第百六十八条第二項に規定する場合を除く。）は、次条に定めるところにより共同担保目録を作成し、当該担保権の登記の末尾に共同担保目録の記号及び目録番号を記録しなければならない。
> 2　登記官は、前項の申請が書面申請である場合には、当該申請書（申請情報の全部を記録した磁気ディスクを除く。）に共同担保目録の記号及び目録番号を記載しなければならない。

　②ブック庁では一通のみ（規附9）

> （共同担保目録）
> 第九条　共同担保目録に関する事務について第三条指定を受けていない登記所（以下「共担未指定登記所」という。）において二以上の不動産に関する権利を目的とする担保権の保存、設定又は処分の登記を申請する場合（書面申請をする場合に限る。この条において同じ。）における共同担保目録に記録すべき情報の提供方法については、なお従前の例による。ただし、一又は二以上の不動産に関する権利を目的とする担保権の保存又は設定の登記をした後、同一の債権を担保するため他の二以上の不動産に関する権利を目的とする担保権の保存、設定又は処分の登記を申請する場合において、前の登記に他の登記所の管轄区域内にある不動産に関するものがあるときであっても、一の共同担保目録を添付すれば足りる。
> 2　一又は二以上の不動産に関する権利を目的とする担保権の保存又は設定の登記をした後、共担未指定登記所において同一の債権を担保するため他の一の不動産に関する権利を目的とする担保権の保存、設定又は処分の登記を申請する場合における共同担保目録に記録すべき情報の提供方法については、なお従前の例による。ただし、一の不動産に関する権利を目的とする担保権の保存又は設定の登記をした後、同一の債権を担保するため他の一の不動産に関する権利を目的とする担保権の保存、設定又は処分の登記を申請する場合において、前の登記が他の登記所の管轄区域内にある不動産に関するものであるときであっても、一の共同担保目録を添付すれば足りる。
> 3　共担未指定登記所において担保権の登記がある土地の分筆の登記、建物の分割の登記、建物の区分の登記又は敷地権付き区分建物について敷地権を抹消することとなる登記の申請をする場合の共同担保目録については、なお従前の例による。ただし、これらの登記をする前の不動産に関する権利が他の登記所の管轄区域内にある不動産に関する権利とともに担保権の目的であったときであっても、一の共同担保目録を添付すれば足りる。
> 4　前三項の規定により共同担保目録が提出された場合において、前の登記に関する共同担保目録があるときは、新たに提出される共同担保目録は当該前の登記に関する共同担保目録の一部とみなす。
> 5　旧細則第四十三条ノ二から第四十三条ノ四までの規定は、第一項から第三項までの規定により共担未指定登記所に提出すべき共同担保目録について、なおその効力を有する。

(14) 職権更正手続
　利害関係人がある場合は承諾を得れば可（法67Ⅱただし書）

(15) 審査請求
　　登記実行の場合を含む（法129、旧法154）

(16) 却下、取下
　　偽造、その他不正使用書類の不還付（規38Ⅲただし書、39Ⅲただし書）

❷平成17年6月2日から変更になった点
(1) 差押の登記等の抹消の通知に関する規定の追加
　　所有権に関する仮登記に基づく本登記をする場合には、登記上の利害関係を有する第三者がいる場合、その第三者の承諾または第三者に対抗することができる裁判があったこと証する情報の添付がなければ登記を申請することができない（法109①）。
　　そして、差押登記やその他の処分の制限の登記がある場合には、当該差押債権者等が第三者となる。その差押債権者等が承諾している所有権に関する仮登記の本登記を登記した場合には、登記官は職権で当該第三者の権利に関する登記を抹消しなければならないこととされている（法109②）。
　　また、権利に関する登記を抹消する場合に、抹消に係る権利を目的とする第三者の権利に関する登記があるときは、第三者の承諾を証する第三者が作成した情報または第三者に対抗することができる裁判があったことを証する情報を添付しなければならず（令26添付情報ヘ）、当該権利に関する登記を抹消する場合には、当該第三者の権利に関する登記の抹消しなければならないこととされている（規152②）。

(2) 平成17年6月2日通達は
　　裁判所の嘱託により差押登記がされたとしても、当該差押債権者が裁判所に無断で抹消の承諾をすることもありえるので、登記官は、上記のように所有権に関する仮登記の本登記をした場合や権利に関する登記を抹消した場合において、差押登記その他の処分の制限の登記を抹消したときは、その旨を当該嘱託をした裁判所に通知しなければならないこととされた（平成17年6月2日法務省民2第1、283号通達による不動産登記事務取扱手続準則第110の2の追加）。

❸平成17年8月15日から変更になった点
(1) 担保権の債務者に関する変更の登記及び更正の登記について、印鑑証明書の添付は不要
　　所有権の登記名義人が登記義務者となる権利に関する登記を申請する場合には、申請書に記名押印し（令16①、規47三イ）、印鑑証明証を添付しなければならない（令16②、規48五）こととされているが、当該規定から「担保権の債務者に関する変更の登記及び更正の登記を除く」こととされたので、印鑑証明書の添付が不要となる。
　　なお、本人が申請行為をする場合には、申請書に記名押印し、印鑑証明書を添付するが、委任による代理人によって申請する場合には、本人は委任状に記名押印し（令18①、規49二）、印鑑証明書を添付しなければならないこととされる（令18②、規49②四）。

(2) 裁判所によって選任された者がその職務上行う申請の申請書に押印した印鑑証明書の原本還付はできない
　　書面申請をした申請人は、申請書の添付書面について原本還付を請求することができる（規55①本文）。しかし、登記義務者に関する印鑑証明書または利害関係人の承諾書に添付している印鑑証明書及び当該申請のためにのみ作成された書面については、原本還付できないこととされていた（規55①ただし書）が、規則第55条第1項ただし書に「規則第48条第1項第3号」の本件印鑑証明書が追加された。

平成17年3月7日以降に変わった7つの改正点　115

(3) 登記識別情報の有効証明請求のときに添付する印鑑証明書の原本還付はできる

規則第68条第12項中「第55条（第1項ただし書を除く）」とカッコ書が加えられた結果、原本還付できない文書から除かれた。

❹平成17年8月29日から変更になった点

(1) 有効証明請求に関して一括請求が認められる

従前は登記識別情報の有効証明請求については、一括請求が認められていなかったが、有効証明請求情報の内容である登記名義人の「氏名又は名称」及び「住所」が同一であるときは、一括請求ができることとされた（令4、規68⑦。図表166、167）。

なお、一括請求が認められたとしても、手数料については登記識別情報1件につき300円であることには変わりない（登記手数料令第4条の2）。

(2) 請求番号の利用

登記識別情報に関する証明のうち、証明請求書の記載を援用する場合（準40三・四注書）において、請求情報において明らかにされた不動産を特定するための番号（請求番号）により、証明に係る不動産及び登記を特定するものとされた。

(3) 有効証明請求の前に受け付けられた失効の申出を優先する規定の整備

登記識別情報に関する証明の請求があった場合の証明は、当該登記識別情報に関する証明の請求の受付の前に同一の登記識別情報について受け付けられた失効申出があるときは、当該申出に基づく措置をした後でなければ、することができないこととされた（準40③の追加）。

これは登記を申請のように、受付の順序に従って処理しなければならないという規定（法28、規58）がないために、失効の申出と有効証明請求があった場合に、失効の申出が先行した場合には失効手続の後に識別情報に関する失効証明（準42二）をするということを明らかにしたものと思われる。

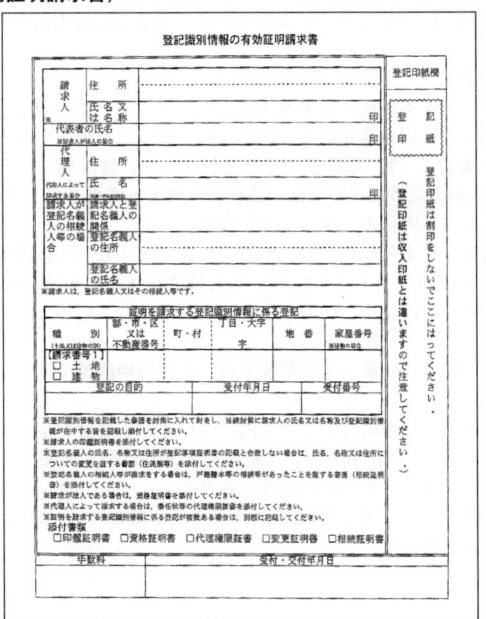

（登記識別情報の有効証明請求書）

(登記識別情報の有効証明請求書裏面の別紙)

❺平成17年9月1日から変更になった点

(1) **登記識別情報については本人受領が原則**

　登記識別情報については、次の登記の申請に関して本人確認をするための重要な情報であるので（法22）、登記官は、その登記をすることによって申請人自らが登記名義人となる場合に、当該登記を完了したときは、速やかに、当該申請人に対し、本人が通知を希望しない場合を除いて、登記識別情報を通知しなければならないとされている（法21）。

　したがって、登記識別情報は原則として本人が受領することになるが、法定代理人によって申請している場合には、当該法定代理人は受領することができる（規62①）。しかし、任意代理人の場合には、当然に受領することができるわけではなく、「登記識別情報の通知を受けるための特別の委任を受けた代理人」の場合には、登記識別情報の通知は代理人も受領することができる（規62②）。

(2) **司法書士事務所の補助者については、「補助者証」及び「特定事務指示書」を提示して、登記識別情報を受領ができるよう取扱変更**

　登記識別情報の受領については、本人もしくは法定代理人または特別の授権を受けた代理人のみが受領することができることとされると、登記申請代理行為を業とする司法書士については、司法書士本人が登記識別情報を受領しなければならないこととされた場合には、自ずと登記識別情報の通知の速やかな受領が困難となり、さらには、受領することができる事件が制約されて依頼に応ずる義務の履行に支障を生ずる可能性もあるので、日本司法書士会連合会において法務省に照会をし（平成17年8月31日付日司連発第586号）、法務省民事局民事第2課長から司法書士事務所の補助者については、「補助者証」及び「特定事務指示書」を提示して、登

平成17年3月7日以降に変わった7つの改正点

記識別情報が受領できる旨の回答がなされた（平成17年9月1日付法務省民2第1975号）。

(3) **登記識別情報通知書等受領印影届の要請**
　登記識別情報の通知に関しては、法務局でＡ４判の用紙に法務局のマークが入った紙により「登記識別情報」と「登記完了証」を交付（通知）することとなり、紙の質が同質である点や、登記識別情報は申請人及び物件ごとの枚数が必要となる。
　これに対し、登記完了証については登記権利者側に対して何名いても1通、登記義務者側に対しては原則同様ですが、例外的に登記義務者の権利に関する登記済証が添付されている場合には、登記済証への登記済印判の押印をもって登記義務者への登記完了と代えられるので（規附16）登記義務者に対しては登記完了証は交付されません。
　また、登記識別情報の受領については、特別の授権が必要であるが（規62②）登記完了証の受領については、特別な授権は必要ない。
　以上のように、登記識別情報と登記完了証の通知する数の違いや、登記識別情報の受領に関する特別授権の確認などが複雑となり、登記識別情報の登記申請書に押印した印鑑と同一の印鑑をもって受領することとなるので（準37④）、平成17年11月末に東京・千葉・埼玉・神奈川の首都圏4局において「登記識別情報通知書等受領印影届（代理人申請用）」をオンライン指定庁における書面申請による登記申請書を提出する際に提出するよう協力依頼があった。
　「登記識別情報通知書等受領印影届（代理人申請用）」の法務局使用欄については、申請人側において何も記載しないことになっているが、当該印影届を2通作成し、登記識別情報の受領に関する特別授権の有無について申請前にチェックしたり、回収時点で登記識別情報の通数や登記完了証の通数を確認したりするなどして有効利用することが可能となると思われる。
　登記識別情報については、改正法施行後オンライン指定がまだ一部の庁にしかされていないこともあり、今後取扱いについていろいろな変更があるかもしれないが、法務局及び申請人並びに申請代理人がおのおの連携しながら、より安全な使い勝手のよい制度とすることが、今回の不動産登記法の改正が真に国民にとって有益な改正と評価される条件であると思う。

（登記識別情報通知書等受領印影届（代理人申請用））

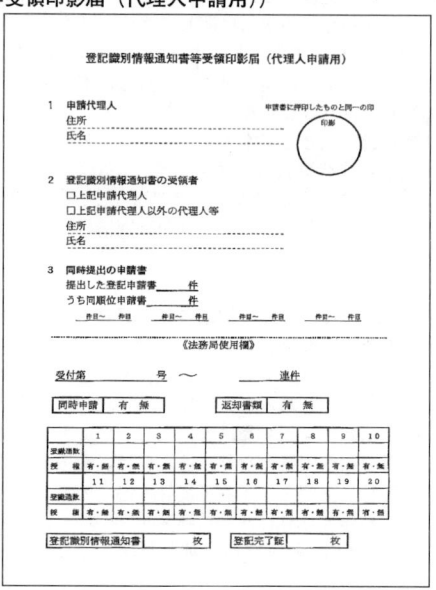

❻ 平成18年1月20日から導入された筆界特定制度
(1) 申請人は所有権登記名義人等に限られる
　筆界特定（法123二）は隣接する土地と土地（法123三）との間における過去に存在していた筆界が不明となっている場合に、その筆界を特定するための制度であり、筆界の位置が特定できない場合には、最低限その位置の範囲を特定する制度である。
　筆界特定登記官（法125）は、所有権登記名義人等（法123五）の申請により筆界特定をするので（法131）、地図混乱地域であったとしても職権で筆界を特定することはできないし、抵当権者等の「所有権」登記名義人でない者は申立てをすることもできない。

(2) 関係人には意見を述べる機会は与えられる
　筆界特定は、筆界特定登記官が行うが、対象土地（法123三）の筆界（法123一）を特定するための調査は外部の専門家から任命された筆界調査委員によって行われる。
　筆界特定登記官が開催する意見聴取等の期日（法140）や、筆界調査委員が実施する測量及び実地調査において、関係人（法123五）は意見や資料の提出をすることができる（法139①）。

(3) 筆界特定には法的拘束力はない
　筆界特定については行政処分としての効力が与えられておらず、訴訟のような法的拘束力もないので、筆界特定がされたとしても、境界確定訴訟を提起することができ、判決と抵触する範囲においてはその効力を失うこととされている（法148）が、専門家や関係人等の関与した筆界特定は、境界確定訴訟においても事実上有力な証拠力を持つものと思われる。
　筆界特定に関する不動産登記法の改正法が平成18年1月20日に施行されることとなった。

❼ 平成18年5月施行の新会社法による不動産登記への影響について
　平成17年6月29日に成立した会社法は、商法中の会社関係に関する部分を切り出し、有限会社法と監査特例法をミックスし、会社関係独自の法典として立法化されたものであるが、その影響は商業登記に関わる者はもちろんのこと、不動産登記関係者においても少なからぬ影響があるものと思われるので、会社法の施行による不動産登記への影響について考えてみたい。

(1) 不動産登記の有効性の観点から
　不動産登記の有効性については、公信力が認められていない現在の不動産登記制度では、実体法上無効である場合には、たとえ不動産登記を申請し、申請内容が登記簿に記載されたとしても当該登記は無効である。したがって、無効な登記の創出を防止するため、実体法上の有効要件を備えていることが必要となるので、不動産登記令第7条第5号ハにおいて「登記原因について第三者の許可、同意又は承諾を要するときは、当該第三者が許可し、同意し、又は承諾したことを証する情報」を申請情報と合わせて登記所に提供しなければならないこととされている。
　現行商法第265条における取締役と会社との利益相反取引に関する取締役会議事録及び有限会社法第30条における取締役と会社との利益相反取引に関する社員総会議事録がその代表例とされ、その際の区分としては、法律の規定どおり株式会社については取締役会の決議、有限会社については社員総会の決議（特別決議）が必要とされており、各々の議事録を印鑑証明書付で不動産登記の申請に際し添付していたものである。
　当該規定が会社法によればどのように区分されるかというと、取締役会設置会社とそうでない会社かによって峻別し、原則として取締役と会社との利益相反取引は株主総会の決議により承認を得ることを要し（会社法356条）、当該会社が取締役会設置会社である場合には取締役会の承認を要することとなる（会社法365条）。
　現在の有限会社は、会社法施行後は自動的に「特例有限会社」となる。会社法の施行と同時

に有限会社法は廃止されることとなるので、施行後の有限会社は商号に「有限会社」という名称を使用することが認められるが、実質は「株式会社」となっている。これがいわゆる特例有限会社であるが、株式会社である以上、会社法の適用を受けることとなるので、従来の社員総会の議事録は存在しないこととなる。

したがって、特例有限会社においても取締役会設置会社であるか否かの区別により株主総会議事録か取締役会議事録かを添付することとなり、間違っても社員総会議事録は添付しないように注意を要する。

(2) **不動産登記の添付情報の観点から**

筆界特定は、筆界特定登記官が行うが、対象土地（法123三）の筆界（法123一）を特定する本店所在地において商業登記の管轄と不動産登記の管轄が同一である場合には法務大臣が指定した登記所を除き、資格証明書及び印鑑証明書を添付省略することが認められている（規36①）。

これは会社法においても同様であるが、会社法においては支店の登記事項が変更された。この点も不動産登記に関して実務上の重要な注意点となる。

現行商法においては本店の所在地における登記事項と支店の所在地における登記事項は原則として一致していることとされている。例外的に支配人を置いた営業所においてはその営業所において支配人登記をし、支配人が印鑑を届出れば当該印鑑の証明書も交付を受けることができることとされている。

会社法では支店の登記事項を本店の検索事項のような発想をし、支店所在地の登記所における登記事項としては商号及び本店並びに支店のみが登記されることとなり（会社法930条2項）、支配人に関しても支配人を置いた営業所に登記することはなくなり、本店の登記事項とされることとなった（会社法918条）。これにより所在地における資格証明書の添付省略ということが現実的に不可能となり、また支配人の資格証明書及び印鑑証明書は本店所在地の商業登記所において取得することとなる。

上記の他に、合併及び会社分割に関する効力発生について従来の本店所在地における登記が効力要件とされていたが、吸収合併及び吸収分割については合併または会社分割の効力発生日（合併期日または分割期日）にその効力が生じることとされ（会社法750条、759条）、新設合併または新設分割については、従来通り会社の登記によりその効力が発生することとされている（会社法754条、764条）ので、その違いに注意しなければならない。

6 オンライン指定庁になってからの主な変更点

オンライン指定庁になってからの主な変更点は、次のとおりである。

(1) オンライン申請（法18、令第3章、規41～44）

（電子申請の方法）
第四十一条　電子申請における申請情報は、法務大臣の定めるところにより、送信しなければならない。令第十条の規定により申請情報と併せて送信すべき添付情報についても、同様とする。

（住所証明情報の省略等）
第四十四条　電子申請の申請人がその者の前条第一項第一号に掲げる電子証明書を提供したときは、当該電子証明書の提供をもって、当該申請人の現在の住所を証する情報の提供に代えることができる。
2　電子申請の申請人がその者の前条第一項第二号に掲げる電子証明書を提供したときは、当該電子証明書の提供をもって、当該申請人の代表者の資格を証する情報の提供に代えることができる。
3　前項の規定は、同項の電子証明書によって登記官が確認することができる代理権限を証する情報について準用する。

(2) 電子署名・電子証明書の活用（令12、14、規42、43）

（電子署名）
第四十二条　令第十二条第一項及び第二項の電子署名は、電磁的記録に記録することができる情報に、工業標準化法（昭和二十四年法律第百八十五号）に基づく日本工業規格（以下「日本工業規格」という。）X五七三一－八の附属書Dに適合する方法であって同附属書に定めるnの長さの値が千二十四ビット又は二千四十八ビットであるものを講ずる措置とする。

（電子証明書）
第四十三条　令第十四条の法務省令で定める電子証明書は、第四十七条第三号イ及びロに掲げる者に該当する申請人又はその代表者若しくは代理人（委任による代理人を除く。同条第二号及び第三号並びに第四十九条第一項第一号及び第二号において同じ。）が申請情報又は委任による代理人の権限を証する情報に電子署名を行った場合にあっては、次に掲げる電子証明書とする。ただし、第三号に掲げる電子証明書については、第一号及び第二号に掲げる電子証明書を取得することができない場合に限る。
一　電子署名に係る地方公共団体の認証業務に関する法律（平成十四年法律第百五十三号）第三条第一項の規定により作成された電子証明書
二　電子署名を行った者が商業登記法（昭和三十八年法律第百二十五号）第十二条の二（他の法令において準用する場合を含む。）に規定する印鑑提出者であるときは、商業登記規則（昭和三十九年法務省令第二十三号）第三十三条の八第二項（他の法令にお

いて準用する場合を含む。）に規定する電子証明書
　三　電子署名及び認証業務に関する法律（平成十二年法律第百二号）第八条に規定する認定認証業者が作成した電子証明書（電子署名及び認証業務に関する法律施行規則（平成十三年総務省・法務省・経済産業省令第二号）第四条第一号に規定する電子証明書をいう。）その他の電子証明書であって、氏名、住所、出生の年月日その他の事項により電子署名を行った者を確認することができるものとして法務大臣の定めるもの
　四　官庁又は公署が嘱託する場合にあっては、官庁又は公署が作成した電子証明書であって、登記官が電子署名を行った者を確認することができるもの
2　前項本文に規定する場合以外の場合にあっては、令第十四条の法務省令で定める電子証明書は、同項各号に掲げる電子証明書又はこれに準ずる電子証明書として法務大臣の定めるものとする。

(3)　添付省略パターンの追加（規44）

（住所証明情報の省略等）
第四十四条　電子申請の申請人がその者の前条第一項第一号に掲げる電子証明書を提供したときは、当該電子証明書の提供をもって、当該申請人の現在の住所を証する情報の提供に代えることができる。
2　電子申請の申請人がその者の前条第一項第二号に掲げる電子証明書を提供したときは、当該電子証明書の提供をもって、当該申請人の代表者の資格を証する情報の提供に代えることができる。
3　前項の規定は、同項の電子証明書によって登記官が確認することができる代理権限を証する情報について準用する。

(4)　住基コードの活用
　①住所証明書の添付省略（規44）

（住所証明情報の省略等）
第四十四条　電子申請の申請人がその者の前条第一項第一号に掲げる電子証明書を提供したときは、当該電子証明書の提供をもって、当該申請人の現在の住所を証する情報の提供に代えることができる。
2　電子申請の申請人がその者の前条第一項第二号に掲げる電子証明書を提供したときは、当該電子証明書の提供をもって、当該申請人の代表者の資格を証する情報の提供に代えることができる。
3　前項の規定は、同項の電子証明書によって登記官が確認することができる代理権限を証する情報について準用する。

　②変更証明書への活用可能性（規36Ⅳ、規附15Ⅰ）

（資格証明情報の省略等）
第三十六条　令第七条第一項第一号の法務省令で定める場合は、次に掲げる場合とする。
　一　申請を受ける登記所が、当該法人の登記を受けた登記所と同一であり、かつ、法務大臣が指定した登記所以外のものである場合
　二　支配人その他の法令の規定により登記の申請をすることができる法人の代理人が、

当該法人を代理して登記の申請をする場合
２　令第七条第一項第二号の法務省令で定める場合は、申請を受ける登記所が、当該法人についての当該代理人の登記を受けた登記所と同一であり、かつ、法務大臣が指定した登記所以外のものである場合とする。
３　前二項の指定は、告示してしなければならない。
４　令第九条の法務省令で定める情報は、住民基本台帳法（昭和四十二年法律第八十一号）第七条第十三号に規定する住民票コードとする。ただし、住所についての変更又は錯誤若しくは遺漏があったことを証する情報を提供しなければならないものとされている場合にあっては、当該住所についての変更又は錯誤若しくは遺漏があったことを確認することができることとなるものに限る。
（法附則第六条の指定前の登記手続）
第十五条　新規則中電子申請に関する規定及び第三十六条第四項の規定は、法附則第六条の指定（以下「第六条指定」という。）の日からその第六条指定に係る登記手続について適用する。

(5) **登記済証制度の廃止（規附15）**

(6) **登記済証（権利証）に代替する「登記識別情報」制度の導入**
　①登記識別情報とは（法2⑭）
　②登記識別情報が発行される場合（法21、規61）

（登記識別情報の定め方）
第六十一条　登記識別情報は、アラビア数字その他の符号の組合せにより、不動産及び登記名義人となった申請人ごとに定める。

　③登記識別情報の秘匿性（規69、準72）
（登記識別情報を記載した書面の廃棄）
第六十九条　登記官は、第六十六条第一項第二号（前条第二項後段において準用する場合を含む。）の規定により登記識別情報を記載した書面が提出された場合において、当該登記識別情報を提供した申請に基づく登記を完了したとき又は請求の審査を終了したときは、速やかに、当該書面を廃棄するものとする。

　④封筒の活用・目隠しシール・暗号化（規66Ⅱ、準42Ⅳ、準38Ⅳ、規63Ⅱ）
　⑤登記識別情報の不正取得罪（法133）
（登記識別情報の提供）
第六十六条　法第二十二条本文の規定により同条本文に規定する登記義務者の登記識別情報を提供する場合には、次の各号に掲げる申請の区分に応じ、当該各号に定める方法による。
　一　電子申請　法務大臣の定めるところにより、電子情報処理組織を使用して登記識別情報を提供する方法
　二　書面申請　登記識別情報を記載した書面を申請書に添付して提出する方法
２　前項第二号の登記識別情報を記載した書面は、封筒に入れて封をするものとする。

（登記識別情報の提供）
第六十六条　法第二十二条本文の規定により同条本文に規定する登記義務者の登記識別情報を提供する場合には、次の各号に掲げる申請の区分に応じ、当該各号に定める方法による。
　一　電子申請　法務大臣の定めるところにより、電子情報処理組織を使用して登記識別情報を提供する方法
　二　書面申請　登記識別情報を記載した書面を申請書に添付して提出する方法
2　前項第二号の登記識別情報を記載した書面は、封筒に入れて封をするものとする。
3　前項の封筒には、登記識別情報を提供する申請人の氏名又は名称及び登記の目的を記載し、登記識別情報を記載した書面が在中する旨を明記するものとする。

（登記識別情報の通知の方法）
第六十三条　登記識別情報の通知は、次の各号に掲げる申請の区分に応じ、当該各号に定める方法によるものとする。
　一　電子申請　法務大臣の定めるところにより、登記官の使用に係る電子計算機に備えられたファイルに記録された登記識別情報を電子情報処理組織を使用して送信し、これを申請人又はその代理人の使用に係る電子計算機に備えられたファイルに記録する方法
　二　書面申請　登記所において登記識別情報を記載した書面を交付する方法
2　登記官は、前項の通知をするときは、法第二十一条本文の規定により登記識別情報の通知を受けるべき者及び前条第一項各号に定める者以外の者に当該通知に係る登記識別情報が知られないようにするための措置を講じなければならない。
3　第一項の規定にかかわらず、官庁又は公署が登記権利者のために登記の嘱託をしたときにおける登記識別情報の通知は、官庁又は公署の申出により、登記識別情報を記載した書面を交付する方法によりすることができる。この場合においては、官庁又は公署は、当該申出をする旨を嘱託情報の内容とするものとする。

⑥分筆と登記識別情報（同一の登記識別情報が存在することになるので要注意）
⑦登記識別情報と特別授権（規62Ⅱ）

（登記識別情報の通知の相手方）
第六十二条　次の各号に掲げる場合における登記識別情報の通知は、当該各号に定める者に対してするものとする。
　一　法定代理人（支配人その他の法令の規定により当該通知を受けるべき者を代理することができる者を含む。）によって申請している場合　当該法定代理人
　二　申請人が法人である場合（前号に規定する場合を除く。）　当該法人の代表者
2　登記識別情報の通知を受けるための特別の委任を受けた代理人がある場合には、登記識別情報の通知は、当該代理人に対してするものとする。

⑧連件申請と登記識別情報（規67、規附15）

（登記識別情報の提供の省略）
第六十七条　同一の不動産について二以上の権利に関する登記の申請がされた場合（当該二以上の権利に関する登記の前後を明らかにして同時に申請がされた場合に限る。）において、前の登記によって登記名義人となる者が、後の登記の登記義務者となるときは、

当該後の登記の申請情報と併せて提供すべき登記識別情報は、当該後の登記の申請情報と併せて提供されたものとみなす。
（法附則第六条の指定前の登記手続）
第十五条　新規則中電子申請に関する規定及び第三十六条第四項の規定は、法附則第六条の指定（以下「第六条指定」という。）の日からその第六条指定に係る登記手続について適用する。
2　第六条指定を受けていない登記所の登記手続に係る登記の申請をするときは、登記原因を証する情報を記載した書面であって不動産所在事項、登記の目的及び登記原因その他の申請に係る登記を特定することができる事項を記載したもの又は申請書と同一の内容を記載した書面を提出するものとする。
3　法附則第六条第三項の規定により読み替えて適用される法第二十一条本文又は法附則第六条第三項の規定により読み替えて適用される法第百十七条の登記済証その他の登記権利者に係る登記済証の作成及び交付については、なお従前の例による。この場合においては、前項の規定により提出された書面を旧法第六十条第一項に規定する登記原因を証する書面又は申請書の副本とみなす。
4　法附則第六条第三項の規定により読み替えて適用される法第二十一条ただし書の法務省令で定める場合は、次に掲げる場合とする。
　一　法附則第六条第三項の規定により読み替えて適用される法第二十一条本文の規定により登記済証の交付を受けるべき者があらかじめ登記済証の交付を希望しない旨の申出をした場合（官庁又は公署が登記権利者のために登記の嘱託をした場合において、当該官庁又は公署が当該登記権利者の申出に基づいて登記済証の交付を希望しない旨の申出をしたときを含む。）
　二　法附則第六条第三項の規定により読み替えて適用される法第二十一条本文の規定により登記済証の交付を受けるべき者が、登記完了の時から三月以内に登記済証を受領しない場合
　三　法附則第六条第三項の規定により読み替えて適用される法第二十一条本文の規定により登記済証の交付を受けるべき者が官庁又は公署である場合（当該官庁又は公署があらかじめ登記済証の交付を希望する旨の申出をした場合を除く。）
　四　申請人が第二項に規定する書面を提出しなかった場合
5　新規則第六十四条第二項の規定は、前項第一号及び第三号の申出をするときについて準用する。
6　第六条指定を受けていない登記手続において登記を完了した場合における登記済証（第三項の登記済証を除く。）の作成及び交付については、なお従前の例による。この場合においては、第二項の規定により提出された書面又は法附則第六条第三項の規定により読み替えて適用される法第二十二条の規定により提出された登記済証を旧法第六十条第一項に規定する登記原因を証する書面若しくは申請書の副本又は同条第二項に規定する登記済証若しくは書面とみなす。
7　第四項及び第五項の規定は、前項の場合について準用する。
8　第六条指定がされるまでの間における第六条指定を受けていない登記手続についての新規則第七十条の適用については、同条中「法第二十二条」とあるのは、「法附則第六条第三項の規定により読み替えて適用される法第二十二条」とする。
9　旧細則第四十四条ノ十七の規定は、第六条指定がされるまでの間、第六条指定を受けていない登記手続について、なおその効力を有する。

(7) 失効制度の採用（規65）

（登記識別情報の失効の申出）
第六十五条　登記名義人又はその相続人その他の一般承継人は、登記官に対し、当該通知を受けた登記識別情報について失効の申出をすることができる。
2　前項の申出は、次に掲げる事項を内容とする情報（以下この条において「申出情報」という。）を登記所に提供してしなければならない。
一　申出人の氏名又は名称及び住所
二　申出人が法人であるときは、その代表者の氏名
三　代理人によって申出をするときは、当該代理人の氏名又は名称及び住所並びに代理人が法人であるときはその代表者の氏名
四　申出人が登記名義人の相続人その他の一般承継人であるときは、その旨及び登記名義人の氏名又は名称及び住所
五　当該登記識別情報に係る登記に関する次に掲げる事項
　イ　不動産所在事項又は不動産番号
　ロ　登記の目的
　ハ　申請の受付の年月日及び受付番号
　ニ　次項第一号に掲げる方法により申出をするときは、甲区又は乙区の別
3　第一項の申出は、次に掲げる方法のいずれかによりしなければならない。
一　法務大臣の定めるところにより電子情報処理組織を使用して申出情報を登記所に提供する方法
二　申出情報を記載した書面を登記所に提出する方法
4　申出情報の内容である登記名義人の氏名若しくは名称又は住所が登記記録と合致しないときは、申出情報と併せて当該登記名義人の氏名若しくは名称又は住所についての変更又は錯誤若しくは遺漏があったことを証する市町村長、登記官その他の公務員が職務上作成した情報がない場合にあっては、これに代わるべき情報を提供すれば足りる。
5　登記名義人の相続人その他の一般承継人が第一項の申出をするときは、申出情報と併せて相続その他の一般承継があったことを証する市町村長、登記官その他の公務員が職務上作成した情報がない場合にあっては、これに代わるべき情報を提供すれば足りる。
6　令第四条本文、第七条第一項第一号及び第二号の規定は、第一項の申出をする場合について準用する。
7　第三十六条第一項から第三項までの規定は、前項において準用する令第七条第一項第一号及び第二号の法務省令で定める場合について、第三十七条の規定は第一項の申出をする場合について、それぞれ準用する。
8　令第十条から第十二条まで及び第十四条の規定は、第三項第一号に掲げる方法により第一項の申出をする場合について準用する。
9　第四十一条及び第四十四条の規定は前項に規定する場合について、第四十二条の規定は前項において準用する令第十二条第一項及び第二項の電子署名について、第四十三条の規定は前項において準用する令第十四条の法務省令で定める電子証明書について、それぞれ準用する。
10　令第十五条から第十八条までの規定は、第三項第二号の方法により第一項の申出をする場合について準用する。
11　第四十五条、第四十六条第一項及び第二項、第五十三条並びに第五十五条の規定は前項に規定する場合について、第四十七条第一号及び第二号の規定は前項において準用す

る令第十六条第一項の法務省令で定める場合について、第四十八条第一項第一号から第三号まで及び第二項の規定は前項において準用する令第十六条第二項の法務省令で定める場合について、第四十九条第一項第一号及び第三号の規定は前項において準用する令第十八条第一項の法務省令で定める場合について、第四十九条第二項各号（第四号を除く。）及び第三項の規定は前項において準用する令第十八条第二項の法務省令で定める場合について、それぞれ準用する。

(8) 登記識別情報の有効性検証制度（令22、規68）

（登記識別情報に関する証明）
第六十八条　令第二十二条第一項に規定する証明の請求は、次に掲げる事項を内容とする情報（以下この条において「有効証明請求情報」という。）を登記所に提供してしなければならない。
一　請求人の氏名又は名称及び住所
二　請求人が法人であるときは、その代表者の氏名
三　代理人によって請求をするときは、当該代理人の氏名又は名称及び住所並びに代理人が法人であるときはその代表者の氏名
四　請求人が登記名義人の相続人その他の一般承継人であるときは、その旨及び登記名義人の氏名又は名称及び住所
五　当該登記識別情報に係る登記に関する次に掲げる事項
　イ　不動産所在事項又は不動産番号
　ロ　登記の目的
　ハ　申請の受付の年月日及び受付番号
　ニ　第三項第一号に掲げる方法により請求をするときは、甲区又は乙区の別
2　前項の証明の請求をするときは、有効証明請求情報と併せて登記識別情報を提供しなければならない。第六十六条の規定は、この場合における登記識別情報の提供方法について準用する。
3　第一項の証明の請求は、次に掲げる方法のいずれかによりしなければならない。
一　法務大臣の定めるところにより電子情報処理組織を使用して有効証明請求情報を登記所に提供する方法
二　有効証明請求情報を記載した書面を提出する方法
4　第一項の証明は、次の各号に掲げる場合の区分に応じ、それぞれ当該各号に定める方法によりするものとする。
一　前項第一号に掲げる方法により有効証明請求情報が提供された場合　法務大臣の定めるところにより、登記官の使用に係る電子計算機に備えられたファイルに記録された情報を電子情報処理組織を使用して送信し、これを請求人又はその代理人の使用に係る電子計算機に備えられたファイルに記録する方法
二　前項第二号に掲げる方法で有効証明請求情報が提供された場合　登記官が証明に係る事項を記載した書面を交付する方法
5　有効証明請求情報の内容である登記名義人の氏名若しくは名称又は住所が登記記録と合致しないときは、有効証明請求情報と併せて当該登記名義人の氏名若しくは名称又は住所についての変更又は錯誤若しくは遺漏があったことを証する市町村長、登記官その他の公務員が職務上作成した情報を提供しなければならない。ただし、公務員が職務上作成した情報がない場合にあっては、これに代わるべき情報を提供すれば足りる。

6 　登記名義人の相続人その他の一般承継人が第一項の証明の請求をするときは、その有効証明請求情報と併せて相続その他の一般承継があったことを証する市町村長、登記官その他の公務員が職務上作成した情報を提供しなければならない。ただし、公務員が職務上作成した情報がない場合にあっては、これに代わるべき情報を提供すれば足りる。
7 　令第四条本文並びに第七条第一項第一号及び第二号の規定は、第一項の証明の請求をする場合について準用する。
8 　第三十六条第一項から第三項までの規定は、前項において準用する令第七条第一項第一号及び第二号の法務省令で定める場合について、第三十七条の規定は第一項の証明書の請求について、それぞれ準用する。
9 　令第十条から第十二条まで及び第十四条の規定は、第三項第一号の方法により第一項の証明の請求をする場合について準用する。
10　第四十一条及び第四十四条の規定は前項に規定する場合について、第四十二条の規定は前項において準用する令第十二条第一項及び第二項の電子署名について、第四十三条の規定は前項において準用する令第十四条の法務省令で定める電子証明書について、それぞれ準用する。
11　令第十五条から第十八条までの規定は、第三項第二号に掲げる方法により第一項の証明の請求をする場合について準用する。
12　第四十五条、第四十六条第一項及び第二項、第五十三条並びに第五十五条の規定は前項に規定する場合について、第四十七条第一号及び第二号の規定は前項において準用する令第十六条第一項の法務省令で定める場合について、第四十八条第一項第一号から第三号まで及び第二項の規定は前項において準用する令第十六条第二項の法務省令で定める場合については、第四十九条第一項第一号及び第三号の規定において準用する令第十八条第一項の法務省令で定める場合について、第四十九条第二項各号（第四号を除く。）及び第三号の規定は前項において準用する令第十八条第二項の法務省令で定める場合について、それぞれ準用する。
13　第百九十七条第六項及び第二百四条の規定は、第四項第二号に定める方法により第一項の証明をする場合について準用する。

(9) 登記完了通知制度（規181〜184）
　①権利者、義務者、申請人（規181）
　②嘱託者（規182Ⅱ）
　③表示登記名義人（規183①）
　④債権者代位人（規183②）
　⑤処分制限の場合の本人（規184）

（登記完了証）
第百八十一条　登記官は、登記の申請に基づいて登記を完了したときは、申請人に対し、登記完了証を交付することにより、登記が完了した旨を通知しなければならない。この場合において、申請人が二人以上あるときは、その一人（登記権利者及び登記義務者が申請人であるときは、登記権利者及び登記義務者の各一人）に通知すれば足りる。
2 　前項の登記完了証は、別記第六号様式により、不動産所在事項、不動産番号、登記の目的、申請の受付の年月日及び受付番号を記録して作成するものとする。
（登記完了証の交付の方法）
第百八十二条　登記完了証の交付は、次の各号に掲げる申請の区分に応じ、当該各号に定

める方法による。
　一　電子申請　法務大臣の定めるところにより、登記官の使用に係る電子計算機に備えられたファイルに記録された登記完了証を電子情報処理組織を使用して送信し、これを申請人又はその代理人の使用に係る電子計算機に備えられたファイルに記録する方法
　二　書面申請　登記完了証を書面により交付する方法
2　前項第一号の規定にかかわらず、官庁又は公署が登記権利者のために電子申請により登記の嘱託をしたときにおける登記完了証の交付は、同項第二号に定める方法によることができる。

(申請人以外の者に対する通知)
第百八十三条　登記官は、次の各号に掲げる場合には、当該各号（第一号に掲げる場合にあっては、申請人以外の者に限る。）に定める者に対し、登記が完了した旨を通知しなければならない。
　一　表示に関する登記を完了した場合　表題部所有者（表題部所有者の更正の登記又は表題部所有者である共有者の持分の更正の登記にあっては、更正前の表題部所有者）又は所有権の登記名義人
　二　民法第四百二十三条その他の法令の規定により他人に代わってする申請に基づく登記を完了した場合　当該他人
2　前項の規定による通知は、同項の規定により通知を受けるべき者が二人以上あるときは、その一人に対し通知すれば足りる。
3　第一項第一号の規定は、法第五十一条第六項（法第五十三条第二項において準用する場合を含む。）の規定による登記には、適用しない。

(処分の制限の登記における通知)
第百八十四条　登記官は、表題登記がない不動産又は所有権の登記がない不動産について嘱託による所有権の処分の制限の登記をしたときは、当該不動産の所有者に対し、登記が完了した旨を通知しなければならない。
2　前項の通知は、当該登記に係る次に掲げる事項を明らかにしてしなければならない。
　一　不動産所在事項及び不動産番号
　二　登記の目的
　三　登記原因及びその日付
　四　登記名義人の氏名又は名称及び住所

⑽　**不動産番号の導入**
　①**13桁の数字**
　②**申請情報の一部の省略（令6、規34Ⅱ）**
　　　（敷地権の種類及び割合や持分等は省略不可）

(申請情報)
第三十四条　登記の申請においては、次に掲げる事項を申請情報の内容とするものとする。
　一　申請人又は代理人の電話番号その他の連絡先
　二　分筆の登記の申請においては、第七十八条の符号
　三　建物の分割の登記又は建物の区分の登記の申請においては、第八十四条の符号
　四　附属建物があるときは、主たる建物及び附属建物の別並びに第百十二条第二項の符号

五　敷地権付き区分建物であるときは、第百十八条第一号イの符号
　　六　添付情報の表示
　　七　申請の年月日
　　八　登記所の表示
2　令第六条第一項に規定する不動産識別事項は、不動産番号とする。
3　令第六条の規定は、同条第一項各号又は第二項各号に定める事項が申請を受ける登記所以外の登記所の管轄区域内にある不動産に係る場合には、当該不動産の不動産番号と併せて当該申請を受ける登記所以外の登記所の表示を申請情報の内容としたときに限り、適用する。
4　令第六条第一項第一号又は第二号の規定にかかわらず、不動産の表題登記を申請する場合、法第七十四条第一項第二号又は第三号に掲げる者が表題登記がない不動産について所有権の保存の登記を申請する場合及び表題登記がない不動産について所有権の処分の制限の登記を嘱託する場合には、令第三条第七号又は第八号に掲げる事項を申請情報の内容としなければならない。

③登記完了証等各種証明書への活用（規181、184等）

（登記完了証）
第百八十一条　登記官は、登記の申請に基づいて登記を完了したときは、申請人に対し、登記完了証を交付することにより、登記が完了した旨を通知しなければならない。この場合において、申請人が二人以上あるときは、その一人（登記権利者及び登記義務者が申請人であるときは、登記権利者及び登記義務者の各一人）に通知すれば足りる。
2　前項の登記完了証は、別記第六号様式により、不動産所在事項、不動産番号、登記の目的、申請の受付の年月日及び受付番号を記録して作成するものとする。
（処分の制限の登記における通知）
第百八十四条　登記官は、表題登記がない不動産又は所有権の登記がない不動産について嘱託による所有権の処分の制限の登記をしたときは、当該不動産の所有者に対し、登記が完了した旨を通知しなければならない。
2　前項の通知は、当該登記に係る次に掲げる事項を明らかにしてしなければならない。
　　一　不動産所在事項及び不動産番号
　　二　登記の目的
　　三　登記原因及びその日付
　　四　登記名義人の氏名又は名称及び住所

第2編
新不動産登記法令・通達

- (1) 不動産登記法……………………………………………………………… **132**
- (2) 不動産登記法の施行期日を定める政令………………………………… **173**
- (3) 不動産登記令……………………………………………………………… **174**
- (4) 不動産登記規則…………………………………………………………… **220**
- (5) 不動産登記事務取扱手続準則の改正について（通達）……………… **301**
- (6) 不動産登記事務取扱手続準則…………………………………………… **302**
- (7) 不動産登記法の施行に伴う登記事務の取扱いについて（通達）…… **397**
- (8) 不動産登記法等の一部を改正する法律の施行に伴う筆界特定手続に関する事務の取扱いについて（通達）……………… **413**
- (9) 筆界特定がされた場合における登記事務の取扱いについて（依命通知）……………………………………………………… **467**
- (10) 筆界特定の手続に関する保管金の取扱いについて（通達）………… **469**
- (11) 筆界特定の手続に関する保管金の取扱いに関する規程……………… **480**
- (12) 筆界特定の申請における対象土地の価額の算定事務の取扱いについて（通知）………………………………………………… **481**
- (13) 不動産登記法改正における筆界特定制度の創設に伴う登記所からの通知請求の取扱いについて……………………………… **482**

1 不動産登記法

(平成16年6月18日公布　法律第123号)

(最終改正　平成17年4月13日法律29号)

不動産登記法（明治三十二年法律第二十四号）の全部を改正する。
目次
　第一章　総則（第一条―第五条）
　第二章　登記所及び登記官（第六条―第十条）
　第三章　登記記録等（第十一条―第十五条）
　第四章　登記手続
　　第一節　総則（第十六条―第二十六条）
　　第二節　表示に関する登記
　　　第一款　通則（第二十七条―第三十三条）
　　　第二款　土地の表示に関する登記（第三十四条―第四十三条）
　　　第三款　建物の表示に関する登記（第四十四条―第五十八条）
　　第三節　権利に関する登記
　　　第一款　通則（第五十九条―第七十三条）
　　　第二款　所有権に関する登記（第七十四条―第七十七条）
　　　第三款　用益権に関する登記（第七十八条―第八十二条）
　　　第四款　担保権等に関する登記（第八十三条―第九十六条）
　　　第五款　信託に関する登記（第九十七条―第百四条）
　　　第六款　仮登記（第百五条―第百十条）
　　　第七款　仮処分に関する登記（第百十一条―第百十四条）
　　　第八款　官庁又は公署が関与する登記等（第百十五条―第百十八条）
　第五章　登記事項の証明等（第百十九条―第百二十二条）
　第六章　筆界特定
　　第一節　総則（第百二十三条―第百三十条）
　　第二節　筆界特定の手続
　　　第一款　筆界特定の申請（第百三十一条―第百三十三条）
　　　第二款　筆界の調査等（第百三十四条―第百四十一条）
　　第三節　筆界特定（第百四十二条―第百四十五条）
　　第四節　雑則（第百四十六条―第百五十条）
　第七章　雑則（第百五十一条―第百五十八条）
　第八章　罰則（第百五十九条―第百六十四条）
　附則

　　　第一章　総則

（目的）
第一条　この法律は、不動産の表示及び不動産に関する権利を公示するための登記に関する制度について定めることにより、国民の権利の保全を図り、もって取引の安全と円滑に資する

ことを目的とする。
（定義）
第二条　この法律において、次の各号に掲げる用語の意義は、それぞれ当該各号に定めるところによる。
一　不動産　土地又は建物をいう。
二　不動産の表示　不動産についての第二十七条第一号、第三号若しくは第四号、第三十四条第一項各号、第四十三条第一項、第四十四条第一項各号又は第五十八条第一項各号に規定する登記事項をいう。
三　表示に関する登記　不動産の表示に関する登記をいう。
四　権利に関する登記　不動産についての次条各号に掲げる権利に関する登記をいう。
五　登記記録　表示に関する登記又は権利に関する登記について、一筆の土地又は一個の建物ごとに第十二条の規定により作成される電磁的記録（電子的方式、磁気的方式その他人の知覚によっては認識することができない方式で作られる記録であって、電子計算機による情報処理の用に供されるものをいう。以下同じ。）をいう。
六　登記事項　この法律の規定により登記記録として登記すべき事項をいう。
七　表題部　登記記録のうち、表示に関する登記が記録される部分をいう。
八　権利部　登記記録のうち、権利に関する登記が記録される部分をいう。
九　登記簿　登記記録が記録される帳簿であって、磁気ディスク（これに準ずる方法により一定の事項を確実に記録することができる物を含む。以下同じ。）をもって調製するものをいう。
十　表題部所有者　所有権の登記がない不動産の登記記録の表題部に、所有者として記録されている者をいう。
十一　登記名義人　登記記録の権利部に、次条各号に掲げる権利について権利者として記録されている者をいう。
十二　登記権利者　権利に関する登記をすることにより、登記上、直接に利益を受ける者をいい、間接に利益を受ける者を除く。
十三　登記義務者　権利に関する登記をすることにより、登記上、直接に不利益を受ける登記名義人をいい、間接に不利益を受ける登記名義人を除く。
十四　登記識別情報　第二十二条本文の規定により登記名義人が登記を申請する場合において、当該登記名義人自らが当該登記を申請していることを確認するために用いられる符号その他の情報であって、登記名義人を識別することができるものをいう。
十五　変更の登記　登記事項に変更があった場合に当該登記事項を変更する登記をいう。
十六　更正の登記　登記事項に錯誤又は遺漏があった場合に当該登記事項を訂正する登記をいう。
十七　地番　第三十五条の規定により一筆の土地ごとに付す番号をいう。
十八　地目　土地の用途による分類であって、第三十四条第二項の法務省令で定めるものをいう。
十九　地積　一筆の土地の面積であって、第三十四条第二項の法務省令で定めるものをいう。
二十　表題登記　表示に関する登記のうち、当該不動産について表題部に最初にされる登記をいう。
二十一　家屋番号　第四十五条の規定により一個の建物ごとに付す番号をいう。
二十二　区分建物　一棟の建物の構造上区分された部分で独立して住居、店舗、事務所又は倉庫その他建物としての用途に供することができるものであって、建物の区分所有等に関する法律（昭和三十七年法律第六十九号。以下「区分所有法」という。）第二条第三項に

規定する専有部分であるもの（区分所有法第四条第二項の規定により共用部分とされたものを含む。）をいう。
二十三　附属建物　表題登記がある建物に附属する建物であって、当該表題登記がある建物と一体のものとして一個の建物として登記されるものをいう。
二十四　抵当証券　抵当証券法（昭和六年法律第十五号）第一条第一項に規定する抵当証券をいう。

（登記することができる権利等）
第三条　登記は、不動産の表示又は不動産についての次に掲げる権利の保存等（保存、設定、移転、変更、処分の制限又は消滅をいう。次条第二項及び第百五条第一号において同じ。）についてする。
一　所有権
二　地上権
三　永小作権
四　地役権
五　先取特権
六　質権
七　抵当権
八　賃借権
九　採石権（採石法（昭和二十五年法律第二百九十一号）に規定する採石権をいう。第五十条及び第八十二条において同じ。）

（権利の順位）
第四条　同一の不動産について登記した権利の順位は、法令に別段の定めがある場合を除き、登記の前後による。
2　付記登記（権利に関する登記のうち、既にされた権利に関する登記についてする登記であって、当該既にされた権利に関する登記を変更し、若しくは更正し、又は所有権以外の権利にあってはこれを移転し、若しくはこれを目的とする権利の保存等をするもので当該既にされた権利に関する登記と一体のものとして公示する必要があるものをいう。以下この項及び第六十六条において同じ。）の順位は主登記（付記登記の対象となる既にされた権利に関する登記をいう。以下この項において同じ。）の順位により、同一の主登記に係る付記登記の順位はその前後による。

（登記がないことを主張することができない第三者）
第五条　詐欺又は強迫によって登記の申請を妨げた第三者は、その登記がないことを主張することができない。
2　他人のために登記を申請する義務を負う第三者は、その登記がないことを主張することができない。ただし、その登記の登記原因（登記の原因となる事実又は法律行為をいう。以下同じ。）が自己の登記の登記原因の後に生じたときは、この限りでない。

第二章　登記所及び登記官

（登記所）
第六条　登記の事務は、不動産の所在地を管轄する法務局若しくは地方法務局若しくはこれらの支局又はこれらの出張所（以下単に「登記所」という。）がつかさどる。
2　不動産が二以上の登記所の管轄区域にまたがる場合は、法務省令で定めるところにより、法務大臣又は法務局若しくは地方法務局の長が、当該不動産に関する登記の事務をつかさど

る登記所を指定する。
3　前項に規定する場合において、同項の指定がされるまでの間、登記の申請は、当該二以上の登記所のうち、一の登記所にすることができる。

（事務の委任）
第七条　法務大臣は、一の登記所の管轄に属する事務を他の登記所に委任することができる。

（事務の停止）
第八条　法務大臣は、登記所においてその事務を停止しなければならない事由が生じたときは、期間を定めて、その停止を命ずることができる。

（登記官）
第九条　登記所における事務は、登記官（登記所に勤務する法務事務官のうちから、法務局又は地方法務局の長が指定する者をいう。以下同じ。）が取り扱う。

（登記官の除斥）
第十条　登記官又はその配偶者若しくは四親等内の親族（配偶者又は四親等内の親族であった者を含む。以下この条において同じ。）が登記の申請人であるときは、当該登記官は、当該登記をすることができない。登記官又はその配偶者若しくは四親等内の親族が申請人を代表して申請するときも、同様とする。

第三章　登記記録等

（登記）
第十一条　登記は、登記官が登記簿に登記事項を記録することによって行う。

（登記記録の作成）
第十二条　登記記録は、表題部及び権利部に区分して作成する。

（登記記録の滅失と回復）
第十三条　法務大臣は、登記記録の全部又は一部が滅失したときは、登記官に対し、一定の期間を定めて、当該登記記録の回復に必要な処分を命ずることができる。

（地図等）
第十四条　登記所には、地図及び建物所在図を備え付けるものとする。
2　前項の地図は、一筆又は二筆以上の土地ごとに作成し、各土地の区画を明確にし、地番を表示するものとする。
3　第一項の建物所在図は、一個又は二個以上の建物ごとに作成し、各建物の位置及び家屋番号を表示するものとする。
4　第一項の規定にかかわらず、登記所には、同項の規定により地図が備え付けられるまでの間、これに代えて、地図に準ずる図面を備え付けることができる。
5　前項の地図に準ずる図面は、一筆又は二筆以上の土地ごとに土地の位置、形状及び地番を表示するものとする。
6　第一項の地図及び建物所在図並びに第四項の地図に準ずる図面は、電磁的記録に記録することができる。

（法務省令への委任）
第十五条　この章に定めるもののほか、登記簿及び登記記録並びに地図、建物所在図及び地図に準ずる図面の記録方法その他の登記の事務に関し必要な事項は、法務省令で定める。

第四章　登記手続

第一節　総則

（当事者の申請又は嘱託による登記）
第十六条　登記は、法令に別段の定めがある場合を除き、当事者の申請又は官庁若しくは公署の嘱託がなければ、することができない。
2　第二条第十四号、第五条、第六条第三項、第十条及びこの章（この条、第二十七条、第二十八条、第三十二条、第三十四条、第三十五条、第四十一条、第四十三条から第四十六条まで、第五十一条第五項及び第六項、第五十三条第二項、第五十六条、第五十八条第一項及び第四項、第五十九条第一号、第三号から第六号まで及び第八号、第六十六条、第六十七条、第七十一条、第七十三条第一項第二号から第四号まで、第二項及び第三項、第七十六条、第七十八条から第八十六条まで、第八十八条、第九十条から第九十二条まで、第九十四条、第九十五条第一項、第九十六条、第九十七条、第九十八条第二項、第百一条、第百二条、第百六条、第百八条、第百十二条、第百十四条から第百十七条まで並びに第百十八条第二項、第五項及び第六項を除く。）の規定は、官庁又は公署の嘱託による登記の手続について準用する。

（代理権の不消滅）
第十七条　登記の申請をする者の委任による代理人の権限は、次に掲げる事由によっては、消滅しない。
一　本人の死亡
二　本人である法人の合併による消滅
三　本人である受託者の信託の任務終了
四　法定代理人の死亡又はその代理権の消滅若しくは変更

（申請の方法）
第十八条　登記の申請は、次に掲げる方法のいずれかにより、不動産を識別するために必要な事項、申請人の氏名又は名称、登記の目的その他の登記の申請に必要な事項として政令で定める情報（以下「申請情報」という。）を登記所に提供してしなければならない。
一　法務省令で定めるところにより電子情報処理組織（登記所の使用に係る電子計算機（入出力装置を含む。以下この号において同じ。）と申請人又はその代理人の使用に係る電子計算機とを電気通信回線で接続した電子情報処理組織をいう。）を使用する方法
二　申請情報を記載した書面（法務省令で定めるところにより申請情報の全部又は一部を記録した磁気ディスクを含む。）を提出する方法

（受付）
第十九条　登記官は、前条の規定により申請情報が登記所に提供されたときは、法務省令で定めるところにより、当該申請情報に係る登記の申請の受付をしなければならない。
2　同一の不動産に関し二以上の申請がされた場合において、その前後が明らかでないときは、これらの申請は、同時にされたものとみなす。
3　登記官は、申請の受付をしたときは、当該申請に受付番号を付さなければならない。この場合において、同一の不動産に関し同時に二以上の申請がされたとき（前項の規定により同時にされたものとみなされるときを含む。）は、同一の受付番号を付するものとする。

（登記の順序）
第二十条　登記官は、同一の不動産に関し権利に関する登記の申請が二以上あったときは、これらの登記を受付番号の順序に従ってしなければならない。

（登記識別情報の通知）
第二十一条　登記官は、その登記をすることによって申請人自らが登記名義人となる場合において、当該登記を完了したときは、法務省令で定めるところにより、速やかに、当該申請人に対し、当該登記に係る登記識別情報を通知しなければならない。ただし、当該申請人があらかじめ登記識別情報の通知を希望しない旨の申出をした場合その他の法務省令で定める場合は、この限りでない。

（登記識別情報の提供）
第二十二条　登記権利者及び登記義務者が共同して権利に関する登記の申請をする場合その他登記名義人が政令で定める登記の申請をする場合には、申請人は、その申請情報と併せて登記義務者（政令で定める登記の申請にあっては、登記名義人。次条第一項、第二項及び第四項各号において同じ。）の登記識別情報を提供しなければならない。ただし、前条ただし書の規定により登記識別情報が通知されなかった場合その他の申請人が登記識別情報を提供することができないことにつき正当な理由がある場合は、この限りでない。

（事前通知等）
第二十三条　登記官は、申請人が前条に規定する申請をする場合において、同条ただし書の規定により登記識別情報を提供することができないときは、法務省令で定める方法により、同条に規定する登記義務者に対し、当該申請があった旨及び当該申請の内容が真実であると思料するときは法務省令で定める期間内に法務省令で定めるところによりその旨の申出をすべき旨を通知しなければならない。この場合において、登記官は、当該期間内にあっては、当該申出がない限り、当該申請に係る登記をすることができない。

2　登記官は、前項の登記の申請が所有権に関するものである場合において、同項の登記義務者の住所について変更の登記がされているときは、法務省令で定める場合を除き、同項の申請に基づいて登記をする前に、法務省令で定める方法により、同項の規定による通知のほか、当該登記義務者の登記記録上の前の住所にあてて、当該申請があった旨を通知しなければならない。

3　前二項の規定は、登記官が第二十五条（第十号を除く。）の規定により申請を却下すべき場合には、適用しない。

4　第一項の規定は、同項に規定する場合において、次の各号のいずれかに掲げるときは、適用しない。
一　当該申請が登記の申請の代理を業とすることができる代理人によってされた場合であって、登記官が当該代理人から法務省令で定めるところにより当該申請人が第一項の登記義務者であることを確認するために必要な情報の提供を受け、かつ、その内容を相当と認めるとき。
二　当該申請に係る申請情報（委任による代理人によって申請する場合にあっては、その権限を証する情報）を記載し、又は記録した書面又は電磁的記録について、公証人（公証人法（明治四十一年法律第五十三号）第八条の規定により公証人の職務を行う法務事務官を含む。）から当該申請人が第一項の登記義務者であることを確認するために必要な認証がされ、かつ、登記官がその内容を相当と認めるとき。

（登記官による本人確認）
第二十四条　登記官は、登記の申請があった場合において、申請人となるべき者以外の者が申請していると疑うに足りる相当な理由があると認めるときは、次条の規定により当該申請を却下すべき場合を除き、申請人又はその代表者若しくは代理人に対し、出頭を求め、質問をし、又は文書の提示その他必要な情報の提供を求める方法により、当該申請人の申請の権限の有無を調査しなければならない。

2　登記官は、前項に規定する申請人又はその代表者若しくは代理人が遠隔の地に居住しているとき、その他相当と認めるときは、他の登記所の登記官に同項の調査を嘱託することができる。

（申請の却下）

第二十五条　登記官は、次に掲げる場合には、理由を付した決定で、登記の申請を却下しなければならない。ただし、当該申請の不備が補正することができるものである場合において、登記官が定めた相当の期間内に、申請人がこれを補正したときは、この限りでない。

一　申請に係る不動産の所在地が当該申請を受けた登記所の管轄に属しないとき。

二　申請が登記事項（他の法令の規定により登記記録として登記すべき事項を含む。）以外の事項の登記を目的とするとき。

三　申請に係る登記が既に登記されているとき。

四　申請の権限を有しない者の申請によるとき。

五　申請情報又はその提供の方法がこの法律に基づく命令又はその他の法令の規定により定められた方式に適合しないとき。

六　申請情報の内容である不動産又は登記の目的である権利が登記記録と合致しないとき。

七　申請情報の内容である登記義務者（第六十五条、第七十七条、第八十九条第一項（同条第二項（第九十五条第二項において準用する場合を含む。）及び第九十五条第二項において準用する場合を含む。）、第九十三条（第九十五条第二項において準用する場合を含む。）又は第百十条前段の場合にあっては、登記名義人）の氏名若しくは名称又は住所が登記記録と合致しないとき。

八　申請情報の内容が第六十一条に規定する登記原因を証する情報の内容と合致しないとき。

九　第二十二条本文若しくは第六十一条の規定又はこの法律に基づく命令若しくはその他の法令の規定により申請情報と併せて提供しなければならないものとされている情報が提供されないとき。

十　第二十三条第一項に規定する期間内に同項の申出がないとき。

十一　表示に関する登記の申請に係る不動産の表示が第二十九条の規定による登記官の調査の結果と合致しないとき。

十二　登録免許税を納付しないとき。

十三　前各号に掲げる場合のほか、登記すべきものでないときとして政令で定めるとき。

（政令への委任）

第二十六条　この章に定めるもののほか、申請情報の提供の方法並びに申請情報と併せて提供することが必要な情報及びその提供の方法その他の登記申請の手続に関し必要な事項は、政令で定める。

　　　第二節　表示に関する登記

　　　　第一款　通則

（表示に関する登記の登記事項）

第二十七条　土地及び建物の表示に関する登記の登記事項は、次のとおりとする。

一　登記原因及びその日付

二　登記の年月日

三　所有権の登記がない不動産（共用部分（区分所有法第四条第二項に規定する共用部分を

いう。以下同じ。）である旨の登記又は団地共用部分（区分所有法第六十七条第一項に規定する団地共用部分をいう。以下同じ。）である旨の登記がある建物を除く。）については、所有者の氏名又は名称及び住所並びに所有者が二人以上であるときはその所有者ごとの持分
四　前三号に掲げるもののほか、不動産を識別するために必要な事項として法務省令で定めるもの

（職権による表示に関する登記）
第二十八条　表示に関する登記は、登記官が、職権ですることができる。

（登記官による調査）
第二十九条　登記官は、表示に関する登記について第十八条の規定により申請があった場合及び前条の規定により職権で登記しようとする場合において、必要があると認めるときは、当該不動産の表示に関する事項を調査することができる。
2　登記官は、前項の調査をする場合において、必要があると認めるときは、日出から日没までの間に限り、当該不動産を検査し、又は当該不動産の所有者その他の関係人に対し、文書若しくは電磁的記録に記録された事項を法務省令で定める方法により表示したものの提示を求め、若しくは質問をすることができる。この場合において、登記官は、その身分を示す証明書を携帯し、関係者の請求があったときは、これを提示しなければならない。

（一般承継人による申請）
第三十条　表題部所有者又は所有権の登記名義人が表示に関する登記の申請人となることができる場合において、当該表題部所有者又は登記名義人について相続その他の一般承継があったときは、相続人その他の一般承継人は、当該表示に関する登記を申請することができる。

（表題部所有者の氏名等の変更の登記又は更正の登記）
第三十一条　表題部所有者の氏名若しくは名称又は住所についての変更の登記又は更正の登記は、表題部所有者以外の者は、申請することができない。

（表題部所有者の変更等に関する登記手続）
第三十二条　表題部所有者又はその持分についての変更は、当該不動産について所有権の保存の登記をした後において、その所有権の移転の登記の手続をするのでなければ、登記することができない。

（表題部所有者の更正の登記等）
第三十三条　不動産の所有者と当該不動産の表題部所有者とが異なる場合においてする当該表題部所有者についての更正の登記は、当該不動産の所有者以外の者は、申請することができない。
2　前項の場合において、当該不動産の所有者は、当該表題部所有者の承諾があるときでなければ、申請することができない。
3　不動産の表題部所有者である共有者の持分についての更正の登記は、当該共有者以外の者は、申請することができない。
4　前項の更正の登記をする共有者は、当該更正の登記によってその持分を更正することとなる他の共有者の承諾があるときでなければ、申請することができない。

第二款　土地の表示に関する登記

（土地の表示に関する登記の登記事項）
第三十四条　土地の表示に関する登記の登記事項は、第二十七条各号に掲げるもののほか、次のとおりとする。

一　土地の所在する市、区、郡、町、村及び字
　二　地番
　三　地目
　四　地積
2　前項第三号の地目及び同項第四号の地積に関し必要な事項は、法務省令で定める。
　（地番）
第三十五条　登記所は、法務省令で定めるところにより、地番を付すべき区域（第三十九条第二項及び第四十一条第二号において「地番区域」という。）を定め、一筆の土地ごとに地番を付さなければならない。
　（土地の表題登記の申請）
第三十六条　新たに生じた土地又は表題登記がない土地の所有権を取得した者は、その所有権の取得の日から一月以内に、表題登記を申請しなければならない。
　（地目又は地積の変更の登記の申請）
第三十七条　地目又は地積について変更があったときは、表題部所有者又は所有権の登記名義人は、その変更があった日から一月以内に、当該地目又は地積に関する変更の登記を申請しなければならない。
2　地目又は地積について変更があった後に表題部所有者又は所有権の登記名義人となった者は、その者に係る表題部所有者についての更正の登記又は所有権の登記があった日から一月以内に、当該地目又は地積に関する変更の登記を申請しなければならない。
　（土地の表題部の更正の登記の申請）
第三十八条　第二十七条第一号、第二号若しくは第四号（同号にあっては、法務省令で定めるものに限る。）又は第三十四条第一項第一号、第三号若しくは第四号に掲げる登記事項に関する更正の登記は、表題部所有者又は所有権の登記名義人以外の者は、申請することができない。
　（分筆又は合筆の登記）
第三十九条　分筆又は合筆の登記は、表題部所有者又は所有権の登記名義人以外の者は、申請することができない。
2　登記官は、前項の申請がない場合であっても、一筆の土地の一部が別の地目となり、又は地番区域（地番区域でない字を含む。第四十一条第二号において同じ。）を異にするに至ったときは、職権で、その土地の分筆の登記をしなければならない。
3　登記官は、第一項の申請がない場合であっても、第十四条第一項の地図を作成するため必要があると認めるときは、第一項に規定する表題部所有者又は所有権の登記名義人の異議がないときに限り、職権で、分筆又は合筆の登記をすることができる。
　（分筆に伴う権利の消滅の登記）
第四十条　登記官は、所有権の登記以外の権利に関する登記がある土地について分筆の登記をする場合において、当該分筆の登記の申請情報と併せて当該権利に関する登記に係る権利の登記名義人（当該権利に関する登記が抵当権の登記である場合において、抵当証券が発行されているときは、当該抵当証券の所持人又は裏書人を含む。）が当該権利を分筆後のいずれかの土地について消滅させることを承諾したことを証する情報が提供されたとき（当該権利を目的とする第三者の権利に関する登記がある場合にあっては、当該第三者が承諾したことを証する情報が併せて提供されたときに限る。）は、法務省令で定めるところにより、当該承諾に係る土地について当該権利が消滅した旨を登記しなければならない。
　（合筆の登記の制限）
第四十一条　次に掲げる合筆の登記は、することができない。

一　相互に接続していない土地の合筆の登記
二　地目又は地番区域が相互に異なる土地の合筆の登記
三　表題部所有者又は所有権の登記名義人が相互に異なる土地の合筆の登記
四　表題部所有者又は所有権の登記名義人が相互に持分を異にする土地の合筆の登記
五　所有権の登記がない土地と所有権の登記がある土地との合筆の登記
六　所有権の登記以外の権利に関する登記がある土地（権利に関する登記であって、合筆後の土地の登記記録に登記することができるものとして法務省令で定めるものがある土地を除く。）の合筆の登記

（土地の滅失の登記の申請）
第四十二条　土地が滅失したときは、表題部所有者又は所有権の登記名義人は、その滅失の日から一月以内に、当該土地の滅失の登記を申請しなければならない。

（河川区域内の土地の登記）
第四十三条　河川法（昭和三十九年法律第百六十七号）第六条第一項（同法第百条第一項において準用する場合を含む。第一号において同じ。）の河川区域内の土地の表示に関する登記の登記事項は、第二十七条各号及び第三十四条第一項各号に掲げるもののほか、第一号に掲げる土地である旨及び第二号から第五号までに掲げる土地にあってはそれぞれその旨とする。
一　河川法第六条第一項の河川区域内の土地
二　河川法第六条第二項（同法第百条第一項において準用する場合を含む。）の高規格堤防特別区域内の土地
三　河川法第六条第三項（同法第百条第一項において準用する場合を含む。）の樹林帯区域内の土地
四　河川法第二十六条第四項（同法第百条第一項において準用する場合を含む。）の特定樹林帯区域内の土地
五　河川法第五十八条の二第二項（同法第百条第一項において準用する場合を含む。）の河川立体区域内の土地
2　土地の全部又は一部が前項第一号の河川区域内又は同項第二号の高規格堤防特別区域内、同項第三号の樹林帯区域内、同項第四号の特定樹林帯区域内若しくは同項第五号の河川立体区域内の土地となったときは、河川管理者は、遅滞なく、その旨の登記を登記所に嘱託しなければならない。
3　土地の全部又は一部が第一項第一号の河川区域内又は同項第二号の高規格堤防特別区域内、同項第三号の樹林帯区域内、同項第四号の特定樹林帯区域内若しくは同項第五号の河川立体区域内の土地でなくなったときは、河川管理者は、遅滞なく、その旨の登記の抹消を登記所に嘱託しなければならない。
4　土地の一部について前二項の規定により登記の嘱託をするときは、河川管理者は、当該土地の表題部所有者若しくは所有権の登記名義人又はこれらの者の相続人その他の一般承継人に代わって、当該土地の分筆の登記を登記所に嘱託することができる。
5　第一項各号の河川区域内の土地の全部が滅失したときは、河川管理者は、遅滞なく、当該土地の滅失の登記を登記所に嘱託しなければならない。
6　第一項各号の河川区域内の土地の一部が滅失したときは、河川管理者は、遅滞なく、当該土地の地積に関する変更の登記を登記所に嘱託しなければならない。

第三款　建物の表示に関する登記

（建物の表示に関する登記の登記事項）
第四十四条　建物の表示に関する登記の登記事項は、第二十七条各号に掲げるもののほか、次のとおりとする。
一　建物の所在する市、区、郡、町、村、字及び土地の地番（区分建物である建物にあっては、当該建物が属する一棟の建物の所在する市、区、郡、町、村、字及び土地の地番）
二　家屋番号
三　建物の種類、構造及び床面積
四　建物の名称があるときは、その名称
五　附属建物があるときは、その所在する市、区、郡、町、村、字及び土地の地番（区分建物である附属建物にあっては、当該附属建物が属する一棟の建物の所在する市、区、郡、町、村、字及び土地の地番）並びに種類、構造及び床面積
六　建物が共用部分又は団地共用部分であるときは、その旨
七　建物又は附属建物が区分建物であるときは、当該建物又は附属建物が属する一棟の建物の構造及び床面積
八　建物又は附属建物が区分建物である場合であって、当該建物又は附属建物が属する一棟の建物の名称があるときは、その名称
九　建物又は附属建物が区分建物である場合において、当該区分建物について区分所有法第二条第六項に規定する敷地利用権（登記されたものに限る。）であって、区分所有法第二十二条第一項本文（同条第三項において準用する場合を含む。）の規定により区分所有者の有する専有部分と分離して処分することができないもの（以下「敷地権」という。）があるときは、その敷地権
2　前項第三号、第五号及び第七号の建物の種類、構造及び床面積に関し必要な事項は、法務省令で定める。

（家屋番号）
第四十五条　登記所は、法務省令で定めるところにより、一個の建物ごとに家屋番号を付さなければならない。

（敷地権である旨の登記）
第四十六条　登記官は、表示に関する登記のうち、区分建物に関する敷地権について表題部に最初に登記をするときは、当該敷地権の目的である土地の登記記録について、職権で、当該登記記録中の所有権、地上権その他の権利が敷地権である旨の登記をしなければならない。

（建物の表題登記の申請）
第四十七条　新築した建物又は区分建物以外の表題登記がない建物の所有権を取得した者は、その所有権の取得の日から一月以内に、表題登記を申請しなければならない。
2　区分建物である建物を新築した場合において、その所有者について相続その他の一般承継があったときは、相続人その他の一般承継人も、被承継人を表題部所有者とする当該建物についての表題登記を申請することができる。

（区分建物についての建物の表題登記の申請方法）
第四十八条　区分建物が属する一棟の建物が新築された場合又は表題登記がない建物に接続して区分建物が新築されて一棟の建物となった場合における当該区分建物についての表題登記の申請は、当該新築された一棟の建物又は当該区分建物が属することとなった一棟の建物に属する他の区分建物についての表題登記の申請と併せてしなければならない。
2　前項の場合において、当該区分建物の所有者は、他の区分建物の所有者に代わって、当該

他の区分建物についての表題登記を申請することができる。
3　表題登記がある建物（区分建物を除く。）に接続して区分建物が新築された場合における当該区分建物についての表題登記の申請は、当該表題登記がある建物についての表題部の変更の登記の申請と併せてしなければならない。
4　前項の場合において、当該区分建物の所有者は、当該表題登記がある建物の表題部所有者若しくは所有権の登記名義人又はこれらの者の相続人その他の一般承継人に代わって、当該表題登記がある建物についての表題部の変更の登記を申請することができる。
（合体による登記等の申請）
第四十九条　二以上の建物が合体して一個の建物となった場合において、次の各号に掲げるときは、それぞれ当該各号に定める者は、当該合体の日から一月以内に、合体後の建物についての建物の表題登記及び合体前の建物についての建物の表題部の登記の抹消（以下「合体による登記等」と総称する。）を申請しなければならない。この場合において、第二号に掲げる場合にあっては当該表題登記がない建物の所有者、第四号に掲げる場合にあっては当該表題登記がある建物（所有権の登記がある建物を除く。以下この条において同じ。）の表題部所有者、第六号に掲げる場合にあっては当該表題登記がない建物の所有者及び当該表題登記がある建物の表題部所有者をそれぞれ当該合体後の建物の登記名義人とする所有権の登記を併せて申請しなければならない。
一　合体前の二以上の建物が表題登記がない建物及び表題登記がある建物のみであるとき。　当該表題登記がない建物の所有者又は当該表題登記がある建物の表題部所有者
二　合体前の二以上の建物が表題登記がない建物及び所有権の登記がある建物のみであるとき。　当該表題登記がない建物の所有者又は当該所有権の登記がある建物の所有権の登記名義人
三　合体前の二以上の建物がいずれも表題登記がある建物であるとき。　当該建物の表題部所有者
四　合体前の二以上の建物が表題登記がある建物及び所有権の登記がある建物のみであるとき。　当該表題登記がある建物の表題部所有者又は当該所有権の登記がある建物の所有権の登記名義人
五　合体前の二以上の建物がいずれも所有権の登記がある建物であるとき。　当該建物の所有権の登記名義人
六　合体前の三以上の建物が表題登記がない建物、表題登記がある建物及び所有権の登記がある建物のみであるとき。　当該表題登記がない建物の所有者、当該表題登記がある建物の表題部所有者又は当該所有権の登記がある建物の所有権の登記名義人
2　第四十七条並びに前条第一項及び第二項の規定は、二以上の建物が合体して一個の建物となった場合において合体前の建物がいずれも表題登記がない建物であるときの当該建物についての表題登記の申請について準用する。この場合において、第四十七条第一項中「新築した建物又は区分建物以外の表題登記がない建物の所有権を取得した者」とあるのは「いずれも表題登記がない二以上の建物が合体して一個の建物となった場合における当該合体後の建物についての合体時の所有者又は当該合体後の建物が区分建物以外の表題登記がない建物である場合において当該合体時の所有者から所有権を取得した者」と、同条第二項中「区分建物である建物を新築した場合」とあり、及び前条第一項中「区分建物が属する一棟の建物が新築された場合又は表題登記がない建物に接続して区分建物が新築されて一棟の建物となった場合」とあるのは「いずれも表題登記がない二以上の建物が合体して一個の区分建物となった場合」と、同項中「当該新築された一棟の建物又は当該区分建物が属することとなった一棟の建物」とあるのは「当該合体後の区分建物が属する一棟の建物」と読み替えるもの

とする。
3　第一項第一号、第二号又は第六号に掲げる場合において、当該二以上の建物（同号に掲げる場合にあっては、当該三以上の建物）が合体して一個の建物となった後当該合体前の表題登記がない建物の所有者から当該合体後の建物について合体前の表題登記がない建物の所有権に相当する持分を取得した者は、その持分の取得の日から一月以内に、合体による登記等を申請しなければならない。
4　第一項各号に掲げる場合において、当該二以上の建物（同項第六号に掲げる場合にあっては、当該三以上の建物）が合体して一個の建物となった後に合体前の表題登記がある建物の表題部所有者又は合体前の所有権の登記がある建物の所有権の登記名義人となった者は、その者に係る表題部所有者についての更正の登記又は所有権の登記があった日から一月以内に、合体による登記等を申請しなければならない。

（合体に伴う権利の消滅の登記）
第五十条　登記官は、所有権等（所有権、地上権、永小作権、地役権及び採石権をいう。以下この款及び第百十八条第五項において同じ。）の登記以外の権利に関する登記がある建物について合体による登記等をする場合において、当該合体による登記等の申請情報と併せて当該権利に関する登記に係る権利の登記名義人（当該権利に関する登記が抵当権の登記である場合において、抵当証券が発行されているときは、当該抵当証券の所持人又は裏書人を含む。）が合体後の建物について当該権利を消滅させることについて承諾したことを証する情報が提供されたとき（当該権利を目的とする第三者の権利に関する登記がある場合にあっては、当該第三者が承諾したことを証する情報が併せて提供されたときに限る。）は、法務省令で定めるところにより、当該権利が消滅した旨を登記しなければならない。

（建物の表題部の変更の登記）
第五十一条　第四十四条第一項各号（第二号及び第六号を除く。）に掲げる登記事項について変更があったときは、表題部所有者又は所有権の登記名義人（共用部分である旨の登記又は団地共用部分である旨の登記がある建物の場合にあっては、所有者）は、当該変更があった日から一月以内に、当該登記事項に関する変更の登記を申請しなければならない。
2　前項の登記事項について変更があった後に表題部所有者又は所有権の登記名義人となった者は、その者に係る表題部所有者についての更正の登記又は所有権の登記があった日から一月以内に、当該登記事項に関する変更の登記を申請しなければならない。
3　第一項の登記事項について変更があった後に共用部分である旨の登記又は団地共用部分である旨の登記があったときは、所有者（前二項の規定により登記を申請しなければならない者を除く。）は、共用部分である旨の登記又は団地共用部分である旨の登記がされた日から一月以内に、当該登記事項に関する変更の登記を申請しなければならない。
4　共用部分である旨の登記又は団地共用部分である旨の登記がある建物について、第一項の登記事項について変更があった後に所有権を取得した者（前項の規定により登記を申請しなければならない者を除く。）は、その所有権の取得の日から一月以内に、当該登記事項に関する変更の登記を申請しなければならない。
5　建物が区分建物である場合において、第四十四条第一項第一号（区分建物である建物に係るものに限る。）又は第七号から第九号までに掲げる登記事項（同号に掲げる登記事項にあっては、法務省令で定めるものに限る。次項及び第五十三条第二項において同じ。）に関する変更の登記は、当該登記に係る区分建物と同じ一棟の建物に属する他の区分建物についてされた変更の登記としての効力を有する。
6　前項の場合において、同項に規定する登記事項に関する変更の登記がされたときは、登記官は、職権で、当該一棟の建物に属する他の区分建物について、当該登記事項に関する変更

の登記をしなければならない。
    （区分建物となったことによる建物の表題部の変更の登記）
第五十二条　表題登記がある建物（区分建物を除く。）に接続して区分建物が新築されて一棟の建物となったことにより当該表題登記がある建物が区分建物になった場合における当該表題登記がある建物についての表題部の変更の登記の申請は、当該新築に係る区分建物についての表題登記の申請と併せてしなければならない。
2　前項の場合において、当該表題登記がある建物の表題部所有者又は所有権の登記名義人は、当該新築に係る区分建物の所有者に代わって、当該新築に係る区分建物についての表題登記を申請することができる。
3　いずれも表題登記がある二以上の建物（区分建物を除く。）が増築その他の工事により相互に接続して区分建物になった場合における当該表題登記がある二以上の建物についての表題部の変更の登記の申請は、一括してしなければならない。
4　前項の場合において、当該表題登記がある二以上の建物のうち、表題登記がある一の建物の表題部所有者又は所有権の登記名義人は、表題登記がある他の建物の表題部所有者若しくは所有権の登記名義人又はこれらの者の相続人その他の一般承継人に代わって、当該表題登記がある他の建物について表題部の変更の登記を申請することができる。
    （建物の表題部の更正の登記）
第五十三条　第二十七条第一号、第二号若しくは第四号（同号にあっては、法務省令で定めるものに限る。）又は第四十四条第一項各号（第二号及び第六号を除く。）に掲げる登記事項に関する更正の登記は、表題部所有者又は所有権の登記名義人（共用部分である旨の登記又は団地共用部分である旨の登記がある建物の場合にあっては、所有者）以外の者は、申請することができない。
2　第五十一条第五項及び第六項の規定は、建物が区分建物である場合における同条第五項に規定する登記事項に関する表題部の更正の登記について準用する。
    （建物の分割、区分又は合併の登記）
第五十四条　次に掲げる登記は、表題部所有者又は所有権の登記名義人以外の者は、申請することができない。
　一　建物の分割の登記（表題登記がある建物の附属建物を当該表題登記がある建物の登記記録から分割して登記記録上別の一個の建物とする登記をいう。以下同じ。）
　二　建物の区分の登記（表題登記がある建物又は附属建物の部分であって区分建物に該当するものを登記記録上区分建物とする登記をいう。以下同じ。）
　三　建物の合併の登記（表題登記がある建物を登記記録上他の表題登記がある建物の附属建物とする登記又は表題登記がある区分建物を登記記録上これと接続する他の区分建物である表題登記がある建物若しくは附属建物に合併して一個の建物とする登記をいう。以下同じ。）
2　共用部分である旨の登記又は団地共用部分である旨の登記がある建物についての建物の分割の登記又は建物の区分の登記は、所有者以外の者は、申請することができない。
3　第四十条の規定は、所有権等の登記以外の権利に関する登記がある建物についての建物の分割の登記又は建物の区分の登記をするときについて準用する。
    （特定登記）
第五十五条　登記官は、敷地権付き区分建物（区分建物に関する敷地権の登記がある建物をいう。第七十三条第一項及び第三項、第七十四条第二項並びに第七十六条第一項において同じ。）のうち特定登記（所有権等の登記以外の権利に関する登記であって、第七十三条第一項の規定により敷地権についてされた登記としての効力を有するものをいう。以下この条において

同じ。）があるものについて、第四十四条第一項第九号の敷地利用権が区分所有者の有する専有部分と分離して処分することができるものとなったことにより敷地権の変更の登記をする場合において、当該変更の登記の申請情報と併せて特定登記に係る権利の登記名義人（当該特定登記が抵当権の登記である場合において、抵当証券が発行されているときは、当該抵当証券の所持人又は裏書人を含む。）が当該変更の登記後の当該建物又は当該敷地権の目的であった土地について当該特定登記に係る権利を消滅させることを承諾したことを証する情報が提供されたとき（当該特定登記に係る権利を目的とする第三者の権利に関する登記がある場合にあっては、当該第三者が承諾したことを証する情報が併せて提供されたときに限る。）は、法務省令で定めるところにより、当該承諾に係る建物又は土地について当該特定登記に係る権利が消滅した旨を登記しなければならない。

2 前項の規定は、特定登記がある建物について敷地権の不存在を原因とする表題部の更正の登記について準用する。この場合において、同項中「第四十四条第一項第九号の敷地利用権が区分所有者の有する専有部分と分離して処分することができるものとなったことにより敷地権の変更の登記」とあるのは「敷地権の不存在を原因とする表題部の更正の登記」と、「当該変更の登記」とあるのは「当該更正の登記」と読み替えるものとする。

3 第一項の規定は、特定登記がある建物の合体又は合併により当該建物が敷地権のない建物となる場合における合体による登記等又は建物の合併の登記について準用する。この場合において、同項中「第四十四条第一項第九号の敷地利用権が区分所有者の有する専有部分と分離して処分することができるものとなったことにより敷地権の変更の登記」とあるのは「当該建物の合体又は合併により当該建物が敷地権のない建物となる場合における合体による登記等又は建物の合併の登記」と、「当該変更の登記」とあるのは「当該合体による登記等又は当該建物の合併の登記」と読み替えるものとする。

4 第一項の規定は、特定登記がある建物の滅失の登記について準用する。この場合において、同項中「第四十四条第一項第九号の敷地利用権が区分所有者の有する専有部分と分離して処分することができるものとなったことにより敷地権の変更の登記」とあるのは「建物の滅失の登記」と、「当該変更の登記」とあるのは「当該建物の滅失の登記」と、「当該建物又は当該敷地権の目的であった土地」とあるのは「当該敷地権の目的であった土地」と、「当該承諾に係る建物又は土地」とあるのは「当該土地」と読み替えるものとする。

（建物の合併の登記の制限）
第五十六条 次に掲げる建物の合併の登記は、することができない。
一 共用部分である旨の登記又は団地共用部分である旨の登記がある建物の合併の登記
二 表題部所有者又は所有権の登記名義人が相互に異なる建物の合併の登記
三 表題部所有者又は所有権の登記名義人が相互に持分を異にする建物の合併の登記
四 所有権の登記がない建物と所有権の登記がある建物との建物の合併の登記
五 所有権等の登記以外の権利に関する登記がある建物（権利に関する登記であって、合併後の建物の登記記録に登記することができるものとして法務省令で定めるものがある建物を除く。）の建物の合併の登記

（建物の滅失の登記の申請）
第五十七条 建物が滅失したときは、表題部所有者又は所有権の登記名義人（共用部分である旨の登記又は団地共用部分である旨の登記がある建物の場合にあっては、所有者）は、その滅失の日から一月以内に、当該建物の滅失の登記を申請しなければならない。

（共用部分である旨の登記等）
第五十八条 共用部分である旨の登記又は団地共用部分である旨の登記に係る建物の表示に関する登記の登記事項は、第二十七条各号（第三号を除く。）及び第四十四条第一項各号（第

六号を除く。）に掲げるもののほか、次のとおりとする。
- 一 共用部分である旨の登記にあっては、当該共用部分である建物が当該建物の属する一棟の建物以外の一棟の建物に属する建物の区分所有者の共用に供されるものであるときは、その旨
- 二 団地共用部分である旨の登記にあっては、当該団地共用部分を共用すべき者の所有する建物（当該建物が区分建物であるときは、当該建物が属する一棟の建物）

2 共用部分である旨の登記又は団地共用部分である旨の登記は、当該共用部分である旨の登記又は団地共用部分である旨の登記をする建物の表題部所有者又は所有権の登記名義人以外の者は、申請することができない。

3 共用部分である旨の登記又は団地共用部分である旨の登記は、当該共用部分又は団地共用部分である建物に所有権等の登記以外の権利に関する登記があるときは、当該権利に関する登記に係る権利の登記名義人（当該権利に関する登記が抵当権の登記である場合において、抵当証券が発行されているときは、当該抵当証券の所持人又は裏書人を含む。）の承諾があるとき（当該権利を目的とする第三者の権利に関する登記がある場合にあっては、当該第三者の承諾を得たときに限る。）でなければ、申請することができない。

4 登記官は、共用部分である旨の登記又は団地共用部分である旨の登記をするときは、職権で、当該建物について表題部所有者の登記又は権利に関する登記を抹消しなければならない。

5 第一項各号に掲げる登記事項についての変更の登記又は更正の登記は、当該共用部分である旨の登記又は団地共用部分である旨の登記がある建物の所有者以外の者は、申請することができない。

6 共用部分である旨の登記又は団地共用部分である旨の登記がある建物について共用部分である旨又は団地共用部分である旨を定めた規約を廃止した場合には、当該建物の所有者は、当該規約の廃止の日から一月以内に、当該建物の表題登記を申請しなければならない。

7 前項の規約を廃止した後に当該建物の所有権を取得した者は、その所有権の取得の日から一月以内に、当該建物の表題登記を申請しなければならない。

第三節　権利に関する登記

第一款　通則

（権利に関する登記の登記事項）

第五十九条　権利に関する登記の登記事項は、次のとおりとする。
- 一 登記の目的
- 二 申請の受付の年月日及び受付番号
- 三 登記原因及びその日付
- 四 登記に係る権利の権利者の氏名又は名称及び住所並びに登記名義人が二人以上であるときは当該権利の登記名義人ごとの持分
- 五 登記の目的である権利の消滅に関する定めがあるときは、その定め
- 六 共有物分割禁止の定め（共有物若しくは所有権以外の財産権について民法（明治二十九年法律第八十九号）第二百五十六条第一項ただし書（同法第二百六十四条において準用する場合を含む。）の規定により分割をしない旨の契約をした場合若しくは同法第九百八条の規定により被相続人が遺言で共有物若しくは所有権以外の財産権について分割を禁止した場合における共有物若しくは所有権以外の財産権の分割を禁止する定め又は同法第九百七条第三項の規定により家庭裁判所が遺産である共有物若しくは所有権以外の財産権につ

いてした分割を禁止する審判をいう。第六十五条において同じ。）があるときは、その定め
七　民法第四百二十三条その他の法令の規定により他人に代わって登記を申請した者（以下「代位者」という。）があるときは、当該代位者の氏名又は名称及び住所並びに代位原因
八　第二号に掲げるもののほか、権利の順位を明らかにするために必要な事項として法務省令で定めるもの
（共同申請）
第六十条　権利に関する登記の申請は、法令に別段の定めがある場合を除き、登記権利者及び登記義務者が共同してしなければならない。
（登記原因証明情報の提供）
第六十一条　権利に関する登記を申請する場合には、申請人は、法令に別段の定めがある場合を除き、その申請情報と併せて登記原因を証する情報を提供しなければならない。
（一般承継人による申請）
第六十二条　登記権利者、登記義務者又は登記名義人が権利に関する登記の申請人となることができる場合において、当該登記権利者、登記義務者又は登記名義人について相続その他の一般承継があったときは、相続人その他の一般承継人は、当該権利に関する登記を申請することができる。
（判決による登記等）
第六十三条　第六十条、第六十五条又は第八十九条第一項（同条第二項（第九十五条第二項において準用する場合を含む。）及び第九十五条第二項において準用する場合を含む。）の規定にかかわらず、これらの規定により申請を共同してしなければならない者の一方に登記手続をすべきことを命ずる確定判決による登記は、当該申請を共同してしなければならない者の他方が単独で申請することができる。
2　相続又は法人の合併による権利の移転の登記は、登記権利者が単独で申請することができる。
（登記名義人の氏名等の変更の登記又は更正の登記等）
第六十四条　登記名義人の氏名若しくは名称又は住所についての変更の登記又は更正の登記は、登記名義人が単独で申請することができる。
2　抵当証券が発行されている場合における債務者の氏名若しくは名称又は住所についての変更の登記又は更正の登記は、債務者が単独で申請することができる。
（共有物分割禁止の定めの登記）
第六十五条　共有物分割禁止の定めに係る権利の変更の登記の申請は、当該権利の共有者であるすべての登記名義人が共同してしなければならない。
（権利の変更の登記又は更正の登記）
第六十六条　権利の変更の登記又は更正の登記は、登記上の利害関係を有する第三者（権利の変更の登記又は更正の登記につき利害関係を有する抵当証券の所持人又は裏書人を含む。以下この条において同じ。）の承諾がある場合及び当該第三者がない場合に限り、付記登記によってすることができる。
（登記の更正）
第六十七条　登記官は、権利に関する登記に錯誤又は遺漏があることを発見したときは、遅滞なく、その旨を登記権利者及び登記義務者（登記権利者及び登記義務者がない場合にあっては、登記名義人。第三項及び第七十一条第一項において同じ。）に通知しなければならない。ただし、登記権利者、登記義務者又は登記名義人がそれぞれ二人以上あるときは、その一人に対し通知すれば足りる。

2　登記官は、前項の場合において、登記の錯誤又は遺漏が登記官の過誤によるものであるときは、遅滞なく、当該登記官を監督する法務局又は地方法務局の長の許可を得て、登記の更正をしなければならない。ただし、登記上の利害関係を有する第三者（当該登記の更正につき利害関係を有する抵当証券の所持人又は裏書人を含む。以下この項において同じ。）がある場合にあっては、当該第三者の承諾があるときに限る。
3　登記官が前項の登記の更正をしたときは、その旨を登記権利者及び登記義務者に通知しなければならない。この場合においては、第一項ただし書の規定を準用する。
4　第一項及び前項の通知は、代位者にもしなければならない。この場合においては、第一項ただし書の規定を準用する。

（登記の抹消）
第六十八条　権利に関する登記の抹消は、登記上の利害関係を有する第三者（当該登記の抹消につき利害関係を有する抵当証券の所持人又は裏書人を含む。以下この条において同じ。）がある場合には、当該第三者の承諾があるときに限り、申請することができる。

（死亡又は解散による登記の抹消）
第六十九条　権利が人の死亡又は法人の解散によって消滅する旨が登記されている場合において、当該権利がその死亡又は解散によって消滅したときは、第六十条の規定にかかわらず、登記権利者は、単独で当該権利に係る権利に関する登記の抹消を申請することができる。

（登記義務者の所在が知れない場合の登記の抹消）
第七十条　登記権利者は、登記義務者の所在が知れないため登記義務者と共同して権利に関する登記の抹消を申請することができないときは、非訟事件手続法（明治三十一年法律第十四号）第百四十一条に規定する公示催告の申立てをすることができる。
2　前項の場合において、非訟事件手続法第百四十八条第一項に規定する除権決定があったときは、第六十条の規定にかかわらず、当該登記権利者は、単独で前項の登記の抹消を申請することができる。
3　第一項に規定する場合において、登記権利者が先取特権、質権又は抵当権の被担保債権が消滅したことを証する情報として政令で定めるものを提供したときは、第六十条の規定にかかわらず、当該登記権利者は、単独でそれらの権利に関する登記の抹消を申請することができる。同項に規定する場合において、被担保債権の弁済期から二十年を経過し、かつ、その期間を経過した後に当該被担保債権、その利息及び債務不履行により生じた損害の全額に相当する金銭が供託されたときも、同様とする。

（職権による登記の抹消）
第七十一条　登記官は、権利に関する登記を完了した後に当該登記が第二十五条第一号から第三号まで又は第十三号に該当することを発見したときは、登記権利者及び登記義務者並びに登記上の利害関係を有する第三者に対し、一月以内の期間を定め、当該登記の抹消について異議のある者がその期間内に書面で異議を述べないときは、当該登記を抹消する旨を通知しなければならない。
2　登記官は、通知を受けるべき者の住所又は居所が知れないときは、法務省令で定めるところにより、前項の通知に代えて、通知をすべき内容を公告しなければならない。
3　登記官は、第一項の異議を述べた者がある場合において、当該異議に理由がないと認めるときは決定で当該異議を却下し、当該異議に理由があると認めるときは決定でその旨を宣言し、かつ、当該異議を述べた者に通知しなければならない。
4　登記官は、第一項の異議を述べた者がないとき、又は前項の規定により当該異議を却下したときは、職権で、第一項に規定する登記を抹消しなければならない。

（抹消された登記の回復）
第七十二条　抹消された登記（権利に関する登記に限る。）の回復は、登記上の利害関係を有する第三者（当該登記の回復につき利害関係を有する抵当証券の所持人又は裏書人を含む。以下この条において同じ。）がある場合には、当該第三者の承諾があるときに限り、申請することができる。
　　（敷地権付き区分建物に関する登記等）
第七十三条　敷地権付き区分建物についての所有権又は担保権（一般の先取特権、質権又は抵当権をいう。以下この条において同じ。）に係る権利に関する登記は、第四十六条の規定により敷地権である旨の登記をした土地の敷地権についてされた登記としての効力を有する。ただし、次に掲げる登記は、この限りでない。
　一　敷地権付き区分建物についての所有権又は担保権に係る権利に関する登記であって、区分建物に関する敷地権の登記をする前に登記されたもの（担保権に係る権利に関する登記にあっては、当該登記の目的等（登記の目的、申請の受付の年月日及び受付番号並びに登記原因及びその日付をいう。以下この号において同じ。）が当該敷地権となった土地の権利についてされた担保権に係る権利に関する登記の目的等と同一であるものを除く。）
　二　敷地権付き区分建物についての所有権に係る仮登記であって、区分建物に関する敷地権の登記をした後に登記されたものであり、かつ、その登記原因が当該建物の当該敷地権が生ずる前に生じたもの
　三　敷地権付き区分建物についての質権又は抵当権に係る権利に関する登記であって、区分建物に関する敷地権の登記をした後に登記されたものであり、かつ、その登記原因が当該建物の当該敷地権が生ずる前に生じたもの
　四　敷地権付き区分建物についての所有権又は質権若しくは抵当権に係る権利に関する登記であって、区分建物に関する敷地権の登記をした後に登記されたものであり、かつ、その登記原因が当該建物の当該敷地権が生じた後に生じたもの（区分所有法第二十二条第一項本文（同条第三項において準用する場合を含む。）の規定により区分所有者の有する専有部分とその専有部分に係る敷地利用権とを分離して処分することができない場合（以下この条において「分離処分禁止の場合」という。）を除く。）
2　第四十六条の規定により敷地権である旨の登記をした土地には、敷地権の移転の登記又は敷地権を目的とする担保権に係る権利に関する登記をすることができない。ただし、当該土地が敷地権の目的となった後にその登記原因が生じたもの（分離処分禁止の場合を除く。）又は敷地権についての仮登記若しくは質権若しくは抵当権に係る権利に関する登記であって当該土地が敷地権の目的となる前にその登記原因が生じたものは、この限りでない。
3　敷地権付き区分建物には、当該建物のみの所有権の移転を登記原因とする所有権の登記又は当該建物のみを目的とする担保権に係る権利に関する登記をすることができない。ただし、当該建物の敷地権が生じた後にその登記原因が生じたもの（分離処分禁止の場合を除く。）又は当該建物のみの所有権についての仮登記若しくは当該建物のみを目的とする質権若しくは抵当権に係る権利に関する登記であって当該建物の敷地権が生ずる前にその登記原因が生じたものは、この限りでない。

　　　　第二款　所有権に関する登記

　　（所有権の保存の登記）
第七十四条　所有権の保存の登記は、次に掲げる者以外の者は、申請することができない。
　一　表題部所有者又はその相続人その他の一般承継人

二　所有権を有することが確定判決によって確認された者
　三　収用（土地収用法（昭和二十六年法律第二百十九号）その他の法律の規定による収用をいう。第百十八条第一項及び第三項から第五項までにおいて同じ。）によって所有権を取得した者
2　区分建物にあっては、表題部所有者から所有権を取得した者も、前項の登記を申請することができる。この場合において、当該建物が敷地権付き区分建物であるときは、当該敷地権の登記名義人の承諾を得なければならない。

（表題登記がない不動産についてする所有権の保存の登記）
第七十五条　登記官は、前条第一項第二号又は第三号に掲げる者の申請に基づいて表題登記がない不動産について所有権の保存の登記をするときは、当該不動産に関する不動産の表示のうち法務省令で定めるものを登記しなければならない。

（所有権の保存の登記の登記事項等）
第七十六条　所有権の保存の登記においては、第五十九条第三号の規定にかかわらず、登記原因及びその日付を登記することを要しない。ただし、敷地権付き区分建物について第七十四条第二項の規定により所有権の保存の登記をする場合は、この限りでない。
2　登記官は、所有権の登記がない不動産について嘱託により所有権の処分の制限の登記をするときは、職権で、所有権の保存の登記をしなければならない。
3　前条の規定は、表題登記がない不動産について嘱託により所有権の処分の制限の登記をする場合について準用する。

（所有権の登記の抹消）
第七十七条　所有権の登記の抹消は、所有権の移転の登記がない場合に限り、所有権の登記名義人が単独で申請することができる。

　　　　　第三款　用益権に関する登記

（地上権の登記の登記事項）
第七十八条　地上権の登記の登記事項は、第五十九条各号に掲げるもののほか、次のとおりとする。
　一　地上権設定の目的
　二　地代又はその支払時期の定めがあるときは、その定め
　三　存続期間又は借地借家法（平成三年法律第九十号）第二十二条前段の定めがあるときは、その定め
　四　地上権設定の目的が借地借家法第二十四条第一項に規定する建物の所有であるときは、その旨
　五　民法第二百六十九条の二第一項前段に規定する地上権の設定にあっては、その目的である地下又は空間の上下の範囲及び同項後段の定めがあるときはその定め

（永小作権の登記の登記事項）
第七十九条　永小作権の登記の登記事項は、第五十九条各号に掲げるもののほか、次のとおりとする。
　一　小作料
　二　存続期間又は小作料の支払時期の定めがあるときは、その定め
　三　民法第二百七十二条ただし書の定めがあるときは、その定め
　四　前二号に規定するもののほか、永小作人の権利又は義務に関する定めがあるときは、その定め

（地役権の登記の登記事項等）
第八十条　承役地（民法第二百八十五条第一項に規定する承役地をいう。以下この条において同じ。）についてする地役権の登記の登記事項は、第五十九条各号に掲げるもののほか、次のとおりとする。
　一　要役地（民法第二百八十一条第一項に規定する要役地をいう。以下この条において同じ。）
　二　地役権設定の目的及び範囲
　三　民法第二百八十一条第一項ただし書若しくは第二百八十五条第一項ただし書の別段の定め又は同法第二百八十六条の定めがあるときは、その定め
２　前項の登記においては、第五十九条第四号の規定にかかわらず、地役権者の氏名又は名称及び住所を登記することを要しない。
３　要役地に所有権の登記がないときは、承役地に地役権の設定の登記をすることができない。
４　登記官は、承役地に地役権の設定の登記をしたときは、要役地について、職権で、法務省令で定める事項を登記しなければならない。

（賃借権の登記等の登記事項）
第八十一条　賃借権の登記又は賃借物の転貸の登記の登記事項は、第五十九条各号に掲げるもののほか、次のとおりとする。
　一　賃料
　二　存続期間又は賃料の支払時期の定めがあるときは、その定め
　三　賃借権の譲渡又は賃借物の転貸を許す旨の定めがあるときは、その定め
　四　敷金があるときは、その旨
　五　賃貸人が財産の処分につき行為能力の制限を受けた者又は財産の処分の権限を有しない者であるときは、その旨
　六　土地の賃借権設定の目的が建物の所有であるときは、その旨
　七　前号に規定する場合において建物が借地借家法第二十四条第一項に規定する建物であるときは、その旨
　八　借地借家法第二十二条前段、第三十八条第一項前段若しくは第三十九条第一項又は高齢者の居住の安定確保に関する法律（平成十三年法律第二十六号）第五十六条の定めがあるときは、その定め

（採石権の登記の登記事項）
第八十二条　採石権の登記の登記事項は、第五十九条各号に掲げるもののほか、次のとおりとする。
　一　存続期間
　二　採石権の内容又は採石料若しくはその支払時期の定めがあるときは、その定め

第四款　担保権等に関する登記

（担保権の登記の登記事項）
第八十三条　先取特権、質権若しくは転質又は抵当権の登記の登記事項は、第五十九条各号に掲げるもののほか、次のとおりとする。
　一　債権額（一定の金額を目的としない債権については、その価額）
　二　債務者の氏名又は名称及び住所
　三　所有権以外の権利を目的とするときは、その目的となる権利
　四　二以上の不動産に関する権利を目的とするときは、当該二以上の不動産及び当該権利
　五　外国通貨で第一号の債権額を指定した債権を担保する質権若しくは転質又は抵当権の登

記にあっては、本邦通貨で表示した担保限度額
2　登記官は、前項第四号に掲げる事項を明らかにするため、法務省令で定めるところにより、共同担保目録を作成することができる。

（債権の一部譲渡による担保権の移転の登記等の登記事項）
第八十四条　債権の一部について譲渡又は代位弁済がされた場合における先取特権、質権若しくは転質又は抵当権の移転の登記の登記事項は、第五十九条各号に掲げるもののほか、当該譲渡又は代位弁済の目的である債権の額とする。

（不動産工事の先取特権の保存の登記）
第八十五条　不動産工事の先取特権の保存の登記においては、第八十三条第一項第一号の債権額として工事費用の予算額を登記事項とする。

（建物を新築する場合の不動産工事の先取特権の保存の登記）
第八十六条　建物を新築する場合における不動産工事の先取特権の保存の登記については、当該建物の所有者となるべき者を登記義務者とみなす。この場合においては、第二十二条本文の規定は、適用しない。
2　前項の登記の登記事項は、第五十九条各号及び第八十三条第一項各号（第三号を除く。）に掲げるもののほか、次のとおりとする。
　一　新築する建物並びに当該建物の種類、構造及び床面積は設計書による旨
　二　登記義務者の氏名又は名称及び住所
3　前項第一号の規定は、所有権の登記がある建物の附属建物を新築する場合における不動産工事の先取特権の保存の登記について準用する。

（建物の建築が完了した場合の登記）
第八十七条　前条第一項の登記をした場合において、建物の建築が完了したときは、当該建物の所有者は、遅滞なく、所有権の保存の登記を申請しなければならない。
2　前条第三項の登記をした場合において、附属建物の建築が完了したときは、当該附属建物が属する建物の所有権の登記名義人は、遅滞なく、当該附属建物の新築による建物の表題部の変更の登記を申請しなければならない。

（抵当権の登記の登記事項）
第八十八条　抵当権（根抵当権（民法第三百九十八条の二第一項の抵当権をいう。以下同じ。）を除く。）の登記の登記事項は、第五十九条各号及び第八十三条第一項各号に掲げるもののほか、次のとおりとする。
　一　利息に関する定めがあるときは、その定め
　二　民法第三百七十五条第二項に規定する損害の賠償額の定めがあるときは、その定め
　三　債権に付した条件があるときは、その条件
　四　民法第三百七十条ただし書の別段の定めがあるときは、その定め
　五　抵当証券発行の定めがあるときは、その定め
　六　前号の定めがある場合において元本又は利息の弁済期又は支払場所の定めがあるときは、その定め
2　根抵当権の登記の登記事項は、第五十九条各号及び第八十三条第一項各号（第一号を除く。）に掲げるもののほか、次のとおりとする。
　一　担保すべき債権の範囲及び極度額
　二　民法第三百七十条ただし書の別段の定めがあるときは、その定め
　三　担保すべき元本の確定すべき期日の定めがあるときは、その定め
　四　民法第三百九十八条の十四第一項ただし書の定めがあるときは、その定め

（抵当権の順位の変更の登記等）
第八十九条　抵当権の順位の変更の登記の申請は、順位を変更する当該抵当権の登記名義人が共同してしなければならない。
2　前項の規定は、民法第三百九十八条の十四第一項ただし書の定めがある場合の当該定めの登記の申請について準用する。
（抵当権の処分の登記）
第九十条　第八十三条及び第八十八条の規定は、民法第三百七十六条第一項の規定により抵当権を他の債権のための担保とし、又は抵当権を譲渡し、若しくは放棄する場合の登記について準用する。
（共同抵当の代位の登記）
第九十一条　民法第三百九十三条の規定による代位の登記の登記事項は、第五十九条各号に掲げるもののほか、先順位の抵当権者が弁済を受けた不動産に関する権利、当該不動産の代価及び当該弁済を受けた額とする。
2　第八十三条及び第八十八条の規定は、前項の登記について準用する。
（根抵当権当事者の相続に関する合意の登記の制限）
第九十二条　民法第三百九十八条の八第一項又は第二項の合意の登記は、当該相続による根抵当権の移転又は債務者の変更の登記をした後でなければ、することができない。
（根抵当権の元本の確定の登記）
第九十三条　民法第三百九十八条の十九第二項又は第三百九十八条の二十第一項第三号若しくは第四号の規定により根抵当権の担保すべき元本が確定した場合の登記は、第六十条の規定にかかわらず、当該根抵当権の登記名義人が単独で申請することができる。ただし、同項第三号又は第四号の規定により根抵当権の担保すべき元本が確定した場合における申請は、当該根抵当権又はこれを目的とする権利の取得の登記の申請と併せてしなければならない。
（抵当証券に関する登記）
第九十四条　登記官は、抵当証券を交付したときは、職権で、抵当証券交付の登記をしなければならない。
2　抵当証券法第一条第二項の申請があった場合において、同法第五条第二項の嘱託を受けた登記所の登記官が抵当証券を作成したときは、当該登記官は、職権で、抵当証券作成の登記をしなければならない。
3　前項の場合において、同項の申請を受けた登記所の登記官は、抵当証券を交付したときは抵当証券交付の登記を、同項の申請を却下したときは抵当証券作成の登記の抹消を同項の登記所に嘱託しなければならない。
4　第二項の規定による抵当証券作成の登記をした不動産について、前項の規定による嘱託により抵当証券交付の登記をしたときは、当該抵当証券交付の登記は、当該抵当証券作成の登記をした時にさかのぼってその効力を生ずる。
（質権の登記等の登記事項）
第九十五条　質権又は転質の登記の登記事項は、第五十九条各号及び第八十三条第一項各号に掲げるもののほか、次のとおりとする。
　一　存続期間の定めがあるときは、その定め
　二　利息に関する定めがあるときは、その定め
　三　違約金又は賠償額の定めがあるときは、その定め
　四　債権に付した条件があるときは、その条件
　五　民法第三百四十六条ただし書の別段の定めがあるときは、その定め
　六　民法第三百五十九条の規定によりその設定行為について別段の定め（同法第三百五十六

条又は第三百五十七条に規定するものに限る。）があるときは、その定め
七　民法第三百六十一条において準用する同法第三百七十条ただし書の別段の定めがあるときは、その定め

2　第八十八条第二項及び第八十九条から第九十三条までの規定は、質権について準用する。この場合において、第九十条及び第九十一条第二項中「第八十八条」とあるのは、「第九十五条第一項又は同条第二項において準用する第八十八条第二項」と読み替えるものとする。

（買戻しの特約の登記の登記事項）
第九十六条　買戻しの特約の登記の登記事項は、第五十九条各号に掲げるもののほか、買主が支払った代金及び契約の費用並びに買戻しの期間の定めがあるときはその定めとする。

第五款　信託に関する登記

（信託の登記の登記事項）
第九十七条　信託の登記の登記事項は、第五十九条各号に掲げるもののほか、次のとおりとする。
一　委託者、受託者及び受益者の氏名又は名称及び住所
二　信託管理人（信託法（大正十一年法律第六十二号）第八条第一項に規定する信託管理人をいう。第百二条において同じ。）があるときは、その氏名又は名称及び住所
三　信託の目的
四　信託財産の管理方法
五　信託の終了の事由
六　その他の信託の条項

2　登記官は、前項各号に掲げる事項を明らかにするため、法務省令で定めるところにより、信託目録を作成することができる。

（信託の登記の申請方法）
第九十八条　信託の登記の申請は、当該信託による権利の移転又は保存若しくは設定の登記の申請と同時にしなければならない。
2　委託者から受託者に対し信託財産となるべき不動産に関する権利が処分された場合における信託の登記については、当該受託者を登記権利者とし、当該委託者を登記義務者とする。
3　信託法第十四条の規定による信託財産に属する不動産又は同法第二十七条の規定により復旧して信託財産に属する不動産に関する権利についての信託の登記は、受託者が単独で申請することができる。

（代位による信託の登記の申請）
第九十九条　受益者又は委託者は、受託者に代わって信託の登記を申請することができる。

（受託者の更迭による登記等）
第百条　受託者の任務が死亡、法人の解散、破産手続開始の決定、後見開始若しくは保佐開始の審判又は裁判所若しくは主務官庁（その権限の委任を受けた国に所属する行政庁及びその権限に属する事務を処理する都道府県の執行機関を含む。第百二条第二項において同じ。）の解任命令により終了し、新たに受託者が選任されたときは、信託財産に属する不動産についてする受託者の更迭による権利の移転の登記は、第六十条の規定にかかわらず、新たに選任された当該受託者が単独で申請することができる。
2　受託者が二人以上ある場合において、そのうち少なくとも一人の受託者の任務が前項に規定する事由により終了したときは、信託財産に属する不動産についてする当該受託者の任務の終了による権利の変更の登記は、第六十条の規定にかかわらず、他の受託者が単独で申請

することができる。

（職権による信託の変更の登記）
第百一条　登記官は、信託財産に属する不動産について信託法第五十条の規定による受託者の更迭又は任務の終了により権利の移転又は変更の登記をするときは、職権で、当該信託の変更の登記をしなければならない。

（嘱託による信託の変更の登記）
第百二条　裁判所は、信託管理人を選任し、若しくは解任したとき、受託者を解任したとき、又は信託財産の管理方法を変更したときは、遅滞なく、当該信託の変更の登記を登記所に嘱託しなければならない。
2　主務官庁は、信託管理人を選任したとき、受託者を解任したとき、又は信託の条項を変更したときは、遅滞なく、当該信託の変更の登記を登記所に嘱託しなければならない。

（信託の変更の登記の申請）
第百三条　前二条に規定するもののほか、第九十七条第一項各号に掲げる登記事項について変更があったときは、受託者は、遅滞なく、当該信託の変更の登記を申請しなければならない。

（信託の登記の抹消）
第百四条　信託財産に属する不動産に関する権利が移転又は消滅により信託財産に属しないこととなった場合における信託の登記の抹消の申請は、当該権利の移転の登記又は当該権利の登記の抹消の申請と同時にしなければならない。
2　前項の規定は、信託の終了により信託財産に属する不動産に関する権利が移転し、又は消滅した場合について準用する。
3　信託財産に属する不動産に関する権利が信託法第二十二条第一項ただし書の規定により受託者の固有財産となった場合における信託の登記の抹消の申請は、当該権利の変更の登記の申請と同時にしなければならない。

第六款　仮登記

（仮登記）
第百五条　仮登記は、次に掲げる場合にすることができる。
一　第三条各号に掲げる権利について保存等があった場合において、当該保存等に係る登記の申請をするために登記所に対し提供しなければならない情報であって、第二十五条第九号の申請情報と併せて提供しなければならないものとされているもののうち法務省令で定めるものを提供することができないとき。
二　第三条各号に掲げる権利の設定、移転、変更又は消滅に関して請求権（始期付き又は停止条件付きのものその他将来確定することが見込まれるものを含む。）を保全しようとするとき。

（仮登記に基づく本登記の順位）
第百六条　仮登記に基づいて本登記（仮登記がされた後、これと同一の不動産についてされる同一の権利についての権利に関する登記であって、当該不動産に係る登記記録に当該仮登記に基づく登記であることが記録されているものをいう。以下同じ。）をした場合は、当該本登記の順位は、当該仮登記の順位による。

（仮登記の申請方法）
第百七条　仮登記は、仮登記の登記義務者の承諾があるとき及び次条に規定する仮登記を命ずる処分があるときは、第六十条の規定にかかわらず、当該仮登記の登記権利者が単独で申請することができる。

2　仮登記の登記権利者及び登記義務者が共同して仮登記を申請する場合については、第二十二条本文の規定は、適用しない。
　（仮登記を命ずる処分）
第百八条　裁判所は、仮登記の登記権利者の申立てにより、仮登記を命ずる処分をすることができる。
2　前項の申立てをするときは、仮登記の原因となる事実を疎明しなければならない。
3　第一項の申立てに係る事件は、不動産の所在地を管轄する地方裁判所の管轄に専属する。
4　第一項の申立てを却下した決定に対しては、即時抗告をすることができる。
5　非訟事件手続法第五条から第十四条まで、第十六条から第十八条まで、第十九条第二項及び第三項、第二十二条、第二十三条並びに第二十五条から第三十二条までの規定は、前項の即時抗告について準用する。
　（仮登記に基づく本登記）
第百九条　所有権に関する仮登記に基づく本登記は、登記上の利害関係を有する第三者（本登記につき利害関係を有する抵当証券の所持人又は裏書人を含む。以下この条において同じ。）がある場合には、当該第三者の承諾があるときに限り、申請することができる。
2　登記官は、前項の規定による申請に基づいて登記をするときは、職権で、同項の第三者の権利に関する登記を抹消しなければならない。
　（仮登記の抹消）
第百十条　仮登記の抹消は、第六十条の規定にかかわらず、仮登記の登記名義人が単独で申請することができる。仮登記の登記名義人の承諾がある場合における当該仮登記の登記上の利害関係人も、同様とする。

第七款　仮処分に関する登記

　（仮処分の登記に後れる登記の抹消）
第百十一条　所有権について民事保全法（平成元年法律第九十一号）第五十三条第一項の規定による処分禁止の登記（同条第二項に規定する保全仮登記（以下「保全仮登記」という。）とともにしたものを除く。以下この条において同じ。）がされた後、当該処分禁止の登記に係る仮処分の債権者が当該仮処分の債務者を登記義務者とする所有権の登記（仮登記を除く。）を申請する場合においては、当該債権者は、当該処分禁止の登記に後れる登記の抹消を単独で申請することができる。
2　前項の規定は、所有権以外の権利について民事保全法第五十三条第一項の規定による処分禁止の登記がされた後、当該処分禁止の登記に係る仮処分の債権者が当該仮処分の債務者を登記義務者とする当該権利の移転又は消滅に関し登記（仮登記を除く。）を申請する場合について準用する。
3　登記官は、第一項（前項において準用する場合を含む。）の申請に基づいて当該処分禁止の登記に後れる登記を抹消するときは、職権で、当該処分禁止の登記も抹消しなければならない。
　（保全仮登記に基づく本登記の順位）
第百十二条　保全仮登記に基づいて本登記をした場合は、当該本登記の順位は、当該保全仮登記の順位による。
　（保全仮登記に係る仮処分の登記に後れる登記の抹消）
第百十三条　不動産の使用又は収益をする権利について保全仮登記がされた後、当該保全仮登記に係る仮処分の債権者が本登記を申請する場合においては、当該債権者は、所有権以外の

不動産の使用若しくは収益をする権利又は当該権利を目的とする権利に関する登記であって当該保全仮登記とともにした処分禁止の登記に後れるものの抹消を単独で申請することができる。
　（処分禁止の登記の抹消）
第百十四条　登記官は、保全仮登記に基づく本登記をするときは、職権で、当該保全仮登記とともにした処分禁止の登記を抹消しなければならない。

第八款　官庁又は公署が関与する登記等

　（公売処分による登記）
第百十五条　官庁又は公署は、公売処分をした場合において、登記権利者の請求があったときは、遅滞なく、次に掲げる事項を登記所に嘱託しなければならない。
　一　公売処分による権利の移転の登記
　二　公売処分により消滅した権利の登記の抹消
　三　滞納処分に関する差押えの登記の抹消
　（官庁又は公署の嘱託による登記）
第百十六条　国又は地方公共団体が登記権利者となって権利に関する登記をするときは、官庁又は公署は、遅滞なく、登記義務者の承諾を得て、当該登記を登記所に嘱託しなければならない。
2　国又は地方公共団体が登記義務者となる権利に関する登記について登記権利者の請求があったときは、官庁又は公署は、遅滞なく、当該登記を登記所に嘱託しなければならない。
　（官庁又は公署の嘱託による登記の登記識別情報）
第百十七条　登記官は、官庁又は公署が登記権利者（登記をすることによって登記名義人となる者に限る。以下この条において同じ。）のためにした登記の嘱託に基づいて登記を完了したときは、速やかに、当該登記権利者のために登記識別情報を当該官庁又は公署に通知しなければならない。
2　前項の規定により登記識別情報の通知を受けた官庁又は公署は、遅滞なく、これを同項の登記権利者に通知しなければならない。
　（収用による登記）
第百十八条　不動産の収用による所有権の移転の登記は、第六十条の規定にかかわらず、起業者が単独で申請することができる。
2　国又は地方公共団体が起業者であるときは、官庁又は公署は、遅滞なく、前項の登記を登記所に嘱託しなければならない。
3　前二項の規定は、不動産に関する所有権以外の権利の収用による権利の消滅の登記について準用する。
4　土地の収用による権利の移転の登記を申請する場合には、当該収用により消滅した権利又は失効した差押え、仮差押え若しくは仮処分に関する登記を指定しなければならない。この場合において、権利の移転の登記をするときは、登記官は、職権で、当該指定に係る登記を抹消しなければならない。
5　登記官は、建物の収用による所有権の移転の登記をするときは、職権で、当該建物を目的とする所有権等の登記以外の権利に関する登記を抹消しなければならない。第三項の登記をする場合において同項の権利を目的とする権利に関する登記についても、同様とする。
6　登記官は、第一項の登記をするときは、職権で、裁決手続開始の登記を抹消しなければならない。

第五章　登記事項の証明等

（登記事項証明書の交付等）
第百十九条　何人も、登記官に対し、手数料を納付して、登記記録に記録されている事項の全部又は一部を証明した書面（以下「登記事項証明書」という。）の交付を請求することができる。
2　何人も、登記官に対し、手数料を納付して、登記記録に記録されている事項の概要を記載した書面の交付を請求することができる。
3　前二項の手数料の額は、物価の状況、登記事項証明書の交付に要する実費その他一切の事情を考慮して政令で定める。
4　第一項及び第二項の手数料の納付は、登記印紙をもってしなければならない。ただし、法務省令で定める方法で登記事項証明書の交付を請求するときは、法務省令で定めるところにより、現金をもってすることができる。
5　第一項の交付の請求は、法務省令で定める場合を除き、請求に係る不動産の所在地を管轄する登記所以外の登記所の登記官に対してもすることができる。

（地図の写しの交付等）
第百二十条　何人も、登記官に対し、手数料を納付して、地図、建物所在図又は地図に準ずる図面（以下この条において「地図等」という。）の全部又は一部の写し（地図等が電磁的記録に記録されているときは、当該記録された情報の内容を証明した書面）の交付を請求することができる。
2　何人も、登記官に対し、手数料を納付して、地図等（地図等が電磁的記録に記録されているときは、当該記録された情報の内容を法務省令で定める方法により表示したもの）の閲覧を請求することができる。
3　前条第三項及び第四項の規定は、地図等について準用する。

（登記簿の附属書類の写しの交付等）
第百二十一条　何人も、登記官に対し、手数料を納付して、登記簿の附属書類（電磁的記録を含む。以下同じ。）のうち政令で定める図面の全部又は一部の写し（これらの図面が電磁的記録に記録されているときは、当該記録された情報の内容を証明した書面）の交付を請求することができる。
2　何人も、登記官に対し、手数料を納付して、登記簿の附属書類（電磁的記録にあっては、記録された情報の内容を法務省令で定める方法により表示したもの）の閲覧を請求することができる。ただし、前項の図面以外のものについては、請求人が利害関係を有する部分に限る。
3　第百十九条第三項及び第四項の規定は、登記簿の附属書類について準用する。

（法務省令への委任）
第百二十二条　この法律に定めるもののほか、登記簿、地図、建物所在図及び地図に準ずる図面並びに登記簿の附属書類（第百五十三条及び第百五十五条において「登記簿等」という。）の公開に関し必要な事項は、法務省令で定める。

第六章　筆界特定

第一節　総則

（定義）
第百二十三条　この章において、次の各号に掲げる用語の意義は、それぞれ当該各号に定める

ところによる。
一　筆界　表題登記がある一筆の土地（以下単に「一筆の土地」という。）とこれに隣接する他の土地（表題登記がない土地を含む。以下同じ。）との間において、当該一筆の土地が登記された時にその境を構成するものとされた二以上の点及びこれらを結ぶ直線をいう。
二　筆界特定　一筆の土地及びこれに隣接する他の土地について、この章の定めるところにより、筆界の現地における位置を特定すること（その位置を特定することができないときは、その位置の範囲を特定すること）をいう。
三　対象土地　筆界特定の対象となる筆界で相互に隣接する一筆の土地及び他の土地をいう。
四　関係土地　対象土地以外の土地（表題登記がない土地を含む。）であって、筆界特定の対象となる筆界上の点を含む他の筆界で対象土地の一方又は双方と接するものをいう。
五　所有権登記名義人等　所有権の登記がある一筆の土地にあっては所有権の登記名義人、所有権の登記がない一筆の土地にあっては表題部所有者、表題登記がない土地にあっては所有者をいい、所有権の登記名義人又は表題部所有者の相続人その他の一般承継人を含む。

（筆界特定の事務）
第百二十四条　筆界特定の事務は、対象土地の所在地を管轄する法務局又は地方法務局がつかさどる。
2　第六条第二項及び第三項の規定は、筆界特定の事務について準用する。この場合において、同条第二項中「不動産」とあるのは「対象土地」と、「登記所」とあるのは「法務局又は地方法務局」と、「法務局若しくは地方法務局」とあるのは「法務局」と、同条第三項中「登記所」とあるのは「法務局又は地方法務局」と読み替えるものとする。

（筆界特定登記官）
第百二十五条　筆界特定は、筆界特定登記官（登記官のうちから、法務局又は地方法務局の長が指定する者をいう。以下同じ。）が行う。

（筆界特定登記官の除斥）
第百二十六条　筆界特定登記官が次の各号のいずれかに該当する者であるときは、当該筆界特定登記官は、対象土地について筆界特定を行うことができない。
一　対象土地又は関係土地のうちいずれかの土地の所有権の登記名義人（仮登記の登記名義人を含む。以下この号において同じ。）、表題部所有者若しくは所有者又は所有権以外の権利の登記名義人若しくは当該権利を有する者
二　前号に掲げる者の配偶者又は四親等内の親族（配偶者又は四親等内の親族であった者を含む。次号において同じ。）
三　第一号に掲げる者の代理人若しくは代表者（代理人又は代表者であった者を含む。）又はその配偶者若しくは四親等内の親族

（筆界調査委員）
第百二十七条　法務局及び地方法務局に、筆界特定について必要な事実の調査を行い、筆界特定登記官に意見を提出させるため、筆界調査委員若干人を置く。
2　筆界調査委員は、前項の職務を行うのに必要な専門的知識及び経験を有する者のうちから、法務局又は地方法務局の長が任命する。
3　筆界調査委員の任期は、二年とする。
4　筆界調査委員は、再任されることができる。
5　筆界調査委員は、非常勤とする。

(筆界調査委員の欠格事由)
第百二十八条　次の各号のいずれかに該当する者は、筆界調査委員となることができない。
一　禁錮以上の刑に処せられ、その執行を終わり、又はその執行を受けることがなくなった日から五年を経過しない者
二　弁護士法（昭和二十四年法律第二百五号）、司法書士法（昭和二十五年法律第百九十七号）又は土地家屋調査士法（昭和二十五年法律第二百二十八号）の規定による懲戒処分により、弁護士会からの除名又は司法書士若しくは土地家屋調査士の業務の禁止の処分を受けた者でこれらの処分を受けた日から三年を経過しないもの
三　公務員で懲戒免職の処分を受け、その処分の日から三年を経過しない者
2　筆界調査委員が前項各号のいずれかに該当するに至ったときは、当然失職する。

(筆界調査委員の解任)
第百二十九条　法務局又は地方法務局の長は、筆界調査委員が次の各号のいずれかに該当するときは、その筆界調査委員を解任することができる。
一　心身の故障のため職務の執行に堪えないと認められるとき。
二　職務上の義務違反その他筆界調査委員たるに適しない非行があると認められるとき。

(標準処理期間)
第百三十条　法務局又は地方法務局の長は、筆界特定の申請がされてから筆界特定登記官が筆界特定をするまでに通常要すべき標準的な期間を定め、法務局又は地方法務局における備付けその他の適当な方法により公にしておかなければならない。

　　　第二節　筆界特定の手続

　　　　第一款　筆界特定の申請

(筆界特定の申請)
第百三十一条　土地の所有権登記名義人等は、筆界特定登記官に対し、当該土地とこれに隣接する他の土地との筆界について、筆界特定の申請をすることができる。
2　筆界特定の申請は、次に掲げる事項を明らかにしてしなければならない。
一　申請の趣旨
二　筆界特定の申請人の氏名又は名称及び住所
三　対象土地に係る第三十四条第一項第一号及び第二号に掲げる事項（表題登記がない土地にあっては、同項第一号に掲げる事項）
四　対象土地について筆界特定を必要とする理由
五　前各号に掲げるもののほか、法務省令で定める事項
3　筆界特定の申請人は、政令で定めるところにより、手数料を納付しなければならない。
4　第十八条の規定は、筆界特定の申請について準用する。この場合において、同条中「不動産を識別するために必要な事項、申請人の氏名又は名称、登記の目的その他の登記の申請に必要な事項として政令で定める情報（以下「申請情報」という。）」とあるのは「第百三十一条第二項各号に掲げる事項に係る情報（第二号、第百三十二条第一項第四号及び第百五十条において「筆界特定申請情報」という。）」と、「登記所」とあるのは「法務局又は地方法務局」と、同条第二号中「申請情報」とあるのは「筆界特定申請情報」と読み替えるものとする。

(申請の却下)
第百三十二条　筆界特定登記官は、次に掲げる場合には、理由を付した決定で、筆界特定の申

請を却下しなければならない。ただし、当該申請の不備が補正することができるものである場合において、筆界特定登記官が定めた相当の期間内に、筆界特定の申請人がこれを補正したときは、この限りでない。
一 対象土地の所在地が当該申請を受けた法務局又は地方法務局の管轄に属しないとき。
二 申請の権限を有しない者の申請によるとき。
三 申請が前条第二項の規定に違反するとき。
四 筆界特定申請情報の提供の方法がこの法律に基づく命令の規定により定められた方式に適合しないとき。
五 申請が対象土地の所有権の境界の特定その他筆界特定以外の事項を目的とするものと認められるとき。
六 対象土地の筆界について、既に民事訴訟の手続により筆界の確定を求める訴えに係る判決（訴えを不適法として却下したものを除く。第百四十八条において同じ。）が確定しているとき。
七 対象土地の筆界について、既に筆界特定登記官による筆界特定がされているとき。ただし、対象土地について更に筆界特定をする特段の必要があると認められる場合を除く。
八 手数料を納付しないとき。
九 第百四十六条第五項の規定により予納を命じた場合においてその予納がないとき。
2 前項の規定による筆界特定の申請の却下は、登記官の処分とみなす。

（筆界特定の申請の通知）
第百三十三条 筆界特定の申請があったときは、筆界特定登記官は、遅滞なく、法務省令で定めるところにより、その旨を公告し、かつ、その旨を次に掲げる者（以下「関係人」という。）に通知しなければならない。ただし、前条第一項の規定により当該申請を却下すべき場合は、この限りでない。
一 対象土地の所有権登記名義人等であって筆界特定の申請人以外のもの
二 関係土地の所有権登記名義人等
2 前項本文の場合において、関係人の所在が判明しないときは、同項本文の規定による通知を、関係人の氏名又は名称、通知をすべき事項及び当該事項を記載した書面をいつでも関係人に交付する旨を対象土地の所在地を管轄する法務局又は地方法務局の掲示場に掲示することによって行うことができる。この場合においては、掲示を始めた日から二週間を経過したときに、当該通知が関係人に到達したものとみなす。

第二款　筆界の調査等

（筆界調査委員の指定等）
第百三十四条 法務局又は地方法務局の長は、前条第一項本文の規定による公告及び通知がされたときは、対象土地の筆界特定のために必要な事実の調査を行うべき筆界調査委員を指定しなければならない。
2 次の各号のいずれかに該当する者は、前項の筆界調査委員に指定することができない。
一 対象土地又は関係土地のうちいずれかの土地の所有権の登記名義人（仮登記の登記名義人を含む。以下この号において同じ。）、表題部所有者若しくは所有者又は所有権以外の権利の登記名義人若しくは当該権利を有する者
二 前号に掲げる者の配偶者又は四親等内の親族（配偶者又は四親等内の親族であった者を含む。次号において同じ。）
三 第一号に掲げる者の代理人若しくは代表者（代理人又は代表者であった者を含む。）又

はその配偶者若しくは四親等内の親族
3　第一項の規定による指定を受けた筆界調査委員が数人あるときは、共同してその職務を行う。ただし、筆界特定登記官の許可を得て、それぞれ単独にその職務を行い、又は職務を分掌することができる。
4　法務局又は地方法務局の長は、その職員に、筆界調査委員による事実の調査を補助させることができる。

（筆界調査委員による事実の調査）
第百三十五条　筆界調査委員は、前条第一項の規定による指定を受けたときは、対象土地又は関係土地その他の土地の測量又は実地調査をすること、筆界特定の申請人若しくは関係人又はその他の者からその知っている事実を聴取し又は資料の提出を求めることその他対象土地の筆界特定のために必要な事実の調査をすることができる。
2　筆界調査委員は、前項の事実の調査に当たっては、筆界特定が対象土地の所有権の境界の特定を目的とするものでないことに留意しなければならない。

（測量及び実地調査）
第百三十六条　筆界調査委員は、対象土地の測量又は実地調査を行うときは、あらかじめ、その旨並びにその日時及び場所を筆界特定の申請人及び関係人に通知して、これに立ち会う機会を与えなければならない。
2　第百三十三条第二項の規定は、前項の規定による通知について準用する。

（立入調査）
第百三十七条　法務局又は地方法務局の長は、筆界調査委員が対象土地又は関係土地その他の土地の測量又は実地調査を行う場合において、必要があると認めるときは、その必要の限度において、筆界調査委員又は第百三十四条第四項の職員（以下この条において「筆界調査委員等」という。）に、他人の土地に立ち入らせることができる。
2　法務局又は地方法務局の長は、前項の規定により筆界調査委員等を他人の土地に立ち入らせようとするときは、あらかじめ、その旨並びにその日時及び場所を当該土地の占有者に通知しなければならない。
3　第一項の規定により宅地又は垣、さく等で囲まれた他人の占有する土地に立ち入ろうとする場合には、その立ち入ろうとする者は、立入りの際、あらかじめ、その旨を当該土地の占有者に告げなければならない。
4　日出前及び日没後においては、土地の占有者の承諾があった場合を除き、前項に規定する土地に立ち入ってはならない。
5　土地の占有者は、正当な理由がない限り、第一項の規定による立入りを拒み、又は妨げてはならない。
6　第一項の規定による立入りをする場合には、筆界調査委員等は、その身分を示す証明書を携帯し、関係者の請求があったときは、これを提示しなければならない。
7　国は、第一項の規定による立入りによって損失を受けた者があるときは、その損失を受けた者に対して、通常生ずべき損失を補償しなければならない。

（関係行政機関等に対する協力依頼）
第百三十八条　法務局又は地方法務局の長は、筆界特定のため必要があると認めるときは、関係行政機関の長、関係地方公共団体の長又は関係のある公私の団体に対し、資料の提出その他必要な協力を求めることができる。

（意見又は資料の提出）
第百三十九条　筆界特定の申請があったときは、筆界特定の申請人及び関係人は、筆界特定登記官に対し、対象土地の筆界について、意見又は資料を提出することができる。この場合に

おいて、筆界特定登記官が意見又は資料を提出すべき相当の期間を定めたときは、その期間内にこれを提出しなければならない。
2　前項の規定による意見又は資料の提出は、電磁的方法（電子情報処理組織を使用する方法その他の情報通信の技術を利用する方法であって法務省令で定めるものをいう。）により行うことができる。

（意見聴取等の期日）
第百四十条　筆界特定の申請があったときは、筆界特定登記官は、第百三十三条第一項本文の規定による公告をした時から筆界特定をするまでの間に、筆界特定の申請人及び関係人に対し、あらかじめ期日及び場所を通知して、対象土地の筆界について、意見を述べ、又は資料（電磁的記録を含む。）を提出する機会を与えなければならない。
2　筆界特定登記官は、前項の期日において、適当と認める者に、参考人としてその知っている事実を陳述させることができる。
3　筆界調査委員は、第一項の期日に立ち会うものとする。この場合において、筆界調査委員は、筆界特定登記官の許可を得て、筆界特定の申請人若しくは関係人又は参考人に対し質問を発することができる。
4　筆界特定登記官は、第一項の期日の経過を記載した調書を作成し、当該調書において当該期日における筆界特定の申請人若しくは関係人又は参考人の陳述の要旨を明らかにしておかなければならない。
5　前項の調書は、電磁的記録をもって作成することができる。
6　第百三十三条第二項の規定は、第一項の規定による通知について準用する。

（調書等の閲覧）
第百四十一条　筆界特定の申請人及び関係人は、第百三十三条第一項本文の規定による公告があった時から第百四十四条第一項の規定により筆界特定の申請人に対する通知がされるまでの間、筆界特定登記官に対し、当該筆界特定の手続において作成された調書及び提出された資料（電磁的記録にあっては、記録された情報の内容を法務省令で定める方法により表示したもの）の閲覧を請求することができる。この場合において、筆界特定登記官は、第三者の利益を害するおそれがあるときその他正当な理由があるときでなければ、その閲覧を拒むことができない。
2　筆界特定登記官は、前項の閲覧について、日時及び場所を指定することができる。

第三節　筆界特定

（筆界調査委員の意見の提出）
第百四十二条　筆界調査委員は、第百四十条第一項の期日の後、対象土地の筆界特定のために必要な事実の調査を終了したときは、遅滞なく、筆界特定登記官に対し、対象土地の筆界特定についての意見を提出しなければならない。

（筆界特定）
第百四十三条　筆界特定登記官は、前条の規定により筆界調査委員の意見が提出されたときは、その意見を踏まえ、登記記録、地図又は地図に準ずる図面及び登記簿の附属書類の内容、対象土地及び関係土地の地形、地目、面積及び形状並びに工作物、囲障又は境界標の有無その他の状況及びこれらの設置の経緯その他の事情を総合的に考慮して、対象土地の筆界特定をし、その結論及び理由の要旨を記載した筆界特定書を作成しなければならない。
2　筆界特定書においては、図面及び図面上の点の現地における位置を示す方法として法務省令で定めるものにより、筆界特定の内容を表示しなければならない。

3　筆界特定書は、電磁的記録をもって作成することができる。
　　（筆界特定の通知等）
第百四十四条　筆界特定登記官は、筆界特定をしたときは、遅滞なく、筆界特定の申請人に対し、筆界特定書の写しを交付する方法（筆界特定書が電磁的記録をもって作成されているときは、法務省令で定める方法）により当該筆界特定書の内容を通知するとともに、法務省令で定めるところにより、筆界特定をした旨を公告し、かつ、関係人に通知しなければならない。
2　第百三十三条第二項の規定は、前項の規定による通知について準用する。
　　（筆界特定手続記録の保管）
第百四十五条　前条第一項の規定により筆界特定の申請人に対する通知がされた場合における筆界特定の手続の記録（以下「筆界特定手続記録」という。）は、対象土地の所在地を管轄する登記所において保管する。

第四節　雑則

（手続費用の負担等）
第百四十六条　筆界特定の手続における測量に要する費用その他の法務省令で定める費用（以下この条において「手続費用」という。）は、筆界特定の申請人の負担とする。
2　筆界特定の申請人が二人ある場合において、その一人が対象土地の一方の土地の所有権登記名義人等であり、他の一人が他方の土地の所有権登記名義人等であるときは、各筆界特定の申請人は、等しい割合で手続費用を負担する。
3　筆界特定の申請人が二人以上ある場合において、その全員が対象土地の一方の土地の所有権登記名義人等であるときは、各筆界特定の申請人は、その持分（所有権の登記がある一筆の土地にあっては第五十九条第四号の持分、所有権の登記がない一筆の土地にあっては第二十七条第三号の持分。次項において同じ。）の割合に応じて手続費用を負担する。
4　筆界特定の申請人が三人以上ある場合において、その一人又は二人以上が対象土地の一方の土地の所有権登記名義人等であり、他の一人又は二人以上が他方の土地の所有権登記名義人等であるときは、対象土地のいずれかの土地の一人の所有権登記名義人等である筆界特定の申請人は、手続費用の二分の一に相当する額を負担し、対象土地のいずれかの土地の二人以上の所有権登記名義人等である各筆界特定の申請人は、手続費用の二分の一に相当する額についてその持分の割合に応じてこれを負担する。
5　筆界特定登記官は、筆界特定の申請人に手続費用の概算額を予納させなければならない。
　　（筆界確定訴訟における釈明処分の特則）
第百四十七条　筆界特定がされた場合において、当該筆界特定に係る筆界について民事訴訟の手続により筆界の確定を求める訴えが提起されたときは、裁判所は、当該訴えに係る訴訟において、訴訟関係を明瞭にするため、登記官に対し、当該筆界特定に係る筆界特定手続記録の送付を嘱託することができる。民事訴訟の手続により筆界の確定を求める訴えが提起された後、当該訴えに係る筆界について筆界特定がされたときも、同様とする。
　　（筆界確定訴訟の判決との関係）
第百四十八条　筆界特定がされた場合において、当該筆界特定に係る筆界について民事訴訟の手続により筆界の確定を求める訴えに係る判決が確定したときは、当該筆界特定は、当該判決と抵触する範囲において、その効力を失う。
　　（筆界特定書等の写しの交付等）
第百四十九条　何人も、登記官に対し、手数料を納付して、筆界特定手続記録のうち筆界特定

書又は政令で定める図面の全部又は一部（以下この条及び第百五十三条において「筆界特定書等」という。）の写し（筆界特定書等が電磁的記録をもって作成されているときは、当該記録された情報の内容を証明した書面）の交付を請求することができる。
2 　何人も、登記官に対し、手数料を納付して、筆界特定手続記録（電磁的記録にあっては、記録された情報の内容を法務省令で定める方法により表示したもの）の閲覧を請求することができる。ただし、筆界特定書等以外のものについては、請求人が利害関係を有する部分に限る。
3 　第百十九条第三項及び第四項の規定は、前二項の手数料について準用する。
　（法務省令への委任）
第百五十条　この章に定めるもののほか、筆界特定申請情報の提供の方法、筆界特定手続記録の公開その他の筆界特定の手続に関し必要な事項は、法務省令で定める。

　　　第七章　雑則

　（登記識別情報の安全確保）
第百五十一条　登記官は、その取り扱う登記識別情報の漏えい、滅失又はき損の防止その他の登記識別情報の安全管理のために必要かつ適切な措置を講じなければならない。
2 　登記官その他の不動産登記の事務に従事する法務局若しくは地方法務局若しくはこれらの支局又はこれらの出張所に勤務する法務事務官又はその職にあった者は、その事務に関して知り得た登記識別情報の作成又は管理に関する秘密を漏らしてはならない。
　（行政手続法の適用除外）
第百五十二条　登記官の処分については、行政手続法（平成五年法律第八十八号）第二章及び第三章の規定は、適用しない。
　（行政機関の保有する情報の公開に関する法律の適用除外）
第百五十三条　登記簿等及び筆界特定書等については、行政機関の保有する情報の公開に関する法律（平成十一年法律第四十二号）の規定は、適用しない。
　（行政手続等における情報通信の技術の利用に関する法律の適用除外）
第百五十四条　この法律又はこの法律に基づく命令の規定による手続等（行政手続等における情報通信の技術の利用に関する法律（平成十四年法律第百五十一号）第二条第十号に規定する手続等をいう。）については、同法第三条から第六条までの規定は、適用しない。
　（行政機関の保有する個人情報の保護に関する法律の適用除外）
第百五十五条　登記簿等に記録されている保有個人情報（行政機関の保有する個人情報の保護に関する法律（平成十五年法律第五十八号）第二条第三項に規定する保有個人情報をいう。）については、同法第四章の規定は、適用しない。
　（審査請求）
第百五十六条　登記官の処分を不当とする者は、当該登記官を監督する法務局又は地方法務局の長に審査請求をすることができる。
2 　審査請求は、登記官を経由してしなければならない。
　（審査請求事件の処理）
第百五十七条　登記官は、審査請求を理由があると認めるときは、相当の処分をしなければならない。
2 　登記官は、審査請求を理由がないと認めるときは、その請求の日から三日以内に、意見を付して事件を前条第一項の法務局又は地方法務局の長に送付しなければならない。
3 　前条第一項の法務局又は地方法務局の長は、審査請求を理由があると認めるときは、登記

官に相当の処分を命じ、その旨を審査請求人のほか登記上の利害関係人に通知しなければならない。
4　前条第一項の法務局又は地方法務局の長は、前項の処分を命ずる前に登記官に仮登記を命ずることができる。

（行政不服審査法の適用除外）
第百五十八条　登記官の処分に係る審査請求については、行政不服審査法（昭和三十七年法律第百六十号）第十四条、第十七条、第二十四条、第二十五条第一項ただし書、第三十四条第二項から第七項まで、第三十七条第六項、第四十条第三項から第六項まで及び第四十三条の規定は、適用しない。

第八章　罰則

（秘密を漏らした罪）
第百五十九条　第百五十一条第二項の規定に違反して登記識別情報の作成又は管理に関する秘密を漏らした者は、二年以下の懲役又は百万円以下の罰金に処する。

（虚偽の登記名義人確認情報を提供した罪）
第百六十条　第二十三条第四項第一号（第十六条第二項において準用する場合を含む。）の規定による情報の提供をする場合において、虚偽の情報を提供した者は、二年以下の懲役又は五十万円以下の罰金に処する。

（不正に登記識別情報を取得等した罪）
第百六十一条　登記簿に不実の記録をさせることとなる登記の申請又は嘱託の用に供する目的で、登記識別情報を取得した者は、二年以下の懲役又は五十万円以下の罰金に処する。情を知って、その情報を提供した者も、同様とする。
2　不正に取得された登記識別情報を、前項の目的で保管した者も、同項と同様とする。

（検査の妨害等の罪）
第百六十二条　次の各号のいずれかに該当する者は、三十万円以下の罰金に処する。
　一　第二十九条第二項（第十六条第二項において準用する場合を含む。次号において同じ。）の規定による検査を拒み、妨げ、又は忌避した者
　二　第二十九条第二項の規定による文書若しくは電磁的記録に記録された事項を法務省令で定める方法により表示したものの提示をせず、若しくは虚偽の文書若しくは電磁的記録に記録された事項を法務省令で定める方法により表示したものを提示し、又は質問に対し陳述をせず、若しくは虚偽の陳述をした者
　三　第百三十七条第五項の規定に違反して、同条第一項の規定による立入りを拒み、又は妨げた者

（両罰規定）
第百六十三条　法人の代表者又は法人若しくは人の代理人、使用人その他の従業者が、その法人又は人の業務に関し、第百六十条又は前条の違反行為をしたときは、行為者を罰するほか、その法人又は人に対しても、各本条の罰金刑を科する。

（過料）
第百六十四条　第三十六条、第三十七条第一項若しくは第二項、第四十二条、第四十七条第一項（第四十九条第二項において準用する場合を含む。）、第四十九条第一項、第三項若しくは第四項、第五十一条第一項から第四項まで、第五十七条又は第五十八条第六項若しくは第七項の規定による申請をすべき義務がある者がその申請を怠ったときは、十万円以下の過料に処する。

附　則
（施行期日）
第一条　この法律は、公布の日から起算して一年を超えない範囲内において政令で定める日から施行する。ただし、改正後の不動産登記法（以下「新法」という。）第百二十七条及び附則第四条第四項の規定は、行政機関の保有する個人情報の保護に関する法律の施行の日（平成十七年四月一日）又はこの法律の施行の日のいずれか遅い日から施行する。
（経過措置）
第二条　新法の規定（罰則を除く。）は、この附則に特別の定めがある場合を除き、この法律の施行前に生じた事項にも適用する。ただし、改正前の不動産登記法（以下「旧法」という。）の規定により生じた効力を妨げない。
2　この法律の施行前にした旧法の規定による処分、手続その他の行為は、この附則に特別の定めがある場合を除き、新法の適用については、新法の相当規定によってしたものとみなす。
第三条　新法第二条第五号及び第九号、第十二条、第五十一条第五項及び第六項（第五十三条第二項において準用する場合を含む。）並びに第百十九条の規定は、登記所ごとに電子情報処理組織（旧法第百五十一条ノ二第一項の電子情報処理組織をいう。第三項において同じ。）により取り扱う事務として法務大臣が指定した事務について、その指定の日から適用する。
2　前項の規定による指定は、告示してしなければならない。
3　前二項の規定にかかわらず、この法律の施行の際現に旧法第百五十一条ノ二第一項の指定を受けている登記所において電子情報処理組織により取り扱うべきこととされている事務については、この法律の施行の日に第一項の規定による指定を受けたものとみなす。
4　第一項の規定による指定がされるまでの間は、同項の規定による指定を受けていない事務については、旧法第十四条から第十六条ノ二まで、第二十一条第一項（登記簿の謄本又は抄本の交付及び登記簿の閲覧に係る部分に限る。）及び第三項並びに第二十四条ノ二第一項及び第三項の規定は、なおその効力を有する。
5　第一項の規定による指定がされるまでの間における前項の事務についての新法の適用については、新法本則（新法第二条第六号、第十五条及び第二十五条第二号を除く。）中「登記記録」とあるのは「登記簿」と、新法第二条第六号及び第二十五条第二号中「登記記録として」とあるのは「登記簿に」と、新法第二条第八号及び第十一号中「権利部」とあるのは「事項欄」と、新法第十五条中「登記簿及び登記記録」とあるのは「登記簿」と、第百二十二条中「、登記簿」とあるのは「、登記簿（附則第三条第四項の規定によりなおその効力を有することとされる旧法第二十四条ノ二第一項の閉鎖登記簿を含む。）」とする。
6　新法第百十九条第四項の規定は、第四項の規定によりなおその効力を有することとされる旧法第二十一条第一項（第四項の規定によりなおその効力を有することとされる旧法第二十四条ノ二第三項において準用する場合を含む。）の手数料の納付について準用する。この場合において、新法第百十九条第四項中「第一項及び第二項」とあるのは、「附則第三条第四項の規定によりなおその効力を有することとされる旧法第二十一条第一項（附則第三条第四項の規定によりなおその効力を有することとされる旧法第二十四条ノ二第三項において準用する場合を含む。）」と読み替えるものとする。
7　新法第百十九条第五項の規定は、同項の請求に係る不動産の所在地を管轄する登記所における第一項の規定による指定（第三項の規定により指定を受けたものとみなされるものを含む。）を受けていない事務については、適用しない。
第四条　前条第一項の規定による指定（同条第三項の規定により指定を受けたものとみなされるものを含む。）がされた際現に登記所に備え付けてある当該指定を受けた事務に係る閉鎖登記簿については、旧法第二十四条ノ二第三項の規定は、なおその効力を有する。

2　新法第百十九条第四項の規定は、前項の規定によりなおその効力を有することとされる旧法第二十四条ノ二第三項において準用する旧法第二十一条第一項の手数料の納付について準用する。この場合において、新法第百十九条第四項中「第一項及び第二項」とあるのは、「附則第四条第一項の規定によりなおその効力を有することとされる旧法第二十四条ノ二第三項において準用する旧法第二十一条第一項」と読み替えるものとする。

3　第一項の閉鎖登記簿（その附属書類を含む。次項において同じ。）については、行政機関の保有する情報の公開に関する法律の規定は、適用しない。

4　第一項の閉鎖登記簿に記録されている保有個人情報（行政機関の保有する個人情報の保護に関する法律第二条第三項に規定する保有個人情報をいう。）については、同法第四章の規定は、適用しない。

第五条　この法律の施行前に交付された旧法第二十一条第一項（旧法第二十四条ノ二第三項において準用する場合を含む。）に規定する登記簿の謄本又は抄本は、民法、民事執行法（昭和五十四年法律第四号）その他の法令の適用については、これを登記事項証明書とみなす。附則第三条第四項の規定によりなおその効力を有することとされる旧法第二十一条第一項（附則第三条第四項の規定によりなおその効力を有することとされる旧法第二十四条ノ二第三項において準用する場合を含む。）又は前条第一項の規定によりなおその効力を有することとされる旧法第二十四条ノ二第三項の規定において準用する旧法第二十一条第一項に規定する登記簿の謄本又は抄本も、同様とする。

第六条　新法第十八条第一号の規定は、登記所ごとに同号に規定する方法による登記の申請をすることができる登記手続として法務大臣が指定した登記手続について、その指定の日から適用する。

2　前項の規定による指定は、告示してしなければならない。

3　第一項の規定による指定がされるまでの間、各登記所の登記手続についての新法の規定の適用については、次の表の上欄に掲げる新法の規定中同表の中欄に掲げる字句は、それぞれ同表の下欄に掲げる字句とする。

読み替える規定	読み替えられる字句	読み替える字句
第二十一条の見出し	登記識別情報の通知	登記済証の交付
第二十一条	登記識別情報を通知しなければ	登記済証を交付しなければ
第二十一条ただし書	登記識別情報の通知	登記済証の交付
第二十二条の見出し	登記識別情報の提供	登記済証の提出
第二十二条	登記識別情報を提供しなければ	旧法第六十条第一項若しくは第六十一条の規定により還付され、若しくは交付された登記済証（附則第八条の規定によりなお従前の例によることとされた登記の申請について旧法第六十条第一項又は第六十一条の規定により還付され、又は交付された登記済証を含む。）又は附則第六条第三項の規定により読み替えて適用される第二十一条若しくは第百十七条第二項の規定により交付された登記済証を提出しなければ
第二十二条ただし書	登記識別情報が通知されなかった	登記済証が交付されなかった

		登記識別情報を提供する	旧法第六十条第一項若しくは第六十一条の規定により還付され、若しくは交付された登記済証（附則第八条の規定によりなお従前の例によることとされた登記の申請について旧法第六十条第一項又は第六十一条の規定により還付され、又は交付された登記済証を含む。）又は附則第六条第三項の規定により読み替えて適用される第二十一条若しくは第百十七条第二項の規定により交付された登記済証を提出する
第二十三条第一項		登記識別情報を提供する	登記済証を提出する
第百十七条の見出し		官庁又は公署の嘱託による登記の登記識別情報	官庁又は公署の嘱託による登記の登記済証
第百十七条第一項		登記識別情報	登記済証
		通知しなければ	交付しなければ
第百十七条第二項		登記識別情報の通知	登記済証の交付
		通知しなければ	交付しなければ

第七条 前条第一項の規定による指定を受けた登記手続において、同項の規定による指定がされた後、旧法第六十条第一項若しくは第六十一条の規定により還付され、若しくは交付された登記済証（次条の規定によりなお従前の例によることとされた登記の申請について旧法第六十条第一項又は第六十一条の規定により還付され、又は交付された登記済証を含む。）又は前条第三項の規定により読み替えて適用される新法第二十一条若しくは第百十七条第二項の規定により交付された登記済証を提出して登記の申請がされたときは、登記識別情報が提供されたものとみなして、新法第二十二条本文の規定を適用する。

第八条 この法律の施行前にされた登記の申請については、なお従前の例による。

第九条 不動産登記法の一部を改正する等の法律（昭和三十五年法律第十四号）附則第五条第一項に規定する土地又は建物についての表示に関する登記の申請義務については、なお従前の例による。この場合において、次の表の上欄に掲げる同項の字句は、それぞれ同表の下欄に掲げる字句に読み替えるものとする。

読み替えられる字句	読み替える字句
第一条の規定による改正後の不動産登記法第八十条第一項及び第三項	不動産登記法（平成十六年法律第百二十三号）第三十六条
第八十一条第一項及び第三項	第三十七条第一項及び第二項
第八十一条ノ八	第四十二条
第九十三条第一項及び第三項	第四十七条第一項
第九十三条ノ五第一項及び第三項	第五十一条第一項（共用部分である旨の登記又は団地共用部分である旨の登記がある建物に係る部分を除く。）及び第二項
第九十三条ノ十一	第五十七条

第十条　担保物権及び民事執行制度の改善のための民法等の一部を改正する法律（平成十五年法律第百三十四号）附則第七条に規定する敷金については、なお従前の例による。この場合において、同条中「第二条の規定による改正後の不動産登記法第百三十二条第一項」とあるのは、「不動産登記法（平成十六年法律第百二十三号）第八十一条第四号」と読み替えるものとする。

第十一条　行政事件訴訟法の一部を改正する法律（平成十六年法律第八十四号）の施行の日がこの法律の施行の日後となる場合には、行政事件訴訟法の一部を改正する法律の施行の日の前日までの間における新法第百五十八条の規定の適用については、同条中「第七項まで」とあるのは、「第六項まで」とする。

（罰則に関する経過措置）
第十二条　この法律の施行前にした行為に対する罰則の適用については、なお従前の例による。
2　新法第五十一条第一項及び第四項並びに第五十八条第六項及び第七項の規定は、この法律の施行前に共用部分である旨又は団地共用部分である旨の登記がある建物についてこれらの規定に規定する登記を申請すべき事由が生じている場合についても、適用する。この場合において、これらの規定に規定する期間（新法第五十一条第四項又は第五十八条第七項に規定する期間にあっては、この法律の施行の日以後に所有権を取得した場合を除く。）については、この法律の施行の日から起算する。

（法務省令への委任）
第十三条　この附則に定めるもののほか、この法律による不動産登記法の改正に伴う登記の手続に関し必要な経過措置は、法務省令で定める。

　　　附　則（平成一六年一二月一日法律第一四七号）　抄
（施行期日）
第一条　この法律は、公布の日から起算して六月を超えない範囲内において政令で定める日から施行する。

　　　附　則（平成一六年一二月三日法律第一五二号）　抄
（施行期日）
第一条　この法律は、公布の日から起算して一年を超えない範囲内において政令で定める日から施行する。ただし、次の各号に掲げる規定は、当該各号に定める日から施行する。
　二　附則第三十七条の規定　不動産登記法（平成十六年法律第百二十三号）の施行の日又はこの法律の施行の日のいずれか遅い日

（不動産登記法に関する経過措置）
第三十八条　この法律の施行の日が不動産登記法の施行の日前である場合には、同法の施行の日の前日までの間における不動産登記法（明治三十二年法律第二十四号）第百四十二条第一項及び第二項の規定の適用については、同条第一項中「公示催告手続ニ関スル法律（明治二十三年法律第二十九号）ノ規定ニ従ヒテ」とあるのは「非訟事件手続法第百四十一条ニ規定スル」と、同条第二項中「除権判決」とあるのは「非訟事件手続法第百四十八条第一項ニ規定スル除権決定」とする。

（罰則の適用に関する経過措置）
第三十九条　この法律の施行前にした行為及びこの附則の規定によりなお従前の例によることとされる場合におけるこの法律の施行後にした行為に対する罰則の適用については、なお従前の例による。

（政令への委任）
第四十条　附則第三条から第十条まで、第二十九条及び前二条に規定するもののほか、この法律の施行に関し必要な経過措置は、政令で定める。

　　　附　則（平成一七年四月一三日法律第二九号）
　　（施行期日）
第一条　この法律は、公布の日から起算して一年を超えない範囲内において政令で定める日から施行する。
　　（罰則の適用に関する経過措置）
第九条　この法律の施行前にした行為に対する罰則の適用については、なお従前の例による。
　　（検討）
第十条　政府は、この法律の施行後五年を経過した場合において、この法律の施行の状況等を勘案し、新土地家屋調査士法第三条第二項に規定する民間紛争解決手続代理関係業務に係る制度について検討を加え、必要があると認めるときは、その結果に基づいて所要の措置を講ずるものとする。

　　　附　則（平成一七年四月一三日法律第二九号）　抄
　　（施行期日）
第一条　この法律は、公布の日から起算して一年を超えない範囲内において政令で定める日から施行する。
　　（不動産登記法の一部改正に伴う経過措置）
第二条　第一条の規定による改正後の不動産登記法（以下この項において「新不動産登記法」という。）第百三十一条第四項において準用する新不動産登記法第十八条第一号の規定は、法務局又は地方法務局ごとに同号に規定する方法による筆界特定の申請をすることができる筆界特定の手続（新不動産登記法第六章第二節の規定による筆界特定の手続をいう。以下この項において同じ。）として法務大臣が指定した筆界特定の手続について、その指定の日から適用する。
2　前項の規定による指定は、告示してしなければならない。
　　（罰則の適用に関する経過措置）
第九条　この法律の施行前にした行為に対する罰則の適用については、なお従前の例による。
　　（検討）
第十条　政府は、この法律の施行後五年を経過した場合において、この法律の施行の状況等を勘案し、新土地家屋調査士法第三条第二項に規定する民間紛争解決手続代理関係業務に係る制度について検討を加え、必要があると認めるときは、その結果に基づいて所要の措置を講ずるものとする。

2 不動産登記法の施行期日を定める政令

(平成16年12月1日公布)

不動産登記法の施行期日を定める政令

政令第三百七十八号

　内閣は、不動産登記法(平成十六年法律第百二十三号)附則第一条の規定に基づき、この政令を制定する。

　不動産登記法の施行期日は、平成十七年三月七日とする。

3 不動産登記令

(平成16年12月1日政令第379号)

(最終改正　平成17年11月7日政令第337号)

　内閣は、不動産登記法（平成十六年法律第百二十三号）第十八条、第二十二条、第二十五条第十三号、第二十六条及び第七十条第三項（これらの規定を同法第十六条第二項において準用する場合を含む。）並びに同法第百二十一条第一項の規定に基づき、不動産登記法施行令（昭和三十五年政令第二百二十八号）の全部を改正するこの政令を制定する。

目次
　第一章　総則（第一条・第二条）
　第二章　申請情報及び添付情報（第三条—第九条）
　第三章　電子情報処理組織を使用する方法による登記申請の手続（第十条—第十四条）
　第四章　書面を提出する方法による登記申請の手続（第十五条—第十九条）
　第五章　雑則（第二十条—第二十四条）
　附則

　　　第一章　総則

（趣旨）
第一条　この政令は、不動産登記法（以下「法」という。）の規定による不動産についての登記に関し必要な事項を定めるものとする。

（定義）
第二条　この政令において、次の各号に掲げる用語の意義は、それぞれ当該各号に定めるところによる。
　一　添付情報　登記の申請をする場合において、法第二十二条本文若しくは第六十一条の規定、次章の規定又はその他の法令の規定によりその申請情報と併せて登記所に提供しなければならないものとされている情報をいう。
　二　土地所在図　一筆の土地の所在を明らかにする図面であって、法務省令で定めるところにより作成されるものをいう。
　三　地積測量図　一筆の土地の地積に関する測量の結果を明らかにする図面であって、法務省令で定めるところにより作成されるものをいう。
　四　地役権図面　地役権設定の範囲が承役地の一部である場合における当該地役権設定の範囲を明らかにする図面であって、法務省令で定めるところにより作成されるものをいう。
　五　建物図面　一個の建物の位置を明らかにする図面であって、法務省令で定めるところにより作成されるものをいう。
　六　各階平面図　一個の建物の各階ごとの平面の形状を明らかにする図面であって、法務省令で定めるところにより作成されるものをいう。
　七　嘱託情報　法第十六条第一項に規定する登記の嘱託において、同条第二項において準用する法第十八条の規定により嘱託者が登記所に提供しなければならない情報をいう。
　八　順位事項　法第五十九条第八号の規定により権利の順位を明らかにするために必要な事項として法務省令で定めるものをいう。

第二章　申請情報及び添付情報

（申請情報）
第三条　登記の申請をする場合に登記所に提供しなければならない法第十八条の申請情報の内容は、次に掲げる事項とする。
一　申請人の氏名又は名称及び住所
二　申請人が法人であるときは、その代表者の氏名
三　代理人によって登記を申請するときは、当該代理人の氏名又は名称及び住所並びに代理人が法人であるときはその代表者の氏名
四　民法（明治二十九年法律第八十九号）第四百二十三条その他の法令の規定により他人に代わって登記を申請するときは、申請人が代位者である旨、当該他人の氏名又は名称及び住所並びに代位原因
五　登記の目的
六　登記原因及びその日付（所有権の保存の登記を申請する場合にあっては、法第七十四条第二項の規定により敷地権付き区分建物について申請するときに限る。）
七　土地の表示に関する登記又は土地についての権利に関する登記を申請するときは、次に掲げる事項
　イ　土地の所在する市、区、郡、町、村及び字
　ロ　地番（土地の表題登記を申請する場合、法第七十四条第一項第二号又は第三号に掲げる者が表題登記がない土地について所有権の保存の登記を申請する場合及び表題登記がない土地について所有権の処分の制限の登記を嘱託する場合を除く。）
　ハ　地目
　ニ　地積
八　建物の表示に関する登記又は建物についての権利に関する登記を申請するときは、次に掲げる事項
　イ　建物の所在する市、区、郡、町、村、字及び土地の地番（区分建物である建物にあっては、当該建物が属する一棟の建物の所在する市、区、郡、町、村、字及び土地の地番）
　ロ　家屋番号（建物の表題登記（合体による登記等における合体後の建物についての表題登記を含む。）を申請する場合、法第七十四条第一項第二号又は第三号に掲げる者が表題登記がない建物について所有権の保存の登記を申請する場合及び表題登記がない建物について所有権の処分の制限の登記を嘱託する場合を除く。）
　ハ　建物の種類、構造及び床面積
　ニ　建物の名称があるときは、その名称
　ホ　附属建物があるときは、その所在する市、区、郡、町、村、字及び土地の地番（区分建物である附属建物にあっては、当該附属建物が属する一棟の建物の所在する市、区、郡、町、村、字及び土地の地番）並びに種類、構造及び床面積
　ヘ　建物又は附属建物が区分建物であるときは、当該建物又は附属建物が属する一棟の建物の構造及び床面積（トに掲げる事項を申請情報の内容とする場合（ロに規定する場合を除く。）を除く。）
　ト　建物又は附属建物が区分建物である場合であって、当該建物又は附属建物が属する一棟の建物の名称があるときは、その名称
九　表題登記又は権利の保存、設定若しくは移転の登記（根質権、根抵当権及び信託の登記を除く。）を申請する場合において、表題部所有者又は登記名義人となる者が二人以上であるときは、当該表題部所有者又は登記名義人となる者ごとの持分

十　法第三十条の規定により表示に関する登記を申請するときは、申請人が表題部所有者又は所有権の登記名義人の相続人その他の一般承継人である旨
　十一　権利に関する登記を申請するときは、次に掲げる事項
　　イ　申請人が登記権利者又は登記義務者（登記権利者及び登記義務者がない場合にあっては、登記名義人）でないとき（第四号並びにロ及びハの場合を除く。）は、登記権利者、登記義務者又は登記名義人の氏名又は名称及び住所
　　ロ　法第六十二条の規定により登記を申請するときは、申請人が登記権利者、登記義務者又は登記名義人の相続人その他の一般承継人である旨
　　ハ　ロの場合において、登記名義人となる登記権利者の相続人その他の一般承継人が申請するときは、登記権利者の氏名又は名称及び一般承継の時における住所
　　ニ　登記の目的である権利の消滅に関する定め又は共有物分割禁止の定めがあるときは、その定め
　　ホ　権利の一部を移転する登記を申請するときは、移転する権利の一部
　　ヘ　敷地権付き区分建物についての所有権、一般の先取特権、質権又は抵当権に関する登記（法第七十三条第三項ただし書に規定する登記を除く。）を申請するときは、次に掲げる事項
　　　(1)　敷地権の目的となる土地の所在する市、区、郡、町、村及び字並びに当該土地の地番、地目及び地積
　　　(2)　敷地権の種類及び割合
　十二　申請人が法第二十二条に規定する申請をする場合において、同条ただし書の規定により登記識別情報を提供することができないときは、当該登記識別情報を提供することができない理由
　十三　前各号に掲げるもののほか、別表の登記欄に掲げる登記を申請するときは、同表の申請情報欄に掲げる事項
　（申請情報の作成及び提供）
第四条　申請情報は、登記の目的及び登記原因に応じ、一の不動産ごとに作成して提供しなければならない。ただし、同一の登記所の管轄区域内にある二以上の不動産について申請する登記の目的並びに登記原因及びその日付が同一であるときその他法務省令で定めるときは、この限りでない。
　（一の申請情報による登記の申請）
第五条　合体による登記等の申請は、一の申請情報によってしなければならない。この場合において、法第四十九条第一項後段の規定により併せて所有権の登記の申請をするときは、これと当該合体による登記等の申請とは、一の申請情報によってしなければならない。
2　信託の登記の申請と当該信託による権利の移転又は保存若しくは設定の登記の申請とは、一の申請情報によってしなければならない。
3　法第百四条第一項の規定による信託の登記の抹消の申請と信託財産に属する不動産に関する権利の移転の登記又は当該権利の登記の抹消の申請とは、一の申請情報によってしなければならない。
4　前項の規定は、法第百四条第二項において準用する同条第一項の規定による信託の登記の抹消の申請について準用する。
5　法第百四条第三項の規定による信託の登記の抹消の申請と信託財産に属する不動産に関する権利の変更の登記の申請とは、一の申請情報によってしなければならない。
　（申請情報の一部の省略）
第六条　次の各号に掲げる規定にかかわらず、法務省令で定めるところにより、不動産を識別

するために必要な事項として法第二十七条第四号の法務省令で定めるもの（次項において「不動産識別事項」という。）を申請情報の内容としたときは、当該各号に定める事項を申請情報の内容とすることを要しない。
　一　第三条第七号　同号に掲げる事項
　二　第三条第八号　同号に掲げる事項
　三　第三条第十一号ヘ(1)　敷地権の目的となる土地の所在する市、区、郡、町、村及び字並びに当該土地の地番、地目及び地積
2　第三条第十三号の規定にかかわらず、法務省令で定めるところにより、不動産識別事項を申請情報の内容としたときは、次に掲げる事項を申請情報の内容とすることを要しない。
　一　別表の十三の項申請情報欄ロに掲げる当該所有権の登記がある建物の家屋番号
　二　別表の十三の項申請情報欄ハ(1)に掲げる当該合体前の建物の家屋番号
　三　別表の十八の項申請情報欄に掲げる当該区分所有者が所有する建物の家屋番号
　四　別表の十九の項申請情報欄イに掲げる当該建物の所在する市、区、郡、町、村、字及び土地の地番並びに当該建物の家屋番号
　五　別表の三十五の項申請情報欄又は同表の三十六の項申請情報欄に掲げる当該要役地の所在する市、区、郡、町、村及び字並びに当該要役地の地番、地目及び地積
　六　別表の四十二の項申請情報欄イ、同表の四十六の項申請情報欄イ、同表の四十九の項申請情報欄イ、同表の五十の項申請情報欄ロ、同表の五十五の項申請情報欄イ、同表の五十八の項申請情報欄イ又は同表の五十九の項申請情報欄ロに掲げる他の登記所の管轄区域内にある不動産についての第三条第七号及び第八号に掲げる事項
　七　別表の四十二の項申請情報欄ロ(1)、同表の四十六の項申請情報欄ハ(1)、同表の四十七の項申請情報欄ホ(1)、同表の四十九の項申請情報欄ハ(1)若しくはヘ(1)、同表の五十五の項申請情報欄ハ(1)、同表の五十六の項申請情報欄ニ(1)又は同表の五十八の項申請情報欄ハ(1)若しくはヘ(1)に掲げる当該土地の所在する市、区、郡、町、村及び字並びに当該土地の地番
　八　別表の四十二の項申請情報欄ロ(2)、同表の四十六の項申請情報欄ハ(2)、同表の四十七の項申請情報欄ホ(2)、同表の四十九の項申請情報欄ハ(2)若しくはヘ(2)、同表の五十五の項申請情報欄ハ(2)、同表の五十六の項申請情報欄ニ(2)又は同表の五十八の項申請情報欄ハ(2)若しくはヘ(2)に掲げる当該建物の所在する市、区、郡、町、村、字及び土地の地番並びに当該建物の家屋番号

（添付情報）
第七条　登記の申請をする場合には、次に掲げる情報をその申請情報と併せて登記所に提供しなければならない。
　一　申請人が法人であるとき（法務省令で定める場合を除く。）は、当該法人の代表者の資格を証する情報
　二　代理人によって登記を申請するとき（法務省令で定める場合を除く。）は、当該代理人の権限を証する情報
　三　民法第四百二十三条その他の法令の規定により他人に代わって登記を申請するときは、代位原因を証する情報
　四　法第三十条の規定により表示に関する登記を申請するときは、相続その他の一般承継があったことを証する市町村長（特別区の区長を含むものとし、地方自治法（昭和二十二年法律第六十七号）第二百五十二条の十九第一項の指定都市にあっては、区長とする。第十六条第二項及び第十七条第一項を除き、以下同じ。）、登記官その他の公務員が職務上作成した情報（公務員が職務上作成した情報がない場合にあっては、これに代わるべき情報）

五　権利に関する登記を申請するときは、次に掲げる情報
　　イ　法第六十二条の規定により登記を申請するときは、相続その他の一般承継があったことを証する市町村長、登記官その他の公務員が職務上作成した情報（公務員が職務上作成した情報がない場合にあっては、これに代わるべき情報）
　　ロ　登記原因を証する情報。ただし、次の(1)又は(2)に掲げる場合にあっては当該(1)又は(2)に定めるものに限るものとし、別表の登記欄に掲げる登記を申請する場合（次の(1)又は(2)に掲げる場合を除く。）にあっては同表の添付情報欄に規定するところによる。
　　　(1)　法第六十三条第一項に規定する確定判決による登記を申請するとき　執行力のある確定判決の判決書の正本（執行力のある確定判決と同一の効力を有するものの正本を含む。以下同じ。）
　　　(2)　法第百八条に規定する仮登記を命ずる処分があり、法第百七条第一項の規定による仮登記を申請するとき　当該仮登記を命ずる処分の決定書の正本
　　ハ　登記原因について第三者の許可、同意又は承諾を要するときは、当該第三者が許可し、同意し、又は承諾したことを証する情報
　六　前各号に掲げるもののほか、別表の登記欄に掲げる登記を申請するときは、同表の添付情報欄に掲げる情報
２　前項第一号及び第二号の規定は、不動産に関する国の機関の所管に属する権利について命令又は規則により指定された官庁又は公署の職員が登記の嘱託をする場合には、適用しない。
３　次に掲げる場合には、第一項第五号ロの規定にかかわらず、登記原因を証する情報を提供することを要しない。
　一　所有権の保存の登記を申請する場合（敷地権付き区分建物について法第七十四条第二項の規定により所有権の保存の登記を申請する場合を除く。）
　二　法第百十一条第一項の規定により民事保全法（平成元年法律第九十一号）第五十三条第一項の規定による処分禁止の登記（保全仮登記とともにしたものを除く。次号において同じ。）に後れる登記の抹消を申請する場合
　三　法第百十一条第二項において準用する同条第一項の規定により処分禁止の登記に後れる登記の抹消を申請する場合
　四　法第百十三条の規定により保全仮登記とともにした処分禁止の登記に後れる登記の抹消を申請する場合

（登記名義人が登記識別情報を提供しなければならない登記等）
第八条　法第二十二条の政令で定める登記は、次のとおりとする。ただし、確定判決による登記を除く。
　一　所有権の登記がある土地の合筆の登記
　二　所有権の登記がある建物の合体による登記等
　三　所有権の登記がある建物の合併の登記
　四　共有物分割禁止の定めに係る権利の変更の登記
　五　所有権の移転の登記がない場合における所有権の登記の抹消
　六　質権又は抵当権の順位の変更の登記
　七　民法第三百九十八条ノ十四第一項ただし書（同法第三百六十一条において準用する場合を含む。）の定めの登記
　八　仮登記の登記名義人が単独で申請する仮登記の抹消
２　前項の登記のうち次の各号に掲げるものの申請については、当該各号に定める登記識別情報を提供すれば足りる。
　一　所有権の登記がある土地の合筆の登記　当該合筆に係る土地のうちいずれか一筆の土地

の所有権の登記名義人の登記識別情報
二 登記名義人が同一である所有権の登記がある建物の合体による登記等 当該合体に係る建物のうちいずれか一個の建物の所有権の登記名義人の登記識別情報
三 所有権の登記がある建物の合併の登記 当該合併に係る建物のうちいずれか一個の建物の所有権の登記名義人の登記識別情報

（添付情報の一部の省略）
第九条 第七条第一項第六号の規定により申請情報と併せて住所を証する情報（住所について変更又は錯誤若しくは遺漏があったことを証する情報を含む。以下この条において同じ。）を提供しなければならないものとされている場合において、その申請情報と併せて法務省令で定める情報を提供したときは、同号の規定にかかわらず、その申請情報と併せて当該住所を証する情報を提供することを要しない。

第三章 電子情報処理組織を使用する方法による登記申請の手続

（添付情報の提供方法）
第十条 電子情報処理組織を使用する方法（法第十八条第一号の規定による電子情報処理組織を使用する方法をいう。以下同じ。）により登記を申請するときは、法務省令で定めるところにより、申請情報と併せて添付情報を送信しなければならない。

（登記事項証明書に代わる情報の送信）
第十一条 電子情報処理組織を使用する方法により登記を申請する場合において、登記事項証明書を併せて提供しなければならないものとされているときは、法務大臣の定めるところに従い、登記事項証明書の提供に代えて、登記官が電気通信回線による登記情報の提供に関する法律（平成十一年法律第二百二十六号）第二条第一項に規定する登記情報の送信を同法第三条第二項に規定する指定法人から受けるために必要な情報を送信しなければならない。

（電子署名）
第十二条 電子情報処理組織を使用する方法により登記を申請するときは、申請人又はその代表者若しくは代理人は、申請情報に電子署名（電子署名及び認証業務に関する法律（平成十二年法律第百二号）第二条第一項に規定する電子署名をいう。以下同じ。）を行わなければならない。
2 電子情報処理組織を使用する方法により登記を申請する場合における添付情報は、作成者による電子署名が行われているものでなければならない。

（表示に関する登記の添付情報の特則）
第十三条 前条第二項の規定にかかわらず、電子情報処理組織を使用する方法により表示に関する登記を申請する場合において、当該申請の添付情報（申請人又はその代表者若しくは代理人が作成したもの並びに土地所在図、地積測量図、地役権図面、建物図面及び各階平面図を除く。）が書面に記載されているときは、当該書面に記載された情報を電磁的記録に記録したものを添付情報とすることができる。この場合において、当該電磁的記録は、当該電磁的記録を作成した者による電子署名が行われているものでなければならない。
2 前項の場合において、当該申請人は、登記官が定めた相当の期間内に、登記官に当該書面を提示しなければならない。

（電子証明書の送信）
第十四条 電子情報処理組織を使用する方法により登記を申請する場合において、電子署名が行われている情報を送信するときは、電子証明書（電子署名を行った者を確認するために用いられる事項が当該者に係るものであることを証明するために作成された電磁的記録をい

う。)であって法務省令で定めるものを併せて送信しなければならない。

第四章　書面を提出する方法による登記申請の手続

（添付情報の提供方法）
第十五条　書面を提出する方法（法第十八条第二号の規定により申請情報を記載した書面（法務省令で定めるところにより申請情報の全部又は一部を記録した磁気ディスクを含む。）を登記所に提出する方法をいう。）により登記を申請するときは、申請情報を記載した書面に添付情報を記載した書面（添付情報のうち電磁的記録で作成されているものにあっては、法務省令で定めるところにより当該添付情報を記録した磁気ディスクを含む。）を添付して提出しなければならない。この場合において、第十二条第二項及び前条の規定は、添付情報を記録した磁気ディスクを提出する場合について準用する。

（申請情報を記載した書面への記名押印等）
第十六条　申請人又はその代表者若しくは代理人は、法務省令で定める場合を除き、申請情報を記載した書面に記名押印しなければならない。
2　前項の場合において、申請情報を記載した書面には、法務省令で定める場合を除き、同項の規定により記名押印した者（委任による代理人を除く。）の印鑑に関する証明書（住所地の市町村長（特別区の区長を含むものとし、地方自治法第二百五十二条の十九第一項の指定都市にあっては、市長又は区長とする。次条第一項において同じ。）又は登記官が作成するものに限る。以下同じ。）を添付しなければならない。
3　前項の印鑑に関する証明書は、作成後三月以内のものでなければならない。
4　官庁又は公署が登記の嘱託をする場合における嘱託情報を記載した書面については、第二項の規定は、適用しない。
5　第十二条第一項及び第十四条の規定は、法務省令で定めるところにより申請情報の全部を記録した磁気ディスクを提出する方法により登記を申請する場合について準用する。

（代表者の資格を証する情報を記載した書面の期間制限等）
第十七条　第七条第一項第一号又は第二号に掲げる情報を記載した書面であって、市町村長、登記官その他の公務員が職務上作成したものは、作成後三月以内のものでなければならない。
2　前項の規定は、官庁又は公署が登記の嘱託をする場合には、適用しない。

（代理人の権限を証する情報を記載した書面への記名押印等）
第十八条　委任による代理人によって登記を申請する場合には、申請人又はその代表者は、法務省令で定める場合を除き、当該代理人の権限を証する情報を記載した書面に記名押印しなければならない。復代理人によって申請する場合における代理人についても、同様とする。
2　前項の場合において、代理人（復代理人を含む。）の権限を証する情報を記載した書面には、法務省令で定める場合を除き、同項の規定により記名押印した者（委任による代理人を除く。）の印鑑に関する証明書を添付しなければならない。
3　前項の印鑑に関する証明書は、作成後三月以内のものでなければならない。
4　第二項の規定は、官庁又は公署が登記の嘱託をする場合には、適用しない。

（承諾を証する情報を記載した書面への記名押印等）
第十九条　第七条第一項第五号ハ若しくは第六号の規定又はその他の法令の規定により申請情報と併せて提供しなければならない同意又は承諾を証する情報を記載した書面には、法務省令で定める場合を除き、その作成者が記名押印しなければならない。
2　前項の書面には、官庁又は公署の作成に係る場合その他法務省令で定める場合を除き、同項の規定により記名押印した者の印鑑に関する証明書を添付しなければならない。

第五章　雑則

（登記すべきものでないとき）
第二十条　法第二十五条第十三号の政令で定める登記すべきものでないときは、次のとおりとする。
　一　申請が不動産以外のものについての登記を目的とするとき。
　二　申請に係る登記をすることによって表題部所有者又は登記名義人となる者（別表の十二の項申請情報欄ロに規定する被承継人及び第三条第十一号ハに規定する登記権利者を除く。）が権利能力を有しないとき。
　三　申請が法第三十二条、第四十一条、第五十六条、第七十三条第二項若しくは第三項、第八十条第三項又は第九十二条の規定により登記することができないとき。
　四　申請が一個の不動産の一部についての登記（承役地についてする地役権の登記を除く。）を目的とするとき。
　五　申請に係る登記の目的である権利が他の権利の全部又は一部を目的とする場合において、当該他の権利の全部又は一部が登記されていないとき。
　六　同一の不動産に関し同時に二以上の申請がされた場合（法第十九条第二項の規定により同時にされたものとみなされるときを含む。）において、申請に係る登記の目的である権利が相互に矛盾するとき。
　七　申請に係る登記の目的である権利が同一の不動産について既にされた登記の目的である権利と矛盾するとき。
　八　前各号に掲げるもののほか、申請に係る登記が民法その他の法令の規定により無効とされることが申請情報若しくは添付情報又は登記記録から明らかであるとき。

（写しの交付を請求することができる図面）
第二十一条　法第百二十一条第一項の政令で定める図面は、土地所在図、地積測量図、地役権図面、建物図面及び各階平面図とする。

（登記識別情報に関する証明）
第二十二条　登記名義人又はその相続人その他の一般承継人は、登記官に対し、手数料を納付して、登記識別情報が有効であることの証明その他の登記識別情報に関する証明を請求することができる。
2　法第百十九条第三項及び第四項の規定は、前項の請求について準用する。
3　前二項に定めるもののほか、第一項の証明に関し必要な事項は、法務省令で定める。

（登記の嘱託）
第二十三条　この政令（第二条第七号を除く。）に規定する登記の申請に関する法の規定には当該規定を法第十六条第二項において準用する場合を含むものとし、この政令中「申請」、「申請人」及び「申請情報」にはそれぞれ嘱託、嘱託者及び嘱託情報を含むものとする。

（法務省令への委任）
第二十四条　この政令に定めるもののほか、法及びこの政令の施行に関し必要な事項は、法務省令で定める。

附　則

（施行期日）
第一条　この政令は、法の施行の日（平成十七年三月七日）から施行する。

（経過措置）
第二条　第三章の規定は、法附則第六条第一項の指定の日から当該指定に係る登記手続につい

2　法附則第六条第一項の規定による指定がされるまでの間、各登記所の登記手続についてのこの政令の規定の適用については、第三条第十二号中「登記識別情報を提供することができない」とあるのは「登記済証を提出することができない」と、第八条第二項中「登記識別情報を提供すれば」とあるのは「法による改正前の不動産登記法（明治三十二年法律第二十四号。以下「旧法」という。）第六十条第一項若しくは第六十一条の規定により還付され、若しくは交付された登記済証（法附則第八条の規定によりなお従前の例によることとされた登記の申請について旧法第六十条第一項又は第六十一条の規定により還付され、又は交付された登記済証を含む。）又は法附則第六条第三項の規定により読み替えて適用される法第二十一条若しくは第百十七条第二項の規定により交付された登記済証（以下この項において「登記済証」と総称する。）を提出すれば」と、「登記名義人の登記識別情報」とあるのは「登記名義人の登記済証」とする。

3　法附則第六条第一項の規定による指定を受けた登記手続において、同項の規定による指定がされた後、法による改正前の不動産登記法（明治三十二年法律第二十四号。以下「旧法」という。）第六十条第一項若しくは第六十一条の規定により還付され、若しくは交付された登記済証（法附則第八条の規定によりなお従前の例によることとされた登記の申請について旧法第六十条第一項又は第六十一条の規定により還付され、又は交付された登記済証を含む。）又は法附則第六条第三項の規定により読み替えて適用される法第二十一条若しくは第百十七条第二項の規定により交付された登記済証を提出して登記の申請がされたときは、登記識別情報が提供されたものとみなして、第八条第二項の規定を適用する。

第三条　この政令の施行の日が民事関係手続の改善のための民事訴訟法等の一部を改正する法律（平成十六年法律第百五十二号）の施行の日前である場合には、同法の施行の日の前日までの間における第七条第一項の規定の適用については、別表の二十六の項中「非訟事件手続法（明治三十一年法律第十四号）第百四十八条第一項に規定する除権決定」とあるのは「公示催告手続ニ関スル法律（明治二十三年法律第二十九号）第七百六十九条第一項に規定する除権判決」と、「非訟事件手続法第百六十条第一項の規定により」とあるのは「公示催告手続ニ関スル法律第七百八十四条第一項の規定により」と、「宣言する除権決定」とあるのは「宣言する除権判決」とする。

（旧根抵当権の分割による権利の変更の登記の申請情報）

第四条　民法の一部を改正する法律（昭和四十六年法律第九十九号）附則第五条第一項の規定による分割による権利の変更の登記の申請においては、第三条第一号から第八号まで、第十一号イ、ロ及びニ並びに第十二号に掲げる事項のほか、法第八十三条第一項第二号及び第三号並びに法第八十八条第二項第一号から第三号までに掲げる登記事項を申請情報の内容とする。

　　　附　則（平成一七年三月九日政令第三七号）

この政令は、民法の一部を改正する法律の施行の日（平成十七年四月一日）から施行する。

　　　附　則（平成一七年一一月七日政令第三三七号）

この政令は、不動産登記法等の一部を改正する法律の施行の日（平成十八年一月二十日）から施行する。

別表（第三条、第七条関係）

項	登記	申請情報	添付情報
表示に関する登記に共通する事項			
一	表題部所有者の氏名若しくは名称又は住所についての変更の登記又は更正の登記	変更後又は更正後の表題部所有者の氏名若しくは名称又は住所	表題部所有者の氏名若しくは名称又は住所についての変更又は錯誤若しくは遺漏があったことを証する市町村長、登記官その他の公務員が職務上作成した情報（公務員が職務上作成した情報がない場合にあっては、これに代わるべき情報）
二	表題部所有者についての更正の登記	当該登記をすることによって表題部所有者となる者の氏名又は名称及び住所並びに当該表題部所有者となる者が二人以上であるときは当該表題部所有者となる者ごとの持分	イ　当該表題部所有者となる者が所有権を有することを証する情報 ロ　当該表題部所有者となる者の住所を証する市町村長、登記官その他の公務員が職務上作成した情報（公務員が職務上作成した情報がない場合にあっては、これに代わるべき情報） ハ　表題部所有者の承諾を証する当該表題部所有者が作成した情報又は当該表題部所有者に対抗することができる裁判があったことを証する情報
三	表題部所有者である共有者の持分についての更正の登記	更正後の共有者ごとの持分	持分を更正することとなる他の共有者の承諾を証する当該他の共有者が作成した情報又は当該他の共有者に対抗することができる裁判があったことを証する情報
土地の表示に関する登記			
四	土地の表題登記		イ　土地所在図 ロ　地積測量図 ハ　表題部所有者となる者が所有権を有することを証する情報 ニ　表題部所有者となる者の住所を証する市町村長、登記官その他の公務員が職務上作成

不動産登記令

項	登記	申請情報	添付情報
			した情報（公務員が職務上作成した情報がない場合にあっては、これに代わるべき情報）
五	地目に関する変更の登記又は更正の登記	変更後又は更正後の地目	
六	地積に関する変更の登記又は更正の登記（十一の項の登記を除く。）	変更後又は更正後の地積	地積測量図
七	法第三十八条に規定する登記事項（地目及び地積を除く。）に関する更正の登記	更正後の当該登記事項	
八	分筆の登記	イ　分筆後の土地の所在する市、区、郡、町、村及び字並びに当該土地の地目及び地積 ロ　地役権の登記がある承役地の分筆の登記を申請する場合において、地役権設定の範囲が分筆後の土地の一部であるときは、当該地役権設定の範囲	イ　分筆後の土地の地積測量図 ロ　地役権の登記がある承役地の分筆の登記を申請する場合において、地役権設定の範囲が分筆後の土地の一部であるときは、当該地役権設定の範囲を証する地役権者が作成した情報又は当該地役権者に対抗することができる裁判があったことを証する情報及び地役権図面
九	合筆の登記	イ　合筆後の土地の所在する市、区、郡、町、村及び字並びに当該土地の地目及び地積 ロ　地役権の登記がある承役地の合筆の登記を申請する場合において、地役権設定の範囲が合筆後の土地の一部であるときは、当該地役権設定の範囲	地役権の登記がある承役地の合筆の登記を申請する場合において、地役権設定の範囲が合筆後の土地の一部であるときは、当該地役権設定の範囲を証する地役権者が作成した情報又は当該地役権者に対抗することができる裁判があったことを証する情報及び地役権図面
十	土地の滅失の登記（法第四十三条第五項の規定	法第四十三条第五項の規定により登記の嘱託をする旨	

項	登記	申請情報	添付情報
	により河川管理者が嘱託するものに限る。)		
十一	地積に関する変更の登記（法第四十三条第六項の規定により河川管理者が嘱託するものに限る。)	イ　法第四十三条第六項の規定により登記の嘱託をする旨 ロ　変更後の地積	地積測量図
建物の表示に関する登記			
十二	建物の表題登記（十三の項及び二十一の項の登記を除く。)	イ　建物又は附属建物について敷地権が存するときは、次に掲げる事項 (1)　敷地権の目的となる土地の所在する市、区、郡、町、村及び字並びに当該土地の地番、地目及び地積 (2)　敷地権の種類及び割合 (3)　敷地権の登記原因及びその日付 ロ　法第四十七条第二項の規定による申請にあっては、被承継人の氏名又は名称及び一般承継の時における住所並びに申請人が被承継人の相続人その他の一般承継人である旨	イ　建物図面 ロ　各階平面図 ハ　表題部所有者となる者が所有権を有することを証する情報 ニ　表題部所有者となる者の住所を証する市町村長、登記官その他の公務員が職務上作成した情報（公務員が職務上作成した情報がない場合にあっては、これに代わるべき情報） ホ　建物又は附属建物が区分建物である場合において、当該区分建物が属する一棟の建物の敷地（建物の区分所有等に関する法律（昭和三十七年法律第六十九号。以下「区分所有法」という。）第二条第五項に規定する建物の敷地をいう。以下同じ。）について登記された所有権、地上権又は賃借権の登記名義人が当該区分建物の所有者であり、かつ、区分所有法第二十二条第一項ただし書（同条第三項において準用する場合を含む。以下同じ。）の規約における別段の定めがあることその他の事由により当該所有権、地上権又は賃借権が当該区分建物の

項	登記	申請情報	添付情報
			敷地権とならないときは、当該事由を証する情報 ヘ　建物又は附属建物について敷地権が存するときは、次に掲げる情報 　(1)　敷地権の目的である土地が区分所有法第五条第一項の規定により建物の敷地となった土地であるときは、同項の規約を設定したことを証する情報 　(2)　敷地権が区分所有法第二十二条第二項ただし書（同条第三項において準用する場合を含む。以下同じ。）の規約で定められている割合によるものであるときは、当該規約を設定したことを証する情報 　(3)　敷地権の目的である土地が他の登記所の管轄区域内にあるときは、当該土地の登記事項証明書 ト　法第四十七条第二項の規定による申請にあっては、相続その他の一般承継があったことを証する市町村長、登記官その他の公務員が職務上作成した情報（公務員が職務上作成した情報がない場合にあっては、これに代わるべき情報）
十三	合体による登記等（法第四十九条第一項後段の規定により併せて申請をする所有権の登記があるときは、これを含む。）	イ　合体後の建物について敷地権が存するときは、次に掲げる事項 　(1)　敷地権の目的となる土地の所在する市、区、郡、町、村及び字並びに当該土地の地番、地目及び地積 　(2)　敷地権の種類及び割合 　(3)　敷地権の登記原因及びその日付 ロ　合体前の建物に所有権の登	イ　建物図面 ロ　各階平面図 ハ　表題部所有者となる者が所有権を有することを証する情報 ニ　表題部所有者となる者の住所を証する市町村長、登記官その他の公務員が職務上作成した情報（公務員が職務上作成した情報がない場合にあっては、これに代わるべき情報）

項	登 記	申 請 情 報	添 付 情 報
		記がある建物があるときは、当該所有権の登記がある建物の家屋番号並びに当該所有権の登記の申請の受付の年月日及び受付番号、順位事項並びに登記名義人の氏名又は名称 ハ　合体前の建物についてされた所有権の登記以外の所有権に関する登記又は先取特権、質権若しくは抵当権に関する登記であって合体後の建物について存続することとなるもの（以下この項において「存続登記」という。）があるときは、次に掲げる事項 (1)　当該合体前の建物の家屋番号 (2)　存続登記の目的、申請の受付の年月日及び受付番号、順位事項並びに登記名義人の氏名又は名称 (3)　存続登記の目的となる権利 ニ　存続登記がある建物の所有権の登記名義人が次に掲げる者と同一の者であるときは、これらの者が同一の者でないものとみなした場合における持分（二以上の存続登記がある場合において、当該二以上の存続登記の登記の目的、申請の受付の年月日及び受付番号、登記原因及びその日付並びに登記名義人がいずれも同一であるときの当該二以上の存続登記の目的である所有権の登記名義人に係る持分を除く。） (1)　合体前の表題登記がない他の建物の所有者 (2)　合体前の表題登記がある他の建物（所有権の登記が	ホ　合体後の建物が区分建物である場合において、当該区分建物が属する一棟の建物の敷地について登記された所有権、地上権又は賃借権の登記名義人が当該区分建物の所有者であり、かつ、区分所有法第二十二条第一項ただし書の規約における別段の定めがあることその他の事由により当該所有権、地上権又は賃借権が当該区分建物の敷地権とならないとき（合体前の二以上の建物がいずれも敷地権の登記がない区分建物であり、かつ、合体後の建物も敷地権の登記がない区分建物となるときを除く。）は、当該事由を証する情報 ヘ　合体後の建物について敷地権が存するとき（合体前の二以上の建物がいずれも敷地権付き区分建物であり、かつ、合体後の建物も敷地権付き区分建物となるとき（合体前の建物のすべての敷地権の割合を合算した敷地権の割合が合体後の建物の敷地権の割合となる場合に限る。）を除く。）は、次に掲げる情報 (1)　敷地権の目的である土地が区分所有法第五条第一項の規定により建物の敷地となった土地であるときは、同項の規約を設定したことを証する情報 (2)　敷地権が区分所有法第二十二条第二項ただし書の規約で定められている割合によるものであるときは、当該規約を設定したことを証する情報

項	登記	申請情報	添付情報
		ある建物を除く。）の表題部所有者 (3) 合体前の所有権の登記がある他の建物の所有権の登記名義人	(3) 敷地権の目的である土地が他の登記所の管轄区域内にあるときは、当該土地の登記事項証明書 ト　合体後の建物の持分について存続登記と同一の登記をするときは、当該存続登記に係る権利の登記名義人が当該登記を承諾したことを証する当該登記名義人が作成した情報又は当該登記名義人に対抗することができる裁判があったことを証する情報 チ　トの存続登記に係る権利が抵当証券の発行されている抵当権であるときは、当該抵当証券の所持人若しくは裏書人が当該存続登記と同一の登記を承諾したことを証するこれらの者が作成した情報又はこれらの者に対抗することができる裁判があったことを証する情報及び当該抵当証券 リ　法第四十九条第一項後段の規定により併せて申請をする所有権の登記があるときは、登記名義人となる者の住所を証する市町村長、登記官その他の公務員が職務上作成した情報（公務員が職務上作成した情報がない場合にあっては、これに代わるべき情報）
十四	法第五十一条第一項から第四項までの規定による建物の表題部の変更の登記又は法第五十三条第一項の規定による建物の表題部の更正の登記（十五の項の	イ　変更後又は更正後の登記事項 ロ　当該変更の登記又は更正の登記が敷地権に関するものであるときは、変更前又は更正前における次に掲げる事項 (1) 敷地権の目的となる土地の所在する市、区、郡、町、村及び字並びに当該土地の地番、地目及び地積	イ　建物の所在する市、区、郡、町、村、字及び土地の地番を変更し、又は更正するときは、変更後又は更正後の建物図面 ロ　床面積を変更し、又は更正するときは、次に掲げる事項 (1) 変更後又は更正後の建物図面及び各階平面図 (2) 床面積が増加するときは、床面積が増加した部分

項	登 記	申 請 情 報	添 付 情 報
	記を除く。)	(2) 敷地権の種類及び割合 (3) 敷地権の登記原因及びその日付	について表題部所有者又は所有権の登記名義人が所有権を有することを証する情報 ハ 附属建物を新築したときは、変更後の建物図面及び各階平面図並びに附属建物について表題部所有者又は所有権の登記名義人が所有権を有することを証する情報 ニ 共用部分である旨の登記又は団地共用部分である旨の登記がある建物について申請をするときは、当該建物の所有者を証する情報
十五	敷地権の発生若しくは消滅を原因とする建物の表題部の変更の登記又は敷地権の存在若しくは不存在を原因とする建物の表題部の更正の登記	イ 敷地権の目的となる土地の所在する市、区、郡、町、村及び字並びに当該土地の地番、地目及び地積 ロ 敷地権の種類及び割合 ハ 敷地権の登記原因及びその日付	イ 区分所有法第五条第一項の規約を設定したことにより敷地権が生じたときは、当該規約を設定したことを証する情報 ロ イの規約を廃止したことにより区分所有者の有する専有部分とその専有部分に係る敷地利用権とを分離して処分することができることとなったときは、当該規約を廃止したことを証する情報 ハ 区分所有法第二十二条第一項ただし書の規約における別段の定めがあることその他の事由により区分所有者の有する専有部分とその専有部分に係る敷地利用権とを分離して処分することができることとなったときは、当該事由を証する情報 ニ 登記された権利であって敷地権でなかったものがハの規約の変更その他の事由により敷地権となったときは、当該事由を証する情報 ホ イ及びニの場合には、次に掲げる情報

項	登記	申請情報	添付情報
			(1) 敷地権が区分所有法第二十二条第二項ただし書の規約で定められている割合によるものであるときは、当該規約を設定したことを証する情報 (2) 敷地権の目的である土地が他の登記所の管轄区域内にあるときは、当該土地の登記事項証明書
十六	建物の分割の登記、建物の区分の登記又は建物の合併の登記	イ 分割後、区分後又は合併後の建物についての第三条第八号（ロを除く。）に掲げる事項 ロ 分割前、区分前若しくは合併前の建物又は当該分割後、区分後若しくは合併後の建物について敷地権が存するときは、当該敷地権についての次に掲げる事項 　(1) 敷地権の目的となる土地の所在する市、区、郡、町、村及び字並びに当該土地の地番、地目及び地積 　(2) 敷地権の種類及び割合 　(3) 敷地権の登記原因及びその日付	イ 当該分割後、区分後又は合併後の建物図面及び各階平面図 ロ 共用部分である旨の登記又は団地共用部分である旨の登記がある建物について建物の分割の登記又は建物の区分の登記を申請するときは、当該建物の所有者を証する情報 ハ 建物の区分の登記を申請する場合において、区分後の建物について敷地権が存するときは、次に掲げる情報（区分建物である建物について建物の区分の登記を申請するときは、(1)及び(3)を除く。） 　(1) 敷地権の目的である土地が区分所有法第五条第一項の規定により建物の敷地となった土地であるときは、同項の規約を設定したことを証する情報 　(2) 敷地権が区分所有法第二十二条第二項ただし書の規約で定められている割合によるものであるときは、当該規約を設定したことを証する情報 　(3) 敷地権の目的である土地が他の登記所の管轄区域内にあるときは、当該土地の登記事項証明書

項	登記	申請情報	添付情報
十七	共用部分である旨の登記又は団地共用部分である旨の登記がある建物の滅失の登記		当該建物の所有者を証する情報
十八	共用部分である旨の登記	当該共用部分である建物が当該建物の属する一棟の建物以外の一棟の建物に属する建物の区分所有者の共用に供されるものであるときは、当該区分所有者が所有する建物の家屋番号	イ 共用部分である旨を定めた規約を設定したことを証する情報 ロ 所有権以外の権利に関する登記があるときは、当該権利に関する登記に係る権利の登記名義人（当該権利に関する登記が抵当権の登記である場合において、抵当証券が発行されているときは、当該抵当証券の所持人又は裏書人を含む。）の承諾を証する当該登記名義人が作成した情報又は当該登記名義人に対抗することができる裁判があったことを証する情報 ハ ロの権利を目的とする第三者の権利に関する登記があるときは、当該第三者の承諾を証する当該第三者が作成した情報又は当該第三者に対抗することができる裁判があったことを証する情報 ニ ロの権利に関する登記に係る権利が抵当証券の発行されている抵当権であるときは、当該抵当証券
十九	団地共用部分である旨の登記	イ 団地共用部分を共用すべき者の所有する建物が区分建物でないときは、当該建物の所在する市、区、郡、町、村、字及び土地の地番並びに当該建物の家屋番号 ロ 団地共用部分を共用すべき者の所有する建物が区分建物	イ 団地共用部分である旨を定めた規約を設定したことを証する情報 ロ 所有権以外の権利に関する登記があるときは、当該権利に関する登記に係る権利の登記名義人（当該権利に関する登記が抵当権の登記である場

項	登　記	申　請　情　報	添　付　情　報
		であるときは、次に掲げる事項 (1)　当該建物が属する一棟の建物の所在する市、区、郡、町、村、字及び土地の地番 (2)　当該一棟の建物の構造及び床面積又はその名称	合において、抵当証券が発行されているときは、当該抵当証券の所持人又は裏書人を含む。）の承諾を証する当該登記名義人が作成した情報又は当該登記名義人に対抗することができる裁判があったことを証する情報 ハ　ロの権利を目的とする第三者の権利に関する登記があるときは、当該第三者の承諾を証する当該第三者が作成した情報又は当該第三者に対抗することができる裁判があったことを証する情報 ニ　ロの権利に関する登記に係る権利が抵当証券の発行されている抵当権であるときは、当該抵当証券
二十	法第五十八条第五項に規定する変更の登記又は更正の登記	変更後又は更正後の登記事項	イ　変更又は錯誤若しくは遺漏があったことを証する情報 ロ　当該建物の所有者を証する情報
二十一	建物の表題登記（法第五十八条第六項又は第七項の規定により申請するものに限る。）	建物又は附属建物について敷地権が存するときは、次に掲げる事項 イ　敷地権の目的となる土地の所在する市、区、郡、町、村及び字並びに当該土地の地番、地目及び地積 ロ　敷地権の種類及び割合 ハ　敷地権の登記原因及びその日付	イ　共用部分である旨又は団地共用部分である旨を定めた規約を廃止したことを証する情報 ロ　表題部所有者となる者が所有権を有することを証する情報 ハ　表題部所有者となる者の住所を証する市町村長、登記官その他の公務員が職務上作成した情報（公務員が職務上作成した情報がない場合にあっては、これに代わるべき情報） ニ　建物又は附属建物が区分建物である場合において、当該区分建物が属する一棟の建物の敷地について登記された所有権、地上権又は賃借権の登

項	登記	申請情報	添付情報
			記名義人が当該区分建物の所有者であり、かつ、区分所有法第二十二条第一項ただし書の規約における別段の定めがあることその他の事由により当該所有権、地上権又は賃借権が当該区分建物の敷地権とならないときは、当該事由を証する情報 ホ 建物又は附属建物について敷地権が存するときは、次に掲げる情報 (1) 敷地権の目的である土地が区分所有法第五条第一項の規定により建物の敷地となった土地であるときは、同項の規約を設定したことを証する情報 (2) 敷地権が区分所有法第二十二条第二項ただし書の規約で定められている割合によるものであるときは、当該規約を設定したことを証する情報 (3) 敷地権の目的である土地が他の登記所の管轄区域内にあるときは、当該土地の登記事項証明書
権利に関する登記に共通する事項			
二十二	法第六十三条第二項に規定する相続又は法人の合併による権利の移転の登記		相続又は法人の合併を証する市町村長、登記官その他の公務員が職務上作成した情報（公務員が職務上作成した情報がない場合にあっては、これに代わるべき情報）及びその他の登記原因を証する情報
二十三	登記名義人の氏名若しくは名称又は住所についての変更の登記又は更正の登記	変更後又は更正後の登記名義人の氏名若しくは名称又は住所	当該登記名義人の氏名若しくは名称又は住所について変更又は錯誤若しくは遺漏があったことを証する市町村長、登記官その他の公務員が職務上作成した情

項	登 記	申 請 情 報	添 付 情 報
			報（公務員が職務上作成した情報がない場合にあっては、これに代わるべき情報）
二十四	抵当証券が発行されている場合における債務者の氏名若しくは名称又は住所についての変更の登記又は更正の登記（法第六十四条第二項の規定により債務者が単独で申請するものに限る。）	変更後又は更正後の債務者の氏名若しくは名称又は住所	当該債務者の氏名若しくは名称又は住所について変更又は錯誤若しくは遺漏があったことを証する市町村長、登記官その他の公務員が職務上作成した情報（公務員が職務上作成した情報がない場合にあっては、これに代わるべき情報）
二十五	権利の変更の登記又は更正の登記（二十四の項及び三十六の項の登記を除く。）	変更後又は更正後の登記事項	イ　登記原因を証する情報 ロ　付記登記によってする権利の変更の登記又は更正の登記を申請する場合において、登記上の利害関係を有する第三者（権利の変更の登記又は更正の登記につき利害関係を有する抵当証券の所持人又は裏書人を含む。）があるときは、当該第三者の承諾を証する当該第三者が作成した情報又は当該第三者に対抗することができる裁判があったことを証する情報 ハ　ロの第三者が抵当証券の所持人又は裏書人であるときは、当該抵当証券 ニ　抵当証券が発行されている抵当権の変更の登記又は更正の登記を申請するときは、当該抵当証券
二十六	権利に関する登記の抹消（三十七の項及び七十の項の登記を除く。）		イ　法第六十九条の規定により登記権利者が単独で申請するときは、人の死亡又は法人の解散を証する市町村長、登記官その他の公務員が職務上作

項	登記	申請情報	添付情報
			成した情報 ロ　法第七十条第二項の規定により登記権利者が単独で申請するときは、非訟事件手続法（明治三十一年法律第十四号）第百四十八条第一項に規定する除権決定があったことを証する情報 ハ　法第七十条第三項前段の規定により登記権利者が単独で先取特権、質権又は抵当権に関する登記の抹消を申請するときは、次に掲げる情報 　(1)　債権証書並びに被担保債権及び最後の二年分の利息その他の定期金（債務不履行により生じた損害を含む。）の完全な弁済があったことを証する情報 　(2)　登記義務者の所在が知れないことを証する情報 ニ　法第七十条第三項後段の規定により登記権利者が単独で先取特権、質権又は抵当権に関する登記の抹消を申請するときは、次に掲げる情報 　(1)　被担保債権の弁済期を証する情報 　(2)　(1)の弁済期から二十年を経過した後に当該被担保債権、その利息及び債務不履行により生じた損害の全額に相当する金銭が供託されたことを証する情報 　(3)　登記義務者の所在が知れないことを証する情報 ホ　イからニまでに規定する申請以外の場合にあっては、登記原因を証する情報 ヘ　登記上の利害関係を有する第三者（当該登記の抹消につき利害関係を有する抵当証券

項	登記	申請情報	添付情報
			の所持人又は裏書人を含む。）があるときは、当該第三者の承諾を証する当該第三者が作成した情報又は当該第三者に対抗することができる裁判があったことを証する情報 ト ヘの第三者が抵当証券の所持人又は裏書人であるときは、当該抵当証券 チ 抵当証券が発行されている抵当権の登記の抹消を申請するときは、当該抵当証券 リ 抵当証券交付の登記の抹消を申請するときは、当該抵当証券又は非訟事件手続法第百六十条第一項の規定により当該抵当証券を無効とする旨を宣言する除権決定があったことを証する情報
二十七	抹消された登記の回復	回復する登記の登記事項	イ 登記原因を証する情報 ロ 登記上の利害関係を有する第三者（当該登記の回復につき利害関係を有する抵当証券の所持人又は裏書人を含む。）があるときは、当該第三者の承諾を証する当該第三者が作成した情報又は当該第三者に対抗することができる裁判があったことを証する情報 ハ ロの第三者が抵当証券の所持人又は裏書人であるときは、当該抵当証券
所有権に関する登記			
二十八	所有権の保存の登記（法第七十四条第一項各号に掲げる者が申請するものに限る。）	イ 申請人が法第七十四条第一項各号に掲げる者のいずれであるか。 ロ 法第七十四条第一項第二号又は第三号に掲げる者が表題登記がない建物について申請する場合において、当該表題登記がない建物が敷地権のあ	イ 表題部所有者の相続人その他の一般承継人が申請するときは、相続その他の一般承継による承継を証する情報（市町村長、登記官その他の公務員が職務上作成した情報（公務員が職務上作成した情報がない場合にあっては、これに

項	登記	申請情報	添付情報
		る区分建物であるときは、次に掲げる事項 (1) 敷地権の目的となる土地の所在する市、区、郡、町、村及び字並びに当該土地の地番、地目及び地積 (2) 敷地権の種類及び割合	代わるべき情報）を含むものに限る。） ロ　法第七十四条第一項第二号に掲げる者が申請するときは、所有権を有することが確定判決（確定判決と同一の効力を有するものを含む。）によって確認されたことを証する情報 ハ　法第七十四条第一項第三号に掲げる者が申請するときは、収用によって所有権を取得したことを証する情報（収用の裁決が効力を失っていないことを証する情報を含むものに限る。） ニ　登記名義人となる者の住所を証する市町村長、登記官その他の公務員が職務上作成した情報（公務員が職務上作成した情報がない場合にあっては、これに代わるべき情報） ホ　法第七十四条第一項第二号又は第三号に掲げる者が表題登記がない土地について申請するときは、当該土地についての土地所在図及び地積測量図 ヘ　法第七十四条第一項第二号又は第三号に掲げる者が表題登記がない建物について申請するときは、当該建物についての建物図面及び各階平面図 ト　ヘに規定する場合（当該表題登記がない建物が区分建物である場合に限る。）において、当該区分建物が属する一棟の建物の敷地について登記された所有権、地上権又は賃借権の登記名義人が当該区分建物の所有者であり、かつ、区分所有法第二十二条第一項

項	登記	申請情報	添付情報
			ただし書の規約における別段の定めがあることその他の事由により当該所有権、地上権又は賃借権が当該区分建物の敷地権とならないときは、当該事由を証する情報 チ　ヘに規定する場合において、当該表題登記がない建物が敷地権のある区分建物であるときは、次に掲げる情報 (1)　敷地権の目的である土地が区分所有法第五条第一項の規定により建物の敷地となった土地であるときは、同項の規約を設定したことを証する情報 (2)　敷地権が区分所有法第二十二条第二項ただし書の規約で定められている割合によるものであるときは、当該規約を設定したことを証する情報 (3)　敷地権の目的である土地が他の登記所の管轄区域内にあるときは、当該土地の登記事項証明書
二十九	所有権の保存の登記（法第七十四条第二項の規定により表題部所有者から所有権を取得した者が申請するものに限る。）	法第七十四条第二項の規定により登記を申請する旨	イ　建物が敷地権のない区分建物であるときは、申請人が表題部所有者から当該区分建物の所有権を取得したことを証する表題部所有者又はその相続人その他の一般承継人が作成した情報 ロ　建物が敷地権付き区分建物であるときは、登記原因を証する情報及び敷地権の登記名義人の承諾を証する当該登記名義人が作成した情報 ハ　登記名義人となる者の住所を証する市町村長、登記官その他の公務員が職務上作成した情報（公務員が職務上作成

項	登記	申請情報	添付情報
			した情報がない場合にあっては、これに代わるべき情報)
三十	所有権の移転の登記		イ　登記原因を証する情報 ロ　登記名義人となる者の住所を証する市町村長、登記官その他の公務員が職務上作成した情報（公務員が職務上作成した情報がない場合にあっては、これに代わるべき情報）
三十一	表題登記がない土地についてする所有権の処分の制限の登記		イ　登記原因を証する情報 ロ　当該土地についての土地所在図及び地積測量図
三十二	表題登記がない建物についてする所有権の処分の制限の登記	当該表題登記がない建物が敷地権のある区分建物であるときは、次に掲げる事項 イ　敷地権の目的となる土地の所在する市、区、郡、町、村及び字並びに当該土地の地番、地目及び地積 ロ　敷地権の種類及び割合 ハ　敷地権の登記原因及びその日付	イ　登記原因を証する情報 ロ　当該表題登記がない建物についての建物図面及び各階平面図 ハ　当該表題登記がない建物が区分建物である場合において、当該区分建物が属する一棟の建物の敷地について登記された所有権、地上権又は賃借権の登記名義人が当該区分建物の所有者であり、かつ、区分所有法第二十二条第一項ただし書の規約における別段の定めがあることその他の事由により当該所有権、地上権又は賃借権が当該区分建物の敷地権とならないときは、当該事由を証する情報 ニ　当該表題登記がない建物が敷地権のある区分建物であるときは、次に掲げる情報 (1)　敷地権の目的である土地が区分所有法第五条第一項の規定により建物の敷地となった土地であるときは、同項の規約を設定したことを証する情報 (2)　敷地権が区分所有法第二

不動産登記令

項	登記	申請情報	添付情報
			十二条第二項ただし書の規約で定められている割合によるものであるときは、当該規約を設定したことを証する情報 (3) 敷地権の目的である土地が他の登記所の管轄区域内にあるときは、当該土地の登記事項証明書
用益権に関する登記			
三十三	地上権の設定の登記	法第七十八条各号に掲げる登記事項	イ 借地借家法(平成三年法律第九十号)第二十二条前段の定めがある地上権の設定にあっては、同条後段の書面及びその他の登記原因を証する情報(登記原因を証する情報として執行力のある確定判決の判決書の正本が提供されたときを除く。) ロ 借地借家法第二十四条第一項に規定する借地権に当たる地上権の設定にあっては、同条第二項の公正証書の謄本(登記原因を証する情報として執行力のある確定判決の判決書の正本が提供されたときを除く。) ハ イ及びロに規定する地上権の設定以外の場合にあっては、登記原因を証する情報
三十四	永小作権の設定の登記	法第七十九条各号に掲げる登記事項	登記原因を証する情報
三十五	承役地についてする地役権の設定の登記	法第八十条第一項各号に掲げる登記事項(同項第一号に掲げる登記事項にあっては、当該要役地の所在する市、区、郡、町、村及び字並びに当該要役地の地番、地目及び地積)	イ 登記原因を証する情報 ロ 地役権設定の範囲が承役地の一部であるときは、地役権図面 ハ 要役地が他の登記所の管轄区域内にあるときは、当該要役地の登記事項証明書
三十六	地役権の変更の	変更後又は更正後の法第八十条	イ 登記原因を証する情報

項	登記	申請情報	添付情報
	登記又は更正の登記	第一項各号に掲げる登記事項（同項第一号に掲げる登記事項にあっては、当該要役地の所在する市、区、郡、町、村及び字並びに当該要役地の地番、地目及び地積）	ロ　地役権設定の範囲の変更の登記又は更正の登記の申請をする場合において、変更後又は更正後の地役権設定の範囲が承役地の一部であるときは、地役権図面 ハ　要役地が他の登記所の管轄区域内にあるときは、当該要役地の登記事項証明書 ニ　付記登記によってする地役権の変更の登記又は更正の登記を申請する場合において、登記上の利害関係を有する第三者（地役権の変更の登記又は更正の登記につき利害関係を有する抵当証券の所持人又は裏書人を含む。）があるときは、当該第三者の承諾を証する当該第三者が作成した情報又は当該第三者に対抗することができる裁判があったことを証する情報 ホ　ニの第三者が抵当証券の所持人又は裏書人であるときは、当該抵当証券
三十七	地役権の登記の抹消		イ　登記原因を証する情報 ロ　要役地が他の登記所の管轄区域内にあるときは、当該要役地の登記事項証明書 ハ　登記上の利害関係を有する第三者（当該登記の抹消につき利害関係を有する抵当証券の所持人又は裏書人を含む。）があるときは、当該第三者の承諾を証する当該第三者が作成した情報又は当該第三者に対抗することができる裁判があったことを証する情報 ニ　ハの第三者が抵当証券の所持人又は裏書人であるときは、当該抵当証券

項	登記	申請情報	添付情報
三十八	賃借権の設定の登記	法第八十一条各号に掲げる登記事項	イ　借地借家法第二十二条前段の定めがある賃借権の設定にあっては、同条後段の書面及びその他の登記原因を証する情報（登記原因を証する情報として執行力のある確定判決の判決書の正本が提供されたときを除く。） ロ　借地借家法第二十四条第一項に規定する借地権に当たる賃借権の設定にあっては、同条第二項の公正証書の謄本（登記原因を証する情報として執行力のある確定判決の判決書の正本が提供されたときを除く。） ハ　借地借家法第三十八条第一項前段の定めがある賃借権の設定にあっては、同項前段の書面（登記原因を証する情報として執行力のある確定判決の判決書の正本が提供されたときを除く。） ニ　借地借家法第三十九条第一項の規定による定めのある賃借権の設定にあっては、同条第二項の書面及びその他の登記原因を証する情報（登記原因を証する情報として執行力のある確定判決の判決書の正本が提供されたときを除く。） ホ　高齢者の居住の安定確保に関する法律（平成十三年法律第二十六号）第五十六条の定めがある賃借権の設定にあっては、同条の書面（登記原因を証する情報として執行力のある確定判決の判決書の正本が提供されたときを除く。） ヘ　イからホまでに規定する賃借権の設定以外の場合にあっては、登記原因を証する情報

項	登記	申請情報	添付情報
三十九	賃借物の転貸の登記	法第八十一条各号に掲げる登記事項	イ　登記原因を証する情報 ロ　賃貸人が賃借物の転貸を承諾したことを証する当該賃貸人が作成した情報又は借地借家法第十九条第一項前段に規定する承諾に代わる許可があったことを証する情報（賃借物の転貸を許す旨の定めの登記があるときを除く。）
四十	賃借権の移転の登記		イ　登記原因を証する情報 ロ　賃貸人が賃借権の譲渡を承諾したことを証する当該賃貸人が作成した情報又は借地借家法第十九条第一項前段若しくは第二十条第一項前段に規定する承諾に代わる許可があったことを証する情報（賃借権の譲渡を許す旨の定めの登記があるときを除く。）
四十一	採石権の設定の登記	法第八十二条各号に掲げる登記事項	登記原因を証する情報
担保権等に関する登記			
四十二	先取特権の保存の登記（四十三の項及び四十四の項の登記を除く。）	イ　法第八十三条第一項各号に掲げる登記事項（同項第四号に掲げる登記事項であって、他の登記所の管轄区域内にある不動産に関するものがあるときは、当該不動産についての第三条第七号及び第八号に掲げる事項を含み、不動産工事の先取特権の保存の登記にあっては、法第八十三条第一項第一号の債権額は工事費用の予算額とする。） ロ　一又は二以上の不動産に関する権利を目的とする先取特権の保存の登記をした後、同一の債権の担保として他の一又は二以上の不動産に関する権利を目的とする先取特権の	登記原因を証する情報

項	登 記	申 請 情 報	添 付 情 報
		保存の登記を申請するときは、前の登記に係る次に掲げる事項（申請を受ける登記所に当該前の登記に係る共同担保目録がある場合には、法務省令で定める事項） (1) 土地にあっては、当該土地の所在する市、区、郡、町、村及び字並びに当該土地の地番 (2) 建物にあっては、当該建物の所在する市、区、郡、町、村、字及び土地の地番並びに当該建物の家屋番号 (3) 順位事項	
四十三	建物を新築する場合における不動産工事の先取特権の保存の登記	イ 法第八十三条第一項各号（第三号を除く。）に掲げる登記事項（同項第一号の債権額は工事費用の予算額とする。） ロ 新築する建物の所在することとなる市、区、郡、町、村、字及び土地の地番（区分建物となる建物にあっては、当該建物が属する一棟の建物の所在することとなる市、区、郡、町、村、字及び土地の地番） ハ 新築する建物の種類、構造及び床面積 ニ 新築する建物に附属建物があるときは、その所在することとなる市、区、郡、町、村、字及び土地の地番（区分建物となる附属建物にあっては、当該附属建物が属する一棟の建物の所在することとなる市、区、郡、町、村、字及び土地の地番）並びに種類、構造及び床面積 ホ 新築する建物又は附属建物が区分建物であるときは、当該建物又は附属建物が属する一棟の建物の構造及び床面積	イ 登記原因を証する情報 ロ 新築する建物の設計書（図面を含む。）の内容を証する情報

項	登記	申請情報	添付情報
		ヘ　ハからホまでの建物の種類、構造及び床面積は設計書による旨	
四十四	所有権の登記がある建物の附属建物を新築する場合における不動産工事の先取特権の保存の登記	イ　法第八十三条第一項各号（第三号を除く。）に掲げる登記事項（同項第一号の債権額は工事費用の予算額とする。） ロ　新築する附属建物の所在することとなる市、区、郡、町、村、字及び土地の地番（区分建物となる附属建物にあっては、当該附属建物が属する一棟の建物の所在することとなる市、区、郡、町、村、字及び土地の地番） ハ　新築する附属建物の種類、構造及び床面積 ニ　新築する附属建物が区分建物であるときは、当該附属建物が属する一棟の建物の構造及び床面積 ホ　ハ及びニの建物の種類、構造及び床面積は設計書による旨	イ　登記原因を証する情報 ロ　新築する附属建物の設計書（図面を含む。）の内容を証する情報
四十五	債権の一部について譲渡又は代位弁済がされた場合における先取特権の移転の登記	当該譲渡又は代位弁済の目的である債権の額	登記原因を証する情報
四十六	質権（根質権を除く。以下この項において同じ。）の設定又は転質の登記	イ　法第八十三条第一項各号に掲げる登記事項（同項第四号に掲げる登記事項であって、他の登記所の管轄区域内にある不動産に関するものがあるときは、当該不動産についての第三条第七号及び第八号に掲げる事項を含む。） ロ　法第九十五条第一項各号に掲げる登記事項 ハ　一又は二以上の不動産に関	登記原因を証する情報

不動産登記令

項	登記	申請情報	添付情報
		する権利を目的とする質権の設定又は転質の登記をした後、同一の債権の担保として他の一又は二以上の不動産に関する権利を目的とする質権の設定又は転質の登記を申請するときは、前の登記に係る次に掲げる事項(申請を受ける登記所に当該前の登記に係る共同担保目録がある場合には、法務省令で定める事項) (1) 土地にあっては、当該土地の所在する市、区、郡、町、村及び字並びに当該土地の地番 (2) 建物にあっては、当該建物の所在する市、区、郡、町、村、字及び土地の地番並びに当該建物の家屋番号 (3) 順位事項	
四十七	根質権の設定の登記	イ 法第八十三条第一項各号(第一号を除く。)に掲げる登記事項 ロ 法第九十五条第一項各号に掲げる登記事項 ハ 法第九十五条第二項において準用する法第八十八条第二項各号に掲げる登記事項 ニ 民法第三百六十一条において準用する同法第三百九十八条の十六の登記にあっては、同条の登記である旨 ホ 一の不動産に関する権利を目的とする根質権の設定の登記又は二以上の不動産に関する権利を目的とする根質権の設定の登記(民法第三百六十一条において準用する同法第三百九十八条の十六の登記をしたものに限る。)をした後、同一の債権の担保として他の一又は二以上の不動産に関す	イ 登記原因を証する情報 ロ 一の不動産に関する権利を目的とする根質権の設定の登記又は二以上の不動産に関する権利を目的とする根質権の設定の登記(民法第三百六十一条において準用する同法第三百九十八条の十六の登記をしたものに限る。)をした後、同一の債権の担保として他の一又は二以上の不動産に関する権利を目的とする根質権の設定の登記及び同条の登記を申請する場合において、前の登記に他の登記所の管轄区域内にある不動産に関するものがあるときは、当該前の登記に関する登記事項証明書

項	登記	申請情報	添付情報
		る権利を目的とする根質権の設定の登記及び同条の登記を申請するときは、前の登記に係る次に掲げる事項 (1)　土地にあっては、当該土地の所在する市、区、郡、町、村及び字並びに当該土地の地番 (2)　建物にあっては、当該建物の所在する市、区、郡、町、村、字及び土地の地番並びに当該建物の家屋番号 (3)　順位事項 (4)　申請を受ける登記所に共同担保目録があるときは、法務省令で定める事項	
四十八	債権の一部について譲渡又は代位弁済がされた場合における質権又は転質の移転の登記	当該譲渡又は代位弁済の目的である債権の額	登記原因を証する情報
四十九	民法第三百六十一条において準用する同法第三百七十六条第一項の規定により質権を他の債権のための担保とし、又は質権を譲渡し、若しくは放棄する場合の登記	イ　法第八十三条第一項各号（根質権の処分の登記にあっては、同項第一号を除く。）に掲げる登記事項（同項第四号に掲げる登記事項であって、他の登記所の管轄区域内にある不動産に関するものがあるときは、当該不動産についての第三条第七号及び第八号に掲げる事項を含む。） ロ　法第九十五条第一項各号に掲げる登記事項 ハ　一又は二以上の不動産に関する権利を目的とする質権（根質権を除く。）の設定の登記をした後、同一の債権の担保として他の一又は二以上の不動産に関する権利を目的とする質権（根質権を除く。）	イ　登記原因を証する情報 ロ　一の不動産に関する権利を目的とする根質権の設定の登記又は二以上の不動産に関する権利を目的とする根質権の設定の登記（民法第三百六十一条において準用する同法第三百九十八条の十六の登記をしたものに限る。）をした後、同一の債権の担保として他の一又は二以上の不動産に関する権利を目的とする根質権の処分の登記及び同条の登記を申請する場合において、前の登記に他の登記所の管轄区域内にある不動産に関するものがあるときは、当該前の登記に関する登記事項証明書

項	登記	申請情報	添付情報
		の処分の登記を申請するときは、前の登記に係る次に掲げる事項（申請を受ける登記所に当該前の登記に係る共同担保目録がある場合には、法務省令で定める事項） (1) 土地にあっては、当該土地の所在する市、区、郡、町、村及び字並びに当該土地の地番 (2) 建物にあっては、当該建物の所在する市、区、郡、町、村、字及び土地の地番並びに当該建物の家屋番号 (3) 順位事項 ニ 根質権の処分の登記にあっては、法第九十五条第二項において準用する法第八十八条第二項各号に掲げる登記事項 ホ 民法第三百六十一条において準用する同法第三百九十八条の十六の登記にあっては、同条の登記である旨 ヘ 一の不動産に関する権利を目的とする根質権の設定の登記又は二以上の不動産に関する権利を目的とする根質権の設定の登記（民法第三百六十一条において準用する同法第三百九十八条の十六の登記をしたものに限る。）をした後、同一の債権の担保として他の一又は二以上の不動産に関する権利を目的とする根質権の処分の登記及び同条の登記を申請するときは、前の登記に係る次に掲げる事項 (1) 土地にあっては、当該土地の所在する市、区、郡、町、村及び字並びに当該土地の地番 (2) 建物にあっては、当該建	

項	登 記	申 請 情 報	添 付 情 報
		物の所在する市、区、郡、町、村、字及び土地の地番並びに当該建物の家屋番号 (3) 順位事項 (4) 申請を受ける登記所に共同担保目録があるときは、法務省令で定める事項	
五十	民法第三百六十一条において準用する同法第三百九十三条の規定による代位の登記	イ 先順位の質権者が弁済を受けた不動産に関する権利、当該不動産の代価及び当該弁済を受けた額 ロ 法第八十三条第一項各号（根質権の登記にあっては、同項第一号を除く。）に掲げる登記事項（同項第四号に掲げる登記事項であって、他の登記所の管轄区域内にある不動産に関するものがあるときは、当該不動産についての第三条第七号及び第八号に掲げる事項を含む。） ハ 法第九十五条第一項各号に掲げる登記事項 ニ 根質権の登記にあっては、法第九十五条第二項において準用する法第八十八条第二項各号に掲げる登記事項	登記原因を証する情報
五十一	民法第三百六十一条において準用する同法第三百九十八条の十二第二項の規定により根質権を分割して譲り渡す場合の登記	イ 根質権の設定の登記に係る申請の受付の年月日及び受付番号並びに登記原因及びその日付 ロ 分割前の根質権の債務者の氏名又は名称及び住所並びに担保すべき債権の範囲 ハ 分割後の各根質権の極度額 ニ 分割前の根質権について民法第三百六十一条において準用する同法第三百七十条ただし書の別段の定め又は担保すべき元本の確定すべき期日の定めが登記されているとき	登記原因を証する情報

項	登記	申請情報	添付情報
		は、その定め ホ　分割前の根質権に関する共同担保目録があるときは、法務省令で定める事項	
五十二	民法第三百六十一条において準用する同法第三百九十八条の十九第二項の規定により根質権の担保すべき元本が確定した場合の登記（法第九十五条第二項において準用する法第九十三条の規定により登記名義人が単独で申請するものに限る。）		民法第三百六十一条において準用する同法第三百九十八条の十九第二項の規定による請求をしたことを証する情報
五十三	民法第三百六十一条において準用する同法第三百九十八条の二十第一項第三号の規定により根質権の担保すべき元本が確定した場合の登記（法第九十五条第二項において準用する法第九十三条の規定により登記名義人が単独で申請するものに限る。）		民事執行法（昭和五十四年法律第四号）第四十九条第二項（同法第百八十八条において準用する場合を含む。）の規定による催告又は国税徴収法（昭和三十四年法律第百四十七号）第五十五条（同条の例による場合を含む。）の規定による通知を受けたことを証する情報
五十四	民法第三百六十一条において準用する同法第三百九十八条の二十第一項第四号		債務者又は根質権設定者について破産手続開始の決定があったことを証する情報

項	登記	申請情報	添付情報
	の規定により根質権の担保すべき元本が確定した場合の登記（法第九十五条第二項において準用する法第九十三条の規定により登記名義人が単独で申請するものに限る。）		
五十五	抵当権（根抵当権を除く。以下この項において同じ。）の設定の登記	イ　法第八十三条第一項各号に掲げる登記事項（同項第四号に掲げる登記事項であって、他の登記所の管轄区域内にある不動産に関するものがあるときは、当該不動産についての第三条第七号及び第八号に掲げる事項を含む。） ロ　法第八十八条第一項各号に掲げる登記事項 ハ　一又は二以上の不動産に関する権利を目的とする抵当権の設定の登記をした後、同一の債権の担保として他の一又は二以上の不動産に関する権利を目的とする抵当権の設定の登記を申請するときは、前の登記に係る次に掲げる事項（申請を受ける登記所に当該前の登記に係る共同担保目録がある場合には、法務省令で定める事項） (1)　土地にあっては、当該土地の所在する市、区、郡、町、村及び字並びに当該土地の地番 (2)　建物にあっては、当該建物の所在する市、区、郡、町、村、字及び土地の地番並びに当該建物の家屋番号 (3)　順位事項	登記原因を証する情報

項	登記	申請情報	添付情報
五十六	根抵当権の設定の登記	イ　法第八十三条第一項各号（第一号を除く。）に掲げる登記事項 ロ　法第八十八条第二項各号に掲げる登記事項 ハ　民法第三百九十八条の十六の登記にあっては、同条の登記である旨 ニ　一の不動産に関する権利を目的とする根抵当権の設定の登記又は二以上の不動産に関する権利を目的とする根抵当権の設定の登記（民法第三百九十八条の十六の登記をしたものに限る。）をした後、同一の債権の担保として他の一又は二以上の不動産に関する権利を目的とする根抵当権の設定の登記及び同条の登記を申請するときは、前の登記に係る次に掲げる事項 (1)　土地にあっては、当該土地の所在する市、区、郡、町、村及び字並びに当該土地の地番 (2)　建物にあっては、当該建物の所在する市、区、郡、町、村、字及び土地の地番並びに当該建物の家屋番号 (3)　順位事項 (4)　申請を受ける登記所に共同担保目録があるときは、法務省令で定める事項	イ　登記原因を証する情報 ロ　一の不動産に関する権利を目的とする根抵当権の設定の登記又は二以上の不動産に関する権利を目的とする根抵当権の設定の登記（民法第三百九十八条の十六の登記をしたものに限る。）をした後、同一の債権の担保として他の一又は二以上の不動産に関する権利を目的とする根抵当権の設定の登記及び同条の登記を申請する場合において、前の登記に他の登記所の管轄区域内にある不動産に関するものがあるときは、当該前の登記に関する登記事項証明書
五十七	債権の一部について譲渡又は代位弁済がされた場合における抵当権の移転の登記	当該譲渡又は代位弁済の目的である債権の額	登記原因を証する情報
五十八	民法第三百七十六条第一項の規	イ　法第八十三条第一項各号（根抵当権の処分の登記に	イ　登記原因を証する情報 ロ　一の不動産に関する権利を

項	登記	申請情報	添付情報
	定により抵当権を他の債権のための担保とし、又は抵当権を譲渡し、若しくは放棄する場合の登記	あっては、同項第一号を除く。）に掲げる登記事項（同項第四号に掲げる登記事項であって、他の登記所の管轄区域内にある不動産に関するものがあるときは、当該不動産についての第三条第七号及び第八号に掲げる事項を含む。） ロ　抵当権（根抵当権を除く。ハにおいて同じ。）の処分の登記にあっては、法第八十八条第一項各号に掲げる登記事項 ハ　一又は二以上の不動産に関する権利を目的とする抵当権の設定の登記をした後、同一の債権の担保として他の一又は二以上の不動産に関する権利を目的とする抵当権の処分の登記を申請するときは、前の登記に係る次に掲げる事項（申請を受ける登記所に当該前の登記に係る共同担保目録がある場合には、法務省令で定める事項） 　(1)　土地にあっては、当該土地の所在する市、区、郡、町、村及び字並びに当該土地の地番 　(2)　建物にあっては、当該建物の所在する市、区、郡、町、村、字及び土地の地番並びに当該建物の家屋番号 　(3)　順位事項 ニ　根抵当権の処分の登記にあっては、法第八十八条第二項各号に掲げる登記事項 ホ　民法第三百九十八条の十六の登記にあっては、同条の登記である旨 ヘ　一の不動産に関する権利を目的とする根抵当権の設定の	目的とする根抵当権の設定の登記又は二以上の不動産に関する権利を目的とする根抵当権の設定の登記（民法第三百九十八条の十六の登記をしたものに限る。）をした後、同一の債権の担保として他の一又は二以上の不動産に関する権利を目的とする根抵当権の処分の登記及び同条の登記を申請する場合において、前の登記に他の登記所の管轄区域内にある不動産に関するものがあるときは、当該前の登記に関する登記事項証明書

項	登記	申請情報	添付情報
		登記又は二以上の不動産に関する権利を目的とする根抵当権の設定の登記（民法第三百九十八条の十六の登記をしたものに限る。）をした後、同一の債権の担保として他の一又は二以上の不動産に関する権利を目的とする根抵当権の処分の登記及び同条の登記を申請するときは、前の登記に係る次に掲げる事項 (1) 土地にあっては、当該土地の所在する市、区、郡、町、村及び字並びに当該土地の地番 (2) 建物にあっては、当該建物の所在する市、区、郡、町、村、字及び土地の地番並びに当該建物の家屋番号 (3) 順位事項 (4) 申請を受ける登記所に共同担保目録があるときは、法務省令で定める事項	
五十九	民法第三百九十三条の規定による代位の登記	イ 先順位の抵当権者が弁済を受けた不動産に関する権利、当該不動産の代価及び当該弁済を受けた額 ロ 法第八十三条第一項各号（根抵当権の登記にあっては、同項第一号を除く。）に掲げる登記事項（同項第四号に掲げる登記事項であって、他の登記所の管轄区域内にある不動産に関するものがあるときは、当該不動産についての第三条第七号及び第八号に掲げる事項を含む。） ハ 抵当権（根抵当権を除く。）の登記にあっては、法第八十八条第一項各号に掲げる登記事項 ニ 根抵当権の登記にあって	登記原因を証する情報

項	登 記	申 請 情 報	添 付 情 報
		は、法第八十八条第二項各号に掲げる登記事項	
六十	民法第三百九十八条の十二第二項の規定により根抵当権を分割して譲り渡す場合の登記	イ 根抵当権の設定の登記に係る申請の受付の年月日及び受付番号並びに登記原因及びその日付 ロ 分割前の根抵当権の債務者の氏名又は名称及び住所並びに担保すべき債権の範囲 ハ 分割後の各根抵当権の極度額 ニ 分割前の根抵当権について民法第三百七十条ただし書の別段の定め又は担保すべき元本の確定すべき期日の定めが登記されているときは、その定め ホ 分割前の根抵当権に関する共同担保目録があるときは、法務省令で定める事項	登記原因を証する情報
六十一	民法第三百九十八条の十九第二項の規定により根抵当権の担保すべき元本が確定した場合の登記（法第九十三条の規定により登記名義人が単独で申請するものに限る。）		民法第三百九十八条の十九第二項の規定による請求をしたことを証する情報
六十二	民法第三百九十八条の二十第一項第三号の規定により根抵当権の担保すべき元本が確定した場合の登記（法第九十三条の規定により登記名義人が単独で申請		民事執行法第四十九条第二項（同法第百八十八条において準用する場合を含む。）の規定による催告又は国税徴収法第五十五条（同条の例による場合を含む。）の規定による通知を受けたことを証する情報

項	登記	申請情報	添付情報
	するものに限る。)		
六十三	民法第三百九十八条の二十第一項第四号の規定により根抵当権の担保すべき元本が確定した場合の登記（法第九十三条の規定により登記名義人が単独で申請するものに限る。)		債務者又は根抵当権設定者について破産手続開始の決定があったことを証する情報
六十四	買戻しの特約の登記	買主が支払った代金及び契約の費用並びに買戻しの期間の定めがあるときはその定め	登記原因を証する情報

信託に関する登記

項	登記	申請情報	添付情報
六十五	信託の登記		イ　登記原因を証する情報 ロ　信託目録に記録すべき情報
六十六	信託財産に属する不動産についてする受託者の更迭による権利の移転の登記（法第百条第一項の規定により新たに選任された受託者が単独で申請するものに限る。)		法第百条第一項に規定する事由により受託者の任務が終了したことを証する市町村長、登記官その他の公務員が職務上作成した情報及び新たに受託者が選任されたことを証する情報
六十七	信託財産に属する不動産についてする一部の受託者の任務の終了による権利の変更の登記（法第百条第二項の規定により他の受託者が単独で		法第百条第一項に規定する事由により一部の受託者の任務が終了したことを証する市町村長、登記官その他の公務員が職務上作成した情報

項	登記	申請情報	添付情報
	申請するものに限る。)		
仮登記			
六十八	仮登記の登記義務者の承諾がある場合における法第百七条第一項の規定による仮登記		イ　登記原因を証する情報 ロ　仮登記の登記義務者の承諾を証する当該登記義務者が作成した情報
六十九	所有権に関する仮登記に基づく本登記		イ　登記上の利害関係を有する第三者（本登記につき利害関係を有する抵当証券の所持人又は裏書人を含む。）があるときは、当該第三者の承諾を証する当該第三者が作成した情報（仮登記担保契約に関する法律（昭和五十三年法律第七十八号）第十八条本文の規定により当該承諾に代えることができる同条本文に規定する差押えをしたこと及び清算金を供託したことを証する情報を含む。）又は当該第三者に対抗することができる裁判があったことを証する情報 ロ　イの第三者が抵当証券の所持人又は裏書人であるときは、当該抵当証券
七十	仮登記の抹消（法第百十条後段の規定により仮登記の登記上の利害関係人が単独で申請するものに限る。）		イ　登記原因を証する情報 ロ　仮登記の登記名義人の承諾を証する当該登記名義人が作成した情報又は当該登記名義人に対抗することができる裁判があったことを証する情報 ハ　登記上の利害関係を有する第三者があるときは、当該第三者の承諾を証する当該第三者が作成した情報又は当該第三者に対抗することができる裁判があったことを証する情報

項	登記	申請情報	添付情報
仮処分に関する登記			
七十一	民事保全法第五十三条第一項の規定による処分禁止の登記（保全仮登記とともにしたものを除く。）に後れる登記の抹消（法第百十一条第一項（同条第二項において準用する場合を含む。）の規定により仮処分の債権者が単独で申請するものに限る。）		民事保全法第五十九条第一項に規定する通知をしたことを証する情報
七十二	保全仮登記とともにした処分禁止の登記に後れる登記の抹消（法第百十三条の規定により仮処分の債権者が単独で申請するものに限る。）		民事保全法第五十九条第一項に規定する通知をしたことを証する情報
官庁又は公署が関与する登記等			
七十三	国又は地方公共団体が登記権利者となる権利に関する登記（法第百十六条第一項の規定により官庁又は公署が嘱託するものに限る。）		イ　登記原因を証する情報 ロ　登記義務者の承諾を証する当該登記義務者が作成した情報
七十四	不動産の収用による所有権の移転の登記	土地の収用による所有権の移転の登記を申請するときは、法第百十八条第四項前段の規定により指定しなければならない当該	イ　収用の裁決が効力を失っていないことを証する情報及びその他の登記原因を証する情報

項	登記	申請情報	添付情報
		収用により消滅した権利又は失効した差押え、仮差押え若しくは仮処分に関する登記の目的、申請の受付の年月日及び受付番号、登記原因及びその日付並びに順位事項	ロ　土地の収用による所有権の移転の登記を申請するときは、この項の申請情報欄に規定する権利が消滅し、又は同欄に規定する差押え、仮差押え若しくは仮処分が失効したことを証する情報
七十五	不動産に関する所有権以外の権利の収用による権利の消滅の登記		収用の裁決が効力を失っていないことを証する情報及びその他の登記原因を証する情報

4 不動産登記規則

(平成17年2月18日法務省令第18号)

(最終改正:平成17年11月11日法務省令第106号)

　不動産登記法(平成十六年法律第百二十三号)及び不動産登記令(平成十六年政令第三百七十九号)の施行に伴い、並びに同法及び同令の規定に基づき、並びに同法及び同令の規定を実施するため、不動産登記法施行細則(明治三十二年司法省令第十一号)の全部を改正するこの省令を次のように定める。

目　次
　第一章　総則(第一条―第三条)
　第二章　登記記録等
　　第一節　登記記録(第四条―第九条)
　　第二節　地図等(第十条―第十六条)
　　第三節　登記に関する帳簿(第十七条―第二十七条の二)
　　第四節　雑則(第二十八条―第三十三条)
　第三章　登記手続
　　第一節　総則
　　　第一款　通則(第三十四条―第四十条)
　　　第二款　電子申請(第四十一条―第四十四条)
　　　第三款　書面申請(第四十五条―第五十五条)
　　　第四款　受付等(第五十六条―第六十条)
　　　第五款　登記識別情報(第六十一条―第六十九条)
　　　第六款　登記識別情報の提供がない場合の手続(第七十条―第七十二条)
　　　第七款　土地所在図等(第七十三条―第八十八条)
　　第二節　表示に関する登記
　　　第一款　通則(第八十九条―第九十六条)
　　　第二款　土地の表示に関する登記(第九十七条―第百十条)
　　　第三款　建物の表示に関する登記(第百十一条―第百四十五条)
　　第三節　権利に関する登記
　　　第一款　通則(第百四十六条―第百五十六条)
　　　第二款　所有権に関する登記(第百五十七条・第百五十八条)
　　　第三款　用益権に関する登記(第百五十九条・第百六十条)
　　　第四款　担保権等に関する登記(第百六十一条―第百七十四条)
　　　第五款　信託に関する登記(第百七十五条―第百七十七条)
　　　第六款　仮登記(第百七十八条―第百八十条)
　　第四節　補則
　　　第一款　通知(第百八十一条―第百八十八条)
　　　第二款　登録免許税(第百八十九条・第百九十条)
　　　第三款　雑則(第百九十一条・第百九十二条)
　第四章　登記事項の証明等(第百九十三条―第二百五条)

第五章　筆界特定
　　第一節　総則（第二百六条）
　　第二節　筆界特定の手続
　　　第一款　筆界特定の申請（第二百七条―第二百十三条）
　　　第二款　筆界特定の申請の受付等（第二百十四条―第二百十七条）
　　　第三款　意見又は資料の提出（第二百十八条―第二百二十一条）
　　　第四款　意見聴取等の期日（第二百二十二条―第二百二十六条）
　　　第五款　調書等の閲覧（第二百二十七条・第二百二十八条）
　　第三節　筆界特定（第二百二十九条―第二百三十二条）
　　第四節　筆界特定手続記録の保管（第二百三十三条―第二百三十七条）
　　第五節　筆界特定書等の写しの交付等（第二百三十八条―第二百四十一条）
　　第六節　雑則（第二百四十二条―第二百四十六条）登記事項の証明等（第百九十三条―第二百五条）

　附　則

　　第一章　総則

（定義）
第一条　この省令において、次の各号に掲げる用語の意義は、それぞれ当該各号に定めるところによる。
　一　順位番号　第百四十七条第一項の規定により権利部に記録される番号をいう。
　二　地図等　地図、建物所在図又は地図に準ずる図面をいう。
　三　電子申請　不動産登記法（以下「法」という。）第十八条第一号の規定による電子情報処理組織を使用する方法による申請をいう。
　四　書面申請　法第十八条第二号の規定により次号の申請書を登記所に提出する方法による申請をいう。
　五　申請書　申請情報を記載した書面をいい、法第十八条第二号の磁気ディスクを含む。
　六　添付書面　添付情報を記載した書面をいい、不動産登記令（以下「令」という。）第十五条の添付情報を記録した磁気ディスクを含む。
　七　土地所在図等　土地所在図、地積測量図、地役権図面、建物図面又は各階平面図をいう。
　八　不動産番号　第九十条の規定により表題部に記録される番号、記号その他の符号をいう。
　九　不動産所在事項　不動産の所在する市、区、郡、町、村及び字（区分建物である建物にあっては、当該建物が属する一棟の建物の所在する市、区、郡、町、村及び字）並びに土地にあっては地番、建物にあっては建物の所在する土地の地番（区分建物である建物にあっては、当該建物が属する一棟の建物の所在する土地の地番）及び家屋番号をいう。
（登記の前後）
第二条　登記の前後は、登記記録の同一の区（第四条第四項の甲区又は乙区をいう。以下同じ。）にした登記相互間については順位番号、別の区にした登記相互間については受付番号による。
２　法第七十三条第一項に規定する権利に関する登記であって、法第四十六条の規定により敷地権である旨の登記をした土地の敷地権についてされた登記としての効力を有するものと当該土地の登記記録の権利部にした登記との前後は、受付番号による。
（付記登記）
第三条　次に掲げる登記は、付記登記によってするものとする。

一　登記名義人の氏名若しくは名称又は住所についての変更の登記又は更正の登記
　二　次に掲げる登記その他の法第六十六条に規定する場合における権利の変更の登記又は更正の登記
　　イ　債権の分割による抵当権の変更の登記
　　ロ　民法（明治二十九年法律第八十九号）第三百九十八条の八第一項又は第二項（これらの規定を同法第三百六十一条において準用する場合を含む。）の合意の登記
　　ハ　民法第三百九十八条の十二第二項（同法第三百六十一条において準用する場合を含む。）に規定する根質権又は根抵当権を分割して譲り渡す場合においてする極度額の減額による変更の登記
　　ニ　民法第三百九十八条の十四第一項ただし書（同法第三百六十一条において準用する場合を含む。）の定めの登記
　三　登記事項の一部が抹消されている場合においてする抹消された登記の回復
　四　所有権以外の権利を目的とする権利に関する登記（処分の制限の登記を含む。）
　五　所有権以外の権利の移転の登記
　六　登記の目的である権利の消滅に関する定めの登記
　七　民法第三百九十三条（同法第三百六十一条において準用する場合を含む。）の規定による代位の登記
　八　抵当証券交付又は抵当証券作成の登記
　九　買戻しの特約の登記

第二章　登記記録等

第一節　登記記録

（登記記録の編成）
第四条　土地の登記記録の表題部は、別表一の第一欄に掲げる欄に区分し、同表の第一欄に掲げる欄に同表の第二欄に掲げる事項を記録するものとする。
2　建物（次項の建物を除く。）の登記記録の表題部は、別表二の第一欄に掲げる欄に区分し、同表の第一欄に掲げる欄に同表の第二欄に掲げる事項を記録するものとする。
3　区分建物である建物の登記記録の表題部は、別表三の第一欄に掲げる欄に区分し、同表の第一欄に掲げる欄に同表の第二欄に掲げる事項を記録するものとする。
4　権利部は、甲区及び乙区に区分し、甲区には所有権に関する登記の登記事項を記録するものとし、乙区には所有権以外の権利に関する登記の登記事項を記録するものとする。

（移記又は転写）
第五条　登記官は、登記を移記し、又は転写するときは、法令に別段の定めがある場合を除き、現に効力を有する登記のみを移記し、又は転写しなければならない。
2　登記官は、登記を移記し、又は転写したときは、その年月日を新たに記録した登記の末尾に記録しなければならない。
3　登記官は、登記を移記したときは、移記前の登記記録を閉鎖しなければならない。

（記録事項過多による移記）
第六条　登記官は、登記記録に記録されている事項が過多となったことその他の事由により取扱いが不便となったときは、登記を移記することができる。この場合には、表示に関する登記及び所有権の登記であって現に効力を有しないものも移記することができる。

（登記官の識別番号の記録）
第七条　登記官は、登記記録に登記事項を記録し、若しくは登記事項を抹消する記号を記録するとき又は登記を転写し、若しくは移記するときは、登記官の識別番号を記録しなければならない。共同担保目録又は信託目録に記録すべき事項を記録し、又は既に記録された事項を抹消する記号を記録する場合についても、同様とする。
　（登記記録の閉鎖）
第八条　登記官は、登記記録を閉鎖するときは、閉鎖の事由及びその年月日を記録するほか、登記官の識別番号を記録しなければならない。この場合において、登記記録の全部を閉鎖するときは、閉鎖する登記記録の不動産の表示（法第二十七条第一号に掲げる登記事項を除く。）を抹消する記号を記録しなければならない。
　（副登記記録）
第九条　法務大臣及び登記官を監督する法務局又は地方法務局の長は、登記記録に記録されている事項（共同担保目録及び信託目録に記録されている事項を含む。）と同一の事項を記録する副登記記録を調製するものとする。

　　　　第二節　地図等

　（地図）
第十条　地図は、地番区域又はその適宜の一部ごとに、正確な測量及び調査の成果に基づき作成するものとする。
2　地図の縮尺は、次の各号に掲げる地域にあっては、当該各号に定める縮尺によるものとする。ただし、土地の状況その他の事情により、当該縮尺によることが適当でない場合は、この限りでない。
　一　市街地地域（主に宅地が占める地域及びその周辺の地域をいう。以下同じ。）二百五十分の一又は五百分の一
　二　村落・農耕地域（主に田、畑又は塩田が占める地域及びその周辺の地域をいう。以下同じ。）五百分の一又は千分の一
　三　山林・原野地域（主に山林、牧場又は原野が占める地域及びその周辺の地域をいう。以下同じ。）千分の一又は二千五百分の一
3　地図を作成するための測量は、測量法（昭和二十四年法律第百八十八号）第二章の規定による基本測量の成果である三角点及び電子基準点、国土調査法（昭和二十六年法律第百八十号）第十九条第二項の規定により認証され、若しくは同条第五項の規定により指定された基準点又はこれらと同等以上の精度を有すると認められる基準点（以下「基本三角点等」と総称する。）を基礎として行うものとする。
4　地図を作成するための一筆地測量及び地積測定における誤差の限度は、次によるものとする。
　一　市街地地域については、国土調査法施行令（昭和二十七年政令第五十九号）別表第五に掲げる精度区分（以下「精度区分」という。）甲二まで
　二　村落・農耕地域については、精度区分乙一まで
　三　山林・原野地域については、精度区分乙三まで
5　国土調査法第二十条第一項の規定により登記所に送付された地籍図は、同条第二項又は第三項の規定による登記が完了した後に、地図として備え付けるものとする。ただし、地図として備え付けることを不適当とする特別の事情がある場合は、この限りでない。
6　前項の規定は、土地改良登記令（昭和二十六年政令第百四十六号）第五条第二項第三号又

は土地区画整理登記令（昭和三十年政令第二百二十一号）第四条第二項第三号の土地の全部についての所在図その他これらに準ずる図面について準用する。

（建物所在図）
第十一条　建物所在図は、地図及び建物図面を用いて作成することができる。
2　前項の規定にかかわらず、新住宅市街地開発法等による不動産登記に関する政令（昭和四十年政令第三百三十号）第六条第二項（同令第十一条から第十三条までにおいて準用する場合を含む。）の建物の全部についての所在図その他これに準ずる図面は、これを建物所在図として備え付けるものとする。ただし、建物所在図として備え付けることを不適当とする特別の事情がある場合は、この限りでない。

（地図等の閉鎖）
第十二条　登記官は、新たな地図を備え付けた場合において、従前の地図があるときは、当該従前の地図の全部又は一部を閉鎖しなければならない。地図を電磁的記録に記録したときも、同様とする。
2　登記官は、前項の規定により地図を閉鎖する場合には、当該地図に閉鎖の事由及びその年月日を記録するほか、当該地図が、電磁的記録に記録されている地図であるときは登記官の識別番号を記録し、その他の地図であるときは登記官印を押印しなければならない。
3　登記官は、従前の地図の一部を閉鎖したときは、当該閉鎖した部分と他の部分とを判然区別することができる措置を講じなければならない。
4　前三項の規定は、地図に準ずる図面及び建物所在図について準用する。

（地図の記録事項）
第十三条　地図には、次に掲げる事項を記録するものとする。
　一　地番区域の名称
　二　地図の番号
　三　縮尺
　四　国土調査法施行令第二条第一項第一号に規定する平面直角座標系の番号又は記号
　五　図郭線及びその座標値
　六　各土地の区画及び地番
　七　基本三角点等の位置
　八　精度区分
　九　隣接図面との関係
　十　作成年月日
2　電磁的記録に記録する地図にあっては、前項各号に掲げるもののほか、各筆界点の座標値を記録するものとする。

（建物所在図の記録事項）
第十四条　建物所在図には、次に掲げる事項を記録するものとする。
　一　地番区域の名称
　二　建物所在図の番号
　三　縮尺
　四　各建物の位置及び家屋番号（区分建物にあっては、当該区分建物が属する一棟の建物の位置）
　五　第十一条第二項の建物所在図にあっては、その作成年月日

（地図及び建物所在図の番号）
第十五条　登記官は、地図に記録された土地の登記記録の表題部には第十三条第一項第二号の番号を記録し、建物所在図に記録された建物の登記記録の表題部には前条第二号の番号を記

録しなければならない。
 (地図等の訂正)
第十六条 地図に表示された土地の区画又は地番に誤りがあるときは、当該土地の表題部所有者若しくは所有権の登記名義人又はこれらの相続人その他の一般承継人は、その訂正の申出をすることができる。地図に準ずる図面に表示された土地の位置、形状又は地番に誤りがあるときも、同様とする。
2 前項の申出をする場合において、当該土地の登記記録の地積に錯誤があるときは、同項の申出は、地積に関する更正の登記の申請と併せてしなければならない。
3 第一項の申出は、次に掲げる事項を内容とする情報（以下「地図訂正申出情報」という。）を登記所に提供してしなければならない。
 一 申出人の氏名又は名称及び住所
 二 申出人が法人であるときは、その代表者の氏名
 三 代理人によって申出をするときは、当該代理人の氏名又は名称及び住所並びに代理人が法人であるときはその代表者の氏名
 四 申出人が表題部所有者又は所有権の登記名義人の相続人その他の一般承継人であるときは、その旨
 五 申出に係る訂正の内容
4 第一項の申出は、次に掲げる方法のいずれかによりしなければならない。
 一 法務大臣の定めるところにより電子情報処理組織を使用して地図訂正申出情報を登記所に提供する方法
 二 地図訂正申出情報を記載した書面を登記所に提出する方法
5 第一項の申出をする場合には、地図訂正申出情報と併せて次に掲げる情報を提供しなければならない。
 一 地図又は地図に準ずる図面に表示された土地の区画若しくは位置若しくは形状又は地番に誤りがあることを証する情報
 二 地図又は地図に準ずる図面に表示された土地の区画又は位置若しくは形状に誤りがあるときは、土地所在図又は地積測量図
 三 表題部所有者又は所有権の登記名義人の相続人その他の一般承継人が申出をするときは、相続その他の一般承継があったことを証する市町村長（特別区の区長を含むものとし、地方自治法（昭和二十二年法律第六十七号）第二百五十二条の十九第一項の指定都市にあっては、区長とする。以下同じ。）、登記官その他の公務員が職務上作成した情報（公務員が職務上作成した情報がない場合にあっては、これに代わるべき情報）
6 令第四条本文、第七条第一項第一号及び第二号の規定は、第一項の申出をする場合について準用する。
7 第三十六条第一項から第三項までの規定は、前項において準用する令第七条第一項第一号及び第二号の法務省令で定める場合について準用する。
8 令第十条から第十四条までの規定は、第四項第一号の方法により第一項の申出をする場合について準用する。
9 第四十一条及び第四十四条の規定は前項に規定する場合について、第四十二条の規定は前項において準用する令第十二条第一項及び第二項の電子署名について、第四十三条第二項の規定は前項において準用する令第十四条の法務省令で定める電子証明書について準用する。
10 令第十五条、第十六条第一項、第十七条及び第十八条第一項の規定は、第四項第二号に掲げる方法により第一項の申出をする場合について準用する。この場合において、令第十六条第一項及び第十八条第一項中「記名押印しなければ」とあるのは、「署名し、又は記名押印

しなければ」と読み替えるものとする。
11　第四十五条、第四十六条第一項及び第二項、第五十三条並びに第五十五条の規定は、第四項第二号に掲げる方法により第一項の申出をする場合について準用する。
12　登記官は、申出に係る事項を調査した結果、地図又は地図に準ずる図面を訂正する必要があると認めるときは、地図又は地図に準ずる図面を訂正しなければならない。
13　登記官は、次に掲げる場合には、理由を付した決定で、第一項の申出を却下しなければならない。
　一　申出に係る土地の所在地が当該申出を受けた登記所の管轄に属しないとき。
　二　申出の権限を有しない者の申出によるとき。
　三　地図訂正申出情報又はその提供の方法がこの省令の規定により定められた方式に適合しないとき。
　四　この省令の規定により地図訂正申出情報と併せて提供しなければならないものとされている情報が提供されないとき。
　五　申出に係る事項を調査した結果、地図又は地図に準ずる図面に誤りがあると認められないとき。
　六　地図又は地図に準ずる図面を訂正することによって申出に係る土地以外の土地の区画又は位置若しくは形状を訂正すべきこととなるとき。
14　第三十八条及び第三十九条の規定は、第一項の申出について準用する。
15　登記官は、地図等に誤りがあると認めるときは、職権で、その訂正をすることができる。

第三節　登記に関する帳簿

（申請情報等の保存）
第十七条　登記官は、電子申請において提供された申請情報及びその添付情報その他の登記簿の附属書類（これらの情報について行われた電子署名及び電子証明書を検証した結果の記録を含む。）を登記所の管理する電磁的記録に記録して保存するものとする。
2　登記官は、書面申請において提出された申請書及びその添付書面その他の登記簿の附属書類を、第十九条から第二十二条までの規定に従い、次条第二号から第五号までに掲げる帳簿につづり込んで保存するものとする。

（帳簿）
第十八条　登記所には、次に掲げる帳簿を備えるものとする。
　一　受付帳
　二　申請書類つづり込み帳
　三　土地図面つづり込み帳
　四　地役権図面つづり込み帳
　五　建物図面つづり込み帳
　六　職権表示登記等事件簿
　七　職権表示登記等書類つづり込み帳
　八　決定原本つづり込み帳
　九　審査請求書類等つづり込み帳
　十　各種通知簿
　十一　登記識別情報失効申出書類つづり込み帳
　十二　請求書類つづり込み帳
　十三　筆界特定書つづり込み帳

(申請書類つづり込み帳)
第十九条　申請書類つづり込み帳には、申請書及びその添付書面、通知書、許可書、取下書その他の登記簿の附属書類（申請に係る事件を処理するために登記官が作成したものを含み、この省令の規定により前条第三号から第五号まで及び第七号の帳簿につづり込むもの及び電子申請において提供されたものを除く。）をつづり込むものとする。

(土地図面つづり込み帳)
第二十条　土地図面つづり込み帳には、書面申請において提出された土地所在図及び地積測量図をつづり込むものとする。
2　第十七条第二項の規定にかかわらず、登記官は、前項の土地所在図及び地積測量図を同条第一項の電磁的記録に記録して保存することができる。
3　登記官は、前項の規定により土地所在図及び地積測量図を電磁的記録に記録して保存したときは、第一項の土地所在図及び地積測量図を申請書類つづり込み帳につづり込むものとする。

(地役権図面つづり込み帳)
第二十一条　地役権図面つづり込み帳には、書面申請において提出された地役権図面をつづり込むものとする。
2　前条第二項及び第三項の規定は、前項の地役権図面について準用する。

(建物図面つづり込み帳)
第二十二条　建物図面つづり込み帳には、書面申請において提出された建物図面及び各階平面図をつづり込むものとする。
2　第二十条第二項及び第三項の規定は、前項の建物図面及び各階平面図について準用する。

(職権表示登記等書類つづり込み帳)
第二十三条　職権表示登記等書類つづり込み帳には、職権による表示に関する登記及び地図その他の図面の訂正に関する書類を立件の際に付した番号（以下「立件番号」という。）の順序に従ってつづり込むものとする。

(決定原本つづり込み帳)
第二十四条　決定原本つづり込み帳には、申請又は申出を却下した決定の決定書の原本をつづり込むものとする。

(審査請求書類等つづり込み帳)
第二十五条　審査請求書類等つづり込み帳には、審査請求書その他の審査請求事件に関する書類をつづり込むものとする。

(登記識別情報失効申出書類つづり込み帳)
第二十六条　登記識別情報失効申出書類つづり込み帳には、登記識別情報の失効の申出に関する書類をつづり込むものとする。
2　登記識別情報の失効の申出が電子情報処理組織を使用する方法によりされた場合は、当該申出に係る情報の内容を書面に出力したものを登記識別情報失効申出書類つづり込み帳につづり込むものとする。

(請求書類つづり込み帳)
第二十七条　請求書類つづり込み帳には、次に掲げる請求に係る書面をつづり込むものとする。
一　登記事項証明書の交付の請求
二　登記記録に記録されている事項の概要を記載した書面（以下「登記事項要約書」という。）の交付の請求
三　地図等の全部又は一部の写し（地図等が電磁的記録に記録されているときは、当該記録された情報の内容を証明した書面）の交付の請求
四　地図等の閲覧の請求

五　土地所在図等の全部又は一部の写し（土地所在図等が電磁的記録に記録されているときは、当該記録された情報の内容を証明した書面）の交付の請求
　　六　登記簿の附属書類の閲覧の請求
　　七　登記識別情報に関する証明の請求
　　八　筆界特定書等の全部又は一部の写し（筆界特定書等が電磁的記録をもって作成されているときは、当該記録された情報の内容を証明した書面）の交付の請求
　　九　筆界特定手続記録の閲覧の請求
　2　前項各号に掲げる請求が電子情報処理組織を使用する方法によりされた場合は、当該請求に係る情報の内容を書面に出力したものを請求書類つづり込み帳につづり込むものとする。
　　（筆界特定書つづり込み帳）
第二十七条の二　筆界特定書つづり込み帳には、筆界特定書（筆界特定書が電磁的記録をもって作成されているときは、その内容を書面に出力したもの）及び第二百三十三条第二項後段又は第三項後段の規定により送付された筆界特定書の写し（筆界特定書が電磁的記録をもって作成されているときは、その内容を書面に出力したもの）をつづり込むものとする。

　　　　第四節　雑則

　　（保存期間）
第二十八条　次の各号に掲げる情報の保存期間は、当該各号に定めるとおりとする。
　　一　登記記録（閉鎖登記記録（閉鎖した登記記録をいう。以下同じ。）を除く。）　永久
　　二　地図及び地図に準ずる図面（閉鎖したものを含む。）　永久
　　三　建物所在図（閉鎖したものを含む。）　永久
　　四　土地に関する閉鎖登記記録　閉鎖した日から五十年間
　　五　建物に関する閉鎖登記記録　閉鎖した日から三十年間
　　六　共同担保目録　当該共同担保目録に記録されているすべての事項を抹消した日から十年間
　　七　信託目録　信託の登記の抹消をした日から二十年間
　　八　受付帳に記録された情報　受付の年の翌年から十年間
　　九　権利に関する登記の申請情報及びその添付情報（申請情報及びその添付情報以外の情報であって申請書類つづり込み帳につづり込まれた書類に記載されたものを含む。次号において同じ。）　受付の日から十年間
　　十　表示に関する登記の申請情報及びその添付情報　受付の日から五年間（表題部所有者若しくはその持分の更正の登記又は合体による登記等の申請情報及びその添付情報にあっては、受付の日から十年間）
　　十一　職権表示登記等事件簿及び職権表示登記等書類つづり込み帳につづり込まれた書類に記載された情報　立件の日から五年間
　　十二　土地所在図、地積測量図、建物図面及び各階平面図（第二十条第三項（第二十二条第二項において準用する場合を含む。）の規定により申請書類つづり込み帳につづり込まれたものを除く。）　永久（閉鎖したものにあっては、閉鎖した日から五年間）
　　十三　地役権図面（第二十一条第二項において準用する第二十条第三項の規定により申請書類つづり込み帳につづり込まれたものを除く。）　閉鎖した日から十年間
　　十四　決定原本つづり込み帳又は審査請求書類等つづり込み帳につづり込まれた書類に記載された情報　申請又は申出を却下した決定又は審査請求の受付の年の翌年から五年間
　　十五　各種通知簿に記録された情報　通知の年の翌年から一年間
　　十六　登記識別情報の失効の申出に関する情報　当該申出の受付の日から十年間

十七　請求書類つづり込み帳につづり込まれた書類に記載された情報　受付の日から一年間
（記録の廃棄）
第二十九条　登記所において登記に関する電磁的記録、帳簿又は書類を廃棄するときは、法務局又は地方法務局の長の認可を受けなければならない。
（登記記録の滅失等）
第三十条　登記官は、登記記録又は地図等が滅失したときは、速やかに、その状況を調査し、当該登記官を監督する法務局又は地方法務局の長に報告しなければならない。
2　前項の法務局又は地方法務局の長は、同項の報告を受けたときは、相当の調査をし、法務大臣に対し、意見を述べなければならない。
3　前二項の規定は、登記記録、地図等又は登記簿の附属書類が滅失するおそれがあるときについて準用する。
（持出禁止）
第三十一条　登記簿、地図等及び登記簿の附属書類は、事変を避けるためにする場合を除き、登記所の外に持ち出してはならない。
2　前項の規定にかかわらず、登記官は、裁判所から登記簿の附属書類を送付すべき命令又は嘱託があったときは、その関係がある部分に限り、登記簿の附属書類を送付するものとする。この場合において、当該登記簿の附属書類が電磁的記録に記録されているときは、その関係がある部分について、電磁的記録に記録された情報の内容を書面に出力し、これを送付するものとする。
3　登記官は、事変を避けるために登記簿、地図等又は登記簿の附属書類を登記所の外に持ち出したときは、速やかに、その旨を当該登記官を監督する法務局又は地方法務局の長に報告しなければならない。
（管轄転属による登記記録等の移送）
第三十二条　不動産の所在地が甲登記所の管轄から乙登記所の管轄に転属したときは、甲登記所の登記官は、当該不動産の登記記録（共同担保目録及び信託目録を含む。次項において同じ。）並びに地図等及び登記簿の附属書類（電磁的記録に記録されている地図等及び登記簿の附属書類を含む。）を乙登記所に移送するものとする。
2　前項の場合において、甲登記所の登記官は、移送した登記記録並びに電磁的記録に記録されている地図等及び土地所在図等を閉鎖するものとする。
（管轄転属による共同担保目録の移送）
第三十三条　共同担保目録に掲げた不動産であって甲登記所の管轄区域内にあるものの全部又は一部の所在地が乙登記所の管轄に転属した場合において、乙登記所が前条第一項の規定により共同担保目録の移送を受けたときは、乙登記所の登記官は、必要に応じ、当該共同担保目録の記号及び目録番号を改め、かつ、移送を受けた登記記録の乙区の従前の共同担保目録の記号及び目録番号を新たに付した記号及び目録番号に変更するものとする。

第三章　登記手続

第一節　総則

第一款　通則

（申請情報）
第三十四条　登記の申請においては、次に掲げる事項を申請情報の内容とするものとする。

一　申請人又は代理人の電話番号その他の連絡先
　　二　分筆の登記の申請においては、第七十八条の符号
　　三　建物の分割の登記又は建物の区分の登記の申請においては、第八十四条の符号
　　四　附属建物があるときは、主たる建物及び附属建物の別並びに第百十二条第二項の符号
　　五　敷地権付き区分建物であるときは、第百十八条第一号イの符号
　　六　添付情報の表示
　　七　申請の年月日
　　八　登記所の表示
2　令第六条第一項に規定する不動産識別事項は、不動産番号とする。
3　令第六条の規定は、同条第一項各号又は第二項各号に定める事項が申請を受ける登記所以外の登記所の管轄区域内にある不動産に係る場合には、当該不動産の不動産番号と併せて当該申請を受ける登記所以外の登記所の表示を申請情報の内容としたときに限り、適用する。
4　令第六条第一項第一号又は第二号の規定にかかわらず、不動産の表題登記を申請する場合、法第七十四条第一項第二号又は第三号に掲げる者が表題登記がない不動産について所有権の保存の登記を申請する場合及び表題登記がない不動産について所有権の処分の制限の登記を嘱託する場合には、令第三条第七号又は第八号に掲げる事項を申請情報の内容としなければならない。

　　（一の申請情報によって申請することができる場合）
第三十五条　令第四条ただし書の法務省令で定めるときは、次に掲げるときとする。
　　一　土地の一部を分筆して、これを他の土地に合筆しようとする場合において、分筆の登記及び合筆の登記の申請をするとき。
　　二　甲建物の登記記録から甲建物の附属建物を分割して、これを乙建物の附属建物としようとする場合において、建物の分割の登記及び建物の合併の登記の申請をするとき。
　　三　甲建物の登記記録から甲建物の附属建物（区分建物に限る。）を分割して、これを乙建物又は乙建物の附属建物に合併しようとする場合（乙建物又は乙建物の附属建物が甲建物の附属建物と接続する区分建物である場合に限る。）において、建物の分割の登記及び建物の合併の登記の申請をするとき。
　　四　甲建物を区分して、その一部を乙建物の附属建物としようとする場合において、建物の区分の登記及び建物の合併の登記の申請をするとき。
　　五　甲建物を区分して、その一部を乙建物又は乙建物の附属建物に合併しようとする場合（乙建物又は乙建物の附属建物が当該一部と接続する区分建物である場合に限る。）において、建物の区分の登記及び建物の合併の登記の申請をするとき。
　　六　同一の不動産について申請する二以上の登記が、いずれも不動産の表題部の登記事項に関する変更の登記又は更正の登記であるとき。
　　七　同一の登記所の管轄区域内にある一又は二以上の不動産について申請する二以上の登記が、いずれも同一の登記名義人の氏名若しくは名称又は住所についての変更の登記又は更正の登記であるとき。
　　八　同一の不動産について申請する二以上の権利に関する登記（前号の登記を除く。）の登記の目的並びに登記原因及びその日付が同一であるとき。
　　九　同一の登記所の管轄区域内にある二以上の不動産について申請する登記が、同一の債権を担保する先取特権、質権又は抵当権（以下「担保権」と総称する。）に関する登記であって、登記の目的が同一であるとき。

　　（資格証明情報の省略等）
第三十六条　令第七条第一項第一号の法務省令で定める場合は、次に掲げる場合とする。

一　申請を受ける登記所が、当該法人の登記を受けた登記所と同一であり、かつ、法務大臣が指定した登記所以外のものである場合
　二　支配人その他の法令の規定により登記の申請をすることができる法人の代理人が、当該法人を代理して登記の申請をする場合
2　令第七条第一項第二号の法務省令で定める場合は、支配人その他の法令の規定により登記の申請をすることができる法人の代理人が当該法人を代理して登記の申請をする場合であって、申請を受ける登記所が、当該法人についての当該代理人の登記を受けた登記所と同一であり、かつ、法務大臣が指定した登記所以外のものであるときとする。
3　前二項の指定は、告示してしなければならない。
4　令第九条の法務省令で定める情報は、住民基本台帳法（昭和四十二年法律第八十一号）第七条第十三号に規定する住民票コードとする。ただし、住所についての変更又は錯誤若しくは遺漏があったことを証する情報を提供しなければならないものとされている場合にあっては、当該住所についての変更又は錯誤若しくは遺漏があったことを確認することができることとなるものに限る。

（添付情報の省略）
第三十七条　同一の登記所に対して同時に二以上の申請をする場合において、各申請に共通する添付情報があるときは、当該添付情報は、一の申請の申請情報と併せて提供することで足りる。
2　前項の場合においては、当該添付情報を当該一の申請の申請情報と併せて提供した旨を他の申請の申請情報の内容としなければならない。

（申請の却下）
第三十八条　登記官は、申請を却下するときは、決定書を作成して、これを申請人ごとに交付するものとする。ただし、代理人によって申請がされた場合は、当該代理人に交付すれば足りる。
2　前項の交付は、当該決定書を送付する方法によりすることができる。
3　登記官は、書面申請がされた場合において、申請を却下したときは、添付書面を還付するものとする。ただし、偽造された書面その他の不正な登記の申請のために用いられた疑いがある書面については、この限りでない。

（申請の取下げ）
第三十九条　申請の取下げは、次の各号に掲げる申請の区分に応じ、当該各号に定める方法によってしなければならない。
　一　電子申請　法務大臣の定めるところにより電子情報処理組織を使用して申請を取り下げる旨の情報を登記所に提供する方法
　二　書面申請　申請を取り下げる旨の情報を記載した書面を登記所に提出する方法
2　申請の取下げは、登記完了後は、することができない。
3　登記官は、書面申請がされた場合において、申請の取下げがされたときは、申請書及びその添付書面を還付するものとする。前条第三項ただし書の規定は、この場合について準用する。

（管轄区域がまたがる場合の移送等）
第四十条　法第六条第三項の規定に従って登記の申請がされた場合において、他の登記所が同条第二項の登記所に指定されたときは、登記の申請を受けた登記所の登記官は、当該指定がされた他の登記所に当該申請に係る事件を移送するものとする。
2　登記官は、前項の規定により事件を移送したときは、申請人に対し、その旨を通知するものとする。

3 法第六条第二項の登記所に指定された登記所の登記官は、当該指定に係る不動産について登記を完了したときは、速やかに、その旨を他の登記所に通知するものとする。
4 前項の通知を受けた登記所の登記官は、適宜の様式の帳簿にその通知事項を記入するものとする。

第二款 電子申請

（電子申請の方法）
第四十一条　電子申請における申請情報は、法務大臣の定めるところにより送信しなければならない。令第十条の規定により申請情報と併せて送信すべき添付情報についても、同様とする。

（電子署名）
第四十二条　令第十二条第一項及び第二項の電子署名は、電磁的記録に記録することができる情報に、工業標準化法（昭和二十四年法律第百八十五号）に基づく日本工業規格（以下「日本工業規格」という。）X五七三一—一八の附属書Dに適合する方法であって同附属書に定めるnの長さの値が千二十四ビット又は二千四十八ビットであるものを講ずる措置とする。

（電子証明書）
第四十三条　令第十四条の法務省令で定める電子証明書は、第四十七条第三号イ及びロに掲げる者に該当する申請人又はその代表者若しくは代理人（委任による代理人を除く。同条第二号及び第三号並びに第四十九条第一項第一号及び第二号において同じ。）が申請情報又は委任による代理人の権限を証する情報に電子署名を行った場合にあっては、次に掲げる電子証明書とする。ただし、第三号に掲げる電子証明書については、第一号及び第二号に掲げる電子証明書を取得することができない場合に限る。
一　電子署名に係る地方公共団体の認証業務に関する法律（平成十四年法律第百五十三号）第三条第一項の規定に基づき作成された電子証明書
二　電子署名を行った者が商業登記法（昭和三十八年法律第百二十五号）第十二条の二（他の法令において準用する場合を含む。）に規定する印鑑提出者であるときは、商業登記規則（昭和三十九年法務省令第二十三号）第三十三条の八第二項（他の法令において準用する場合を含む。）に規定する電子証明書
三　電子署名及び認証業務に関する法律（平成十二年法律第百二号）第八条に規定する認定認証業者が作成した電子証明書（電子署名及び認証業務に関する法律施行規則（平成十三年総務省・法務省・経済産業省令第二号）第四条第一号に規定する電子証明書をいう。）その他の電子証明書であって、氏名、住所、出生の年月日その他の事項により電子署名を行った者を確認することができるものとして法務大臣の定めるもの
四　官庁又は公署が嘱託する場合にあっては、官庁又は公署が作成した電子証明書であって、登記官が電子署名を行った者を確認することができるもの
2 前項本文に規定する場合以外の場合にあっては、令第十四条の法務省令で定める電子証明書は、同項各号に掲げる電子証明書又はこれに準ずる電子証明書として法務大臣の定めるものとする。

（住所証明情報の省略等）
第四十四条　電子申請の申請人がその者の前条第一項第一号に掲げる電子証明書を提供したときは、当該電子証明書の提供をもって、当該申請人の現在の住所を証する情報の提供に代えることができる。
2 電子申請の申請人がその者の前条第一項第二号に掲げる電子証明書を提供したときは、当

該電子証明書の提供をもって、当該申請人の代表者の資格を証する情報の提供に代えることができる。
3　前項の規定は、同項の電子証明書によって登記官が確認することができる代理権限を証する情報について準用する。

第三款　書面申請

（申請書等の文字）
第四十五条　申請書（申請情報の全部を記録した磁気ディスクを除く。以下この款（第五十三条を除く。）において同じ。）その他の登記に関する書面に記載する文字は、字画を明確にしなければならない。
2　前項の書面に記載した文字の訂正、加入又は削除をしたときは、その字数を欄外に記載し、又は訂正、加入若しくは削除をする文字の前後に括弧を付して、その範囲を明らかにし、かつ、その字数を欄外に記載した部分又は当該訂正、加入若しくは削除をした部分に押印しなければならない。この場合において、訂正又は削除をした文字は、なお読むことができるようにしておかなければならない。

（契印等）
第四十六条　申請人又はその代表者若しくは代理人は、申請書が二枚以上であるときは、各用紙のつづり目に契印をしなければならない。
2　前項の契印は、申請人又はその代表者若しくは代理人が二人以上あるときは、その一人がすれば足りる。
3　令別表の六十五の項添付情報欄に掲げる信託目録に記録すべき情報を記載した書面が二枚以上であるときは、申請人又はその代表者若しくは代理人は、各用紙に当該用紙が何枚目であるかを記載し、各用紙のつづり目に契印をしなければならない。この場合においては、前項の規定を準用する。

（申請書に記名押印を要しない場合）
第四十七条　令第十六条第一項の法務省令で定める場合は、次に掲げる場合とする。
一　委任による代理人が申請書に署名した場合
二　申請人又はその代表者若しくは代理人が署名した申請書について公証人又はこれに準ずる者の認証を受けた場合（前号に掲げる場合を除く。）
三　申請人が次に掲げる者のいずれにも該当せず、かつ、当該申請人又はその代表者若しくは代理人が申請書に署名した場合（前二号に掲げる場合を除く。）
　　イ　所有権の登記名義人（所有権に関する仮登記の登記名義人を含む。）であって、次に掲げる登記を申請するもの
　　　　(1)　当該登記名義人が登記義務者となる権利に関する登記（担保権（根抵当権及び根質権を除く。）の債務者に関する変更の登記及び更正の登記を除く。）
　　　　(2)　共有物分割禁止の定めに係る権利の変更の登記
　　　　(3)　所有権の移転の登記がない場合における所有権の登記の抹消
　　　　(4)　仮登記の抹消
　　　　(5)　合筆の登記、合体による登記等又は建物の合併の登記
　　ロ　所有権以外の権利の登記名義人であって、法第二十二条ただし書の規定により登記識別情報を提供することなく当該登記名義人が登記義務者となる権利に関する登記を申請するもの
　　ハ　法第二十一条本文の規定により登記識別情報の通知を受けることとなる申請人

（申請書に印鑑証明書の添付を要しない場合）
第四十八条　令第十六条第二項の法務省令で定める場合は、次に掲げる場合とする。
　一　申請を受ける登記所が、添付すべき印鑑に関する証明書を作成すべき登記所と同一であって、法務大臣が指定した登記所以外のものである場合
　二　申請人又はその代表者若しくは代理人が記名押印した申請書について公証人又はこれに準ずる者の認証を受けた場合
　三　裁判所によって選任された者がその職務上行う申請の申請書に押印した印鑑に関する証明書であって、裁判所書記官が最高裁判所規則で定めるところにより作成したものが添付されている場合
　四　申請人が前条第三号ハに掲げる者に該当する場合
　五　申請人が前条第三号イ及びロに掲げる者のいずれにも該当しない場合（前号に掲げる場合を除く。）
２　前項の指定は、告示してしなければならない。

（委任状への記名押印等の特例）
第四十九条　令第十八条第一項の法務省令で定める場合は、次に掲げる場合とする。
　一　申請人又はその代表者若しくは代理人が署名した委任による代理人の権限を証する情報を記載した書面（以下「委任状」という。）について公証人又はこれに準ずる者の認証を受けた場合
　二　申請人が第四十七条第三号イからハまでに掲げる者のいずれにも該当せず、かつ、当該申請人又はその代表者若しくは代理人が委任状に署名した場合
　三　復代理人によって申請する場合における代理人（委任による代理人に限る。）が復代理人の権限を証する書面に署名した場合
２　令第十八条第二項の法務省令で定める場合は、次に掲げる場合とする。
　一　申請を受ける登記所が、添付すべき印鑑に関する証明書を作成すべき登記所と同一であって、法務大臣が指定した登記所以外のものである場合
　二　申請人又はその代表者若しくは代理人が記名押印した委任状について公証人又はこれに準ずる者の認証を受けた場合
　三　裁判所によって選任された者がその職務上行う申請の委任状に押印した印鑑に関する証明書であって、裁判所書記官が最高裁判所規則で定めるところにより作成したものが添付されている場合
　四　前条第一項第四号及び第五号に掲げる場合
　五　復代理人によって申請する場合における代理人（委任による代理人に限る。）が復代理人の権限を証する書面に記名押印した場合
３　前項の指定は、告示してしなければならない。

（承諾書への記名押印等の特例）
第五十条　令第十九条第一項の法務省令で定める場合は、同意又は承諾を証する情報を記載した書面の作成者が署名した当該書面について公証人又はこれに準ずる者の認証を受けた場合とする。
２　第四十八条第一項第一号から第三号までの規定は、令第十九条第二項の法務省令で定める場合について準用する。この場合において、第四十八条第一項第二号中「申請書」とあるのは「同意又は承諾を証する情報を記載した書面」と、同項第三号中「申請の申請書」とあるのは「同意又は承諾の同意又は承諾を証する情報を記載した書面」と読み替えるものとする。
３　第四十八条第二項の規定は、前項において準用する第四十八条第一項の指定について準用する。

（申請情報を記録した磁気ディスク）
第五十一条　法第十八条第二号に規定する磁気ディスクを提出する方法による申請は、法務大臣が指定した登記所においてすることができる。
2　前項の指定は、告示してしなければならない。
3　第一項の磁気ディスクは、次に掲げる構造のいずれかに該当するものでなければならない。
　一　日本工業規格X六二二三に適合する九〇ミリメートルフレキシブルディスクカートリッジ
　二　日本工業規格X〇六〇六に適合する一二〇ミリメートル光ディスク
4　第一項の磁気ディスクには、申請人の氏名又は名称及び申請の年月日を記載した書面をはり付けなければならない。
5　第一項の磁気ディスクには、法務大臣の定めるところにより申請情報を記録しなければならない。
6　申請情報の全部を記録した磁気ディスクは、法務大臣の定めるところにより作成しなければならない。
7　第四十二条の規定は、令第十六条第五項において準用する令第十二条第一項の電子署名について準用する。
8　第四十三条の規定は、令第十六条第五項において準用する令第十四条の電子証明書について準用する。ただし、当該電子証明書には、指定公証人の行う電磁的記録に関する事務に関する省令（平成十三年法務省令第二十四号）第三条第一項に規定する指定公証人電子証明書を含むものとする。
9　第四十四条の規定は、前項の電子証明書を提供したときについて準用する。
10　申請情報の一部を記録した磁気ディスクを提出する場合には、当該磁気ディスクに申請人の氏名又は名称を記録したときであっても、申請書に申請人の氏名又は名称を記載しなければならない。この場合において、申請人が二人以上あるときは、その一人の氏名又は名称を記載すれば足りる。

（申請書に添付することができる磁気ディスク）
第五十二条　前条第三項から第七項までの規定は、令第十五条の添付情報を記録した磁気ディスクについて準用する。
2　令第十五条後段において準用する令第十四条の電子証明書は、第四十三条第一項若しくは第二項に規定する電子証明書であって法務大臣が定めるもの又は指定公証人の行う電磁的記録に関する事務に関する省令第三条第一項に規定する指定公証人電子証明書とする。

（申請書等の送付方法）
第五十三条　登記の申請をしようとする者が申請書及びその添付書面を送付するときは、書留郵便又は民間事業者による信書の送達に関する法律（平成十四年法律第九十九号）第二条第六項に規定する一般信書便事業者若しくは同条第九項に規定する特定信書便事業者（以下「信書便事業者」と総称する。）による同条第二項に規定する信書便（以下「信書便」という。）の役務であって当該信書便事業者において引受け及び配達の記録を行うものによるものとする。
2　前項の場合には、申請書及びその添付書面を入れた封筒の表面に不動産登記申請書が在中する旨を明記するものとする。

（受領証の交付の請求）
第五十四条　書面申請をした申請人は、申請に係る登記が完了するまでの間、申請書及びその添付書面の受領証の交付を請求することができる。
2　前項の規定により受領証の交付を請求する申請人は、申請書の内容と同一の内容を記載し

た書面を提出しなければならない。ただし、当該書面の申請人の記載については、申請人が二人以上あるときは、申請書の筆頭に記載した者の氏名又は名称及びその他の申請人の人数を記載すれば足りる。
3　登記官は、第一項の規定による請求があった場合には、前項の規定により提出された書面に申請の受付の年月日及び受付番号並びに職氏名を記載し、職印を押印して受領証を作成した上、当該受領証を交付しなければならない。

（添付書面の原本の還付請求）
第五十五条　書面申請をした申請人は、申請書の添付書面（磁気ディスクを除く。）の原本の還付を請求することができる。ただし、令第十六条第二項、第十八条第二項若しくは第十九条第二項又はこの省令第四十八条第一項第三号（第五十条第二項において準用する場合を含む。）若しくは第四十九条第二項第三号の印鑑に関する証明書及び当該申請のためにのみ作成された委任状その他の書面については、この限りでない。
2　前項本文の規定により原本の還付を請求する申請人は、原本と相違ない旨を記載した謄本を提出しなければならない。
3　登記官は、第一項本文の規定による請求があった場合には、調査完了後、当該請求に係る書面の原本を還付しなければならない。この場合には、前項の謄本と当該請求に係る書面の原本を照合し、これらの内容が同一であることを確認した上、同項の謄本に原本還付の旨を記載し、これに登記官印を押印しなければならない。
4　前項後段の規定により登記官印を押印した第二項の謄本は、登記完了後、申請書類つづり込帳につづり込むものとする。
5　第三項前段の規定にかかわらず、登記官は、偽造された書面その他の不正な登記の申請のために用いられた疑いがある書面については、これを還付することができない。

　　　　第四款　受付等

（申請の受付）
第五十六条　登記官は、申請情報が提供されたときは、受付帳に登記の目的、申請の受付の年月日及び受付番号並びに不動産所在事項を記録しなければならない。
2　登記官は、書面申請の受付にあっては、前項の規定により受付をする際、申請書（申請情報の全部を記録した磁気ディスクにあっては、適宜の用紙）に申請の受付の年月日及び受付番号を記載しなければならない。
3　受付番号は、一年ごとに更新するものとする。ただし、法務局又は地方法務局の長の許可を得て、一月ごとに更新することができる。
4　第一項及び第二項の規定は、次に掲げる場合について準用する。
　一　法第六十七条第二項の許可があった場合
　二　法第七十一条の規定により登記の抹消をしようとする場合
　三　法第百五十七条第三項又は第四項の命令があった場合
　四　第百十条第三項、第百十九条第二項、第百二十四条第八項（第百二十条第七項、第百二十六条第三項、第百三十四条第三項及び第百四十五条第一項において準用する場合を含む。）、第百五十九条第二項（同条第四項において準用する場合を含む。）又は第百六十八条第五項（第百七十七条第三項において準用する場合を含む。）の通知があった場合

（調査）
第五十七条　登記官は、申請情報が提供されたときは、遅滞なく、申請に関するすべての事項を調査しなければならない。

（登記の順序）
第五十八条　登記官は、法第二十条に規定する場合以外の場合においても、受付番号の順序に従って登記するものとする。
　（登記官による本人確認）
第五十九条　登記官は、法第二十四条第一項の規定により申請人の申請の権限の有無を調査したときは、その調査の結果を記録した調書を作成しなければならない。同条第二項の嘱託を受けて調査をした場合についても、同様とする。
２　前項後段の場合には、嘱託を受けて調査をした登記所の登記官は、その調査の結果を記録した調書を嘱託をした登記官に送付しなければならない。
　（補正）
第六十条　登記官は、申請の補正をすることができる期間を定めたときは、当該期間内は、当該補正すべき事項に係る不備を理由に当該申請を却下することができない。
２　申請の補正は、次の各号に掲げる申請の区分に応じ、当該各号に定める方法によってしなければならない。
　一　電子申請　法務大臣の定めるところにより電子情報処理組織を使用して申請の補正をする方法
　二　書面申請　登記所に提出した書面を補正し、又は補正に係る書面を登記所に提出する方法

　　　　第五款　登記識別情報

　（登記識別情報の定め方）
第六十一条　登記識別情報は、アラビア数字その他の符号の組合せにより、不動産及び登記名義人となった申請人ごとに定める。
　（登記識別情報の通知の相手方）
第六十二条　次の各号に掲げる場合における登記識別情報の通知は、当該各号に定める者に対してするものとする。
　一　法定代理人（支配人その他の法令の規定により当該通知を受けるべき者を代理することができる者を含む。）によって申請している場合　当該法定代理人
　二　申請人が法人である場合（前号に規定する場合を除く。）　当該法人の代表者
２　登記識別情報の通知を受けるための特別の委任を受けた代理人がある場合には、登記識別情報の通知は、当該代理人に対してするものとする。
　（登記識別情報の通知の方法）
第六十三条　登記識別情報の通知は、次の各号に掲げる申請の区分に応じ、当該各号に定める方法によるものとする。
　一　電子申請　法務大臣の定めるところにより、登記官の使用に係る電子計算機に備えられたファイルに記録された登記識別情報を電子情報処理組織を使用して送信し、これを申請人又はその代理人の使用に係る電子計算機に備えられたファイルに記録する方法
　二　書面申請　登記所において登記識別情報を記載した書面を交付する方法
２　登記官は、前項の通知をするときは、法第二十一条本文の規定により登記識別情報の通知を受けるべき者及び前条第一項各号に定める者以外の者に当該通知に係る登記識別情報が知られないようにするための措置を講じなければならない。
３　第一項の規定にかかわらず、官庁又は公署が登記権利者のために登記の嘱託をしたときにおける登記識別情報の通知は、官庁又は公署の申出により、登記識別情報を記載した書面を

交付する方法によりすることができる。この場合においては、官庁又は公署は、当該申出をする旨を嘱託情報の内容とするものとする。
　（登記識別情報の通知を要しない場合）
第六十四条　法第二十一条ただし書の法務省令で定める場合は、次に掲げる場合とする。
　一　法第二十一条本文の規定により登記識別情報の通知を受けるべき者があらかじめ登記識別情報の通知を希望しない旨の申出をした場合（官庁又は公署が登記権利者のために登記の嘱託をした場合において、当該官庁又は公署が当該登記権利者の申出に基づいて登記識別情報の通知を希望しない旨の申出をしたときを含む。）
　二　電子申請において、法第二十一条本文の規定により登記識別情報の通知を受けるべき者が、登記官の使用に係る電子計算機に備えられたファイルに登記識別情報が記録され、電子情報処理組織を使用して送信することが可能になった時から三十日以内に自己の使用に係る電子計算機に備えられたファイルに当該登記識別情報を記録しない場合
　三　書面申請において、法第二十一条本文の規定により登記識別情報の通知を受けるべき者が、登記完了の時から三月以内に登記識別情報を記載した書面を受領しない場合
　四　法第二十一条本文の規定により登記識別情報の通知を受けるべき者が官庁又は公署である場合（当該官庁又は公署があらかじめ登記識別情報の通知を希望する旨の申出をした場合を除く。）
２　前項第一号及び第四号の申出をするときは、その旨を申請情報の内容とするものとする。
　（登記識別情報の失効の申出）
第六十五条　登記名義人又はその相続人その他の一般承継人は、登記官に対し、通知を受けた登記識別情報について失効の申出をすることができる。
２　前項の申出は、次に掲げる事項を内容とする情報（以下この条において「申出情報」という。）を登記所に提供してしなければならない。
　一　申出人の氏名又は名称及び住所
　二　申出人が法人であるときは、その代表者の氏名
　三　代理人によって申出をするときは、当該代理人の氏名又は名称及び住所並びに代理人が法人であるときはその代表者の氏名
　四　申出人が登記名義人の相続人その他の一般承継人であるときは、その旨及び登記名儀人の氏名又は名称及び住所
　五　当該登記識別情報に係る登記に関する次に掲げる事項
　　イ　不動産所在事項又は不動産番号
　　ロ　登記の目的
　　ハ　申請の受付の年月日及び受付番号
　　ニ　次項第一号に掲げる方法により申出をするときは、甲区又は乙区の別
３　第一項の申出は、次に掲げる方法のいずれかによりしなければならない。
　一　法務大臣の定めるところにより、電子情報処理組織を使用して申出情報を登記所に提供する方法
　二　申出情報を記載した書面を登記所に提出する方法
４　申出情報の内容である登記名義人の氏名若しくは名称又は住所が登記記録と合致しないときは、申出情報と併せて当該登記名義人の氏名若しくは名称又は住所についての変更又は錯誤若しくは遺漏があったことを証する市町村長、登記官その他の公務員が職務上作成した情報を提供しなければならない。ただし、公務員が職務上作成した情報がない場合にあっては、これに代わるべき情報を提供すれば足りる。
５　登記名義人の相続人その他の一般承継人が第一項の申出をするときは、申出情報と併せて

相続その他の一般承継があったことを証する市町村長、登記官その他の公務員が職務上作成した情報を提供しなければならない。ただし、公務員が職務上作成した情報がない場合にあっては、これに代わるべき情報を提供すれば足りる。
6　令第四条本文、第七条第一項第一号及び第二号の規定は、第一項の申出をする場合について準用する。
7　第三十六条第一項から第三項までの規定は、前項において準用する令第七条第一項第一号及び第二号の法務省令で定める場合について、第三十七条の規定は第一項の申出をする場合について、それぞれ準用する。
8　令第十条から第十二条まで及び第十四条の規定は、第三項第一号に揚げる方法により第一項の申出をする場合について準用する。
9　第四十一条及び第四十四条の規定は前項に規定する場合について、第四十二条の規定は前項において準用する令第十二条第一項及び第二項の電子署名について、第四十三条の規定は前項において準用する令第十四条の法務省令で定める電子証明書について、それぞれ準用する。
10　令第十五条から第十八条までの規定は、第三項第二号に掲げる方法により第一項の申出をする場合について準用する。
11　第四十五条、第四十六条第一項及び第二項、第五十三条並びに第五十五条の規定は前項に規定する場合について、第四十七条第一項及び第二号の規定は前項において準用する令第十六条第一項の法務省令で定める場合について、第四十八条第一項第一号から第三号まで及び第二項の規定は前項において準用する令第十六条第二項の法務省令で定める場合について、第四十九条第一項第一号及び第三号の規定は前項において準用する令第十八条第一項の法務省令で定める場合について、第四十九条第二項各号（第四号を除く。）及び第三項の規定は前項において準用する令第十八条第二項の法務省令で定める場合について、それぞれ準用する。

（登記識別情報の提供）
第六十六条　法第二十二条本文の規定により同条本文に規定する登記義務者の登記識別情報を提供する場合には、次の各号に掲げる申請の区分に応じ、当該各号に定める方法による。
　一　電子申請　法務大臣の定めるところにより、電子情報処理組織を使用して登記識別情報を提供する方法
　二　書面申請　登記識別情報を記載した書面を申請書に添付して提出する方法
2　前項第二号の登記識別情報を記載した書面は、封筒に入れて封をするものとする。
3　前項の封筒には、登記識別情報を提供する申請人の氏名又は名称及び登記の目的を記載し、登記識別情報を記載した書面が在中する旨を明記するものとする。

（登記識別情報の提供の省略）
第六十七条　同一の不動産について二以上の権利に関する登記の申請がされた場合（当該二以上の権利に関する登記の前後を明らかにして同時に申請がされた場合に限る。）において、前の登記によって登記名義人となる者が、後の登記の登記義務者となるときは、当該後の登記の申請情報と併せて提供すべき登記識別情報は、当該後の登記の申請情報と併せて提供されたものとみなす。

（登記識別情報に関する証明）
第六十八条　令第二十二条第一項に規定する証明の請求は、次に掲げる事項を内容とする情報（以下この条において「有効証明請求情報」という。）を登記所に提供してしなければならない。
　一　請求人の氏名又は名称及び住所

二　請求人が法人であるときは、その代表者の氏名
　三　代理人によって請求をするときは、当該代理人の氏名又は名称及び住所並びに代理人が法人であるときはその代表者の氏名
　四　請求人が登記名義人の相続人その他の一般承継人であるときは、その旨及び登記名義人の氏名又は名称及び住所
　五　当該登記識別情報に係る登記に関する次に掲げる事項
　　イ　不動産所在事項又は不動産番号
　　ロ　登記の目的
　　ハ　申請の受付の年月日及び受付番号
　　ニ　第三項第一号に掲げる方法により請求をするときは、甲区又は乙区の別
2　前項の証明の請求をするときは、有効証明請求情報と併せて登記識別情報を提供しなければならない。第六十六条の規定は、この場合における登記識別情報の提供方法について準用する。
3　第一項の証明の請求は、次に掲げる方法のいずれかによりしなければならない。
　一　法務大臣の定めるところにより電子情報処理組織を使用して有効証明請求情報を登記所に提供する方法
　二　有効証明請求情報を記載した書面を提出する方法
4　第一項の証明は、次の各号に掲げる場合の区分に応じ、それぞれ当該各号に定める方法によりするものとする。
　一　前項第一号に掲げる方法により有効証明請求情報が提供された場合　法務大臣の定めるところにより、登記官の使用に係る電子計算機に備えられたファイルに記録された情報を電子情報処理組織を使用して送信し、これを請求人又はその代理人の使用に係る電子計算機に備えられたファイルに記録する方法
　二　前項第二号に掲げる方法により有効証明請求情報が提供された場合　登記官が証明に係る事項を記載した書面を交付する方法
5　有効証明請求情報の内容である登記名義人の氏名若しくは名称又は住所が登記記録と合致しないときは、有効証明請求情報と併せて当該登記名義人の氏名若しくは名称又は住所についての変更又は錯誤若しくは遺漏があったことを証する市町村長、登記官その他の公務員が職務上作成した情報を提供しなければならない。ただし、公務員が職務上作成した情報がない場合にあっては、これに代わるべき情報を提供すれば足りる。
6　登記名義人の相続人その他の一般承継人が第一項の証明の請求をするときは、その有効証明請求情報と併せて相続その他の一般承継があったことを証する市町村長、登記官その他の公務員が職務上作成した情報を提供しなければならない。ただし、公務員が職務上作成した情報がない場合にあっては、これに代わるべき情報を提供すれば足りる。
7　令第四条並びに第七条第一項第一号及び第二号の規定は、第一項の証明の請求をする場合について準用する。この場合において、令第四条ただし書中「申請する登記の目的並びに登記原因及びその日付が同一であるときその他法務省令で定めるとき」とあるのは、「有効証明請求情報の内容である登記名義人の氏名又は名称及び住所が同一であるとき」と読み替えるものとする。
8　第三十六条第一項から第三項までの規定は前項において準用する令第七条第一項第一号及び第二号の法務省令で定める場合について、第三十七条の規定は第一項の証明の請求をする場合について、それぞれ準用する。
9　令第十条から第十二条まで及び第十四条の規定は、第三項第一号に掲げる方法により第一項の証明の請求をする場合について準用する。

10 第四十一条及び第四十四条の規定は前項に規定する場合について、第四十二条の規定は前項において準用する令第十二条第一項及び第二項の電子署名について、第四十三条の規定は前項において準用する令第十四条の法務省令で定める電子証明書について、それぞれ準用する。
11 令第十五条から第十八条までの規定は、第三項第二号に掲げる方法により第一項の証明の請求をする場合について準用する。
12 第四十五条、第四十六条第一項及び第二項、第五十三条並びに第五十五条（第一項ただし書を除く。）の規定は前項に規定する場合について、第四十七条第一号及び第二号の規定は前項において準用する令第十六条第一項の法務省令で定める場合について、第四十八条第一項第一号から第三号まで及び第二項の規定は前項において準用する令第十六条第二項の法務省令で定める場合について、第四十九条第一項第一号及び第三号の規定は前項において準用する令第十八条第一項の法務省令で定める場合について、第四十九条第二項各号（第四号を除く。）及び第三項の規定は前項において準用する令第十八条第二項の法務省令で定める場合について、それぞれ準用する。
13 第百九十七条第六項及び第二百四条の規定は、第四項第二号に定める方法により第一項の証明をする場合について準用する。

（登記識別情報を記載した書面の廃棄）
第六十九条　登記官は、第六十六条第一項第二号（前条第二項後段において準用する場合を含む。）の規定により登記識別情報を記載した書面が提出された場合において、当該登記識別情報を提供した申請に基づく登記を完了したとき又は請求の審査を終了したときは、速やかに、当該書面を廃棄するものとする。

　　　第六款　登記識別情報の提供がない場合の手続

（事前通知）
第七十条　法第二十三条第一項の通知は、次の各号に掲げる場合の区分に応じ、当該各号に定める方法により書面を送付してするものとする。
　一　法第二十二条に規定する登記義務者が自然人である場合又は当該登記義務者が法人である場合において当該法人の代表者の住所にあてて書面を送付するとき
　　日本郵政公社の内国郵便約款の定めるところにより名あて人本人に限り交付し、又は配達する本人限定受取郵便又はこれに準ずる方法
　二　法第二十二条に規定する登記義務者が法人である場合（前号に掲げる場合を除く。）
　　書留郵便又は信書便の役務であって信書便事業者において引受け及び配達の記録を行うもの
　三　法第二十二条に規定する登記義務者が外国に住所を有する場合　書留郵便若しくは信書便の役務であって信書便事業者において引受け及び配達の記録を行うもの又はこれらに準ずる方法
2　前項の書面には、当該通知を識別するための番号、記号その他の符号（第五項第一号において「通知番号等」という。）を記載しなければならない。
3　第一項の規定による送付は、申請人が速達料に相当する郵便切手を提出したときは、速達の取扱いによらなければならない。同項第二号又は第三号の場合において、信書便の役務であって速達に相当するものの料金に相当する当該信書便事業者の証票で法務大臣が指定するものを提出したときも、同様とする。
4　前項の指定は、告示してしなければならない。

5　法第二十三条第一項の規定する申出は、次の各号に掲げる申請の区分に応じ、当該各号に定める方法によりしなければならない。
　一　電子申請　法務大臣の定めるところにより、法第二十二条に規定する登記義務者が、第一項の書面の内容を通知番号等を用いて特定し、申請の内容が真実である旨の情報に電子署名を行った上、登記所に送信する方法
　二　書面申請　法第二十二条に規定する登記義務者が、第一項の書面に通知に係る申請の内容が真実である旨を記載し、これに記名し、申請書又は委任状に押印したものと同一の印を用いて当該書面に押印した上、登記所に提出する方法（申請情報の全部を記録した磁気ディスクを提出した場合にあっては、法第二十二条に規定する登記義務者が、申請の内容が真実である旨の情報に電子署名を行い、これを記録した磁気ディスクを第一項の書面と併せて登記所に提出する方法）
6　令第十四条の規定は、前項の申出をする場合について準用する。
7　第四十三条の規定は、前項において準用する令第十四条の法務省令で定める電子証明書について準用する。
8　法第二十三条第一項の法務省令で定める期間は、通知を発送した日から二週間とする。ただし、法第二十二条に規定する登記義務者が外国に住所を有する場合には、四週間とする。
　（前の住所地への通知）
第七十一条　法第二十三条第二項の通知は、転送を要しない郵便物として書面を送付する方法又はこれに準ずる方法により送付するものとする。
2　法第二十三条第二項の法務省令で定める場合は、次に掲げる場合とする。
　一　法第二十三条第二項の登記義務者の住所についての変更の登記（更正の登記を含む。以下この項において同じ。）の登記原因が、行政区画若しくはその名称又は字若しくはその名称についての変更又は錯誤若しくは遺漏である場合
　二　法第二十三条第二項の登記の申請の日が、同項の登記義務者の住所についてされた最後の変更の登記の申請に係る受付の日から三月を経過している場合
　三　法第二十三条第二項の登記義務者が法人である場合
　四　前三号に掲げる場合のほか、次条第一項に規定する本人確認情報の提供があった場合において、当該本人確認情報の内容により申請人が登記義務者であることが確実であると認められる場合
　（資格者代理人による本人確認情報の提供）
第七十二条　法第二十三条第四項第一号の規定により登記官が同号に規定する代理人（以下この条において「資格者代理人」という。）から提供を受ける申請人が申請の権限を有する登記名義人であることを確認するために必要な情報（以下「本人確認情報」という。）は、次に掲げる事項を明らかにするものでなければならない。
　一　資格者代理人（資格者代理人が法人である場合にあっては、当該申請において当該法人を代表する者をいう。以下この条において同じ。）が申請人（申請人が法人である場合にあっては、代表者又はこれに代わるべき者。以下この条において同じ。）と面談した日時、場所及びその状況
　二　資格者代理人が申請人の氏名を知り、かつ、当該申請人と面識があるときは、当該申請人の氏名を知り、かつ、当該申請人と面識がある旨及びその面識が生じた経緯
　三　資格者代理人が申請人の氏名を知らず、又は当該申請人と面識がないときは、申請の権限を有する登記名義人であることを確認するために当該申請人から提示を受けた次項各号に掲げる書類の内容及び当該申請人が申請の権限を有する登記名義人であると認めた理由
2　前項第三号に規定する場合において、資格者代理人が申請人について確認をするときは、

次に掲げる方法のいずれかにより行うものとする。ただし、第一号及び第二号に掲げる書類及び有効期間又は有効期限のある第三号に掲げる書類にあっては、資格者代理人が提示を受ける日において有効なものに限る。
一 運転免許証（道路交通法（昭和三十五年法律第百五号）第九十二条第一項に規定する運転免許証をいう。）、外国人登録証明書（外国人登録法（昭和二十七年法律第百二十五号）第五条に規定する外国人登録証明書をいう。）、住民基本台帳カード（住民基本台帳法第三十条の四十四第一項に規定する住民基本台帳カードをいう。ただし、住民基本台帳法施行規則（平成十一年自治省令第三十五号）別記様式第二の様式によるものに限る。）又は旅券等（出入国管理及び難民認定法（昭和二十六年政令第三百十九号）第二条第五号に規定する旅券及び同条第六号に規定する乗員手帳をいう。ただし、当該申請人の氏名及び生年月日の記載があるものに限る。）のうちいずれか一以上の提示を求める方法
二 国民健康保険、健康保険、船員保険若しくは介護保険の被保険者証、医療受給者証（老人保健法（昭和五十七年法律第八十号）第十三条に規定する健康手帳の医療の受給資格を証するページをいう。）、健康保険日雇特例被保険者手帳、国家公務員共済組合若しくは地方公務員共済組合の組合員証、私立学校教職員共済制度の加入者証、国民年金手帳（国民年金法（昭和三十四年法律第百四十一号）第十三条第一項に規定する国民年金手帳をいう。）、児童扶養手当証書、特別児童扶養手当証書、母子健康手帳、身体障害者手帳、精神障害者保険福祉手帳、療育手帳、又は戦傷病者手帳であって、当該申請人の氏名、住所及び生年月日の記載があるもののうちいずれか二以上の提示を求める方法
三 前号に掲げる書類のうちいずれか一以上及び官公庁から発行され、又は発給された書類その他これに準ずるものであって、当該申請人の氏名、住所及び生年月日の記載があるもののうちいずれか一以上の提示を求める方法
3 資格者代理人が本人確認情報を提供するときは、当該資格者代理人が登記の申請の代理を業とすることができる者であることを証する情報を併せて提供しなければならない。

第七款　土地所在図等

（土地所在図、地積測量図、建物図面及び各階平面図の作成方式）
第七十三条　電子申請において送信する土地所在図、地積測量図、建物図面及び各階平面図は、法務大臣の定める方式に従い、作成しなければならない。書面申請においてこれらの図面を電磁的記録に記録して提出する場合についても、同様とする。
2　前項の土地所在図、地積測量図、建物図面及び各階平面図には、作成の年月日及び申請人の氏名又は名称を記録しなければならない。
第七十四条　書面申請において提出する土地所在図、地積測量図、建物図面及び各階平面図（電磁的記録に記録して提出するものを除く。）は、〇・二ミリメートル以下の細線により、図形を鮮明に表示しなければならない。
2　前項の土地所在図、地積測量図、建物図面及び各階平面図には、作成の年月日を記録し、申請人が記名するとともに、その作成者が署名し、又は記名押印しなければならない。
3　第一項の土地所在図、地積測量図、建物図面及び各階平面図は、別記第一号及び第二号の様式により、日本工業規格Ｂ列四番の丈夫な用紙を用いて作成しなければならない。
（土地所在図及び地積測量図の作成単位）
第七十五条　土地所在図及び地積測量図は、一筆の土地ごとに作成しなければならない。
2　分筆の登記を申請する場合において提供する分筆後の土地の地積測量図は、分筆前の土地ごとに作成するものとする。

（土地所在図の内容）
第七十六条　土地所在図には、方位、土地の形状及び隣地の地番を記録しなければならない。
2　土地所在図は、近傍類似の土地についての法第十四条第一項の地図と同一の縮尺により作成するものとする。
3　第十条第四項の規定は、土地所在図について準用する。
（地積測量図の内容）
第七十七条　地積測量図には、次に掲げる事項を記録しなければならない。
　一　地番区域の名称
　二　方位
　三　縮尺
　四　地番（隣接地の地番を含む。）
　五　地積及びその求積方法
　六　筆界点間の距離
　七　基本三角点等に基づく測量の成果による筆界点の座標値（近傍に基本三角点等が存しない場合その他の基本三角点等に基づく測量ができない特別の事情がある場合にあっては、近傍の恒久的な地物に基づく測量の成果による筆界点の座標値）
　八　境界標（筆界点にある永続性のある石杭又は金属標その他これに類する標識をいう。以下同じ。）があるときは、当該境界標の表示
2　前項第八号の境界標の表示を記録するには、境界標の存する筆界点に符号を付し、適宜の箇所にその符号及び境界標の種類を記録する方法その他これに準ずる方法によってするものとする。
3　地積測量図は、二百五十分の一の縮尺により作成するものとする。ただし、土地の状況その他の事情により当該縮尺によることが適当でないときは、この限りでない。
4　第十条第四項の規定は、地積測量図について準用する。
（分筆の登記の場合の地積測量図）
第七十八条　分筆の登記を申請する場合において提供する分筆後の土地の地積測量図には、分筆前の土地を図示し、分筆線を明らかにして分筆後の各土地を表示し、これに符号を付さなければならない。
（地役権図面の内容）
第七十九条　地役権図面には、地役権設定の範囲を明確にし、方位、地番及び隣地の地番並びに申請人の氏名又は名称を記録しなければならない。
2　地役権図面は、適宜の縮尺により作成することができる。
3　地役権図面には、作成の年月日を記録しなければならない。
4　書面申請において提出する地役権図面には、地役権者が署名し、又は記名押印しなければならない。
（地役権図面の作成方式）
第八十条　第七十三条第一項及び第七十四条第一項の規定は、地役権図面について準用する。
2　書面申請において提出する地役権図面（電磁的記録に記録して提出するものを除く。）は、別記第三号様式により、日本工業規格Ｂ列四番の丈夫な用紙を用いて作成しなければならない。
（建物図面及び各階平面図の作成単位）
第八十一条　建物図面及び各階平面図は、一個の建物（附属建物があるときは、主たる建物と附属建物を合わせて一個の建物とする。）ごとに作成しなければならない。
（建物図面の内容）

第八十二条　建物図面は、建物の敷地並びにその一階（区分建物にあっては、その地上の最低階）の位置及び形状を明確にするものでなければならない。
2　建物図面には、方位、敷地の地番及びその形状、隣接地の地番並びに附属建物があるときは主たる建物又は附属建物の別及び附属建物の符号を記録しなければならない。
3　建物図面は、五百分の一の縮尺により作成しなければならない。ただし、建物の状況その他の事情により当該縮尺によることが適当でないときは、この限りでない。
　（各階平面図の内容）
第八十三条　各階平面図には、各階の別、各階の平面の形状、一階の位置、各階ごとの建物の周囲の長さ、床面積及びその求積方法並びに附属建物があるときは主たる建物又は附属建物の別及び附属建物の符号を記録しなければならない。
2　各階平面図は、二百五十分の一の縮尺により作成しなければならない。ただし、建物の状況その他の事情により当該縮尺によることが適当でないときは、この限りでない。
　（建物の分割の登記の場合の建物図面等）
第八十四条　建物の分割の登記又は建物の区分の登記を申請する場合において提供する建物図面及び各階平面図には、分割後又は区分後の各建物を表示し、これに符号を付さなければならない。
　（土地所在図等の管理及び閉鎖等）
第八十五条　登記官は、申請情報と併せて土地所在図、地積測量図、建物図面又は各階平面図の提供があった場合において、当該申請に基づく登記をしたときは、これらの図面に登記の完了の年月日を記録しなければならない。
2　登記官は、次の各号に掲げる場合には、当該各号に定める図面を閉鎖しなければならない。
　一　表題部の登記事項に関する変更の登記又は更正の登記をした場合（変更後又は更正後の土地所在図、地積測量図、建物図面又は各階平面図がある場合に限る。）
　　　変更前又は更正前の土地所在図、地積測量図、建物図面又は各階平面図
　二　滅失の登記又は表題部の抹消をした場合　滅失前又は抹消前の土地所在図、地積測量図、建物図面又は各階平面図
　三　土地改良法（昭和二十四年法律第百九十五号）又は土地区画整理法（昭和二十九年法律第百十九号）に基づく換地処分の登記をした場合（前号に掲げる場合を除く。）　従前の土地に係る土地所在図又は地積測量図
3　第十二条第二項の規定は、前項の場合について準用する。
4　第一項の規定は、同項に規定する図面を第十七条第一項の電磁的記録に記録して保存した場合には、適用しない。
　（地役権図面の管理）
第八十六条　登記官は、申請情報と併せて地役権図面の提供があった場合において、当該申請に基づく登記をしたときは、地役権図面に番号を付した上、当該地役権図面に当該申請の受付の年月日及び受付番号を記録しなければならない。
2　前項の番号は、一年ごとに更新するものとする。
　（地役権図面の閉鎖）
第八十七条　登記官は、地役権の登記の抹消をしたとき又は地役権図面を添付情報とする申請に基づく分筆の登記、合筆の登記若しくは地役権の変更の登記若しくは更正の登記をしたときは、従前の地役権図面を閉鎖しなければならない。
2　第十二条第二項の規定は、前項の場合について準用する。
　（土地所在図の訂正等）
第八十八条　土地所在図、地積測量図、建物図面又は各階平面図に誤りがあるときは、表題部

所有者若しくは所有権の登記名義人又はそれらの相続人その他の一般承継人は、その訂正の申出をすることができる。ただし、表題部の登記事項に関する更正の登記（土地所在図、地積測量図、建物図面又は各階平面図を添付情報とするものに限る。）をすることができる場合は、この限りでない。

2　前項の申出は、訂正後の土地所在図、地積測量図、建物図面又は各階平面図を提供してしなければならない。

3　第十六条第三項、第四項、第五項第三号及び第六項から第十四項までの規定は、第一項の申出について準用する。

第二節　表示に関する登記

第一款　通則

（表題部の登記）

第八十九条　登記官は、表題部に表示に関する登記をする場合には、法令に別段の定めがある場合を除き、表示に関する登記の登記事項のうち、当該表示に関する登記の登記原因及びその日付並びに登記の年月日のほか、新たに登記すべきものを記録しなければならない。

（不動産番号）

第九十条　登記官は、法第二十七条第四号の不動産を識別するために必要な事項として、一筆の土地又は一個の建物ごとに番号、記号その他の符号を記録することができる。

（表題部の変更の登記又は更正の登記）

第九十一条　登記官は、表題部の登記事項に関する変更の登記又は更正の登記をするときは、変更前又は更正前の事項を抹消する記号を記録しなければならない。

（行政区画の変更等）

第九十二条　行政区画又はその名称の変更があった場合には、登記記録に記録した行政区画又はその名称について変更の登記があったものとみなす。字又はその名称に変更があったときも、同様とする。

2　登記官は、前項の場合には、速やかに、表題部に記録した行政区画若しくは字又はこれらの名称を変更しなければならない。

（実地調査）

第九十三条　登記官は、表示に関する登記をする場合には、法第二十九条の規定により実地調査を行わなければならない。ただし、申請に係る不動産の調査に関する報告（土地家屋調査士又は土地家屋調査士法人が代理人として登記を申請する場合において、当該土地家屋調査士（土地家屋調査士法人の場合にあっては、その代表者）が作成したものに限る。）その他の申請情報と併せて提供された情報又は公知の事実若しくは登記官が職務上知り得た事実により登記官が実地調査をする必要がないと認めたときは、この限りでない。

（実地調査における電磁的記録に記録された事項の提示方法等）

第九十四条　法第二十九条第二項の法務省令で定める方法は、当該電磁的記録に記録された事項を書面に出力する方法又は当該事項を出力装置の映像面に表示する方法とする。

2　法第二十九条第二項に規定する登記官の身分を証する書面は、別記第四号様式によるものとする。

（実地調査書）

第九十五条　登記官は、実地調査を行った場合には、その調査の結果を記録した調書を作成しなければならない。

（職権による表示に関する登記の手続）
第九十六条　登記官は、職権で表示に関する登記をしようとするときは、職権表示登記等事件簿に登記の目的、立件の年月日及び立件番号並びに不動産所在事項を記録しなければならない。
2　登記官は、地図若しくは地図に準ずる図面を訂正しようとするとき（第十六条の申出により訂正するときを含む。）又は土地所在図、地積測量図、建物図面若しくは各階平面図を訂正しようとするとき（第八十八条の申出により訂正するときを含む。）は、職権表示登記等事件簿に事件の種別、立件の年月日及び立件番号並びに不動産所在事項を記録しなければならない。

第二款　土地の表示に関する登記

（地番区域）
第九十七条　地番区域は、市、区、町、村、字又はこれに準ずる地域をもって定めるものとする。

（地番）
第九十八条　地番は、地番区域ごとに起番して定めるものとする。
2　地番は、土地の位置が分かりやすいものとなるように定めるものとする。

（地目）
第九十九条　地目は、土地の主たる用途により、田、畑、宅地、学校用地、鉄道用地、塩田、鉱泉地、池沼、山林、牧場、原野、墓地、境内地、運河用地、水道用地、用悪水路、ため池、堤、井溝、保安林、公衆用道路、公園及び雑種地に区分して定めるものとする。

（地積）
第百条　地積は、水平投影面積により、平方メートルを単位として定め、一平方メートルの百分の一（宅地及び鉱泉地以外の土地で十平方メートルを超えるものについては、一平方メートル）未満の端数は、切り捨てる。

（分筆の登記における表題部の記録方法）
第百一条　登記官は、甲土地から乙土地を分筆する分筆の登記をするときは、乙土地について新たな登記記録を作成し、当該登記記録の表題部に何番の土地から分筆した旨を記録しなければならない。
2　登記官は、前項の場合には、甲土地に新たな地番を付し、甲土地の登記記録に、残余部分の土地の表題部の登記事項、何番の土地を分筆した旨及び従前の土地の表題部の登記事項の変更部分を抹消する記号を記録しなければならない。
3　前項の規定にかかわらず、登記官は、分筆後の甲土地について従前の地番と同一の地番を付すことができる。この場合には、甲土地の登記記録の表題部の従前の地番を抹消する記号を記録することを要しない。

（分筆の登記における権利部の記録方法）
第百二条　登記官は、前条の場合において、乙土地の登記記録の権利部の相当区に、甲土地の登記記録から権利に関する登記（地役権の登記にあっては、乙土地に地役権が存続することとなる場合に限る。）を転写し、かつ、分筆の登記に係る申請の受付の年月日及び受付番号を記録しなければならない。この場合において、所有権及び担保権以外の権利（地役権を除く。）については分筆後の甲土地が共にその権利の目的である旨を記録し、担保権については既にその権利についての共同担保目録が作成されているときを除き共同担保目録を作成し、転写した権利の登記の末尾にその共同担保目録の記号及び目録番号を記録しなければな

らない。
2 登記官は、前項の場合において、転写する権利が担保権であり、かつ、既にその権利についての共同担保目録が作成されているときは、同項の規定により転写された乙土地に関する権利を当該共同担保目録に記録しなければならない。
3 登記官は、甲土地の登記記録から乙土地の登記記録に所有権以外の権利に関する登記を転写したときは、分筆後の甲土地の登記記録の当該権利に関する登記に、担保権以外の権利（地役権を除く。）については乙土地が共にその権利の目的である旨を、担保権については既にその権利についての共同担保目録が作成されているときを除き第一項の規定により作成した共同担保目録の記号及び目録番号を記録しなければならない。

（地役権の登記がある土地の分筆の登記）

第百三条 登記官は、承役地についてする地役権の登記がある甲土地から乙土地を分筆する分筆の登記をする場合において、地役権設定の範囲が分筆後の甲土地又は乙土地の一部となるときは、分筆後の甲土地又は乙土地の登記記録の当該地役権に関する登記に当該地役権設定の範囲及び第八十六条第一項の番号を記録しなければならない。
2 登記官は、前項の場合には、要役地の登記記録の第百五十九条第一項各号に掲げる事項に関する変更の登記をしなければならない。
3 登記官は、第一項の場合において、要役地が他の登記所の管轄区域内にあるときは、遅滞なく、当該他の登記所に承役地の分筆の登記をした旨を通知しなければならない。
4 前項の通知を受けた登記所の登記官は、遅滞なく、第二項に規定する登記をしなければならない。

（分筆に伴う権利の消滅の登記）

第百四条 法第四十条の規定による権利が消滅した旨の登記は、分筆の登記の申請情報と併せて次に掲げる情報が提供された場合にするものとする。
一 当該権利の登記名義人（当該権利が抵当権である場合において、抵当証券が発行されているときは、当該抵当証券の所持人又は裏書人を含む。）が当該権利を消滅させることを承諾したことを証する当該登記名義人が作成した情報又は当該登記名義人に対抗することができる裁判があったことを証する情報
二 前号の権利を目的とする第三者の権利に関する登記があるときは、当該第三者が承諾したことを証する当該第三者が作成した情報又は当該第三者に対抗することができる裁判があったことを証する情報
三 第一号の権利が抵当証券の発行されている抵当権であるときは、当該抵当証券
2 甲土地から乙土地を分筆する分筆の登記をする場合において、法第四十条の規定により乙土地に関し権利が消滅した旨の登記をするときは、分筆後の甲土地の登記記録の当該権利に関する登記についてする付記登記によって乙土地について当該権利が消滅した旨を記録しなければならない。この場合には、第百二条第一項の規定にかかわらず、当該消滅した権利に係る権利に関する登記を乙土地の登記記録に転写することを要しない。
3 甲土地から乙土地を分筆する分筆の登記をする場合において、法第四十条の規定により分筆後の甲土地について権利が消滅した旨の登記をするときは、分筆後の甲土地の登記記録の当該権利に関する登記についてする付記登記によって分筆後の甲土地について当該権利が消滅した旨を記録し、当該権利に関する登記を抹消する記号を記録しなければならない。
4 第二項の規定は、承役地についてする地役権の登記がある甲土地から乙土地を分筆する分筆の登記をする場合において、乙土地に地役権が存しないこととなるとき（法第四十条の場合を除く。）について準用する。
5 第三項の規定は、承役地についてする地役権の登記がある甲土地から乙土地を分筆する分

筆の登記をする場合において、分筆後の甲土地に地役権が存しないこととなるとき（法第四十条の場合を除く。）について準用する。

6　登記官は、要役地についてする地役権の登記がある土地について分筆の登記をする場合において、当該分筆の登記の申請情報と併せて当該地役権を分筆後のいずれかの土地について消滅させることを証する地役権者が作成した情報が提供されたとき（当該土地を目的とする第三者の権利に関する登記がある場合にあっては、当該第三者が承諾したことを証する情報が併せて提供されたときに限る。）は、当該土地について当該地役権が消滅した旨を登記しなければならない。この場合においては、第一項第二号、第二項及び第三項の規定を準用する。

（合筆の登記の制限の特例）

第百五条　法第四十一条第六号の合筆後の土地の登記記録に登記することができる権利に関する登記は、次に掲げる登記とする。
一　承役地についてする地役権の登記
二　担保権の登記であって、登記の目的、申請の受付の年月日及び受付番号並びに登記原因及びその日付が同一のもの
三　鉱害賠償登録令（昭和三十年政令第二十七号）第二十六条に規定する鉱害賠償登録に関する登記であって、鉱害賠償登録規則（昭和三十年法務省令第四十七号）第二条に規定する登録番号が同一のもの

（合筆の登記における表題部の記録方法）

第百六条　登記官は、甲土地を乙土地に合筆する合筆の登記をするときは、乙土地の登記記録の表題部に、合筆後の土地の表題部の登記事項、何番の土地を合筆した旨及び従前の土地の表題部の登記事項の変更部分を抹消する記号を記録しなければならない。

2　登記官は、前項の場合には、甲土地の登記記録の表題部に何番の土地に合筆した旨及び従前の土地の表題部の登記事項を抹消する記号を記録し、当該登記記録を閉鎖しなければならない。

（合筆の登記における権利部の記録方法）

第百七条　登記官は、前条第一項の場合において、合筆前の甲土地及び乙土地が所有権の登記がある土地であるときは、乙土地の登記記録の甲区に次に掲げる事項を記録しなければならない。
一　合併による所有権の登記をする旨
二　所有権の登記名義人の氏名又は名称及び住所並びに登記名義人が二人以上であるときは当該所有権の登記名義人ごとの持分
三　合筆の登記に係る申請の受付の年月日及び受付番号

2　登記官は、前項の場合において、甲土地の登記記録に承役地についてする地役権の登記があるときは、乙土地の登記記録の乙区に甲土地の登記記録から当該地役権の登記を移記し、当該移記された地役権の登記に当該地役権設定の範囲及び第八十六条第一項の番号を記録しなければならない。

3　登記官は、前項の規定により地役権の登記を移記すべき場合において、乙土地に登記の目的、申請の受付の年月日及び受付番号並びに登記原因及びその日付が同一の承役地にする地役権の登記があるときは、前項の規定にかかわらず、乙土地の登記記録に甲土地の地番及び甲土地につき同一事項の登記がある旨を記録し、当該地役権の登記に同項の規定による記録をしなければならない。

4　第百三条第二項から第四項までの規定は、前二項の場合について準用する。

5　登記官は、第一項の場合において、甲土地及び乙土地の登記記録に登記の目的、申請の受

付の年月日及び受付番号並びに登記原因及びその日付が同一の担保権の登記があるときは、乙土地の登記記録に当該登記が合筆後の土地の全部に関する旨を付記登記によって記録しなければならない。
　（分合筆の登記）
第百八条　登記官は、甲土地の一部を分筆して、これを乙土地に合筆する場合において、分筆の登記及び合筆の登記をするときは、乙土地の登記記録の表題部に、合筆後の土地の表題部の登記事項、何番の土地の一部を合併した旨及び従前の土地の表題部の登記事項の変更部分を抹消する記号を記録しなければならない。この場合には、第百六条の規定は、適用しない。
２　登記官は、前項に規定する登記をするときは、甲土地の登記記録の表題部に、残余部分の土地の表題部の登記事項、何番の土地に一部を合併した旨及び従前の土地の表題部の登記事項の変更部分を抹消する記号を記録しなければならない。この場合には、第百一条第一項及び第二項の規定は、適用しない。
３　第百二条第一項（承役地についてする地役権の登記に係る部分に限る。）、第百三条、第百四条及び前条の規定は、第一項の場合について準用する。
　（土地の滅失の登記）
第百九条　登記官は、土地の滅失の登記をするときは、当該土地の登記記録の表題部の登記事項を抹消する記号を記録し、当該登記記録を閉鎖しなければならない。
第百十条　登記官は、前条の場合において、滅失した土地が他の不動産と共に所有権以外の権利の目的であったとき（その旨が登記記録に記録されている場合に限る。）は、当該他の不動産の登記記録の乙区に、滅失した土地の不動産所在事項並びに滅失の原因及び当該土地が滅失したことを記録し、かつ、当該滅失した土地が当該他の不動産と共に権利の目的である旨の記録における当該滅失した土地の不動産所在事項を抹消する記号を記録しなければならない。
２　登記官は、滅失した土地が他の不動産と共に担保権の目的であったときは、前項の規定による記録（滅失した土地の不動産所在事項の記録を除く。）は、共同担保目録にしなければならない。
３　登記官は、第一項の場合において、当該他の不動産が他の登記所の管轄区域内にあるときは、遅滞なく、その旨を当該他の登記所に通知しなければならない。
４　前項の規定による通知を受けた登記所の登記官は、遅滞なく、第一項及び第二項の規定による登記をしなければならない。

第三款　建物の表示に関する登記

　（建物）
第百十一条　建物は、屋根及び周壁又はこれらに類するものを有し、土地に定着した建造物であって、その目的とする用途に供し得る状態にあるものでなければならない。
　（家屋番号）
第百十二条　家屋番号は、地番区域ごとに建物の敷地の地番と同一の番号をもって定めるものとする。ただし、二個以上の建物が一筆の土地の上に存するとき、一個の建物が二筆以上の土地の上に存するとき、その他特別の事情があるときは、敷地の地番と同一の番号に支号を付す方法その他の方法により、これを定めるものとする。
２　附属建物には、符号を付すものとする。
　（建物の種類）
第百十三条　建物の種類は、建物の主たる用途により、居宅、店舗、寄宿舎、共同住宅、事務

所、旅館、料理店、工場、倉庫、車庫、発電所及び変電所に区分して定め、これらの区分に該当しない建物については、これに準じて定めるものとする。
2　建物の主たる用途が二以上の場合には、当該二以上の用途により建物の種類を定めるものとする。

　（建物の構造）
第百十四条　建物の構造は、建物の主たる部分の構成材料、屋根の種類及び階数により、次のように区分して定め、これらの区分に該当しない建物については、これに準じて定めるものとする。
　一　構成材料による区分
　　イ　木造
　　ロ　土蔵造
　　ハ　石造
　　ニ　れんが造
　　ホ　コンクリートブロック造
　　ヘ　鉄骨造
　　ト　鉄筋コンクリート造
　　チ　鉄骨鉄筋コンクリート造
　二　屋根の種類による区分
　　イ　かわらぶき
　　ロ　スレートぶき
　　ハ　亜鉛メッキ鋼板ぶき
　　ニ　草ぶき
　　ホ　陸屋根
　三　階数による区分
　　イ　平家建
　　ロ　二階建（三階建以上の建物にあっては、これに準ずるものとする。）

　（建物の床面積）
第百十五条　建物の床面積は、各階ごとに壁その他の区画の中心線（区分建物にあっては、壁その他の区画の内側線）で囲まれた部分の水平投影面積により、平方メートルを単位として定め、一平方メートルの百分の一未満の端数は、切り捨てるものとする。

　（区分建物の家屋番号）
第百十六条　区分建物である建物の登記記録の表題部には、建物の表題部の登記事項のほか、当該建物が属する一棟の建物に属する他の建物の家屋番号を記録するものとする。
2　登記官は、区分建物である建物の家屋番号に関する変更の登記又は更正の登記をしたときは、当該建物が属する一棟の建物に属する他の建物の登記記録に記録されていた当該建物の家屋番号を抹消する記号を記録し、変更後又は更正後の家屋番号を記録しなければならない。

　（区分建物の登記記録の閉鎖）
第百十七条　登記官は、区分建物である建物の登記記録を閉鎖する場合において、当該登記記録の閉鎖後においても当該建物（以下この条において「閉鎖建物」という。）が属する一棟の建物に他の建物（附属建物として登記されているものを除く。）が存することとなるときは、第八条後段の規定にかかわらず、閉鎖建物の登記記録に記録された次に掲げる事項を抹消する記号を記録することを要しない。
　一　一棟の建物の所在する市、区、郡、町、村、字及び土地の地番
　二　一棟の建物の構造及び床面積

三　一棟の建物の名称があるときは、その名称
四　前条第一項の規定により記録されている当該他の建物の家屋番号
2　登記官は、前項の場合には、閉鎖建物が属する一棟の建物に属する他の建物の登記記録に記録されている当該閉鎖建物の家屋番号を抹消する記号を記録しなければならない。
3　登記官は、第一項に規定する場合以外の場合において、区分建物である建物の登記記録を閉鎖するときは、閉鎖建物の登記記録及び当該閉鎖建物が属する一棟の建物に属する他の建物の登記記録（閉鎖されたものも含む。）の第一項各号に掲げる事項を抹消する記号を記録しなければならない。

（表題部にする敷地権の記録方法）
第百十八条　登記官は、区分建物である建物の登記記録の表題部に法第四十四条第一項第九号に掲げる敷地権を記録するときは、敷地権の登記原因及びその日付のほか、次に掲げる事項を記録しなければならない。
一　敷地権の目的である土地に関する次に掲げる事項
　イ　当該土地を記録する順序に従って付した符号
　ロ　当該土地の不動産所在事項
　ハ　地目
　ニ　地積
二　敷地権の種類
三　敷地権の割合

（敷地権である旨の登記）
第百十九条　登記官は、法第四十六条の敷地権である旨の登記をするときは、次に掲げる事項を敷地権の目的である土地の登記記録の権利部の相当区に記録しなければならない。
一　敷地権である旨
二　当該敷地権の登記をした区分建物が属する一棟の建物の所在する市、区、郡、町、村、字及び土地の地番
三　当該敷地権の登記をした区分建物が属する一棟の建物の構造及び床面積又は当該一棟の建物の名称
四　当該敷地権が一棟の建物に属する一部の建物についての敷地権であるときは、当該一部の建物の家屋番号
五　登記の年月日
2　登記官は、敷地権の目的である土地が他の登記所の管轄区域内にあるときは、遅滞なく、当該他の登記所に前項の規定により記録すべき事項を通知しなければならない。
3　前項の規定による通知を受けた登記所の登記官は、遅滞なく、敷地権の目的である土地の登記記録の権利部の相当区に、通知を受けた事項を記録しなければならない。

（合体による登記等）
第百二十条　合体後の建物についての建物の表題登記をする場合において、合体前の建物に所有権の登記がある建物があるときは、合体後の建物の登記記録の表題部に表題部所有者に関する登記事項を記録することを要しない。法第四十九条第一項後段の規定により併せて所有権の登記の申請があった場合についても、同様とする。
2　登記官は、前項前段の場合において、表題登記をしたときは、当該合体後の建物の登記記録の甲区に次に掲げる事項を記録しなければならない。
一　合体による所有権の登記をする旨
二　所有権の登記名義人の氏名又は名称及び住所並びに登記名義人が二人以上であるときは当該所有権の登記名義人ごとの持分

三　登記の年月日
3　登記官は、法第四十九条第一項後段の規定により併せて所有権の登記の申請があった場合において、当該申請に基づく所有権の登記をするときは、前項各号に掲げる事項のほか、当該申請の受付の年月日及び受付番号も記録しなければならない。
4　登記官は、合体前の建物について存続登記（令別表の十三の項申請情報欄ハに規定する存続登記をいう。以下この項において同じ。）がある場合において、合体後の建物の持分について当該存続登記と同一の登記をするときは、合体前の建物の登記記録から合体後の建物の登記記録の権利部の相当区に当該存続登記を移記し、その末尾に本項の規定により登記を移記した旨及びその年月日を記録しなければならない。
5　法第五十条の規定による権利が消滅した旨の登記は、合体による登記等の申請情報と併せて次に掲げる情報の提供がされた場合にするものとする。
　　一　当該権利の登記名義人（当該権利が抵当権である場合において、抵当証券が発行されているときは、当該抵当証券の所持人又は裏書人を含む。）が当該権利を消滅させることについて承諾したことを証する当該登記名義人が作成した情報又は当該登記名義人に対抗することができる裁判があったことを証する情報
　　二　前号の権利を目的とする第三者の権利に関する登記があるときは、当該第三者が承諾したことを証する当該第三者が作成した情報又は当該第三者に対抗することができる裁判があったことを証する情報
　　三　第一号の権利が抵当証券の発行されている抵当権であるときは、当該抵当証券
6　前項の場合における権利が消滅した旨の登記は、付記登記によってするものとする。この場合には、第四項の規定にかかわらず、当該消滅した権利に係る権利に関する登記を合体後の建物の登記記録に移記することを要しない。
7　第百二十四条の規定は、敷地権付き区分建物が合体した場合において、合体後の建物につき敷地権の登記をしないときについて準用する。
8　前条の規定は、合体前の二以上の建物がいずれも敷地権付き区分建物であり、かつ、合体後の建物も敷地権付き区分建物となる場合において、合体前の建物のすべての敷地権の割合を合算した敷地権の割合が合体後の建物の敷地権の割合となるときは、適用しない。
9　第百四十四条の規定は、合体前の建物の表題部の登記の抹消について準用する。
　（附属建物の新築の登記）
第百二十一条　登記官は、附属建物の新築による建物の表題部の登記事項に関する変更の登記をするときは、建物の登記記録の表題部に、附属建物の符号、種類、構造及び床面積を記録しなければならない。
　（区分建物の表題部の変更の登記）
第百二十二条　法第五十一条第五項の法務省令で定める登記事項は、次のとおりとする。
　　一　敷地権の目的となる土地の不動産所在事項、地目及び地積
　　二　敷地権の種類
2　法第五十三条第二項において準用する第五十一条第五項の法務省令で定める事項は、前項各号に掲げる事項並びに敷地権の登記原因及びその日付とする。
　（建物の表題部の変更の登記等により敷地権の登記をする場合の登記）
第百二十三条　登記官は、建物の表題部の登記事項に関する変更の登記又は更正の登記により新たに敷地権の登記をした場合において、建物についての所有権又は特定担保権（一般の先取特権、質権又は抵当権をいう。以下この条において同じ。）に係る権利に関する登記があるときは、所有権の登記を除き、当該権利に関する登記についてする付記登記によって建物のみに関する旨を記録しなければならない。ただし、特定担保権に係る権利に関する登記で

あって、当該登記の目的等（登記の目的、申請の受付の年月日及び受付番号並びに登記原因及びその日付をいう。以下この項において同じ。）が当該敷地権についてされた特定担保権に係る権利に関する登記の目的等と同一であるものは、この限りでない。
2 　登記官は、前項ただし書の場合には、職権で、当該敷地権についてされた特定担保権に係る権利に関する登記の抹消をしなければならない。この場合には、敷地権の目的である土地の登記記録の権利部の相当区に本項の規定により抹消をする旨及びその年月日を記録しなければならない。

（敷地権の登記の抹消）
第百二十四条　登記官は、敷地権付き区分建物について、敷地権であった権利が敷地権でない権利となったことによる建物の表題部に関する変更の登記をしたときは、当該敷地権の目的であった土地の登記記録の権利部の相当区に敷地権の変更の登記により敷地権を抹消する旨及びその年月日を記録し、同区の敷地権である旨の登記の抹消をしなければならない。敷地権であった権利が消滅したことによる建物の表題部に関する変更の登記をしたときも、同様とする。
2 　登記官は、前項前段の場合には、同項の土地の登記記録の権利部の相当区に、敷地権であった権利、その権利の登記名義人の氏名又は名称及び住所並びに登記名義人が二人以上であるときは当該権利の登記名義人ごとの持分を記録し、敷地権である旨の登記を抹消したことにより登記をする旨及び登記の年月日を記録しなければならない。
3 　登記官は、前項に規定する登記をすべき場合において、敷地権付き区分建物の登記記録に特定登記（法第五十五条第一項に規定する特定登記をいう。以下同じ。）があるときは、当該敷地権付き区分建物の登記記録から第一項の土地の登記記録の権利部の相当区にこれを転写しなければならない。
4 　登記官は、前項の場合において、第一項の土地の登記記録の権利部の相当区に前項の規定により転写すべき登記に後れる登記があるときは、同項の規定にかかわらず、新たに当該土地の登記記録の権利部の相当区を作成した上、当該新たに作成された権利部の相当区に、権利の順序に従って、同項の規定により転写すべき登記を転写し、かつ、従前の登記記録の権利部の相当区にされていた登記を移記しなければならない。この場合には、従前の登記記録の権利部の相当区に当該土地の不動産所在事項並びに本項の規定により登記を移記した旨及びその年月日を記録し、従前の登記記録の権利部の相当区を閉鎖しなければならない。
5 　登記官は、前二項の規定により土地の登記記録の権利部の相当区に登記を転写し、又は移記したときは、その登記の末尾に第三項又は第四項の規定により転写し、又は移記した旨を記録しなければならない。
6 　登記官は、第三項の規定により転写すべき登記が、一般の先取特権、質権又は抵当権の登記であるときは、共同担保目録を作成しなければならない。この場合には、建物及び土地の各登記記録の転写された権利に係る登記の末尾に、新たに作成した共同担保目録の記号及び目録番号を記録しなければならない。
7 　前項の規定は、転写すべき登記に係る権利について既に共同担保目録が作成されていた場合には、適用しない。この場合において、登記官は、当該共同担保目録の従前の敷地権付き区分建物を目的とする権利を抹消する記号を記録し、敷地権の消滅後の建物及び土地を目的とする権利を記録して、土地の登記記録の当該権利の登記の末尾に当該共同担保目録の記号及び目録番号を記録しなければならない。
8 　登記官は、第一項の変更の登記をした場合において、敷地権の目的である土地が他の登記所の管轄区域内にあるときは、遅滞なく、当該他の登記所に同項の登記をした旨及び第二項又は第三項の規定により記録し、又は転写すべき事項を通知しなければならない。

9　前項の通知を受けた登記所の登記官は、遅滞なく、第一項から第七項までに定める手続をしなければならない。
　（特定登記に係る権利の消滅の登記）
第百二十五条　特定登記に係る権利が消滅した場合の登記は、敷地権の変更の登記の申請情報と併せて次に掲げる情報が提供された場合にするものとする。
　一　当該権利の登記名義人（当該権利が抵当権である場合において、抵当証券が発行されているときは、当該抵当証券の所持人又は裏書人を含む。）が当該権利を消滅させることを承諾したことを証する当該登記名義人が作成した情報又は当該登記名義人に対抗することができる裁判があったことを証する情報
　二　前号の権利を目的とする第三者の権利に関する登記があるときは、当該第三者が承諾したことを証する当該第三者が作成した情報又は当該第三者に対抗することができる裁判があったことを証する情報
　三　第一号の権利が抵当証券の発行されている抵当権であるときは、当該抵当証券
2　前項の場合における特定登記に係る権利が土地について消滅した旨の登記は、付記登記によってするものとする。この場合には、前条第三項の規定にかかわらず、当該消滅した権利に係る権利に関する登記を土地の登記記録に転写することを要しない。
3　第一項の場合における特定登記に係る権利が建物について消滅した旨の登記は、付記登記によってするものとする。この場合には、登記の年月日及び当該権利に関する登記を抹消する記号を記録しなければならない。
4　前三項の規定は、法第五十五条第二項から第四項までの規定による特定登記に係る権利が消滅した場合の登記について準用する。
　（敷地権の不存在による更正の登記）
第百二十六条　登記官は、敷地権の不存在を原因とする建物の表題部に関する更正の登記をしたときは、その権利の目的である土地の登記記録の権利部の相当区に敷地権の更正の登記により敷地権を抹消する旨及びその年月日を記録し、同区の敷地権である旨の登記の抹消をしなければならない。
2　登記官は、前項の場合において、法第七十三条第一項本文の規定により敷地権の移転の登記としての効力を有する登記があるときは、前項の土地の登記記録の権利部の相当区に当該登記の全部を転写しなければならない。
3　第百二十四条第三項から第九項までの規定は、前項の場合について準用する。
　（建物の分割の登記における表題部の記録方法）
第百二十七条　登記官は、甲建物からその附属建物を分割して乙建物とする建物の分割の登記をするときは、乙建物について新たに登記記録を作成し、当該登記記録の表題部に家屋番号何番の建物から分割した旨を記録しなければならない。
2　登記官は、前項の場合には、甲建物の登記記録の表題部に、家屋番号何番の建物に分割した旨及び分割した附属建物を抹消する記号を記録しなければならない。
3　登記官は、第一項の場合において、分割により不動産所在事項に変更が生じたときは、変更後の不動産所在事項、分割により変更した旨及び変更前の不動産所在事項を抹消する記号を記録しなければならない。
　（建物の分割の登記における権利部の記録方法）
第百二十八条　第百二条及び第百四条第一項から第三項までの規定は、前条第一項の規定により甲建物からその附属建物を分割して乙建物とする建物の分割の登記をする場合について準用する。
2　登記官は、分割前の建物について現に効力を有する所有権の登記がされた後当該分割に係

る附属建物の新築による当該分割前の建物の表題部の登記事項に関する変更の登記がされていたときは、前項において準用する第百二条の規定により当該所有権の登記を転写することに代えて、乙建物の登記記録の甲区に次に掲げる事項を記録しなければならない。
一　分割による所有権の登記をする旨
二　所有権の登記名義人の氏名又は名称及び住所並びに登記名義人が二人以上であるときは当該所有権の登記名義人ごとの持分
三　登記の年月日

（建物の区分の登記における表題部の記録方法）
第百二十九条　登記官は、区分建物でない甲建物を区分して甲建物と乙建物とする建物の区分の登記をするときは、区分後の各建物について新たに登記記録を作成し、各登記記録の表題部に家屋番号何番の建物から区分した旨を記録しなければならない。
2　登記官は、前項の場合には、区分前の甲建物の登記記録の表題部に区分によって家屋番号何番及び何番の建物の登記記録に移記した旨を並びに従前の建物の表題部の登記事項を抹消する記号を記録し、当該登記記録を閉鎖しなければならない。
3　登記官は、区分建物である甲建物を区分して甲建物と乙建物とする建物の区分の登記をするときは、乙建物について新たに登記記録を作成し、これに家屋番号何番の建物から区分した旨を記録しなければならない。
4　登記官は、前項の場合には、甲建物の登記記録の表題部に、残余部分の建物の表題部の登記事項、家屋番号何番の建物を区分した旨及び従前の建物の表題部の登記事項の変更部分を抹消する記号を記録しなければならない。

（建物の区分の登記における権利部の記録方法）
第百三十条　登記官は、前条第一項の場合には、区分後の各建物についての新登記記録の権利部の相当区に、区分前の建物の登記記録から権利に関する登記を移記し、かつ、建物の区分の登記に係る申請の受付の年月日及び受付番号を記録しなければならない。この場合においては、第百二条第一項後段、第二項及び第三項並びに第百四条第一項から第三項までの規定を準用する。
2　第百二条及び第百四条第一項から第三項までの規定は、前条第三項の場合における権利に関する登記について準用する。
3　第百二十三条の規定は、前条第一項の規定による建物の区分の登記をした場合において、区分後の建物が敷地権付き区分建物となるときについて準用する。

（建物の合併の登記の制限の特例）
第百三十一条　法第五十六条第五号の合併後の建物の登記記録に登記することができる権利に関する登記は、担保権の登記であって、登記の目的、申請の受付の年月日及び受付番号並びに登記原因及びその日付が同一のものとする。

（附属合併の登記における表題部の記録方法）
第百三十二条　登記官は、甲建物を乙建物の附属建物とする建物の合併（以下「附属合併」という。）に係る建物の合併の登記をするときは、乙建物の登記記録の表題部に、附属合併後の建物の表題部の登記事項及び家屋番号何番の建物を合併した旨を記録しなければならない。
2　登記官は、前項の場合において、附属合併により不動産所在事項に変更が生じた場合には、変更後の不動産所在事項、合併により変更した旨及び変更前の不動産所在事項を抹消する記号を記録しなければならない。
3　登記官は、第一項の場合には、甲建物の登記記録の表題部に家屋番号何番の建物に合併した旨及び従前の建物の表題部の登記事項を抹消する記号を記録し、当該登記記録を閉鎖しな

ければならない。
　（区分合併の登記における表題部の記録方法）
第百三十三条　登記官は、区分建物である甲建物を乙建物又は乙建物の附属建物に合併する建物の合併（乙建物又は乙建物の附属建物が甲建物と接続する区分建物である場合に限る。以下「区分合併」という。）に係る建物の合併の登記をするときは、乙建物の登記記録の表題部に、区分合併後の建物の表題部の登記事項、家屋番号何番の建物を合併した旨及び従前の建物の表題部の登記事項の変更部分を抹消する記号を記録しなければならない。
2　登記官は、前項に規定する場合には、甲建物の登記記録の表題部に家屋番号何番の建物に合併した旨及び従前の建物の表題部の登記事項を抹消する記号を記録し、当該登記記録を閉鎖しなければならない。
3　登記官は、第一項の規定にかかわらず、区分合併（甲建物を乙建物の附属建物に合併する場合を除く。）に係る建物の合併の登記をする場合において、区分合併後の建物が区分建物でないときは、区分合併後の乙建物について新たに登記記録を作成し、当該登記記録の表題部に区分合併後の建物の表題部の登記事項及び合併により家屋番号何番の建物の登記記録から移記した旨を記録しなければならない。
4　登記官は、前項の場合には、区分合併前の乙建物の登記記録の表題部に家屋番号何番の建物を合併した旨、合併により家屋番号何番の登記記録に移記した旨及び乙建物についての建物の表題部の登記事項を抹消する記号を記録し、乙建物の登記記録を閉鎖しなければならない。
　（建物の合併の登記における権利部の記録方法）
第百三十四条　第百七条第一項及び第五項の規定は、建物の合併の登記について準用する。
2　登記官は、前条第三項の場合において、区分合併前のすべての建物に第百三十一条に規定する登記があるときは、同項の規定により区分合併後の建物について新たに作成した登記記録の乙区に当該登記を移記し、当該登記が合併後の建物の全部に関する旨を付記登記によって記録しなければならない。
3　第百二十四条の規定は、区分合併に係る建物の合併の登記をする場合において、区分合併後の建物が敷地権のない建物となるときについて準用する。
　（建物の分割の登記及び附属合併の登記における表題部の記録方法）
第百三十五条　登記官は、甲建物の登記記録から甲建物の附属建物を分割して、これを乙建物の附属建物としようとする場合において、建物の分割の登記及び建物の合併の登記をするときは、乙建物の登記記録の表題部に、附属合併後の建物の表題部の登記事項及び家屋番号何番の建物から合併した旨を記録しなければならない。この場合には、第百三十二条第一項及び第三項の規定は、適用しない。
2　登記官は、前項の場合には、甲建物の登記記録の表題部の分割に係る附属建物について、家屋番号何番の建物に合併した旨及び従前の建物の表題部の登記事項の変更部分を抹消する記号を記録しなければならない。この場合には、第百二十七条第一項及び第二項の規定は、適用しない。
　（建物の分割及び区分合併の登記における表題部の記録方法）
第百三十六条　登記官は、甲建物の登記記録から甲建物の附属建物（区分建物に限る。）を分割して、これを乙建物又は乙建物の附属建物に合併しようとする場合（乙建物又は乙建物の附属建物が甲建物の附属建物と接続する区分建物である場合に限る。）において、建物の分割の登記及び建物の合併の登記をするときは、乙建物の登記記録の表題部に、区分合併後の建物の表題部の登記事項、家屋番号何番の一部を合併した旨及び従前の建物の表題部の登記事項の変更部分を抹消する記号を記録しなければならない。この場合には、第百三十三条第

一項及び第二項の規定は、適用しない。
2　前条第二項の規定は、前項の場合において、甲建物の登記記録の表題部の記録方法について準用する。
3　第百三十三条第三項及び第四項の規定は、第一項の場合（甲建物の附属建物を分割して乙建物の附属建物に合併しようとする場合を除く。）において、区分合併後の乙建物が区分建物でない建物となるときについて準用する。

（建物の区分及び附属合併の登記における表題部の記録方法）
第百三十七条　第百三十五条第一項の規定は、甲建物を区分してその一部を乙建物の附属建物としようとする場合において、建物の区分の登記及び附属合併の登記をするときにおける乙建物の登記記録の表題部の記録方法について準用する。
2　登記官は、前項の場合において、区分前の甲建物が区分建物でない建物であったときは、区分後の甲建物について新たに登記記録を作成し、当該登記記録の表題部に家屋番号何番の建物から区分した旨を記録するとともに、区分前の甲建物の登記記録に区分及び合併によって家屋番号何番及び何番の建物の登記記録に移記した旨並びに従前の建物の表題部の登記事項を抹消する記号を記録し、当該登記記録を閉鎖しなければならない。この場合には、第百二十九条第一項及び第二項の規定は、適用しない。
3　登記官は、第一項の場合において、区分前の甲建物が区分建物であったときは、甲建物の登記記録の表題部に、残余部分の建物の表題部の登記事項、区分した一部を家屋番号何番に合併した旨及び従前の建物の表題部の登記事項の変更部分を抹消する記号を記録しなければならない。この場合には、第百二十九条第三項及び第四項の規定は、適用しない。

（建物の区分及び区分合併の登記における表題部の記録方法）
第百三十八条　第三百三十六条第一項の規定は、甲建物を区分して、その一部を乙建物又は乙建物の附属建物に合併しようとする場合（乙建物又は乙建物の附属建物が当該一部と接続する区分建物である場合に限る。）において、建物の区分の登記及び建物の合併の登記をするときにおける乙建物の登記記録の表題部の記録方法について準用する。
2　前条第三項の規定は、前項の場合（区分前の甲建物が区分建物であった場合に限る。）において、甲建物の登記記録の表題部の記録方法について準用する。

（建物の分割の登記及び附属合併の登記等における権利部の記録方法）
第百三十九条　第百四条第一項から第三項まで並びに第百七条第一項及び第五項の規定は、第百三十五条から前条までの場合における権利部の記録方法について準用する。

（建物が区分建物となった場合の登記等）
第百四十条　登記官は、法第五十二条第一項及び第三項に規定する表題部の登記事項に関する変更の登記をするときは、当該変更の登記に係る区分建物である建物について新たに登記記録を作成し、当該登記記録の表題部に本項の規定により登記を移記した旨を記録しなければならない。
2　登記官は、前項の場合には、新たに作成した登記記録の権利部の相当区に、変更前の建物の登記記録から権利に関する登記を移記し、登記の年月日及び本項の規定により登記を移記した旨を記録しなければならない。
3　登記官は、第一項の場合には、変更前の建物の登記記録の表題部に同項の規定により登記を移記した旨及び従前の建物の表題部の登記事項を抹消する記号を記録し、当該登記記録を閉鎖しなければならない。
4　前三項の規定は、区分合併以外の原因により区分建物である建物が区分建物でない建物となったときについて準用する。この場合において、第一項中「区分建物である建物」とあるのは、「建物」と読み替えるものとする。

（共用部分である旨の登記等）
第百四十一条　登記官は、共用部分である旨の登記又は団地共用部分である旨の登記をするときは、所有権の登記がない建物にあっては表題部所有者に関する登記事項を抹消する記号を記録し、所有権の登記がある建物にあっては権利に関する登記の抹消をしなければならない。
（共用部分である旨の登記がある建物の分割等）
第百四十二条　登記官は、共用部分である旨の登記若しくは団地共用部分である旨の登記がある甲建物からその附属建物を分割して乙建物とする建物の分割の登記をし、又は当該甲建物を区分して甲建物と乙建物とする建物の分割の登記をする場合において、甲建物の登記記録に法第五十八条第一項各号に掲げる登記事項があるときは、乙建物の登記記録に当該登記事項を転写しなければならない。
（共用部分である旨を定めた規約等の廃止による建物の表題登記）
第百四十三条　登記官は、共用部分である旨又は団地共用部分である旨を定めた規約を廃止したことによる建物の表題登記の申請があった場合において、当該申請に基づく表題登記をするときは、当該建物の登記記録の表題部に所有者の氏名又は名称及び住所並びに所有者が二人以上であるときはその所有者ごとの持分並びに敷地権があるときはその内容を記録すれば足りる。この場合には、共用部分である旨又は団地共用部分である旨の記録を抹消する記号を記録しなければならない。
（建物の滅失の登記）
第百四十四条　登記官は、建物の滅失の登記をするときは、当該建物の登記記録の表題部の登記事項を抹消する記号を記録し、当該登記記録を閉鎖しなければならない。
2　第百十条の規定は、前項の登記について準用する。
（敷地権付き区分建物の滅失の登記）
第百四十五条　第百二十四条第一項から第五項まで、第八項及び第九項の規定は、敷地権付き区分建物の滅失の登記をする場合について準用する。
2　第百二十四条第六項及び第七項の規定は、前項の場合において、当該敷地権付き区分建物の敷地権の目的であった土地が二筆以上あるときについて準用する。

第三節　権利に関する登記

第一款　通則

（権利部の登記）
第百四十六条　登記官は、権利部の相当区に権利に関する登記をする場合には、法令に別段の定めがある場合を除き、権利に関する登記の登記事項のうち、登記の目的、申請の受付の年月日及び受付番号並びに登記原因及びその日付のほか、新たに登記すべきものを記録しなければならない。
（順位番号等）
第百四十七条　登記官は、権利に関する登記をするときは、権利部の相当区に登記事項を記録した順序を示す番号を記録しなければならない。
2　登記官は、同順位である二以上の権利に関する登記をするときは、順位番号に当該登記を識別するための符号を付さなければならない。
3　令第二条第八号の順位事項は、順位番号及び前項の符号とする。
（付記登記の順位番号）
第百四十八条　付記登記の順位番号を記録するときは、主登記の順位番号に付記何号を付加す

る方法により記録するものとする。
　（権利の消滅に関する事項の定めの登記）
第百四十九条　登記官は、登記の目的である権利の消滅に関する事項の定めの登記をした場合において、当該定めにより権利が消滅したことによる登記の抹消その他の登記をするときは、当該権利の消滅に関する定めの登記の抹消をしなければならない。
　（権利の変更の登記又は更正の登記）
第百五十条　登記官は、権利の変更の登記又は更正の登記をするときは、変更前又は更正前の事項を抹消する記号を記録しなければならない。
　（登記の更正）
第百五十一条　登記官は、法第六十七条第二項の規定により登記の更正をするときは、同項の許可をした者の職名、許可の年月日及び登記の年月日を記録しなければならない。
　（登記の抹消）
第百五十二条　登記官は、権利の登記の抹消をするときは、抹消の登記をするとともに、抹消すべき登記を抹消する記号を記録しなければならない。
2　登記官は、前項の場合において、抹消に係る権利を目的とする第三者の権利に関する登記があるときは、当該第三者の権利に関する登記の抹消をしなければならない。この場合には、当該権利の登記の抹消をしたことにより当該第三者の権利に関する登記の抹消をする旨及び登記の年月日を記録しなければならない。
　（職権による登記の抹消）
第百五十三条　登記官は、法第七十一条第四項の規定により登記の抹消をするときは、登記記録にその事由を記録しなければならない。
　（職権による登記の抹消の場合の公告の方法）
第百五十四条　法第七十一条第二項の公告は、抹消すべき登記が登記された登記所の掲示場その他登記所内の公衆の見やすい場所に掲示して行う方法又は登記所の使用に係る電子計算機に備えられたファイルに記録された情報の内容を電気通信回線を通じて情報の提供を受ける者の閲覧に供し、当該情報の提供を受ける者の使用に係る電子計算機に備えられたファイルに当該情報を記録する方法であってインターネットに接続された自動公衆送信装置（著作権法（昭和四十五年法律第四十八号）第二条第一項第九号の五イに規定する自動公衆送信装置をいう。第二百十七条第一項（第二百三十二条第五項、第二百四十四条第四項、第二百四十五条第四項及び第二百四十六条第二項において準用する場合を含む。）において同じ。）を使用する方法により二週間行うものとする。
　（抹消された登記の回復）
第百五十五条　登記官は、抹消された登記の回復をするときは、回復の登記をした後、抹消に係る登記と同一の登記をしなければならない。
　（敷地権の登記がある建物の権利に関する登記）
第百五十六条　登記官は、法第七十三条第三項ただし書に規定する登記をしたときは、当該登記に付記する方法により、当該登記が建物のみに関する旨及び登記の年月日を記録しなければならない。

　　　　　　第二款　所有権に関する登記

　（表題登記がない不動産についてする所有権の保存の登記）
第百五十七条　法第七十五条（法第七十六条第三項において準用する場合を含む。次項において同じ。）の法務省令で定めるものは、表示に関する登記事項のうち次に掲げる事項以外の

事項とする。
一　表題部所有者に関する登記事項
二　登記原因及びその日付
三　敷地権の登記原因及びその日付（法第七十六条第三項において準用する法第七十五条の場合を除く。）
2　法第七十五条の規定により登記をするときは、表題部に所有権の登記をするために登記をする旨を記録するものとする。
3　登記官は、所有権の登記がない不動産について嘱託による所有権の処分の制限の登記をするときは、登記記録の甲区に、所有者の氏名又は名称及び住所、登記名義人が二人以上であるときは当該所有権の登記名義人ごとの持分並びに処分の制限の登記の嘱託によって所有権の登記をする旨を記録しなければならない。

（表題部所有者の氏名等の抹消）
第百五十八条　登記官は、表題登記がある不動産（所有権の登記がある不動産を除く。）について所有権の登記をしたときは、表題部所有者に関する登記事項を抹消する記号を記録しなければならない。

第三款　用益権に関する登記

（地役権の登記）
第百五十九条　法第八十条第四項に規定する法務省令で定める事項は、次のとおりとする。
一　要役地の地役権の登記である旨
二　承役地に係る不動産所在事項及び当該土地が承役地である旨
三　地役権設定の目的及び範囲
四　登記の年月日
2　登記官は、地役権の設定の登記をした場合において、要役地が他の登記所の管轄区域内にあるときは、遅滞なく、当該他の登記所に承役地、要役地、地役権設定の目的及び範囲並びに地役権の設定の登記の申請の受付の年月日を通知しなければならない。
3　登記官は、地役権の登記事項に関する変更の登記若しくは更正の登記又は地役権の登記の抹消をしたときは、要役地の登記記録の第一項各号に掲げる事項についての変更の登記若しくは更正の登記又は要役地の地役権の登記の抹消をしなければならない。
4　第二項の規定は、地役権の登記事項に関する変更の登記若しくは更正の登記又は地役権の登記の抹消をした場合において、要役地が他の登記所の管轄区域内にあるときについて準用する。
5　第二項（前項において準用する場合を含む。）の通知を受けた登記所の登記官は、遅滞なく、要役地の登記記録の乙区に、通知を受けた事項を記録し、又は第三項の登記をしなければならない。

（地役権図面の番号の記録）
第百六十条　登記官は、地役権の設定の範囲が承役地の一部である場合において、地役権の設定の登記をするときは、その登記の末尾に第八十六条第一項の番号を記録しなければならない。地役権設定の範囲の変更の登記又は更正の登記をする場合において、変更後又は更正後の地役権設定の範囲が承役地の一部となるときも、同様とする。

第四款　担保権等に関する登記

（建物を新築する場合の不動産工事の先取特権の保存の登記）
第百六十一条　登記官は、建物を新築する場合の不動産工事の先取特権の保存の登記をするときは、登記記録の甲区に登記義務者の氏名又は名称及び住所並びに不動産工事の先取特権の保存の登記をすることにより登記をする旨を記録しなければならない。

（建物の建築が完了した場合の登記）
第百六十二条　登記官は、前条の登記をした場合において、建物の建築が完了したことによる表題登記をするときは、同条の登記をした登記記録の表題部に表題登記をし、法第八十六条第二項第一号に掲げる登記事項を抹消する記号を記録しなければならない。
2　登記官は、法第八十七条第一項の所有権の保存の登記をするときは、前条の規定により記録した事項を抹消する記号を記録しなければならない。
3　登記官は、法第八十七条第二項の建物の表題部の登記事項に関する変更の登記をしたときは、法第八十六条第三項において準用する同条第二項第一号に掲げる登記事項を抹消する記号を記録しなければならない。

（順位の譲渡又は放棄による変更の登記）
第百六十三条　登記官は、登記した担保権について順位の譲渡又は放棄による変更の登記をするときは、当該担保権の登記の順位番号の次に変更の登記の順位番号を括弧を付して記録しなければならない。

（担保権の順位の変更の登記）
第百六十四条　登記官は、担保権の順位の変更の登記をするときは、順位の変更があった担保権の登記の順位番号の次に変更の登記の順位番号を括弧を付して記録しなければならない。

（根抵当権等の分割譲渡の登記）
第百六十五条　第三条第五号の規定にかかわらず、民法第三百九十八条の十二第二項（同法第三百六十一条において準用する場合を含む。）の規定により根質権又は根抵当権（所有権以外の権利を目的とするものを除く。）を分割して譲り渡す場合の登記は、主登記によってするものとする。
2　登記官は、民法第三百九十八条の十二第二項（同法第三百六十一条において準用する場合を含む。）の規定により根質権又は根抵当権を分割して譲り渡す場合の登記の順位番号を記録するときは、分割前の根質権又は根抵当権の登記の順位番号を用いなければならない。
3　登記官は、前項の規定により順位番号を記録したときは、当該順位番号及び分割前の根質権又は根抵当権の登記の順位番号にそれぞれ第百四十七条第二項の符号を付さなければならない。
4　登記官は、第二項の登記をしたときは、職権で、分割前の根質権又は根抵当権について極度額の減額による根抵当権の変更の登記をし、これに根質権又は根抵当権を分割して譲り渡すことにより登記する旨及び登記の年月日を記録しなければならない。

（共同担保目録の作成）
第百六十六条　登記官は、二以上の不動産に関する権利を目的とする担保権の保存又は設定の登記の申請があった場合において、当該申請に基づく登記をするとき（第百六十八条第二項に規定する場合を除く。）は、次条に定めるところにより共同担保目録を作成し、当該担保権の登記の末尾に共同担保目録の記号及び目録番号を記録しなければならない。
2　登記官は、前項の申請が書面申請である場合には、当該申請書（申請情報の全部を記録した磁気ディスクを除く。）に共同担保目録の記号及び目録番号を記載しなければならない。

（共同担保目録の記録事項）
第百六十七条　登記官は、共同担保目録を作成するときは、次に掲げる事項を記録しなければならない。
　一　共同担保目録を作成した年月日
　二　共同担保目録の記号及び目録番号
　三　担保権が目的とする二以上の不動産に関する権利に係る次に掲げる事項
　　イ　共同担保目録への記録の順序に従って当該権利に付す番号
　　ロ　当該二以上の不動産に係る不動産所在事項
　　ハ　当該権利が所有権以外の権利であるときは、当該権利
　　ニ　当該担保権の登記（他の登記所の管轄区域内にある不動産に関するものを除く。）の順位番号
2　前項第二号の目録番号は、同号の記号ごとに更新するものとする。

（追加共同担保の登記）
第百六十八条　令別表の四十二の項申請情報欄ロ、同表の四十六の項申請情報欄ハ、同表の四十七の項申請情報欄ホ（4）、同表の四十九の項申請情報欄ハ及びヘ（4）、同表の五十五の項申請情報欄ハ、同表の五十六の項申請情報欄ニ（4）並びに同表の五十八の項申請情報欄ハ及びヘ（4）の法務省令で定める事項は、共同担保目録の記号及び目録番号とする。
2　登記官は、一又は二以上の不動産に関する権利を目的とする担保権の保存又は設定の登記をした後に、同一の債権の担保として他の一又は二以上の不動産に関する権利を目的とする担保権の保存若しくは設定又は処分の登記の申請があった場合において、当該申請に基づく登記をするときは、当該登記の末尾に共同担保目録の記号及び目録番号を記録しなければならない。
3　登記官は、前項の場合において、前の登記に関する共同担保目録があるときは、当該共同担保目録に、前条第一項各号に掲げる事項のほか、当該申請に係る権利が担保の目的となった旨並びに申請の受付の年月日及び受付番号を記録しなければならない。
4　登記官は、第二項の場合において、前の登記に関する共同担保目録がないときは、新たに共同担保目録を作成し、前の担保権の登記についてする付記登記によって、当該担保権に担保を追加した旨、共同担保目録の記号及び目録番号並びに登記の年月日を記録しなければならない。
5　登記官は、第二項の申請に基づく登記をした場合において、前の登記に他の登記所の管轄区域内にある不動産に関するものがあるときは、遅滞なく、当該他の登記所に同項の申請に基づく登記をした旨を通知しなければならない。
6　前項の通知を受けた登記所の登記官は、遅滞なく、第二項から第四項までに定める手続をしなければならない。

（共同担保の根抵当権等の分割譲渡の登記）
第百六十九条　令別表の五十一の項申請情報欄ホ及び同表の六十の項申請情報欄ホの法務省令で定める事項は、共同担保目録の記号及び目録番号とする。
2　登記官は、共同担保目録のある分割前の根質権又は根抵当権について第百六十五条第二項の登記をするときは、分割後の根質権又は根抵当権について当該共同担保目録と同一の不動産に関する権利を記録した共同担保目録を作成しなければならない。
3　登記官は、前項の場合には、分割後の根質権又は根抵当権の登記の末尾に当該共同担保目録の記号及び目録番号を記録しなければならない。

（共同担保の一部消滅等）
第百七十条　登記官は、二以上の不動産に関する権利が担保権の目的である場合において、そ

の一の不動産に関する権利を目的とする担保権の登記の抹消をしたときは、共同担保目録に、申請の受付の年月日及び受付番号、当該不動産について担保権の登記が抹消された旨並びに当該抹消された登記に係る第百六十七条第一項第三号に掲げる事項を抹消する記号を記録しなければならない。
2 登記官は、共同担保目録に記録されている事項に関する変更の登記又は更正の登記をしたときは、共同担保目録に、変更後又は更正後の第百六十七条第一項第三号に掲げる事項、変更の登記又は更正の登記の申請の受付の年月日及び受付番号、変更又は更正をした旨並びに変更前又は更正前の権利に係る同号に掲げる登記事項を抹消する記号を記録しなければならない。
3 第百六十八条第五項の規定は、前二項の場合について準用する。
4 前項において準用する第百六十八条第五項の規定による通知を受けた登記所の登記官は、遅滞なく、第一項又は第二項に定める手続をしなければならない。
5 第一項、第三項及び第四項の規定は、第百十条第二項（第百四十四条第二項において準用する場合を含む。）の規定により記録をする場合について準用する。

（抵当証券交付の登記）
第百七十一条 法第九十四条第一項の抵当証券交付の登記（同条第三項の規定による嘱託に基づくものを除く。）においては、何番抵当権につき抵当証券を交付した旨、抵当証券交付の日、抵当証券の番号及び登記の年月日を記録しなければならない。

（抵当証券作成及び交付の登記）
第百七十二条 法第九十四条第二項の抵当証券作成の登記においては、何番抵当権につき何登記所の嘱託により抵当証券を作成した旨、抵当証券作成の日、抵当証券の番号及び登記の年月日を記録しなければならない。
2 法第九十四条第三項の規定による嘱託に基づく抵当証券交付の登記においては、何番抵当権につき抵当証券を交付した旨、抵当証券交付の日、何登記所で交付した旨並びに抵当証券の番号を記録しなければならない。

（抵当証券交付の登記の抹消）
第百七十三条 登記官は、抵当証券交付の登記の抹消をする場合において、当該抵当証券について法第九十四条第二項の抵当証券作成の登記があるときは、当該抵当証券作成の登記の抹消をしなければならない。

（買戻しの特約の登記の抹消）
第百七十四条 登記官は、買戻しによる権利の取得の登記をしたときは、買戻しの特約の登記の抹消をしなければならない。

第五款 信託に関する登記

（信託の登記）
第百七十五条 登記官は、法第九十八条第一項の規定による登記の申請があった場合において、当該申請に基づく権利の移転又は保存若しくは設定の登記及び信託の登記をするときは、権利部の相当区に一の順位番号を用いて記録しなければならない。
2 登記官は、法第百四条第一項（同条第二項において準用する場合を含む。）の規定による登記の申請があった場合において、当該申請に基づく権利の移転の登記又は権利の抹消の登記及び信託の抹消の登記をするときは、権利部の相当区に一の順位番号を用いて記録しなければならない。
3 登記官は、法第百四条第三項の規定による登記の申請があった場合において、当該申請に

基づく権利の変更の登記及び信託の抹消の登記をするときは、権利部の相当区に一の順位番号を用いて記録しなければならない。

（信託目録）
第百七十六条　登記官は、信託の登記をするときは、法第九十七条第一項各号に掲げる登記事項を記録した信託目録を作成し、これに当該目録の目録番号を記録しなければならない。
2　信託の登記の申請を書面申請によりするときは、申請人は、別記第五号様式による用紙に信託目録に記録すべき情報を記載して提出しなければならない。
3　第百二条第一項後段の規定は、信託の登記がある不動産について分筆の登記又は建物の分割の登記若しくは建物の区分の登記をする場合の信託目録について準用する。この場合には、登記官は、分筆後又は分割後若しくは区分後の信託目録の目録番号を変更しなければならない。
4　登記官は、信託の変更の登記をするときは、信託目録の記録を変更しなければならない。

（受託者の解任による付記登記）
第百七十七条　登記官は、裁判所又は主務官庁（その権限の委任を受けた国に所属する行政庁及びその権限に属する事務を処理する都道府県の執行機関を含む。）が受託者を解任した場合において、法第百二条の規定による嘱託に基づく信託の変更の登記をするときは、職権で、当該信託に係る権利の移転又は保存若しくは設定の登記についてする付記登記によって、受託者を解任した旨及び登記の年月日を記録しなければならない。

第六款　仮登記

（法第百五条第一号の仮登記の要件）
第百七十八条　法第百五条第一号に規定する法務省令で定める情報は、登記識別情報又は第三者の許可、同意若しくは承諾を証する情報とする。

（仮登記及び本登記の方法）
第百七十九条　登記官は、権利部の相当区に仮登記をしたときは、その次に当該仮登記の順位番号と同一の順位番号により本登記をすることができる余白を設けなければならない。
2　登記官は、仮登記に基づいて本登記をするときは、当該仮登記の順位番号と同一の順位番号を用いてしなければならない。
3　前二項の規定は、保全仮登記について準用する。

（所有権に関する仮登記に基づく本登記）
第百八十条　登記官は、法第百九条第二項の規定により同条第一項の第三者の権利に関する登記の抹消をするときは、権利部の相当区に、本登記により第三者の権利を抹消する旨、登記の年月日及び当該権利に関する登記を抹消する記号を記録しなければならない。

第四節　補則

第一款　通知

（登記完了証）
第百八十一条　登記官は、登記の申請に基づいて登記を完了したときは、申請人に対し、登記完了証を交付することにより、登記が完了した旨を通知しなければならない。この場合において、申請人が二人以上あるときは、その一人（登記権利者及び登記義務者が申請人である

ときは、登記権利者及び登記義務者の各一人）に通知すれば足りる。
2 前項の登記完了証は、別記第六号様式により、不動産所在事項、不動産番号、登記の目的、申請の受付の年月日及び受付番号を記録して作成するものとする。
（登記完了証の交付の方法）
第百八十二条 登記完了証の交付は、次の各号に掲げる申請の区分に応じ、当該各号に定める方法による。
 一 電子申請 法務大臣の定めるところにより、登記官の使用に係る電子計算機に備えられたファイルに記録された登記完了証を電子情報処理組織を使用して送信し、これを申請人又はその代理人の使用に係る電子計算機に備えられたファイルに記録する方法
 二 書面申請 登記完了証を書面により交付する方法
2 前項第一号の規定にかかわらず、官庁又は公署が登記権利者のために電子申請により登記の嘱託をしたときにおける登記完了証の交付は、同項第二号に定める方法によりすることができる。
（申請人以外の者に対する通知）
第百八十三条 登記官は、次の各号に掲げる場合には、当該各号（第一号に掲げる場合にあっては、申請人以外の者に限る。）に定める者に対し、登記が完了した旨を通知しなければならない。
 一 表示に関する登記を完了した場合 表題部所有者（表題部所有者の更正の登記又は表題部所有者である共有者の持分の更正の登記にあっては、更正前の表題部所有者）又は所有権の登記名義人
 二 民法第四百二十三条その他の法令の規定により他人に代わってする申請に基づく登記を完了した場合 当該他人
2 前項の規定による通知は、同項の規定により通知を受けるべき者が二人以上あるときは、その一人に対し通知すれば足りる。
3 第一項第一号の規定は、法第五十一条第六項（法第五十三条第二項において準用する場合を含む。）の規定による登記には、適用しない。
（処分の制限の登記における通知）
第百八十四条 登記官は、表題登記がない不動産又は所有権の登記がない不動産について嘱託による所有権の処分の制限の登記をしたときは、当該不動産の所有者に対し、登記が完了した旨を通知しなければならない。
2 前項の通知は、当該登記に係る次に掲げる事項を明らかにしてしなければならない。
 一 不動産所在事項及び不動産番号
 二 登記の目的
 三 登記原因及びその日付
 四 登記名義人の氏名又は名称及び住所
（職権による登記の抹消における通知）
第百八十五条 法第七十一条第一項の通知は、次の事項を明らかにしてしなければならない。
 一 抹消する登記に係る次に掲げる事項
  イ 不動産所在事項及び不動産番号
  ロ 登記の目的
  ハ 申請の受付の年月日及び受付番号
  ニ 登記原因及びその日付
  ホ 申請人の氏名又は名称及び住所
 二 抹消する理由

2　前項の通知は、抹消する登記が民法第四百二十三条その他の法令の規定により他人に代わってする申請に基づくものであるときは、代位者に対してもしなければならない。

（審査請求に対する相当の処分の通知）
第百八十六条　登記官は、法第百五十七条第一項の規定により相当の処分をしたときは、審査請求人に対し、当該処分の内容を通知しなければならない。

（裁判所への通知）
第百八十七条　登記官は、担保附社債信託法（明治三十八年法律第五十二号）第百十条第十九号の規定により過料に処せられるべき者があることを職務上知ったときは、遅滞なく、管轄地方裁判所にその事件を通知しなければならない。

（各種の通知の方法）
第百八十八条　法第六十七条第一項、第三項及び第四項、第七十一条第一項及び第三項並びに第百二十九条第三項並びにこの省令第四十条第二項及び第百八十三条から前条までの通知は、郵便、信書便その他適宜の方法によりするものとする。

第二款　登録免許税

（登録免許税額を納付する場合における申請情報等）
第百八十九条　登記の申請においては、登録免許税額を申請情報の内容としなければならない。この場合において、登録免許税法（昭和四十二年法律第三十五号）別表第一第一号（一）から（三）まで、（五）から（六の二）まで、（七）、（八）及び（九）イからホまでに掲げる登記については、課税標準の金額も申請情報の内容としなければならない。

2　登録免許税法又は租税特別措置法（昭和三十二年法律第二十六号）その他の法令の規定により登録免許税を免除されている場合には、前項の規定により申請情報の内容となる事項（以下「登録免許税額等」という。）に代えて、免除の根拠となる法令の条項を申請情報の内容としなければならない。

3　登録免許税法又は租税特別措置法その他の法令の規定により登録免許税が軽減されている場合には、登録免許税額等のほか、軽減の根拠となる法令の条項を申請情報の内容としなければならない。

4　登録免許税法第十三条第一項の規定により一の抵当権等の設定登記（同項に規定する抵当権等の設定登記をいう。）とみなされる登記の申請を二以上の申請情報によってする場合には、登録免許税額等は、そのうちの一の申請情報の内容とするれば足りる。ただし、同法第十三条第一項後段の規定により最も低い税率をもって当該設定登記の登録免許税の税率とする場合においては、登録免許税額等をその最も低い税率によるべき不動産等に関する権利（同法第十一条に規定する不動産等に関する権利をいう。）についての登記の申請の申請情報の内容としなければならない。

5　前項の場合において、その申請が電子申請であるときは登録免許税額等を一の申請の申請情報の内容とした旨を他の申請情報の内容とし、その申請が書面申請であるときは登録免許税額等を記載した申請書（申請情報の全部を記録した磁気ディスクにあっては、登記所の定める書類）に登録免許税の領収証書又は登録免許税額相当の印紙をはり付けて他の申請書にはその旨を記録しなければならない。

6　登記官の認定した課税標準の金額が申請情報の内容とされた課税標準の金額による税額を超える場合において、申請人がその差額を納付するときは、差額として納付する旨も申請情報の内容として追加しなければならない。

7　国税通則法（昭和三十七年法律第六十六号）第七十五条第一項の規定による審査請求に対

する裁決により確定した課税標準の金額による登録免許税を納付して登記の申請をする場合には、申請人は、当該課税標準の金額が確定している旨を申請情報の内容とし、かつ、当該金額が確定していることを証する情報をその申請情報と併せて提供しなければならない。
　（課税標準の認定）
第百九十条　登記官は、申請情報の内容とされた課税標準の金額を相当でないと認めるときは、申請人に対し、登記官が認定した課税標準の金額を適宜の方法により告知しなければならない。
2　登記官は、前項の場合において、申請が書面申請であるときは、申請書（申請情報の全部を記録した磁気ディスクにあっては、適宜の用紙）に登記官が認定した課税標準の金額を記載しなければならない。

　　　　第三款　雑則

　（審査請求を受けた法務局又は地方法務局の長の命令による登記）
第百九十一条　登記官は、法第百五十七条第三項又は第四項の規定による命令に基づき登記をするときは、当該命令をした者の職名、命令の年月日、命令によって登記をする旨及び登記の年月日を記録しなければならない。
　（登記の嘱託）
第百九十二条　この省令に規定する登記の申請に関する法の規定には当該規定を法第十六条第二項において準用する場合を含むものとし、この省令中「申請」、「申請人」及び「申請情報」にはそれぞれ嘱託、嘱託者及び嘱託情報を含むものとする。

　　第四章　登記事項の証明等

　（登記事項証明書の交付の請求情報等）
第百九十三条　登記事項証明書、登記事項要約書、地図等の全部若しくは一部の写し（地図等が電磁的記録に記録されているときは、当該記録された情報の内容を証明した書面）又は土地所在図等の全部若しくは一部の写し（土地所在図等が電磁的記録に記録されているときは、当該記録された情報の内容を証明した書面）の交付の請求をするときは、次に掲げる事項を内容とする情報（以下この章において「請求情報」という。）を提供しなければならない。地図等又は登記簿の附属書類の閲覧の請求をするときも、同様とする。
一　請求人の氏名又は名称
二　不動産所在事項又は不動産番号
三　交付の請求をする場合にあっては、請求に係る書面の通数
四　登記事項証明書の交付の請求をする場合にあっては、第百九十六条第一項各号（同項第一号、第三号及び第四号を同条第二項において準用する場合を含む。）に掲げる登記事項証明書の区分
五　登記事項証明書の交付の請求をする場合において、共同担保目録又は信託目録に記録された事項について証明を求めるときは、その旨
六　地図等又は土地所在図等の一部の写しの交付の請求をするときは、請求する部分
2　法第百二十一条第二項の規定により土地所在図等以外の登記簿の附属書類の閲覧の請求をするときは、前項第一号及び第二号に掲げる事項のほか、次に掲げる事項を請求情報の内容とする。
一　請求人の住所

二　請求人が法人であるときは、その代表者の氏名
　三　代理人によって請求するときは、当該代理人の氏名又は名称及び住所並びに代理人が法人であるときはその代表者の氏名
　四　法第百二十一条第二項ただし書の利害関係を有する理由及び閲覧する部分
3　前項の閲覧の請求をするときは、同項第四号の利害関係がある理由を証する書面を提示しなければならない。
4　第二項の閲覧の請求を代理人によってするときは、当該代理人の権限を証する書面を提示しなければならない。
5　第二項の閲覧の請求をする場合において、請求人が法人であるときは、当該法人の代表者の資格を証する書面を提示しなければならない。ただし、請求を受ける登記所が、当該法人の登記を受けた登記所と同一であり、かつ、法務大臣が指定した登記所以外のものである場合は、この限りでない。
6　前項の指定は、告示してしなければならない。
　（登記事項証明書等の交付の請求の方法等）
第百九十四条　前条第一項の交付の請求又は同項若しくは同条第二項の閲覧の請求は、請求情報を記載した書面（第二百三条並びに第二百四条第一項及び第二項において「請求書」という。）を登記所に提出する方法によりしなければならない。
2　登記事項証明書の交付（送付の方法による交付を除く。）の請求は、前項の方法のほか、法務大臣の定めるところにより、登記官が管理する入出力装置に請求情報を入力する方法によりすることができる。
3　送付の方法による登記事項証明書の交付の請求は、第一項の方法のほか、法務大臣の定めるところにより、請求情報を電子情報処理組織を使用して登記所に提供する方法によりすることができる。この場合には、請求人は、送付先の住所を請求情報の内容としなければならない。
　（他の登記所の登記官に対してする登記事項証明書の交付の請求の制限）
第百九十五条　法第百十九条第五項の法務省令で定める場合は、次に掲げる場合とする。
　一　前条第三項に規定する電子情報処理組織を使用する方法により請求する場合
　二　登記記録のうち甲区又は乙区に記録されている登記の数（仮登記の余白の数を含む。）が五百を超える場合又は請求に係る一不動産の情報量が二百キロバイトを超える場合
　三　閉鎖登記記録に係る登記事項証明書を請求する場合
　（登記事項証明書の種類等）
第百九十六条　登記事項証明書の記載事項は、次の各号の種類の区分に応じ、当該各号に掲げる事項とする。
　一　全部事項証明書　登記記録（閉鎖登記記録を除く。以下この項において同じ。）に記録されている事項の全部
　二　現在事項証明書　登記記録に記録されている事項のうち現に効力を有するもの
　三　何区何番事項証明書　権利部の相当区に記録されている事項のうち請求に係る部分
　四　所有者証明書　登記記録に記録されている現在の所有権の登記名義人の氏名又は名称及び住所
　五　一棟建物全部事項証明書　一棟の建物に属するすべての区分建物である建物の登記記録に記録されている事項の全部
　六　一棟建物現在事項証明書　一棟の建物に属するすべての区分建物である建物の登記記録に記録されている事項のうち現に効力を有するもの
2　前項第一号、第三号及び第五号の規定は、閉鎖登記記録に係る登記事項証明書の記載事項

について準用する。
　（登記事項証明書の作成及び交付）
第百九十七条　登記官は、登記事項証明書を作成するときは、請求に係る登記記録に記録された事項の全部又は一部である旨の認証文を付した上で、作成の年月日及び職氏名を記載し、職印を押印しなければならない。この場合において、当該登記記録の甲区又は乙区の記録がないときは、認証文にその旨を付記しなければならない。
2　前項の規定により作成する登記事項証明書は、次の各号の区分に応じ、当該各号に定める様式によるものとする。ただし、登記記録に記録した事項の一部についての登記事項証明書については適宜の様式によるものとする。
　一　土地の登記記録　別記第七号様式
　二　建物（次号の建物を除く。）の登記記録　別記第八号様式
　三　区分建物である建物に関する登記記録　別記第九号様式
　四　共同担保目録　別記第十号様式
　五　信託目録　別記第五号様式
3　登記事項証明書を作成する場合において、第百九十三条第一項第五号に掲げる事項が請求情報の内容とされていないときは、共同担保目録又は信託目録に記録された事項の記載を省略するものとする。
4　登記事項証明書に登記記録に記録した事項を記載するときは、その順位番号の順序に従って記載するものとする。
5　登記記録に記録されている事項を抹消する記号が記録されている場合において、登記事項証明書に抹消する記号を表示するときは、抹消に係る事項の下に線を付して記載するものとする。
6　登記事項証明書の交付は、請求人の申出により、送付の方法によりすることができる。この場合には、送付先の住所をも請求情報の内容とする。
　（登記事項要約書の作成）
第百九十八条　登記事項要約書は、別記第十一号様式により、不動産の表示に関する事項のほか、所有権の登記については申請の受付の年月日及び受付番号、所有権の登記名義人の氏名又は名称及び住所並びに所有権の登記名義人が二人以上であるときは当該所有権の登記名義人ごとの持分並びに所有権の登記以外の登記については現に効力を有するもののうち主要な事項を記載して作成するものとする。
2　前項の規定にかかわらず、登記官は、請求人の申出により、不動産の表示に関する事項について現に効力を有しないものを省略し、かつ、所有権の登記以外の登記については現に効力を有するものの個数のみを記載した登記事項要約書を作成することができる。この場合には、前項の登記事項要約書を別記第十二号様式により作成するものとする。
3　登記官は、請求人から別段の申出がない限り、一の用紙により二以上の不動産に関する事項を記載した登記事項要約書を作成することができる。
　（副登記記録による作成）
第百九十九条　登記官は、登記簿に記録した登記記録によって登記事項証明書又は登記事項要約書を作成することができないときは、第九条の副登記記録によってこれを作成することができる。
　（地図等の写し等の作成及び交付）
第二百条　登記官は、地図等の全部又は一部の写しを作成するときは、地図等の全部又は一部の写しである旨の認証文を付した上で、作成の年月日及び職氏名を記載し、職印を押印しなければならない。

2　登記官は、地図等が電磁的記録に記録されている場合において、当該記録された地図等の内容を証明した書面を作成するときは、電磁的記録に記録されている地図等を書面に出力し、これに地図等に記録されている内容を証明した書面である旨の認証文を付した上で、作成の年月日及び職氏名を記載し、職印を押印しなければならない。

3　第百九十七条第六項の規定は、地図等の全部又は一部の写し及び前項の書面の交付について準用する。

（土地所在図等の写し等の作成及び交付）

第二百一条　登記官は、土地所在図等の写しを作成するときは、土地所在図等の全部又は一部の写しである旨の認証文を付した上で、作成の年月日及び職氏名を記載し、職印を押印しなければならない。

2　登記官は、土地所在図等が電磁的記録に記録されている場合において、当該記録された土地所在図等の内容を証明した書面を作成するときは、電磁的記録に記録されている土地所在図等を書面に出力し、これに土地所在図等に記録されている内容を証明した書面である旨の認証文を付した上で、作成の年月日及び職氏名を記載し、職印を押印しなければならない。

3　第百九十七条第六項の規定は、土地所在図等の写し及び前項の書面の交付について準用する。

（閲覧の方法）

第二百二条　地図等又は登記簿の附属書類の閲覧は、登記官又はその指定する職員の面前でさせるものとする。

2　法第百二十条第二項及び第百二十一条第二項の法務省令で定める方法は、電磁的記録に記録された情報の内容を書面に出力して表示する方法とする。

（手数料の納付方法）

第二百三条　法第百十九条第一項及び第二項、第百二十条第一項及び第二項並びに第百二十一条第一項及び第二項の手数料を登記印紙をもって納付するときは、請求書に登記印紙をはり付けてしなければならない。

2　前項の規定は、令第二十二条第一項に規定する証明の請求を第六十八条第三項第二号に掲げる方法によりする場合における手数料の納付について準用する。

（送付に要する費用の納付方法）

第二百四条　請求書を登記所に提出する方法により第九十三条第一項の交付の請求をする場合において、第百九十七条第六項（第二百条第三項及び第二百一条第三項において準用する場合を含む。）の規定による申出をするときは、手数料のほか送付に要する費用も納付しなければならない。

2　前項の送付に要する費用は、郵便切手又は信書便の役務に関する料金の支払のために使用することができる証票であって法務大臣が指定するものを請求書と併せて提出する方法により納付しなければならない。

3　前項の指定は、告示してしなければならない。

（電子情報処理組織による登記事項証明書の交付の請求等の手数料の納付方法）

第二百五条　法第百十九条第四項ただし書（他の法令において準用する場合を含む。）の法務省令で定める方法は、第九十四条第二項及び第三項に規定する方法とする。

2　第百九十四条第二項又は第三項に規定する方法により登記事項証明書の交付の請求をする場合において、手数料を納付するときは、登記官から得た納付情報により納付する方法によってしなければならない。

3　前項の規定は、令第二十二条第一項に規定する証明の請求を第六十八条第三項第一号に掲げる方法によりする場合における手数料の納付について準用する。

第五章　筆界特定

第一節　総則

（定義）
第二百六条　この章において、次の各号に掲げる用語の意義は、それぞれ当該各号に定めるところによる。
　一　筆界特定電子申請　法第百三十一条第四項において準用する法第十八条第一号の規定による電子情報処理組織を使用する方法による筆界特定の申請をいう。
　二　筆界特定書面申請　法第百三十一条第四項において準用する法第十八条第二号の規定により次号の筆界特定申請書を法務局又は地方法務局に提出する方法による筆界特定の申請をいう。
　三　筆界特定申請書　筆界特定申請情報を記載した書面をいい、法第百三十一条第四項において準用する法第十八条第二号の磁気ディスクを含む。
　四　筆界特定添付情報　第二百九条第一項各号に掲げる情報をいう。
　五　筆界特定添付書面　筆界特定添付情報を記載した書面をいい、筆界特定添付情報を記録した磁気ディスクを含む。

第二節　筆界特定の手続

第一款　筆界特定の申請

（筆界特定申請情報）
第二百七条　法第百三十一条第二項第四号に掲げる事項として明らかにすべきものは、筆界特定の申請に至る経緯その他の具体的な事情とする。
2　法第百三十一条第二項第五号の法務省令で定める事項は、次に掲げる事項とする。
　一　筆界特定の申請人（以下この章において単に「申請人」という。）が法人であるときは、その代表者の氏名
　二　代理人によって筆界特定の申請をするときは、当該代理人の氏名又は名称及び住所並びに代理人が法人であるときはその代表者の氏名
　三　申請人が所有権の登記名義人又は表題部所有者の相続人その他の一般承継人であるときは、その旨及び所有権の登記名義人又は表題部所有者の氏名又は名称及び住所
　四　申請人が一筆の土地の一部の所有権を取得した者であるときは、その旨
　五　対象土地が表題登記がない土地であるときは、当該土地を特定するに足りる事項
　六　工作物、囲障又は境界標の有無その他の対象土地の状況
3　筆界特定の申請においては、法第百三十一条第二項第一号から第四号まで及び前項各号に掲げる事項のほか、次に掲げる事項を筆界特定申請情報の内容とするものとする。
　一　申請人又は代理人の電話番号その他の連絡先
　二　関係土地に係る不動産所在事項又は不動産番号（表題登記がない土地にあっては、法第三十四条第一項第一号に掲げる事項及び当該土地を特定するに足りる事項）
　三　関係人の氏名又は名称及び住所その他の連絡先
　四　工作物、囲障又は境界標の有無その他の関係土地の状況
　五　申請人が対象土地の筆界として特定の線を主張するときは、その線及びその根拠
　六　対象土地の所有権登記名義人等であって申請人以外のものが対象土地の筆界として特定

の線を主張しているときは、その線
七　申請に係る筆界について民事訴訟の手続により筆界の確定を求める訴えに係る訴訟（以下「筆界確定訴訟」という。）が係属しているときは、その旨及び事件の表示その他これを特定するに足りる事項
八　筆界特定添付情報の表示
九　法第百三十九条第一項の規定により提出する意見又は資料があるときは、その表示
十　筆界特定の申請の年月日
十一　法務局又は地方法務局の表示
4　第二項第五号及び第六号並びに前項第二号（表題登記がない土地を特定するに足りる事項に係る部分に限る。）及び第四号から第六号までに掲げる事項を筆界特定申請情報の内容とするに当たっては、図面を利用する等の方法により、現地の状況及び筆界として主張されている線の位置を具体的に明示するものとする。

（一の申請情報による複数の申請）
第二百八条　対象土地の一を共通にする複数の筆界特定の申請は、一の筆界特定申請情報によってすることができる。

（筆界特定添付情報）
第二百九条　筆界特定の申請をする場合には、次に掲げる情報を法務局又は地方法務局に提供しなければならない。
一　申請人が法人であるとき（筆界特定の申請を受ける法務局又は地方法務局が、当該法人の登記を受けた登記所であり、かつ、特定登記所（第三十六条第一項及び第二項の規定により法務大臣が指定した登記所をいう。以下同じ。）に該当しない場合及び支配人その他の法令の規定により筆界特定の申請をすることができる法人の代理人が、当該法人を代理して筆界特定の申請をする場合を除く。）は、当該法人の代表者の資格を証する情報
二　代理人によって筆界特定の申請をするとき（当該代理人が支配人その他の法令の規定により筆界特定の申請をすることができる法人の代理人である場合であって、当該申請を受ける法務局又は地方法務局が、当該法人についての当該代理人の登記を受けた登記所であり、かつ、特定登記所に該当しないときを除く。）は、当該代理人の権限を証する情報
三　申請人が所有権の登記名義人又は表題部所有者の相続人その他の一般承継人であるときは、相続その他の一般承継があったことを証する市町村長、登記官その他の公務員が職務上作成した情報（公務員が職務上作成した情報がない場合にあっては、これに代わるべき情報）
四　申請人が表題登記がない土地の所有者であるときは、当該申請人が当該土地の所有権を有することを証する情報
五　申請人が一筆の土地の一部の所有権を取得した者であるときは、当該申請人が当該一筆の土地の一部について所有権を取得したことを証する情報
六　申請人が所有権の登記名義人若しくは表題部所有者又はその相続人その他の一般承継人である場合において、筆界特定申請情報の内容である所有権の登記名義人又は表題部所有者の氏名若しくは名称又は住所が登記記録と合致しないときは、当該所有権の登記名義人又は表題部所有者の氏名若しくは名称又は住所についての変更又は錯誤若しくは遺漏があったことを証する市町村長、登記官その他の公務員が職務上作成した情報（公務員が職務上作成した情報がない場合にあっては、これに代わるべき情報）
2　前項第一号及び第二号の規定は、国の機関の所管に属する土地について命令又は規則により指定された官庁又は公署の職員が筆界特定の申請をする場合には、適用しない。

（筆界特定電子申請の方法）

第二百十条　筆界特定電子申請における筆界特定申請情報及び筆界特定添付情報は、法務大臣の定めるところにより送信しなければならない。ただし、筆界特定添付情報の送信に代えて、法務局又は地方法務局に筆界特定添付書面を提出することを妨げない。

2　前項ただし書の場合には、筆界特定添付書面を法務局又は地方法務局に提出する旨を筆界特定申請情報の内容とする。

3　令第十二条第一項の規定は筆界特定電子申請において筆界特定申請情報を送信する場合について、同条第二項の規定は筆界特定電子申請において送信する場合における筆界特定添付情報について、令第十四条の規定は筆界特定電子申請において電子署名が行われている情報を送信する場合について、それぞれ準用する。

4　第四十二条の規定は前項において準用する令第十二条第一項及び第二項の電子署名について、第四十三条第二項の規定は前項において準用する令第十四条の法務省令で定める電子証明書について、第四十四条第二項及び第三項の規定は筆界特定電子申請をする場合について、それぞれ準用する。

（筆界特定書面申請の方法等）

第二百十一条　筆界特定書面申請をするときは、筆界特定申請書に筆界特定添付書面を添付して提出しなければならない。

2　申請人又はその代表者若しくは代理人は、筆界特定申請書（筆界特定申請情報の全部を記録した磁気ディスクを除く。）に署名し、又は記名押印しなければならない。

3　第二百九条第一項第一号及び第二号に掲げる情報を記載した書面であって、市町村長、登記官その他の公務員が職務上作成したものは、作成後三月以内のものでなければならない。ただし、官庁又は公署が筆界特定の申請をする場合は、この限りでない。

4　委任による代理人によって筆界特定の申請をする場合には、申請人又はその代表者は、委任状に署名し、又は記名押印しなければならない。復代理人によって申請する場合における代理人についても、同様とする。

5　令第十二条第一項の規定は筆界特定申請情報の全部を記録した磁気ディスクを提出する方法により筆界特定の申請をする場合について、同条第二項の規定は磁気ディスクに記録された筆界特定添付情報について、令第十四条の規定は筆界特定申請情報の全部又は筆界特定添付情報を記録した磁気ディスクを提出する場合について、それぞれ準用する。

6　第四十五条並びに第四十六条第一項及び第二項の規定は筆界特定申請書（筆界特定申請情報の全部を記録した磁気ディスクを除く。）について、第五十一条の規定は筆界特定申請情報を記録した磁気ディスクを提出する方法による筆界特定の申請について、第五十二条の規定は筆界特定添付情報を記録した磁気ディスクについて、それぞれ準用する。この場合において、第五十一条第七項及び第八項中「令第十六条第五項」とあるのは「第二百十一条第五項」と、第五十二条第一項中「令第十五条の添付情報を記録した磁気ディスク」とあるのは「筆界特定添付情報を記録した磁気ディスク」と、同条第二項中「令第十五条後段において準用する令第十四条の電子証明書」とあるのは「筆界特定添付情報を記録した磁気ディスクに記録すべき電子証明書」と読み替えるものとする。

7　筆界特定書面申請は、対象土地の所在地を管轄する登記所を経由してすることができる。

（筆界特定申請書等の送付方法）

第二百十二条　筆界特定の申請をしようとする者が筆界特定申請書又は筆界特定添付書面を送付するときは、書留郵便又は信書便事業者による信書便の役務であって当該信書便事業者において引受け及び配達の記録を行うものによるものとする。

2　前項の場合には、筆界特定申請書又は筆界特定添付書面を入れた封筒の表面に筆界特定

申請書又は筆界特定添付書面が在中する旨を明記するものとする。
　（筆界特定添付書面の原本の還付請求）
第二百十三条　申請人は、筆界特定添付書面（磁気ディスクを除く。）の原本の還付を請求することができる。ただし、当該筆界特定の申請のためにのみ作成された委任状その他の書面については、この限りでない。
２　前項本文の規定により原本の還付を請求する申請人は、原本と相違ない旨を記載した謄本を提出しなければならない。
３　筆界特定登記官は、第一項本文の規定による請求があった場合には、却下事由の有無についての調査完了後、当該請求に係る書面の原本を還付しなければならない。この場合には、前項の謄本と当該請求に係る書面の原本を照合し、これらの内容が同一であることを確認した上、同項の謄本に原本還付の旨を記載し、これに登記官印を押印しなければならない。
４　前項前段の規定にかかわらず、筆界特定登記官は、偽造された書面その他の不正な筆界特定の申請のために用いられた疑いがある書面については、これを還付することができない。

　　第二款　筆界特定の申請の受付等

　（筆界特定の申請の受付）
第二百十四条　筆界特定登記官は、法第百三十一条第四項において読み替えて準用する法第十八条の規定により筆界特定申請情報が提供されたときは、当該筆界特定申請情報に係る筆界特定の申請の受付をしなければならない。
２　筆界特定登記官は、筆界特定の申請の受付をしたときは、当該筆界特定の申請に手続番号を付さなければならない。
　（管轄区域がまたがる場合の移送等）
第二百十五条　第四十条第一項及び第二項の規定は、法第百二十四条第二項において読み替えて準用する法第六条第三項の規定に従って筆界特定の申請がされた場合について準用する。
　（補正）
第二百十六条　筆界特定登記官は、筆界特定の申請の補正をすることができる期間を定めたときは、当該期間内は、当該補正すべき事項に係る不備を理由に当該申請を却下することができない。
　（公告及び通知の方法）
第二百十七条　法第百三十三条第一項の規定による公告は、法務局若しくは地方法務局の掲示場その他法務局若しくは地方法務局内の公衆の見やすい場所に掲示して行う方法又は法務局若しくは地方法務局の使用に係る電子計算機に備えられたファイルに記録された情報の内容を電気通信回線を通じて情報の提供を受ける者の閲覧に供し、当該情報の提供を受ける者の使用に係る電子計算機に備えられたファイルに当該情報を記録する方法であってインターネットに接続された自動公衆送信装置を使用する方法により二週間行うものとする。
２　法第百三十三条第一項の規定による通知は、郵便、信書便その他適宜の方法によりするものとする。
３　前項の通知は、関係人が法第百三十九条の定めるところにより筆界特定に関し意見又は図面その他の資料を提出することができる旨を明らかにしてしなければならない。

第三款　意見又は資料の提出

（意見又は資料の提出）
第二百十八条　法第百三十九条第一項の規定による意見又は資料の提出は、次に掲げる事項を明らかにしてしなければならない。
　一　手続番号
　二　意見又は資料を提出する者の氏名又は名称
　三　意見又は資料を提出する者が法人であるときは、その代表者の氏名
　四　代理人によって意見又は資料を提出するときは、当該代理人の氏名又は名称及び代理人が法人であるときはその代表者の氏名
　五　提出の年月日
　六　法務局又は地方法務局の表示
2　法第百三十九条第一項の規定による資料の提出は、前項各号に掲げる事項のほか、次に掲げる事項を明らかにしてしなければならない。
　一　資料の表示
　二　作成者及びその作成年月日
　三　写真又はビデオテープ（これらに準ずる方法により一定の事項を記録することができる物を含む。）にあっては、撮影、録画等の対象並びに日時及び場所
　四　当該資料の提出の趣旨

（情報通信の技術を利用する方法）
第二百十九条　法第百三十九条第二項の法務省令で定める方法は、次に掲げる方法とする。
　一　法務大臣の定めるところにより電子情報処理組織を使用して情報を送信する方法
　二　法務大臣の定めるところにより情報を記録した磁気ディスクその他の電磁的記録を提出する方法
　三　前二号に掲げるもののほか、筆界特定登記官が相当と認める方法

（書面の提出方法）
第二百二十条　申請人又は関係人は、法第百三十九条第一項の規定による意見又は資料の提出を書面でするときは、当該書面の写し三部を提出しなければならない。
2　筆界特定登記官は、必要と認めるときは、前項の規定により書面の写しを提出した申請人又は関係人に対し、その原本の提示を求めることができる。

（資料の還付請求）
第二百二十一条　法第百三十九条第一項の規定により資料（第二百十九条各号に掲げる方法によって提出したものを除く。以下この条において同じ。）を提出した申請人又は関係人は、当該資料の還付を請求することができる。
2　筆界特定登記官は、前項の規定による請求があった場合において、当該請求に係る資料を筆界特定をするために留め置く必要がなくなったと認めるときは、速やかに、これを還付するものとする。

第四款　意見聴取等の期日

（意見聴取等の期日の場所）
第二百二十二条　法第百四十条第一項の期日（以下「意見聴取等の期日」という。）は、法務局又は地方法務局、対象土地の所在地を管轄する登記所その他筆界特定登記官が適当と認める場所において開く。

（意見聴取等の期日の通知）
第二百二十三条　法第百四十四条第一項の規定による通知は、申請人及び関係人が同項の定めるところにより対象土地の筆界について意見を述べ、又は資料を提出することができる旨を明らかにしてしなければならない。
2　第二百十七条第二項の規定は、前項の通知について準用する。

（意見聴取等の期日における筆界特定登記官の権限）
第二百二十四条　筆界特定登記官は、意見聴取等の期日において、発言を許し、又はその指示に従わない者の発言を禁ずることができる。
2　筆界特定登記官は、意見聴取等の期日の秩序を維持するため必要があるときは、その秩序を妨げ、又は不穏な言動をする者を退去させることができる。
3　筆界特定登記官は、適当と認める者に意見聴取等の期日の傍聴を許すことができる。

（意見聴取等の期日における資料の提出）
第二百二十五条　第二百十八条、第二百二十条及び第二百二十一条の規定は、意見聴取等の期日において申請人又は関係人が資料を提出する場合について準用する。

（意見聴取等の期日の調書）
第二百二十六条　法第百四十条第四項の調書には、次に掲げる事項を記録するものとする。
一　手続番号
二　筆界特定登記官及び筆界調査委員の氏名
三　出頭した申請人、関係人、参考人及び代理人の氏名
四　意見聴取等の期日の日時及び場所
五　意見聴取等の期日において行われた手続の要領（陳述の要旨を含む。）
六　その他筆界特定登記官が必要と認める事項
2　筆界特定登記官は、前項の規定にかかわらず、申請人、関係人又は参考人の陳述をビデオテープその他の適当と認める記録用の媒体に記録し、これをもって調書の記録に代えることができる。
3　意見聴取等の期日の調書には、書面、写真、ビデオテープその他筆界特定登記官において適当と認めるものを引用し、筆界特定手続記録に添付して調書の一部とすることができる。

第五款　調書等の閲覧

（調書等の閲覧）
第二百二十七条　申請人又は関係人は、法第百四十一条第一項の規定により調書又は資料の閲覧の請求をするときは、次に掲げる事項に係る情報を提供しなければならない。
一　手続番号
二　請求人の氏名又は名称及び住所並びに申請人又は関係人の別
三　請求人が法人であるときは、その代表者の氏名
四　代理人によって請求するときは、当該代理人の氏名又は名称及び住所並びに代理人が法人であるときはその代表者の氏名
2　前項の閲覧の請求をするときは、請求人が請求権限を有することを証する書面を提示しなければならない。
3　第一項の閲覧の請求を代理人によってするときは、当該代理人の権限を証する書面を提示しなければならない。
4　第一項の閲覧の請求をする場合において、請求人が法人であるときは、当該法人の代表

者の資格を証する書面を提示しなければならない。ただし、当該請求を受ける法務局又は地方法務局が、当該法人の登記を受けた登記所であり、かつ、特定登記所に該当しないときは、この限りでない。
5　第一項の閲覧の請求は、同項の情報を記載した書面を法務局又は地方法務局に提出する方法によりしなければならない。

（調書等の閲覧の方法）
第二百二十八条　法第百四十一条第一項の規定による調書又は資料の閲覧は、筆界特定登記官又はその指定する職員の面前でさせるものとする。
2　法第百四十一条第一項の法務省令で定める方法は、電磁的記録に記録された情報の内容を書面に出力して表示する方法その他の筆界特定登記官が適当と認める方法とする。

第三節　筆界特定

（筆界調査委員の調査の報告）
第二百二十九条　筆界特定登記官は、筆界調査委員に対し、法第百三十五条の規定による事実の調査の経過又は結果その他必要な事項について報告を求めることができる。

（筆界調査委員の意見の提出の方式）
第二百三十条　法第百四十二条の規定による意見の提出は、書面又は電磁的記録をもってするものとする。

（筆界特定書の記録事項等）
第二百三十一条　筆界特定書には、次に掲げる事項を記録するものとする。
　一　手続番号
　二　対象土地に係る不動産所在事項及び不動産番号（表題登記がない土地にあっては、法第三十四条第一項第一号に掲げる事項及び当該土地を特定するに足りる事項）
　三　結論
　四　理由の要旨
　五　申請人の氏名又は名称及び住所
　六　申請人の代理人があるときは、その氏名又は名称
　七　筆界調査委員の氏名
　八　筆界特定登記官の所属する法務局又は地方法務局の表示
2　筆界特定登記官は、書面をもって筆界特定書を作成するときは、筆界特定書に職氏名を記載し、職印を押印しなければならない。
3　筆界特定登記官は、電磁的記録をもって筆界特定書を作成するときは、筆界特定登記官を明らかにするための措置であって法務大臣が定めるものを講じなければならない。
4　法第百四十三条第二項の図面には、次に掲げる事項を記録するものとする。
　一　地番区域の名称
　二　方位
　三　縮尺
　四　対象土地及び関係土地の地番
　五　筆界特定の対象となる筆界又はその位置の範囲
　六　筆界特定の対象となる筆界に係る筆界点（筆界の位置の範囲を特定するときは、その範囲を構成する各点。次項において同じ。）間の距離
　七　境界標があるときは、当該境界標の表示
5　法第百四十三条第二項の図面上の点の現地における位置を示す方法として法務省令で定

めるものは、基本三角点等に基づく測量の成果による筆界点の座標値（近傍に基本三角点等が存しない場合その他の基本三角点等に基づく測量ができない特別の事情がある場合にあっては、近傍の恒久的な地物に基づく測量の成果による筆界点の座標値）とする。
6 第十条第四項並びに第七十七条第二項及び第三項の規定は、法第百四十三条第二項の図面について準用する。この場合において、第七十七条第二項中「前項第八号」とあるのは「第二百三十一条第四項第七号」と読み替えるものとする。

（筆界特定の公告及び通知）
第二百三十二条　筆界特定登記官は、法第百四十四条第一項の筆界特定書の写しを作成するときは、筆界特定書の写しである旨の認証文を付した上で、作成の年月日及び職氏名を記載し、職印を押印しなければならない。
2 法第百四十四条第一項の法務省令で定める方法は、電磁的記録をもって作成された筆界特定書の内容を証明した書面を交付する方法とする。
3 筆界特定登記官は、前項の書面を作成するときは、電磁的記録をもって作成された筆界特定書を書面に出力し、これに筆界特定書に記録されている内容を証明した書面である旨の認証文を付した上で、作成の年月日及び職氏名を記載し、職印を押印しなければならない。
4 法第百四十四条第一項の規定による筆界特定書の写し（第二項の書面を含む。）の交付は、送付の方法によりすることができる。
5 第二百十七条第一項の規定は法第百四十四条第一項の規定による公告について、第二百十七条第二項の規定は法第百四十四条第一項の規定による関係人に対する通知について、それぞれ準用する。

第四節　筆界特定手続記録の保管

（筆界特定手続記録の送付）
第二百三十三条　筆界特定登記官は、筆界特定の手続が終了したときは、遅滞なく、対象土地の所在地を管轄する登記所に筆界特定手続記録を送付しなければならない。
2 対象土地が二以上の法務局又は地方法務局の管轄区域にまたがる場合には、前項の規定による送付は、法第百二十四条第二項において読み替えて準用する法第六条第二項の規定により法務大臣又は法務局の長が指定した法務局又は地方法務局の管轄区域内にある登記所であって対象土地の所在地を管轄するものに対してするものとする。この場合には、筆界特定登記官は、当該二以上の法務局又は地方法務局のうち法務大臣又は法務局の長が指定した法務局又は地方法務局以外の法務局又は地方法務局の管轄区域内にある登記所であって対象土地の所在地を管轄するものに筆界特定書等の写し（筆界特定書等が電磁的記録をもって作成されているときは、その内容を書面に出力したもの。次項及び次条において同じ。）を送付しなければならない。
3 対象土地が二以上の登記所の管轄区域にまたがる場合（前項に規定する場合を除く。）には、第一項の規定による送付は、法務局又は地方法務局の長が指定する登記所に対してするものとする。この場合には、筆界特定登記官は、当該二以上の登記所のうち法務局又は地方法務局の長が指定した登記所以外の登記所に筆界特定書等の写しを送付しなければならない。

（登記記録への記録）
第二百三十四条　筆界特定がされた筆界特定手続記録又は筆界特定書等の写しの送付を受けた登記所の登記官は、対象土地の登記記録に、筆界特定がされた旨を記録しなければならない。

（筆界特定手続記録の保存期間）
第二百三十五条　次の各号に掲げる情報の保存期間は、当該各号に定めるとおりとする。
　一　筆界特定書に記載され、又は記録された情報　永久
　二　筆界特定書以外の筆界特定手続記録に記載され、又は記録された情報　対象土地の所在地を管轄する登記所が第二百三十三条の規定により筆界特定手続記録の送付を受けた年の翌年から十年間
２　筆界特定手続記録の全部又は一部が電磁的記録をもって作成されているときは、当該電磁的記録に記録された情報の保存は、当該情報の内容を書面に出力したものを保存する方法によってすることができる。
３　筆界特定手続記録の全部又は一部が書面をもって作成されているときは、当該書面に記録された情報の保存は、当該情報の内容を記録した電磁的記録を保存する方法によってすることができる。
　　（準用）
第二百三十六条　第二十九条から第三十二条までの規定（同条第二項を除く。）は、筆界特定手続記録について準用する。この場合において、第二十九条中「登記に関する電磁的記録、帳簿又は書類」とあり、第三十条第一項中「登記記録又は地図等」とあり、同条第三項中「登記記録、地図等又は登記簿の附属書類」とあり、第三十一条第一項中「登記簿、地図等及び登記簿の附属書類」とあり、同条第二項中「登記簿の附属書類」とあり、及び同条第三項中「登記簿、地図等又は登記簿の附属書類」とあるのは「筆界特定手続記録」と、第三十二条第一項中「当該不動産の登記記録（共同担保目録及び信託目録を含む。次項において同じ。）並びに地図等及び登記簿の附属書類（電磁的記録に記録されている地図等及び登記簿の附属書類を含む。）」とあるのは「当該不動産に係る筆界特定手続記録」と読み替えるものとする。
　　（筆界確定訴訟の確定判決があった場合の取扱い）
第二百三十七条　登記官は、その保管する筆界特定手続記録に係る筆界特定がされた筆界について、筆界確定訴訟の判決（訴えを不適法として却下したものを除く。以下本条において同じ。）が確定したときは、当該筆界確定訴訟の判決が確定した旨及び当該筆界確定訴訟に係る事件を特定するに足りる事項を当該筆界特定に係る筆界特定書に明らかにすることができる。

　　　　　　　第五節　筆界特定書等の写しの交付等

　　（筆界特定書等の写しの交付の請求情報等）
第二百三十八条　法第百四十九条第一項の規定により筆界特定書等の写し（筆界特定書等が電磁的記録をもって作成されている場合における当該記録された情報の内容を証明した書面を含む。以下同じ。）の交付の請求をするときは、次に掲げる事項を内容とする情報（以下この節において「請求情報」という。）を提供しなければならない。筆界特定手続記録の閲覧の請求をするときも、同様とする。
　一　請求人の氏名又は名称
　二　手続番号
　三　交付の請求をするときは、請求に係る書面の通数
　四　筆界特定書等の一部の写しの交付の請求をするときは、請求する部分
２　法第百四十九条第二項の規定により筆界特定書等以外の筆界特定手続記録の閲覧の請求をするときは、前項第一号及び第二号に掲げる事項のほか、次に掲げる事項を請求情報の

内容とする。
一　請求人の住所
二　請求人が法人であるときは、その代表者の氏名
三　代理人によって請求するときは、当該代理人の氏名又は名称及び住所並びに代理人が法人であるときはその代表者の氏名
四　法第百四十九条第二項ただし書の利害関係を有する理由及び閲覧する部分
3　前項の閲覧の請求をするときは、同項第四号の利害関係がある理由を証する書面を提示しなければならない。
4　第二項の閲覧の請求を代理人によってするときは、当該代理人の権限を証する書面を提示しなければならない。
5　第二項の閲覧の請求をする場合において、請求人が法人であるときは、当該法人の代表者の資格を証する書面を提示しなければならない。ただし、請求を受ける登記所が、当該法人の登記を受けた登記所と同一であり、かつ、特定登記所に該当しない場合は、この限りでない。

（筆界特定書等の写しの交付の請求方法等）
第二百三十九条　前条第一項の交付の請求又は同項若しくは同条第二項の閲覧の請求は、請求情報を記載した書面を登記所に提出する方法によりしなければならない。
2　送付の方法による筆界特定書等の写しの交付の請求は、前項の方法のほか、法務大臣の定めるところにより、請求情報を電子情報処理組織を使用して登記所に提供する方法によりすることができる。この場合には、送付先の住所をも請求情報の内容とする。
3　法第百四十九条第三項において準用する法第百十九条第四項ただし書の法務省令で定める方法は、前項に規定する方法とする。

（筆界特定書等の写しの作成及び交付）
第二百四十条　登記官は、筆界特定書等の写しを作成するとき（次項に規定する場合を除く。）は、筆界特定書等の全部又は一部の写しである旨の認証文を付した上で、作成の年月日及び職氏名を記載し、職印を押印しなければならない。
2　登記官は、筆界特定書等が電磁的記録をもって作成されている場合において、筆界特定書等の写しを作成するときは、電磁的記録に記録された筆界特定書等を書面に出力し、これに筆界特定書等に記録されている内容を証明した書面である旨の認証文を付した上で、作成の年月日及び職氏名を記載し、職印を押印しなければならない。
3　筆界特定書等の写しの交付は、請求人の申出により、送付の方法によりすることができる。この場合には、送付先の住所をも請求情報の内容とする。

（準用）
第二百四十一条　第二百二条の規定は筆界特定手続記録の閲覧について、第二百三条第一項の規定は法第百四十九条第一項及び第二項の手数料を登記印紙をもって納付するときについて、第二百四条の規定は請求情報を記載した書面を登記所に提出する方法により第二百三十八条第一項の交付の請求をする場合において前条第三項の規定による申出をするときについて、第二百五条第二項の規定は第二百三十九条第二項に規定する方法について筆界特定書等の写しの交付の請求をする場合において手数料を納付するときについて、それぞれ準用する。この場合において、第二百二条第二項中「法第百二十条第二項及び第百二十一条第二項」とあるのは「法第百四十九条第二項」と、第二百三条第一項中「法第百十九条第一項及び第二項、第百二十条第一項及び第二項並びに第百二十一条第一項及び第二項」とあるのは「法第百四十九条第一項及び第二項」と、第二百四条第一項中「第百九十三条第一項」とあるのは「第二百三十八条第一項」と、「第百九十七条第六項（第二百条第三項及び第二百一条第三項

において準用する場合を含む。）」とあるのは「第二百四十条第三項」と読み替えるものとする。

第六節　雑則

（手続費用）
第二百四十二条　法第百四十六条第一項の法務省令で定める費用は、筆界特定登記官が相当と認める者に命じて行わせた測量、鑑定その他専門的な知見を要する行為について、その者に支給すべき報酬及び費用の額として筆界特定登記官が相当と認めたものとする。
（代理人）
第二百四十三条　関係人が法人である場合（筆界特定の事務をつかさどる法務局又は地方法務局が、当該法人の登記を受けた登記所であり、かつ、特定登記所に該当しない場合及び支配人その他の法令の規定により筆界特定の手続において行為をすることができる法人の代理人が、当該法人を代理して筆界特定の手続において行為をする場合を除く。）において、当該関係人が筆界特定の手続において意見の提出その他の行為をするときは、当該法人の代表者の資格を証する情報を法務局又は地方法務局に提供しなければならない。
2　筆界特定の申請がされた後、申請人又は関係人が代理人を選任したとき（当該代理人が支配人その他の法令の規定により筆界特定の手続において行為をすることができる法人の代理人である場合であって、当該申請を受ける法務局又は地方法務局が、当該法人についての当該代理人の登記を受けた登記所であり、かつ、特定登記所に該当しないときを除く。）は、当該申請人又は関係人は、当該代理人の権限を証する情報を法務局又は地方法務局に提供しなければならない。
（申請の却下）
第二百四十四条　筆界特定登記官は、法第百三十二条第一項の規定により筆界特定の申請を却下するときは、決定書を作成し、これを申請人に交付しなければならない。
2　前項の規定による交付は、当該決定書を送付する方法によりすることができる。
3　筆界特定登記官は、申請を却下したときは、筆界特定添付書面を還付するものとする。ただし、偽造された書面その他の不正な申請のために用いられた疑いがある書面については、この限りでない。
4　筆界特定登記官は、法第百三十三条第一項の規定による公告をした後に筆界特定の申請を却下したときは、その旨を公告しなければならない。第二百十七条第一項の規定は、この場合における公告について準用する。
5　筆界特定登記官は、法第百三十三条第一項の規定による通知をした後に筆界特定の申請を却下したときは、その旨を当該通知に係る関係人に通知しなければならない。同条第二項及び第二百十七条第二項の規定は、この場合における通知について準用する。
（申請の取下げ）
第二百四十五条　筆界特定の申請の取下げは、次の各号に掲げる申請の区分に応じ、当該各号に定める方法によってしなければならない。
　一　筆界特定電子申請　法務大臣の定めるところにより電子情報処理組織を使用して申請を取り下げる旨の情報を筆界特定登記官に提供する方法
　二　筆界特定書面申請　申請を取り下げる旨の情報を記載した書面を筆界特定登記官に提出する方法
2　筆界特定の申請の取下げは、法第百四十四条第一項の規定により申請人に対する通知を発送した後は、することができない。

3　筆界特定登記官は、筆界特定の申請の取下げがあったときは、筆界特定添付書面を還付するものとする。前条第三項ただし書の規定は、この場合について準用する。
4　筆界特定登記官は、法第百三十三条第一項の規定による公告をした後に筆界特定の申請の取下げがあったときは、その旨を公告しなければならない。第二百十七条第一項の規定は、この場合における公告について準用する。
5　筆界特定登記官は、法第百三十三条第一項の規定による通知をした後に筆界特定の申請の取下げがあったときは、その旨を当該通知に係る関係人に通知しなければならない。同条第二項及び第二百十七条第二項の規定は、この場合における通知について準用する。

（筆界特定書の更正）
第二百四十六条　筆界特定書に誤記その他これに類する明白な誤りがあるときは、筆界特定登記官は、いつでも、当該筆界特定登記官を監督する法務局又は地方法務局の長の許可を得て、更正することができる。
2　筆界特定登記官は、筆界特定書を更正したときは、申請人に対し、更正の内容を通知するとともに、更正した旨を公告し、かつ、関係人に通知しなければならない。法第百三十三条第二項及びこの省令第二百十七条第二項の規定はこの場合における通知について、同条第一項の規定はこの場合における公告について、それぞれ準用する。

　　　附　則

（施行期日）
第一条　この省令は、法の施行の日（平成十七年三月七日）から施行する。
（経過措置の原則）
第二条　この省令による改正後の不動産登記規則（以下「新規則」という。）の規定は、この附則に特別の定めがある場合を除き、この省令の施行前に生じた事項に適用する。ただし、改正前の不動産登記法施行細則（以下「旧細則」という。）の規定により生じた効力を妨げない。
2　この省令の施行前にした旧細則の規定による処分、手続その他の行為は、この附則に特別の定めがある場合を除き、新規則の適用については、新規則の相当規定によってしたものとみなす。
（登記簿の改製）
第三条　登記所は、その事務について法附則第三条第一項の規定による指定（同条第三項の規定により指定を受けたものとみなされるものを除く。）を受けたときは、当該事務に係る旧登記簿（同条第四項の規定によりなおその効力を有することとされる改正前の不動産登記法（明治三十二年法律第二十四号。以下「旧法」という。）第十四条に規定する登記簿をいう。以下同じ。）を法第二条第九号に規定する登記簿に改製しなければならない。ただし、法附則第三条第一項に規定する電子情報処理組織による取扱いに適合しない登記簿については、この限りでない。
2　前項の規定による登記簿の改製は、登記用紙にされている登記を登記記録に移記してするものとする。この場合には、土地登記簿の表題部の登記用紙にされている地番、地目及び地積に係る登記を除き、現に効力を有しない登記を移記することを要しない。
3　登記官は、前項の規定により登記を移記するときは、登記記録の表題部又は権利部の相当区に移記した登記の末尾に同項の規定により移記した旨を記録しなければならない。
4　登記官は、第二項の規定により登記を移記したときは、登記用紙の表題部にその旨及びその年月日を記載し、当該登記用紙を閉鎖しなければならない。この場合には、旧登記簿の目

録に当該旧登記簿につづり込んだ登記用紙の全部を閉鎖した旨及びその年月日を記載し、登記官印を押印しなければならない。

（未指定事務に係る旧登記簿）
第四条 新規則第四条、第八条、第九条、第九十条、第九十二条第二項、第百十六条、第百十七条、第百二十二条、第百九十四条第二項及び第百九十五条から第百九十九条までの規定は、法附則第三条第一項の規定による指定（同条第三項の規定により指定を受けたものとみなされるものを含む。以下「第三条指定」という。）を受けた事務について、その第三条指定の日から適用する。
2　第三条指定がされるまでの間は、第三条指定を受けていない事務（前条第一項ただし書に規定する登記簿に関する事務を含む。）に係る旧登記簿（法附則第三条第四項の規定によりなおその効力を有することとされる旧法第二十四条ノ二第一項に規定する閉鎖登記簿を含む。）については、旧細則第一条から第十条まで、第十一条、第十三条、第三十五条から第三十五条ノ三まで、第四十八条ノ二から第五十四条ノ二まで、第五十七条ノ九、第六十三条ノ二、第六十四条、第六十四条ノ二及び第七十一条の規定は、なおその効力を有する。この場合において、次の表の上欄に掲げる旧細則の規定中同表の中欄に掲げる字句は、それぞれ同表の下欄に掲げる字句とする。

読み替える規定	読み替えられる字句	読み替える字句
第二条第二項	不動産登記法第十五条但書	不動産登記法（平成十六年法律第百二十三号。以下「法」ト謂フ）附則第三条第四項ノ規定ニ依リ仍其ノ効力ヲ有スルモノトサレタル不動産登記法（明治三十二年法律第二十四号。以下「旧法」ト謂フ）第十五条但書
第二条第三項	第四十八条ノ三第一項	不動産登記規則（平成十七年法務省令第十八号。以下「新規則」ト謂フ）附則第四条第二項ノ規定ニ依リ仍其ノ効力ヲ有スルモノトサレタル第四十八条ノ三第一項
第二条第四項	第五十二条	新規則附則第四条第二項ノ規定ニ依リ仍其ノ効力ヲ有スルモノトサレタル第五十二条
第四条	不動産登記法第十五条但書	法附則第三条第四項ノ規定ニ依リ仍其ノ効力ヲ有スルモノトサレタル旧法第十五条但書
第五条第一項	不動産登記法第十条	新規則附則第四条第三項ノ規定ニ依リ読替テ適用サレル新規則第三十二条
第六条第二項及び第四項	不動産登記法第十五条但書	法附則第三条第四項ノ規定ニ依リ仍其ノ効力ヲ有スルモノトサレタル旧法第十五条但書
第六条第六項	第五条第二項	新規則附則第四条第二項ノ規定ニ依リ仍其ノ効力ヲ有スルモノトサレタル第五条第二項

読み替える規定	読み替えられる字句	読み替える字句
第七条第三項	前条第一項	新規則附則第四条第二項ノ規定ニ依リ仍其ノ効力ヲ有スルモノトサレタル第六条第一項
第十条第二項	第七条	新規則附則第四条第二項ノ規定ニ依リ仍其ノ効力ヲ有スルモノトサレタル第七条
第四十八条ノ二第一項	不動産登記法第十五条但書	法附則第三条第四項ノ規定ニ依リ仍其ノ効力ヲ有スルモノトサレタル旧法第十五条但書
第四十八条ノ二第二項	不動産登記法第七十六条第一項若クハ第四項、第九十三条ノ十二ノ二第四項、第九十三条ノ十六第四項、第九十三条ノ十七第三項、第九十八条第五項又ハ第九十九条ノ二	新規則附則第四条第三項ノ規定ニ依リ読替テ適用サレル新規則第六条及ビ第百二十四条第四項（第百二十条第七項、第百二十六条第三項、第百三十四条第三項及ビ第百四十五条第一項ニ於テ準用スル場合ヲ含ム）
第四十九条第三項	第三十七条ノ九第二項	区分建物ノ附属建物ガ区分建物ニ非ザル場合ニ於ケル法第四十四条第五号
第四十九条第五項	第四十九条ノ四第一項	新規則附則第四条第二項ノ規定ニ依リ仍其ノ効力ヲ有スルモノトサレタル第四十九条ノ四第一項
第四十九条ノ二第一項	不動産登記法第九十一条第一項第四号ノ番号	法第四十四条第一項第四号ノ建物ノ名称
第四十九条ノ二第二項	不動産登記法第九十一条第二項第三号ノ番号	法第四十四条第一項第八号ノ一棟ノ建物ノ名称
第四十九条ノ五	不動産登記法第十五条但書	法附則第三条第四項ノ規定ニ依リ仍其ノ効力ヲ有スルモノトサレタル旧法第十五条但書
	同法第九十一条第二項第一号乃至第三号	法第四十四条第一項第一号、第七号及ビ第八号
第四十九条ノ六	不動産登記法第九十九条ノ四第二項	法第四十四条第一項第六号
	同項後段	法第五十八条第一項
第四十九条ノ七	不動産登記法第九十九条ノ四第二項	法第四十四条第一項第六号
	同項	同号
第四十九条ノ八	不動産登記法第九十条第二項	法第四十三条第一項

読み替える規定	読み替えられる字句	読み替える字句
第五十七条ノ九	不動産登記法第百十条ノ二、第百三十五条及ビ第百四十三条ノ二第一項第二項	法第九十八条及ビ第百四条（此等ノ規定ヲ法第十六条第二項ニ於テ準用スル場合ヲ含ム）
第六十三条ノ二	不動産登記法第百三十七条又ハ第百三十八条	法第八十六条第二項第一号（同条第三項ニ於テ準用スル場合ヲ含ム）
第六十四条ノ二第一項	不動産登記法第七十六条第四項	新規則附則第四条第三項ノ規定ニ依リ読替テ適用サレル新規則第六条
第六十四条ノ二第二項	不動産登記法第九十三条ノ十二ノ二第四項、第九十三条ノ十六第四項、第九十三条ノ十七第三項、第九十八条第五項又ハ第九十九条ノ二	新規則附則第四条第三項ノ規定ニ依リ読替テ適用サレル新規則第百二十四条第四項（百二十条第七項、第百二十六条第三項、第百三十四条第三項及ビ第百四十五条第一項ニ於テ準用スル場合ヲ含ム）
第七十一条	不動産登記法第五十九条	新規則第九十二条第一項

3　第三条指定がされるまでの間における前項の事務についての新規則の適用については、新規則本則（第六条並びに第二十八条第一号、第四号及び第五号を除く。）中「登記記録」とあるのは「登記用紙」と、「権利部」とあり、「権利部の相当区」とあるのは「登記用紙の相当区事項欄」と、新規則第六条中「登記記録」とあるのは「登記用紙又は表題部若しくは各区の用紙」と、新規則第二十八条第一号中「登記記録」とあるのは「登記用紙に記載された情報」と、「閉鎖登記記録（閉鎖した登記記録をいう。以下同じ。）」とあるのは「閉鎖登記用紙に記載された情報」と、同条第四号及び第五号中「閉鎖登記記録」とあるのは「閉鎖登記用紙に記載された情報」と、新規則第三十一条第一項中「登記簿」とあるのは「旧登記簿（閉鎖登記簿を含む。）」と、新規則第五十六条第一項中「登記の目的、申請の受付の年月日及び受付番号並びに不動産所在事項」とあるのは、「登記の目的、申請人の氏名又は名称、申請の受付の年月日及び受付番号」と、新規則第百九十三条の見出し中「登記事項証明書」とあるのは「登記簿の謄本」と、同条第一項中「登記事項証明書、登記事項要約書、地図等の全部若しくは一部の写し（地図等が電磁的記録に記録されているときは、当該記録された情報の内容を証明した書面）又は土地所在図等の全部若しくは一部の写し（土地所在図等が電磁的記録に記録されているときは、当該記録された情報の内容を証明した書面）の交付」とあるのは「法附則第三条第四項の規定によりなおその効力を有することとされる旧法第二十一条第一項（法附則第三条第四項の規定によりなおその効力を有することとされる旧法第二十四条ノ二第三項において準用する場合を含む。）の規定による登記簿の謄本若しくは抄本の交付又は登記簿の閲覧」と、新規則第百九十三条第一項第四号中「登記事項証明書の交付の請求をする場合にあっては、第百九十六条第一項各号（同項第一号、第三号及び第四号を、同条第二項において準用する場合を含む。）に掲げる登記事項証明書の区分」とあるのは「登記簿の抄本の交付を請求する場合にあっては、抄本の交付を請求する部分」と、新規則第百九十三条第一項第五号中「登記事項証明書」とあるのは「登記簿の謄本又は抄本」と、新規則第二百二条第一項中「地図等」とあるのは、「登記簿、地図等」とする。

4　第三条指定を受けていない事務において登記用紙に記録された事項を抹消する記号を記録するには、当該事項を朱抹するものとする。

5　第三条指定を受けていない事務において登記用紙に登記官の識別記号を記録するには、登記用紙に登記官が登記官印を押印するものとする。

（閉鎖登記簿）
第五条　新規則第百九十三条第一項、第百九十四条第一項、第二百二条第一項、第二百三条第一項及び第二百四条の規定は、法附則第四条第一項に規定する閉鎖登記簿の謄本若しくは抄本の交付又は閲覧について準用する。

2　前項の閉鎖登記簿の謄本又は抄本については、旧細則第三十五条から第三十五条ノ三までの規定は、なおその効力を有する。

3　新規則第三十条及び第三十二条の規定は、第一項の閉鎖登記簿に関する事務について準用する。

（旧登記簿が滅失した場合の回復手続）
第六条　第三条指定を受けていない事務に係る旧登記簿（信託目録を含む。）が滅失したときは、旧法第十九条、第二十三条及び第六十九条から第七十五条までに規定する手続により回復するものとする。この場合には、当該事務について本登記済証交付帳を備える。

2　前項に規定する手続により交付された登記済証は、旧法第六十条の規定により還付された登記済証とみなす。

3　旧細則第二十二条及び第六十条から第六十条ノ三までの規定は、第一項の旧登記簿についてなおその効力を有する。この場合において、旧細則第二十二条第一項中「不動産登記法第二十三条ノ告示」とあるのは、「新規則附則第六条第一項ニ規定スル手続ノ告示」と、旧細則第六十条中「不動産登記法第六十条第一項ノ手続」とあるのは「旧法第六十条第一項ニ規定スル手続」と、旧細則第六十条ノ二中「不動産登記法第七十二条第一項」とあるのは「新規則附則第六条第一項」と、旧細則第六十条ノ三中「不動産登記法第七十四条第一項」とあるのは「新規則附則第六条第一項」と、「同法第七十二条第一項」とあるのは、「旧法第七十二条第一項」とする。

4　法の施行の際、現に旧法の規定により行われている第一項に規定する手続については、なお従前の例による。第三条指定を受けていない事務が第三条指定を受けた際、現に当該事務について第一項の規定により行われている手続についても、同様とする。

（第三条指定を受けている登記所からの移送）
第七条　不動産の所在地が当該不動産に係る事務について第三条指定を受けている甲登記所の管轄から当該事務について第三条指定を受けていない乙登記所の管轄に転属した場合において、甲登記所が当該不動産の登記記録、共同担保目録又は信託目録を乙登記所に移送するには、甲登記所の当該不動産の登記記録、共同担保目録又は信託目録に記録された事項を記載した書面を送付しなければならない。

2　乙登記所が前項の規定により登記記録に記録された事項を記載した書面の送付を受けたときは、乙登記所の登記官は、当該書面に記載された事項を登記用紙に記載しなければならない。この場合には、表題部及び権利部に記載した登記の末尾に、管轄転属により登記をした旨及びその年月日を記載し、これに登記官印を押印しなければならない。

3　乙登記所が第一項の規定により共同担保目録又は信託目録に記録された事項を記載した書面の送付を受けたときは、乙登記所の登記官は、これに基づき共同担保目録又は信託目録を作成しなければならない。この場合には、必要に応じ、作成した共同担保目録又は信託目録に新たに記号又は目録番号を付さなければならない。

4　第二項の場合において、同項の書面に旧法第百二十五条若しくは第百二十七条第一項の規定又は新規則第百六十六条第一項若しくは第百六十八条第二項若しくは第四項の規定により記録された事項の記載があるときは、乙登記所の登記官は、登記用紙に前項の規定によって

付した記号又は目録番号を用いて当該事項を記載しなければならない。
　（第三条指定を受けていない登記所からの移送）
第八条　不動産の所在地が当該不動産に係る事務について第三条指定を受けていない甲登記所の管轄から当該事務について第三条指定を受けている乙登記所の管轄に転属した場合においては、乙登記所の登記官は、移送を受けた登記用紙に記載された事項を登記記録に記録しなければならない。ただし、法附則第三条第一項に規定する電子情報処理組織による取扱いに適合しないものは、この限りでない。
2　乙登記所の登記官は、前項の規定による記録をしたときは、移送を受けた登記用紙を閉鎖しなければならない。
3　乙登記所の登記官は、第一項に規定する場合において、移送を受けた共同担保目録又は信託目録があるときは、これに基づき共同担保目録又は信託目録を作成しなければならない。
4　前条第二項後段及び第四項の規定は第一項本文の場合について、前条第三項後段の規定は前項の場合について、それぞれ準用する。この場合において、前条第二項後段中「記載」とあるのは「記録」と、「登記官印を押印しなければ」とあるのは「登記官の識別記号を記録しなければ」と、同条第四項中「同項の書面」とあるのは「移送を受けた登記用紙」と、「登記用紙」とあるのは「登記記録」と、「記載しなければ」とあるのは「記録しなければ」と読み替えるものとする。
　（共同担保目録）
第九条　共同担保目録に関する事務について第三条指定を受けていない登記所（以下「共担未指定登記所」という。）において二以上の不動産に関する権利を目的とする担保権の保存、設定又は処分の登記を申請する場合（書面申請をする場合に限る。この条において同じ。）における共同担保目録に記録すべき情報の提供方法については、なお従前の例による。ただし、一又は二以上の不動産に関する権利を目的とする担保権の保存又は設定の登記をした後、同一の債権を担保するため他の二以上の不動産に関する権利を目的とする担保権の保存、設定又は処分の登記を申請する場合において、前の登記に他の登記所の管轄区域内にある不動産に関するものがあるときであっても、一の共同担保目録を添付すれば足りる。
2　一又は二以上の不動産に関する権利を目的とする担保権の保存又は設定の登記をした後、共担未指定登記所において同一の債権を担保するため他の一の不動産に関する権利を目的とする担保権の保存、設定又は処分の登記を申請する場合における共同担保目録に記録すべき情報の提供方法については、なお従前の例による。ただし、一の不動産に関する権利を目的とする担保権の保存又は設定の登記をした後、同一の債権を担保するため他の一の不動産に関する権利を目的とする担保権の保存、設定又は処分の登記を申請する場合において、前の登記が他の登記所の管轄区域内にある不動産に関するものであるときであっても、一の共同担保目録を添付すれば足りる。
3　共担未指定登記所において担保権の登記がある土地の分筆の登記、建物の分割の登記、建物の区分の登記又は敷地権付き区分建物について敷地権を抹消することとなる登記の申請をする場合の共同担保目録については、なお従前の例による。ただし、これらの登記をする前の不動産に関する権利が他の登記所の管轄区域内にある不動産に関する権利とともに担保権の目的であったときであっても、一の共同担保目録を添付すれば足りる。
4　前三項の規定により共同担保目録が提出された場合において、前の登記に関する共同担保目録があるときは、新たに提出される共同担保目録は当該前の登記に関する共同担保目録の一部とみなす。
5　旧細則第四十三条ノ二から第四十三条ノ四までの規定は、第一項から第三項までの規定により共担未指定登記所に提出すべき共同担保目録について、なおその効力を有する。

第十条　共担未指定登記所においては、共同担保目録つづり込み帳を備える。
2　共担未指定登記所において電子申請により共同担保目録に記録すべき情報が提供されたときは、登記官は、書面で共同担保目録を作成しなければならない。
3　前項の規定による共同担保目録は、第一項の共同担保目録つづり込み帳につづり込むものとする。この省令その他の法令の規定により登記官が作成した共同担保目録についても、同様とする。
4　前条第一項から第三項までの規定により共担未指定登記所において書面申請により共同担保目録に記録すべき情報を記載した書面が提出されたときは、当該書面は、法第八十三条第二項の共同担保目録とみなす。この場合には、当該書面は、新規則第十九条の規定にかかわらず、第一項の共同担保目録つづり込み帳につづり込むものとする。
5　前条第四項の規定により前の登記に関する共同担保目録の一部とみなされる共同担保目録には、前の登記に関する共同担保目録と同一の記号及び目録番号を付すものとする。
6　第一項の共同担保目録つづり込み帳に共同担保目録をつづり込むときは、その目録番号の順序によるものとする。
7　共同担保目録つづり込み帳は、記号ごとに別冊とするものとする。ただし、分冊にすることを妨げない。
8　共同担保目録に掲げた不動産であって共担未指定登記所の管轄区域内にあるものの全部又は一部の所在地が他の登記所に転属した場合において共同担保目録を移送するときは、共同担保目録又はその記載事項を転写して作成した共同担保目録を移送するものとする。
9　旧細則第五十七条ノ四から第五十七条ノ六まで（第五十七条ノ四第三項を除く。）の規定は、共担未指定登記所において登記官が作成する共同担保目録について、なおその効力を有する。この場合において、旧細則第五十七条ノ四第一項中「不動産登記法第百二十七条第二項ノ規定ニ依リ不動産ニ関スル権利ノ表示ヲ為ストキハ」とあるのは「新規則第百六十八条第三項ノ規定ニ依ル記録ヲ為ストキハ」と、「申請書」とあるのは「申請ノ」と、同条第二項中「不動産登記法第百二十八条第一項ノ規定ニ依ル附記ヲ為スニハ」とあるのは「新規則第百七十条第一項（同条第五項ニ於テ準用スル場合ヲ含ム）及ビ第二項ノ規定ニ依ル記録ヲ為スニハ」と、「申請書」とあるのは「申請ノ」と、同条第四項中「前二項」とあるのは「新規則附則第十条第九項ノ規定ニ依リ仍其ノ効力ヲ有スルモノトサレタル第五十七条ノ四第二項」と、「第四十三条ノ四又ハ第五十七条ノ五」とあるのは「新規則附則第九条第五項ノ規定ニ依リ仍其ノ効力ヲ有スルモノトサレタル第四十三条ノ四又ハ新規則附則第十条第九項ノ規定ニ依リ仍其ノ効力ヲ有スルモノトサレタル第五十七条ノ五」と、旧細則第五十七条ノ五第一項中「第四十三条ノ二、第四十三条ノ三第一項及ビ第四十三条ノ四」とあるのは「新規則附則第九条第五項ノ規定ニ依リ仍其ノ効力ヲ有スルモノトサレタル第四十三条ノ二、第四十三条ノ三第一項及ビ第四十三条ノ四」とする。
第十一条　この省令の施行の際、現に登記所に備え付けてある共同担保目録は、法第八十三条第二項の共同担保目録とみなす。

（信託目録）
第十二条　信託目録に関する事務について第三条指定を受けていない登記所（以下「信託目録未指定登記所」という。）においては、信託目録つづり込み帳を備える。
2　信託目録未指定登記所において電子申請により信託目録に記録すべき情報が提供されたときは、登記官は、書面で信託目録を作成しなければならない。
3　前項の規定による信託目録は、第一項の信託目録つづり込み帳につづり込むものとする。
4　信託目録未指定登記所において書面申請により信託目録に記録すべき情報を記載した書面が提出されたときは、当該書面は、法第九十七条第二項の信託目録とみなす。この場合には、

当該書面は、新規則第十九条の規定にかかわらず、第一項の信託目録つづり込み帳につづり込むものとする。

5 旧細則第十六条ノ四第一項、第四十三条ノ六から第四十三条ノ九まで、第五十七条ノ十及び第五十七条ノ十一の規定は、信託目録未指定登記所の信託目録について、なおその効力を有する。この場合において、旧細則第十六条ノ四第一項中「信託原簿」とあるのは「信託目録」と、「申請書」とあるのは「申請ノ」と、旧細則第四十三条ノ六及び第四十三条ノ九中「信託原簿」とあるのは「信託目録ニ記録スベキ情報ヲ記載シタル書面」と、旧細則第四十三条ノ七及び第四十三条ノ八中「信託原簿用紙」とあるのは「信託目録ニ記録スベキ情報ヲ記載シタル書面ノ用紙」と、旧細則第四十三条ノ九中「第四十三条ノ三」とあるのは「新規則附則第九条第五項ノ規定ニ依リ仍其ノ効力ヲ有スルモノトサレタル第四十三条ノ三」と、旧細則第五十七条ノ十及び第五十七条ノ十一中「信託原簿」とあるのは「信託目録」とする。

第十三条 この省令の施行の際、現に登記所に備え付けてある信託原簿は、法第九十七条第二項の信託目録とみなす。

（共同担保目録等の改製）

第十四条 附則第三条の規定は、共同担保目録及び信託目録について準用する。

（法附則第六条の指定前の登記手続）

第十五条 新規則中電子申請に関する規定及び第三十六条第四項の規定は、法附則第六条の指定（以下「第六条指定」という。）の日からその第六条指定に係る登記手続について適用する。

2 第六条指定を受けていない登記所の登記手続に係る登記の申請をするときは、登記原因を証する情報を記載した書面であって不動産所在事項、登記の目的及び登記原因その他の申請に係る登記を特定することができる事項を記載したもの又は申請書と同一の内容を記載した書面を提出するものとする。

3 法附則第六条第三項の規定により読み替えて適用される法第二十一条本文又は法附則第六条第三項の規定により読み替えて適用される法第百十七条の登記済証その他の登記権利者に係る登記済証の作成及び交付については、なお従前の例による。この場合においては、前項の規定により提出された書面を旧法第六十条第一項に規定する登記原因を証する書面又は申請書の副本とみなす。

4 法附則第六条第三項の規定により読み替えて適用される法第二十一条ただし書の法務省令で定める場合は、次に掲げる場合とする。

一 法附則第六条第三項の規定により読み替えて適用される法第二十一条本文の規定により登記済証の交付を受けるべき者があらかじめ登記済証の交付を希望しない旨の申出をした場合（官庁又は公署が登記権利者のために登記の嘱託した場合において、当該官庁又は公署が当該登記管理者の申出に基づいて登記済証の交付を希望しない旨の申出をしたときを含む。）

二 法附則第六条第三項の規定により読み替えて適用される法第二十一条本文の規定により登記済証の交付を受けるべき者が、登記完了の時から三月以内に登記済証を受領しない場合

三 法附則第六条第三項の規定により読み替えて適用される法第二十一条本文の規定により登記済証の交付を受けるべき者が官庁又は公署である場合（当該官庁又は公署があらかじめ登記済証の交付を希望する旨の申出をした場合を除く。）

四 申請人が第二項に規定する書面を提出しなかった場合

5 新規則第六十四条第二項の規定は、前項第一号及び第三号の申出をするときについて準用する。

7　第六条指定を受けていない登記手続において登記を完了した場合における登記済証（第三項の登記済証を除く。）の作成及び交付については、なお従前の例による。この場合においては、第二項の規定により提出された書面又は法附則第六条第三項の規定により読み替えて適用される法第二十二条の規定により提出された登記済証を旧法第六十条第一項に規定する登記原因を証する書面若しくは申請書副本又は同条第二項に規定する登記済証若しくは書面とみなす。
7　第四項及び第五項の規定は、前項の場合について準用する。
8　第六条指定がされるまでの間における第六条指定を受けていない登記手続についての新規則第七十条の適用については、同条中「法第二十二条」とあるのは、「法附則第六条第三項の規定により読み替えて適用される法第二十二条」とする。
9　旧細則第四十四条ノ十七の規定は、第六条指定がされるまでの間、第六条指定を受けていない登記手続について、なおその効力を有する。
　（法附則第七条の登記手続）
第十六条　第六条指定を受けた登記手続において、申請人が法附則第七条の規定により登記済証を提出して登記の申請をしたときは、当該申請人である登記義務者（登記権利者及び登記義務者がない場合にあっては、申請人である登記名義人）に対し、登記完了証に代えて、旧法第六十条第二項に規定による方法により作成した登記済証を交付するものとする。
　（電子情報処理組織を使用する方法による登記事項証明書の交付の請求）
第十七条　新規則第百九十四条第三項の規定は、法務大臣が指定した登記所における登記事項証明書の交付の請求について、当該指定の日から当該指定に係る登記所ごとに適用する。
2　前項の指定は、告示してしなければならない。
　（予告登記の抹消）
第十八条　登記官は、職権で、旧法第三条に規定する予告登記の抹消をすることができる。
2　登記官は、この省令の施行後、登記をする場合において、当該登記に係る不動産の登記記録又は登記用紙に前項の予告登記がされているときは、職権で、当該予告登記の抹消をしなければならない。
　（旧根抵当権の分割等による権利の変更の登記）
第十九条　民法の一部を改正する法律（昭和四十六年法律第九十九号）附則第五条第一項の規定による分割による権利の変更の登記は、増額の登記についてする付記登記によってするものとする。この場合において、登記官は、分割により根抵当権の設定を登記する旨を記録し、かつ、分割前の旧根抵当権（同法附則第二条に規定する旧根抵当権をいう。以下同じ。）の登記についてする付記登記によって分割後の極度額を記録しなければならない。
2　新規則第百五十二条第二項の規定は、前項の場合において、増額の登記に当該増額に係る部分を目的とする第三者の権利に関する登記があるときについて準用する。
3　登記官は、民法の一部を改正する法律附則第九条第一項の規定による分離による権利の変更の登記をするときは、当該一の不動産の上の旧根抵当権の設定の登記についてする付記登記によって記録し、当該不動産が他の不動産とともに担保の目的である旨の記録に抹消する記号を記録しなければならない。
4　新規則第百七十条第一項、第三項及び第四項の規定は、前項の権利の変更の登記をした場合について準用する。
　（民法の一部を改正する伴う経過措置）
第二十条　民法の一部を改正する法律（平成十六年法律第百四十七号）の施行の日の前日までの間における新規則第三条及び第百六十五条の規定の適用については、新規則第三条第二号ロ中「第三百九十八条の八第一項又は第二項」とあるのは「第三百九十八条ノ九第一項又は

第二項」と，同号ハ中「第三百九十八条の十二第二項」とあるのは「第三百九十八条ノ十二第二項」と，同号ニ中「第三百九十八条の十四第一項ただし書」とあるのは「第三百九十八条ノ十四第一項ただし書」と，新規則第百六十五条第一項及び第二項中「第三百九十八条の十二第二項」とあるのは「第三百九十八条ノ十二第二項」とする。

　　　附　則（平成一七年八月一五日法務省令第八二号）　抄

（施行期日）
第一条　この省令は、公布の日から施行する。ただし、第六十八条第七項の改正規定は、平成十七年八月二十九日から施行する。

　　　附　則（平成一七年一一月一一日法務省令第一〇六号）　抄

（施行期日）
第一条　この省令は、不動産登記法等の一部を改正する法律の施行の日から施行する。

別表一（第四条第一項関係）土地の登記記録

第一欄		第二欄
地図番号欄		地図の番号並びに筆界特定の年月日及び手続番号
土地の表示欄	不動産番号欄	不動産番号
	所在欄	所在
	地番欄	地番
	地目欄	地目
	地積欄	地積
	原因及びその日付欄	登記原因及びその日付
		河川区域内又は高規格堤防特別区域内、樹林帯区域内、特定樹林帯区域内若しくは河川立体区域内の土地である旨
		閉鎖の事由
	登記の日付欄	登記の年月日
		閉鎖の年月日
所有者欄		所有者及びその持分

別表二（第四条第二項関係）区分建物でない建物の登記記録

第一欄		第二欄
所在図番号欄		建物所在図の番号
	不動産番号欄	不動産番号
	所在欄	所在（附属建物の所在を含む。）

主たる建物の表示欄		建物の名称がある場合は、その名称
	家屋番号欄	家屋番号
	種類欄	種類
	構造欄	構造
	床面積欄	床面積
	原因及びその日付欄	登記原因及びその日付
		建物を新築する場合の不動産工事の先取特権の保存の登記における建物の種類、構造及び床面積が設計書による旨
		閉鎖の事由
	登記の日付欄	登記の年月日
		閉鎖の年月日
附属建物の表示欄	符号欄	附属建物の符号
	種類欄	附属建物の種類
	構造欄	附属建物の構造
		附属建物が区分建物である場合における当該附属建物が属する一棟の建物の所在、構造、床面積及び名称
		附属建物が区分建物である場合における敷地権の内容
	床面積欄	附属建物の床面積
	原因及びその日付欄	附属建物に係る登記の登記原因及びその日付
		附属建物を新築する場合の不動産工事の先取特権の保存の登記における建物の種類、構造及び床面積が設計書による旨
	登記の日付欄	附属建物に係る登記の年月日
所有者欄		所有者及びその持分

別表三（第四条第三項関係）区分建物である建物の登記記録

第一欄		第二欄
一棟の建物の表題部		
専有部分の家屋番号欄		一棟の建物に属する区分建物の家屋番号
一棟の建物の表示欄	所在欄	一棟の建物の所在
	所在図番号欄	建物所在図の番号
	建物の名称欄	一棟の建物の名称
	構造欄	一棟の建物の構造
	床面積欄	一棟の建物の床面積
	原因及びその日付欄	一棟の建物に係る登記の登記原因及びその日付

		建物を新築する場合の不動産工事の先取特権の保存の登記における建物の種類、構造及び床面積が設計書による旨
		閉鎖の事由
	登記の日付欄	一棟の建物に係る登記の年月日
		閉鎖の年月日
敷地権の目的たる土地の表示欄	土地の符号欄	敷地権の目的である土地の符号
	所在及び地番欄	敷地権の目的である土地の所在及び地番
	地目欄	敷地権の目的である土地の地目
	地積欄	敷地権の目的である土地の地積
	登記の日付欄	敷地権に係る登記の年月日
		敷地権の目的である土地の表題部の登記事項に変更又は錯誤若しくは遺漏があることによる建物の表題部の変更の登記又は更正の登記の原因及びその日付
区分建物の表題部		
専有部分の建物の表示欄	不動産番号欄	不動産番号
	家屋番号欄	区分建物の家屋番号
	建物の名称欄	区分建物の名称
	種類欄	区分建物の種類
	構造欄	区分建物の構造
	床面積欄	区分建物の床面積
	原因及びその日付欄	区分建物に係る登記の登記原因及びその日付
		共用部分である旨
		団地共用部分である旨
		建物を新築する場合の不動産工事の先取特権の保存の登記における建物の種類、構造及び床面積が設計書による旨
	登記の日付欄	区分建物に係る登記の年月日
附属建物の表示欄	符号欄	附属建物の符号
	種類欄	附属建物の種類
	構造欄	附属建物の構造
		附属建物が区分建物である場合におけるその一棟の建物の所在、構造、床面積及び名称
		附属建物が区分建物である場合における敷地権の内容
	床面積欄	附属建物の床面積
	原因及びその日付欄	附属建物に係る登記の登記原因及びその日付

		附属建物を新築する場合の不動産工事の先取特権の保存の登記における建物の種類、構造及び床面積が設計書による旨
	登記の日付欄	附属建物に係る登記の登記の年月日
敷地権の表示欄	土地の符号欄	敷地権の目的である土地の符号
	敷地権の種類欄	敷地権の種類
	敷地権の割合欄	敷地権の割合
	原因及びその日付欄	敷地権に係る登記原因及びその日付
		附属建物に係る敷地権である旨
	登記の日付欄	敷地権に係る登記の年月日
所有者欄		所有者及びその持分

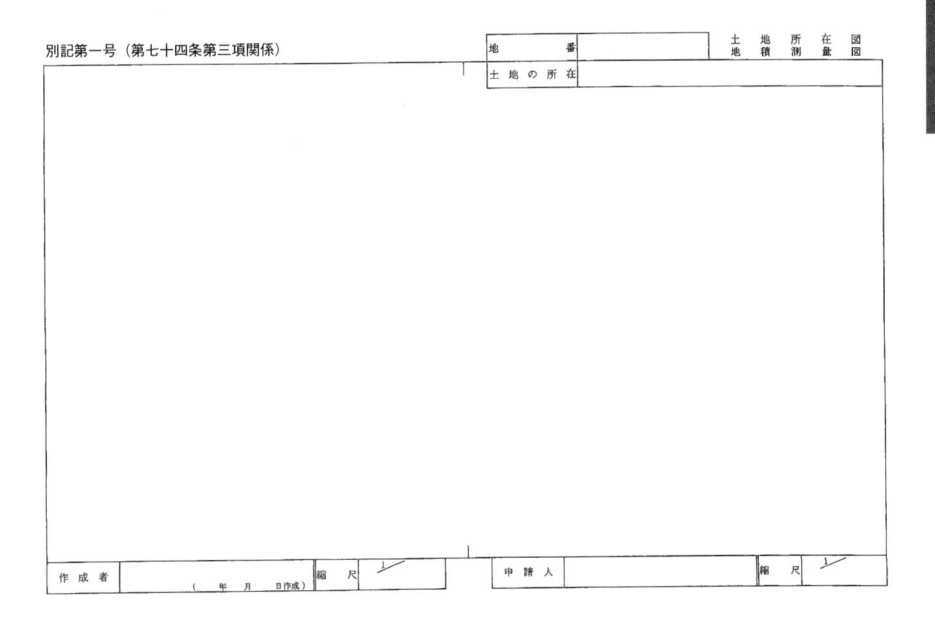

別記第一号（第七十四条第三項関係）

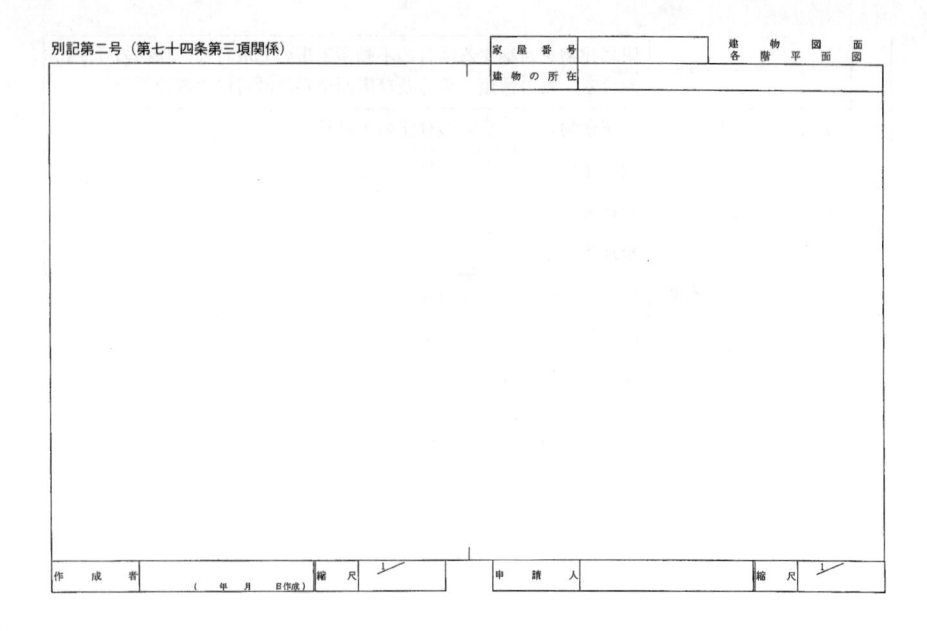

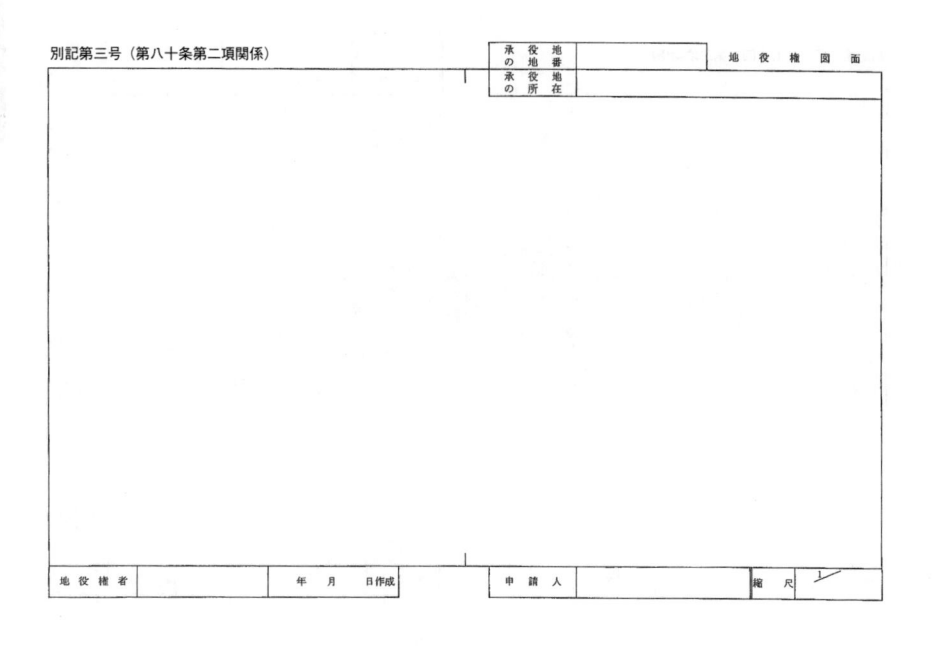

別記第二号（第七十四条第三項関係）

家屋番号		建物図面 各階平面図
建物の所在		

作成者　　　（　年　月　日作成）　縮尺　１／　　　　申請人　　　　縮尺　１／

別記第三号（第八十条第二項関係）

承役地の地番		地役権図面
承役地の所在		

地役権者　　　　　年　月　日作成　　　申請人　　　　縮尺　１／

別記第四号（第九十四条第二項関係）
（表面）

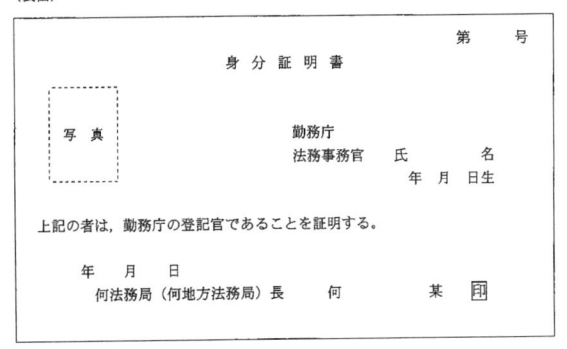

|第　号|
|身分証明書|

写真　　　勤務庁
　　　　　法務事務官　氏　　名
　　　　　　　　　　　年　月　日生

上記の者は，勤務庁の登記官であることを証明する。

　　年　月　日
　　　何法務局（何地方法務局）長　何　某　㊞

（裏面）

注意事項
1　この証明書は，他人に貸与し，預け入れ，又は譲り渡してはならない。
2　この証明書は，新たな証明書の交付を受けたとき又は退職し若しくは転職したときは，直ちに発行者に返還しなければならない。
3　この証明書を破損し，又は紛失したときは，直ちに発行者に届け出なければならない。

別記第五号（第百七十六条第二項及び第百九十七条第二項第五号関係）

五		四 信託の管理人の氏名及び住所	三 受益者の氏名及び所	二 受託者の氏名及び住所	一 委託者の氏名及び住所
信託条項					
			五 信託条項		
備考					
	丁				

備　　　　　予	備　　　　　予
備　　　　　予	備　　　　　予
丁	

別記第六号（第百八十一条第二項関係）

登 記 完 了 証

次の登記申請が完了したことを下記のとおり通知します。

記

申請受付番号	
受 付 年 月 日	
登 記 の 目 的	
不動産の表示	

以上

年　　月　　日

　　　法務局　　　　　　出張所
　　　　登記官　　　　　　　　　　　　職印

別記第七号(第百九十七条第二項第一号関係)

【 表 題 部 】 （土 地 の 表 示）		調製		地図番号	
【不動産番号】					
【所　在】					
【①地　番】	【②地　目】	【③地　積】㎡		【原因及びその日付】	【登記の日付】
【所 有 者】					

【 権 利 部（甲 区）】　（所有権に関する事項）				
【順位番号】	【登記の目的】	【受付年月日・受付番号】	【原　因】	【権利者その他の事項】

【 権 利 部（乙 区）】　（所有権以外の権利に関する事項）				
【順位番号】	【登記の目的】	【受付年月日・受付番号】	【原　因】	【権利者その他の事項】

別記第八号(第百九十七条第二項第二号関係)

【 表 題 部 】 （主 た る 建 物 の 表 示）		調製		所在図番号	
【不動産番号】					
【所　在】					
【家屋番号】					
【①種　類】	【②構　造】	【③床 面 積】㎡		【原因及びその日付】	【登記の日付】

【 表 題 部 】 （附属建物の表示）					
【符号】	【①種　類】	【②構　造】	【③床 面 積】㎡	【原因及びその日付】	【登記の日付】
【所 有 者】					

【 権 利 部（甲 区）】　（所有権に関する事項）				
【順位番号】	【登記の目的】	【受付年月日・受付番号】	【原　因】	【権利者その他の事項】

【 権 利 部（乙 区）】　（所有権以外の権利に関する事項）				
【順位番号】	【登記の目的】	【受付年月日・受付番号】	【原　因】	【権利者その他の事項】

不動産登記規則

別記第九号 (第百九十七条第二項第三号関係)

専有部分の家屋番号						
【表題部】	【一棟の建物の表示】		調製		【所在図番号】	
【所　　在】						
【建物の名称】						
【①構　造】	【②床面積】	㎡	【原因及びその日付】		【登記の日付】	
【表題部】	【敷地権の目的たる土地の表示】					
【①土地の符号】	【②所在及び地番】	【③地目】		【④地積】㎡	【登記の日付】	

【表題部】	【専有部分の建物の表示】					
【不動産番号】						
【家屋番号】						
【建物の名称】						
【①種類】	【②構　造】	【③床面積】 ㎡		【原因及びその日付】	【登記の日付】	
【表題部】	【附属建物の表示】					
【符号】	【①種類】	【②構　造】	【③床面積】㎡	【原因及びその日付】	【登記の日付】	
【表題部】	【敷地権の表示】					
【①土地の符号】	【②敷地権の種類】	【③敷地権の割合】		【原因及びその日付】	【登記の日付】	
【所有者】						

【権利部（甲区）】	【所有権に関する事項】				
【順位番号】	【登記の目的】	【受付年月日・受付番号】	【原因】	【権利者その他の事項】	

【権利部（乙区）】	【所有権以外の権利に関する事項】				
【順位番号】	【登記の目的】	【受付年月日・受付番号】	【原因】	【権利者その他の事項】	

別記第十号 (第百九十七条第二項第四号関係)

共　同　担　保　目　録				
記号及び番号			調製	
番　号	担保の目的たる権利の表示	順位番号	予　備	

別記第十一号 (第百九十八条第一項関係)

	表　題　部	
	権　利　部 所　有　権	
	権　利　部 甲　　区	
	権　利　部 乙　　区	

別記第十二号 (第百九十八条第二項関係)

	表　題　部	
	権　利　部 所　有　権	
	負　　担	権利部(甲区)： 権利部(乙区)：

⑤ 不動産登記事務取扱手続準則の改正について（通達）

（平成17年2月25日法務省民二第456号）

（最終改正　平成17年12月22日法務省民二第2904局長通達）

（通達）不動産登記法（平成16年法律第123号）、不動産登記令（平成16年政令第379号）及び不動産登記規則（平成17年法務省令第18号）の施行に伴い、昭和52年9月3日付け民3第4473号当職通達「不動産登記事務取扱手続準則」の全部を別添のとおり改正し、下記により実施することとしたことから、この旨貴管下登記官に周知方取り計らい願います。

記

1　改正後の不動産登記事務取扱手続準則（以下「新準則」という。）は、本年3月7日から実施する。
2　新準則に抵触する従前の取扱い（通達、回答）は、この通達により変更したものとする。
3　現に使用中の帳簿及び現に登記所に配布されている用紙、印版等は、この準則に抵触するものであっても、当分の間使用して差し支えない。
4　不動産登記法（以下「法」という。）附則第3条第1項の規定による指定（同条第3項の規定により指定を受けたものとみなされるものを含む。以下「第3条指定」という。）がされていない事務については、新準則の規定を適宜読み替えて適用するものとする。ただし、改正前の不動産登記事務取扱手続準則（以下「旧準則」という。）第4条第3項、第6条、第15条から第19条まで、第21条から第24条まで、第37条、第40条、第42条第2項から第4項まで、第43条、第44条第2項、第46条第1号、第5号、第6号、第9号及び第11号、第49条第4号から第13号まで、第15号及び第16号、第55条前段、第69条第5項ただし書、第70条から第74条まで、第127条第1項、第129条、第134条、第151条第1項、第153条第4項、第155条第1項、第156条、第171条第2項、第173条第3項、第174条第2項、第175条から第181条まで、第183条、第184条、第194条並びに第204条から第209条までの規定は、なお効力を有するものとし、これらの規定に抵触する新準則の規定は適用しないものとする。
5　第3条指定がされた事務のうち法附則第6条の指定がされるまでの間における登記済証に関する事務については、旧準則第70条から第74条までの規定は、なお効力を有するものとする。

（別添）

6 不動産登記事務取扱手続準則

(平成17年2月25日法務省民二第456局長通達)

(最終改正　平成17年12月22日法務省民二第2904局長通達)

目次

第1章　総則（第1条）
第2章　登記所及び登記官（第2条－第7条）
第3章　登記記録等
　第1節　総則（第8条－第2条）
　第2節　地図等（第21条－第28条）
　第3節　登記に関する帳簿等（第17条－第23条）
　第4節　雑則（第24条－第27条）
第4章　登記手続
　第1節　総則
　　第1款　通則（第28条－第30条）
　　第2款　受付等（第31条－第36条）
　　第3款　登記識別情報（第37条－第41条）
　　第4款　登記識別情報の提供がない場合の手続（第42条－第49条）
　　第5款　土地所在図等（第50条－第58条）
　第2節　表示に関する登記
　　第1款　通則（第59条－第66条）
　　第2款　土地の表示に関する登記（第67条－第76条）
　　第3款　建物の表示に関する登記（第77条－第103条）
　第3節　権利に関する登記
　　第1款　通則（第104条－第111条）
　　第2款　担保権等に関する登記（第112条－第114条）
　　第3款　信託に関する登記（第115条）
　　第4款　仮登記（第116条）
　第4節　補則
　　第1款　通知等（第117条－第122条）
　　第2款　登録免許税（第123条－第131条）
第5章　登記事項の証明等（第132条－第140条）
第6章　雑則（第141条－第146条）

第1章　総則

（趣旨）

第1条　不動産に関する登記事務の取扱いは、法令に定めるもののほか、この準則によるものとする。

第2章　登記所及び登記官

（管轄登記所の指定）
第2条　不動産の管轄登記所等の指定に関する省令（昭和50年法務省令第68号）第1条に規定する管轄登記所の指定については、1の登記所は、関係登記所と協議の上、同条第1号に掲げる場合にあっては別記第1号様式、同条第2号に掲げる場合にあっては別記第1号様式に準ずる様式、その他の場合にあっては別記第2号様式による指定請求書により、それぞれ法務局若しくは地方法務局の長又は法務大臣に請求するものとする。

第3条　法務局又は地方法務局の長が不動産登記法（平成16年法律第123号。以下「法」という。）第6条第2項の規定により当該不動産に関する登記の事務をつかさどる管轄登記所を指定するには、別記第3号様式による指定書によりするものとする。

（他の登記所の管轄区域への建物のえい行移転の場合）
第4条　表題登記がある建物がえい行移転（建物を取り壊さずに他の土地に移転することをいう。以下同じ。）により甲登記所の管轄区域から乙登記所の管轄区域に移動した場合における当該建物の不動産所在事項に関する変更の登記は、乙登記所が管轄登記所としてこれを取り扱うものとする。

2　前項の登記の申請が甲登記所にされた場合には、甲登記所の登記官は、乙登記所に別記第4号様式による通知書によりその旨を通知し、両登記所の登記官は、協力して当該建物の所在が変更したか否かにつき実地調査をするものとする。同項の登記の申請が乙登記所にされた場合についても、同様とする。

3　前項の調査の結果、第1項の登記の申請が相当と認められるときは、甲登記所の登記官は、第8条の規定により乙登記所に関係簿書（当該申請書類を含む。）を引き継ぐものとする。

4　前2項の規定は、職権で、第1項の登記をすべき場合について準用する。

（他の登記所の管轄区域にまたがる場合の管轄登記所）
第5条　甲登記所において登記されている建物について、増築若しくは附属建物の新築がされ、又は乙登記所の管轄に属する建物をその附属建物とする登記がされたことにより、当該建物が乙登記所の管轄区域にまたがることとなった場合でも、当該建物の管轄登記所は、甲登記所とする。甲登記所において登記されている建物が、えい行移転又は管轄区域の変更により乙登記所の管轄区域にまたがることとなった場合についても、同様とする。

（事務の停止の報告等）
第6条　登記官は、水害又は火災等の事故その他の事由により登記所においてその事務を停止しなければならないと考えるときは、直ちに、当該登記官を監督する法務局又は地方法務局の長にその旨及び事務停止を要する期間を報告しなければならない。

2　前項の報告を受けた法務局又は地方法務局の長は、当該登記所の事務を停止しなければならない事由があると認めるときは、直ちに、法務大臣に別記第5号様式による意見書を提出しなければならない。

（登記官の交替）
第7条　登記官は、その事務を交替する場合には、登記簿、地図等及び登記簿の附属書類その他の帳簿等を点検した上で、事務を引き継がなければならない。

2　前項の規定により事務の引継ぎを受けた登記官は、引き継いだ帳簿等を調査し、当該登記官を監督する法務局又は地方法務局の長にその調査結果を記載した別記第6号様式による報告書を提出するものとする。

第3章　登記記録等

第1節　総則

（管轄転属による登記記録等の移送等）
第8条　不動産の所在地が甲登記所の管轄から乙登記所の管轄に転属したこと（以下「管轄転属」という。）に伴い不動産登記規則（平成17年法務省令第18号。以下「規則」という。）第32条第1項の移送をする場合には、登記記録等（登記記録（共同担保目録及び信託目録を含む。）、地図等（電磁的記録に記録されているものを含む。）及び登記簿の附属書類（電磁的記録に記録されているものを含む。）をいう。本条において同じ。）が紛失し、又は汚損しないように注意して、送付しなければならない。
2　前項の場合において、移送すべき地図等が1枚の用紙に記載された地図等の一部であるときは、その地図等と同一の規格及び様式により、管轄転属に係る土地又は建物に関する部分のみの写しを作成し、当該写しを送付するものとする。
3　第1項の移送をする場合には、別記第7号様式による移送書2通（目録5通を含む。）を添えてするものとする。
4　第1項の移送を受けた乙登記所の登記官は、遅滞なく、移送された登記記録等を移送書と照合して点検し、別記第8号様式による受領書2通（目録2通を含む。この目録は、移送書に添付した目録を用いる。）を甲登記所の登記官に交付し、又は送付するものとする。この場合には、受領書の写しを作成して保管するものとする。
5　移送書又は受領書を受け取った登記官は、別記第9号様式による報告書により、これに移送書又は受領書（いずれも目録1通を含む。）を添えて、当該登記官を監督する法務局又は地方法務局の長に登記記録等の引継ぎを完了した旨を報告するものとする。この場合において、甲登記所及び乙登記所が同一の法務局又は地方法務局の管内にあるときは、連署をもって作成した報告書により報告して差し支えない。
6　第1項の場合において、登記簿の附属書類（土地所在図等を除く。以下この項において同じ。）を直ちに移送することが困難な特別の事情があるときは、第3項の移送書に附属書類を移送しない旨を記載した上、便宜甲登記所において保管しておくことを妨げない。この場合において、乙登記所に対し、甲登記所に保管している附属書類の閲覧の請求があった場合には、乙登記所の登記官は、直ちに甲登記所の登記官に当該書類の移送を請求しなければならない。

（管轄転属による地番等の変更）
第9条　登記官は、規則第32条第1項の規定により登記記録の移送を受けた場合において、管轄転属に係る不動産について地番又は家屋番号の変更を必要とするときは、職権で、その変更の登記をしなければならない。
2　登記官は、規則第33条の規定により共同担保目録の記号及び目録番号を改める場合には、従前の記号及び目録番号を抹消する記号を記録して、87の規定により新たに付した記号及び目録番号を記録しなければならない。

（事務の委任による登記記録等の移送）
第10条　前2条の規定は、法第7条の規定により一の登記所の管轄に属する事務を他の登記所に委任した場合について準用する。

（管轄区域がまたがる場合の移送の方法）
第11条　規則第40条第1項の移送は、別記第10号様式による移送書によりするものとする。

2　前項の移送は、配達証明付書留郵便によりするものとする。

第2節　地図等

（地図の作成等）
第12条　地図を作成するときは、磁気ディスクその他の電磁的記録に記録するものとする。ただし、電磁的記録に記録することができないときは、ポリエステル・フィルム等を用いて作成することができる。
2　前項ただし書の場合には、地図は、別記第11号様式により作成するものとする。ただし、同様式の別紙の訂正票に記載する事項がないときは、当該訂正票を設けることを要しない。

（地図に準ずる図面の備付け）
第13条　規則第10条第5項ただし書（同条第6項において準用する場合を含む。以下この条及び次条第4号において同じ。）に規定する場合において、これらの図面が地図に準ずる図面としての要件を満たすと認められるときは、地図に準ずる図面として備え付けるものとする。
2　地図に準ずる図面として備え付けた図面が、修正等により地図としての要件を満たすこととなったとき、又はその図面につき規則第10条第5項ただし書の特別の事情が消滅したときは、地図として備え付けるものとする。

（地図等の備付け等についての報告）
第14条　登記官は、次に掲げる場合は、遅滞なく、当該登記官を監督する法務局又は地方法務局の長に別記第12号様式による報告書を提出するものとする。
(1)　国土調査法（昭和26年法律第180号）第20条第1項の規定により図面が送付され、又は規則第10条第6項に規定する土地の全部についての所在図が提供された場合
(2)　前号の図面又は土地の全部についての所在図を規則第10条第5項（同条第6項において準用する場合を含む。）の規定により地図として備え付けた場合
(3)　地図に準ずる図面として備え付けた図面を前条第2項の規定により地図として備え付けた場合
(4)　規則第10条第5項ただし書の規定により地図として備え付けなかった図面を前条第1項の規定により地図に準ずる図面として備え付けた場合

（建物所在図の作成等）
第15条　建物所在図を作成するときは、磁気ディスクその他の電磁的記録に記録するものとする。ただし、電磁的記録に記録することができないときは、ポリエステル・フィルム等を用いて作成することができる。
2　建物所在図の縮尺は、原則として当該地域の地図と同一とする。
3　第1項ただし書の場合には、建物所在図は、別記第13号様式により作成するものとする。ただし、同様式の別紙の訂正票に記載する事項がないときは、当該訂正票を設けることを要しない。
4　登記官は、規則第11条第2項の規定により建物の全部についての所在図その他これに準ずる図面を建物所在図として備え付けたときには、遅滞なく、当該登記官を監督する法務局又は地方法務局の長に別記第12号様式に準ずる様式による報告書を作成して提出するものとする。

（地図等の変更の方法等）
第16条　地図又は地図に準ずる図面の変更又は訂正は、次に掲げるところによってするものとする。
(1)　土地の表示に関する登記をしたとき、地図又は地図に準ずる図面の訂正の申出を相当と認めたときその他地図又は地図に準ずる図面の変更又は訂正をするときは、申請情報又は

申出情報と併せて提供された土地所在図又は地積測量図及び実地調査の結果に基づいてする。規則第16条第15項の規定により職権で地図又は地図に準ずる図面の訂正をするときは、実地調査の結果及び既に登記所に備え付けている土地所在図又は地積測量図に基づいてする。
 (2) 地図又は地図に準ずる図面（電磁的記録に記録されたものを除く。）の変更又は訂正をする場合には、当該地図又は地図に準ずる図面に墨を用いて細字、細線により鮮明に所要の記載をし、変更前又は訂正前の記載を削除する。
 (3) 土地の表題登記をした場合には、地図又は地図に準ずる図面にその土地の位置を表示し、その地番を記録する。
 (4) 分筆の登記をした場合には、地図又は地図に準ずる図面に分筆線及び分筆後の地番を記録する。
 (5) 合筆の登記をした場合には、地図又は地図に準ずる図面に記録されている筆界線を削除し、合筆後の地番を記録して従前の地番を削除する。
 (6) 土地の異動が頻繁であるため地図又は地図に準ずる図面（電磁的記録に記録されたものを除く。）の記載が錯雑するおそれがある場合には、当該錯雑するおそれのある部分を謄写し、これをその部分に関する地図又は地図に準ずる図面として用いる。この場合には、地図又は地図に準ずる図面の当該部分及び謄写した図面に(イ)(ロ)(ハ)等の符号を付して、その関連を明らかにする。
 (7) 地図又は地図に準ずる図面（電磁的記録に記録されたものを除く。）の訂正をした場合には、当該地図又は地図に準ずる図面に付した訂正票にその旨を明らかにし、登記官印を押印する。
2 建物所在図の変更又は訂正は、次に掲げるところによってするものとする。
 (1) 建物の表示に関する登記をしたときその他建物所在図の変更又は訂正をするときは、申請情報と併せて提供された建物図面及び実地調査の結果に基づいてする。規則第16条第15項の規定により職権で建物所在図の訂正をするときは、実地調査の結果及び既に登記所に備え付けている建物図面に基づいてする。
 (2) 前項第2号の規定は、建物所在図の変更又は訂正をする場合について準用する。
 (3) 建物の表題登記をした場合には、建物所在図にその家屋番号を記録する。
 (4) 建物の分割又は区分の登記をした場合には、建物所在図に変更後の各家屋番号を記録し、変更前の家屋番号を削除する。
 (5) 建物の合併の登記をした場合には、建物所在図に合併後の家屋番号を記録し、従前の家屋番号を削除する。
 (6) 建物の合体による登記等をした場合には、建物所在図に記録されている合体前の建物の記録を削除し、合体後の建物を記録する。

第3節　登記に関する帳簿等

（帳簿の備付け及び保存期間）
第17条　登記所には、規則第18条各号に掲げる帳簿のほか、次の各号に掲げる帳簿を備えるものとし、その保存期間は、当該各号に定めるところによる。
 (1) 登記簿保存簿　作成の時から30年
 (2) 登記関係帳簿保存簿　作成の時から30年
 (3) 地図保存簿　作成の時から30年
 (4) 建物所在図保存簿　作成の時から30年

(5)　登記識別情報通知書交付簿　作成の翌年から1年
　(6)　登記事務日記帳　作成の翌年から1年
　(7)　登記事項証明書等用紙管理簿　作成の翌年から1年
　(8)　再使用証明申出書類つづり込み帳　作成の翌年から5年
　(9)　登録免許税関係書類つづり込み帳　作成の翌年から5年
　(10)　不正登記防止申出書類つづり込み帳　作成の翌年から3年
　(11)　土地価格通知書つづり込み帳　作成の翌年から3年
　(12)　建物価格通知書つづり込み帳　作成の翌年から3年
　(13)　諸表つづり込み帳　作成の翌年から3年
　(14)　雑書つづり込み帳　作成の翌年から1年
2　登記所には、規則第18条各号及び前項各号に掲げる帳簿のほか、次に掲げる帳簿を備えるものとする。
　(1)　閉鎖土地図面つづり込み帳
　(2)　閉鎖地役権図面つづり込み帳
　(3)　閉鎖建物図面つづり込み帳

（帳簿等の様式）
第18条　次の各号に掲げる帳簿等の様式は、当該各号に定めるところによる。
　(1)　受付帳　別記第14号様式
　(2)　土地図面つづり込み帳目録及び建物図面つづり込み帳目録　別記第15号様式
　(3)　地役権図面つづり込み帳目録　別記第16号様式
　(4)　職権表示登記等事件簿　別記第17号様式
　(5)　審査請求書類等つづり込み帳目録　別記第18号様式
　(6)　各種通知簿　別記第19号様式
　(7)　各種通知簿（法第23条第1項の通知事項に限る。）　別記第20号様式
　(8)　登記識別情報失効申出書類つづり込み帳目録　別記第21号様式
　(9)　登記簿保存簿　別記第22号様式
　(10)　登記関係帳簿保存簿　別記第23号様式
　(11)　地図保存簿　別記第24号様式
　(12)　建物所在図保存簿　別記第25号様式
　(13)　登記識別情報通知書交付簿　別記第14号様式
　(14)　登記事務日記帳　別記第26号様式
　(15)　登記事項証明書等用紙管理簿　別記第27号様式
　(16)　不正登記防止申出書類つづり込み帳目録　別記第28号様式
　(17)　次に掲げる帳簿の表紙　別記第29号様式
　　　ア　申請書類つづり込み帳
　　　イ　職権表示登記等事件簿
　　　ウ　職権表示登記等書類つづり込み帳
　　　エ　決定原本つづり込み帳
　　　オ　審査請求書類等つづり込み帳
　　　カ　各種通知簿
　　　キ　登記識別情報失効申出書類つづり込み帳
　　　ク　登記簿保存簿
　　　ケ　登記関係帳簿保存簿
　　　コ　地図保存簿

サ　建物所在図保存簿
　　　シ　登記事務日記帳
　　　ス　登記事項証明書等用紙管理簿
　　　セ　再使用証明申出書類つづり込み帳
　　　ソ　登録免許税関係書類つづり込み帳
　　　タ　不正登記防止申出書類つづり込み帳
　　　チ　土地価格通知書つづり込み帳
　　　ツ　建物価格通知書つづり込み帳
　　　テ　諸表つづり込み帳
　　　ト　雑書つづり込み帳
　(18)　次に掲げる帳簿の表紙　別記第30号様式
　　　ア　土地図面つづり込み帳
　　　イ　地役権図面つづり込み帳
　　　ウ　建物図面つづり込み帳
　　　エ　閉鎖土地図面つづり込み帳
　　　オ　閉鎖地役権図面つづり込み帳
　　　カ　閉鎖建物図面つづり込み帳
　　（申請書類つづり込み帳）
第19条　申請書類つづり込み帳には、申請書類を受付番号の順序に従ってつづり込むものとする。ただし、権利に関する登記の申請書類と表示に関する登記の申請書類とは、各別の申請書類つづり込み帳につづり込んで差し支えない。
２　前項ただし書の場合には、申請書類つづり込み帳の表紙にその区別を明示しなければならない。
３　申請書類つづり込み帳は、原則として、１冊の厚さを10センチメートル程度とする。
４　登記官は、申請書類つづり込み帳を格納する場合には、処理未済がないかどうか、登録免許税用又は手数料用の印紙等に異状がないかどうかを調査し、その結果を申請書類つづり込み帳の表紙（裏面を含む。）の適宜の箇所に記載して登記官印を押印するものとする。
５　申請書類つづり込み帳の表紙には、つづり込まれた最初の申請書類の受付番号及び最終の申請書類の受付番号並びに分冊ごとに付した番号を記載するものとする。この番号は、１年ごとに更新するものとする。
６　登記官は、管轄転属等により申請書類つづり込み帳につづり込まれている申請書類の一部を移送した場合には、その旨を申請書類つづり込み帳の表紙の裏面に記載して登記官印を押印するものとする。
７　登記官は、管轄転属等により申請書類の移送を受けた場合には、当該申請書類に関する申請書類つづり込み帳を別冊として保管するものとする。
　　（登記簿保存簿等）
第20条　次の各号に掲げる帳簿には、当該各号に定める事項を記載するものとする。
　(1)　登記簿保存簿　登記記録の保存状況
　(2)　登記関係帳簿保存簿　登記簿を除く一切の登記関係帳簿の保存状況
　(3)　地図保存簿又は建物所在図保存簿　地図等（閉鎖したものを含む。）の保存状況
　(4)　登記事務日記帳　受付帳その他の帳簿に記載しない書類の発送及び受領に関する事項
　　（再使用証明申出書類つづり込み帳等）
第21条　次の各号に掲げる帳簿には、当該各号に定める書類をつづり込むものとする。
　(1)　再使用証明申出書類つづり込み帳　登録免許税用領収証書又は収入印紙の再使用の申出

書
  (2) 登録免許税関係書類つづり込み帳　納付不足額通知書写し、還付通知書写し、還付通知請求書及び還付申出書（添付書類を含む。）
  (3) 土地価格通知書つづり込み帳又は建物価格通知書つづり込み帳　地方税法（昭和25年法律第226号）第422条の3の規定による土地又は建物の価格に関する市町村長の通知
  (4) 諸表つづり込み帳　登記事件及び登記以外の事件に関する各種の統計表
  (5) 雑書つづり込み帳　規則第18条第2号から第5号まで、第7号から第9号まで、第11号及び第12号に掲げる帳簿並びに第17条第1項第8号から第13号まで及び第2項に掲げる帳簿につづり込まない書類

（つづり込みの方法）
第22条　規則第18条第8号から第11号までに掲げる帳簿及び第17条第1項第5号から第14号までに掲げる帳簿は、1年ごとに別冊とする。ただし、1年ごとに1冊とすることが困難な場合には、分冊して差し支えない。
2　前項の規定にかかわらず、所要用紙の枚数が少ない帳簿については、数年分を1冊につづり込むことができる。この場合には、1年ごとに小口見出しを付する等して年の区分を明らかにするものとする。

（帳簿等の廃棄）
第23条　登記官は、次に掲げる帳簿等について規則第29条の認可を受けようとするときは、別記第31号様式による認可申請書を提出しなければならない。
  (1) 閉鎖登記記録
  (2) 閉鎖した土地所在図及び地積測量図
  (3) 閉鎖した地役権図面
  (4) 閉鎖した建物図面及び各階平面図
  (5) 受付帳
  (6) 申請書類つづり込み帳
  (7) 職権表示登記等事件簿
  (8) 職権表示登記等書類つづり込み帳
  (9) 決定原本つづり込み帳
  (10) 審査請求書類等つづり込み帳
  (11) 各種通知簿
  (12) 登記簿保存簿
  (13) 登記関係帳簿保存簿
  (14) 地図保存簿
  (15) 建物所在図保存簿

第4節　雑則

（登記記録等の滅失又は滅失のおそれがある場合）
第24条　次の各号に掲げる報告又は意見の申述は、当該各号に定める報告書又は意見書によりするものとする。
  (1) 規則第30条第1項の規定による報告　別記第32号様式又は別記第33号様式による報告書
  (2) 規則第30条第3項において準用する同条第1項の規定による報告　別記第34号様式、別記第35号様式又は別記第36号様式による報告書
  (3) 規則第30条第2項の規定による意見の申述　別記第37号様式又は別記第38号様式による

意見書
(4) 規則第30条第3項において準用する同条第2項の規定による意見の申述　別記第39号様式、別記第40号様式又は別記第41号様式による意見書
2　前項の報告書又は意見書には、滅失の事由又は滅失のおそれがあると考える事由を詳細かつ具体的に記載しなければならない。

（登記簿等を持ち出した場合）
第25条　登記官は、規則第31条第2項の規定により裁判所に関係書類を送付するときは、該当する書類の写しを作成し、当該関係書類が返還されるまでの間、これを保管するものとする。
2　登記官は、前項の関係書類を送付するときは、申請書類つづり込み帳の送付した書類をつづり込んであった箇所に、裁判所からの送付に係る命令書又は嘱託書及びこれらの附属書類を同項の規定により作成した写しと共につづり込むものとする。
3　登記官は、第1項の関係書類が裁判所から返還された場合には、その関係書類を前項の命令書又は嘱託書の次につづり込むものとする。この場合には、第1項の規定により作成した写しは、適宜廃棄して差し支えない。
4　前3項の規定は、裁判所又は裁判官の令状に基づき検察官、検察事務官又は司法警察職員（以下「捜査機関」という。）が関係書類を差押する場合について準用する。
5　規則第31条第3項に規定する報告は、別記第42号様式による報告書によりするものとする。

（通知番号の記載）
第26条　通知書には、各種通知簿に記載した際に付した通知番号を記載するものとする。

（日記番号等の記載）
第27条　登記事務日記帳に記載した書面には、登記事務日記帳に記載した年月日及び日記番号を記載するものとする。

第4章　登記手続

第1節　総則

第1款　通則

（申請の却下）
第28条　申請の却下の決定書は、申請人に交付するもののほか、登記所に保存すべきものを1通作成しなければならない。
2　登記官は、前項の登記所に保存すべき決定書の原本の欄外に決定告知の年月日及びその方法を記載して登記官印を押印し、これを日記番号の順序に従って決定原本つづり込み帳につづり込むものとする。
3　第1項の場合には、受付帳に「却下」と記録し、書面申請にあっては、申請書に却下した旨を記載し、これを申請書類つづり込み帳につづり込むものとする。
4　登記官は、不動産登記令（平成16年政令第379号。以下「令」という。）第4条ただし書の規定により一の申請情報によって2以上の申請がされた場合において、その一部を却下するときは、受付帳に「一部却下」と記録した上、書面申請にあっては、申請書に次の各号に掲げる却下の区分に応じ、当該各号に定める記録をしなければならない。
(1) 2以上の登記の目的に係る申請のうち一の登記の目的に係る申請についての却下　却下に係る登記の目的についての記載の上部に、別記第43号様式による印版を押印し、当該登記の目的を記録すること。

(2)　2以上の不動産のうち一部についての却下　却下に係る不動産の所在の記載の上部に、別記第43号様式による印版を押印すること。
5　規則第38条第2項の規定により申請人に送付した決定書の原本が所在不明等を理由として返送されたときでも、何らの措置を要しない。この場合において、当該返送された決定書の原本は、当該登記の申請書（電子申請にあっては、第32条第3項に規定する電子申請管理用紙）と共に申請書類つづり込み帳につづり込むものとする。
6　登記官は、規則第38条第3項ただし書の規定により添付書面を還付しなかった場合は、申請書の適宜の余白にその理由を記載するものとする。この場合において、還付しなかった添付書面は、当該登記の申請書と共に申請書類つづり込み帳につづり込むものとする。
7　捜査機関が申請書又は規則第38条第3項ただし書の規定により還付しなかった添付書面の押収をしようとするときは、これに応じるものとする。この場合には、押収に係る書面の写しを作成し、当該写しに当該捜査機関の名称及び押収の年月日を記載した上、当該書面が捜査機関から返還されるまでの間、前項の規定により申請書類つづり込み帳につづり込むべき箇所に当該写しをつづり込むものとする。
8　法第25条第10号の規定により却下する場合には、期間満了日の翌日の日付をもってするものとする。法第23条第1項の通知（以下「事前通知」という。）を受けるべき者から申請の内容が真実でない旨の申出があったとき又は通知を受けるべき者の所在不明若しくは受取拒絶を理由に当該通知書が返戻されたときも、同様とする。

（申請の取下げ）
第29条　登記官は、申請が取り下げられたときは、受付帳に「取下げ」と記録しなければならない。
2　規則第39条第1項第2号に規定する書面（以下「取下書」という。）には、申請の受付の年月日及び受付番号を記載し、これを申請書類つづり込み帳につづり込むものとする。
3　登記官は、規則第39条第3項の規定により申請書を還付する場合には、5第1項の規定により申請書にした押印又ははり付けた書面の記載事項を朱抹しなければならない。この場合において、当該申請書に領収証書又は収入印紙がはり付けられていないときは、登記官は、取下書の適宜の箇所に「ちょう付印紙等なし」と記載し、登記官印を押印しなければならない。
4　登記官は、令第4条ただし書の規定により一の申請情報によって2以上の申請がされた場合において、その一部の取下げがあったときは、受付帳に「一部取下げ」と記録した上、書面申請にあっては、申請書に次の各号に掲げる取下げの区分に応じ、当該各号に定める記録をしなければならない。
　(1)　2以上の登記の目的に係る申請のうち一の登記の目的に係る申請についての取下げ　取下げに係る登記の目的についての記載の上部に、別記第44号様式による印版を押印し、当該登記の目的を記録すること。
　(2)　2以上の不動産のうち一部についての取下げ　取下げに係る不動産の所在の記載の上部に、別記第44号様式による印版を押印すること。
5　前項の場合において、申請情報の登録免許税に関する記録があるときは、申請人に補正させ、書面申請であるときは、当該取下げ部分のみに関する添付書面を還付するものとする。
6　前条第6項及び第7項の規定は、規則第39条第3項後段において準用する第38条第3項の規定により添付書面を還付しない場合について準用する。

（原本還付の旨の記載）
第30条　規則第55条第3項後段の原本還付の旨の記載は、同条第2項の謄本の最初の用紙の表

面余白に別記第45号様式による印版を押印してするものとする。

第2款　受付等

（申請の受付）
第31条　登記官は、登記の申請書の提出があったときは、直ちに、受付帳に規則第56条第1項に規定する事項のうち受付番号及び不動産所在事項を記録しなければならない。規則第56条第4項各号（第2号を除く。）の許可、命令又は通知があった場合についても、同様とする。
2　登記官は、2以上の申請書が同時に提出された場合には、当該2以上の申請書に係る申請に一連の受付番号を付するものとする。この場合には、法第19条第3項後段に規定する場合を除き、適宜の順序に従って受付番号を付して差し支えない。
3　提出された申請書類に不備な点がある場合でも、第1項の手続を省略して申請人又はその代理人にこれを返戻する取扱いは、しないものとする。
4　登記の申請を却下しなければならない場合であっても、登記官が相当と認めるときは、事前にその旨を申請人又は代理人に告げ、その申請の取下げの機会を設けることができる。

（申請書等の処理）
第32条　登記官は、前条第1項の手続をした申請書、許可書、命令書又は通知書の1枚目の用紙の表面の余白に別記第46号様式及び別記第47号様式若しくは別記第48号様式による印版を押印して該当欄に申請の受付の年月日及び受付番号を記載し、又は別記第49号様式若しくは別記第50号様式による申請の受付の年月日及び受付番号を記載した書面をはり付けるものとする。
2　前項の規定により押印した印版又ははり付けた書面には、受付、調査、記入、校合等をしたごとに該当欄に取扱者が押印するものとする。
3　電子申請にあっては、申請ごとに印刷した申請の受付の年月日及び受付番号を表示した書面（以下「電子申請管理用紙」という。）に前項に準じた処理をするものとする。

（登記官による本人確認）
第33条　次に掲げる場合は、法第24条第1項の申請人となるべき者以外の者が申請していると疑うに足りる相当な理由があると認めるときに該当するものとする。
(1)　捜査機関その他の官庁又は公署から、不正事件が発生するおそれがある旨の通報があったとき。
(2)　申請人となるべき者本人からの申請人となるべき者に成りすました者が申請をしている旨又はそのおそれがある旨の申出（以下「不正登記防止申出」という。）に基づき、第35条第7項の措置を執った場合において、当該不正登記防止申出に係る登記の申請があったとき（当該不正登記防止申出の日から3月以内に申請があった場合に限る。）。
(3)　同一の申請人に係る他の不正事件が発覚しているとき。
(4)　前の住所地への通知をした場合において、登記の完了前に、当該通知に係る登記の申請について異議の申出があったとき。
(5)　登記官が、登記識別情報の誤りを原因とする補正又は取下げ若しくは却下が複数回されていたことを知ったとき。
(6)　登記官が、申請情報の内容となった登記識別情報を提供することができない理由が事実と異なることを知ったとき。
(7)　前各号に掲げる場合のほか、登記官が職務上知り得た事実により、申請人となるべき者に成りすました者が申請していることを疑うに足りる客観的かつ合理的な理由があると認

められるとき。
2　登記官は、登記の申請が資格者代理人によってされている場合において、本人確認の調査をすべきときは、原則として、当該資格者代理人に対し必要な情報の提供を求めるものとする。
3　規則第59条第1項の調書（以下「本人確認調書」という。）は、別記第51号様式又はこれに準ずる様式による。
4　本人確認調書は、申請書（電子申請にあっては、電子申請管理用紙）と共に保管するものとする。
5　登記官は、文書等の提示を求めた場合は、提示をした者の了解を得て、当該文書の写しを作成し、本人確認調書に添付するものとする。ただし、了解を得ることができない場合にあっては、文書の種類、証明書番号その他文書を特定することができる番号等の文書の主要な内容を本人確認調書に記録すれば足りる。

（他の登記所の登記官に対する本人確認の調査の嘱託）
第34条　登記官が本人確認の調査のため申請人等の出頭を求めた場合において、申請人等から遠隔の地に居住していること又は申請人の勤務の都合等を理由に他の登記所に出頭したい旨の申出があり、その理由が相当と認められるときは、当該他の登記所の登記官に本人確認の調査を嘱託するものとする。
2　前項の嘱託は、別記第52号様式による嘱託書を作成し、これに登記事項証明書及び申請書の写しのほか、委任状、印鑑証明書等の本人確認の調査に必要な添付書面の写しを添付して、当該他の登記所に送付する方法によって行うものとする。
3　第1項の嘱託を受けた登記官が作成した本人確認調書は、調査終了後、嘱託書と共に嘱託をした登記所に送付するものとする。

（不正登記防止申出）
第35条　不正登記防止申出は、登記名義人若しくはその相続人その他の一般承継人又はその代表者若しくは代理人（委任による代理人を除く。）が登記所に出頭してしなければならない。ただし、その者が登記所に出頭することができない止むを得ない事情があると認められる場合には、委任による代理人が登記所に出頭してすることができる。
2　不正登記防止申出は、別記第53号様式又はこれに準ずる様式による申出書を登記官に提出してするものとする。
3　前項の申出書には、登記名義人若しくはその相続人その他の一般承継人又はその代表者若しくは代理人が記名押印するとともに、次に掲げる書面を添付するものとする。ただし、登記申請における添付書面の扱いに準じて、次に掲げる添付書面を省略することができる。
　(1)　登記名義人若しくはその相続人その他の一般承継人又はその代表者若しくは代理人（委任による代理人を除く。）の印鑑証明書
　(2)　登記名義人又はその一般承継人が法人であるときは、当該法人の代表者の資格を証する書面
　(3)　代理人によって申出をするときは、当該代理人の権限を証する書面
4　登記官は、不正登記防止申出があった場合には、当該申出人が申出に係る登記の登記名義人又はその相続人その他の一般承継人本人であること、当該申出人が申出をするに至った経緯及び申出が必要となった理由に対応する措置を採っていることを確認しなければならない。この場合において、本人であることの確認は、必要に応じ規則第72条第2項各号に掲げる方法により行うものとし、登記名義人の氏名若しくは名称又は住所が登記記録と異なるときは、氏名若しくは名称又は住所についての変更又は錯誤若しくは遺漏を証する書面の提出も求めるものとする。
5　登記官は、不正登記防止申出を受けたときは、不正登記防止申出書類つづり込み帳に第2

項の申出書及びその添付書面等の関係書類をつづり込むものとする。
6　前項の場合は、不正登記防止申出書類つづり込み帳の目録に、申出に係る不動産の不動産所在事項、申出人の氏名及び申出の年月日を記載するものとする。
7　登記官は、不正登記防止申出があった場合において、これを相当と認めるときは、前項の目録に本人確認の調査を要する旨を記載するものとする。
8　不正登記防止申出の日から3月以内に申出に係る登記の申請があったときは、速やかに、申出をした者にその旨を適宜の方法で通知するものとする。本人確認の調査を完了したときも、同様とする。
9　登記官は、不正登記防止申出に係る登記を完了したときは、第2項の申出書を不正登記防止申出書類つづり込み帳から除却し、申請書（電子申請にあっては、電子申請管理用紙）と共に保管するものとする。この場合には、不正登記防止申出書類つづり込み帳の目録に、登記を完了した旨及び除却の年月日を記載するものとする。

（補正期限の連絡等）
第36条　登記官は、電子申請についての不備が補正することができるものである場合において、登記官が定めた補正を認める相当期間を当該申請の申請人に告知するときは、次に掲げる事項を記録した補正コメントを作成して、法務省オンライン申請システムに掲示してするものとする。
(1)　補正を要する事項
(2)　補正期限の年月日
(3)　補正期限内に補正がされなければ、申請を却下する旨
(4)　補正の方法
(5)　管轄登記所の電話番号
2　登記官は、書面申請についての不備が補正することができるものである場合において、登記官が定めた補正を認める相当期間を当該申請の申請人に告知するときは、電話その他の適宜の方法により第1項各号に掲げる事項を連絡してするものとする。
3　申請書又は添付書面の不備を補正させる場合は、登記官の面前でさせるものとする。この場合において、当該書面が資格者代理人の作成によるものであるときは、当該資格者代理人本人に補正させるものとする。
4　申請の不備の内容が規則第34条第1項各号に掲げる事項に関するものであるときその他の法第25条に規定する却下事項に該当しないときは、補正の対象としない。申請情報の内容に不備があっても、添付情報（公務員が職務上作成したものに限る。）により補正すべき内容が明らかなときも、同様とする。
5　補正期限内に補正されず、又は取り下げられなかった申請は、当該期限の経過後に却下するものとする。

第3款　登記識別情報

（登記識別情報の通知）
第37条　登記識別情報の通知は、登記識別情報のほか、次に掲げる事項を明らかにしてするものとする。
(1)　不動産所在事項及び不動産番号
(2)　申請の受付の年月日及び受付番号又は順位番号及び規則第147条第2項の符号
(3)　登記の目的
(4)　登記名義人の氏名又は名称及び住所

2　規則第63条第1項第2号又は同条第3項に規定する登記識別情報を記載した書面（以下「登記識別情報通知書」という。）は、別記第54号様式によるものとし、同条第2項の措置として、登記識別情報を記載した部分が見えないようにするシールをはり付けるものとする。
3　登記識別情報通知書は、申請人に交付するまでの間、厳重に管理しなければならない。
4　登記識別情報通知書を交付する場合には、交付を受ける者に、当該登記の申請書に押印したものと同一の印を登記識別情報通知書交付簿に押印させて、当該登記識別情報通知書を受領した旨を明らかにさせるものとする。
5　官庁又は公署が登記権利者のために登記の嘱託をした場合における登記識別情報通知書の交付を送付の方法によりするときは、前項の規定にかかわらず、登記識別情報通知書交付簿に登記識別情報通知書を送付した旨を記載するものとする。

（登記識別情報の通知を要しないこととなった場合）
第38条　登記官は、規則第64条第1項第3号の規定により登記識別情報の通知を要しないこととなった場合には、登記識別情報通知書交付簿にその旨を記載し、当該登記識別情報通知書を廃棄するものとする。

（登記識別情報の失効の申出）
第39条　登記官は、登記識別情報の失効の申出を受けたときは、受付帳に当該失効の申出に係る受付番号を記録する方法により受け付けなければならない。
2　登記官は、前項の申出があった場合において、当該申出を相当と認めるときは、登記識別情報を失効させる措置を採らなければならない。
3　前項の措置は、当該失効の申出の受付の前に同一の不動産について受け付けられた登記の申請がある場合には、当該申請に基づく登記の処理をした後でなければ、することができない。

（登記識別情報に関する証明）
第40条　登記官は、令第22条第1項に規定する登記識別情報に関する証明の請求があった場合において、提供された登記識別情報が請求に係る登記についてのものであり、かつ、失効していないときは、請求に係る登記を表示した上、「上記の登記について平成何年何月何日受付第何号の請求により提供された登記識別情報は、当該登記に係るものであり、失効していないことを証明する。」旨の認証文を付すものとする。ただし、有効であることの証明ができないときは、次の各号に掲げる事由の区分に応じて、それぞれ当該各号に定める認証文を付して、有効であることの証明ができない理由を明らかにするものとする。
(1)　請求に係る登記があり、かつ、当該登記の登記名義人についての登記識別情報が失効していないが、当該登記の登記名義人についての登記識別情報と提供された登記識別情報とが一致しないとき。「上記の登記について平成何年何月何日受付第何号の請求により提供された登記識別情報は、正しい登記識別情報と一致しません。」
(2)　請求に係る登記があるが、当該登記の登記名義人についての登記識別情報が通知されず、又は失効しているとき。「上記の登記に係る登記識別情報が通知されず、又は失効しています。」
(3)　請求に係る登記があるが、請求人が登記名義人又はその一般承継人であることが確認することができないとき。「別添の請求番号何番の登記に係る平成何年何月何日受付第何号の登記識別情報に関する証明の請求については、請求人は、請求人としての適格があると認められません。」
　　（注）別添として、請求情報又は請求情報を記載した書面を添付する。
(4)　請求に係る登記がないとき。「別添の登記に係る平成何年何月何日受付第何号の登記識別情報に関する証明の請求については、請求に係る登記はありません。」

(注) 別添として、請求情報又は請求情報を記載した書面を添付する。なお、請求情報において明らかにされた各不動産を特定するための番号（請求番号）により証明に係る不動産及び登記を特定するものとする。
(5) 前各号の場合以外の理由により証明することができないとき。これらの例にならって、例えば、登記手数料の納付がないなど具体的な理由を認証文に示して明らかにするものとする。
2　第126条第1項の規定は、前項の証明の請求書を受け付けた場合について準用する。
3　第1項の証明は、当該登記識別情報に関する証明の請求の受付の前に同一の登記識別情報について受け付けられた失効の申出がある場合には、当該申出に基づく措置をした後でなければ、することができない。

（登記識別情報の管理）
第41条　登記所の職員は、申請人から提供を受けた登記識別情報を部外者に知られないように厳重に管理しなければならない。
2　書面申請により提供された登記識別情報について審査したときは、その結果を印刷し、これを申請書と共に申請書類つづり込み帳につづり込むものとする。
3　規則第69条の規定により登記識別情報を記載した書面を廃棄するときは、廃棄後において、当該登記識別情報が部外者に知られないような方法によらなければならない。
4　前項の規定にかかわらず、当該登記の申請が却下又は取下げとなった場合において、申請人から申請書に添付した登記識別情報通知書を還付してほしい旨の申出があったときは、当該登記識別情報通知書を還付するものとする。この場合には、当該登記識別情報通知書を封筒に入れて封をした上、とじ代に登記官の職印で契印して還付するものとする。
5　第1項の規定は、登記識別情報に関する証明の請求において請求人から提供を受けた登記識別情報の管理について準用する。
6　第3項の規定は、第38条の規定により登記識別情報通知書を廃棄する場合について準用する。

第4款　登記識別情報の提供がない場合の手続

（登記識別情報を提供することができない正当な理由）
第42条　法第22条ただし書に規定する登記識別情報を提供することができないことにつき正当な理由がある場合とは、次に掲げる場合とする。
(1) 登記識別情報が通知されなかった場合
(2) 登記識別情報の失効の申出に基づき、登記識別情報が失効した場合
(3) 登記識別情報を失念した場合
2　申請人が法第22条に規定する申請をする場合において、登記識別情報を提供することなく、かつ、令第3条第12号に規定する登記識別情報を提供することができない理由を申請情報の内容としていないときは、登記官は、直ちに法第25条第9号の規定により登記の申請を却下することなく、申請人に補正を求めるものとする。

（事前通知）
第43条　事前通知は、別記第55号様式の通知書（以下「事前通知書」という。）によるものとする。
2　登記官は、法第22条に規定する登記義務者が法人である場合において、事前通知をするときは、事前通知書を当該法人の主たる事務所にあてて送付するものとする。ただし、申請人から事前通知書を法人の代表者の住所にあてて送付を希望する旨の申出があったときは、その申出に応じて差し支えない。

（事前通知書のあて先の記載）
第44条　事前通知書を送付する場合において、申請人から、申請情報の内容とした申請人の住所に、例えば、「何アパート内」又は「何某方」と付記して事前通知書を送付されたい旨の申出があったときは、その申出に応じて差し支えない。
2　前項の規定は、前条第2項ただし書の場合について準用する。
（事前通知書の再発送）
第45条　事前通知書が受取人不明を理由に返送された場合において、規則第70条第8項に規定する期間の満了前に申請人から事前通知書の再発送の申出があったときは、その申出に応じて差し支えない。この場合には、同項に規定する期間は、最初に事前通知書を発送した日から起算するものとする。
（相続人等からの申出）
第46条　事前通知をした場合において、通知を受けるべき者が死亡したものとしてその相続人全員から相続があったことを証する情報を提供するとともに、電子申請にあっては当該申請人の相続人が規則第70条第2項の通知番号等を特定する情報及び当該登記申請の内容が真実である旨の情報に電子署名を行った上、登記所に送信したとき、書面申請にあっては当該申請人の相続人が規則第70条第1項の書面に登記申請の内容が真実である旨を記載し、記名押印した上、印鑑証明書を添付して登記所に提出したときは、その申出を適法なものとして取り扱って差し支えない。
2　法人の代表者に事前通知をした場合において、その法人の他の代表者から、当該他の代表者の資格を証する書面及び規則第70条第1項の書面に登記申請の内容が真実である旨を記載し、記名押印した上、印鑑証明書を添付して同項の申出があったときも、前項と同様とする。
（事前通知書の保管）
第47条　登記申請の内容が真実である旨の記載がある事前通知書は、当該登記の申請書（電子申請にあっては、電子申請管理用紙）と共に保管するものとする。
（前の住所地への通知方法等）
第48条　前の住所地への通知は、別記第56号様式の書面によってするものとする。
2　前の住所地への通知は、登記義務者の住所についての変更の登記又は更正の登記であって、その登記の受付の日が規則第71条第2項第2号に規定する期間を経過しないものが2以上あるときは、当該登記による変更前又は更正前のいずれの住所にもしなければならない。
3　第1項の通知が返送されたときは、当該登記の申請書（電子申請にあっては、電子申請管理用紙）と共に保管するものとする。
（資格者代理人による本人確認情報の提供）
第49条　規則第72条第1項第2号の申請人の氏名を知り、かつ、当該申請人と面識があるときとは、次に掲げるときのうちのいずれかとする。
　(1)　資格者代理人が、当該登記の申請の3月以上前に当該申請人について、資格者代理人として本人確認情報を提供して登記の申請をしたとき。
　(2)　資格者代理人が当該登記の申請の依頼を受ける以前から当該申請人の氏名及び住所を知り、かつ、当該申請人との間に親族関係、1年以上にわたる取引関係その他の安定した継続的な関係の存在があるとき。
2　規則第72条第3項の資格者代理人であることを証する情報は、次に掲げるものとする。
　(1)　日本司法書士会連合会又は日本土地家屋調査士会連合会が発行した電子証明書
　(2)　当該資格者代理人が所属する司法書士会、土地家屋調査士会又は弁護士会が発行した職印に関する証明書
　(3)　電子認証登記所が発行した電子証明書

(4)　登記所が発行した印鑑証明書
3　前項第2号及び第4号の証明書は、発行後3月以内のものであることを要する。
4　登記官は、本人確認情報の内容を相当と認めることができない場合には、事前通知の手続を採るものとする。

第5款　土地所在図等

（地積測量図における筆界点の記録方法）
第50条　地積測量図に規則第77条第1項第7号の規定により基本3角点等に基づく測量の成果による筆界点の座標値を記録する場合には、当該基本3角点等に符号を付した上、地積測量図の適宜の箇所にその符号、基本3角点等の名称及びその座標値も記録するものとする。
2　地積測量図に規則第77条第1項第7号の規定により近傍の恒久的な地物に基づく測量の成果による筆界点の座標値を記録する場合には、当該地物の存する地点に符号を付した上で、地積測量図の適宜の箇所にその符号、地物の名称、概略図及びその座標値も記録するものとする。

（土地所在図及び地積測量図の作成方法）
第51条　規則第78条の規定により地積測量図に付する分筆後の各土地の符号は、①②③、㈦㈪㈧、ABC等適宜の符号を用いて差し支えない。
2　規則第73条第1項の規定により作成された地積測量図は、土地所在図を兼ねることができる。
3　規則第74条第3項に規定する用紙により地積測量図を作成する場合において、当該用紙に余白があるときは、便宜、その余白を用いて土地所在図を作成することができる。この場合には、図面の標記に「土地所在図」と追記するものとする。
4　前項の場合において、地積測量図の縮尺がその土地について作成すべき土地所在図の縮尺と同一であって、当該地積測量図によって土地の所在を明確に表示することができるときは、便宜、当該地積測量図をもって土地所在図を兼ねることができるものとする。この場合には、当該図面の標記を「土地所在図兼地積測量図」と記載するものとする。
5　1の登記の申請について、規則第74条第3項に規定する用紙により土地所在図又は地積測量図を作成する場合において、用紙が数枚にわたるときは、当該土地所在図又は地積測量図の余白の適宜の箇所にその総枚数及び当該用紙が何枚目の用紙である旨を記載するものとする。

（建物図面の作成方法）
第52条　建物が地下のみの建物である場合における建物図面には、規則第82条第1項の規定にかかわらず、地下1階の形状を朱書するものとする。
2　建物が区分建物である場合には、次の例示のように点線をもってその建物が属する一棟の建物の1階の形状も明確にするものとする。この場合において、その建物が1階以外の部分に存するときは、その存する階層を、例えば「建物の存する部分3階」、「建物の存する部分4階、5階」のように記録するものとする。

例示　　　　　凡例　　実線 ―――― 破線 ……… １点鎖線 ―・―・―

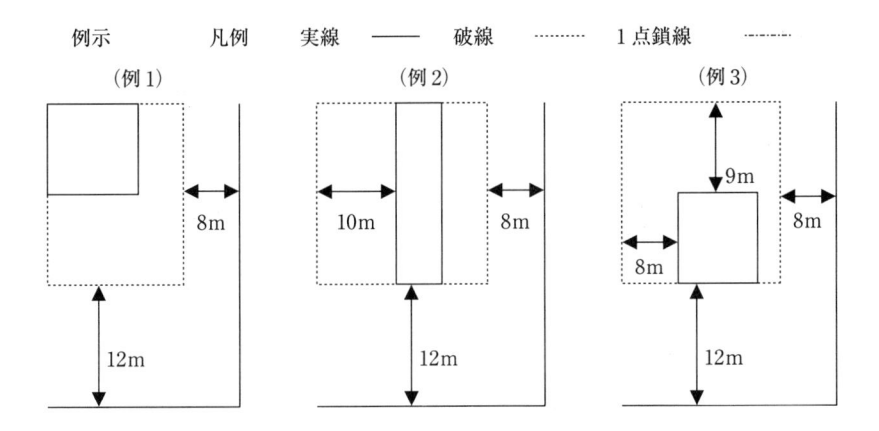

（例１）　　　　　　　（例２）　　　　　　　（例３）

3　前項後段の場合において、その建物（その建物が２階以上である場合にあっては、その１階）の存する階層の形状が一棟の建物の１階の形状と異なるときは、次の例示のように１点鎖線をもってその階層の形状も明確にするものとする。

例示

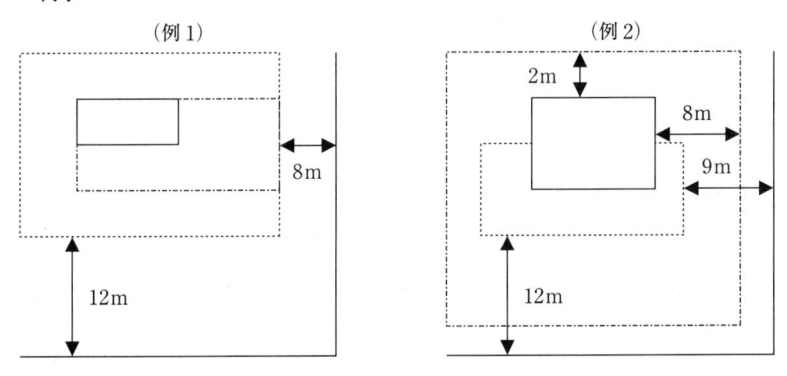

（例１）　　　　　　　　　（例２）

（各階平面図の作成方法）
第53条　規則第83条第１項の規定により各階平面図に各階の別、各階の平面の形状及び１階の位置、各階ごとの建物の周囲の長さを記録するには、次の例示のようにするものとする。この場合において、１階以外の階層を表示するときは、１階の位置を点線をもって表示するものとする。

例示

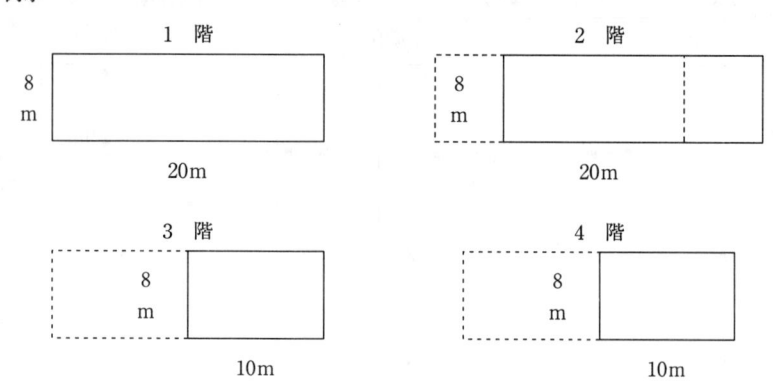

```
   1 階              2 階
┌─────────┐    ┌╌╌┬─────────┐
│8m       │    │8m│         │
└─────────┘    └╌╌┴─────────┘
    20m              20m

   3 階              4 階
   ┌╌╌┬────┐         ┌────┬╌╌┐
   │8m│    │         │8m  │  │
   └╌╌┴────┘         └────┴╌╌┘
      10m              10m
```

2　各階が同じ形状のものについて記録するには、次の例示のようにするものとする。

例示

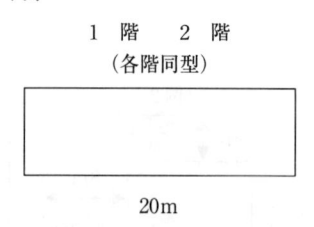

```
 1 階　 2 階
 (各階同型)
┌─────────┐
│         │
└─────────┘
    20m
```

（建物図面又は各階平面図の作成方法）

第54条　規則第84条の規定により建物図面及び各階平面図に付する分割後又は区分後の各建物の符号は、①②③、(イ)(ロ)(ハ)、ABC等適宜の符号を用いて差し支えない。

2　第51条第5項の規定は、建物図面又は各階平面図を作成する場合について準用する。

（図面の整理）

第55条　登記官は、土地所在図又は地積測量図を土地図面つづり込み帳につづり込むときは、地番区域ごとに地番の順序に従ってつづり込むものとする。

2　登記官は、建物図面又は各階平面図を建物図面つづり込み帳につづり込むときは、地番区域ごとに家屋番号の順序に従ってつづり込むものとする。

3　登記官は、土地所在図若しくは地積測量図又は建物図面若しくは各階平面図を土地図面つづり込み帳又は建物図面つづり込み帳につづり込んだときは、当該帳簿の目録に、これらの図面をつづり込むごとに地番又は家屋番号、図面の種類、つづり込んだ年月日を記載して、登記官印を押印するものとする。

（表題部の変更の登記又は更正の登記に伴う図面の処理）

第56条　登記官は、表題部の登記事項に関する変更の登記又は更正の登記をした場合において、必要があるときは、土地所在図、地積測量図、建物図面若しくは各階平面図の記録の変更若しくは訂正をし、又はこれらの図面のつづり替えをするものとする。

2　登記官は、土地図面つづり込み帳又は建物図面つづり込み帳につづり込まれた図面について、前項の規定により地番又は家屋番号を変更し、又は訂正したときは、当該帳簿の目録に記載された従前の地番又は家屋番号の記載を抹消し、当該箇所に変更後又は訂正後の地番又

は家屋番号を記載するものとする。
　（国土調査の成果に基づく登記に伴う地積測量図の処理）
第57条　登記官は、国土調査の成果に基づく登記をした場合には、当該国土調査の実施地区内に存する土地について国土調査の成果に基づく登記をしたか否かにかかわらず、当該登記の前に提出された地積測量図の適宜の箇所に「国土調査実施前提出」と記録するものとする。
　（土地所在図等の除却）
第58条　登記官は、土地図面つづり込み帳、地役権図面つづり込み帳又は建物図面つづり込み帳につづり込まれた図面を閉鎖したときは、当該図面を当該帳簿から除却するものとする。
２　前項の閉鎖した図面は、その左側上部に「平成何年何月何日除却」と記載し、閉鎖土地図面つづり込み帳、閉鎖地役権図面つづり込み帳又は閉鎖建物図面つづり込み帳に除却の日付の順序に従ってつづり込むものとする。
３　登記官は、第１項の規定又は管轄転属等により図面を土地図面つづり込み帳、地役権図面つづり込み帳又は建物図面つづり込み帳から除却したときは、当該帳簿の目録のうち閉鎖した図面に係る記載を抹消し、除却の年月日を記載して、登記官印を押印するものとする。

第２節　表示に関する登記

第１款　通則

　（地番区域の変更）
第59条　行政区画又は字（地番区域であるものに限る。）の変更があった場合において、地番の変更を必要とするときは、職権で、表題部に記録された地番の変更の登記をするものとする。
　（実地調査）
第60条　登記官は、事情の許す限り積極的に不動産の実地調査を励行し、その結果必要があるときは、職権で、表示に関する登記をしなければならない。
２　実地調査は、あらかじめ地図その他各種図面等を調査し、調査事項を明確にした上で行うものとする。
　（実地調査上の注意）
第61条　登記官は、実地調査を行おうとする場合には、あらかじめ土地又は建物の所有者その他の利害関係人に通知する等、調査上支障がないように諸般の手配をしなければならない。
２　登記官は、実地調査を行う場合には、その土地又は建物の所有者その他の利害関係人又は管理人の立会いを求め、なお必要があると認めるときは、隣地の所有者又は利害関係人等の立会いを求めるものとする。
３　登記官は、実地調査において質問又は検査をする場合には、所有者その他の利害関係人等に対して身分、氏名及び質問又は検査の趣旨を明らかにし、これらの者に迷惑をかけることがないように注意しなければならない。
４　登記官は、実地調査を完了した場合において、必要があると認めるときは、土地所在図、地積測量図、建物図面又は各階平面図を作成するものとする。
５　前項の図面の作成については、規則第３章第１節第７款の規定によるものとする。
　（実地調査書）
第62条　登記官は、申請書及びその添付書類を審査し、実地調査の必要を認めた場合には、申請書の１枚目の用紙の上部欄外に別記第57号様式による印版を押印するものとする。
２　規則第95条の調書（以下「実地調査書」という。）は、別記第58号様式又はこれに準ずる

様式によるものとする。
3 登記官は、実地調査をしたときは、実地調査書を申請書（電子申請にあっては、電子申請管理用紙）と共に保管するものとする。
4 登記官は、地方税法第381条第7項前段（他の法令において準用する場合を含む。第65条において同じ。）の規定による市町村長の申出に係る不動産について実地調査をしたときは、実地調査書を当該申出に係る書面と共に保管するものとする。

（申請の催告）
第63条 登記官は、法第36条、第37条第1項若しくは第2項、第42条、第47条第1項（法第49条第2項において準用する場合を含む。）、第49条第1項、第3項若しくは第4項、第51条第1項から第4項まで、第57条又は第58条第6項若しくは第7項の規定による申請をすべき事項で申請のないものを発見した場合には、直ちに職権でその登記をすることなく、申請の義務がある者に登記の申請を催告するものとする。
2 前項の催告は、別記第59号様式による催告書によりするものとする。

（実地調査の代行）
第64条 登記官は、必要があると認める場合には、登記所の職員に細部の指示を与えて実地調査を行わせて差し支えない。

（職権による表示に関する登記の実地調査書等の処理）
第65条 登記官は、地方税法第381条第7項前段の規定による市町村長の申出に係る書面を受け取り、又は職権で表示に関する登記をしようとする場合において、実地調査をしたときは、実地調査書に、別記第60号様式及び別記第61号様式又はこれらに準ずる様式による印版を押印して、規則第96条第1項の立件の年月日及び立件番号を記載し、立件、調査、記入、校合、図面の整理、所要の通知等をした場合には、そのつど該当欄に取扱者が押印するものとする。法第75条（法第76条第3項において準用する場合を含む。）の規定により登記をした場合において、実地調査をしたときも、同様とする。
2 登記官は、前項の規定により立件した事件の処理を中止により終了した場合には、職権表示登記等事件簿に「中止」と記載し、申出書又は申出のない事件についての実地調査書に中止の年月日及びその旨を記載するものとする。
3 地方税法第381条第7項後段の規定による通知は、申出書の写しに「処理済」又は「中止」と記載して市町村長に交付するものとする。

（日付欄の記録）
第66条 登記の日付欄に記録すべき登記の年月日は、登記完了の年月日を記録するものとする。

第2款 土地の表示に関する登記

（地番の定め方）
第67条 地番は、規則第98条に定めるところによるほか、次に掲げるところにより定めるものとする。
(1) 地番は、他の土地の地番と重複しない番号をもって定める。
(2) 抹消、滅失又は合筆により登記記録が閉鎖された土地の地番は、特別の事情がない限り、再使用しない。
(3) 土地の表題登記をする場合には、当該土地の地番区域内における最終の地番を追い順次にその地番を定める。
(4) 分筆した土地については、分筆前の地番に支号を付して各筆の地番を定める。ただし、

本番に支号のある土地を分筆する場合には、その1筆には、従来の地番を存し、他の各筆には、本番の最終の支号を追い順次支号を付してその地番を定める。
(5) 前号本文の規定にかかわらず、規則第104条第6項に規定する場合には、分筆した土地について支号を用いない地番を存することができる。
(6) 合筆した土地については、合筆前の首位の地番をもってその地番とする。
(7) 特別の事情があるときは、第3号、第4号及び第6号の規定にかかわらず、適宜の地番を定めて差し支えない。
(8) 土地区画整理事業を施行した地域等においては、ブロック（街区）地番を付して差し支えない。
(9) 地番の支号には、数字を用い、支号の支号は用いない。
2 登記官は、従来の地番に数字でない符号又は支号の支号を用いたものがある場合には、その土地の表題部の登記事項に関する変更の登記若しくは更正の登記又は土地の登記記録の移記若しくは改製をする時に当該地番を変更しなければならない。ただし、変更することができない特段の事情があるときは、この限りでない。
3 登記官は、同一の地番区域内の2筆以上の土地に同一の地番が重複して定められているときは、地番を変更しなければならない。ただし、変更することができない特段の事情があるときは、この限りでない。
4 地番が著しく錯雑している場合において、必要があると認めるときは、その地番を変更しても差し支えない。

（地目）
第68条 次の各号に掲げる地目は、当該各号に定める土地について定めるものとする。この場合には、土地の現況及び利用目的に重点を置き、部分的にわずかな差異の存するときでも、土地全体としての状況を観察して定めるものとする。
(1) 田　農耕地で用水を利用して耕作する土地
(2) 畑　農耕地で用水を利用しないで耕作する土地
(3) 宅地　建物の敷地及びその維持若しくは効用を果すために必要な土地
(4) 学校用地　校舎、附属施設の敷地及び運動場
(5) 鉄道用地　鉄道の駅舎、附属施設及び路線の敷地
(6) 塩田　海水を引き入れて塩を採取する土地
(7) 鉱泉地　鉱泉（温泉を含む。）の湧出口及びその維持に必要な土地
(8) 池沼　かんがい用水でない水の貯留池
(9) 山林　耕作の方法によらないで竹木の生育する土地
(10) 牧場　家畜を放牧する土地
(11) 原野　耕作の方法によらないで雑草、かん木類の生育する土地
(12) 墓地　人の遺体又は遺骨を埋葬する土地
(13) 境内地　境内に属する土地であって、宗教法人法（昭和26年法律第126号）第3条第2号及び第3号に掲げる土地（宗教法人の所有に属しないものを含む。）
(14) 運河用地　運河法（大正2年法律第16号）第12条第1項第1号又は第2号に掲げる土地
(15) 水道用地　専ら給水の目的で敷設する水道の水源地、貯水池、ろ水場又は水道線路に要する土地
(16) 用悪水路　かんがい用又は悪水はいせつ用の水路
(17) ため池　耕地かんがい用の用水貯留池
(18) 堤　防水のために築造した堤防
(19) 井溝　田畝又は村落の間にある通水路

⑳　保安林　森林法（昭和26年法律第249号）に基づき農林水産大臣が保安林として指定した土地
㉑　公衆用道路　一般交通の用に供する道路（道路法（昭和27年法律第180号）による道路であるかどうかを問わない。）
㉒　公園　公衆の遊楽のために供する土地
㉓　雑種地　以上のいずれにも該当しない土地

（地目の認定）
第69条　土地の地目は、次に掲げるところによって定めるものとする。
⑴　牧草栽培地は、畑とする。
⑵　海産物を乾燥する場所の区域内に永久的設備と認められる建物がある場合には、その敷地の区域に属する部分だけを宅地とする。
⑶　耕作地の区域内にある農具小屋等の敷地は、その建物が永久的設備と認められるものに限り、宅地とする。
⑷　牧畜のために使用する建物の敷地、牧草栽培地及び林地等で牧場地域内にあるものは、すべて牧場とする。
⑸　水力発電のための水路又は排水路は、雑種地とする。
⑹　遊園地、運動場、ゴルフ場又は飛行場において、建物の利用を主とする建物敷地以外の部分が建物に附随する庭園に過ぎないと認められる場合には、その全部を一団として宅地とする。
⑺　遊園地、運動場、ゴルフ場又は飛行場において、一部に建物がある場合でも、建物敷地以外の土地の利用を主とし、建物はその附随的なものに過ぎないと認められるときは、その全部を一団として雑種地とする。ただし、道路、溝、堀その他により建物敷地として判然区分することができる状況にあるものは、これを区分して宅地としても差し支えない。
⑻　競馬場内の土地については、事務所、観覧席及びきゅう舎等永久的設備と認められる建物の敷地及びその附属する土地は宅地とし、馬場は雑種地とし、その他の土地は現況に応じてその地目を定める。
⑼　テニスコート又はプールについては、宅地に接続するものは宅地とし、その他は雑種地とする。
⑽　ガスタンク敷地又は石油タンク敷地は、宅地とする。
⑾　工場又は営業場に接続する物干場又はさらし場は、宅地とする。
⑿　火葬場については、その構内に建物の設備があるときは構内全部を宅地とし、建物の設備のないときは雑種地とする。
⒀　高圧線の下の土地で他の目的に使用することができない区域は、雑種地とする。
⒁　鉄塔敷地又は変電所敷地は、雑種地とする。
⒂　坑口又はやぐら敷地は、雑種地とする。
⒃　製錬所の煙道敷地は、雑種地とする。
⒄　陶器かまどの設けられた土地については、永久的設備と認められる雨覆いがあるときは宅地とし、その設備がないときは雑種地とする。
⒅　木場（木ぼり）の区域内の土地は、建物がない限り、雑種地とする。

（地積）
第70条　土地の表示に関する登記の申請情報の内容とした地積と登記官の実地調査の結果による地積との差が、申請情報の内容とした地積を基準にして規則第77条第4項の規定による地積測量図の誤差の限度内であるときは、申請情報の内容とした地積を相当と認めて差し支えない。

（所有権を証する情報）
第71条　令別表の4の項添付情報欄ハに掲げる表題部所有者となる者の所有権を証する情報は、公有水面埋立法（大正10年法律第57号）第22条の規定による竣功認可書、官庁又は公署の証明書その他申請人の所有権の取得を証するに足りる情報とする。
2　国又は地方公共団体の所有する土地について、官庁又は公署が土地の表題登記を嘱託する場合には、所有権を証する情報の提供を便宜省略して差し支えない。

（分筆の登記の申請）
第72条　分筆の登記を申請する場合において、分筆前の地積と分筆後の地積の差が、分筆前の地積を基準にして規則第77条第4項の規定による地積測量図の誤差の限度内であるときは、地積に関する更正の登記の申請を要しない。
2　分筆の登記を申請する場合において提供する分筆後の土地の地積測量図には、分筆前の土地が広大な土地であって、分筆後の土地の一方がわずかであるなど特別の事情があるときに限り、分筆後の土地のうち1筆の土地について規則第77条第1項第5号から第7号までに掲げる事項（同項第5号の地積を除く。）を記録することを便宜省略して差し支えない。

（土地の表題部の変更の登記又は更正の登記の記録）
第73条　地番、地目又は地積に関する変更の登記又は更正の登記をする場合において、登記記録の表題部の原因及びその日付欄の記録をするときは、変更し、又は更正すべき事項の種類に応じて、当該変更又は更正に係る該当欄の番号を登記原因及びその日付の記録に冠記してするものとする。例えば、地目の変更をするときは、登記原因及びその日付に②を冠記するものとし、一の申請情報によって地目の変更の登記と地積の更正の登記の申請があった場合において、これらに基づいて登記をするときは、原因及びその日付欄に、それぞれの登記原因及びその日付に②及び③を冠記して、「②平成何年何月何日地目変更③錯誤」のように記録するものとする。

（分筆の登記の記録方法）
第74条　甲土地から乙土地を分筆する分筆の登記をする場合において、規則第101条第2項の規定による記録をするときは、甲土地の登記記録の表題部に、地番、地目及び地積のうち変更する事項のみを記録し（所在欄には、何らの記録を要しない。）、原因及びその日付欄に、変更を要する事項の事項欄の番号を冠記して、「①③何番何、何番何に分筆」（又は「③何番何ないし何番何に分筆」）のように記録するものとする。
2　前項の場合において、規則第101条第1項の規定による記録をするときは、乙土地の登記記録の表題部の原因及びその日付欄に、「何番から分筆」のように記録するものとする。

（合筆の登記の記録方法）
第75条　甲土地を乙土地に合筆する合筆の登記をする場合において、甲土地の登記記録の表題部に規則第106条第2項の規定による記録をするときは、原因及びその日付欄に「何番に合筆」のように記録するものとする。
2　前項の場合において、乙土地の登記記録の表題部に規則第106条第1項の規定による記録をするときは、合筆後の土地の地積を記録し、原因及びその日付欄に、地積欄の番号を冠記して、「③何番を合筆」（又は「③何番何ないし何番何を合筆」）のように記録するものとする。

（分合筆の登記の記録方法）
第76条　甲土地の一部を分筆して、これを乙土地に合筆する場合における分筆の登記及び合筆の登記をする場合において、甲土地の登記記録の表題部に規則第108条第2項の規定による記録をするときは、分筆後の土地の地積を記録し、原因及びその日付欄に、地積欄の番号を冠記して、「③何番に一部合併」のように記録するものとする。

2　前項の場合において、乙土地の登記記録の表題部に規則第108条第1項の規定による記録をするときは、合筆後の土地の地積を記録し、原因及びその日付欄に、地積欄の番号を冠記して、「③何番から一部合併」のように記録するものとする。

第3款　建物の表示に関する登記

（建物認定の基準）
第77条　建物の認定に当たっては、次の例示から類推し、その利用状況等を勘案して判定するものとする。
　(1)　建物として取り扱うもの
　　ア　停車場の乗降場又は荷物積卸場。ただし、上屋を有する部分に限る。
　　イ　野球場又は競馬場の観覧席。ただし、屋根を有する部分に限る。
　　ウ　ガード下を利用して築造した店舗、倉庫等の建造物
　　エ　地下停車場、地下駐車場又は地下街の建造物
　　オ　園芸又は農耕用の温床施設。ただし、半永久的な建造物と認められるものに限る。
　(2)　建物として取り扱わないもの
　　ア　ガスタンク、石油タンク又は給水タンク
　　イ　機械上に建設した建造物。ただし、地上に基脚を有し、又は支柱を施したものを除く。
　　ウ　浮船を利用したもの。ただし、固定しているものを除く。
　　エ　アーケード付街路（公衆用道路上に屋根覆いを施した部分）
　　オ　容易に運搬することができる切符売場又は入場券売場等

（建物の個数の基準）
第78条　効用上一体として利用される状態にある数棟の建物は、所有者の意思に反しない限り、1個の建物として取り扱うものとする。
2　一棟の建物に構造上区分された数個の部分で独立して住居、店舗、事務所又は倉庫その他の建物としての用途に供することができるものがある場合には、その各部分は、各別にこれを1個の建物として取り扱うものとする。ただし、所有者が同一であるときは、その所有者の意思に反しない限り、一棟の建物の全部又は隣接する数個の部分を1個の建物として取り扱うものとする。
3　数個の専有部分に通ずる廊下（例えば、アパートの各室に通ずる廊下）又は階段室、エレベーター室、屋上等建物の構造上区分所有者の全員又はその一部の共用に供されるべき建物の部分は、各別に1個の建物として取り扱うことができない。

（家屋番号の定め方）
第79条　家屋番号は、規則第112条に定めるところによるほか、次に掲げるところにより定めるものとする。
　(1)　1筆の土地の上に1個の建物が存する場合には、敷地の地番と同一の番号をもって定める（敷地の地番が支号の付されたものである場合には、その支号の付された地番と同一の番号をもって定める。）。
　(2)　1筆の土地の上に2個以上の建物が存する場合には、敷地の地番と同一の番号に、1、2、3の支号を付して、例えば、地番が「5番」であるときは「5番の1」、「5番の2」等と、地番が「6番1」であるときは「6番1の1」、「6番1の2」等の例により定める。
　(3)　2筆以上の土地にまたがって1個の建物が存する場合には、主たる建物（附属建物の存する場合）又は床面積の多い部分（附属建物の存しない場合）の存する敷地の地番と同一の番号をもって、主たる建物が2筆以上の土地にまたがる場合には、床面積の多い部分の

存する敷地の地番と同一の番号をもって定める。なお、建物が管轄登記所を異にする土地にまたがって存する場合には、管轄指定を受けた登記所の管轄する土地の地番により定める。

(4) 2筆以上の土地にまたがって2個以上の建物が存する場合には、第2号及び前号の方法によって定める。例えば、5番及び6番の土地にまたがる2個の建物が存し、いずれも床面積の多い部分の存する土地が5番であるときは、「5番の1」及び「5番の2」のように定める。

(5) 建物が永久的な施設としてのさん橋の上に存する場合又は固定した浮船を利用したものである場合には、その建物に最も近い土地の地番と同一の番号をもって定める。

(6) 一棟の建物の一部を1個の建物として登記する場合において、その一棟の建物が2筆以上の土地にまたがって存するときは、一棟の建物の床面積の多い部分の存する敷地の地番と同一の番号に支号を付して定める。

(7) 家屋番号が敷地の地番と同一である建物の敷地上に存する他の建物を登記する場合には、敷地の地番に2、3の支号を付した番号をもって定める。この場合には、最初に登記された建物の家屋番号を必ずしも変更することを要しない。

(8) 建物の分割又は区分の登記をする場合には、前各号に準じて定める。

(9) 建物の合併の登記をする場合には、合併前の建物の家屋番号のうち上位のものをもって合併後の家屋番号とする。ただし、上位の家屋番号によることが相当でないと認められる場合には、他の番号を用いても差し支えない。

(10) 敷地地番の変更又は更正による建物の不動産所在事項の変更の登記又は更正の登記をした場合には、前各号に準じて、家屋番号を変更する。

(建物の種類の定め方)

第80条 規則第113条第1項に規定する建物の種類の区分に該当しない建物の種類は、その用途により、次のように区分して定めるものとし、なお、これにより難い場合には、建物の用途により適当に定めるものとする。

校舎、講堂、研究所、病院、診療所、集会所、公会堂、停車場、劇場、映画館、遊技場、競技場、野球場、競馬場、公衆浴場、火葬場、守衛所、茶室、温室、蚕室、物置、便所、鶏舎、酪農舎、給油所

2 建物の主たる用途が2以上の場合には、その種類を例えば「居宅・店舗」と表示するものとする。

(建物の構造の定め方等)

第81条 建物の構造は、規則第114条に定めるところによるほか、おおむね次のように区分して定めるものとする。

(1) 構成材料による区分
　ア　木骨石造
　イ　木骨れんが造
　ウ　軽量鉄骨造

(2) 屋根の種類による区分
　ア　セメントかわらぶき
　イ　アルミニューム板ぶき
　ウ　板ぶき
　エ　杉皮ぶき
　オ　石板ぶき
　カ　銅板ぶき

キ　ルーフィングぶき
　　ク　ビニール板ぶき
　　ケ　合金メッキ鋼板ぶき
　(3)　階数による区分
　　ア　地下何階建
　　イ　地下何階付き平家建（又は何階建）
　　ウ　ガード下にある建物については、ガード下平家建（又は何階建）
　　エ　渡廊下付きの一棟の建物については、渡廊下付き平家建（又は何階建）
２　建物の主たる部分の構成材料が異なる場合には、例えば「木・鉄骨造」と、屋根の種類が異なる場合には、例えば「かわら・亜鉛メッキ鋼板ぶき」と表示するものとする。
３　建物を階層的に区分してその一部を１個の建物とする場合において、建物の構造を記載するときは、屋根の種類を記載することを要しない。
４　天井の高さ1.5メートル未満の地階及び屋階等（特殊階）は、階数に算入しないものとする。

（建物の床面積の定め方）
第82条　建物の床面積は、規則第115条に定めるところによるほか、次に掲げるところにより定めるものとする。
　(1)　天井の高さ1.5メートル未満の地階及び屋階（特殊階）は、床面積に算入しない。ただし、１室の一部が天井の高さ1.5メートル未満であっても、その部分は、当該１室の面積に算入する。
　(2)　停車場の上屋を有する乗降場及び荷物積卸場の床面積は、その上屋の占める部分の乗降場及び荷物積卸場の面積により計算する。
　(3)　野球場、競馬場又はこれらに類する施設の観覧席は、屋根の設備のある部分の面積を床面積として計算する。
　(4)　地下停車場、地下駐車場及び地下街の建物の床面積は、壁又は柱等により区画された部分の面積により定める。ただし、常時一般に開放されている通路及び階段の部分を除く。
　(5)　停車場の地下道設備（地下停車場のものを含む。）は、床面積に算入しない。
　(6)　階段室、エレベーター室又はこれに準ずるものは、床を有するものとみなして各階の床面積に算入する。
　(7)　建物に附属する屋外の階段は、床面積に算入しない。
　(8)　建物の一部が上階まで吹抜になっている場合には、その吹抜の部分は、上階の床面積に算入しない。
　(9)　柱又は壁が傾斜している場合の床面積は、各階の床面の接着する壁その他の区画の中心線で囲まれた部分による。
　(10)　建物の内部に煙突又はダストシュートがある場合（その一部が外側に及んでいるものを含む。）には、その部分は各階の床面積に算入し、外側にあるときは算入しない。
　(11)　出窓は、その高さ1.5メートル以上のものでその下部が床面と同一の高さにあるものに限り、床面積に算入する。

（建物の再築）
第83条　既存の建物全部を取り壊し、その材料を用いて建物を建築した場合（再築）は、既存の建物が滅失し、新たな建物が建築されたものとして取り扱うものとする。

（建物の一部取壊し及び増築）
第84条　建物の一部の取壊し及び増築をした場合は、建物の床面積の減少又は増加として取り扱って差し支えない。

（建物の移転）
第85条　建物を解体移転した場合は、既存の建物が滅失し、新たな建物が建築されたものとして取り扱うものとする。
2　建物をえい行移転した場合は、建物の所在の変更として取り扱うものとする。
　（合併の禁止）
第86条　法第54条第1項第3号の建物の合併の登記は、次に掲げる場合には、することができない。
　(1)　附属合併にあっては、合併しようとする建物が主たる建物と附属建物の関係にないとき。
　(2)　区分合併にあっては、区分された建物が互いに接続していないとき。
　（所有権を証する情報等）
第87条　建物の表題登記の申請をする場合における表題部所有者となる者の所有権を証する情報は、建築基準法（昭和25年法律第201号）第6条の確認及び同法第7条の検査のあったことを証する情報、建築請負人又は敷地所有者の証明情報、国有建物の払下げの契約に係る情報、固定資産税の納付証明に係る情報その他申請人の所有権の取得を証するに足る情報とする。
2　共用部分又は団地共用部分である建物についての建物の所有者を証する情報は、共用部分若しくは団地共用部分である旨を定めた規約を設定したことを証する情報又は登記した他の区分所有者若しくは建物の所有者の全部若しくは一部の者が証明する情報とする。
3　国又は地方公共団体の所有する建物について、官庁又は公署が建物の表題登記を嘱託する場合には、第1項の情報の提供を便宜省略して差し支えない。
　（建物の所在の記録方法）
第88条　建物の登記記録の表題部に不動産所在事項を記録する場合において、当該建物が他の都道府県にまたがって存在するときは、不動産所在事項に当該他の都道府県名を冠記するものとする。
2　建物の登記記録の表題部に2筆以上の土地にまたがる建物の不動産所在事項を記録する場合には、床面積の多い部分又は主たる建物の所在する土地の地番を先に記録し、他の土地の地番は後に記録するものとする。
3　前項の場合において、建物の所在する土地の地番を記録するには、「6番地、4番地、8番地」のように記録するものとし、「6、4、8番地」のように略記してはならない。ただし、建物の所在する土地の地番のうちに連続する地番（ただし、支号のあるものを除く。）がある場合には、その連続する地番を、例えば、「5番地ないし7番地」のように略記して差し支えない。
4　建物が永久的な施設としてのさん橋の上に存する場合又は固定した浮船を利用したものである場合については、その建物から最も近い土地の地番を用い、「何番地先」のように記録するものとする。
　（附属建物の表題部の記録方法）
第89条　附属建物が主たる建物と同一の一棟の建物に属するものである場合において、当該附属建物に関する登記事項を記録するには、その一棟の建物の所在する市、区、郡、町、村、字及び土地の地番並びに構造及び床面積を記録することを要しない。
　（区分建物の構造の記録方法）
第90条　区分建物である建物が、例えば、当該建物が属する一棟の建物の3階及び4階に存する場合において、その階数による構造を記録するときは、「2階建」のように記録するものとする。

（床面積の記録方法）
第91条　平家建以外の建物の登記記録の表題部に床面積を記録するときは、各階ごとに床面積を記録しなければならない。この場合において、各階の床面積の合計を記録することを要しない。
2　地階があるときは、その床面積は、地上階の床面積の記録の次に記録するものとする。
3　床面積を記録する場合において、平方メートル未満の端数がないときであっても、平方メートル未満の表示として、「00」と記録するものとする。

（附属建物の略記の禁止）
第92条　表題部に附属建物に関する事項を記録する場合において、当該附属建物の種類、構造及び床面積が直前に記録された附属建物の記録と同一のときであっても、「同上」のように略記してはならない。

（附属建物等の原因及びその日付の記録）
第93条　附属建物がある建物の表題登記をする場合において、附属建物の新築の日が主たる建物の新築の日と同一であるときは、附属建物の表示欄の原因及びその日付欄の記録を要しない。
2　区分建物である建物の表題登記をする場合には、一棟の建物の表示欄の原因及びその日付欄の記録を要しない。
3　附属建物がある区分建物である建物の表題登記をする場合において、附属建物の新築の日が主たる建物の新築の日と同一であるときは、附属建物の表示欄の原因及びその日付欄の記録を要しない。

（附属建物の変更の登記の記録方法等）
第94条　附属建物の種類、構造又は床面積に関する変更の登記又は更正の登記をする場合において、表題部に附属建物に関する記録をするときは、当該附属建物の変更後又は更正後の種類、構造及び床面積の全部を記録し、従前の登記事項（符号を除く。）の全部を抹消するものとする。
2　前項の場合において、表題部に登記原因及びその日付を記録するときは、変更し、又は更正すべき事項の種類に応じて、登記原因及びその日付の記録に当該変更又は更正に係る該当欄の番号を冠記してするものとする。例えば、増築による床面積に関する変更の登記をするときは、原因及びその日付欄に、「③平成何年何月何日増築」のように記録するものとする。
3　第1項の規定により変更後又は更正後の事項を記録するときは、符号欄に従前の符号を記録するものとする。

（合体による変更の登記の記録方法）
第95条　主たる建物と附属建物の合体による建物の表題部の登記事項に関する変更の登記をする場合において、表題部に登記原因及びその日付を記録するときは、主たる建物の床面積の変更については、原因及びその日付欄に、登記原因及びその日付の記録に床面積欄の番号を冠記して、「③平成何年何月何日附属建物合体（又は「増築及び附属建物合体」）」のように記録し、附属建物の表題部の抹消については、「平成何年何月何日主たる建物に合体」と記録しなければならない。2以上の附属建物の合体による建物の表題部の登記事項に関する変更の登記をする場合についても、同様とする。

（分割の登記の記録方法）
第96条　甲建物からその附属建物を分割して乙建物とする建物の分割の登記をする場合において、甲建物の登記記録の表題部に規則第127条第2項の規定による記録をするときは、原因及びその日付欄に「何番の何に分割」のように記録するものとする。

2　前項の場合において、乙建物の登記記録の表題部に規則第127条第1項の規定による記録をするときは、原因及びその日付欄に「何番から分割」のように記録するものとする。
　（区分の登記の記録方法）
第97条　前条の規定は、甲建物を区分して甲建物と乙建物とする建物の区分の登記をする場合について準用する。
　（附属合併の登記の記録方法）
第98条　甲建物を乙建物の附属建物とする附属合併の登記をする場合において、甲建物の登記記録の表題部に規則第132条第3項の規定による記録をするときは、原因及びその日付欄に「何番に合併」のように記録するものとする。
2　前項の場合において、乙建物の登記記録の表題部に規則第132条第1項の規定による記録をするときは、原因及びその日付欄に「何番を合併」のように記録するものとする。
　（区分合併の登記の記録方法）
第99条　区分合併（甲建物を乙建物の附属建物に合併する場合を除く。）に係る建物の合併の登記をする場合において、区分合併後の建物が区分建物でないときは、区分合併前の乙建物の表題部の登記記録の一棟の建物の表題部の原因及びその日付欄に「合併」と記録するものとする。
　（建物の分割及び附属合併の登記の記録方法）
第100条　甲建物からその附属建物を分割してこれを乙建物の附属建物とする建物の分割の登記及び附属合併の登記をする場合において、甲建物の登記記録の表題部に規則第135条第2項の規定による記録をするときは、当該登記記録の附属建物の表示欄の原因及びその日付欄に「何番に合併」のように記録するものとする。
2　前項の場合において、乙建物の登記記録の表題部に規則第135条第1項の規定による記録をするときは、当該登記記録の附属建物の表示欄の原因及びその日付欄に「何番から合併」のように記録するものとする。
　（附属建物がある建物の滅失の登記の記録方法）
第101条　建物の滅失の登記をする場合において、当該建物の登記記録に附属建物があるときでも、当該附属建物の表示欄の原因及びその日付欄には、何らの記録を要しない。
　（附属建物がある主たる建物の滅失による表題部の変更の登記の記録方法）
第102条　附属建物がある主たる建物の滅失による表題部の登記事項に関する変更の登記をする場合には、表題部の主たる建物の表示欄の原因及びその日付欄に滅失の登記原因及びその日付を記録し、当該表示欄に主たる建物となるべき附属建物に関する種類、構造及び床面積を記録し、当該原因及びその日付欄に「平成何年何月何日主たる建物に変更」のように記録するものとする。この場合には、当該附属建物の表示欄の原因及びその日付欄に「平成何年何月何日主たる建物に変更」のように記録して、当該附属建物についての従前の登記事項を抹消するものとする。
　（共用部分である旨の登記における記録方法等）
第103条　共用部分である旨の登記をするときは、原因及びその日付欄に「平成何年何月何日規約設定」及び「共用部分」のように記録するものとする。ただし、当該共用部分が法第58条第1項第1号に掲げるものである場合には、「平成何年何月何日規約設定」及び「家屋番号何番、何番の共用部分」のように記録するものとする。
2　団地共用部分である旨の登記をするときは、その団地共用部分を共用すべき者の所有する建物の所在及び家屋番号又はその建物が属する一棟の建物の所在並びに構造及び床面積若しくはその名称を記録した上、原因及びその日付欄に「平成何年何月何日団地規約設定」及び「団地共用部分」のように記録するものとする。

3　法第58条第4項の規定により権利に関する登記を抹消する場合には、「平成何年何月何日不動産登記法第58条第4項の規定により抹消」のように記録するものとする。
4　共用部分である旨又は団地共用部分である旨を定めた規約を廃止したことによる建物の表題登記をする場合には、原因及びその日付欄に「平成何年何月何日共用部分（又は団地共用部分）の規約廃止」のように記録するものとし、共用部分である旨又は団地共用部分である旨を抹消するときは、その登記原因及びその日付の記録を要しない。

第3節　権利に関する登記

第1款　通則

（職権による登記の更正の手続）
第104条　法第67条第2項の規定による登記の更正の許可の申出は、別記第62号様式又はこれに準ずる様式による申出書によってするものとする。
2　法第67条第2項の登記上の利害関係を有する第三者の承諾があるときは、前項の申出書に当該承諾を証する書面（印鑑証明書の添付、運転免許証の提示その他の方法により登記官が当該第三者が作成したものであることを確認したものに限る。）を添付するものとする。
3　第1項の申出についての許可又は不許可は、別記第63号様式又はこれに準ずる様式による許可（不許可）書によってするものとする。
第105条　登記官は、前条第1項の申出後に登記上の利害関係を有する第三者が生じた場合又は申請により当該登記の更正がされた場合には、当該登記官を監督する法務局又は地方法務局の長にその旨を報告するものとする。この場合において、前条第2項の承諾があるときは、その旨も報告するものとする。

（許可書が到達した場合の処理）
第106条　第104条第3項の許可書が到達した場合において、第31条第1項の規定による受付をしたときは、受付帳に「職権更正」と記録するものとする。
2　前項の場合において、既に登記上の利害関係を有する第三者が生じているとき（その承諾がある場合を除く。）又は申請により当該登記の更正がされているときは、許可書及び受付帳に、当該登記の更正をすることができない旨及びその理由を記録するものとする。
3　規則第151条の規定により許可の年月日を記録する場合には、「平成何年何月何日登記官の過誤につき法務局長の更正許可」のように記録するものとする。

（職権による登記の抹消の手続の開始）
第107条　登記官は、法第71条第1項に規定する事由を発見したときは、別記第64号様式による職権抹消調書を作成するものとする。
2　法第71条第1項の通知は、別記第65号様式による通知書によってするものとする。この場合には、登記官を監督する法務局又は地方法務局の長にその通知書の写しを送付するものとする。

（職権による登記の抹消の公告）
第108条　法第71条第2項の公告の内容は、次の例によるものとする。

　　何市何町何丁目何番の土地の平成何年何月何日受付第何号の何登記（登記権利者何某、登記義務者何某）は、不動産登記法第25条第1号（第2号、第3号又は第13号（不動産登記令第20条第何号））に該当するので、本日から2週間以内に書面による異議の申述がないときは、抹消します。

　　　　平成何年何月何日　　　何法務局何出張所

（利害関係人の異議に対する決定）
第109条　登記官は、法第71条第3項の規定により異議につき決定をする場合には、当該登記官を監督する法務局又は地方法務局の長に内議するものとし、異議を却下する決定は、別記第66号様式による決定書により、異議に理由があるとする決定は、別記第67号様式による決定書によりするものとする。
2　登記官は、前項の決定書を2通作成し、その1通を異議を述べた者に適宜の方法で交付し、他の1通には、その欄外に決定告知の年月日を記載して登記官印を押印するものとする。
3　登記官は、異議につき決定をした場合には、同項の決定書の謄本を添えて当該登記官を監督する法務局又は地方法務局の長にその旨を報告するものとする。

（職権による登記の抹消の手続）
第110条　登記官は、法第71条第1項に規定する異議を述べた者がない場合にあっては同項の期間の満了後直ちに、当該異議を述べた者があり、かつ、当該異議を却下した場合にあっては当該却下の決定後直ちに、第31条第1項及び第32条の手続を採らなければならない。この場合において、これらの規定の適用については、第31条第1項中「登記の申請書の提出があったときは」とあるのは「法第71条第1項の期間の満了後」と、第32条第1項中「申請書、許可書、命令書又は通知書」とあるのは「職権抹消調書」とする。
2　規則第153条の規定により記録する事由は、「不動産登記法第25条第1号（第2号、第3号又は第13号（不動産登記令第20条第何号））に該当するので、同法第71条第4項の規定により抹消」とする。
3　法第71条第4項の規定により登記を抹消したときは、職権抹消調書及び前条第2項の規定により決定告知の年月日を記載した決定書の原本を申請書類つづり込み帳につづり込むものとする。
4　法第71条第3項の規定により異議に理由がある旨の決定をしたときは、前条第2項の規定により決定告知の年月日を記載した決定書の原本を決定原本つづり込み帳につづり込むものとする。

（差押えの登記等の抹消の通知）
第110条の2　登記官は、法第109条第2項又は規則第152条第2項の規定により、民事執行法（昭和54年法律第4号）第48条第1項（同法第188条において準用する場合を含む。）の規定による差押えの登記その他の処分の制限の登記（裁判所の嘱託によってされたものに限る。）を抹消したときは、その旨を当該嘱託をした裁判所に通知しなければならない。
2　前項の通知は、登記事項証明書を送付する方法によって行うものとする。

（書類の契印）
第111条　登記官は、その作成に係る書面（登記事項証明書及び地図等若しくは土地所在図等の写しを除く。）が数枚にわたる場合には、各用紙のつづり目に職印又は別記第68号様式による印版により契印をするものとする。
2　前項の契印に代えて、特定の記号の形となる穴を打抜機により全用紙に一括してせん孔する方法によることができる。

第2款　担保権等に関する登記

（前の登記に関する登記事項証明書）
第112条　令別表の47、49、56及び58の項添付情報欄ロに掲げる前の登記に関する登記事項証明書は、他の登記所の管轄区域内にある不動産が2以上あるときであっても、他の登記所ごとに登記事項証明書（共同担保目録に記録された事項の記載があるものに限る。）を1通提

供すれば足りる。
　（共同担保目録の目録番号の記載）
第113条　規則第166条第2項の規定により申請書に共同担保目録の記号及び目録番号を記載するには、その1枚目の用紙の表面の余白に別記第69号様式による印版を押印して該当欄に記載するものとする。

　（共同担保目録の記号及び目録番号）
第114条　規則第167条第1項第2号の規定により共同担保目録の記号及び目録番号を記録する場合には、重複又は欠番が生じないようにし、必要に応じ別記第70号様式又はこれに準ずる様式による共同担保目録番号簿を設け、これに基づいて付番した番号を記録するものとする。
2　共同担保目録の記号は、例えば「あ」、「い」、「う」のように付すものとする。
3　共同担保目録の記号は、目録番号が、例えば、1000号、5000号又は10000号に達するごとに適宜記号を改め、必ずしも暦年ごとに改めることを要しない。

第3款　信託に関する登記

　（信託目録の作成等）
第115条　信託目録を作成するときは、申請の受付の年月日及び受付番号を記録しなければならない。
2　信託目録の目録番号は、1年ごとに更新しなければならない。

第4款　仮登記

　（仮登記の抹消）
第116条　仮登記の抹消をする場合には、規則第152条の手続のほか、本登記をするための余白を抹消する記号も記録しなければならない。

第4節　補則

第1款　通知等

　（各種通知簿の記載）
第117条　各種通知簿には、法第23条第1項及び第2項、第67条第1項、第3項及び第4項、第71条第1項及び第3項並びに第157条第3項並びに規則第40条第2項及び第3項、第103条第3項、第119条第2項、第124条第8項（規則第120条第7項、第126条第3項、第134条第3項及び第145条第1項において準用する場合を含む。）、第159条第2項（同条第4項において準用する場合を含む。）、第168条第5項（規則第170条第3項において準用する場合を含む。）、第183条第1項、第184条第1項並びに第185条第2項の通知事項、通知を受ける者及び通知を発する年月日を記載するものとする。
　（通知書の様式）
第118条　次の各号に掲げる通知は、当該各号に定める様式による通知書によりするものとする。
　(1)　事前通知　別記第55号様式
　(2)　前の住所地への通知　別記第56号様式

- (3) 法第67条第1項の通知（登記の更正の通知）　別記第71号様式
- (4) 法第67条第3項の通知（登記の更正の完了の通知）　別記第72号様式
- (5) 規則第40条第3項の通知（管轄区域がまたがる場合の登記完了の通知）　別記第73号様式
- (6) 規則第110条第3項（規則第144条第2項において準用する場合を含む。）の通知（滅失の登記における他の登記所への通知）　別記第74号様式又は別記第75号様式
- (7) 規則第159条第2項の通知（地役権の設定の登記における要役地の管轄登記所への通知）　別記第76号様式
- (8) 規則第159条第4項の通知（地役権の変更の登記等における要役地の管轄登記所への通知）　別記第77号様式
- (9) 規則第168条第5項の通知（追加共同担保の登記の他の登記所への通知）　別記第78号様式
- (10) 規則第170条第3項において準用する第168条第5項の通知（共同担保の一部消滅等の他の登記所への通知）　別記第79号様式
- (11) 規則第183条第1項第1号の通知（表示に関する登記における申請人以外の者に対する通知）　別記第80号様式
- (12) 規則第183条第1項第2号の通知（代位登記における当該他人に対する通知）　別記第81号様式
- (13) 規則第184条第1項の通知（処分の制限の登記における通知）　別記第82号様式
- (14) 地方税法第382条第1項（同条第2項において準用する場合を含む。）の通知であって、次に掲げるもの
  - ア　表示に関する登記をした場合の通知　別記第83号様式又はこれに準ずる様式
  - イ　所有権の移転の登記（法第74条第2項の規定による所有権の保存の登記を含む。）若しくはその登記の抹消（法第58条第4項の規定による登記の抹消を除く。）をした場合又は登記名義人の氏名若しくは名称若しくは住所についての変更の登記若しくは更正の登記をした場合の通知　別記第84号様式又はこれに準ずる様式
  - ウ　ア及びイ以外の登記をした場合の通知　別記第85号様式又はこれに準ずる様式

（管轄区域がまたがる場合の登記完了の通知の様式等）

第119条　規則第40条第4項に規定する帳簿には、同条第3項の登記をした登記所の表示及び不動産所在事項を記載するものとする。

2　第5条の場合には、規則第40条第3項及び第4項の規定に準ずるものとする。この場合においては、前条第5号及び前項の規定を準用する。

3　規則第40条第3項又は前項の規定による通知をした後、通知事項に変更を生じた場合には、通知をした登記所の登記官は、速やかに別記第86号様式により変更事項を他の登記所に通知するものとする。

4　登記官は、前項の通知を受けた場合には、第1項の記載の次に変更事項を記載して、変更前の事項を朱抹し、備考欄に「平成何年何月何日変更」と記載して、登記官印を押印するものとする。

（市町村長に対する通知）

第120条　第118条第14号に掲げる通知は、通知に係る建物が二以上の市町村にまたがって存在する場合には、各市町村の長にしなければならない。

（通知書の返戻の場合の措置）

第121条　登記官は、第118条第1号から第4号まで及び第11号から第13号までの通知書が返戻された場合には、その旨を各種通知簿の備考欄に記載し、その通知書を通知に係る登記申請書又は許可書の次につづり込むものとする。

（日計表）
第122条　登記官は、別記第87号様式による日計表を作成するものとする。

　　　第2款　登録免許税

（課税標準認定価格の告知）
第123条　規則第190条第1項の規定による告知を書面によりする場合には、別記第88号様式による告知書によりするものとする。

（電子申請における印紙等による納付）
第124条　登録免許税法（昭和42年法律第35号。以下「税法」という。）第24条の2第3項及び第33条第4項の規定により読み替えて適用する税法第21条又は第22条の登記機関の定める書類（以下「登録免許税納付用紙」という。）は、別記第89号様式又はこれに準ずる様式によるものとする。

2　第126条第1項及び第2項の規定は、電子申請において登記所に登録免許税納付用紙が提出された場合について準用する。

3　登記官は、登録免許税納付用紙により登録免許税の納付を確認したときは、速やかに、当該申請について通知した登録免許税法施行規則（昭和42年大蔵省令第37号。以下「税法施行規則」という。）第13条の納付情報を取り消さなければならない。

4　登記官は、登記の完了後、第2項において準用する第126条第1項又は第2項の措置をした登録免許税納付用紙を申請書類つづり込み帳につづり込むものとする。

（前登記証明書）
第125条　同一債権を担保する抵当権等に係る登記を既に受けた旨の記載のある登記事項証明書は、これを税法施行規則第11条の書類として取り扱うものとする。

2　抵当権等の設定等の登記を最初に申請した登記所に、その登記の申請と同時に申請人から別記第90号様式による申出書の提出があった場合には、登記官は、税法施行規則第11条の書類として、登記証明書を交付するものとする。

3　前項の登記証明書の作成は、申出書の末尾に、証明する旨及び証明の年月日を記載し、登記官がこれに記名し、職印を押印してするものとする。

（使用済の記載等）
第126条　登記官は、登記の申請書を受け付けたときは、直ちに、これにはり付けられた領収証書に「使用済」と記載し、又ははり付けられた収入印紙を再使用を防止することができる消印器により消印するものとする。

2　前項の領収証書については、申請の受付の年月日及び受付番号を記載して、同項の使用済の旨の記載に代えることができる。

3　申請書以外の書面（登録免許税納付用紙を除く。）にはり付けられた収入印紙については、消印することを要しない。

（納付不足額の通知）
第127条　税法第28条第1項の通知は、別記第91号様式による納付不足額通知書及びその写しを作成してするものとする。

2　登記官は、前項の通知をした場合には、申請書（領収証書又は収入印紙をはり付けた用紙に限る。次条及び第129条において同じ。）又は登録免許税納付用紙に別記第92号様式による印版を押印し、これに登記官印を押印するものとする。

（還付通知）
第128条　税法第31条第1項の通知は、別記第93号様式による還付通知書及びその写しを作成

してするものとする。
2 登記官は、前項の通知をした場合には、申請書若しくは登録免許税納付用紙又は取下書に別記第92号様式による印版を押印し、これに登記官印を押印するものとする。
3 登記官は、税法第31条第2項の請求により同条第1項の通知をした場合には、申請書及び還付通知請求書の余白に別記第92号様式による印版を押印し、これに登記官印を押印するものとする。

（再使用証明）
第129条 税法第31条第3項の証明を受けようとする者は、別記第94号様式による再使用証明申出書に所要の事項を記載して申出をするものとする。
2 登記官は、前項の申出があった場合には、申請書又は登録免許税納付用紙の余白に、再使用することができる領収証書の金額又は収入印紙の金額を記載して、その箇所に別記第95号様式による印版を押印し、これに証明の年月日及び証明番号を記載して、登記官印を押印するものとする。
3 登記官は、前項の手続をしたときは、再使用証明申出書に証明の年月日及び証明番号を記載するものとする。

（再使用証明後の還付手続）
第130条 登記官は、税法第31条第5項の申出があった場合には、前条第2項の規定により記載した再使用証明文を朱抹し、再使用証明を施した用紙及び再使用証明申出書の見やすい箇所に「再使用証明失効」と朱書して、登記官印を押印するものとする。
2 第128条第2項及び第3項の規定は、前項の申出に基づく税法第31条第1項の通知をした場合について準用する。

（再使用証明領収証書等の使用）
第131条 登記官は、再使用証明をした領収証書又は収入印紙を使用して登記の申請があった場合には、第129条第2項の規定により記載した証明番号の下に「使用済」と朱書して、登記官印を押印するものとする。
2 登記官は、前項の場合には、再使用証明申出書に「使用済」と朱書して、登記官印を押印するものとする。

第5章　登記事項の証明等

（請求書の受付）
第132条 登記官は、登記事項証明書等（登記事項証明書、登記事項要約書、地図等の全部若しくは一部の写し（地図等が電磁的記録に記録されているときは、当該記録された情報の内容を証明した書面）又は土地所在図等の全部若しくは一部の写し（土地所在図等が電磁的記録に記録されているときは、当該記録された情報の内容を証明した書面）をいう。）の交付の請求が請求書を提出する方法によりされたときは、請求の受付の年月日を当該請求書の適宜の箇所に記載するものとする。この場合には、別の方法で管理する場合を除き、一連の番号も当該請求書の適宜の箇所に記載するものとする。
2 前項後段の規定により一連の番号を記載した請求については、別記第96号様式による日計表を作成して、管理するものとする。
3 第126条第1項の規定は、第1項の請求書を受け付けた場合について準用する。

（登記事項証明書等の作成の場合の注意事項等）
第133条 登記事項証明書等を作成して交付する場合には、次に掲げるところによるものとする。

⑴　主任者は、作成した登記事項証明証等が請求書に係るものであることを確かめなければならない。
⑵　登記事項証明書等は、鮮明に作成するものとする。
⑶　登記事項証明書等が2枚以上であるときは、当該登記事項証明書等の各用紙に当該用紙が何枚目であるかを記載するものとする。
⑷　認証文、認証者の職氏名及び認証日付の記載並びに職印等の押印は、整然と、かつ、鮮明にするものとする。
⑸　主任者は、前号の認証文、認証者の職氏名及び認証日付並びに職印に間違いがないことを確かめなければならない。
⑹　主任者は、地図等又は土地所在図等の全部又は一部の写しが原本の内容と相違ないことを確かめなければならない。
⑺　請求人が受領しないため交付することができないまま1月を経過した登記事項証明書等があるときは、請求書の余白に「交付不能」と記載し、当該登記事項証明書等を適宜廃棄して差し支えない。

（地図等の写し等の作成）
第134条　地図等の写し（地図等が電磁的記録に記録されているときは、当該記録された情報の内容を証明した書面）を作成するには、次に掲げるところによるものとする。
⑴　用紙は、原則として日本工業規格A列3番の適宜の紙質のものを使用する。
⑵　地図及び地図に準ずる図面の写しは、原則として別記第97号様式及び別記第98号様式により、請求に係る土地のほか、接続する土地全部についてこれらの土地相互間の境界線及びその接続する土地の地番を記載する。
⑶　建物所在図の写しは、原則として別記第99号様式による。
⑷　2筆以上の土地又は2個以上の建物を1用紙に記載して作成して差し支えない。
⑸　別記第97号様式、別記第98号様式及び別記第99号様式の用紙の相当欄に余白がある場合には、その該当欄に斜線を施すなどの方法により追記等をすることができないようにする。

（土地所在図等の写し等の作成）
第135条　土地所在図等の写し（土地所在図等が電磁的記録に記録されているときは、当該記録された情報の内容を証明した書面）は、原則として日本工業規格A列3番の適宜の紙質の用紙を使用して作成するものとする。

（登記事項証明書等の認証文）
第136条　次の各号に掲げる登記事項証明書等には、当該各号に定める認証文を付すものとする。
⑴　全部事項証明書　「これは登記記録（閉鎖された登記記録）に記録されている事項の全部を証明した書面である。」
⑵　現在事項証明書　「これは登記記録に記録されている現に効力を有する事項の全部を証明した書面である。」
⑶　何区何番事項証明書　「これは登記記録（閉鎖された登記記録）に記録されている事項の何区何番事項を証明した書面である。」
⑷　所有者証明書　「これは登記記録に記録されている所有者の氏名又は名称及び住所を証明した書面である。」
⑸　一棟建物全部事項証明書　「これは一棟の建物に属する区分建物の登記記録（又は閉鎖された登記記録）に記録されている事項の全部を証明した書面である。」
⑹　一棟建物現在事項証明書　「これは一棟の建物に属する区分建物の登記記録に記録されている現に効力を有する事項の全部を証明した書面である。」

(7) 地図等（電磁的記録に記録されているものを除く。）の全部又は一部の写し 「これは地図（建物所在図又は地図に準ずる図面）の写しである。」
  (8) 電磁的記録に記録されている地図等の内容を証明した書面 「これは地図（建物所在図又は地図に準ずる図面）に記録されている内容を証明した書面である。」
  (9) 閉鎖された地図等（電磁的記録に記録されているものを除く。）の全部又は一部の写し 「これは閉鎖された地図（建物所在図又は地図に準ずる図面）の写しである。」
  (10) 電磁的記録に記録され、かつ、閉鎖された地図等の内容を証明した書面 「これは閉鎖された地図（建物所在図又は地図に準ずる図面）に記録されている内容を証明した書面である。」
  (11) 土地所在図等（電磁的記録に記録されているものを除く。）の全部又は一部の写し 「これは図面の写しである。」
  (12) 電磁的記録に記録されている土地所在図等の内容を証明した書面 「これは図面に記録されている内容を証明した書面である。」
  (13) 閉鎖された土地所在図等（電磁的記録に記録されているものを除く。）の全部又は一部の写し 「これは閉鎖された図面の写しである。」
  (14) 電磁的記録に記録され、かつ、閉鎖された土地所在図等の内容を証明した書面 「これは閉鎖された図面に記録されている内容を証明した書面である。」
2 規則第197条第1項後段の付記は、「ただし、登記記録の乙区（甲区及び乙区）に記録されている事項はない。」とするものとする。
3 規則第197条第3項の規定により共同担保目録又は信託目録に記録された事項を省略して登記事項証明書を作成するときは、認証文に省略した旨の付記を要しない。
4 法第119条第5項の規定による請求に基づいて交付する登記事項証明書の認証文には、請求に係る不動産の所在地を管轄する登記所の表示を「（何法務局何出張所管轄）」のように付記するものとする。

（登記事項証明書等の職氏名の記載）
第137条 登記事項証明書等に登記官が職氏名を記載するには、次のようにするものとする。
　　何法務局（何地方法務局）何支局（何出張所）
　　　登記官　　　　何　某

（請求書の措置）
第138条 登記官は、登記事項証明書等の交付の請求書には、作成した登記事項証明書等の通数及び枚数並びに登記手数料の額を記載しなければならない。

（閲覧）
第139条 地図等又は登記簿の附属書類を閲覧させる場合には、次に掲げるところに留意しなければならない。
  (1) 地図等又は附属書類の枚数を確認する等その抜取り及び脱落の防止に努めること。
  (2) 地図等又は附属書類の汚損、記入及び改ざんの防止に厳重に注意すること。
  (3) 利害関係を有する部分に限る閲覧にあっては、請求に係る部分以外を閲覧しないように厳重に注意すること。
  (4) 閲覧者が筆記する場合には、毛筆及びペンの使用を禁ずること。
  (5) 筆記の場合は、地図等又は附属書類を下敷にさせないこと。

（手数料を徴収しない場合）
第140条 国又は地方公共団体の職員が職務上登記事項証明書等の交付又は地図等若しくは登記簿の附属書類の閲覧を請求する場合には、その旨を証する所属長の証明書を提出させるものとする。この場合には、請求書に請求の具体的な理由を記載させるものとする。

第6章　雑則

（審査請求の受理）
第141条　登記官は、法第156条の審査請求について、行政不服審査法（昭和37年法律第160号）第9条第1項の規定に基づく審査請求書（行政手続等における情報通信の技術の利用に関する法律（平成14年法律第151号）第3条及び法務省の所管する法令の規定に基づく行政手続等における情報通信の技術の利用に関する規則（平成15年法務省令第11号）第3条の規定により行われた審査請求の情報の内容を印刷した書面を含む。以下同じ。）を受け取ったときは、登記事務日記帳に所要の事項を記載し、当該審査請求書にその年月日及び日記番号を記載するものとする。

（相当の処分）
第142条　登記官は、法第157条第1項の規定により相当の処分をしようとする場合には、事案の簡単なものを除き、当該登記官を監督する法務局又は地方法務局の長に内議するものとする。この場合には、審査請求書の写しのほか、審査請求に係る登記申請却下の決定書の写し、登記事項証明書、申請書の写しその他相当の処分の可否を審査するに必要な関係書類を併せて送付するものとする。
2　4第1項の規定は、登記官を監督する法務局又は地方法務局の長が前項の内議につき指示しようとする場合について準用する。
3　規則第186条の通知は、別記第100号様式による通知書によりするものとする。
4　登記官は、相当の処分をしたときは、その処分に係る却下決定の取消決定書その他処分の内容を記載した書面を2通作成して、その1通を審査請求人に交付し、他の1通を審査請求書類等つづり込み帳につづり込むものとする。
5　前項の場合には、登記官は、当該処分の内容を別記第101号様式による報告書により当該登記官を監督する法務局又は地方法務局の長に報告するものとする。

（審査請求事件の送付）
第143条　法第157条第2項の規定による審査請求事件の送付は、別記第102号様式による送付書に意見を付してするものとする。
2　前項の審査請求事件の送付をする場合には、審査請求書のほか、審査請求に係る登記申請却下の決定書の写し、登記事項証明書、申請書の写しその他審査請求の理由の有無を審査するに必要な関係書類を送付するものとする。
3　登記官は、審査請求事件を送付した場合には、審査請求書及び送付書の各写しを日記番号の順序に従って審査請求書類等つづり込み帳につづり込むものとする。

（審査請求についての裁決）
第144条　法務局又は地方法務局の長が審査請求につき裁決をするには、次に掲げるところによるものとする。
(1)　地方法務局の長は、審査請求の内容に問題がある場合には、当該地方法務局を監督する法務局の長に内議すること。
(2)　法務局の長は、審査請求につき裁決をする場合又は内議を受けた場合において、審査請求の内容に特に問題があるときは、当職に内議すること。
2　法務局又は地方法務局の長は、審査請求につき裁決をしたときは、その裁決書の写しを添えて当職にその旨を報告（地方法務局の長にあっては、当該地方法務局を監督する法務局の長を経由して）するものとする。
第145条　法務局又は地方法務局の長が審査請求につき裁決をしたときは、裁決書の謄本を審査請求人及び登記官に交付するものとする。

2　登記官が前項の裁決書の謄本を受け取ったときは、登記事務日記帳に所要の事項を記載し、審査請求書類等つづり込み帳につづり込んだ審査請求書の写しの次につづり込むものとする。

（登記の嘱託）

第146条　この準則に規定する登記の申請に関する法の規定には当該規定を法第16条第２項において準用する場合を含むものとし、この準則中「申請」、「申請人」及び「申請情報」にはそれぞれ嘱託、嘱託者及び嘱託情報を含むものとする。

別記第1号（第2条関係）

日記第　　　号
平成　年　月　日

法務局長　殿

　　　　　　　　　　法務局
　　　　　　　　　　登記官　　　　　出張所
　　　　　　　　　　　　　　　　　　　　　職印

管轄登記所指定請求書

下記建物は、何出張所と当庁の管轄区域にまたがっているので、当庁を管轄登記所に指定されたく、何出張所と協議の上、請求します。

記

別記第2号（第2条関係）

日記第　　　号
平成　年　月　日

法務大臣　殿

　　　　　　　　　　法務局
　　　　　　　　　　登記官　　　　　出張所
　　　　　　　　　　　　　　　　　　　　　職印

管轄登記所指定請求書

下記建物は、何法務局何出張所と当庁の管轄区域にまたがっているので、当庁を管轄登記所に指定されたく、何法務局何出張所と協議の上、請求します。

記

別記第4号（第4条第2項関係）

平成　年　月　日
日記第　　号

法務局　　出張所　御中

法務局
登記官　　　　　出張所　職印

通知書

下記建物について、えい行移転による不動産所在事項に関する変更の登記の申請があったので、不動産登記事務取扱手続準則第4条第2項の規定により、通知します。

記

変更前の建物	変更後の建物

所有者又は
登記名義人の氏名等　所有権

（注）通知事項の記載は、申請書の写しの添付で代えることができる。

別記第3号（第3条関係）

平成　年　月　日
日記第　　号

法務局長　　　　　職印

出張所登記官　殿

管轄登記所指定書

平成何年何月何日付け日記第何号をもって請求のあった管轄登記所の指定の件については、貴庁を管轄登記所に指定します。

別記第5号（第6条第2項関係）

法務大臣　殿

　　　　　　　　　　　　平成　年　月　日
　　　　　　　　　　　　日記第　　号
　　　　　　　　　　　　法務局長　［職印］

事務停止意見書

登記所の事務の停止について、不動産登記事務取扱手続準則第6条第2項の規定により、下記のとおり意見を述べます。

記

次に掲げる登記所の事務を停止するのが相当と考える。

登記所名

事務停止を必要とする理由

事務停止期間

別記第6号（第7条第2項関係）

　　　　　　　　　　　　平成　年　月　日
　　　　　　　　　　　　日記第　　号
　　　　　　　　　　　　　法務局
　　　　　　　　　　　　　　出張所
　　　　　　　　　　　　登記官　［職印］

法務局長　殿

報告書

当庁登記官交替による事務の引継ぎに伴い、登記簿その他の帳簿等の調査をしたので、その結果を下記のとおり報告します。

記

別記第7号（第8条第3項関係）

目　録

土地の登記記録

市区郡町村	大字（字）	筆数
何	何	筆
	何	筆
合　計		筆

建物の登記記録

市区郡町村	大字（字）	個数
合　計		

目録等

種　類	枚　数

地図、建物所在図又は地図に準ずる図面

種　類	枚　数	
	市区郡町村	大字（字）	地図	建物所在図	地図に準ずる図面

土地所在図等

種　類	枚　数

申請書等

年度又は種類等	通　数

移　送　書

平成　年　　月　　日
日記第　　　号

法務局　　　出張所　御中

　　　　　　　法務局
　　　　　　　　　　出張所
　　　　　　　登記官　　　　　[職印]

　平成何年何月何日管轄転属があったので、別紙目録記載の登記記録等を移送します。

別記第9号（第8条第5項関係）

平成　年　月　日
日記第　　　号
出張所　㊞

法務局
登記官

法務局長　殿

報　告　書

管轄転属に伴う登記記録等の引継ぎを別紙受領書（移送書）のとおり平成何年何月何日に完了したので、報告します。

別記第8号（第8条第4項関係）

平成　年　月　日
日記第　　　号
出張所　㊞

法務局
登記官

出張所登記官　殿

受　領　書

平成何年何月何日付け日記第何号をもって移送を受けた別紙目録記載の登記記録等を受領しました。

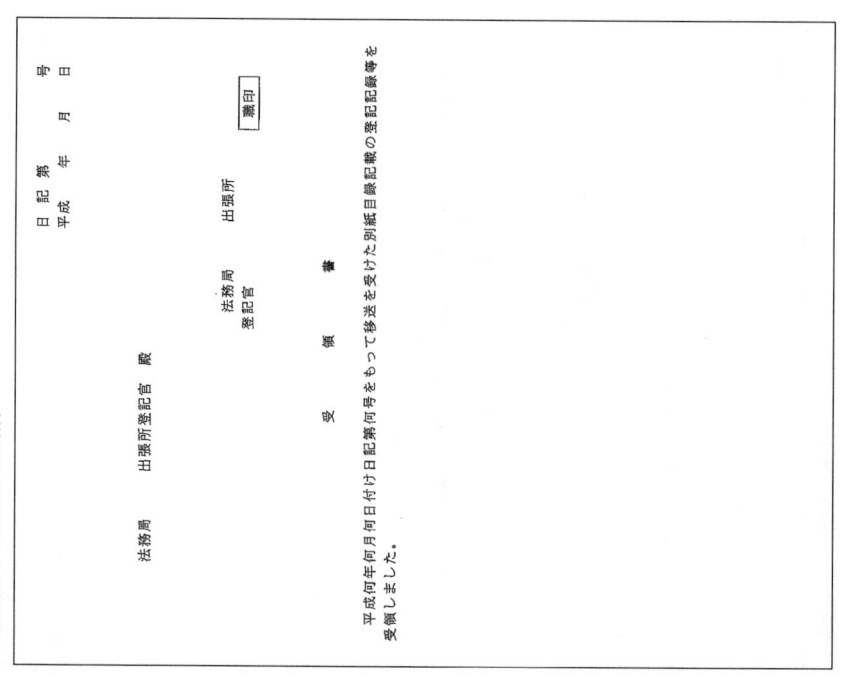

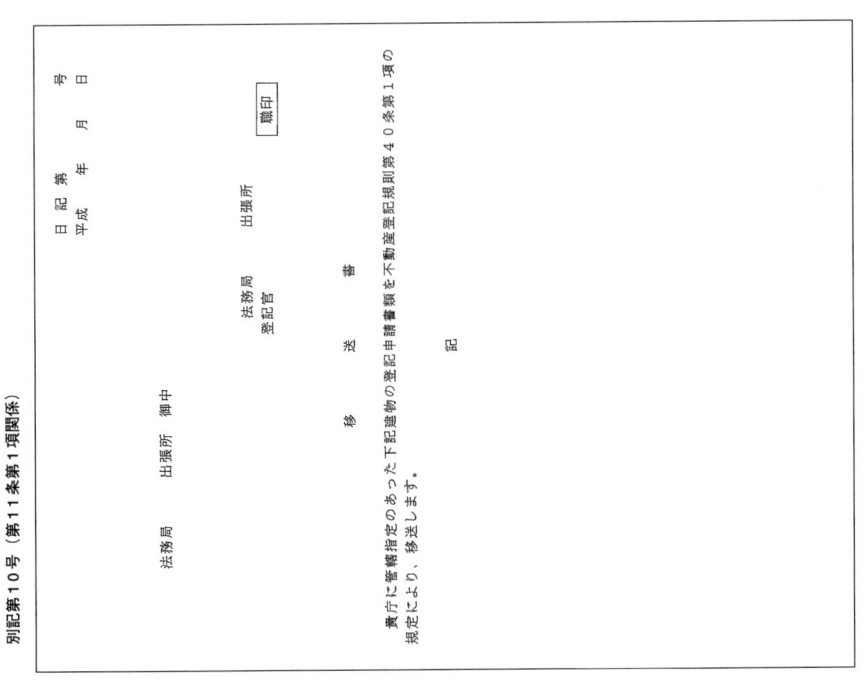

別記第11号（第12条第2項関係）

別記第10号（第11条第1項関係）

法務局　出張所　御中

法務局
登記官　出張所　職印

平成　年　月　日記第　号

移　送　書

貴庁に管轄指定のあった下記建物の登記申請書類を不動産登記規則第40条第1項の規定により、移送します。

記

別記第12号（第14条関係）

法務局長　殿

法務局
登記官　　　職印

報　告　書

不動産登記事務取扱手続準則第14条の規定により、下記のとおり報告します。

記

地区番号	地域名	枚数	地図等の種類	送付年月日（備付年月日）	備考
○○	○○	○○枚	国土調査による地図	平成17.3.18 付	地図
○○	○○	○○枚	土地改良登記令による土地全部の所在図	平成17.3.23 送付	地図

（注）備考欄には、①法第14条第1項の地図又は同条第4項の地図に係する図面の別、②地図として備え付けることが適当でない場合には、その事由、③第13条第2項に該当する場合には、その旨を、それぞれ記載すること。

（別　紙）

訂　正　票

地番区	地域番号	訂正した土地の地番	訂正の年月日	訂正の事項	登記官印	訂正した土地の地番	訂正の事項	訂正の年月日	登記印
A町一丁目	16	26番1	平成17.3.18	地番26を26-1に訂正	㊞				
		29 30	平成17.3.23	筆界線訂正	㊞				

訂正票　（別紙）

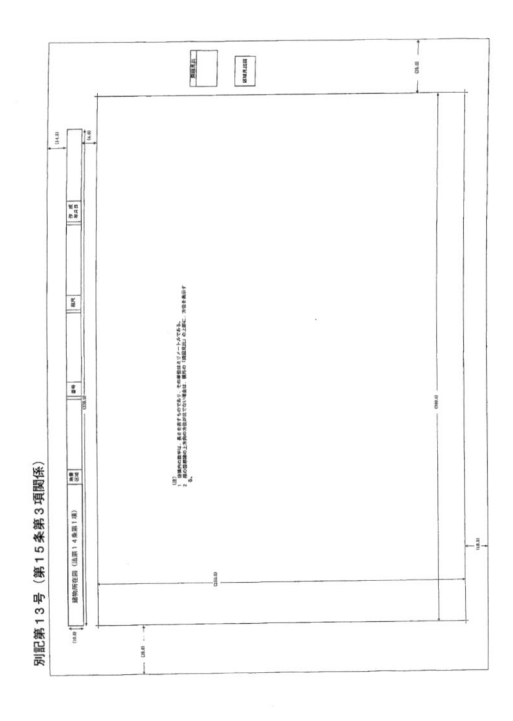

地番区域名	号	訂正した建物訂正の事項	訂正の年月日	登記官印	訂正した建物訂正の事項	訂正の年月日	登記印官日
A町一丁目	20	31番 46番	家屋番号30 を31に訂正 建物の所在 訂正	平成17.3.18 平成17.3.23	印 印			

別記第13号（第15条第3項関係）

別記第15号（第18条第2号関係）

地番区域	地番又は家屋番号	図面の種類	コクリ込みの年月日	登記官印	除却年月日	登記官印	コクリ込みの年月日	図面の種類	除却年月日	登記官印
		測・所建・平						測・所建・平		
		測・所建・平						測・所建・平		
		測・所建・平						測・所建・平		
		測・所建・平						測・所建・平		
		測・所建・平						測・所建・平		
		測・所建・平						測・所建・平		

（注）目録の記載は、図面のコクリ込みの順による。

別記第14号（第18条第1号、第13号関係）

受付帳（不動産）

平成　　年　　平成何年何月何日　何時何分作成

[第 何 号] 　何月何日受付（単独）　何市何町何丁目何－何　土地　所有権移転売買
既
[第 何 号] 　何月何日受付（単独）　何市何町何丁目何－何　土地　所有権の保存（申請）
既
[第 何 号] 　何月何日受付（単独）　何市何町何丁目何－何　土地　抹消登記
既
[第 何 号] 　何月何日受付（単独）　何市何町何丁目何－何　土地　表題
新
[第 何 号] 　何月何日受付（単独）　何市何町何丁目何－何　土地　所有権移転売買
既
[第 何 号] 　何月何日受付（単独）　何市何町何丁目何－何　建物　所有権移転売買
既
[第 何 号] 　何月何日受付（単独）　何市何町何丁目何－何　土地　抹消登記
既
[第 何 号] 　何月何日受付（連件）　何市何町何丁目何－何　土地　信託に関する登記
既
[第 何 号] 　何月何日受付（連先）　何市何町何丁目何－何　土地　所有権移転売買
既
[第 何 号] 　何月何日受付（連続）　何市何町何丁目何－何　建物　所有権移転売買
既
[第 何 号] 　何月何日受付（単独）　何市何町何丁目何－何　土地　抹消登記
既
[第 何 号] 　何月何日受付（単独）　何市何町何丁目何－何　建物　所有権移転売買
既
[第 何 号] 　何月何日受付（単独）　何市何町何丁目何－何　土地　所有権移転売買
既
[第 何 号] 　何月何日受付（単独）　何市何町何丁目何－何　土地　所有権移転売買
既
[第 何 号] 　何月何日受付（単独）　何市何町何丁目何－何　土地　所有権移転売買
既
[第 何 号] 　何月何日受付（単独）　何市何町何丁目何－何　土地　所有権移転売買
既

別記第17号（第18条第4号）
錯誤表示登記簿事件簿

平成何年何月何日　何時何分作成

平成　年	何月何日受付	第　何　号	何市何町（何丁目何－何）	
			（既）土地	※表示に関するその他（単独）※
			（既）土地	※（単独）※
			（既）土地	※表示に関するその他（単独）※
			（既）土地	※（単独）※
			（既）土地	※（単独）※
			（既）建物	※表示に関するその他（単独）※
			（既）建物	※（単独）※
			（既）建物	※（単独）※
			（既）土地	※表示に関するその他（単独）※
			（既）土地	※（単独）※
			（既）土地	※（単独）※

別記第16号（第18条第3号関係）

年度	番号	受付年月日	受付番号	登記官印	除却の年月日	登記官印

不動産登記事務取扱手続準則

別記第19号（第18条第6号関係）

通知番号	通知書発送の年月日	土地・建物の別	不動産所在事項	通知事項	通知を受ける者の氏名	備考

別記第18号（第18条第5号関係）

受付の年月日	日記番号	土地・建物の別	不動産所在事項	審査請求人等の氏名	備考

別記第21号（第18条第8号関係）

受付年月日	受付番号	土地・建物の別	不動産所在事項	申出人の氏名	備考

別記第20号（第18条第7号関係）

文書番号	通知番号	受付年月日	受付番号	登記義務者の氏名	通知書発送年月日	期間満了年月日	申出の有無及び申出年月日	備考

（注）通知番号は、無作為に付番した規則性のない番号とする。

別記第23号（第18条第10号関係）

帳簿の名称		保存年限		廃業年月日	備考
年度	番号	冊数	保存終期		

別記第22号（第18条第9号関係）

土地・建物の別	地番区域名	地番又は家屋番号	冊号	備考

別記第25号（第18条第12号関係）

地番区域名									
建物所在図の番号	建物所在図の種類	材質	縮尺	規格 cm×cm	建物所在図枚数	送付又は提出年月日	換算枚数	備付年月日	閉鎖年月日（閉鎖の事由）	備考

（注）
1　「建物所在図枚数」欄には当該地番区域における建物所在図の総枚数を、「換算枚数」欄には当該建物所在図の総枚数を記載する。ただし、閉鎖した場合は換算枚数を記載する。規格を５０cm×６０cm（図郭内４０cm×５０cm）に換算した枚数を記載したものを除く。
2　「建物所在図の種類」欄には、「全部所在図」等の例により略記する。
3　「材質」欄には、建物所在図の材質を「ポリエステル・フィルム」については「Ｐ・Ｆ」と、「アルミケント紙」については「Ａ・Ｋ」等の例により略記して差し支えない。
4　「備付年月日」欄には、法第１４条第３項の建物所在図として備え付けた年月日を記載する。
5　「閉鎖年月日」欄には、一図葉の全部について閉鎖した場合にその事由を記載し、建物所在図の番号を末尾する。
6　「備考」欄には、字、地番等を必要に応じて記載して差し支えない。

別記第24号（第18条第11号関係）

地番区域名									
地図の番号	地図の種類	材質	縮尺	規格 cm×cm	地図枚数	送付又は提出年月日	換算枚数	備付年月日	閉鎖年月日（閉鎖の事由）	備考

（注）
1　「地図枚数」欄には当該地番区域における地図の総枚数を、「換算枚数」欄には換算した場合の総枚数を記載する。ただし、規格を５０cm×６０cm（図郭内４０cm×５０cm）に換算したものを除く。
2　「地図の種類」欄には、地図の種類を「土地宝典」、「附属地役図」、「仮地図」等の例により略記する。
3　「材質」欄には、地図の材質を「ポリエステル・フィルム」については「Ｐ・Ｆ」と、「アルミケント紙」については「Ａ・Ｋ」等の例により略記して差し支えない。
4　「備付年月日」欄には、法第１４条第１項の地図又は同条第４項の地図に準ずる図面の別と備え付けた年月日を記載する。
5　「閉鎖年月日」欄には、一図葉の全部について閉鎖した場合にその事由を記載し、地図又は地図に準ずる図面の番号を末尾する。
6　「備考」欄には、字、地番等を必要に応じて記載して差し支えない。

別記第27号（第18条第15号関係）

年 月 日	受入枚数	払出枚数	残枚数	印	備 考

別記第26号（第18条第14号関係）

日記番号	接受又は発送の月日	書面の日付	書面の発送者又は受領者	書面の要旨	備 考

別記第29号（第18条第17号関係）

登 記 帳 簿

年 度	保存簿番号	第　　　号	保存期間終了 平成　年　月　日
		名称	

庁名　　　　　　　　　　　　　　　法務局　　　　　　　出張所

別記第28号（第18条第16号関係）

申出年月日	申出番号	土地・建物の別	不動産所在事項	申出人の氏名	本人確認調査の要否	備考

別記第30号（第18条第18号関係）

何市区郡何町村大字何

図面つづり込み帳

第　　　冊

法務局　　　　　出張所

別記第31号（第23条関係）

平成　年　月　日
第　　　号
記　　　日

法務局長　殿

法務局　　　　　出張所
登記官　　　　　　　　㊞

帳簿等の廃棄認可申請書

下記（又は別紙目録）の帳簿等は、保存期間を経過したので、廃棄につき認可を申請します。

記

年度	名称	冊数	保存期間	保存始期	保存終期	備考

別記第33号（第24条第1項第1号関係）

平成　年　月　日
日記第　　　号

法務局長　殿

法務局　　出張所
登記官　　　　　　職印

地図等の滅失に関する報告書

不動産登記規則第30条第1項の規定により、下記のとおり報告します。

記

滅失した地図等	滅失の事由	滅失の年月日

別記第32号（第24条第1項第1号関係）

平成　年　月　日
日記第　　　号

法務局長　殿

法務局　　出張所
登記官　　　　　　職印

登記記録の滅失に関する報告書

不動産登記規則第30条第1項の規定により、下記のとおり報告します。

記

滅失した登記記録	滅失の事由	滅失の年月日

取扱手続準則
不動産登記事務

別記第34号（第24条第1項第2号関係）

　　　　　　　　　　　　　　　　　　　　　　　　日記第　　号
　　　　　　　　　　　　　　　　　　　　　　　　平成　年　月　日

　　法務局長　殿

　　　　　　　　　　　　法務局　　出張所
　　　　　　　　　　　　登記官　　　　　　職印

　　滅失のおそれがある登記記録に関する報告書

不動産登記規則第30条第3項の規定により、下記のとおり報告します。

記

市区郡町村	大字（字）	土地又は建物の別	地番（又は家屋番号）	筆個数
何	何	土地	何番、何番、何番	何筆
何	何	土地	何番、何番何、何番、何番	何筆
何	何	土地	何番から何番何番何、何番	何筆
何	何	建物	何番、何番、何番	何個
何	何	建物	何番、何番の何、何番の何、何番、何番	何個

滅失のおそれがある登記記録に記録された不動産所在事項	
滅失のおそれがあると考える事由	
滅失のおそれがあると発見した年月日	

（注）不動産が5個以上の場合には、不動産所在事項を別紙の目録に記載することができる。

別記第36号様式（第24条第1項第2号関係）

日記第　　号
平成　年　月　日

法務局　出張所
登記官　　　㊞

法務局長　殿

滅失のおそれがある登記簿の附属書類に関する報告書

不動産登記規則第30条第3項の規定により、下記のとおり報告します。

記

滅失のおそれがある登記簿の附属書類	滅失のおそれがあると考える事由	滅失のおそれがあることを発見した年月日

別記第35号様式（第24条第1項第2号関係）

日記第　　号
平成　年　月　日

法務局　出張所
登記官　　　㊞

法務局長　殿

滅失のおそれがある地図等に関する報告書

不動産登記規則第30条第3項の規定により、下記のとおり報告します。

記

滅失のおそれがある地図等	滅失のおそれがあると考える事由	滅失のおそれがあることを発見した年月日

別記第38号（第24条第1項第3号関係）

法務大臣　殿

　　　　　　　　　　　　　　　　　　　　　　　　日記第　　　号
　　　　　　　　　　　　　　　　　　　　　　　　平成　年　月　日

　　　　　　　　　　　　　　　　法務局長　　　　　　　　職印

地図等の滅失に関する意見書

不動産登記規則第30条第2項の規定により、下記のとおり意見を述べます。

記

管轄登記所名	
滅失した地図等	
滅失の事由	
滅失の年月日	
調査の結果及び意見	

別記第37号（第24条第1項第3号関係）

法務大臣　殿

　　　　　　　　　　　　　　　　　　　　　　　　日記第　　　号
　　　　　　　　　　　　　　　　　　　　　　　　平成　年　月　日

　　　　　　　　　　　　　　　　法務局長　　　　　　　　職印

登記記録の滅失に関する意見書

不動産登記規則第30条第2項の規定により、下記のとおり意見を述べます。

記

管轄登記所名	
滅失した登記記録	
滅失の事由	
滅失の年月日	
調査の結果及び意見	

別記第40号（第24条第1項第4号関係）

日記第　　　号
平成　年　月　日

法務局長

法務大臣　殿　　　［職印］

滅失のおそれがある地図等に関する意見書

不動産登記規則第30条第3項の規定により、下記のとおり意見を述べます。

記

管轄登記所名	
滅失のおそれがある地図等	
滅失のおそれがあると考える事由	
滅失のおそれがあると発見した年月日	
調査の結果及び意見	

別記第39号（第24条第1項第4号関係）

日記第　　　号
平成　年　月　日

法務局長

法務大臣　殿　　　［職印］

滅失のおそれがある登記記録に関する意見書

不動産登記規則第30条第3項の規定により、下記のとおり意見を述べます。

記

管轄登記所名	
滅失のおそれがある登記記録に記録された不動産所在事項	
滅失のおそれがあると考える事由	
滅失のおそれがあると発見した年月日	
調査の結果及び意見	

（注）不動産が5個以上の場合には、不動産所在事項を別紙の目録に記載することができる。この場合には、別記第34号様式に準ずる。

別記第41号（第24条第1項第4号関係）

日記第　　　号
平成　年　月　日

法務大臣　殿

法務局長　[職印]

登記簿の附属書類に関する意見書

滅失のおそれがある登記簿の附属書類に関する意見書

不動産登記規則第30条第3項の規定により、下記のとおり意見を述べます。

記

管轄登記所名	
滅失のおそれがある登記簿の附属書類	
滅失のおそれがあると考える事由	
滅失のおそれがあることを発見した年月日	
調査の結果及び意見	

別記第42号（第25条第5項関係）

日記第　　　号
平成　年　月　日

法務局長　殿

法務局
登記官　[職印]
出張所

登記簿等持出報告書

不動産登記規則第31条第3項の規定により、下記のとおり報告します。

記

持ち出した登記簿等	
持ち出した理由	
持出場所	
登記簿等の現況	

別記第45号（第30条関係）

原本還付

約6㎝
約1.5㎝

別記第46号（第32条第1項関係）

受付	第　　号
	平成　年　月　日

約6㎝
約2㎝

別記第43号（第28条第4項第1号、第2号関係）

一部却下

約3.5㎝
約0.8㎝

別記第44号（第29条第4項第1号、第2号関係）

一部取下

約3.5㎝
約0.8㎝

別記第47号（第32条第1項関係）

受付	調査	地図調査	記入
	図面整理	校合	通知
地図記入			

約8cm / 約4cm

別記第48号（第32条第1項関係）

（円形印：受付 17･3･7 第　号／調査／地図調査／記入／地図記入／図面整理／校合／通知）

別記第49号（第32条第1項関係）

受付	識別照合	調査	地図調査	記入	地図記入	図面整理	校合	通知
年　月　日				第　　　　号		効力証明最終番号：第　　号		
登識失効最終番号：第　　号								
窓口				不動産				

別記第50号（第32条第1項関係）

受付	識別照合	調査	地図調査	記入	地図記入	図面整理	校合	通知
年　月　日				第　　　　号		効力証明最終番号：第　　号		
登識失効最終番号：第　　号　～　第　　号								
郵送				不動産				

別記第52号（第34条第2項関係）

嘱 託 書

　　　　　　　　　　　　　　　　　　　　　日記第　　　号
　　　　　　　　　　　　　　　　　　　　　平成　年　月　日

　　法務局　　出張所登記官　殿

　　　　　　　　　　　　　　　　　法務局
　　　　　　　　　　　　　　　　　　登記官　　　　　　職印
　　　　　　　　　　　　　　　　　出張所

　不動産登記法第24条第2項の規定により、下記のとおり本人確認の調査を嘱託します。

記

1　本人確認を要する申請人又はその代表者若しくは代理人の氏名又は名称

2　申請人となるべき者以外の者が申請していると疑うに足りる相当な理由の概要

3　添付書面の表示

別記第51号（第33条第3項関係）

本 人 確 認 調 査 書

調査年月日	平成　年　月　日		
調査担当者			㊞
調査対象の登記	受付の年月日　[平成　年　月　日] 受付番号　[第　　　号] 登記の目的		
調査対象人（申請人）	住所　氏名　□登記義務者　□登記権利者　□その他（　　）		
申請人となるべき者以外の者が申請していると疑うに足りる相当の理由の概要			
調査の相手方	□本人　□資格者代理人（氏名　　　）　□その他（　　）		
調査方法	□面談による調査（　年　月　日　午前・午後　時　分）□電話による事情聴取（　年　月　日　午前・午後　時　分）□資料の提出　□その他（　　）		
確認資料 内容（注1）□原本　□写し（注2）	①運転免許証　②外国人登録証明書　③住民基本台帳カード④旅券　⑤被保険者証（注2　）　⑥共済組合員証⑦国民年金手帳　⑧その他（　　）		
申請の権限の有無の判断	□ある。□ない。		
調査理由			
調査結果			
疎明資料	□確認資料の写し　　　　　　　　　　　　　　（注1）□その他（　　）		

（注1）確認した資料の番号を記載する。
（注2）被保険者証の種類を記載する。

別記第53号（第35条第2項関係）

不正登記防止申出書

(継続用紙)

申出年月日	平成　　年　　月　　日	申出番号	
申出人の表示	住　所 氏　名　□登記名義人　□相続人　□その他（　　）　㊞ 連絡先（自宅・携帯・勤務先）（　　　—　　　—　　　）		
代理人の表示	住　所 氏　名 代理資格　　　　　　　　　　　　　　　　　㊞ 連絡先（自宅・携帯・勤務先）（　　　—　　　—　　　）		
委任による代理人による理由	別添委任状に記載した理由により、申請人が登記所に出頭できない。		

種別	市・区・郡・町・村	大字・字	地番	家屋番号
1 □土地 2 □建物				
3 □土地 4 □建物				
5 □土地 6 □建物				

申出の事由	平成　年　月　日ごろ、所有者（登記名義人）が、①盗難にあった　②不正に交付された　③その他（　　）ため、不正な登記の申請がされるおそれがあるので、上記不動産に対して登記の申請があった場合は、連絡願います。
被害届・告訴等の有無等	□有（平成　年　月　日　被害届・告訴　　警察署） □無
対応期間	申出の日から3か月（平成　年　月　日まで）

上記のとおり申出します。

　　　　　法務局（地方法務局）　　　　　支局　　　出張所　御中

種別	市・区・郡・町・村	大字・字	地番	家屋番号
7 □土地 8 □建物				
9 □土地 10 □建物				
11 □土地 12 □建物				
13 □土地 14 □建物				
15 □土地 16 □建物				
17 □土地 18 □建物				
19 □土地 20 □建物				
21 □土地 22 □建物				
23 □土地 24 □建物				
25 □土地 26 □建物				
27 □土地 28 □建物				
29 □土地 30 □建物				

別記第55号（第43条第1項、第118条第1号関係）

本人限定受取（特）

別記第54号（第37条第2項関係）

登記識別情報通知

次の登記の登記識別情報について、下記のとおり通知します。

[不動産]
[不動産番号]
[受付年月日・受付番号（又は順位番号）]
[登記の目的]
[登記名義人]

記

（以下余白）

登記識別情報 ☐☐☐☐-☐☐☐☐-☐☐☐☐

平成　年　月　日
法務局　　出張所
登記官　　　　　　　職印

（書面申請の場合）

　　　　　　　　　　　　　　　　　　　　文書第　　　号
　　　　　　　　　　　　　　　　　　　　平成　年　月　日

何市区郡何町村大字何字何番地
　　法務局
　　　　出張所
　　登記官　　　　　職　　印
　　　　　　　　　　登記官印

　　　　　　　　　殿

　下記のとおり登記の申請がありましたので、不動産登記法第２３条第１項の規定に基づき、この申請の内容が真実かどうかお尋ねします。
　申請の内容が真実である場合には、この書面の「回答欄」に氏名を記載し、申請書又は委任状に押印したものと同一の印を押印の上、　　月　　日までに、登記所に持参し、又は返送してください。

　　　　　　　　　　　　　記

登記の申請の内容
　(1) 不動産所在事項及び不動産番号

　(2) 登 記 の 目 的
　(3) 受 付 番 号
　(4) 登 記 原 因
　(5) 申 請 人
　(6) 通 知 番 号

事前通知に基づく申出書

　　　　　　　氏名　　　　　　　　　印

回
答
欄

※（注意）
　なお、この書面の内容に不明な点がありましたら、直ちに、上記の登記所に連絡してください。
　　連絡先電話番号

（電子申請の場合）

　　　　　　　　　　　　　　　　　　　　文書第　　　号
　　　　　　　　　　　　　　　　　　　　平成　年　月　日

何市区郡何町村大字何字何番地
　　法務局
　　　　出張所
　　登記官　　　　　職　　印
　　　　　　　　　　登記官印

　　　　　　　　　殿

　下記のとおり登記の申請がありましたので、不動産登記法第２３条第１項の規定に基づき、この申請の内容が真実かどうかお尋ねします。
　申請の内容が真実である場合には、申請書作成支援ソフトに用意されている「事前通知に基づく申出書」に、下記の(6)に記載されている通知番号（到達確認表に表示されています。）及び氏名を入力し、申出書に申請書又は委任状にした電子署名と同じ電子署名をして、　　月　　日までに、法務省オンライン申請システムを利用して送信してください。

　　　　　　　　　　　　　記

登記の申請の内容
　(1) 不動産所在事項及び不動産番号

　(2) 登 記 の 目 的
　(3) 受 付 番 号
　(4) 登 記 原 因
　(5) 申 請 人
　(6) 通 知 番 号

※（注意）
　この書面の内容に不明な点がありましたら、直ちに、上記の登記所に連絡してください。
　　連絡先電話番号

別記第56号（第48条第1項、第118条第2号関係）

（表面）

郵便はがき □□□-□□□□

転送不可

（裏面）

不動産所在事項及び不動産番号

受付番号	
登記の目的	
登記原因	
申請人	

上記記載のとおり登記の申請がありましたので、不動産登記法第23条第2項の規定に基づき通知します。
この登記申請をしていない場合には、直ちに、下記の登記所に異議を申し出てください（登記完了前に異議の申出があった場合に限り、不動産登記法第24条第1項の調査を行います。）。

記

平成　年　月　日
何市区郡何町村大字何字何番地
電話番号　　　法務局　　出張所
登記官　　　　　　　　　　　職印
通知第　　　号

（注）プライバシー保護シールをちょう付すること。

取扱手続準則
不動産登記事務

別記第58号（第62条第2項関係）

実 地 調 査 書

不動産所在事項	何市区郡何町村大字何字何 何番の土地		
受付(立件)年月日・番号	平成　年　月　日　第　　　号		
調査を要する事項	調査の方法及びその結果		
1　〇〇〇	1		
2　〇〇〇	2		
3　〇〇〇	3		
調査年月日	平成　年　月　日		
調査担当者	㊞		

別記第57号（第62条第1項関係）

約4cm

要 実 地 調 査

約1.5cm

別記第60号（第65条第1項関係）

約6cm

立件年月日	平成　　年　　月　　日
立件番号	第　　　　　　　　号

約2cm

別記第59号（郵便はがき）（第63条第2項関係）

催　告　書

下記の登記を速やかに申請されたく、催告します。

記

不動産
所在事項
及び不動産番号

申請をする登記の要旨

根拠法規

平成　　年　　月　　日

　　　　　　　　　法務局　　　　出張所
　　　　　　　　　　登記官　　　　　　㊞

通知第　　　　　号

（注）根拠法規は、所要の条文のみ記載すること。

不動産登記事務取扱手続準則

373

別記第62号（第104条第1項関係）

登記更正許可申出書

平成　年　月　日
日記第　　号

法務局
　　　出張所
登記官　　　　㊞
職印

法務局長　　殿

□ 登記上の利害関係を有する第三者はない。
□ 登記上の利害関係を有する第三者があるが、その承諾がある。

添付書類
□ 登記事項証明書
□ 申請書の謄本（必要な添付書類を含む。）
□ 承諾書（注）

不動産所在事項	更正を要する事項

（注）承諾書の添付を要する場合において、承諾書に本人を確認する書面（印鑑証明書又は運転免許証（写し）等）の添付がないときは、登記官が承諾をすべき者が作成したものであることを確認した内容を記載する。

別記第61号（第65条第1項関係）

約8cm

立件	調査	地図調査	記入
			通知
地図記入	図面整理	校合	

約4cm

別記第64号（第107条第1項関係）

抹消調書

職権	平成　年　月　日記第　号 法務局　　出張所 登記官　　　　　　㊞
不動産所在事項	
根拠条文	□ 不動産登記法第25条第1号 □ 不動産登記法第25条第2号 □ 不動産登記法第25条第3号 □ 不動産登記令第20条第　号（不動産登記法第13号）
抹消する登記	登記の目的／受付年月日・受付番号／登記原因及びその日付／申請人の氏名住所
抹消する理由	

（約11cm／約5cm余白）

別記第63号（第104条第3項関係）

登記更正許可（不許可）書

平成　年　月　日記第　号

　　　　法務局　　出張所
　　　　登記官　　　　　　㊞

　　　　　　　　殿
　　　　法務局長

下記申出に係る職権による登記の更正を許可する（許可しない）。

記

申出書の表示

平成　年　月　日記第　号
　　　　法務局　　出張所
　　　　登記官

不動産所在事項	更正を要する事項

別記第65号（第107条第2項関係）

通知第　　号
平成　年　月　日

　　　　　　　殿

法務局
登記官　　　　　　　職印
　　出張所

通　知　書

　下記の登記は、不動産登記法第25条第1号（第2号、第3号又は第13号（不動産登記令第20条第　号）に該当するので、平成何年何月何日までに異議の申立てがないときは、これを抹消します（同法第71条第1項）。

記

不動産所在事項	
抹消する登記	登記の目的
	受付年月日受付番号
	登記原因及びその日付
	申請人の氏名住所
抹消する理由	（理由を具体的に）

別記第66号（第109条第1項関係）

日記第　　号

決　　定

住所
　　　　　　　異議申立人

　下記不動産の平成何年何月何日受付第何号の何登記の抹消の日付けで異議の申立てがありましたが、その異議は、何何（理由を具体的に記載すること。）により理由がないので、これを却下します。

平成　年　月　日

法務局　　　　出張所
登記官　　　　　　　職印

記

別記第68号（第111条第1項関係）

```
┌─────────────────┐
│ 何法務局何出張所 │  約5cm
└─────────────────┘
   約1cm
```

別記第67号（第109条第1項関係）

日記第　　号

決　　定

　　　　住所
異議申立人

　下記不動産の平成何年何月何日受付第何号の何登記の抹消について、平成何年何月何日付けで異議の申立てがありましたが、その異議は理由があると認められるので、前記登記は抹消しません。

平成　年　月　日

　　　　　　　　法務局　　出張所
　　　　　　　　登記官　　　　　　　職印

記

別記第70号（第114条第1項関係）

番号	確認	備考	番号	確認	備考

別記第69号（第113条関係）

```
            約6cm
┌─────────────────┐
│ 共 同 担       号 │
│           第      │
│ 保 目 録 ( )      │
└─────────────────┘
 約1.5cm
```

別記第72号（第118条第4号関係）

通知書

殿

　記

下記不動産について、平成何年何月何日受付第何号で登記した何登記の登記事項中「何何」とすべきを「何何」とした誤りがあった（又は「何何」とすべきを遺漏した）ことから平成何年何月何日その登記の更正をしましたので、通知します（不動産登記法第67条第3項）。

平成　年　月　日

通知第　号

　　　　　　法務局　出張所
　　　　　　登記官　　　　　職印

別記第71号（郵便はがき）（第118条第3号関係）

通知書

不動産所在事項又は不動産番号	
登記の目的	
受付年月日・受付番号	
登記原因及びその日付	
錯誤事項・遺漏	

上記のとおり錯誤遺漏があるので、更正の登記を申請されたく、通知します（不動産登記法第67条第1項）。

平成　年　月　日

通知第　号

　　　　　　法務局　出張所
　　　　　　登記官　　　　　職印

別記第73号（第118条第5号関係）

通知書

法務局　　出張所　御中

　　　　　　　　　　　　法務局
　　　　　　　　　　　　　　　出張所
　　　　　　　　　　　　登記官

　　　　　　　　　　　　　　通知第　　　号
　　　　　　　　　　　　　　平成　年　月　日
　　　　　　　　　　　　　　　　　　　　　　　職印

下記建物の表題登記をしたので、不動産登記規則第40条第3項の規定により、通知します。

記

別記第74号（第118条第6号関係）

通知書

法務局　　出張所　御中

　　　　　　　　　　　　法務局
　　　　　　　　　　　　　　　出張所
　　　　　　　　　　　　登記官

　　　　　　　　　　　　　　通知第　　　号
　　　　　　　　　　　　　　平成　年　月　日
　　　　　　　　　　　　　　　　　　　　　　　職印

不動産登記規則第110条第3項の規定により次の事項を通知します。

1　不動産所在事項　　何市区郡何町村大字何町何番地の土地
　　当庁管内の物件　　何市区郡何町何番の建物
　　管轄管内の物件　　家屋番号何番何番地
2　滅失の原因　　　　平成何年何月何日滅失
3　登記の目的　　　　土地滅失登記

別記第75号（第118条第6号関係）

通知書

平成　年　第　号
　　　月
　　　日

法務局　出張所　御中

　　　法務局
　　　　　出張所
　　　登記官　　　　　［職印］

　不動産登記規則第144条第2項の規定により次の事項を通知します。

1　不動産所在事項　　都道府県市区郡町村大字字何番何番地
　当庁管内の物件　　家屋番号市区郡町村大字字何番地の土地
2　滅失の原因　　　　平成何年何月何日取壊
3　登記の目的　　　　建物滅失登記

別記第76号（第118条第7号関係）

通知書

平成　年　第　号
　　　月
　　　日

法務局　出張所　御中

　　　法務局
　　　　　出張所
　　　登記官　　　　　［職印］

　地役権の設定の登記をしたので、不動産登記規則第159条第2項の規定により下記事項を通知します。

記

1　承役地

2　要役地

3　地役権設定の目的及び範囲

4　申請の受付の年月日

別記第77号（第118条第8号関係）

通知書

　　　　　　　　　　　　　　　　　　　　　　　通知　第　　号
　　　　　　　　　　　　　　　　　　　　　　　平成　年　月　日

　　　法務局
　　　　出張所　御中

　　　　　　　　　　　　　　　　　法務局
　　　　　　　　　　　　　　　　　　　出張所
　　　　　　　　　　　　　　　　登記官　　　　　　　　職印

　地役権の変更の登記（更正の登記又は登記の抹消）をしたので、不動産登記規則第159条第4項の規定により、下記事項を通知します。

記

1　承役地

2　要役地

3　地役権の変更（更正又は消滅）の登記原因及びその日付並びに地役権設定の目的又は範囲　地役権についての変更にあっては、地役権設定の目的又は範囲

4　申請の受付の年月日

別記第78号（第118条第9号関係）

通知書

　　　　　　　　　　　　　　　　　　　　　　　通知　第　　号
　　　　　　　　　　　　　　　　　　　　　　　平成　年　月　日

　　　法務局
　　　　出張所　御中

　　　　　　　　　　　　　　　　　法務局
　　　　　　　　　　　　　　　　　　　出張所
　　　　　　　　　　　　　　　　登記官　　　　　　　　職印

　不動産登記規則第168条第5項の規定により、次の事項を通知します。

1　不動産の表示　　当庁管内の物件　何市区郡何町村何大字何何字何何番地
2　担保権の表示　　貴庁管内の物件　何市区郡何町村何大字何何字何何番地の土地

【順位事項】　【登記の目的】　【受付年月日・受付番号】　【原因】　【権利者その他の事項】

別記第80号（郵便はがき）（第118条第11号関係）

通知書

不動産所在事項及び不動産番号

登記の目的
登記原因及びその日付
登記事項

上記のとおり登記をしたので、通知します（不動産登記規則第183条第1項第1号）。

平成　年　月　日

　　　　　法務局　　出張所
　　　　　登記官　　　　　㊞

通知第　　　号

別記第79号（第118条第10号関係）

法務局　　出張所　御中

通知書

平成　年　月　日
通知第　　号

不動産登記規則第170条第3項の規定により、次の事項を通知します。

1 不動産の表示
　何市何区何町何丁目何番何の物件
　何都道府県何市郡何町村大字何字何番何の土地

2 変更した登記の内容

[順位番号]	[登記の目的]	[受付年月日・受付番号]	[原因]	[権利者その他の事項]

登記官　　　　㊞

不動産登記事務取扱手続準則　383

別記第82号（郵便はがき）（第118条第13号関係）

通知書

不動産所在事項及び不動産番号

登記の目的

登記原因及びその日付

登記名義人の氏名名住所

上記の登記をするため職権で所有権保存の登記をしたので、通知します（不動産登記規則第184条第1項）。

平成　年　月　日

　　　　法務局　　　出張所
　　　　　登記官　　　　［職印］

通知第　　　号

別記第81号（郵便はがき）（第118条第12号関係）

通知書

不動産所在事項及び不動産番号

登記の目的

登記原因及びその日付

代位申請人の氏名名住所

代位原因

受付年月日
受付番号

上記のとおり登記をしたので、通知します（不動産登記規則第183条第1項第2号）。

平成　年　月　日

　　　　法務局　　　出張所
　　　　　登記官　　　　［職印］

通知第　　　号

別記第83号(第118条第14号ア関係)

(土　地)

既墾の前後	所　在	地　番	地　目	地　積 m²	登記の年月日	所有者の氏名住所
前						
後						

表紙

第　　　号

土地建物登記済通知書

平成　　年　　月　　日

　　　　　　　　　　　法務局
　　　　　　　　　　　　　　　出張所
市役所
町村役場　　御中

別記第84号（第118条第14号イ関係）

(土 地)

登記権利者の氏名住所					
登記義務者の氏名住所					
受付年月日	・ ・	登記原因及びその日付 (・ ・) 売・相・贈			
土地の所在及び地番		地 目		地 積 m²	

(建 物)

異動の前後	所 在	家屋番号	種 類	構 造	床 面 積 m²	登記の年月日	所有者の氏名住所

別記第85号（第118条第14号ウ関係）

（土　地）

登記権利者の氏名住所	登記義務者の氏名住所	受付年月日	受付番号	所　在	地　番	地　目	地　積 ㎡	登記の目的	存続期間	地上権者又は賃借者の氏名住所	登記年月日

（注）本号の追加通知書のみを送付する場合には、別記第83号の表紙を付する。

（建　物）

登記権利者の氏名住所	・
登記義務者の氏名住所	・
受付年月日	受付番号
建物の所在	
登記原因及びその日付	（　・　・　）売・相・贈・遺
種類及び構造	居・店・事・倉 木・鉄・防・骨 瓦・亜・ス 平・2・3　　床面積 ㎡ ① ② ③
	居・店・事・倉 木・鉄・防・骨 瓦・亜・ス 平・2・3 ① ② ③

（注）本号の追加通知書のみを送付する場合には、別記第83号の表紙を付する。

別記第87号（第122条関係）

申 号 事 件 日 計 表

月日	受理件数	処理件数	未済件数	備考
1日				
2日				
3日				
4日				
5日				
6日				
7日				
8日				
9日				
10日				
11日				
12日				
13日				
14日				
15日				
16日				
17日				
18日				
19日				
20日				
21日				
22日				
23日				
24日				
25日				
26日				
27日				
28日				
29日				
30日				
31日				
計				

（注）未済件数は、前日の未済件数と当日の受理件数とを合したものから当日の処理件数を控除したものを計上する。

別記第86号（第119条第3号関係）

通知第　　　号
平成　年　月　日

法務局
　　　出張所　御中

法務局
　　　出張所
登記官　　　　　　職印

通　知　書

　平成何年何月何日付通知第何号をもって通知した建物について、下記のとおり建物の表題部の変更の登記（又は更正の登記）をしたので、不動産登記事務取扱手続準則第119条第3項の規定により、通知します。

記

変更前の建物の不動産所在事項	変更後の建物の不動産所在事項

別記第89号（第124条第1項関係）

登録免許税納付用紙

法務局　　　支局・出張所　　　御中

（申請人の表示）
住　所
氏名又は名称

（代理人の表示）
住　所
氏名又は名称

（登記の申請に係る物件の表示）
不動産所在事項
申　請　番　号
受　付　番　号
　　　　　　　（分かる場合は、記載願います。）
納　付　金　額　　　　　　　円

............印紙等ちょう付欄............
本紙は、電子申請により登記の申請をした場合において、登録免許税を領収証書又は収入印紙により納付するときに使用するものです。
領収証書又は収入印紙は、ここにはり付けてください。割印をしないで、ここにはり付けてください。

	年	月	日	担当

別記第88号（第123条関係）

	日記第　　　号
	平成　年　月　日

申請人　　　　　　　　殿

　　　　　　　法務局
　　　　　　　　　　出張所
　　　　　　　登記官　　　　　　㊞

告　知　書

登録免許税の課税標準の金額を次のとおり認定したので、不動産登記規則第190条第1項の規定により、告知します。

不動産所在事項及び不動産番号	
申　告　金　額	
認　定　金　額	
納付すべき登録免許税	

別記90号（第125条第2項関係）

前登記証明申出書

1. 登記の目的
2. 登記原因及びその日付
3. 課税標準価格
4. 登録免許税額
5. 登記権利者
6. 債務者
7. 証明者（注1）

共同担保である管轄外の不動産の不動産登記簿についての登記申請のため、上記のとおり登記を受けたことを証明願います。

平成　年　月　日

　　　　　住所

　　　申請人

管轄外の不動産（注2）

（注3）

(注1) 登記義務者と債務者と同一人でないときは、債務者も表示する。
(注2) 管轄外の不動産欄には、この証明書を提出する登記所の管轄区域内にある不動産の一を記載し、その他の不動産については「ほか何筆」と記載すれば足りる。
(注3) 証明文用の余白をあけておくこと。

別記91号（第127条第1項関係）

　　　　　　　　　　　　　　　　日記第　　　号
　　　　　　　　　　　　　　　　平成　年　月　日

　　　　　　　　　　　　　　　法務局
　　　　　　　　　　　　　　　　　　出張所
　　　　　　　　　　　　　　　　登記官　　　　　職印

税務署長　殿

納付不足額通知書

登録免許税法第28条第1項の規定により、通知します。

不動産の所在事項	
登記の区分	
申請の受付の年月日及び受付番号	
課税標準額	申請情報内容額　金　　円
	納付額　金　　円
登録免許税額	正当額　金　　円
	納付額　金　　円
	未納額　金　　円
申請人の氏名・住所	
納税地	（同上）
備考	

(注) 登記の区分欄には、当該登記の目的及び原因を、例えば、所有権移転（贈与）のように記載する。

別記92号（第127条第2項、第128条第2項、第3項関係）

約1cm

| 還付（不足）通知済 |

約5cm

別記93号（第128条第1項関係）

日記第　　年　　　　　　　第　　号
平成　　年　　　月　　　　　　　日

税務署長　殿

法務局
　　　　出張所
登記官　　　　　　　　㊞

還　付　通　知　書

登録免許税法第31条第1項の規定により、通知します。

登 記 の 区 分	
申請の受付の年月日及び受付番号又は再使用証明番号	
還 付 金 額	金　　　　　　　　円
還 付 原 因	1　却下　　2　取下　　3　過誤納
生 じ た 日	
納 付 方 法	1　印紙　　2　領収証書
収納機関の名称	銀行　　　　　　郵便局 支店　　　　　　税務署
申請人の氏名・住所	
納　　税　　地	（　　　同　　上　　　）
還付通知の請求・ 申出の別・年月日	1　還付通知請求　　平成　　年　　月　　日 2　還付申出
希望する還付場所	市　　　　町　　　　番地 区　　　　村 部 銀行　　　　　　郵便局 支店　　　　　　税務署 口座（普通・当座）
備　　　　　考	

（注）登記の区分欄には、当該登記の目的及び原因を、例えば、所有権移転（贈与）のように記載する。

別記第94号（第129条第1項関係）

証　明 年月日	証明番号		
	再　使　用　申　出　領　収　証　書　又　は　印　紙　の　金　額	再使用申出領収証 書又は印紙の金額	金　　　　　　　円
		現金納付年月日	平成　　年　　月　　日
		収納機関の名称	銀行　　　　　支店 郵便局 税務署
		券　面　額	枚　数　　　金　額
		円	枚　　　　　　円
		円	枚　　　　　　円
		円	枚　　　　　　円
		円	枚　　　　　　円
		円	枚　　　　　　円
		合　　　　計	枚　　　　　　円
	申請の受付の 年月日及び番号	平成　　年　　月　　日　　第　　　　号	
	備　　　考		

上記のとおり、登録免許税法第31条第3項の規定により、申出をします。

　　　平成　　年　　月　　日

　　　　　　　　　申請人　　住　所
　　　　　　　　　　　　　　氏　名

　　　　　　　　　　　　　　　　　　法務局　　　　出張所　御中

別記第95号（第129条第2項関係）

約6㎝

再使用できることを証明する

約1㎝

別記第97号（第134条第2号、第5号関係）

所在　○市○区郡○町村大字○字○
地番　13番
縮尺　1/500

これは地図の写しである。（これは地図に記録されている内容を証明した書面である。）

平成　年　月　日

法務局　　　出張所

登記官　　　　　　　　　　職印

別記第96号（第132条第2項関係）

乙号事件日計表

月	日	受理件数	処理件数	未済件数	備考
	1日				
	2日				
	3日				
	4日				
	5日				
	6日				
	7日				
	8日				
	9日				
	10日				
	11日				
	12日				
	13日				
	14日				
	15日				
	16日				
	17日				
	18日				
	19日				
	20日				
	21日				
	22日				
	23日				
	24日				
	25日				
	26日				
	27日				
	28日				
	29日				
	30日				
	31日				
	計				

（注）未済件数は、前日の未済件数と当日の受理件数とを合したものから当日の処理件数を控除したものを計上する。

取扱手続準則
不動産登記事務

別記第98号（第134条第2号、第5号関係）

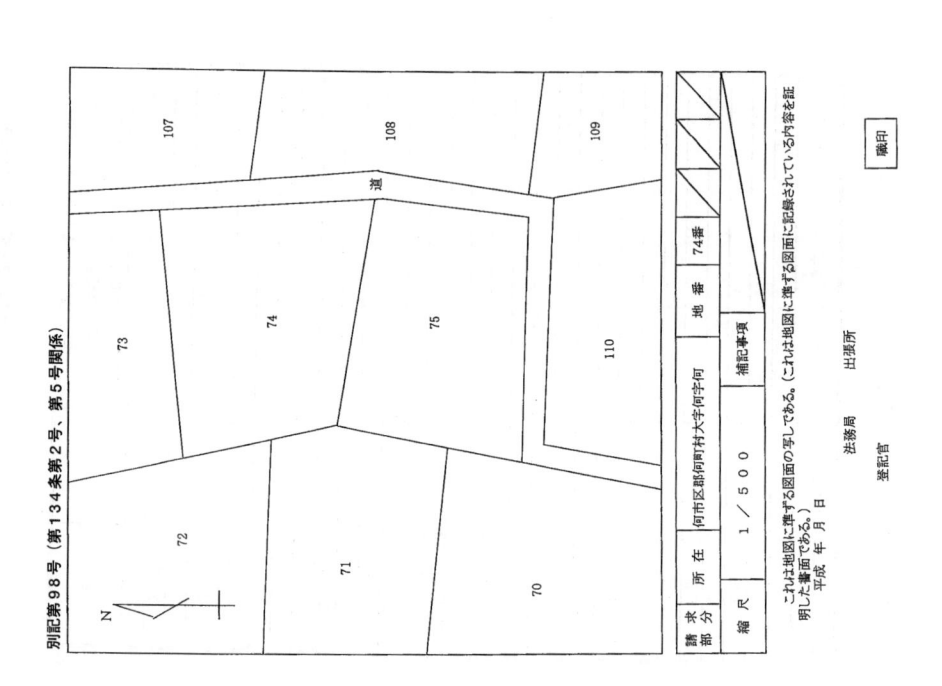

請求部分	所在	何市区郡何町村大字何字何	地番	74番
	縮尺	1/500	補記事項	

これは地図に準ずる図面の写しである。（これは地図に準ずる図面に記録されている内容を証明した書面である。）
平成　年　月　日
法務局　　出張所
登記官　　　　　　　職印

別記第99号（第134条第3号、第5号関係）

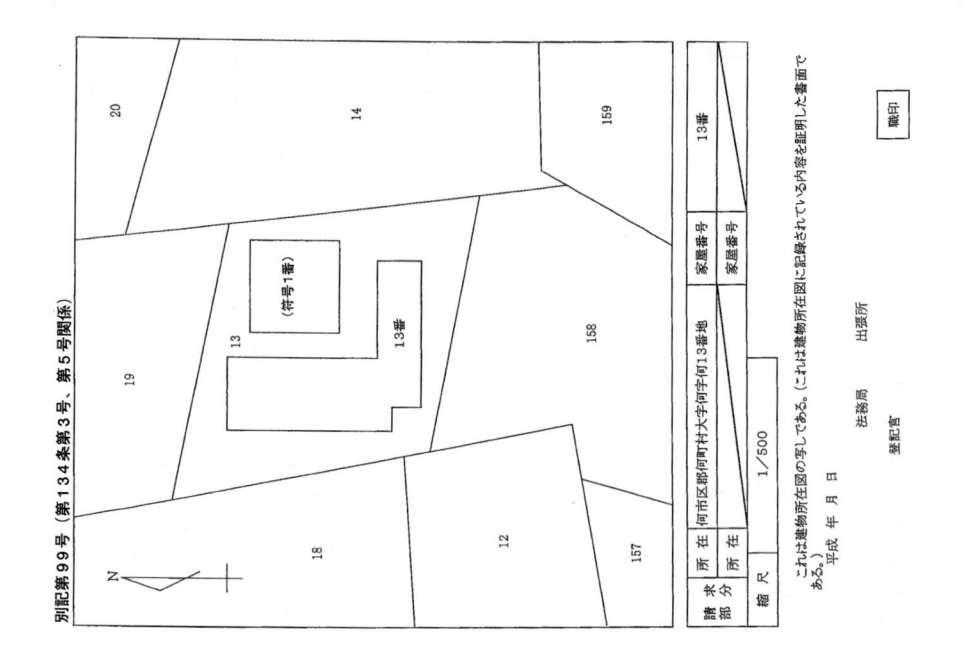

請求部分	所在	何市区郡何町村大字何字何13番地	家屋番号	13番
	所在		家屋番号	
	縮尺	1/500		

これは建物所在図の写しである。（これは建物所在図に記録されている内容を証明した書面である。）
平成　年　月　日
法務局　　出張所
登記官　　　　　　　職印

別記第101号（第142条第5項関係）

平成 年 月 日記第 号

法務局長 殿

法務局
出張所
登記官 ㊞

報　告　書

下記不動産の平成何年何月何日受付第何号の何登記申請事件についてされた審査請求は、理由があると認め、下記のとおりの処分をしたので、報告します。

記

1　不動産所在事項

2　処分の内容（具体的かつ詳細に記載すること。）

別記第100号（第142条第3項関係）

平成 年 月 日通知第 号

　　　　　　　殿

法務局
出張所
登記官 ㊞

通　知　書

下記不動産の平成何年何月何日受付第何号の何登記申請事件についてされた審査請求は、理由があると認め、下記のとおりの処分をしたので、通知します。

記

1　不動産所在事項

2　処分の内容（具体的かつ詳細に記載すること。）

別記第102号（第143条第1項関係）

　　　　　　　　　　　　　　　　　　　　　日記第　　号
　　　　　　　　　　　　　　　　　　　　　平成　年　月　日

法務局長　殿

　　　　　　　　　　　　法務局
　　　　　　　　　　　　　　　出張所
　　　　　　　　　　　　登記官　　　　　職印

送　付　書

下記不動産の平成何年何月何日受付第何号の何登記申請事件についてされた審査請求は、下記のとおり理由がないと認められるので、審査請求書及び関係書類を添えて事件を送付します。

記

1　不動産所在事項

2　理由（具体的かつ詳細に記載すること。）

7 不動産登記法の施行に伴う登記事務の取扱いについて（通達）

（平成17年2月25日法務省民二第457号局長通達）

　不動産登記法（平成16年法律第123号。以下「法」という。）、不動産登記令（平成16年政令第379号。以下「令」という。）及び不動産登記規則（平成17年法務省令第18号。以下「規則」という。）が本年3月7日から施行されることとなり、本日付け法務省民二第456号当職通達「不動産登記事務取扱手続準則の改正について」（以下この通達による改正後の不動産登記事務取扱手続準則を「準則」といい、改正前の不動産登記事務取扱手続準則を「旧準則」という。）を発したところですが、これらに伴う登記事務の取扱いについては、下記に留意し、事務処理に遺憾のないよう、貴管下登記官に周知方取り計らい願います。

記

第1　法の施行に伴う登記事務の取扱い
1　登記官による本人確認
(1) 登記官は、登記の申請があった場合において、申請人となるべき者以外の者が申請していると疑うに足りる相当な理由があると認めるときは、申請人の申請の権限の有無についての調査（以下「本人確認調査」という。）を行わなければならないとされた（法第24条第1項）。

(2) 本人確認調査は、当該申請が法第25条の規定により却下すべき場合以外の場合であって、次に掲げるときは、申請人となるべき者以外の者が申請していると疑うに足りる相当な理由があると認めるときに該当するものとして、行うこととされた（法第24条第1項、準則第33条）。

　ア　捜査機関その他の官庁又は公署から、不正事件が発生するおそれがある旨の通報があったとき。

　イ　不正登記防止申出に基づき、準則第35条第7項の措置を執った場合において、当該不正登記防止申出に係る登記の申請があったとき（当該不正登記防止申出の日から3月以内に申請があった場合に限る。）。

　ウ　同一の申請人に係る他の不正事件が発覚しているとき。

　エ　前の住所地への通知をした場合において、登記の完了前に、当該通知に係る登記の申請について異議の申出があったとき。

　オ　登記官が、登記識別情報の誤りを原因とする補正又は取下げ若しくは却下が複数回されていたことを知ったとき。

　カ　登記官が、申請情報の内容となった登記識別情報を提供することができない理由が事実と異なることを知ったとき。

　キ　前各号に掲げる場合のほか、登記官が職務上知り得た事実により、申請人となるべき者に成りすました者が申請していることを疑うに足りる客観的かつ合理的な理由があると認められるとき。

(3) 本人確認調査を行う場合において、その登記の申請が資格者代理人によってされているときは、原則として、まず、当該資格者代理人に対し必要な情報の提供を求めるものとされた（準則第33条第2項）ので、この資格者代理人に対する調査により、申請人となるべき者の申請であると認められたときは、本人に対して調査を行う必要はない。

(4) 登記官は、本人確認調査を行ったときは、準則第33条第3項で定める様式の調書（以

下「本人確認調書」という。）を作成し、これを申請書（電子申請にあっては、第2の1⑵の電子申請管理用紙）と共に保管するものとされた（規則第59条第1項、準則第33条第3項、第4項）。
(5) 本人確認調査は、申請人となるべき者以外の者が申請していると疑う契機となった事由等に応じ、適切な方法により調査をすることを要する。したがって、疑いの程度又は当該契機となった事由に応じて、電話等による事情の聴取又は資料の提出等により当該申請人の申請の権限の有無を確認することができる場合には、本人の出頭を求める必要はない。
(6) 本人確認調査は、当該申請人の申請の権限の有無についての調査であって、申請人となるべき者が申請しているかどうかを確認するためのものであり、申請人の申請意思の有無は本人確認調査の対象ではない。
(7) 本人確認調査において申請人等から文書等の提示を受けた場合において、提示をした者の了解を得ることができたときは、その文書の写しを本人確認調書に添付するものとし、了解を得ることができなかったときには、文書の種類、証明書番号その他文書を特定することができる番号等の文書の主要な内容を本人確認調書に記録するものとされた（準則第33条第5項）。
　　本人確認調書には、このほか、当該申請人から聴取した内容など、登記官が当該申請人の申請の権限の有無を確認することができた事由を明らかする事項を記載するものとする。
(8) 登記官は、出頭を求める申請人等が遠隔の地に居住しているとき、その他相当と認めるときは、他の登記所の登記官に本人確認調査を嘱託することができるとされた（法第24条第2項）。
　　この嘱託は、遠隔の地に居住しているとき又は申請人の勤務の都合等を理由に他の出張所に出頭したい旨の申出があり、その理由が相当と認められるとき（例えば、申請人の長期出張や病気による入院等が考えられる。）に行うものとされた（準則第34条第1項）。
　　この嘱託は、嘱託書のほか、登記事項証明書及び申請書の写し並びに委任状、印鑑証明書等の本人確認調査に必要な添付書面の写しを送付してすることとされた（同条第2項）。
　　嘱託を受けた登記所の登記官がする本人確認調査の内容は、申請を受けた登記所の登記官がする本人確認調査と同様であり、調査後は、本人確認調書を作成する（規則第59条第1項後段）。
　　嘱託を受けた登記所の登記官が本人確認調査を終了したときは、本人確認調書を嘱託書と共に嘱託した登記所に送付するものとされた（準則第34条第3項）。
　　なお、嘱託した登記所から嘱託書と共に送付された登記事項証明書並びに申請書及び添付書面の写しは、適宜、廃棄して差し支えない。

2　不正登記防止申出の取扱い

(1) 登記官の本人確認調査の契機とするため、不正登記防止申出の取扱いが定められた（準則第35条）。申出を受ける場合は、申出人に、当該申出があったことのみにより申出に係る登記の申請を却下するものではないこと等不正登記防止申出の取扱いの趣旨を十分に説明することを要する。
(2) 不正登記防止申出があった場合には、当該申出人が申出に係る登記の登記名義人本人であることのほか、当該申出人が申出をするに至った経緯及び申出が必要となった理由

に対応する措置を採っていることを確認しなければならないとされた（準則第35条第4項）。

　この措置とは、印章又は印鑑証明書の盗難を理由とする場合には警察等の捜査機関に被害届を提出したこと、第三者が不正に印鑑証明書の交付を受けたことを理由とする場合には交付をした市町村長に当該印鑑証明書を無効とする手続を依頼したこと、本人の知らない間に当該不動産の取引がされている等の情報を得たことによる場合には警察等の捜査機関又は関係機関への防犯の相談又は告発等がこれに当たる。

　申出の内容が緊急を要するものである場合には、あらかじめこれらの措置を採っていないときであっても、申出を受け付けて差し支えない。この場合には、直ちに、当該措置を採ることを求めるものとする。

3　登記義務者の権利に関する登記済証の取扱い
(1)　法附則第6条の指定（以下「第6条指定」という。）がされるまでの間において、法附則第6条第3項の規定により読み替えて適用される法第22条ただし書に規定する「登記済証を提出することができないことにつき正当な理由がある場合」は、次に掲げる場合とする。
　ア　改正前の不動産登記法（以下「旧法」という。）第60条第1項若しくは第61条の規定により還付され、若しくは交付された登記済証（法附則第8条の規定によりなお従前の例によることとされた登記の申請について旧法第60条第1項又は第61条の規定により還付され、又は交付された登記済証を含む。）又は法附則第6条第3項の規定により読み替えて適用される法第21条若しくは第117条第2項の規定により交付された登記済証（以下「登記済証」と総称する。）が交付されなかった場合
　イ　登記済証が滅失し、又は紛失した場合
　ウ　法第22条の登記義務者が登記済証を現に所持していない場合
(2)　第6条指定がされた後に法第22条ただし書に規定する「登記識別情報を提供することができないことにつき正当な理由がある場合」は、準則第43条第1項各号に掲げる場合のほか、電子申請をする場合において、登記済証を所持しているときとする。
(3)　登記義務者の権利に関する登記済証とする旧法第60条第2項の規定により登記済みの手続がされた保証書については、第6条指定がされるまでの間、従来の取扱い（昭和39年5月13日付け民事甲第1717号当職通達）と同様とする。

4　登記権利者に交付する登記済証の取扱い
(1)　第6条指定がされるまでの間において、規則附則第15条第3項の規定により登記権利者に交付する登記済証は、同条第2項の書面に旧法第60条第1項及び旧準則第70条から第74条までの規定により作成するものとする。
　なお、申請人が規則第55条第1項本文の規定により登記原因を証する情報を記載した書面の原本還付を求めた場合において、当該書面が同項ただし書の書面に該当しないときは、申出により当該登記原因を証する情報を記載した書面を規則附則第15条第2項に規定する書面と兼ねることができるものとし、当該登記原因を証する情報を記載した書面により登記済証を作成して差し支えない。
(2)　申請人があらかじめ登記済証の交付を希望しない旨の申出をしたとき又は規則附則第15条第2項に規定する書面を提出しなかったときは、登記済証を作成することを要しないとされた（同条第4項第1号、第4号）。

5 登記義務者に還付する登記済証等の取扱い

(1) 第6条指定がされるまでの間において、登記済証（4の登記済証を除く。）の作成は、なお従前の例によるとされている（規則附則第15条第6項前段）ので、規則附則第15条第2項の規定により提出された書面又は登記義務者の登記済証を利用して旧法第60条第2項及び旧準則第70条から第74条までの規定により作成した登記済証を交付すれば足り、登記完了証を交付することを要しない。

(2) 法附則第6条第3項の規定により読み替えて適用される法第22条の規定により提出すべき登記済証を提出しないで申請があった場合において、登記義務者に還付する登記済証の作成のために規則附則第15条第2項の書面の提出があったときは、同書面を旧法第60条第2項に規定する保証書とみなして（規則附則第15条第6項後段）、登記義務者に還付する登記済証を作成するものとする。

6 受領証の取扱い

受領証（規則第54条参照）を交付した申請であっても、登記済証の交付の際に当該受領証を返還させることを要しない。

7 原本還付の取扱い

相続による権利の移転の登記等における添付書面の原本の還付を請求する場合において、いわゆる相続関係説明図が提出されたときは、登記原因証明情報のうち、戸籍謄本又は抄本及び除籍謄本に限り、当該相続関係説明図をこれらの書面の謄本として取り扱って差し支えない。

8 事前通知の通知番号等

事前通知書には、通知番号等を記載するとされた（規則第70条第2項）。

当該通知番号等は、事前通知書に記載するほか、準則別記第20号様式の各種通知簿（以下「事前通知簿」という。）にも記載する。

登記官は、事前通知書及び事前通知簿に記載された通知番号等を部外者に知られないように管理しなければならない。

9 資格者代理人による本人確認情報の提供

規則第72条第1項第3号の書類の内容を明らかにするには、同条第2項に掲げる書類の写しを添付する方法又は写しと同じ程度に当該書面の内容を特定することができる具体的な事項を本人確認情報の内容とする方法によりするものとする。

10 申請書等についての公証人の認証

申請人が正当な理由により登記識別情報を提供することができない場合において、申請書等について公証人から当該申請人が法第23条第1項の登記義務者であることを確認するために必要な認証がされ、登記官がその内容を相当と認めるときは、事前通知を省略することができることとされた（法第23条第4項第2号）。

なお、この取扱いの対象となる認証をすることができる者には、公証人法（明治41年法律第53号）の適用を受ける公証人のほか、同法第8条の規定により公証人の職務を行うことができる法務事務官も含まれる。

(1) 申請書等について次に掲げる公証人の認証文が付されている場合には、法第23条第4項第2号の本人確認をするために必要な認証としてその内容を相当と認めるものとす

る。
　ア　公証人法第36条第4号に掲げる事項を記載する場合
　　「嘱託人何某は、本公証人の面前で、本証書に署名押印（記名押印）した。
　　　本職は、右嘱託人の氏名を知り、面識がある。
　　　よって、これを認証する。」
　　又は
　　「嘱託人何某は、本公証人の面前で、本証書に署名押印（記名押印）したことを自認する旨陳述した。
　　　本職は、右嘱託人の氏名を知り、面識がある。
　　　よって、これを認証する。」
　イ　公証人法第36条第6号に掲げる事項を記載する場合
　　(ｱ)　印鑑及び印鑑証明書により本人を確認している場合の例
　　　「嘱託人何某は、本公証人の面前で、本証書に署名押印（記名押印）した。
　　　　本職は、印鑑及びこれに係る印鑑証明書の提出により右嘱託人の人違いでないことを証明させた。
　　　　よって、これを認証する。」
　　又は
　　　「嘱託人何某は、本公証人の面前で、本証書に署名押印（記名押印）したことを自認する旨陳述した。
　　　　本職は、印鑑及びこれに係る印鑑証明書の提出により右嘱託人の人違いでないことを証明させた。
　　　　よって、これを認証する。」
　　(ｲ)　運転免許証により本人を確認している場合の例
　　　「嘱託人何某は、本公証人の面前で、本証書に署名押印（記名押印）した。
　　　　本職は、運転免許証の提示により右嘱託人の人違いでないことを証明させた。
　　　　よって、これを認証する。」
　　又は
　　　「嘱託人何某は、本公証人の面前で、本証書に署名押印（記名押印）したことを自認する旨陳述した。
　　　　本職は、運転免許証の提示により右嘱託人の人違いでないことを証明させた。
　　　　よって、これを認証する。」
(2)　申請書等についてされた公証人の認証が、委任による代理人により嘱託された申請書等についての認証であるときは、法第23条第4項第2号に規定する「登記官が本人確認をするために必要な認証としてその内容を相当と認めるとき」に当たらないものとする。
(3)　申請書等についてされた公証人の認証が、急迫な場合で人違いでないことを証明させずにした認証（公証人法第36条第8号参照）であるときは、証書を作成した後3日以内に上記(1)の基準に適合する認証がされたもの（公証人法第60条において準用する第28条第3項）に限り、相当なものとして取り扱って差し支えない。

11　地図等に関する取扱い
(1)　電磁的記録に記録された地図等
　ア　適用時期
　　(ｱ)　地図管理システムに登録されている地図又は地図に準ずる図面について、法第14条第6項の規定による電磁的記録に記録された地図又は地図に準ずる図面（以下

「電子地図」という。）とする取扱いは、平成17年3月7日以後（以下「施行日後」という。）、速やかに開始するものとする。
　　(イ)　電子地図の取扱いを開始する際には、開始の日、電子地図の閲覧方法等について、登記所の適宜の箇所に掲示するなどの方法により周知を図るものとする。
　イ　従前の地図又は地図に準ずる図面の閉鎖手続
　　　地図又は地図に準ずる図面を電磁的記録に記録したときには、従前の地図又は地図に準ずる図面を閉鎖するものとされた（規則第12条第1項、第4項）。この場合の閉鎖の日付は、電子地図としての取扱いを開始した日とするものとする。
　ウ　地図管理システムに登録された電子地図の閉鎖
　　　地図管理システムに登録された電子地図を閉鎖する場合には、規則第12条第2項の規定にかかわらず、登記官の識別番号の記録を要しない。
　エ　電子地図の副記録
　　　地図管理システムに登録されている電子地図については、毎日の業務終了後に同システムの電子地図に記録されている情報と同一の情報を磁気テープに記録させ、これを副記録とするものとする。
　オ　地図管理システムに登録された電子地図の閲覧
　　　地図管理システムに登録された電子地図の閲覧は、閲覧用に印刷したもの（電子地図の一部をA3版の用紙に出力した認証文のないもの）によって行うものとする。
　　　なお、請求人が地図又は地図に準ずる図面の平面直角座標系の番号又は記号、図郭線及びその座標値、精度区分等の情報の閲覧を希望する場合は、便宜、地図又は地図に準ずる図面の内容の全部を出力したもの（以下「補完図」という。）及び閉鎖した地図又は地図に準ずる図面を併せて閲覧に供して差し支えない。補完図は、電子地図としての取扱いを開始する前日までに、地図管理システムに登録されていた地図又は地図に準ずる図面と同一の情報の内容を出力したものを使用するものとする。補完図については、電子地図の記録事項に異動修正があったときであっても、再度、修正したものを出力することを要しない。
(2)　地図等の訂正
　ア　地図又は地図に準ずる図面の訂正
　　　地図又は地図に準ずる図面に表示された土地の区画（地図に準ずる図面にあっては、土地の位置又は形状。イの(イ)及びエにおいて同じ。）又は地番に誤りがあるときは、当該土地の表題部所有者若しくは所有権の登記名義人又はこれらの相続人その他の一般承継人（申出に係る地図等が表題登記のみがされている土地に係るときは表題部所有者、所有権の登記がある土地に係るときは所有権の登記名義人、これらの者に相続その他一般承継を生じているときはこれらの相続人その他の一般承継人となる。）は、その訂正の申出をすることができるとされた（規則第16条第1項。以下「地図訂正等申出」という。）。
　　　従前の取扱いによる地図又は地図に準ずる図面の訂正の申出手続は、登記官の職権の発動を促すものであり、その申出の要件、必要な添付書面、申出に対する対応方法等は定められていなかったが、規則に地図訂正等申出の手続を設けることにより、この申出をすることができる者の範囲、申出情報と併せて提供すべき情報、申出の却下事由等を定め、却下事由がない場合に限り、訂正をしなげればならないことを明らかにしたものである。なお、地図訂正等申出は、職権による地図等の訂正手続を否定したものではない。
　　　これらの申出権が認められる者以外の者からの申出については、地図訂正等申出の

趣旨であるか否かを確認し、地図訂正等申出の趣旨である場合は、これを却下するものとし（同条第13項第2号）、そうでない場合は、これを職権の発動を促す申出があったものとして取り扱って差し支えない（同条第15項参照）。

イ　地図訂正等申出
　(ｱ)　地図訂正等申出は、表題部所有者若しくは所有権の登記名義人又は相続人その他の一般承継人が2人以上ある場合には、そのうちの1人からすることができる。
　(ｲ)　地図訂正等申出に係る表題部所有者若しくは所有権の登記名義人の氏名若しくは名称又は住所が登記簿に記録されている氏名又は名称及び住所と異なる場合において、地図訂正申出情報と併せて当該表題部所有者又は所有権の登記名義人の氏名若しくは名称又は住所についての変更又は錯誤若しくは遺漏があったことを証する市町村長、登記官その他の公務員が職務上作成した情報（公務員が職務上作成した情報がない場合にあっては、これに代わるべき情報）が提供されたときは、規則第16条第13項第2号の規定により当該地図訂正等申出を却下することを要しない。
　(ｳ)　地図又は地図に準ずる図面に表示された土地の区画に誤りがあることによる地図訂正等申出の際に添付された地積測量図（規則第16条第5項第2号）に記録された地積が登記記録上の地積と異なる場合には、地図訂正等申出は、地積に関する更正の登記の申請と併せてしなければならないとされた（同条第2項）。ただし、当該地積の差が、規則第77条第4項において準用する第10条第4項の規定による地積測量図の誤差の限度内であるときは、当該申出は、地積に関する更正の登記の申請と併せてすることを要しない。
　(ｴ)　地図訂正等申出をする場合において、地図又は地図に準ずる図面に表示された土地の区画若しくは位置若しくは形状又は地番の誤りが登記所に備え付けられている土地所在図、地積測量図又は閉鎖された地図若しくは地図に準ずる図面により確認できる場合には、その図面を特定する情報を提供すれば、規則第16条第5項第1号の誤りがあることを証する情報の提供があったものと認めて差し支えない。

ウ　地図訂正等申出の調査
　(ｱ)　地図訂正等申出に係る事項の調査に当たっては、地番の訂正を除き、実地調査をしなければならない。ただし、登記所備付けの資料等により訂正する事由が明らかである場合は、この限りでない。
　(ｲ)　地図訂正等申出に係る事項の調査をした結果、規則第16条第13項各号に掲げる事由に該当する場合は、当該地図訂正等申出を却下しなければならない。

エ　地図訂正等申出情報の記録事項
　地図訂正等申出に係る訂正の内容（規則第16条第3項第5号）の記録方法は、次のとおりとする。
　(ｱ)　地図又は地図に準ずる図面に表示された土地の区画に誤りがあることを理由とする場合において、土地所在図又は地積測量図（規則第16条第5項第2号）を添付するときは、「別紙土地所在図のとおり」又は「別紙地積測量図のとおり」のように記録して差し支えない。
　(ｲ)　地図又は地図に準ずる図面に表示された地番に誤りがあることを理由とするときは、「地図上の地番の表示「5番1」を「5番2」に、「5番2」を「5番1」に訂正」のように記録するものとする。

オ　職権による地図等の訂正
　職権による地図、地図に準ずる図面又は建物所在図の訂正（規則第16条第15項）の手続は、職権による表示に関する登記についての手続に準ずるものとする（規則第96

条並びに準則第16条第1項第1号後段、同条第2項第1号、第60条及び第65条参照)。
　カ　地図管理システムに登録されている電子地図の訂正票
　　　地図管理システムに登録されている電子地図の訂正を行った場合においては、準則第17条第1項第7号の規定にかかわらず、訂正票を作成し、適宜、別途保管するものとする。
　キ　施行日前に提出された申出の取扱い
　　　平成17年3月6日以前(以下「施行日前」という。)に提出された地図等の訂正の申出については、なお従前の例による。
(3)　新住市街地登記令の土地の全部についての所在図の取扱い
　　不動産登記法及び不動産登記法の施行に伴う関係法律の整備等に伴う関係政令の整備等に関する政令(平成17年政令第24号)による改正後の新住宅市街地開発法等による不動産登記に関する政令(昭和40年政令第330号。以下「新住市街地登記令」という。)第6条第3項(同令第11条において首都圏の近郊整備地帯及び都市開発区域の整備に関する法律(昭和33年法律第98号)第30条の2の登記について準用する場合を含む。第3の5において同じ。)の規定により新住市街地登記令第6条第2項の土地の全部についての所在図は、新たに国土調査法(昭和26年法律第180号)第19条第5項の規定による指定を受けた地図でなければならないとされた。

12　土地所在図の訂正等
(1)　土地所在図の訂正等
　　土地所在図、地積測量図、建物図面又は各階平面図に誤りがあるときは、表題部所有者若しくは所有権の登記名義人又はこれらの相続人その他の一般承継人(申出に係る地図等が表題登記のみがされている土地に係るときは表題部所有者、所有権の登記がある土地に係るときは所有権の登記名義人、これらの者に相続その他一般承継を生じているときはこれらの相続人その他一般承継人となる。)は、その訂正の申出をすることができるとされた(規則第88条第1項。以下「土地所在図訂正等申出」という。)。
　　この場合の土地所在図訂正等申出ができる事項は、規則に定める土地所在図、地積測量図、建物図面又は各階平面図の内容(規則第76条から第79条まで及び第82条から第84条まで)のすべてである。
(2)　土地所在図訂正等申出
　ア　土地所在図訂正等申出は、申出に係る表題部所有者若しくは所有権の登記名義人又は相続人その他の一般承継人が2人以上ある場合には、そのうちの1人からすることができる。
　イ　土地所在図訂正等申出に係る表題部所有者若しくは所有権の登記名義人の氏名若しくは名称又は住所が登記簿に記録されている氏名又は名称及び住所と異なる場合において、土地所在訂正等申出に係る申出情報と併せて当該表題部所有者又は所有権の登記名義人の氏名若しくは名称又は住所についての変更又は錯誤若しくは遺漏があったことを証する市町村長、登記官その他の公務員が職務上作成した情報(公務員が職務上作成した情報がない場合にあっては、これに代わるべき情報)が提供されたときは、規則第88条第3項において準用する第16条第13項第2号の規定により当該土地所在図訂正等申出を却下することを要しない。
　ウ　土地所在図、地積測量図、建物図面又は各階平面図の誤りがこれらの図面を添付情報とする更正の登記の申請によって訂正することができるものである場合には、土地所在図訂正等申出をすることはできないとされた(規則第88条第1項ただし書)。

(3) 土地所在図訂正等申出の調査
ア 申出に係る事項の調査をした結果、申出に係る事項に却下すべき理由がないときは、土地所在図の訂正等をしなければならない（規則第88条第3項において準用する規則第16条第12項及び第13項）。
イ 土地所在図訂正等申出に係る事項の調査に当たっては、地番又は家屋番号の訂正を除き、実地調査をしなければならない。ただし、登記所備付けの資料等により訂正する事由が明らかである場合は、この限りでない。
(4) 土地所在図の訂正等の申出情報の記録事項
　　土地所在図の訂正等の申出情報に記録する事項のうち、申出に係る訂正の内容（規則第88条第3項において準用する規則第16条第3項第5号）については、「別添土地所在図のとおり」、「別添地積測量図のとおり」、「別添建物図面のとおり」又は「別添各階平面図のとおり」のように記録して差し支えない。

13 表示に関する登記の添付情報の特則

(1) 表示に関する登記を電子申請によりする場合において、当該申請の添付情報（申請人又はその代表者若しくは代理人が作成したもの及び土地所在図等を除く。）が書面に記載されているときは、当該書面に記載された情報を電磁的記録に記録したものを添付情報とすることができ、この場合において、当該電磁的記録は、当該電磁的記録を作成した者による電子署名が行われているものでなければならないとされた（令第13条第1項）。この場合には、登記官が定めた相当の期間内に、登記官に当該書面の原本を提示しなければならないとされた（同条第2項）。
(2) 令第13条第1項の「当該書面に記載された情報を電磁的記録に記録したもの」としては、当該書面のうち令で定められた添付情報として必要な部分のみを記録したもので差し支えない。
(3) 「当該書面の提示」は、登記所に持参若しくは郵送の方法により提出し、又は実地調査の際に登記官に提示することのいずれによることもできる。
(4) 令第13条第2項の「相当の期間」は、実地調査を実施するまでの期間を目安とする。
(5) 書面に記載された情報を電磁的記録に記録したものを添付情報とする電子申請がされた場合において、相当の期間内に当該書面の提示があったときは、その書面と添付情報とを照合確認した後、添付情報の内容を印刷した書面に登記官が原本確認の旨を記載して登記官印を押印し、第2の1(2)の電子申請管理用紙と共に保存しなければならない。
(6) 相当の期間内に当該書面の提示がされないときは、必要な情報の提供がないものとして、法第25条第9号の規定により申請を却下するものとする。

14 要役地の分筆の取扱い

(1) 分筆後の土地の一部について地役権を消滅させることを証する情報
　　登記官は、要役地についてする地役権の登記がある土地について分筆の登記をする場合において、当該分筆の登記の申請情報と併せて当該地役権を分筆後のいずれかの土地について消滅させることを証する地役権者が作成した情報が提供されたときは、当該土地について当該地役権が消滅した旨を登記しなければならないものとされた（規則第104条第6項）。
　　当該地役権者が作成した情報を記載した書面には、当該地役権者が記名押印し、これに当該地役権者の印鑑証明書を添付することを要する（当該消滅させることを証する情報を電子申請によって提供する場合には、当該情報に電子署名を行い、電子証明書と併

せて提供することを要する。)。
　(2)　分筆後の土地の地番の定め方
　　　(1)の場合において、分筆後の土地の地番を定めるときは、地役権を消滅させない分筆後の土地について、分筆前の土地の番号を用いるものとする。この場合において、分筆前の土地に支号がないときは、分筆した土地について支号を設けない地番を存するものとすることができるとされた（準則第67条第1項第5号）。

15　前の登記に関する登記事項証明書
　　　前の登記に関する登記済証は、準則第112条に規定する登記事項証明書として取り扱って差し支えない。

16　共同担保目録に係る事務の取扱い
　　　規則附則第9条第1項本文の規定によりなお従前の例によるとされた共同担保目録に記録すべき情報の提供方法について、同項ただし書の規定により共同担保目録1通が添付書面として提出された場合において、前の登記に係る他の登記所が規則附則第9条の共担未指定登記所であるときは、適宜、提出された共同担保目録の写しを作成して、当該他の登記所に対する規則第168条第5項の通知に添付するものとする。規則附則第9条第2項の場合についても、同様とする。

第2　第6条指定を受けた登記事務の取扱い
1　電子申請の受付後の処理
　(1)　電子申請については、申請情報等が登記所に到達した時（登記所に申請情報等が到達するのは、登記所の開庁日の午前8時30分から午後5時までに限られる。)に自動的に受付番号が付され、不動産所在事項の記録がされる。
　(2)　登記官は、電子申請の受付を受付用端末装置で確認した場合は、当該申請に関する調査票と共に、申請情報、添付情報及び電子署名の検証結果を書面に印刷するとともに、別記第1号様式の申請の受付の年月日及び受付番号等が記載された書面（以下「電子申請管理用紙」という。準則第32条第3項参照。)を印刷し、これらの書面を登記完了まで一括して管理するものとする。
　　　なお、電子署名については、申請情報に付された電子署名のほか、添付情報に付された電子署名についても自動的に電子署名の検証及び電子証明書の有効性の確認が行われ、その結果が印刷されるが、登録免許税の納付情報については、調査端末装置により、納付の事実を確認した上、印刷する必要がある。

2　審査の方法
　(1)　電子申請についての審査は、1の(2)で印刷した書面を用いて行うほか、登記識別情報は、調査用端末装置において照合し、その結果を印刷して、1の(2)で印刷した書面と共に管理するものとする。
　(2)　書面申請において、登記識別情報を提供する場合には、登記識別情報を記載した書面を封筒等に入れて封をし、当該封筒に登記識別情報を提供する申請人の氏名又は名称及び登記の目的を記載し、「登記識別情報在中」のように記載して、申請書に添付して提出することとされた（規則第66条第1項第2号、第2項、第3項）。
　　　登記識別情報を記載した書面としては、登記識別情報通知書若しくはその写し、電子情報処理組織を使用して送信された通知情報を印刷した書面又は登記識別情報が記載さ

れた適宜の用紙等がこれに当たる。
　　登記識別情報のみが記載された書面が提出された場合には、当該書面に申請の受付番号を記載するなど、当該書面がいずれの申請に関するものであるかを明らかにしておくものとする。
　　なお、当該書面が封筒に入れずに提出された場合であっても、却下事由には当たらず、補正させることを要しない。
(3) 登記識別情報を記載した書面が提出された場合の審査については、申請人から提出された登記識別情報を調査用端末装置に入力して、正しい登記識別情報との照合を行い、その結果を印刷して、申請書と共に申請書類つづり込み帳につづり込むものとする（準則第41条第2項）。
(4) 登記所の職員は、登記識別情報を記載した書面が提出された場合には、当該書面が部外者の目に触れることのないように厳重に管理し（準則第41条第1項）、当該申請に基づく登記を完了したときは、当該書面をシュレッダー等を利用して細断した上で、廃棄しなければならない（規則第69条、準則第41条第3項参照）。
　　このため、登記識別情報を記載した書面を審査する際又は登記識別情報を調査端末装置に入力する際には、その途中で席を離れることのないようにし、これらの審査又は調査が終了したときは、当該書面を提出の際に入れられていた封筒に戻すなど、細心の注意を払うものとする。
(5) 電子署名及び電子証明書の有効性等の審査の基準は、次のとおりとする。
　ア　情報の改ざんがある場合等
　　　電子署名の検証の結果、当該電子署名がされた情報が改ざんされていることが検知された場合及び電子証明書の有効性確認の結果、電子証明書自体が偽造されたものであって該当する認証局が発行したものではない場合（電子証明書が存在しない場合）には、電子署名が行われていないものとして取り扱う。
　イ　規則第43条第1項本文の場合
　　　規則第43条第1項本文の規定により必要とされる電子証明書の有効性については、申請の受付時を基準として判断するものとする。すなわち、電子証明書の有効性を確認した結果、申請の受付時において、当該電子証明書が有効期限の経過その他の事由により失効し、又はその有効性の確認に対する回答が保留となっていたことが確認された場合には、電子署名が行われていないものとして取り扱う。
　ウ　規則第43条第1項本文以外の場合
　　　イ以外の場合に必要とされる電子証明書の有効性については、原則として電子署名が付された時を基準として判断するものとする。すなわち、電子証明書の有効性を確認した結果、電子署名が付されたとされる時点（この時点は、電子署名の検証によって判明する。）において、当該電子証明書が有効期限の経過その他の事由により失効し、又はその有効性の確認に対する回答が保留となっていたことが確認された場合には、電子署名が行われていないものとして取り扱う。そのため、調査の際に登記官が電子証明書の有効性確認を行った時点では電子証明書が失効等している場合であっても、差し支えない。電子証明書によっては、過去のある時点における有効性の確認ができない場合があるが、そのような場合には、当該電子署名が付された時点において既に当該電子証明書が失効等していたことが積極的に推認されるときを除き、当該電子署名は有効にされたものとして取り扱って差し支えない。
　エ　却下事由
　　　申請情報に電子署名が行われていないときの却下事由は法第25条第5号、委任によ

る代理人の権限を証する情報等の添付情報に電子署名が行われていないときの却下事由は同条第9号によるものとする。
(6) 登記官は、申請の補正期限内に申請人から補正情報と併せて提供された電子証明書が、検証の結果、既に失効している場合であっても、当該電子証明書が申請情報と併せて提供された電子証明書と同一のものであって、当該補正の内容が電子証明書の失効に関するものでないときは、当該補正情報と併せて提供された電子証明書を有効なものとして取り扱って差し支えない。

3 登記識別情報の再作成

次に掲げる場合には、登記識別情報を再作成するものとする。
(1) 登記情報システムにおける登記識別情報の発行の処理において、作成と指示すべきところ、誤って不作成と指示して処理が完了した場合
(2) 登記識別情報通知書を作成した後、当該登記識別情報を通知すべき者に当該登記識別情報通知書を交付する前に、通知書にはり付けられたシールがはがれた場合

なお、いったん登記識別情報を通知すべき者に登記識別情報を通知した後には、再作成することはできない。

4 電子申請の補正の方法

(1) 補正の告知

登記官は、準則第36条第1項の規定により補正コメントを法務省オンライン申請システムに掲示する措置を採ったときは、当該補正コメントが法務省オンライン申請システムに到達したことを確認して、補正コメントの履歴を印刷した上、これを1の(2)で印刷した書面と共に管理するものとする。

なお、申請人が法務省オンライン申請システムのユーザー登録において電子メールのアドレスを登録していた場合において、補正コメントが法務省オンライン申請システムに掲示されたときは、当該アドレスにあてて、申請内容に不備があるため補正の手続を促す旨及び当該補正コメントの参照を促す旨の電子メールが送信される。

(2) 補正があった場合の処理

補正情報が提供された場合は、当該情報を印刷した上、調査するが、その方法は、申請情報等の調査と同様である。また、1の(2)で印刷した書面に補正があったことを記載し、補正情報を印刷した書面を1の(2)で印刷した書面と共に管理するものとする。

なお、電子申請の補正については、書面によりすることはできない。ただし、登録免許税の不足額の納付は、登録免許税法(昭和42年法律第35号。以下「税法」という。)第24条の2第3項及び第33条第4項の規定により読み替えて適用する税法第21条又は第22条の登記機関の定める書類(以下「登録免許税納付用紙」という。)を用いて納付することができる。

5 電子申請の却下

電子申請を却下する場合には、調査未了の補正情報又は取下情報がないことを確認しなければならない。

6 電子申請の取下げ

(1) 電子申請の取下げの処理は、取下書一覧の画面に表示される事件から、取下げの対象とする事件を選択して行うものとする。

この場合には、送信された取下情報を印刷した上、1の(2)で印刷した書面と共に管理するものとする。また、送信された取下情報の審査の方法は、申請情報等と同様である。
(2) 取下情報に不備があるときは、補正の告知に準じて、連絡コメントを作成し、不備のない取下情報等の送信を求めるものとする。
　　　登記官は、連絡コメントを法務省オンライン申請システムに掲示する措置を採ったときは、当該連絡コメントが法務省オンライン申請システムに到達したことを確認して、連絡コメントの履歴を印刷した上、これを1の(2)で印刷した書面と共に管理するものとする。
　　　なお、申請人に連絡コメントが掲示された旨の電子メールが送信されることについても、補正の場合と同様である。

7　却下又は取下げとなった場合の登記識別情報通知書の還付
　　　登記官は、却下又は取下げがあった登記の申請に添付された登記識別情報通知書を準則第41条第4項の規定により申請人に還付する場合は、当該申請の申請書又は取下書に登記識別情報通知書を還付した旨を記載するものとする。

8　申請書等に記録すべき事項の処理
(1) 電子申請に基づく登記をする場合において共同担保目録を作成するときは、電子申請管理用紙に共同担保目録の記号及び目録番号を記載するものとする。
(2) 電子申請の却下、又は取下げの場合は、電子申請管理用紙に却下した旨又は取り下げられた旨を記載し、登記官印を押印するものとする。この場合において、登録免許税を還付したときは、準則第128条第2項の手続を電子申請管理用紙に行うものとする。
(3) 電子申請の処理においては、(1)及び(2)のほか、書面申請において登記官が申請書に記載すべき事項を電子申請管理用紙に記載するものとする。

9　電子申請において送信された情報等の処理
(1) 電子申請に基づいて登記を完了したときは、電子申請管理用紙及び登録免許税納付用紙は、申請の受付番号の順序に従って申請書類つづり込み帳につづり込むものとする。電子申請を却下した場合についても、同様とする。
(2) 電子申請に基づいて登記を完了したときは、1の(2)で印刷した書面（電子申請管理用紙を除く。）は、申請の受付番号の順序に従って適宜のつづり込み帳につづり込んで、当分の間、保管するものとする。ただし、(1)の書面と共に申請書類つづり込み帳につづり込むことも差し支えない。
(3) 電子申請の取下げがあった場合は、電子申請管理用紙及び登録免許税納付用紙は、登記完了後、当該申請の受付番号の順序に従って申請書類つづり込み帳につづり込むものとする。ただし、登録免許税納付用紙については、登録免許税の再使用の請求があったときは、この限りでない。
(4) 電子申請の取下げがあった場合は、1の(2)で印刷した書面（電子申請管理用紙を除く。）は、適宜廃棄して差し支えない。
(5) 法第121条第2項の規定による電磁的記録に記録された登記簿の附属書類（土地所在図等を除く。）の閲覧の請求があった場合には、(2)により保管している書面を、規則第202条第2項の規定により当該電磁的記録に記録された情報の内容を書面に出力して表示したものとして、取り扱って差し支えない。

第3　経過措置
 1　保証書事件の取扱い
  (1)　施行日前に旧法第44条の規定に基づき申請書に保証書を添付して申請がされた場合において、施行日後に旧法第49条第1号から第9号までの規定により却下すべきときでないことが明らかになったときは、旧法第44条ノ2第1項の事前通知をするものとする（法附則第8条）。
  (2)　施行日前に旧法第44条の規定に基づき申請書に保証書を添付して申請がされた場合において、施行日後に旧法第44条ノ2第1項の事前通知に基づく申出があったときは、当該申出に基づく手続は、同条第2項の規定によるものとする（法附則第8条）。
  (3)　施行日前に旧法第44条の規定に基づき申請書に保証書を添付して所有権に関する登記以外の登記の申請がされた場合において、施行日後に未処理のものがあるときは、当該登記の完了後に不動産登記法施行細則（明治32年司法省令第11号）第69条ノ4の事後通知をするものとする（法附則第8条）。
  (4)　施行日後に旧法第44条の規定に基づき申請書に保証書を添付して申請がされた場合において、登記済証の提出がないときは、登記済証を提出すべき旨又は提出することができない理由を申請情報の内容とすべき旨の補正を促し、後者の補正があった場合には事前通知の手続を採るものとする。

 2　予告登記の取扱い
　　施行日前に旧法第3条の規定による予告登記の嘱託がされた場合において、施行日後に未処理のものがあるときは、旧法の規定による却下事由に該当しない限り、いったん旧法の規定に基づき予告登記を完了した（法附則第8条）上、規則附則第18条第2項の規定により、職権で、当該予告登記を抹消するものとする。

 3　既存の予告登記の職権抹消
  (1)　規則附則第18条の規定により職権で予告登記を抹消しようとするときは、別記第2号様式の調書を作成し、当該調書に受付の処理をするものとする。
  (2)　規則附則第18条の規定により職権で予告登記を抹消するときは、権利部の相当区に「不動産登記規則附則第18条の規定により抹消」と記録するものとする。
  (3)　規則附則第18条第2項の場合のほか、利害関係人等から予告登記の抹消の申出があった場合は、適宜、同条第1項の規定により、職権で、当該予告登記を抹消して差し支えない。
  (4)　(1)及び(3)にかかわらず、登記原因の無効又は取消しによる登記の抹消又は回復をしたときは、旧法第145条第3項に規定する手続に準じ、当該予告登記を抹消して差し支えない。

 4　登記用紙の改製等における予告登記の取扱い
　　登記用紙の移記をする場合において、抹消されていない予告登記があるときは、現に効力を有しない登記事項として、予告登記を移記することを要しない。この場合においては、1の規定による抹消の手続を省略して差し支えない。

 5　新住市街地登記令の土地の全部についての所在図の取扱い
　　新住市街地登記令第6条第1項の嘱託の場合における嘱託情報と併せて提供された同条第2項の土地の全部についての所在図は、第1の11(3)にかかわらず、国土調査法第19条第

5項の指定を受けた地図でない場合であっても、施行日前に作成されていたものであるときは、土地の全部についての所在図が提供されていないことを理由に却下することを要しない。この場合において、当該嘱託が施行日後6月以内にされたときは、施行日前に作成されていたものであると認めて差し支えない。

別記第2号

```
┌ ─ ─ ─ ─ ─ ┐
│           │
│           │
│           │  約11cm
│    余 白   │
│           │
│           │
└ ─ ─ ─ ─ ─ ┘
    約5cm
```

予告登記の職権抹消嘱託書

1　不動産所在事項

　　(1) 何市区郡何町村大字何字何番の土地
　　(2) 何市区郡何町村大字何字何番地
　　　　家屋番号何番の建物

2　対象となる記載事項

　　(1) につき、順位第何番の登記事項
　　(2) につき、順位第何番の登記事項

別記第1号

受付	識別照合	調査	地図調査	記入	地図記入	図面整理	校合	通知

申請番号	
区　　分	
受付年月日	
受付番号	
備　　考	登識失効最終番号：第　　　号 効力証明最終番号：第　　　号

8 不動産登記法等の一部を改正する法律の施行に伴う筆界特定手続に関する事務の取扱いについて（通達）

(平成17年12月6日法務省民二第2760号)

　不動産登記法等の一部を改正する法律（平成17年法律第29号）、不動産登記法等の一部を改正する法律の施行に伴う関係政令の整備に関する政令（平成17年政令第337号）、不動産登記法等の一部を改正する法律の施行に伴う関係省令の整備に関する省令（平成17年法務省令第106号）等が公布され、平成18年1月20日から施行されることとなったところ、これらに伴う筆界特定手続に関する事務の取扱いについては、下記の点に留意し、事務処理に遺憾のないよう、周知方取り計らい願います。

　なお、本通達中、「改正法」とあるのは不動産登記法等の一部を改正する法律を、「法」とあるのは改正法による改正後の不動産登記法（平成16年法律第123号）を、「令」とあるのは不動産登記法等の一部を改正する法律の施行に伴う関係政令の整備に関する政令による改正後の不動産登記令（平成16年政令第379号）を、「整備省令」とあるのは不動産登記法等の一部を改正する法律の施行に伴う関係省令の整備に関する省令を、「規則」とあるのは整備省令による改正後の不動産登記規則（平成17年法務省令第18号）を、「準則」とあるのは不動産登記事務取扱手続準則の改正について（平成17年2月25日法務省民二第456号通達）による改正後の不動産登記事務取扱手続準則をそれぞれいいます。

記

第1　筆界等

（筆界）

1　筆界特定の手続における「筆界」とは、表題登記がある1筆の土地（以下単に「1筆の土地」という。）とこれに隣接する他の土地（表題登記がない土地を含む。）との間において、当該1筆の土地が登記された時にその境を構成するものとされた2以上の点及びこれらを結ぶ直線をいう（法第123条第1号）。「当該1筆の土地が登記された時」とは、分筆又は合筆の登記がされた土地については、最後の分筆又は合筆の登記がされた時をいい、分筆又は合筆の登記がされていない土地については、当該土地が登記簿に最初に記録された時をいう。

（筆界特定）

2　「筆界特定」とは、一の筆界の現地における位置を特定することをいい、その位置を特定することができないときは、その位置の範囲を特定することを含む（法第123条第2号）。

（対象土地）

3　「対象土地」とは、筆界特定の対象となる筆界で相互に隣接する1筆の土地及び他の土地をいう（法第123条第3号）。「他の土地」には、表題登記がない土地を含む。筆界特定の申請があった場合において、筆界特定申請情報の内容及び地図又は地図に準ずる図面によれば申請に係る1筆の土地と他の土地とが相互に隣接しており、かつ、現地における土地の配列及び区画又は形状がおおむね地図又は地図に準ずる図面の表示と一致していると認められるときは、当該各土地を対象土地として取り扱って差し支えない。ただし、この場合においても、事実の調査の結果、当該各土地が相互に隣接する土地とは認められないとき

は、当該申請は、法第132条第1項第2号により却下する（15参照）。
　（関係土地）
4　「関係土地」とは、対象土地以外の土地（表題登記がない土地を含む。）であって、筆界特定の対象となる筆界上の点を含む他の筆界で対象土地の一方又は双方と接するものをいう（法第123条第4号）。筆界特定の申請があった場合において、筆界特定申請情報の内容及び地図又は地図に準ずる図面によれば、筆界特定の対象となる筆界上の点を含む他の筆界で対象土地と接しており、かつ、現地における土地の配列及び区画又は形状がおおむね地図又は地図に準ずる図面の表示と一致していると認められる土地は、関係土地として取り扱って差し支えない。
　（所有権登記名義人等）
5　「所有権登記名義人等」とは、所有権の登記がある1筆の土地にあっては所有権の登記名義人又はその相続人その他の一般承継人を、所有権の登記がない1筆の土地にあっては表題部所有者又はその相続人その他の一般承継人、表題登記のない土地にあっては所有者をそれぞれいう（法第123条第5号）。所有権に関する仮登記の登記名義人は、所有権登記名義人等には含まれない。
　（関係人）
6　「関係人」とは、対象土地の所有権登記名義人等であって筆界特定の申請人以外のもの及び関係土地の所有権登記名義人等をいう（法第133条第1項）。

第2　筆界特定手続に関する帳簿等

　（法務局又は地方法務局に備える帳簿）
7　法務局又は地方法務局には、次に掲げる帳簿を備えるものとする。
　(1)　筆界特定受付等記録簿
　(2)　筆界特定事務日記帳
　（登記所に備える帳簿）
8　登記所には、規則第18条第13号の筆界特定書つづり込み帳のほか、次に掲げる帳簿を備えるものとする。
　(1)　筆界特定関係簿
　(2)　筆界特定関係事務日記帳
　（保存期間）
9　次の各号に掲げる帳簿の保存期間は、当該各号に定めるとおりとする。
　(1)　筆界特定受付等記録簿　受付の年の翌年から30年間
　(2)　筆界特定関係簿　受付の年の翌年から30年間
　(3)　筆界特定事務日記帳及び筆界特定関係事務日記帳　作成の年の翌年から3年間
　（帳簿の様式）
10　次の各号に掲げる帳簿の様式は、当該各号に定めるところによる。
　(1)　筆界特定受付等記録簿　別記第1号様式
　(2)　筆界特定関係簿　別記第2号様式
　(3)　筆界特定事務日記帳及び筆界特定関係事務日記帳　別記第3号様式
　(4)　筆界特定書つづり込み帳表紙　別記第4号様式
　(5)　筆界特定書つづり込み帳目録　別記第5号様式
　（筆界特定事務日記帳等）
11　筆界特定事務日記帳及び筆界特定関係事務日記帳（以下「筆界特定事務日記帳等」という。）

には、筆界特定受付等記録簿、筆界特定関係簿その他の帳簿に記録しない書類の発送及び受領に関する事項を記録するものとする。
　（日記番号等の記載）
12　筆界特定事務日記帳等に記録した書面には、筆界特定事務日記帳等に記録した年月日及び日記番号を記録するものとする。
　（筆界特定書つづり込み帳）
13　管轄転属等があった場合における筆界特定書つづり込み帳の取扱いについては、準則第19条第6項及び第7項の例による。

第3　筆界特定の申請手続

(A)　申請権者
　（申請権者）
14　筆界特定の申請をすることができる者は、土地の所有権登記名義人等である（法第131条第1項）。その他、1筆の土地の一部の所有権を取得した者も、当該土地を対象土地の1つとする筆界特定の申請をすることができる（規則第207条第2項第4号参照）。1筆の土地の一部の所有権を取得した原因は問わない。例えば、1筆の土地の一部を時効取得した者、1筆の土地の一部の所有権を売買その他の原因により承継取得した者のいずれも1筆の土地の一部の所有権を取得した者として申請をすることができる。また、申請人が所有権を取得した土地の部分が筆界特定の対象となる筆界に接していることを要しない。
　申請の権限を有しない者がした申請は、法第132条第1項第2号により却下する。
15　所有権登記名義人等の申請の権限は、自己が所有権登記名義人等である土地（1筆の土地の一部の所有権を取得した者については、当該1筆の土地）とこれに隣接する他の土地との間の筆界について認められる（法第123条第2号参照）。したがって、申請に係る2つの土地が現地において相互に隣接していると認められない申請は、法第132条第1項第2号により却下する。
16　1筆の土地の所有権の登記名義人若しくは表題部所有者が2人以上あるとき又は表題登記がない土地が共有であるときは、当該各所有権の登記名義人若しくは表題部所有者又は共有者の1人は、単独で筆界特定の申請をすることができる。この場合には、当該1筆の土地又は当該表題登記がない土地の申請人以外の所有権の登記名義人、表題部所有者又は共有者は、関係人となる（法第133条第1項参照）。

(B)　筆界特定申請情報及び筆界特定添付情報
　（筆界特定申請情報等）
17　「筆界特定申請情報」とは、法第131条第2項第1号から第4号まで及び規則第207条第2項各号に掲げる事項並びに同条第3項各号に掲げる事項に係る情報（法第131条第4項において準用する法第18条）をいい、「筆界特定申請書」とは、筆界特定申請情報を記載した書面（法第131条第4項において準用する法第18条第2号の磁気ディスクを含む。）をいう（規則第206条第3号）。筆界特定申請情報のうち、法第131条第2項第1号から第4号まで及び規則第207条第2項各号に掲げる事項に係る情報が明らかにされていない申請は、法第132条第1項第3号により却下する。
　これに対し、規則第207条第3項各号に掲げる事項に係る情報については、これが筆界特定申請情報の内容として提供されていないときでも、そのことのみをもって申請を却下することはできない。

（筆界特定添付情報等）

18　「筆界特定添付情報」とは、規則第209条第1項各号に掲げる情報をいい（規則第206条第4号）、「筆界特定添付書面」とは、筆界特定添付情報を記載した書面（筆界特定添付情報を記録した磁気ディスクを含む。）をいう（同条第5号）。筆界特定添付情報の提供がない申請は、申請人の申請の権限を確認することができないので、法第132条第1項第2号により却下する。

（申請の趣旨）

19　法第131条第2項第1号の「申請の趣旨」とは、筆界特定登記官に対し対象土地の筆界の特定を求める旨の申請人の明確な意思の表示をいう。したがって、申請の趣旨が、筆界以外の占有界や所有権界の特定を求めるものや、筆界を新たに形成することを求めるものは、適法なものとはいえない。申請の趣旨が明らかでない申請又は不適法な申請の趣旨を内容とする申請は、法第132条第1項第3号又は第5号により却下する。

20　申請人の意思は、申請の趣旨の記載のみから判断すべきものではなく、筆界特定以外の事項を目的とするものと解される申請は、法第132条第1項第5号により却下する。例えば、筆界特定申請情報として提供された申請の趣旨において、形式上、筆界の特定を求めているとしても、筆界特定を必要とする理由（30参照）によれば、筆界とは無関係に所有権界の特定を求めていると判断するほかない場合には、筆界特定以外の事項を目的とするものと認めるべきである。申請が筆界特定以外の事項を目的とするものと疑われるときは、申請人に対し、適宜の方法でその真意を確認するものとする。

（筆界特定の申請人の氏名等）

21　法第131条第2項第2号の「筆界特定の申請人の氏名又は名称及び住所」とは、申請人の現在の氏名又は名称及び住所をいう。

　申請人が所有権の登記名義人又は表題部所有者である場合において、筆界特定申請情報中の申請人の氏名若しくは名称又は住所が登記記録と合致しないときは、筆界特定添付情報として、所有権の登記名義人又は表題部所有者の氏名若しくは名称又は住所についての変更又は錯誤若しくは遺漏があったことを証する市町村長、登記官その他の公務員が職務上作成した情報（公務員が職務上作成した情報がない場合にあっては、これに代わるべき情報）が提供されることを要する（規則第209条第1項第6号）。

　氏名若しくは名称又は住所についての変更又は錯誤若しくは遺漏があったことを証する情報の意義は、令別表の1の項又は23の項の各添付情報欄に掲げるものと同様であり、例えば、戸籍の附票、住民票等がこれに該当する。

（申請人が表題登記がない土地の所有者である場合）

22　申請人が表題登記がない土地の所有者であるときは、筆界特定添付情報として、当該申請人が当該土地の所有権を有することを証する情報が提供されることを要する（規則第209条第1項第4号）。

　この場合における所有権を有することを証する情報の意義は、令別表の4の項添付情報欄ハに掲げるものと同様である。

　また、国又は地方公共団体の所有する土地について、官庁又は公署が筆界特定の申請人となる場合には、所有権を有することを証する情報の提供を便宜省略して差し支えない。

（申請人が所有権の登記名義人等の一般承継人である場合）

23　申請人が所有権の登記名義人又は表題部所有者の相続人その他の一般承継人であるときは、その旨並びに所有権の登記名義人又は表題部所有者の氏名又は名称及び住所が筆界特定申請情報の内容として提供されることを要する（規則第207条第2項第3号）。この場合には、筆界特定添付情報として、相続その他の一般承継があったことを証する市町村長、登記

官その他の公務員が職務上作成した情報（公務員が職務上作成した情報がない場合にあっては、これに代わるべき情報）が提供されることを要する（規則第209条第1項第3号）。

この情報の意義は、令第7条第1項第5号イに掲げる情報と同様である。

また、この場合において、筆界特定申請情報中の所有権の登記名義人又は表題部所有者の氏名若しくは名称又は住所が登記記録と合致しないときは、当該所有権の登記名義人又は表題部所有者の氏名若しくは名称又は住所についての変更又は錯誤若しくは遺漏があったことを証する市町村長、登記官その他の公務員が職務上作成した情報（公務員が職務上作成した情報がない場合にあっては、これに代わるべき情報）が提供されることを要する（規則第209条第1項第6号）。

（申請人が1筆の土地の一部の所有権を取得した者である場合）

24　申請人が1筆の土地の一部の所有権を取得した者であるときは、その旨が筆界特定申請情報の内容として提供されることを要する（規則第207条第2項第4号）。この場合には、筆界特定添付情報として、当該申請人が当該1筆の土地の一部について所有権を取得したことを証する情報が提供されることを要する（規則第209条第1項第5号）。

1筆の土地の一部の所有権を取得したことを証する情報といえるためには、申請人の自己証明では足りず、例えば、確定判決の判決書の正本若しくは謄本その他の公文書によることを要し、又は、当該1筆の土地の所有権の登記名義人が作成した当該申請人が当該1筆の土地の一部の所有権を取得したことを認めることを内容とする情報であって、当該所有権の登記名義人の印鑑証明書が添付されたものであることを要する。また、1筆の土地の一部の所有権を取得したことを証する情報において申請人が所有権を取得した土地の部分が具体的に明示されていることを要する。

（申請人が法人である場合）

25　申請人が法人であるときは、その代表者の氏名が筆界特定申請情報の内容として提供されることを要する（規則第207条第2項第1号）。この場合には、筆界特定添付情報として、当該法人の代表者の資格を証する情報が提供されることを要するが、筆界特定の申請を受ける法務局又は地方法務局が当該法人の登記を受けた登記所であり、かつ、特定登記所（規則第36条第1項及び第2項の規定により法務大臣が指定した登記所をいう。以下同じ。）に該当しない場合及び支配人その他の法令の規定により筆界特定の申請をすることができる法人の代理人が、当該法人を代理して筆界特定の申請をする場合には、当該情報の提供を要しない（規則第209条第1項第1号）。

筆界特定書面申請（44参照）において筆界特定添付書面として提出される同号に掲げる情報を記載した書面のうち、市町村長、登記官その他の公務員が職務上作成したものは、官庁又は公署が筆界特定の申請をする場合を除き、作成後3か月以内のものでなければならない（規則第211条第3項）。

（代理人によって筆界特定の申請をする場合）

26　代理人によって筆界特定の申請をするときは、当該代理人の氏名又は名称及び住所並びに代理人が法人であるときはその代表者の氏名が筆界特定申請情報の内容として提供されることを要する（規則第207条第2項第2号）。この場合には、筆界特定添付情報として、当該代理人の権限を証する情報が提供されることを要するが、当該代理人が支配人その他の法令の規定により筆界特定の申請をすることができる法人の代理人である場合であって、当該申請を受ける法務局又は地方法務局が当該法人についての当該代理人の登記を受けた登記所であり、かつ、特定登記所に該当しないときは、当該情報の提供を要しない（規則第209条第1項第2号）。

筆界特定書面申請において筆界特定添付書面として提出される同号に掲げる情報を記載し

た書面のうち、市町村長、登記官その他の公務員が職務上作成したものは、官庁又は公署が筆界特定の申請をする場合を除き、作成後3か月以内のものでなければならない（規則第211条第3項）。

（資格者代理人）

27　業として筆界特定の手続についての代理をすることができる者は、弁護士、土地家屋調査士又は簡裁訴訟代理等関係業務をすることにつき認定を受けた司法書士（司法書士法（昭和25年法律第197号）第3条第2項参照。以下「認定司法書士」という。）である。認定司法書士が代理することができる筆界特定の手続は、同条第1項第8号の規定により、対象土地の価額の合計額の2分の1に司法書士法施行規則（昭和53年法務省令第55号）第1条の2第2項の割合（100分の5）を乗じて得た額が、裁判所法（昭和22年法律第59号）第33条第1項第1号に定める額（140万円）を超えない筆界特定の手続に限られる。

（代理人選任の届出等）

28　筆界特定の申請がされた後、申請人又は関係人が代理人を選任した場合（当該代理人が支配人その他の法令の規定により筆界特定の手続において行為をすることができる法人の代理人である場合であって、当該申請を受けた法務局又は地方法務局が、当該法人についての当該代理人の登記を受けた登記所であり、かつ、特定登記所に該当しないときを除く。）における当該代理人の権限は、委任状その他の代理権限証明情報が記載された書面の提出により確認するものとする（規則第243条第2項）。

　また、関係人が法人である場合において、当該関係人が筆界特定の手続において意見の提出その他の行為をするときは、当該法人の代表者の資格を証する情報が提供されることを要する（同条第1項）。ただし、法務局又は地方法務局が当該法人の登記を受けた登記所であり、かつ、特定登記所に該当しない場合及び支配人その他の法令の規定により筆界特定の手続において行為をすることができる法人の代理人が当該法人を代理して筆界特定の手続において行為をする場合は、この限りでない。

（対象土地の不動産所在事項等）

29　対象土地の不動産番号が筆界特定申請情報の内容として提供されているときは、対象土地に係る法第34条第1項第1号及び第2号に掲げる事項（法第131条第2項第3号）が明らかにされているものと取り扱って差し支えない。

　表題登記がない土地については、筆界特定申請情報の内容として地番の提供は不要であるが、当該土地を特定するに足りる事項が筆界特定申請情報の内容として提供されることを要する（規則第207条第2項第5号）。表題登記がない土地を特定するに足りる事項は、例えば、「何番地先」等といった土地の表示のほか、図面を利用する等の方法により具体的に明示された現地の状況により確認することとなる（同条第4項）。

対象土地の所在が明らかにされていない申請は、法第132条第1項第3号により却下する。

　なお、関係土地に係る不動産所在事項又は不動産番号については、規則第207条第3項第2号の規定により筆界特定申請情報の内容となる。

（対象土地について筆界特定を必要とする理由）

30　法第131条第2項第4号の「対象土地について筆界特定を必要とする理由」とは、筆界特定の申請に至る経緯その他の具体的な事情をいう（規則第207条第1項）。例えば、工作物等の設置の際、隣接地所有者と筆界の位置につき意見の対立が生じたことや、隣接地所有者による筆界の確認や立会いへの協力が得られないこと等の具体的な事情がこれに該当する。筆界特定を必要とする理由が明らかでない申請は、法第132条第1項第3号により却下する。

（工作物、囲障又は境界標の有無その他の対象土地の状況）

31　規則第207条第2項第6号の規定により筆界特定申請情報の内容となる工作物、囲障又は

境界標の有無その他の対象土地の状況は、図面を利用する等の方法により具体的に明示された現地の状況により確認することとなる（同条第4項）。対象土地の状況が明示されていない申請は、法第132条第1項第3号により却下する。

なお、関係土地に係る工作物、囲障又は境界標の有無その他の状況は、規則第207条第3項第4号の規定により筆界特定申請情報の内容となる。

（申請人等の主張）

32 規則第207条第3項第5号及び第6号の規定により筆界特定申請情報の内容となる申請人又は対象土地の所有権登記名義人等であって申請人以外のものが対象土地の筆界として主張する特定の線は、図面を利用する等の方法により具体的に明示されることになる（同条第4項）。ただし、これらの線が筆界特定申請情報の内容として提供されていない場合でも、申請を却下することはできない。

（筆界確定訴訟に関する情報）

33 規則第207条第3項第7号の「事件を特定するに足りる事項」とは、筆界確定訴訟の係属裁判所、事件番号、当事者の表示等をいう。なお、申請に係る筆界について既に筆界確定訴訟の判決が確定しているときは、その申請を法第132条第1項第6号により却下する。

申請に係る筆界について既に筆界確定訴訟の判決が確定したことがないことについては、筆界特定の手続において、申請人及び関係人に対し、適宜の方法で確認するものとし、いずれの者からもその旨の情報提供がなく、確定判決の存在が明らかでないときは、申請に係る筆界について筆界確定訴訟の確定判決がないものとして、手続を進めて差し支えない。

（筆界特定添付情報の表示）

34 規則第207条第3項第8号の「筆界特定添付情報の表示」については、例えば、資格証明書、代理権限証書等筆界特定添付情報として筆界特定申請情報と併せて提供される情報の標題が示されていれば足りる。

（筆界特定の申請と同時に提出する意見又は資料の表示）

35 申請人が筆界特定の申請と同時に法第139条第1項の規定により意見又は資料を提出する場合において、筆界特定申請情報と併せて規則第218条第1項各号及び第2項各号に掲げる事項を明らかにした情報が書面又は電磁的記録により提供されているときは、規則第207条第3項第9号の意見又は資料の表示がされているものと取り扱って差し支えない。

（現地の状況等を明示する図面等）

36 規則第207条第4項の図面とは、測量図に限られない。また、既存の図面類を利用して作成されたものであっても差し支えない。

(C) 筆界特定の申請の方法

（申請手数料の納付）

37 筆界特定の申請をするときは、手数料を納付しなければならない（法第131条第3項）。

筆界特定電子申請（42参照）の手数料の納付方法は、登記手数令（昭和24年政令第140号）第4条の3第1項の規定による手数料の額に相当する現金を筆界特定登記官から得た納付情報により国に納付する方法によるほか、当該手数料の額に相当する収入印紙を筆界特定登記官の定める書類にはり付けて提出する方法によることができる（筆界特定申請手数料規則（平成17年法務省令第105号）第2条第1項及び第3項）。

筆界特定書面申請をするときは、当該手数料の額に相当する収入印紙を筆界特定申請書（以下「申請書」という。）にはり付けて提出する方法（筆界特定申請情報の全部を記録した磁気ディスクを提出する方法により筆界特定書面申請をするとき（46参照）は、当該手数料の額に相当する収入印紙を筆界特定登記官の定める書類にはり付けて提出する方法）のみが

認められる（同条第1項本文及び第2項）。

手数料の納付がない申請は、法第132条第1項第8号により却下する。

38 申請時に納付された手数料の額が納付すべき手数料の額に満たない場合には、申請人が不足額を追納しない意思を明らかにしているときを除き、手数料の納付がないことを理由として申請を却下することなく、納付すべき手数料の額を通知して補正の機会を与えるものとする。

例えば、申請人が、申請時において、一方の対象土地の価額の2分の1に相当する額に100分の5を乗じた額を仮に納付したときは、筆界特定登記官において対象土地の価額を調査して算出した手数料額を通知し、後日不足額を追納させる方法によって差し支えない。

（過大納付の場合の申請手数料の還付）

39 申請手数料が過大に納付された場合には、過大に納付された手数料の額に相当する金額の金銭を還付することを要する。申請人が還付を請求する場合には、適宜の様式の還付請求書を提出させるものとする。一の手数料に係る筆界特定の申請人が2人以上ある場合には、当該各申請人は、過大に納付された額の全額につき還付請求をすることができる。

（対象土地の価額）

40 申請手数料の算定の基礎となる「対象土地の価額」とは、地方税法（昭和25年法律第226号）第341条第9号に掲げる固定資産課税台帳（以下「課税台帳」という。）に登録された価格のある土地については、筆界特定申請手数料規則第1条第1項に規定する方法により算定した価額をいう。課税台帳に登録された価格のない土地については、筆界特定の申請の日において当該土地に類似する土地で課税台帳に登録された価格のあるものの同項各号に掲げる当該申請の日の区分に応じ当該各号に掲げる金額を基礎として認定した価額による。

また、この場合において、対象土地の一方が表題登記がない土地（課税台帳に登録された価格のある土地を除く。）であるときは、その面積は、便宜、他方の土地の面積と等しいものとして取り扱うものとする。ただし、当該表題登記がない土地につき、現地の使用状況又は自然の地形等により対象土地となるべき範囲を特定することができる場合には、当該範囲の面積を当該表題登記がない土地の面積として取り扱っても差し支えない。

（一の申請情報による2以上の申請）

41 筆界特定の申請は、特定の対象となる筆界ごとに一の筆界特定申請情報によってするのが原則であるが、対象土地の一を共通にする2以上の筆界特定の申請を一の筆界特定申請情報によってすることもできる（規則第208条）。この場合の申請手数料は、各筆界ごとに申請手数料を算出した合計額となる。また、同一の筆界に係る2以上の筆界特定の申請が一の手続においてされたときは、当該2以上の筆界特定の申請は、手数料の算出については、一の筆界特定の申請とみなされる（登記手数料令第4条の3第2項）ので、この場合には、一の筆界特定の申請の手数料額のみが納付されれば足りる。

（筆界特定電子申請）

42 筆界特定電子申請とは、法第131条第4項において準用する法第18条第1号の規定による電子情報処理組織を使用する方法による筆界特定の申請をいう（規則第206条第1号）。筆界特定電子申請により筆界特定の申請をするときは、筆界特定申請情報及び筆界特定添付情報を併せて送信するのが原則であるが、筆界特定添付情報の送信に代えて、法務局又は地方法務局に筆界特定添付書面を提出することもできる（規則第210条第1項）。この場合には、筆界特定添付書面を法務局又は地方法務局に提出する旨を筆界特定申請情報の内容とすることを要する（同条第2項）。

なお、筆界特定電子申請は、改正法附則第2条の規定による指定がされた法務局又は地方法務局の筆界特定の手続について可能となる。したがって、指定がされるまでの間は、筆

界特定書面申請のみが認められる（整備省令第 5 条第 1 項）。

43　筆界特定電子申請の場合において必要な電子署名及び電子証明書については、不動産登記の電子申請と同様である（規則第210条第 3 項及び第 4 項、第211条第 5 項及び第 6 項）。

（筆界特定書面申請）

44　「筆界特定書面申請」とは、法第131条第 4 項において準用する法第18条第 2 号の規定により申請書を法務局又は地方法務局に提出する方法による筆界特定の申請をいう（規則第206条第 2 号）。筆界特定書面申請をするときは、申請書に筆界特定添付書面を添付して提出することを要し（規則第211条第 1 項）、この場合には、筆界特定添付書面を別送することは認められない。なお、筆界特定書面申請をする場合には、申請書及び筆界特定添付書面を送付する方法（書留郵便又は信書便事業者による信書便の役務であって当該信書便事業者において引受け及び配達の記録を行うものによる。）によることもできる（規則第212条）。

（署名又は記名押印）

45　申請人又はその代表者若しくは代理人は、申請書に署名し、又は記名押印しなければならない（規則第211条第 2 項）。また、委任による代理人によって筆界特定の申請をする場合には、申請人又はその代表者は、委任状に署名し、又は記名押印しなければならない（同条第 4 項）。これらの場合においては、申請書又は委任状に申請人の印鑑証明書を添付する必要はない。申請書又は委任状に申請人又はその代表者の署名又は記名押印がない申請書による申請は、法第132条第 1 項第 4 号により却下する。

（磁気ディスク申請）

46　法務大臣が告示により指定した法務局又は地方法務局においては、筆界特定申請情報の全部又は一部を記録した磁気ディスクを提出する方法による申請をすることができる（規則第211条第 6 項、第51条第 1 項及び第 2 項）。また、いずれの法務局又は地方法務局においても、筆界特定添付情報を記録した磁気ディスクを筆界特定添付書面として提出することが可能である。これらの磁気ディスクが、規則第211条第 5 項において準用する令第12条第 1 項及び第 2 項並びに令第14条、規則第211条第 6 項において準用する規則第51条及び第52条に規定する要件を満たしていないときは、筆界特定の申請は、法第132条第 1 項第 4 号により却下する。

（管轄登記所経由の筆界特定書面申請）

47　筆界特定書面申請は、対象土地の所在地を管轄する登記所（以下「管轄登記所」という。）を経由してすることができる（規則第211条第 7 項）。この場合における管轄登記所における事務は、後記第11のとおりである。

（筆界特定添付書面の原本還付）

48　申請人は、規則第213条第 1 項の規定により筆界特定添付書面（磁気ディスクを除く。）の原本の還付を請求することができる。同条第 3 項前段の調査完了後とは、筆界特定の申請の却下事由の有無を審査するために筆界特定添付書面の原本を留め置く必要がなくなった段階をいう。同項後段の原本還付の旨の記載は、準則第30条の例による。

(D) 申請人又は関係人の変動があった場合の措置

（申請人に一般承継があった場合）

49　筆界特定の申請がされた後、筆界特定の手続が終了する前に申請人が死亡したとき又は合併により消滅したときは、申請人の相続人その他の一般承継人が申請人の地位を承継したものとして、筆界特定の手続を進めて差し支えない。

（申請人に特定承継があった場合）

50　筆界特定の申請がされた後、筆界特定の手続が終了する前に申請人が対象土地の所有権登

記名義人等でなくなった場合（49の一般承継の場合を除く。以下「特定承継があった場合」という。）には、当該申請は、法第132条第1項第2号により却下する。

　この場合において、申請人がその所有権登記名義人等である対象土地について新たに所有権登記名義人等となった者（当該申請人が所有権登記名義人であるときは当該申請人の登記された所有権の全部又は一部を登記記録上取得した者、当該申請人が表題部所有者であるときは当該表題部所有者又はその持分についての更正の登記により表題部所有者となった者、当該対象土地が表題登記がない土地であるときは当該申請人から所有権の全部又は一部を取得した者に限る。以下「特定承継人」という。）から、別記第6号様式による申出書（以下「地位承継申出書という。」）による申出があったときは、特定承継人が筆界特定の申請人の地位を承継するものとして、筆界特定の手続を進めて差し支えない。

　申請人の地位の承継があった場合において、既に当該承継に係る申請人に係る意見聴取等の期日が開かれていたときも、改めて意見聴取等の期日を開くことを要しない。

51　特定承継があった場合において、特定承継人から地位承継申出書による申出がないときは、当該特定承継人が申請人の地位を承継しない意思を明らかにしているときを除き、当該特定承継に係る申請を直ちに却下（50参照）することなく、相当期間を定めて地位承継申出書を提出する機会を与えるものとする。

　（関係人の承継）

52　筆界特定の申請がされた後、筆界特定の手続が終了する前に新たに対象土地又は関係土地の所有権登記名義人等となった者（申請人の一般承継人及び申請人の特定承継人であって申請人の地位を承継したものを除く。）は、以後、関係人として取り扱うものとする。

　（承継を証する情報）

53　対象土地又は関係土地について一般承継があった場合において、当該一般承継を原因とする所有権の移転の登記がされていないときは、相続人その他の一般承継人に対し、規則第209条第1項第3号に掲げる情報の提供を求め、一般承継があった事実を確認するものとする。また、表題登記がない対象土地又は関係土地について特定承継があった場合には、特定承継人に対し、同項第4号に掲げる情報の提供を求め、特定承継があった事実を確認するものとする。

第4　受付等

（A）受付事務

　（受付）

54　規則第214条第1項の規定による筆界特定の申請の受付は、筆界特定受付等記録簿に申請の受付の年月日、手続番号、対象土地の不動産所在事項及び不動産番号がある土地については不動産番号を記録することによって行う。規則第211条第7項の規定により管轄登記所を経由して筆界特定書面申請がされた場合における申請の受付の年月日は、管轄登記所に申請書が提出された日とする。

　（手続番号）

55　規則第214条第2項の手続番号は、一の筆界ごとに付すものとする。したがって、規則第208条の規定により一の筆界特定申請情報によって対象土地の一を共通にする2以上の筆界特定の申請がされたとき（41参照）は、当該申請に係る筆界特定の目的となっている筆界の数だけ手続番号を付することを要する。また、一の筆界について2以上の筆界特定の申請が時を異にしてされたときは、それぞれの申請に別の手続番号を付するものとする。

　手続番号は、1年ごとに更新し、「平成〇年第〇〇号」などと表示するものとする。

(申請書への記載)
56　筆界特定書面申請の受付においては、受付の手続をした申請書の1枚目の用紙の余白に、準則別記第46号様式の印版を押印の上、申請の受付の年月日及び手続番号を記載するものとする。

(収入印紙の消印)
57　筆界特定書面申請の申請書を受領したときは、直ちに、これにはり付けられた収入印紙を再使用を防止することができる消印器により消印するものとする。筆界特定電子申請において、収入印紙により手数料が納付された場合も同様とする。

(管轄登記所への通知等)
58　筆界特定の申請の受付をした場合には、管轄登記所に、当該対象土地について筆界特定の受付をした旨及び申請の内容並びに申請の受付の年月日及び手続番号を、別記第7号様式又はこれに準ずる様式の通知書により通知するものとする。

(B) 対象土地が2以上の法務局又は地方法務局の管轄区域にまたがる場合
(筆界特定の事務をつかさどる法務局又は地方法務局の指定)
59　対象土地が2以上の法務局又は地方法務局の管轄区域にまたがる場合には、不動産の管轄登記所等の指定に関する省令(昭和50年法務省令第68号。以下「管轄省令」という。)第3条の規定により、当該2以上の法務局又は地方法務局が同一の法務局管内にあるときは当該法務局の長が、その他のときは法務大臣が、それぞれ当該対象土地に関する筆界特定の事務をつかさどる法務局又は地方法務局を指定することになる(法第124条第2項において準用する法第6条第2項、管轄省令第3条)。これらの場合においては、指定がされるまでの間、筆界特定の申請は、当該2以上の法務局又は地方法務局のうち、いずれか一方の法務局又は地方法務局にすることができる(法第124条第2項において準用する法第6条第3項)。

(指定の手続)
60　59により筆界特定の申請を受け付けた法務局又は地方法務局(以下「受付局」という。)は、対象土地を管轄する他の法務局又は地方法務局と協議の上、管轄省令第3条前段の場合にあっては別記第8号様式、同条後段の場合にあっては別記第9号様式による指定請求書により、それぞれ法務局の長又は法務大臣に請求するものとする。これらの場合において、法務局の長が同条前段の指定をするときは、別記第10号様式による指定書によるものとする。

(移送)
61　法第124条第2項において準用する法第6条第2項の規定により受付局と異なる法務局又は地方法務局が指定されたときは、受付局の筆界特定登記官は、当該指定がされた他の法務局又は地方法務局に当該申請に係る手続を移送するものとする。移送をしたときは、受付局の筆界特定登記官は、申請人に対し、その旨を通知するものとする(規則第215条において準用する規則第40条第1項及び第2項)。

62　規則第215条において準用する規則第40条第1項の規定による移送は、別記第11号様式による移送書により、配達証明付書留郵便又はこれに準ずる確実な方法によって行うものとする。移送をした法務局又は地方法務局の筆界特定登記官は、筆界特定受付等記録簿の終了原因欄に「年月日○○(地方)法務局に移送」と記録するものとする。移送を受けた法務局又は地方法務局の筆界特定登記官は、受付をし、筆界特定受付等記録簿の備考欄に「年月日○○(地方)法務局から移送」と記録するものとする。

(C) 却下事由の調査及び補正等
（却下事由の調査）
63　筆界特定申請の受付をしたときは、遅滞なく、法第132条第 1 項各号（第 9 号を除く。）に掲げる却下事由の有無を調査するものとする。

（既に筆界特定がされている場合）
64　法務局又は地方法務局の筆界特定受付等記録簿又は対象土地の登記記録等から、申請に係る筆界について、既に筆界特定がされていることが判明したときは、筆界特定の申請は、法第132条第 1 項第 7 号本文により却下する。なお、同号ただし書の「対象土地について更に筆界特定をする特段の必要があると認められる場合」とは、過去に行われた筆界特定について、例えば、以下に掲げる事由があることが明らかな場合をいう。また、既にされた筆界特定の結論が誤っていたことが明らかになった場合も、同号ただし書に該当する。
(1)　除斥事由がある筆界特定登記官又は筆界調査委員が筆界特定の手続に関与したこと。
(2)　申請人が申請の権限を有していなかったこと。
(3)　刑事上罰すべき他人の行為により意見の提出を妨げられたこと。
(4)　代理人が代理行為を行うのに必要な授権を欠いたこと。
(5)　筆界特定の資料となった文書その他の物件が偽造又は変造されたものであったこと。
(6)　申請人、関係人又は参考人の虚偽の陳述が筆界特定の資料となったこと。

（補正）
65　筆界特定の申請の不備が補正することができるものである場合において、補正を認める相当な期間（以下「補正期間」という。）を定めたときは、当該期間内は、当該補正すべき事項に係る不備を理由に当該申請を却下することはできない（規則第216条）。また、筆界特定申請情報の内容として、規則第207条第 3 項各号に掲げる事項に関する情報が提供されていないときは、これを理由に申請を却下することはできないが、適宜、申請人に対し、当該情報の提供についての協力を求め、事案の内容の把握に努めるものとする。

66　補正期間を申請人に告知するときは、電話その他の適宜の方法により行うものとする。その他補正の方法については、準則第36条の例による。

（筆界特定の申請がされた旨の通知）
67　筆界特定の申請に却下事由がないと認められるときは、筆界特定の申請がされた旨を公告し、かつ、その旨を関係人に通知しなければならない（法第133条第 1 項）。

(D) 却下
（却下の手続）
68　筆界特定の申請を却下するときは、決定書を作成し、申請人にこれを交付するものとする（規則第244条第 1 項）。交付は、決定書を送付する方法によってすることができる（同条第 2 項）。この場合において、申請人が 2 人以上あるときは、申請人ごとに決定書を交付するものとする。ただし、代理人又は申請人のために通知を受領する権限を有する者（139参照）があるときは、当該代理人又は申請人のために通知を受領する権限を有する者に交付すれば足りる。

（却下した旨の公告及び通知）
69　法第133条第 1 項の規定による公告をした後に筆界特定の申請を却下したときはその旨の公告を、同項の規定による通知をした後に筆界特定の申請を却下したときは当該通知に係る関係人に対するその旨の通知を、それぞれすることを要する（規則第244条第 4 項及び第 5 項）。

（却下決定書）
70　決定書は、申請人に交付するもののほか、筆界特定手続記録につづり込むものを1通作成するものとする。
71　決定書は、別記第12号様式によるものとし、筆界特定手続記録につづり込む決定書の原本の欄外には決定告知の年月日を記載して登記官印を押印するものとする。決定書に記載すべき決定告知の年月日は、申請を却下した旨の公告をした日又は申請人に決定書を交付し、若しくは発送した日のうち最も早い日とする。
72　規則第244条第2項の規定により送付した決定書が所在不明等を理由として返送されたときは、申請人の氏名又は名称及び決定書をいつでも申請人に交付する旨を法務局又は地方法務局の掲示場に2週間掲示するものとする。
　　なお、返送された決定書は、筆界特定手続記録につづり込むものとする。

（筆界特定受付等記録簿への記録）
73　筆界特定の申請の全部を却下するときは、当該申請に係る手続番号に対応する筆界特定受付等記録簿の終了原因欄に「却下」と記録するものとする。規則第208条の規定により一の筆界特定申請情報によって対象土地の一を共通にする2以上の筆界特定の申請がされた場合（41参照）において、その一の申請を却下するときは、当該申請に係る手続番号に対応する筆界特定受付等記録簿の終了原因欄に「却下」と記録するものとする。
74　2以上の申請人が一の筆界について共同して申請した場合において、一部の申請人に係る申請を却下するときは、当該申請に係る手続番号に対応する筆界特定受付等記録簿の終了原因欄に「一部却下」と記録するものとする。

（筆界特定添付書面の還付）
75　筆界特定の申請を却下したときは、筆界特定添付書面を還付するものとする（規則第244条第3項）。筆界特定添付書面の還付の手続については、準則第28条第6項及び第7項の例による。

(E) 取下げ
　　（取下げの手続）
76　筆界特定書面申請の取下げは申請を取り下げる旨の情報を記載した書面（以下「取下書」という。）を提出する方法により、筆界特定電子申請の取下げは電子情報処理組織を使用して申請を取り下げる旨の情報を提供する方法により、それぞれ行う（規則第245条第1項）。
77　筆界特定の申請の取下げは、法第144条第1項の規定により申請人に対する通知を発送した後は、することができない（規則第245条第2項）。

（取下げがあった旨の公告及び通知）
78　法第133条第1項の規定による公告をした後に筆界特定の申請の取下げがあったときはその旨の公告を、同項の規定による通知をした後に筆界特定の申請の取下げがあったときは当該通知に係る関係人に対するその旨の通知を、それぞれすることを要する（規則第245条第4項及び第5項）。

（筆界特定受付等記録簿への記録）
79　筆界特定の申請の取下げがあったときは、当該申請に係る手続番号に対応する筆界特定受付等記録簿の終了原因欄に「取下げ」と記録するものとする。規則第208条の規定により一の筆界特定申請情報によって対象土地の一を共通にする2以上の筆界特定の申請がされた場合（41参照）において、その一の申請について取下げがあったときは、当該申請に係る手続番号に対応する筆界特定受付等記録簿の終了原因欄に「取下げ」と記録するものとする。
80　2以上の申請人が一の筆界について共同して申請した場合において、一部の申請人に係

る申請の取下げがあったときは、当該申請に係る手続番号に対応する筆界特定受付等記録簿の終了原因欄に「一部取下げ」と記録するものとする。

（筆界特定添付書面の還付）
81　筆界特定の申請の取下げがあったときは、筆界特定添付書面を還付するものとする（規則第245条第 3 項）。なお、筆界特定書面申請において、申請の取下げがあった場合にも、申請書を還付することは要しない。その他筆界特定添付書面の還付の手続については、準則第28条第 6 項及び第 7 項の例による。

（取下書等の保管）
82　筆界特定の申請の取下げがあったときは、取下書（電子情報処理組織を使用する方法により申請の取下げがあったときは、申請を取り下げる旨の情報の内容を書面に出力したもの）を筆界特定手続記録につづり込むものとする。

(F) 却下又は取下げの場合の申請手数料の還付
（却下又は取下げの場合における申請手数料の還付）
83　法第133条第 1 項の規定による公告又は通知がされる前に、筆界特定の申請が取り下げられ、又は却下された場合には、筆界特定の申請人の請求により、納付された手数料の額から納付すべき手数料の額の 2 分の 1 の額を控除した金額の金銭を還付しなければならない（登記手数料令第 4 条の 3 第 3 項）。この場合には、適宜の様式の還付請求書を提出させるものとする。
　　一の手数料に係る筆界特定の申請人が 2 人以上ある場合には、当該各申請人は、還付されるべき金額の全額につき還付請求をすることができる（同条第 4 項）。その場合、1 名に対して還付がされたときは、全員の還付請求権が消滅する。還付請求は、請求をすることができる事由が生じた日から 5 年以内にしなければならない（同条第 5 項）。

第 5　調査及び資料収集等

(A) 進行計画等
　（進行計画）
84　筆界特定の申請がされた場合において、直ちに申請を却下すべき事由がないと認められるときは、筆界特定の手続の進行計画を策定するものとする。進行計画においては、法第130条の規定により定めた標準処理期間を考慮して、事前準備調査を完了する時期、申請人及び関係人に立ち会う機会を与えて対象土地について測量又は実地調査を行う時期、意見聴取等の期日を開催する時期、筆界調査委員が意見書を提出する時期、筆界特定を行う時期等について、手続進行の目標を設定するものとする。

　（申請人等の表示）
85　筆界特定の手続に関する各種の記録（筆界調査委員の意見書及び筆界特定書を含む。）を作成する場合において、筆界特定登記官、筆界調査委員並びに申請人、関係人及びその代理人等に係る表示をするときは、便宜、A、B、甲、乙等の符号を用いて差し支えない。

(B) 事前準備調査
　（事前準備調査の概要）
86　事前準備調査においては、原則として、法第134条第 4 項の職員が、筆界調査委員による事実の調査を円滑に実施することを目的として、資料の収集のほか、必要に応じ、調査図素図の作成、現況等把握調査及び論点整理等を行うものとする。

（資料の収集）
87 対象土地の調査を適確に行うための資料として、例えば、次のような資料を収集するほか、筆界調査委員の指示に従い、必要な資料を収集するものとする。
　(1) 管轄登記所に備え付け又は保管している登記記録、地図又は地図に準ずる図面、各種図面、旧土地台帳等
　(2) 官庁又は公署に保管されている道路台帳、道路台帳附属図面、都市計画図、国土基本図、航空写真等
　(3) 民間分譲業者が保管している宅地開発に係る図面及び関係帳簿、対象土地若しくは関係土地の所有者又はそれらの前所有者等が現に保管している図面や測量図

（調査図素図の作成）
88 調査図素図の作成は、法第14条第1項に規定する地図又は同条第4項に規定する地図に準ずる図面の写しに、収集された資料から得られた情報のうち、筆界特定の手続を進める上で参考となる情報（例えば、対象土地及び関係土地の登記記録上の地積、地目、登記名義人の氏名及び分筆経緯等）を適宜の方式で表示して行うものとする。ただし、土地所在図、地積測量図その他申請人等から提供された図面を利用して調査図素図を作成しても差し支えない。

（現況等把握調査）
89 現況等把握調査は、次の要領により、対象土地及びその周辺の土地の現況その他筆界特定について参考となる情報を把握することを目的として行うものとする。
　(1) 調査方法
　　ア 現地の測量又は実地調査を行う。
　　イ 都道府県や市町村等の担当職員の立会いの下、道路や水路等との官民境界について確認を得て街区情報の確定を行う。
　　ウ アの測量は、規則第10条第3項の規定による基本三角点等に基づくものである必要はなく、近傍の恒久的な地物に基づいて実施して差し支えない。
　　　また、申請人又は関係人その他の者から測量図の提供があった場合において、現地と照合し、現況等把握調査における測量結果に代わるものと認められるときその他現況を把握することが可能な図面が存するときは、アの測量を要しない。
　　エ 実地調査に当たっては、対象土地及び関係土地その他周囲の土地の所有者又は占有者等から適宜筆界特定に当たり参考となる事情（各自が主張する筆界の位置、紛争に至る経緯、対象土地の過去から現在に至るまでの使用状況等）を聴取し、その内容を適宜の方法で記録する。また、現況において判明している境界標等に基づく調査結果を取りまとめた上で、整理を行う。
　(2) 現況等把握調査の結果の記録
　　　現況等把握調査の結果としては、筆界点の座標値のほか、工作物の位置その他の筆界特定をするために参考となる事項を記録する。この場合の縮尺については、規則第77条第3項に準ずる。ただし、申請人等から提出のあった測量図等を用いる場合には、この限りでない。
　(3) 測量結果の調整等
　　　必要に応じ、調査図素図上において、既存の地積測量図等と現況等把握調査で得られた街区情報との照合及び点検を行う。

(C) 論点整理等
　　（論点整理）
90　事前準備調査の結果によって得られた申請人又は関係人その他の者から聴取した主張等を踏まえ、筆界に関する論点の整理を行うものとする。また、現況等把握調査の結果作成した測量図その他の現況を示す図面に申請人等が主張する筆界の位置を適宜の方法で表示する等して、その争点を明確にするよう努めるものとする。

(D) 対象土地の特定調査
　　（特定調査）
91　筆界調査委員が対象土地に係る筆界を特定するための調査（以下「特定調査」という。）を行うに当たっては、事前準備調査の結果及び論点整理の結果を踏まえ、法第136条第1項の規定に従って、申請人及び関係人に対し立ち会う機会を与えた上で、対象土地の測量又は実地調査を行い、筆界点となる可能性のある点の位置を現地において確認し、記録するものとする。
　　（特定調査における測量）
92　対象土地について測量を実施する場合には、申請人及び関係人に通知をして立ち会う機会を与えなければならない（法第136条第1項）。
　(1)　筆界を示す要素に関する測量
　　　　対象土地に関する筆界を示す要素に関する測量を実施する。この測量においては、事前準備調査の結果及び論点整理の結果に照らし、筆界特定の対象となる筆界に係る筆界点となる可能性のある点のすべてについて、その位置を測定するものとする。この場合には、原則として、規則第10条第3項の規定による基本三角点等に基づいて測量を実施する。
　(2)　復元測量
　　　　必要があると認める場合には、既存の地積測量図、申請人等が提出した測量図等に基づいて推定される筆界点について、現地において復元測量を行う。
　　（申請人又は関係人の立会い）
93　申請人又は関係人が特定調査に立ち会った場合において、これらの者が主張する筆界点及び筆界の位置があるときは、これを現地において確認するものとする。また、必要に応じ、申請人又は関係人に対し、推定された筆界点について説明を行い、筆界の位置に関する認識の一致の有無について確認するものとする。
　　（測量の実施者等）
94　特定調査における測量は、原則として、申請人が負担する手続費用（法第146条第1項）によって行うものとする。この場合において、測量を行う者は、筆界に関する測量を行うのに必要な専門的知見及び技術を有する者（筆界調査委員を含む。）であって筆界特定登記官が相当と認める者である（規則第242条参照）。
　　（報酬及び費用）
95　筆界特定登記官の命を受けて測量を実施する者（以下「測量実施者」という。）に支給すべき相当な報酬及び費用の額については、別に定める測量報酬及び費用に関する標準規程を踏まえ、一定の基準を定め、これに従って算出するものとする。
　　（測量の内容）
96　測量を実施させるに当たっては、筆界調査委員の意見を踏まえて細目を定め、その内容を明らかにして行うものとする。
　　（測量の委託）
97　測量を実施させるときは、96の細目を明らかにした適宜の様式による測量指図書を2通

作成し、測量実施者に署名又は記名押印をさせた上で、その 1 通を測量実施者に交付し、他の 1 通を、筆界特定手続記録につづり込むものとする。
　(特定調査の記録)
98　特定調査における測量の結果の記録は、規則第231条第 4 項各号に掲げる事項を記録して作成するものとする。この場合の測量図の縮尺については同条第 6 項において準用する規則第77条第 3 項に準ずるものとする。その他、申請人及び関係人の立会いの有無及び申請人及び関係人その他の者から聴取した意見又は事情を適宜の方法で記録するものとする。

(E)　立入りの手続
　(立入調査)
99　土地の測量又は実地調査を行う場合において、筆界調査委員又は法第134条第 4 項の職員が他人の土地に立ち入るときは、法務局又は地方法務局の長は、あらかじめ、その旨並びにその日時及び場所を当該土地の占有者に通知しなければならない（法第137条第 2 項）。ただし、当該占有者が立入りについて同意しているとき又は占有者が不明であるときは、通知を要しない。
　(通知の方法)
100　法第137条第 2 項の通知は、文書又は口頭のいずれの方法によっても差し支えない。この通知には、同項に規定する事項のほか、立入りを行う者の職氏名及び実施する測量又は実地調査の概要を併せて示さなければならない。
　(立入りの手続)
101　土地が宅地又は垣、さく等で囲まれている場合において、事実の調査等のために立ち入ろうとする場合には、立入りの際、あらかじめ、その旨を当該土地の占有者に告げなければならない（法第137条第 3 項）。この場合の手続は、測量又は実地調査を実施する際に、口頭で当該土地の占有者に告げることで足りる。
　　なお、宅地以外の土地であって、垣やさく等で囲まれた土地の部分以外に立ち入るときは、占有者に告げることを要しない。また、日出前又は日没後においては、土地の占有者の承諾があった場合を除き、宅地又は垣、さく等で囲まれている土地に立ち入ってはならない（同条第 4 項）。
　(筆界調査委員等の身分証明書)
102　法第137条第 6 項の規定により筆界調査委員等が携帯すべき身分証明書は、別記第13号様式による。

(F)　意見又は資料の取扱い
　(資料の収集)
103　筆界特定に必要な事実の調査において資料の提出を受けたときは、当該資料の写し又は当該資料の概要を写真その他適宜の方法により明らかにした記録を作成し、当該資料を速やかに返還するものとする。
　(調査の報告)
104　筆界特定に必要な事実の調査をしたときは、別記第14号様式又はこれに準ずる様式による調査票に所要の事項を記載し、適宜の時期に筆界特定登記官に提出するものとする。この場合において、103により作成した写し又は記録があるときは、当該写し又は記録を添付するものとする。
　(意見又は資料の提出があった旨の通知)
105　法第139条第 1 項又は第140条第 1 項の規定により申請人又は関係人から意見又は資料の

提出があった場合には、原則として、その旨を対象土地の所有権登記名義人等（当該意見又は資料を提出した者を除く。）に適宜の方法により通知するものとする。

（意見又は資料の保存）
106　筆界特定に必要な事実の調査において収集し、又は申請人若しくは関係人から提出を受けた意見又は資料は、144の分類に従い、それぞれ該当する目録に適宜の番号を付して記録するものとする。

（資料の還付）
107　規則第211条第 2 項（規則第225条において準用する場合を含む。）の規定により資料の還付をする場合には、当該資料に係る目録の備考欄に原本還付の旨の記録をするほか、必要に応じ、当該資料の写し又は当該資料の概要を写真その他適宜の方法により明らかにした記録を作成し、当該写し又は記録を筆界特定手続記録の一部とするものとする。
108　資料につき提出者が還付を要しない旨の申出をしたときは、当該資料に係る目録の備考欄に還付不要の旨の記録をするものとする。

第 6　意見聴取等の期日

（意見聴取等の期日を開く時期）
109　意見聴取等の期日の日時を定めるに当たっては、申請人又は関係人が意見陳述又は資料の提出のための準備に要する期間等を勘案するものとする。

（意見聴取等の期日の場所）
110　意見聴取等の期日を開く場所を定めるに当たっては、申請人、関係人等の便宜、意見を聴取するに当たって現場での指示を要するか否か等を勘案し、法務局又は地方法務局の庁舎、対象土地の所在地を管轄する登記所の庁舎、現地等適切な場所を選定するものとする。

（意見聴取等の期日の通知等）
111　法第140条第 1 項の通知は、当該期日に係る申請人及び関係人に対し行う。なお、同一の日時に 2 以上の申請人及び関係人に係る期日を同時に開くことを妨げない。
112　法第140条第 1 項の通知をしたときは、期日前にその意見の概要を書面で提出するよう促すものとする。

（意見聴取等の期日における筆界特定登記官の権限）
113　筆界特定登記官は、2 以上の申請人及び関係人に係る意見聴取等の期日を同時に開いた場合において、手続を行うのに支障を生ずるおそれがないと認められるときは、当該期日において、申請人若しくは関係人又はその代理人に対し、他の申請人又は関係人に質問することを許すことができる。

（意見聴取等の期日の傍聴）
114　規則第224条第 3 項の適当と認める者とは、例えば、次に掲げる者であって、その傍聴によって手続を行うのに支障を生ずるおそれがないと認められるものをいう。
⑴　申請人又は関係人の親族若しくは同居者又はこれらに準ずる者
⑵　⑴以外の者であって、その者が傍聴することについて期日に出席した申請人及び関係人がいずれも異議を述べなかったもの

（意見聴取等の期日における参考人の事実の陳述）
115　筆界特定登記官は、意見聴取等の期日において、適当と認める者に、参考人としてその知っている事実を陳述させることができる（法第140条第 2 項）。例えば、対象土地の所有権登記名義人等であった者や、対象土地周辺の宅地開発を行った者、鑑定人（植生、地質等について筆界特定登記官の命を受けて鑑定を行った者）等が参考人となりうる。

(意見聴取等の期日における資料の提出)
116 意見聴取等の期日において資料が提出されたときは、筆界特定登記官は、当該資料に資料番号を付し、当該資料番号及び当該資料が提出された旨を調書に記録するものとする。この場合の資料の取扱いについては、106から108までに準ずる。

(意見聴取等の期日の調書の作成方法)
117 意見聴取等の期日の調書は、別記第15号様式により、期日ごとに作成するものとする。2以上の申請人又は関係人に係る意見聴取等の期日を同時に開いた場合にも、1通の調書を作成すれば足りる。

(意見聴取等の期日の調書の記載方法)
118 意見聴取等の期日の調書の記録は、次のとおりする。
 (1) 日時欄には、開かれた期日の年月日及び開始時刻を記録する。
 (2) 場所欄には、意見聴取等の期日が開かれた場所を、住所等によって特定する。法務局若しくは地方法務局若しくはその支局又はその出張所の庁舎等、名称によって当該場所を特定することができるときは、その名称を記録すれば足りる。
 (3) 手続の要領欄には、申請人又は関係人が述べた意見の概要、提出された資料の表示、参考人の陳述内容、筆界特定登記官が申請人若しくは関係人又はその代理人に発言を許した場合における発言内容、その他意見聴取の期日において行われた手続の内容を記録する。
 (4) 意見を陳述した申請人又は関係人が事前に意見の概要を書面で提出していた場合には、
  ア 当該書面が申請人又は関係人が陳述した意見の全部の概要として適切であるときは、当該書面を筆界特定手続記録につづり込むとともに、調書の手続の要領欄に、例えば、「○○は、○年○月○日付け○○作成に係る○○と題する書面記載のとおり意見を述べた。」等と記録する。
  イ 当該書面が申請人又は関係人が陳述した意見の一部の概要として適切であるときは、当該書面を筆界特定手続記録につづり込むとともに、調書の手続の要領欄に「○○は、下記のとおり付け加えるほか、○年○月○日付け○○作成に係る○○と題する書面記載のとおり意見を述べた。」等と記録し、申請人又は関係人の意見中当該書面に記載されていない事項の要領を記録する。
 (5) その他欄には、規則第226条第1項第6号の「その他筆界特定登記官が必要と認める事項」として、例えば、秩序を維持するために退去させた者がある場合にはその旨を記録する等、筆界特定登記官が特に調書に記録する必要があると認める事項を記録する。

(ビデオテープ等をもって調書の一部とする場合)
119 意見聴取等の期日における申請人、関係人又は参考人の陳述は、ビデオテープ等の媒体に記録し、調書の記録に代えることができる(規則第226条第2項)。この場合には、原則として、一の手続において行われる同一の意見聴取等の期日ごとにそれぞれ別の媒体を使用し、当該媒体のラベルに「手続番号」「期日」「申請人、関係人又は参考人の氏名」を記載して、筆界特定手続記録につづり込むものとする。

(調書への書類等の添付)
120 意見聴取等の期日の調書においては、書面その他筆界特定登記官において適当と認めるものを引用し、筆界特定手続記録に添付して調書の一部とすることができる(規則第226条第3項)。申請人等が意見聴取等の期日において陳述すべき意見内容を書面にして提出した場合における当該書面、申請人等が意見陳述に際し陳述内容を明確にするために図面等を作成した場合における当該図面等が引用の対象となる。書面その他のものを調書に引用した場合は、当該引用したものを当該調書に添付するものとする。

第7　筆界特定

　(筆界調査委員の筆界特定登記官への調査結果の報告)
121　規則第229条の規定による筆界調査委員の報告は、別記第14号様式の書面その他適宜の方法によって行うものとする。
　(筆界調査委員の意見の提出の方式)
122　法第142条の規定による筆界調査委員の意見の提出は、別記第16号様式による書面(以下「意見書」という。)により行うものとする。意見書には、意見及びその理由を明らかにし、筆界調査委員が署名し、又は記名押印するものとする。 2 以上の筆界調査委員の意見が一致する場合には、当該 2 以上の筆界調査委員は、連名で 1 通の意見書を作成して差し支えない。
　(意見書に添付する図面)
123　122の意見書においては、図面及び基本三角点等に基づく測量の成果による座標値(基本三角点等に基づく測量ができない特別の事情がある場合にあっては、近傍の恒久的な地物に基づく測量の成果による座標値)により、筆界特定の対象となる筆界に係る筆界点と認められる各点(筆界の位置の範囲を特定するときは、その範囲を構成する各点。以下同じ。)の位置を明らかにするものとする。意見書に添付する図面(以下「意見書図面」という。)は、原則として、法第143条第 2 項の図面(以下「筆界特定図面」という。)に準ずる様式で作成し、筆界特定の対象となる筆界に係る筆界点の位置のほか、必要に応じ、対象土地の区画又は形状、工作物及び囲障の位置その他の現地における筆界の位置を特定するために参考となる事項を記録するものとする。
　　なお、現況等把握調査における測量の結果を利用して意見書図面を作成し、又は申請人その他の者が提出した図面若しくは既存の測量図等を利用して意見書図面を作成することにより、意見の内容を明らかにすることができるときは、これらの測量の結果又は図面を利用して意見書図面を作成して差し支えない。
　(筆界特定書の記載等)
124　筆界特定書は、別記第17号様式の書面その他適宜の方法により作成するものとし、規則第231条第 1 項各号に掲げる事項を記載の上、筆界特定登記官が職氏名を記載し、職印を押印することを要する（同条第 2 項）。
　　法第143条第 1 項及び規則第231条第 1 項第 4 号の筆界特定書の理由の要旨は、筆界調査委員の意見書を引用する方法によって明らかにして差し支えない。この場合には、引用する筆界調査委員の意見書の写しを筆界特定書の末尾に添付し、理由の要旨欄には「平成何年何月何日付け筆界調査委員○○作成に係る別紙意見書「理由」欄記載のとおりであるからこれをここに引用する。」、「次のとおり付け加えるほか、平成何年何月何日付け筆界調査委員○○作成に係る別紙意見書「理由」欄記載のとおりであるからこれをここに引用する。」等と記載するものとする。
　(筆界特定図面)
125　筆界特定図面は、別記第18号様式により、規則第231条第 4 項各号に掲げる事項を記録して作成し、かつ、筆界特定の対象となる筆界に係る筆界点の位置のほか、必要に応じ、対象土地の区画又は形状、工作物及び囲障の位置その他の現地における筆界の位置を特定するために参考となる事項を記録するものとする。
126　筆界特定図面は、意見書図面若しくは申請人その他の者が提出した図面等を利用して作成することができる。

（筆界特定がされたときの措置）
127　筆界特定をしたときは、筆界特定受付等記録簿の終了事由欄に「筆界特定」と記録し、終了年月日欄に筆界特定の年月日を記録するものとする。筆界特定の年月日は、筆界特定をした旨の公告をした日又は申請人に筆界特定書の写しを交付し、若しくは発送した日のうち、最も早い日とする。

（筆界特定をした旨の公告及び通知）
128　筆界特定をしたときは、遅滞なく、筆界特定の申請人に対し、筆界特定書の写し（筆界特定書が電磁的記録によって作成されているときは、筆界特定書の内容を証明した書面）を交付する方法により、当該筆界特定書の内容を通知するとともに、筆界特定をした旨を公告し、かつ、関係人に通知しなければならない（法第144条第1項、規則第232条第2項）。

（境界標の設置）
129　筆界特定をしたときは、申請人及び関係人に対し、永続性のある境界標を設置する意義及びその重要性について、適宜の方法により説明するものとする。

（申請人に交付する筆界特定書の写しの作成）
130　法第144条第1項の規定により申請人に交付する筆界特定書の写しを作成するときは、筆界特定書の写しである旨の認証文を付した上で、作成の年月日及び職氏名を記載し、職印を押印しなければならない（規則第232条第1項）。この場合における筆界特定書の写しに付す認証文は、「これは筆界特定書の写しである。」とする。

（筆界特定手続記録の整理及び送付）
131　法第144条第1項の公告及び通知をした後、144により筆界特定手続記録を整理して編てつし、各丁に通し枚数を記載の上、別記第19号様式による送付書を添えて管轄登記所に送付する。

（対象土地が2以上の法務局又は地方法務局の管轄区域にまたがる場合）
132　対象土地が2以上の法務局又は地方法務局の管轄区域にまたがる場合には、法務大臣又は法務局の長が指定した法務局又は地方法務局（59参照）の管轄区域内にある管轄登記所には、別記第19号様式による送付書を添えて筆界特定手続記録を送付し、他の法務局又は地方法務局内にある管轄登記所には、別記第20号様式による送付書を添えて筆界特定書及び令第21条第2項に規定する図面の写しを送付するものとする（規則第233条第2項）。

（対象土地が2以上の登記所の管轄区域にまたがる場合）
133　対象土地が2以上の登記所の管轄区域にまたがる場合（対象土地が2以上の法務局又は地方法務局の管轄区域にまたがる場合を除く。）は、法務局又は地方法務局の長が指定する管轄登記所に別記第19号様式による送付書を添えて筆界特定手続記録を送付し、他方の管轄登記所には別記第20号様式による送付書を添えて筆界特定書及び令第21条第2項に規定する図面の写しを送付するものとする（規則第233条第3項）。

（筆界特定書の更正）
134　規則第246条第1項の規定による筆界特定書の更正は、筆界特定書に誤記その他これに類する明白な表現上の誤りがあった場合に、別記第21号様式の更正書によってするものとする。筆界特定書の更正の許可の申出は、別記第22号様式又はこれに準ずる様式による申出書によってするものとし、申出についての許可又は不許可は、別記第23号様式又はこれに準ずる様式によってするものとする。筆界特定書を更正したときは、申請人に対し、更正書の写しを送付する方法で通知するとともに、更正した旨を公告し、かつ、関係人に通知しなければならない（規則第246条第2項）。

（更正書の送付）
135　筆界特定書を更正した旨の公告及び通知をした後、更正書は、別記第24号様式による送

付書を添えて管轄登記所（132又は133の場合にあっては、各管轄登記所）に送付するものとする。

第8　公告及び通知

（公告又は通知）
136　筆界特定の手続において、公告又は通知を要するのは、次の場合である。
　⑴　筆界特定の申請がされた旨の公告及び関係人に対する通知（法第133条第1項）
　⑵　筆界特定の申請を却下した旨の公告及び関係人に対する通知（規則第244条第4項及び第5項）
　⑶　筆界特定の申請が取り下げられた旨の公告及び関係人に対する通知（規則第245条第4項及び第5項）
　⑷　対象土地の測量又は実地調査のための申請人及び関係人に対する通知（法第136条第1項）
　⑸　立入調査のための占有者に対する通知（法第137条第2項）
　⑹　意見聴取等の期日のための申請人及び関係人に対する通知（法第140条第1項）
　⑺　筆界特定をした旨の公告並びに申請人及び関係人に対する通知（法第144条第1項）
　⑻　筆界特定書を更正した旨の公告並びに申請人及び関係人に対する通知（規則第246条第2項）

（公告の方法）
137　公告は、法務局若しくは地方法務局の掲示場その他公衆の見やすい場所に掲示して行う方法又は法務局若しくは地方法務局のホームページに掲載する方法のいずれの方法をとっても差し支えないが、対象土地を管轄する登記所の掲示場その他公衆の見やすい場所においても、同様の掲示をするものとする。公告の様式は、次のとおりとする。
　⑴　筆界特定の申請がされた旨の公告（法第133条第1項、規則第217条第1項）　別記第25号様式
　⑵　筆界特定の申請を却下した旨の公告（規則244条第4項、規則第217条第1項）　別記第26号様式
　⑶　筆界特定の申請が取り下げられた旨の公告（規則第245条第4項、規則第217条第1項）　別記第27号様式
　⑷　筆界特定をした旨の公告（法第144条第1項、規則第232条第5項、規則第217条第1項）　別記第28号様式
　⑸　筆界特定書を更正した旨の公告（規則第246条第2項、規則第217条第1項）　別記第29号様式

（通知の方法）
138　通知は、原則として、登記記録に記録された住所に対し行うものとする。ただし、筆界特定申請情報の内容として提供された情報その他の情報から、登記記録上の住所以外の場所に通知することが相当と認められる場合は、この限りでない。また、申請人又は関係人が通知先を届け出たときは、通知は、当該通知先に対しするものとする。この場合の通知先届出書は、別記第30号様式による。

139　申請人又は関係人に代理人があるときは、通知は、代理人（代理人が2人以上あるときは、そのうちの1人）に対してすれば足りる。申請人又は関係人が2人以上ある場合において、代理人がないときは、申請人又は関係人に対し、その全員又は一部の者のために通知を受ける者を指定する意向の有無を確認するものとする。申請人又は関係人が、その全員又

は一部の者のために通知を受ける者を指定したときは、当該指定をした者に係る通知は、当該指定を受けた者に対してすれば足りる。この場合の指定書は、別記第31号様式による。

（通知書の様式）

140　通知は、郵便、信書便その他適宜の方法により行う（規則第217条第2項（第223条第2項、第232条第5項、第244条第5項、第245条第5項及び第246条第2項において準用する場合を含む。））が、次に掲げる通知については、原則として、書面により行うものとし、通知書の様式は、次のとおりとする。

(1) 筆界特定の申請がされた旨の関係人に対する通知（法第133条第1項、規則第217条第2項）　別記第32号様式

(2) 筆界特定の申請を却下した旨の関係人に対する通知（規則244条第5項、規則第217条第2項）　別記第33号様式

(3) 筆界特定の申請が取り下げられた旨の関係人に対する通知（規則第245条第5項、規則第217条第2項）　別記第34号様式

(4) 筆界特定をした旨の申請人に対する通知（法第144条第1項前段、規則第232条第1項から第4項まで）　別記第35号様式

(5) 筆界特定をした旨の関係人に対する通知（法第144条第1項後段、規則第232条第5項、規則第217条第2項）　別記第36号様式

(6) 筆界特定書を更正した場合の申請人に対する通知（規則第246条第2項、規則第217条第2項）　別記第37号様式

(7) 筆界特定書を更正した場合の関係人に対する通知（規則第246条第2項、規則第217条第2項）　別記第38号様式

（関係人を特定することができない場合の通知）

141　関係人に対する通知をすべき場合において、登記記録その他の入手可能な資料から関係人又はその通知先を特定することができないときは、法第133条第2項（法第136条第2項、法第140条第6項及び法第144条第2項その他の規定において準用する場合も含む。）の方法によって通知をして差し支えない。

（公告又は通知の記録）

142　公告又は通知の記録は、1手続ごとに、公告の年月日、通知を受ける者及び通知の年月日を別記第39号様式の公告・通知管理票に記録する等の方法により作成するものとする。なお、その際に付した通知番号は、通知書に記載するものとする。

第9　筆界特定手続記録

（筆界特定手続記録の単位）

143　筆界特定手続記録は、1件ごとに筆界特定手続に関する書類をつづり込んで作成するものとする。規則第208条の規定により一の筆界特定申請情報によって対象土地の一を共通にする2以上の筆界特定の申請がされた場合（41参照）又は同一の筆界に係る2以上の筆界特定の申請がされた場合には、1件の筆界特定手続として筆界特定手続記録を編成するものとする。

（筆界特定手続記録の編成）

144　筆界特定手続記録には、別記第40号様式による表紙を付し、別に定める保管金受払票及び142の公告・通知管理票を付した上、次のとおり三分類に分けて編成するものとする。なお、分冊にすることを妨げない。

(1) 第1分類

本分類には、手続の進行に関する次のような書類をつづり込むものとする。
　ア　申請書
　イ　意見聴取等の期日の調書
　ウ　筆界調査委員意見書
　エ　筆界特定書若しくはその写し又は却下決定書若しくは取下書
(2)　第2分類
　　本分類には、調査及び資料に関する次のような書類をつづり込むものとする。この場合には、別記第41号様式による申請人提出意見等目録、別記第42号様式による関係人提出意見等目録及び別記第43号様式による職権収集資料等目録又はこれらに準ずる適宜の様式の目録を、それぞれウ、エ及びオの最初につづり込むものとする。
　ア　筆界調査委員が作成した報告書
　イ　筆界特定手続において測量又は実地調査に基づいて作成された図面
　ウ　申請人提出意見・資料・図面
　エ　関係人提出意見・資料・図面
　オ　イウエ以外の意見・資料・図面
(3)　第3分類
　　本分類には、第1分類及び第2分類以外の次のような書類をつづり込むものとする。
　ア　委任状
　イ　資格証明書
　ウ　相続を証する書面
　エ　承継申出書
　オ　予納金関係書類

（筆界特定手続記録の送付方法）
145　規則第233条第1項に規定する場合その他の場合において、筆界特定手続記録を送付するときは、筆界特定手続記録が紛失し、又は汚損しないように注意して、送付しなければならない。

第10　予納金等

（予納の告知）
146　筆界特定登記官は、法第146条第1項により申請人の負担とされる手続費用の概算額を、申請人に予納させなければならない（法第146条第5項）。予納の告知は、適宜の方法で行うものとする。この場合において、申請人が2人以上あるときは、そのうちの1人に告知すれば足りる。また、代理人又は申請人のために通知を受領する権限を有する者（139参照）があるときは、当該代理人又は申請人のために通知を受領する権限を有する者に告知すれば足りる。

（予納命令）
147　146により予納の告知をした日から相当期間を経ても予納がないときは、納付期限を定めて予納命令を発するものとする。納付期限は、適宜定めて差し支えない。当該納付期限までに予納がないときは、筆界特定の申請は、法第132条第1項第9号の規定により却下する。

（予納命令書）
148　予納命令は、別記第44号様式の予納命令書を作成し、申請人に交付して行うものとする。交付は、予納命令書を送付する方法によってすることができる。この場合において、申請人が2人以上あるときは、申請人ごとに予納命令書を交付するものとするが、代理人又は申

請人のために通知を受領する権限を有する者（139参照）があるときは、当該代理人又は申請人のために通知を受領する権限を有する者に交付すれば足りる。
　（保管金の取扱い）
149　手続費用として予納される現金（保管金）の受入・払渡等の取扱いについては、別に定められる筆界特定手続に係る保管金の取扱いに関する法務大臣訓令及び法務省大臣官房会計課長・当職通達の定めるところによる。

第11　管轄登記所における事務

(A)　受付等
　（経由申請）
150　規則第211条第7項の規定により管轄登記所に筆界特定の申請書が提出されたときは、次の手続を行うものとする。
　(1)　筆界特定登記官に対し、申請書が提出された日付及び当該申請に係る対象土地の不動産所在事項を連絡し、当該申請に係る筆界特定の手続に付すべき手続番号を照会する。
　(2)　筆界特定関係簿の該当欄に手続番号、申請の受付の年月日（54参照）及び不動産所在事項その他所要の事項を記録する。
　(3)　当該申請に係る申請書にはり付けられた収入印紙を消印する。
　(4)　筆界特定登記官に対し、当該申請書及び添付書面並びに法第139条第1項の規定による意見又は資料であって申請と同時に提出されたものがあるとき（規則第207条第3項第9号参照）はその資料を送付する。
　（筆界特定関係簿への記録）
151　対象土地の所在地を管轄する法務局又は地方法務局に筆界特定の申請がされた場合において、管轄登記所に対し、その旨の通知（58参照）がされたときは、筆界特定関係簿の該当欄に手続番号、申請の受付の年月日及び不動産所在事項その他所要の事項を記録するものとする。
　（資料の送付等）
152　管轄登記所の登記官において、筆界特定関係簿に150又は151による記録をしたときは、以下に揚げる資料を別記第45号様式の送付書により筆界特定登記官に送付するほか、課税台帳（40参照）に登録された対象土地の価格を調査し、筆界特定登記官に通知するものとする。
　(1)　対象土地及び関係土地の登記事項証明書及び閉鎖登記簿の謄本
　(2)　対象土地及び関係土地に係る地図又は地図に準ずる図面（既に閉鎖されたものを含む。）の写し（認証文は不要である。）。申請に係る筆界の特定に必要と思料される範囲で差し支えない。
　(3)　対象土地又は関係土地の地積測量図（既に閉鎖されたものを含む。）の写し（認証文は不要である。）
　(4)　その他申請に係る筆界の特定に資すると思われるもの
　（筆界特定申請の明示）
153　筆界特定関係簿に記録された筆界特定の手続に係る対象土地及び関係土地については、便宜、立件の手続を採り、職権表示登記等事件簿（規則第18条第6号）に立件番号、立件の年月日、当該筆界特定の手続の手続番号その他筆界特定の申請があった旨を明示するために適宜の記載をするものとする。
　なお、法附則第3条の規定による指定を受けていない事務に係る登記簿については、対象土地及び関係土地の各登記用紙に、筆界特定の申請があった旨を明示するために適宜の措

置を採るものとする。
　筆界特定の申請の却下又は取下げがあったときは、明示のための措置は終了させる。
　（異動情報の通知）
154　筆界特定関係簿に記録された筆界特定の手続に係る対象土地及び関係土地の表題部所有者又は所有権の登記名義人に登記記録上異動が生じたときは、筆界特定登記官に対し、その旨及び異動に係る情報を通知するものとする。対象土地又は関係土地につき表示に関する登記（表題部所有者に関する登記を除く。）の申請又は地図訂正の申出があったときも同様とする。

(B)　**筆界特定手続記録の保存及び公開**
　（筆界特定手続記録の受領）
155　筆界特定登記官から管轄登記所に送付された筆界特定手続記録を受領したときは、当該筆界特定手続記録を別記第19号様式の送付書（131から133まで参照）と照合して編てつされた書類の標目及び総丁数等を点検し、別記第46号様式による受領書を筆界特定登記官に交付し、又は送付するほか、筆界特定関係簿の該当欄に、記録受領の年月日及び手続終了事由を記録するとともに、筆界特定手続記録の表紙の余白に「年月日受領」と記載するものとする。
　（筆界特定手続記録の保存方法）
156　受領した筆界特定手続記録のうち、筆界特定書については、その写しを一部作成し、原本を筆界特定書つづり込み帳（規則第18条第13号参照）につづり込み、別記第5号様式の目録に必要事項を記載し、写しを筆界特定手続記録の第一分類につづり込むとともに、筆界特定関係簿の該当欄に筆界特定書つづり込み帳番号を記録するものとする。
　（筆界特定書等の写しの受領）
157　132又は133により送付された筆界特定書等の写しを受領した登記所にあっては、筆界特定関係簿に155と同様の記録をするほか、送付を受けた筆界特定書の写しについて156と同様の措置を講ずるものとする。なお、管轄登記所において作成した筆界特定書の写しについては、送付を受けた政令で定める図面の写しとともに、別記第40号様式の表紙を付して編てつする。
　（政令で定める図面の意義）
158　法第149条第1項の政令で定める図面とは、筆界調査委員が作成した測量図その他の筆界特定の手続において測量又は実地調査に基づいて作成された図面（筆界特定図面を除く。）をいい、申請人又は関係人等が提出した図面は含まない（令第21条第2項）。
　（政令で定める図面の写しの作成方法）
159　筆界特定の手続において測量又は実地調査に基づいて作成された図面の全部又は一部の写し（政令で定める図面が電磁的記録に記録されているときは、当該記録された情報の内容を証明した書面）は、原則として日本工業規格A列3番の適宜の紙質の用紙を使用して作成するものとする。
　（認証文）
160　次の各号に掲げる筆界特定書等の写し等には、当該各号に定める認証文を付する。
　(1)　筆界特定書（電磁的記録に記録されているものを除く。）の写し　「これは筆界特定書の写しである。」
　(2)　電磁的記録に記録されている筆界特定書の内容を証明した書面　「これは筆界特定書に記録されている内容を証明した書面である。」
　(3)　政令で定める図面（電磁的記録に記録されているものを除く。）の全部又は一部の写し　「これは筆界特定手続において測量又は実地調査に基づいて作成された図面の写しであ

る。」
　　(4) 電磁的記録に記録されている政令で定める図面の内容を証明した書面　「これは筆界特定手続において測量又は実地調査に基づいて作成された図面に記録されている内容を証明した書面である。」
　　（その他の取扱い）
161　159及び160のほか、筆界特定書等の写しの交付等の取扱いについては、準則第132条、第133条、第137条、第138条及び第139条の例による。

(C) 登記記録等への記録
　　（登記記録への記録）
162　規則第234条の規定による筆界特定がされた旨の記録は、対象土地の登記記録の地図番号欄（規則別表１参照）に「平成○年○月○日筆界特定（手続番号平成○年第○○号）」とする。ただし、規則第233条第２項の規定により筆界特定書等の写しの送付を受けた登記所にあっては、「平成○年○月○日筆界特定（手続番号△△平成○年第○○号）」（「△△」には、法務局又は地方法務局名を略記する。）とするものとする。
　　（分筆及び合筆の場合の登記記録の処理）
163　甲土地から乙土地を分筆する分筆の登記をする場合において、甲土地の登記記録に筆界特定がされた旨の記録があるときは、これを乙土地の登記記録に転写するものとする。甲土地を乙土地に合筆する合筆の登記をする場合において、甲土地の登記記録に筆界特定がされた旨の記録があるときは、これを乙土地の登記記録に移記するものとする。
　　（筆界確定訴訟の記載）
164　申請人又は関係人その他の者から筆界特定に係る筆界について筆界確定訴訟の確定判決の正本又は謄本の提出があったときは、規則第237条の規定により筆界特定書に確定判決があったことを明らかにするものとする。この場合には、筆界特定書の１枚目の用紙の表面の余白に確定日、判決をした裁判所及び事件番号を記載するものとする。提出された確定判決の正本又は謄本は、筆界特定書とともに保存するものとする。
　　（筆界特定書の更正があった場合）
165　135により送付を受けた更正書の取扱いは、156の例によるものとするほか、法第149条第１項の規定による筆界特定書の写しを交付する場合には、筆界特定書の一部として取り扱うものとする。この場合の認証文は、160(1)と同様である。

別記第1号（10（1）関係）

筆界特定受付等記録簿

手続番号	受付年月日	対象土地		手続終了年月日・手続終了事由	備考
		不動産所在事項	不動産番号		
1					
2					
3					
4					
5					
6					
7					
8					
9					
10					
11					
12					

別記第2号（10（2）関係）

筆界特定関係簿

手続番号	受付年月日	申請先（本庁・支局・出張所）	対象土地		記録原因及び年月日・手続終了事由	筆界特定書又はつづり込み帳番号	筆界特定書つづり込み帳の廃棄年月日	備考
			不動産所在事項	不動産番号				

別記第4号（10（4）関係）

```
つづり込み帳番号  第        号


        筆界特定書つづり込み帳


                          法務局      出張所
```

別記第3号（10（3）関係）

日記番号	接受又は発送の年月日	書面の日付	書面の発送者又は受領者	書面の要旨	備考
第　　号	年月日				
第　　号	年月日				
第　　号	年月日				
第　　号	年月日				
第　　号	年月日				
第　　号	年月日				
第　　号	年月日				
第　　号	年月日				
第　　号	年月日				
第　　号	年月日				
第　　号	年月日				
第　　号	年月日				
第　　号	年月日				
第　　号	年月日				
第　　号	年月日				
第　　号	年月日				
第　　号	年月日				
第　　号	年月日				
第　　号	年月日				
第　　号	年月日				

別記第6号（50関係）

(地方) 法務局筆界特定登記官　殿

平成　年　月　日

住所
氏名　㊞

筆界特定の申請の特定承継の申出書

私は、下記の筆界特定の手続について、筆界特定の申請人の地位を承継することを申し出ます。

記

筆界特定手続の表示
手続番号　平成　年第　号
対象土地　何市区郡何町村大字何字何何番
　　　　　何市区郡何町村大字何字何何番

別記第5号（10（5）、156関係）

番号	手続番号	登記官印	備考
1			
2			
3			
4			
5			
6			
7			
8			
9			
10			
11			
12			
13			
14			
15			

別記第8号（60関係）

第日第　　　　号
平成　年　月　日

法務局長　殿

（地方）法務局
筆界特定登記官　㊞

管轄（地方）法務局指定請求書

　下記対象土地は、何（地方）法務局と当局の管轄区域にまたがっているので、当局（又は何（地方）法務局）を管轄（地方）法務局に指定されたく、何（地方）法務局と協議の上、請求します。

記

別記第7号（58関係）

第日第　　　　号
平成　年　月　日

（地方）法務局　出張所　御中

（地方）法務局
筆界特定登記官　㊞

　筆界特定の申請の受付をした旨の通知について

　別添のとおり、筆界特定の申請の受付をしたので、通知します。
　対象土地は、下記のとおりです。

記

筆界特定手続の表示
　手続番号　　平成　　年第　　　号
　対象土地　　何市区郡何町村大字何字何番
　　　　　　　何市区郡何町村大字何字何番

（注）　筆界特定の申請書の写しを添付する。

別記第9号（60関係）

法務大臣　殿

筆日第　　　号
平成　年　月　日

（地方）法務局
筆界特定登記官

［職印］

管轄（地方）法務局指定請求書

下記対象土地は、何（地方）法務局と当局の管轄区域にまたがっているので、当局（又は何（地方）法務局）を管轄（地方）法務局に指定されたく、何（地方）法務局と協議の上、請求します。

記

別記第10号（60関係）

筆日第　　　号
平成　年　月　日

（地方）法務局
筆界特定登記官　殿

（地方）法務局長

［職印］

管轄（地方）法務局指定書

平成何年何月何日付け筆日第何号をもって請求のあった管轄（地方）法務局の指定の件については、貴局（又は何（地方）法務局）を管轄（地方）法務局に指定します。

別記第12号（71関係）

決　　定

手続番号　平成　年第　　号
対象土地　何市区郡何町村大字何字何番
　　　　　何市区郡何町村大字何字何番

申請人　　　住　所
　　　　　　氏　名
申請人代理人　資　格
　　　　　　　氏　名

標記の筆界特定の申請は、　　　　　　　　　　ので、不動産登記法第132条第1項第　号の規定により却下する。
なお、この決定に不服があるときは、いつでも、当職を経由して、何法務局長（又は地方法務局長）に対し、審査請求をすることができます（不動産登記法第156条第1項）。
おって、この処分につき取消しの訴えを提起しようとする場合には、この処分の通知を受けた日から6月以内（通知を受けた日の翌日から起算します。）に、国を被告として（訴訟において国を代表する者は法務大臣となります。）、提起しなければなりません（なお、処分の通知を受けた日から6月以内であっても、処分の日から1年を経過すると処分の取消しの訴えを提起することができなくなりますので御注意ください。）。ただし、処分の取消しの訴えは、その審査請求に対する裁決の送達を受けた日から6月以内（送達を受けた日の翌日から起算します。）に提起しなければならないこととされています。

　　　　　平成　年　月　日
　　　　　　　（地方）法務局
　　　　　　　筆界特定登記官　　　職印

別記第11号（62関係）

　　　　　　　　　　　　筆日第　　　号
　　　　　　　　　　　　平成　年　月　日

（地方）法務局　御中

　　　（地方）法務局
　　　筆界特定登記官　　　職印

移　送　書

貴局に管轄指定のあった下記対象土地の筆界特定申請書類を不動産登記規則第215条において準用する同令第40条第1項の規定により、移送します。

記

別記第14号（104、121関係）

筆界調査委員調査票表紙

（地方）法務局　筆界特定登記官　殿

平成　年　月　日

筆界調査委員　㊞
筆界調査委員　㊞

下記の筆界特定の手続について、当職らが行った事実の調査の結果は、別添調査票のとおりである。

記

（手続の表示）

手続番号　平成　年第　号

(対象土地、申請人及び関係人の表示)

別記第13号（102関係）

（表面）

身分証明書

第　　　号

［写真］

　　　　　　　　　（地方）法務局
　　　　　　　　　筆界調査委員
　　　　　　　　　氏　名
　　　　　　　　　年　月　日生

上記の者は、（地方）法務局の筆界調査委員であることを証明する。

　年　月　日

（地方）法務局長　何　某　㊞

（裏面）

注意事項
1　この証明書は、他人に貸与し、又は譲り渡してはならない。
2　この証明書の効力の交付を受けたときは直ちに所管の登記官に返還しなければならない。
3　この証明書を紛失し、又は毀損したときは、直ちに所管の登記官に届け出なければならない。

不動産登記法抜粋
第137条（立入り権限）
　不動産登記法第百三十四条第1項の筆界調査委員（以下この項において「筆界調査委員等」という。）は、第百四十三条に規定する筆界特定のため必要があると認めるときは、他人の土地に立ち入ることができる。
2　前項の規定により他人の土地に立ち入ろうとする者は、あらかじめ、その旨を当該土地の占有者に通知しなければならない。
3　第1項の規定により宅地又は垣、さく等で囲まれた他人の土地に立ち入るときは、その立ち入ろうとする者は、その身分を示す証明書を携帯し、関係人の請求があったときは、これを提示しなければならない。
4　日出前及び日没後においては、土地の占有者の承諾があった場合を除き、前項に規定する他人の土地に立ち入ってはならない。
5　土地の占有者は、正当な理由がない限り、第1項の規定による立入りを拒んではならない。
6　第1項の規定による立入りをする場合には、その立入りを行う者は、あらかじめその旨を占有者に告げなければならない。
7　国は、第1項の規定による立入りによって損失を受けた者に対して、通常生ずべき損失を補償しなければならない。
第162条（検査の受忍義務等）
　次の各号のいずれかに該当する者は、30万円以下の罰金に処する。
① 第29条第3項（第165条第2項において準用する場合を含む。）の規定による検査を拒み、妨げ、若しくは忌避し、又は質問に対して陳述をせず、若しくは虚偽の陳述をした者
② 第137条第3項の規定による立入りを拒み、又は妨げた者

調査票（登記記録）

手続番号 平成　　年第　　号

作成年月日			
作成者			
土地の表示	地目	公簿地積	不動産番号

（筆界形成の経緯等）

（備考）

調査票（地図、地図に準ずる図面、地積測量図等）

手続番号 平成　　年第　　号

作成年月日
筆界調査委員氏名

（隣接関係及び関係土地）

（筆界線の形状）

（公図の沿革）

（地積測量図）

（その他特記事項）

調査票（現地調査）

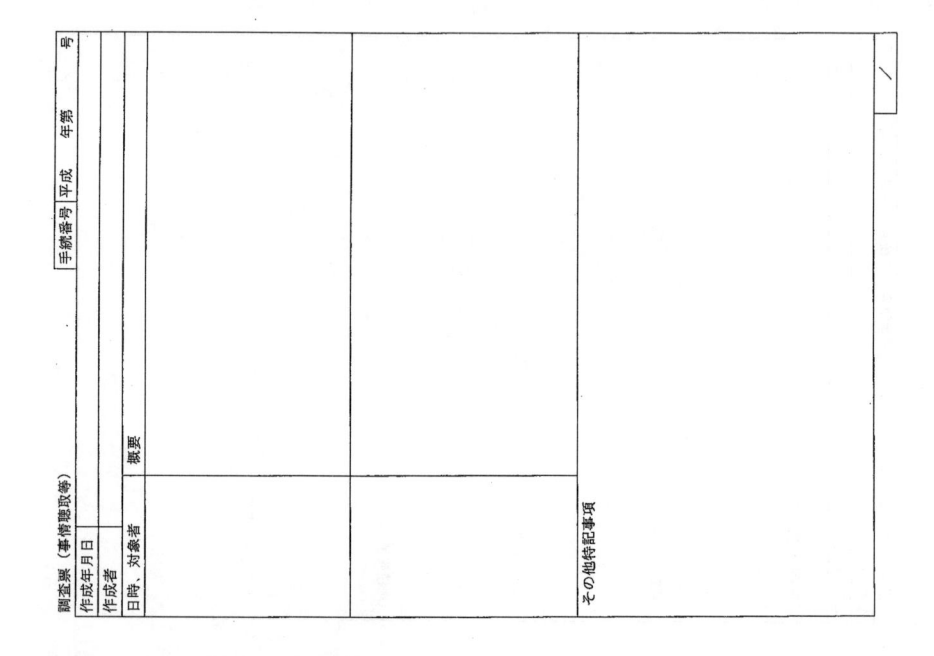

手続番号	平成　年第　　号
作成年月日	
作成者	
調査の日時	立会
	概要
地形等	
使用状況、境界標その他の工作物の有無	
面積	
縄のび等	

調査票（事情聴取等）

手続番号	平成　年第　　号
作成年月日	
作成者	
日時、対象者	概要
その他特記事項	

別記第15号（117関係）

期日調書

手続番号	平成　年第　　　号
筆界特定登記官	㊞
筆界調査委員	
出頭した者	
日　時	平成　年　月　日　午前/午後　時　分
場　所	
手続の要領	
その他	

収集資料

資料の表示	提出者	年月日	摘要	手続番号 平成　年第　　号 備考

別記第16号（122関係）

(地方) 法務局　筆界特定登記官　殿

筆界特定意見書

手続番号　　平成　　年第　　　号
対象土地　　甲　何市区郡何町村大字何字何何番
　　　　　　乙　何市区郡何町村大字何字何何番

標記手続について、下記のとおり、意見を提出します。

　　　　　　　　　　平成　年　月　日
　　　　　　　　　筆界調査委員　氏　名　㊞
　　　　　　　　　　　　　　　　氏　名　㊞

記

意見の内容

対象土地甲と対象土地乙との筆界は、　　　と特定するのが相当である。

意見の理由

別記第17号（124関係）

筆界特定書

手続番号　　平成　　年第　　　号
対象土地　　甲　何市区郡何町村大字何字何何番
　　　　　　　　不動産番号
　　　　　　乙　何市区郡何町村大字何字何何番
　　　　　　　　不動産番号
申請人　　　住　所
　　　　　　氏　名
申請人代理人　資　格　氏　名

上記対象土地について、筆界調査委員　　　　の意見を踏まえ、次のとおり筆界を特定する。

結　　論

対象土地甲と対象土地乙との筆界は、　　　と特定する。

理由の要旨

　　　　　　　　　　(地方) 法務局
　　　　　　　　　　筆界特定登記官　　　　　職印

別記第19号（131、132、133、155関係）

筆界特定手続記録の送付について

（地方）法務局　出張所　御中

　　　　　　　　　　（地方）法務局
　　　　　　　　　　筆界特定登記官　　　㊞

下記の筆界特定の手続について、筆界特定をしたので、別添のとおり、別紙目録の筆界特定手続記録を送付します。

記

筆界特定手続の表示
　手続番号　　平成　　年第　　号
　対象土地　　何市区郡何町村大字何字何番
　　　　　　　何市区郡何町村大字何字何番

平成　年　月　日
筆第　　　号

別記第18号（125関係）

別記第20号（132、133関係）

筆　日　第　　　　　　　筆
平　　　　　　　　　　　日
成　　　　　　　　　　　第
　　　　　　　　　　　　号
　年　　　　　　　　　　
　　　　　　　　　　　　
　月　　　　　　　　　　
　　　　　　　　　　　　
　日　　　　　　　　　　[職印]

（地方）法務局　　出張所　御中

（地方）法務局
筆界特定登記官

筆界特定書等の写しの送付について

下記の筆界特定の手続について、筆界特定をしたので、別添のとおり、筆界
特定書等の写しを送付します。

記

筆界特定手続の表示
手続番号　　平成　　年第　　　号
対象土地　　何市区郡何町村大字何字何番
　　　　　　何市区郡何町村大字何字何番

別紙目録

第1分類
　1（書類の標目）　　　　　　　枚
　2　　　　　　　　　　　　　　枚
　3　　　　　　　　　　　　　　枚
　　小計　　　　　　　　　　　　枚

第2分類
　1（書類の標目）　　　　　　　枚
　2　　　　　　　　　　　　　　枚
　3　　　　　　　　　　　　　　枚
　　小計　　　　　　　　　　　　枚

第3分類
　1（書類の標目）　　　　　　　枚
　2　　　　　　　　　　　　　　枚
　3　　　　　　　　　　　　　　枚
　　小計　　　　　　　　　　　　枚

　　合計　　　　　　　　　　　　枚

別記第21号（134関係）

更　正　書

手続番号　平成　　年第　　　号
対象土地
　甲　何市区郡何町村大字何字何何番
　乙　何市区郡何町村大字何字何何番

申請人　　　住　所
　　　　　　氏　名
申請人代理人　資　格
　　　　　　　氏　名

更正の内容
　筆界特定書中何頁何行目の「　　」を「　　」に更正する。

　　　　　平成　年　月　日
　　　　　　（地方）法務局
　　　　　　　筆界特定登記官　　　　　職印

別記第22号（134関係）

筆第　　　号
平成　年　月　日

　（地方）法務局
　　　　　　　　殿

（地方）法務局
筆界特定登記官　　　職印

更正申出書

下記1の筆界特定の手続に係る筆界特定書について、下記2のとおり更正するよう申し出ます。

記

1　筆界特定手続の表示
　　手続番号　平成　　年第　　　号
　　対象土地　何市区郡何町村大字何字何何番
　　　　　　　何市区郡何町村大字何字何何番

2　更正を要する事項

※　筆界特定書の写し及び更正を要することを証する資料を添付する。

筆界特定手続の事務取扱い

別記第24号（135関係）

筆界特定登記官　平成　年　月　日　第　号

(地方)法務局
　　　　　出張所　御中

(地方)法務局
筆界特定登記官　[職印]

更正書の送付について

下記の筆界特定の手続について、筆界特定書を更正したので、別添のとおり、更正書を送付します。

記

筆界特定手続の表示
　手続番号　平成　年第　号
　対象土地　何市区郡何町村大字何字何番
　　　　　　何市区郡何町村大字何字何番

別記第23号（134関係）

筆界特定登記官　平成　年　月　日　第　号

(地方)法務局
　　　　法務局長　殿

(地方)法務局
筆界特定登記官　[職印]

下記申出に係る筆界特定の更正を許可する（許可しない）。

記

1　申出書の表示
　　筆日第　号
　　平成　年　月　日

2　筆界特定手続の表示
　　手続番号　平成　年第　号
　　対象土地　何市区郡何町村大字何字何番
　　　　　　　何市区郡何町村大字何字何番

3　更正を要する事項

別記第26号（137（2）関係）

筆界特定の申請を却下した旨の公告

下記の筆界特定の手続に係る申請は却下したので、不動産登記規則第244条第4項の規定により、公告する。

平成　年　月　日　　（地方）法務局　筆界特定登記官

記

筆界特定手続の表示
手続番号　平成　年第　　号
対象土地　何市区郡何町村大字何字何何番
　　　　　何市区郡何町村大字何字何何番

別記第25号（137（1）関係）

筆界特定の申請がされた旨の公告

下記のとおり、筆界特定の申請がされたので、不動産登記法第133条第1項の規定により、公告する。

平成　年　月　日　　（地方）法務局　筆界特定登記官

記

筆界特定手続の表示
手続番号　平成　年第　　号
対象土地　何市区郡何町村大字何字何何番
　　　　　何市区郡何町村大字何字何何番

別記第27号（137（3）関係）

筆界特定の申請が取り下げられた旨の公告

下記の筆界特定の手続に係る申請は取り下げられたので、不動産登記規則第245条第4項の規定により、公告する。

　平成　年　月　日　　　　（地方）法務局　　筆界特定登記官

記

筆界特定手続の表示
　手続番号　平成　　　年第　　　号
　対象土地　何市区郡何町村大字何字何何番
　　　　　　何市区郡何町村大字何字何何番

別記第28号（137（4）関係）

筆界特定をした旨の公告

下記の筆界特定の手続について、筆界特定をしたので、不動産登記法第144条第1項の規定により、公告する。

　平成　年　月　日　　　　（地方）法務局　　筆界特定登記官

記

筆界特定手続の表示
　手続番号　平成　　　年第　　　号
　対象土地　何市区郡何町村大字何字何何番
　　　　　　何市区郡何町村大字何字何何番

別記第29号（137（5）関係）

筆界特定書を更正した旨の公告

下記の筆界特定の手続について、筆界特定書を更正したので、不動産登記規則第246条第2項の規定により、公告する。

平成　年　月　日　（地方）法務局　筆界特定登記官

記

筆界特定手続の表示
　手続番号　平成　年第　　号
　対象土地　何市区郡何町村大字何字何番
　　　　　　何市区郡何町村大字何字何番

別記第30号（138関係）

平成　年　月　日

（地方）法務局筆界特定登記官　殿

住　所
氏　名　　　　　㊞

筆界特定手続の通知先の届出書

下記1の筆界特定の手続について、私あてに通知をされるときは、下記2の通知先にお願いします。

記

1　筆界特定手続の表示
　　手続番号　平成　年第　　号
　　対象土地　何市区郡何町村大字何字何番
　　　　　　　何市区郡何町村大字何字何番

2　通　知　先

別記第31号（139関係）

(地方)法務局筆界特定登記官　殿

平成　年　月　日

住所
氏名　　　　　㊞

通知を受ける者の指定

私は、下記1の筆界特定の手続について、今後、下記2の者を通知を受ける者に指定します。

記

1　筆界特定手続の表示
　　手続番号　平成　年第　　号
　　対象土地　何市区郡何町村大字何字何何番
　　　　　　　何市区郡何町村大字何字何何番

2　住所
　　氏名

別記第32号（140(1)関係）

筆通第　　号
平成　年　月　日

(地方)法務局
筆界特定登記官　[職印]

　　　　　　　　殿

筆界特定の申請がされた旨の通知について

別添のとおり、筆界特定の申請がされたので、不動産登記法第133条第1項の規定により、通知します。手続番号及び対象土地は、下記のとおりです。
　なお、あなたは、同法第139条の規定により、筆界特定登記官に対し、意見又は資料を提出することができます。
　詳細は、当(地方)法務局(不動産)登記部門にお問い合わせください。

記

　　　　　　　　　　　　(地方)法務局(不動産)登記部門
　　　　　　　　　　　　担当
　　　　　　　　　　　　電話

筆界特定手続の表示
　手続番号　平成　年第　　号
　対象土地　何市区郡何町村大字何字何何番
　　　　　　何市区郡何町村大字何字何何番

(注)　筆界特定の申請書の写しを添付する。

別記第33号（140（2）関係）

```
                                      筆通第      号
                                   平成  年  月  日

        殿

                        （地方）法務局
                        筆界特定登記官    ［職印］

 筆界特定の申請を却下した旨の通知について
 下記の筆界特定の手続に係る申請は、却下したので、不動産登記規則第２４
４条第５項の規定により、通知します。
                    記

 筆界特定手続の表示
  手続番号   平成   年第   号
  対象土地   何市区郡何町村何大字何字何何番
         何市区郡何町村何大字何字何何番
```

別記第34号（140（3）関係）

```
                                      筆通第      号
                                   平成  年  月  日

        殿

                        （地方）法務局
                        筆界特定登記官    ［職印］

 筆界特定の申請が取り下げられた旨の通知について
 下記の筆界特定の手続に係る申請は、取り下げられたので、不動産登記規則
第２４５条第５項の規定により、通知します。
                    記

 筆界特定手続の表示
  手続番号   平成   年第   号
  対象土地   何市区郡何町村大字何字何何番
         何市区郡何町村大字何字何何番
```

別記第35号（140（4）関係）

筆通第　　　号
平成　年　月　日

（地方）法務局
筆界特定登記官　　職印

　　　　殿

筆界特定書の写しの送付について

下記の筆界特定の手続について、筆界特定をしたので、不動産登記法第144条第1項の規定により、別添のとおり、筆界特定書の写しを送付します。

記

筆界特定手続の表示
　手続番号　　平成　　年第　　　号
　対象土地　　何市区郡何町村大字何字何何番
　　　　　　　何市区郡何町村大字何字何何番

別記第36号（140（5）関係）

筆通第　　　号
平成　年　月　日

（地方）法務局
筆界特定登記官　　職印

　　　　殿

筆界特定をした旨の通知について

下記の筆界特定の手続について、筆界特定をしたので、不動産登記法第144条第1項の規定により、通知します。

記

筆界特定手続の表示
　手続番号　　平成　　年第　　　号
　対象土地　　何市区郡何町村大字何字何何番
　　　　　　　何市区郡何町村大字何字何何番

別記第38号（140（7）関係）

筆通第　　　号
平成　年　月　日

（地方）法務局
筆界特定登記官　　　㊞

　　　　　殿

筆界特定書を更正した旨の通知について

下記の筆界特定の手続について、筆界特定書を更正したので、不動産登記規則第246条第2項の規定により、通知します。

記

筆界特定手続の表示
　手続番号　平成　年第　　　号
　対象土地　何市区郡何町村大字何字何番
　　　　　　何市区郡何町村大字何字何番

別記第37号（140（6）関係）

筆通第　　　号
平成　年　月　日

（地方）法務局
筆界特定登記官　　　㊞

　　　　　殿

筆界特定書を更正した旨の通知について

下記の筆界特定の手続について、筆界特定書を更正したので、不動産登記規則第246条第2項の規定により、別添のとおり、更正の内容を通知します。

記

筆界特定手続の表示
　手続番号　平成　年第　　　号
　対象土地　何市区郡何町村大字何字何番
　　　　　　何市区郡何町村大字何字何番

※　更正書の写しを添付する。

別記第40号（144、157関係）

筆界特定手続記録

筆界特定登記官	対象土地の表示		（地方）法務局					
手続番号	符号							
平成　年第　月　日受付	甲号							
平成　年第　月　日受付	乙号							
平成　年第　月　日受付	号							
符号	申請人	代理人	符号	関係人及び関係土地	代理人	調査委員	補助職員	結果　平成　年　月　日　□筆界特定　□却下　□取下げ　保存期限　平成　年　月　日

別記第39号（142関係）

公告・通知管理票

（　　　　　　　　）の公告及び通知

公告年月日　平成　年　月　日

相手方	通知番号	通知発出年月日	備考
	第通知第　号		

別記第42号（144（2）関係）

手続の表示　平成　年第　　号
提出者（　　　　　　　　　　）

意見等目録（関係人提出　B号証）

番号	意見・資料の標目	備考（提出年月日・還付年月日等）

別記第41号（144（2）関係）

手続の表示　平成　年第　　号
提出者（　　　　　　　　　　）

意見等目録（申請人提出　A号証）

番号	意見・資料の標目	備考（提出年月日・還付年月日等）

別記第44号（148関係）

筆第　日第　号
平成　年　月　日

(地方）法務局
筆界特定登記官　職印

殿

予　納　命　令

下記の筆界特定の手続に関し、不動産登記法第146条第5項の規定により、手続費用の概算額として、金　　　円を平成何年何月何日までに納付してください。
上記期日までに納付されないときは、不動産登記法第132条第1項第9号の規定により、筆界特定の申請を却下することになります。

記

筆界特定手続の表示
手続番号　平成　年第　　号
対象土地　何市区郡何町村大字何字何番
　　　　　何市区郡何町村大字何字何番

別記第43号（144（2）関係）

手続の表示　平成　年第　　号
提出者（　　　　　　　　）

資料目録（職権）

番号	資料の標目	備考（入手先、入手年月日、還付年月日等）

別記第46号（155関係）

筆第　号
平成　年　月　日

（地方）法務局　　出張所
登記官　　　　　　　職印

筆界特定手続記録の受領について

平成何年何月何日付け筆日第何号をもって送付を受けた別紙目録の筆界特定手続記録（手続番号　平成何年第何号）を受領しました。

別記第45号（152関係）

筆第　号
平成　年　月　日

（地方）法務局
筆界特定登記官　　殿

（地方）法務局　　出張所
登記官　　　　　　　職印

筆界特定手続の資料の送付について

何（地方）法務局平成何年第何号の筆界特定の手続の資料を、下記のとおり、送付します。

記

1　対象土地　何市区郡何町村大字何字何何番に関する資料

2　対象土地　何市区郡何町村大字何字何何番に関する資料

3　関係土地　何市区郡何町村大字何字何何番に関する資料

別紙目録

第1分類
 1（書類の標目）　　枚
 2　　枚
 3　　枚
  小計　　枚

第2分類
 1（書類の標目）　　枚
 2　　枚
 3　　枚
  小計　　枚

第3分類
 1（書類の標目）　　枚
 2　　枚
 3　　枚
  小計　　枚

  合　計　　枚

⑨ 筆界特定がされた場合における登記事務の取扱いについて（依命通知）

（平成18年1月6日法務省民二第27号）

　筆界特定の事務の取扱いについては、平成17年12月6日付け法務省民二第2760号民事局長通達（以下「施行通達」という。）に示されたところですが、筆界特定がされた場合において、筆界特定手続記録の送付を受けた当該筆界特定に係る対象土地を管轄する登記所（以下「管轄登記所」という。）の登記事務は、下記のとおり取り扱うこととしたので、この旨管下登記官に周知方取り計らい願います。

　なお、本通知中、「法」とあるのは不動産登記法等の一部を改正する法律（平成17年法律第29号）による改正後の不動産登記法（平成16年法律第123号）を、「規則」とあるのは不動産登記法等の一部を改正する法律の施行に伴う関係省令の整備に関する省令（平成17年法務省令第106号）による改正後の不動産登記規則（平成17年法務省令第18号）を、「準則」とあるのは不動産登記事務取扱手続準則（平成17年2月25日付け法務省民二第456号民事局長通達）をいいます。

記

第1　筆界特定登記官の意見の伝達

　筆界特定を行った筆界特定登記官は、筆界特定手続記録を管轄登記所に送付する場合において、対象土地について筆界特定に伴い地積に関する更正の登記又は地図等の訂正をすることが相当と認めるときは、管轄登記所の登記官に、その旨の意見を伝えるものとする。この場合の意見の伝達、書面、電話その他の適宜の方法によって差し支えない。

第2　筆界特定手続記録の受領及び調査

　筆界特定手続記録は、筆界特定の手続の終了後、遅滞なく、管轄登記所に送付され（規則第233条第1項）、管轄登記所において、所要の受領の手続をするものとされた（施行通達155）。
　この場合には、管轄登記所の登記官は、当該筆界特定手続記録の受領の手続後速やかに、第1の筆界特定登記官の意見及び筆界特定手続記録の内容を踏まえ、対象土地につき、地積に関する更正の登記又は地図等の訂正を職権ですることが可能かどうかを調査しなければならない。

第3　職権による登記及び地図訂正

1　職権での登記又は地図訂正をすべき場合

　(1)　地積に関する更正の登記
　　　管轄登記所の登記官は、筆界特定手続記録により、対象土地の筆界に係るすべての筆界点について、規則第77条第1項第7号に掲げる事項であって、規則第10条第4項の規定に適合するものを確認することができる場合（筆界の一部を法第14条第1項の地図その他の登記所に備え付けられた図面により確認することができる場合を含む。）において、

対象土地の登記記録の地積に錯誤があると認められ、かつ、対象土地の表題部所有者若しくは所有権の登記名義人又はこれらの相続人その他の一般承継人に対し、適宜の方法により、地積に関する更正の登記の申請を促すものとし、その者が申請をしないときは、職権で対象土地について地積に関する更正の登記をするものとする。
(2) 地図等の訂正
　管轄登記所の登記官は、次に掲げるすべての要件を満たす場合には、筆界特定により特定された筆界に基づき、対象土地の表題部所有者若しくは所有権の登記名義人又はこれらの相続人その他の一般承継人に対し、適宜の方法により、地図等の訂正の申出を促すものとし、その者が申出をしないときは、職権で法第14条第1項の地図又は準則第13条第1項の規定により備え付けられた図面(以下「地図等」という。)の訂正をするものとする。
　なお、地図等の訂正をする場合において、当該土地の登記記録の地積に錯誤があるときには、(1)の地積に関する更正の登記と併せてしなければならない。
　ア　対象土地の全体を一筆の土地とみなした場合に当該一筆の土地の区画を構成することとなる筆界に係るすべての筆界点を筆界特定手続記録によって確認することができること。
　イ　これらの各筆界点の座標値が、地図等に記録されている当該各筆界点に対応する点の座標値と規則第10条第4項の誤差の限度内で一致すること。
2　立件
　管轄登記所の登記官は、筆界特定手続記録の内容を調査した結果、職権で地積に関する更正の登記又は地図等の訂正をすることが相当であると認めた場合には、規則第96条の規定による立件の手続を行うものとする。
3　筆界特定関係簿への記載
　管轄登記所の登記官は、2の立件をした場合には、筆界特定関係簿中当該筆界特定の手続に係る項の備考欄に立件の年月日及び番号並びに登記の目的又は事件の種別を記載するものとする。
4　登記記録への記録
　1の(1)に基づいて地積に関する更正の登記をする場合の記録例は、別紙のとおりとする。
5　地積測量図のつづり込み
　1に基づき、職権で対象土地について地積に関する更正の登記又は地図等の訂正をしたときは、当該対象土地に係る規則第77条第1項各号に掲げる事項を記載した図面を同条第2項から第4項までの規定に従って作成し、当該図面を、便宜、土地図面つづり込み帳につづり込むものとする。この場合には、規則第85条第1項並びに準則第55条第1項及び第3項に規定する手続に準ずるものとする。
　なお、更正前の地積測量図は、閉鎖しなければならない(規則第85条第2項)。

別紙
登記記録例

【表題部】（土地の表示）			調製 （抹消）	地図番号	A-12
					平成〇年〇月〇日 筆界特定（手続番号） 平成〇年第〇〇号）
【不動産番号】	1234567890123				
【所　在】	甲市乙町二丁目		（抹消）		
【①地　番】	【②地　目】	【③地　積】㎡	【原因及びその日付】		【登記の日付】
5番	宅地	694｜21	（抹消）		（抹消）
	（抹消）	701｜69	③錯誤、筆界特定		平成18年5月31日

⑩ 筆界特定の手続に関する保管金の取扱いについて（通達）

(平成18年1月6日法務省民二第33号)

不動産登記法等の一部を改正する法律（平成17年法律第29号）が平成18年1月20日から施行されることとなり、本日付けで法務省会訓第16号法務大臣訓令「筆界特定の手続に関する保管金の取扱いに関する規程」（以下「規程」という。）が発出されたところですが、これに伴う事務の取扱いについては、下記に留意し、事務処理に遺憾のないよう、貴管下職員に周知方取り計らい願います。

記

第1 出納官吏

規程第2条の保管金の出納及び保管に関する事務は、法務局及び地方法務局の本局の歳入歳出外現金出納官吏（以下「出納官吏」という。）が取り扱う。

なお、当該保管金及び出納官吏は、電子情報処理組織を使用して処理する場合における保管金取扱規程等の特例に関する省令（平成17年財務省令第5号。以下「特例省令」という。）第2条第1項及び第3項に基づき、同条第1項に規定する財務大臣が指定する各省各庁の長が保管する現金及び同条第3項に規定する財務大臣が指定する歳入歳出外現金出納官吏に指定される予定であり、その保管に関する事務については、官庁会計事務データ通信システム（以下「ADAMS」という。）を使用して処理することとなる。

第2 保管金の受入事務

1 筆界特定登記官における受入事務
(1) 保管金提出書の作成及び交付
　ア 規程第5条第1項の保管金提出書（別紙第1号様式。以下「提出書」という。）の「金額」欄には、提出者（筆界特定の申請人又はその代理人）が提出すべき金額をアラビア数字で記載する。この金額の訂正はできないものとする。
　「手続番号」、「提出書番号」及び「筆界特定登記官」の各欄は、筆界特定登記官が記載する。
　イ 提出書の提出年月日並びに提出者の住所、電話番号及び氏名は、提出者に記載させた上、押印させる。ただし、提出者から郵便等により保管金の送付があった場合において、提出者に記載させることができないときは、筆界特定登記官が記載する。
　ウ 筆界特定登記官は、提出者に提出書への押印をさせることができないときは、当該提出書の余白に提出者の押印がない旨を記載した上、押印する。
　エ 金額の誤記等により当該提出書を使用することができないこととなったときは、当該提出書を裁断等の方法により直ちに確実に廃棄した上、新たな用紙により提出書を作成する。
　オ 筆界特定登記官は、保管金の提出を指示する際、明らかに還付の余地がない場合を除

き、提出者に対し、保管金を提出すると同時に事前の還付請求ができる旨及び第5の2に定める請求の方法を教示し、還付金の振込先等を記載させる。
(2) 保管金提出書管理簿への記載
　ア　筆界特定登記官は、提出書を作成したときは、保管金提出書管理簿（別紙第2号様式。以下「提出書管理簿」という。）に手続番号、金額、提出者氏名及び提出書交付年月日を記載する。提出書交付年月日は、提出書を提出者に交付した年月日を記載する。
　イ　提出書管理簿の「契印」欄に提出書をかけて契印する。
(3) 保管金受払票の作成
　ア　筆界特定登記官は、提出書を作成したときは、保管金受払票（別紙第3号様式。以下「受払票」という。）を作成して筆界特定手続記録の冒頭につづり込む。
　イ　受払票は、各手続における提出者ごとに作成する。
　ウ　受払票の「提出書番号」欄には提出書に付した番号を、「金額」欄には提出書の金額を記載する。
(4) 提出書の再交付
　提出者が提出書の再交付を申し出たときは、提出書を新たに作成して交付することができる。この場合には、次の措置を講じ、従前交付した提出書は、使用させない。
　ア　新たに作成する提出書の欄外の適宜の箇所に再交付の旨、その事由及び従前の提出書番号を記載する。
　イ　提出書管理簿の、新たに作成する提出書に係る「提出者氏名」欄に提出者氏名とともに「（再交付）」と記載する。従前の提出書に係る箇所には斜線を引き、再交付の旨、その年月日及び新たな提出書の提出書番号を記載する。
　ウ　受払票の、従前の提出書の提出書番号に係る「備考」欄に再交付の旨及び新たな提出書の提出書番号を記載する。
(5) 保管金振込書
　規程第5条第2項の保管金振込書の書式は、保管金払込事務等取扱規程（昭和26年大蔵省令第30号。以下「払込省令」という。）第2号書式による（払込省令第4条）。
2　出納官吏における受入事務
(1) 保管金の受領
　ア　出納官吏は、規程第5条第1項又は第2項の規定により提出書に現金又は保管金領収証書を添えて保管金の提出を受けたときは、受入年月日及び現金又は保管金領収証書の別を提出書に明記する。
　イ　規程第6条第1項の保管金受領証書の書式は、保管金取扱規程（大正11年大蔵省令第5号。以下「保管金省令」という。）第1号書式による（保管金省令第6条）。
(2) 保管金の払込
　出納官吏は、保管金の提出を受けたときは、当該保管金を日本銀行に速やかに払い込まなければならない（法務局及び地方法務局会計事務章程（昭和24年5月31日付け会甲第3567号法務大臣訓令）第8条において準用する検察庁会計事務章程（昭和22年8月1日付け会甲第2481号法務大臣訓令）第60条）。この場合、保管金払込書に「保管金」の印を押し、これに現金を添えて払い込む。保管金払込書の書式は、払込省令第1号書式による（払込省令第3条）。
(3) 現金出納簿の登記
　予算決算及び会計令（昭和22年勅令第165号）第135条の規定による現金出納簿の登記は、ADAMSにより行う（特例省令第2条及び第3条）。

3　提出済の通知
　(1)　保管票の作成
　　　ア　規程第6条第1項の提出済の通知は、別紙第4号様式の保管票を作成して押印し、送付する方法によって行う。
　　　イ　提出者が事前還付請求をしているときは、保管票に「振込請求済」である旨を明記することに留意する（第5の4(2)イ参照）。
　(2)　保管票の送付
　　　出納官吏は、提出済等通知簿（別紙第5号様式）に所要の記載をした上、保管票を筆界特定登記官に送付し、「受領印」欄に受領印を徴する。
　(3)　受払票等の記載
　　　筆界特定登記官は、(1)及び(2)により出納官吏から提出済の通知を受けたときは、これに基づき、提出書管理簿の「受入年月日」欄並びに受払票の「受入年月日」、「摘要」、「受高」及び「残高」の各欄に所要の記載をして押印する。

第3　払渡事務

1　筆界特定登記官における払渡事務
　(1)　請求書等の取扱い
　　　ア　筆界特定登記官は、報酬若しくは費用の支給又は保管金の残額の還付を請求する権利を有する者等、保管金の払渡しを受ける権利を有する者（以下「権利者」という。）から保管金払渡請求書又は保管金受領証書（以下「請求書等」という。）が提出された場合において、保管金の払渡しをすべきときは、権利者に「領収の旨」の記載（保管金省令第7条第2項）をさせる。
　　　イ　権利者が保管金省令第8条の規定により送金又は振込の方法による支払を受けようとするときは、請求書等にその旨を付記させる。
　　　ウ　筆界特定登記官は、請求に係る払渡しにつき支給決定をしたときは、請求書等にその旨を記載し、登記官印を押印する。
　(2)　受払票の記載
　　　筆界特定登記官は、(1)ウの支給決定をしたときは、受払票の「払渡通知年月日」、「摘要」、「払高」及び「残高」の各欄に所要の記載をして押印する。
2　払渡通知
　(1)　保管票の記載
　　　筆界特定登記官は、保管票の「払渡通知年月日」、「摘要」、「払高」及び「残高」の各欄に所要の記載をして押印する。「期満失効起算年月日」欄には、必要があるものについて、その年月日を記載する。
　(2)　保管票の送付
　　　筆界特定登記官は、払渡等通知簿（別紙第6号様式）に所要の記載をした上、保管票を請求書等とともに出納官吏に送付し、「受領印」欄に受領印を徴する。
3　出納官吏における払渡事務
　(1)　払渡手続
　　　出納官吏は、保管票の送付を受けたときは、保管金省令、出納官吏事務規程（昭和22年大蔵省令第95号）、払込省令、特例省令等に従い、保管金の払渡しの手続を行う。
　　　なお、現金出納簿の登記は、ADAMSの所要の処理により、自動的に行われる。

(2) 保管金提出書裏面の記載等

(1)の手続を終えたときは、提出書裏面に所要事項を記載するとともに、保管票の「出納官吏印」欄に押印する。

第4　源泉徴収

1　源泉徴収義務等
(1)　保管金をもって測量等に係る報酬及び費用（以下「報酬等」という。）を支払う場合において、当該報酬等が所得税法（昭和40年法律第33号）第204条第1項各号に掲げる報酬又は料金に該当するときは、当該報酬又は料金に係る所得税の源泉徴収をしなければならない。
(2)　(1)の場合には、筆界特定登記官による支給決定（第3の1（1）ウ）は、源泉徴収税額を含めた報酬等の総額について行えば足りる。出納官吏による払渡決議は、本人支払額及び源泉徴収税額をそれぞれ明確にして行う。

2　支払手続
(1)　報酬等の支払

出納官吏は、1(1)に該当する報酬等の支払をしようとするときは、当該報酬等の額から所得税法第204条第1項及び第205条の規定により徴収すべき所得税額を控除した残額を支払い、領収証書を徴する（保管金省令第7条ノ2、出納官吏事務規程第62条）。ただし、送金又は振込みによる支払の場合には、領収証書を徴することを要しない（特例省令第17条）。

(2)　所得税額の払込み

ア　出納官吏は、(1)により所得税額を控除した残額の支払をしたときは、所得税額に相当する現金に納付書（国税通則法（昭和37年法律第66号）第34条第1項）及び計算書（所得税法施行規則（昭和40年大蔵省令第11号）第80条）を添えて日本銀行に払い込み、領収証書の交付を受けなければならない（保管金省令第18条ノ2）。この場合、出納官吏は、特例省令第1号書式による国庫金振替書、納付書及び計算書をADAMSを使用して作成し、日本銀行本店に送信して、保管金から国税収納金整理資金への国庫内移換の手続をさせる（特例省令第14条、払込省令第8条第2項第5号及び第5項）。

イ　国庫金振替書には、払出科目として「保管金」と、振替先としてその受入金の取扱庁名を、受入科目として「何年度国税収納金整理資金」と記録し、「所得税」の旨を併せて記録する（特例省令第14条、払込省令第8条の2第1項第4号及び第4項）。

3　源泉徴収額の計算
(1)　基礎控除方式が適用される報酬等

司法書士又は土地家屋調査士の業務に関する報酬又は料金等、所得税法第205条第2号に規定される報酬又は料金につき源泉徴収をする場合には、その金額から政令で定める金額を控除した残額に100分の10の税率を乗じて計算した額を徴収する（所得税法第205条第2号）。この「政令で定める額」は、司法書士又は土地家屋調査士の業務に関する報酬又は料金については、同一人に対し1回に支払われる金額につき1万円である（所得税法施行令（昭和40年政令第96号）第322条）。

(2)　(1)以外の報酬等

所得税法第204条第1項各号に掲げる報酬等であって(1)以外のものについて源泉徴収をする場合には、その金額に100分の10（同一人に対する1回の支払額が100万円を超える場合には、その超える部分の金額については、100分の20）の税率を乗じて計算した額を徴収する（所得

税法第205条第1号)。
 4 支払調書
　居住者又は内国法人に対して所得税法第204条第1項各号に該当する報酬又は料金を支払った場合には、その支払の確定した日の属する年の翌年1月31日までに、支払調書を所轄税務署長に提出しなければならない(所得税法第225条第1項第3号)。ただし、同一人に対するその年中の支払総額が5万円以下の場合には、支払調書の提出は不要である(所得税法施行規則第84条第2項第4号)。

第5 還付手続

 1 事前還付請求
　保管金を提出しようとする者は、当該保管金を提出するに際し、あらかじめ、還付事由を生じた場合には振込の方法で還付金の払渡しを受ける旨の請求(以下「事前還付請求」という。)をすることができる。
 2 請求の方法
 (1) 事前還付請求は、この請求を行う提出者(以下「還付請求者」という。)が提出書(兼還付請求書)の「還付金の振込先等」欄に所要の事項を記載する方法で行う。
 (2) 還付請求者が指定する口座について、後に解約、変更その他振込に支障のある事由が生じた場合には、還付請求者は、その事由を記載した指定口座変更届(別紙第7号様式)を速やかに提出する。
 3 「還付金の振込先等」の記載等
　筆界特定登記官は、還付請求者に対し、「還付金の振込先等」欄の記載に関して次に掲げる事項につき注意を喚起する。
 (1) 還付請求者が指定する振込先の預金口座は、還付請求者名義のものであること。
 (2) 「還付金の振込先等」の記載は、正確かつ明りょうに行うこと。
 4 受理等
 (1) 還付請求者が「還付金の振込先等」欄に所要の事項を記載して出納官吏に提出した場合には、還付事由の発生を条件とする請求があったものとして受理する。
 (2) 出納官吏は、請求を受理した場合には、次に定める措置を執る。
　ア　保管金の提出者に交付すべき保管金受領証書の適当な箇所に「振込請求済」と朱書きするとともに、指定口座への振込に支障を生じた場合には、至急届け出る必要がある旨を付記する。
　イ　筆界特定登記官に送付すべき保管票の「備考」等の適切な箇所に「振込請求済」と明記する。
 (3) (1)の請求があった後に、指定口座変更届が提出された場合には、出納官吏は、提出書(兼還付請求書)の枠外に当該変更届の提出年月日及び変更の旨を付記(朱書き)した上、提出書(兼還付請求書)に当該変更届を添付して保管する。
 (4) 保管金の提出者が事前還付請求をしない場合には、出納官吏は、提出書(兼還付請求書)の「還付金の振込先等」欄に「不請求」と朱書きするとともに、保管票の「備考」欄に同様に朱書きして筆界特定登記官に送付する。
 5 還付
 (1) 保管金の提出者が事前還付請求をしている場合において、筆界特定登記官から還付のための払渡通知があったときは、出納官吏は、「還付金の振込先等」欄に記載された指定口座(指定口座変更届が提出されているときは、当該変更届に記載された変更後の指定振込

先口座）に振り込む方法で速やかに還付する。
　⑵　保管金の提出者が事前還付請求をしていない場合には、筆界特定登記官は、還付事由が発生した時に、提出者に対し適宜の方法で還付の通知をした上、出納官吏に対して払渡通知を行い、出納官吏は、保管金受領証書又は保管金払渡請求書（以下「保管金受領証書等」という。）による請求を待って還付する。
　6　振込不奏功の場合の措置
　　請求者の指定した口座が解約され、名義が変更される等により振込による還付が確定的に不奏功になった場合には、出納官吏は、次に定める手続を執る。
　⑴　提出書の裏面に記載された還付払渡しに関する記載の次の箇所に「振込不能により受入れ」と記載し、受け入れる。
　⑵　請求者に還付通知をし、請求者が改めて還付請求をする場合には、その意思を確認した上で、「還付金の振込先等」欄の枠外に事前還付請求を取り下げる旨及び取下年月日を付記（朱書き）し、保管金受領証書等による請求に基づいて還付する。

第6　保管替に関する事務

　筆界特定手続の移送（不動産登記規則（平成17年法務省令第18号）第215条において準用する第40条第1項又は同令第236条において準用する第32条第1項参照）等に伴い、A（地方）法務局の保管金をB（地方）法務局の保管金とする場合の取扱いは、保管金省令第5章等の規定によるほか、以下による。
　1　保管金受入通知書の作成等
　⑴　保管金受入通知書は、提出書の用紙を用いて作成し（規程第5条第3項）、その記載については、次によるほか、第2の1⑴及び⑵の例による。
　　ア　「金額」の余白には保管替をした局名を、「提出年月日」には受入通知書を作成した年月日を記載する。
　　イ　提出者の住所及び氏名は筆界特定登記官が記載し、提出者の印は要しない。
　⑵　筆界特定登記官は、受入通知書を作成したときは、第2の1⑶の例により受払票を作成して筆界特定手続記録の冒頭につづり込む。
　2　受入済の通知
　⑴　出納官吏は、保管替に係る保管金を受け入れたときは、筆界特定登記官に対し、保管票により受入済の通知をする（規程第6条第2項）。
　⑵　筆界特定登記官は、出納官吏から受入済の通知を受けたときは、これに基づき、第2の3⑶の処理をする。

第7　帳簿諸票等の整理

　1　保管票は、手続番号又は提出書番号の順にとじて整理し、既済になった都度、提出書番号の順に別にとじて整理し、既済会計年度ごとにつづり込む。
　2　提出済等通知簿は会計年度ごとに、払渡等通知簿は暦年ごとに区分する。
　3　1及び2の帳簿諸票以外の書類で手続記録につづり込まないものは、既済年月日の順につづり込み、会計事務に関するものは会計年度ごとに、それ以外のものは暦年ごとに区分する。

別紙第1号様式

筆界特定手続の保管金取扱い（通達）

(表)

保管金提出書
（兼還付請求書）

手続番号	第　　　年　　　号

受入年月日　平成　　年　　月　　日
提出番号　　第　　　　　号　㊞
筆界特定登記官

金額	億 千 百 十 万 千 百 十 円

※提出年月日　平成　　年　　月　　日　（現金・保管金領収証書）

※
提
出
者
住所
電話（　　）
フリガナ
氏名　　　　　　　　　　　㊞

＜還付金の振込先等＞

※振込先　銀行・金庫　本店・支店
金融機関名
※預金種別　普通・当座・別段・通知
※口座番号
フリガナ
口座名義人
住所
フリガナ
氏名

振込年月日　平成　　年　　月　　日　小切手番号

○注意
1　※の箇所は、提出者が記入してください。
2　還付金の振込先等、確認事項の変更を生じた場合には、本文記号を定できません。
3　振込先金融機関名（通用）に現金又は出来銀行から交付された保管金領収証書を添え、購入送出外現金出納計算官係処理出してください。
4　通用振込（通用）に現金又は出来銀行から交付された保管金領収証書を添え、購入送出外現金出納計算官係処理出してください。
5　保管金を提出した場合には、保管金領収証書を返付しますので、必ず受け取ってください。

(裏)

還付受領年月日	摘要	期満失効 起算年月日	払	残高 円	残高 円	払渡年月日
． ．		． ．				． ．
． ．		． ．				． ．
． ．		． ．				． ．
． ．		． ．				． ．
． ．		． ．				． ．
． ．		． ．				． ．
． ．		． ．				． ．
． ．		． ．				． ．
． ．		． ．				． ．

別紙第2号様式

保管金提出書管理簿

通し番号	手続番号	金額	提出者氏名	提出書交付年月日	契印	受入年月日	備考
1	平成 年 第 号	円		・ ・		・ ・	
2	平成 年 第 号	円		・ ・		・ ・	
3	平成 年 第 号	円		・ ・		・ ・	
4	平成 年 第 号	円		・ ・		・ ・	
5	平成 年 第 号	円		・ ・		・ ・	
6	平成 年 第 号	円		・ ・		・ ・	
7	平成 年 第 号	円		・ ・		・ ・	
8	平成 年 第 号	円		・ ・		・ ・	
9	平成 年 第 号	円		・ ・		・ ・	
10	平成 年 第 号	円		・ ・		・ ・	
11	平成 年 第 号	円		・ ・		・ ・	
12	平成 年 第 号	円		・ ・		・ ・	
13	平成 年 第 号	円		・ ・		・ ・	
14	平成 年 第 号	円		・ ・		・ ・	
15	平成 年 第 号	円		・ ・		・ ・	

別紙第3号様式

保管金受払票（表）

提出者番号	提出者氏名 筆界特定登記官印	金額 受払額	備考
第 号		円	
第 号		円	
第 号		円	
第 号		円	
第 号		円	

受入年月日	摘要	受入額	払出額	残高	筆界特定登記官印
・ ・		円	円	円	

別紙第4号様式

(表)

保 管 簿				受入年月日	平成　年　月　日	出納官吏印
提出書番号	第 号			提出者氏名		
手続番号	第 号	年 度		提出金額	(現金・保管金領収証書)	円
備考						

払渡通知書発送 年月日	効果特定 起算年月日	失効年月日	領収印	出納官吏印	払 高	残 高
・	・	・				円
・	・	・				
・	・	・				
・	・	・				

(裏)

受入年月日 出納印	摘要	受高	払高	残高	筆界特定 登記官印
・ ・		円	円	円	
・ ・					
・ ・					
・ ・					
・ ・					
・ ・					
・ ・					
・ ・					
・ ・					
・ ・					
・ ・					
・ ・					

別紙第5号様式

提 出 済 等 通 知 簿

平成　　年度

提出種番号	受入年月日	受入金額	提出者氏名	受領印	備考

(裏)

番号	通知年月日	登記済証失効年月日	登記済証番号	摘要	出納官吏払	高 円	境 高 円

別紙第7号様式

平成　年　月　日

(地方)法務局　歳入歳出外現金出納官吏　殿

請求者　　　　　　　㊞

指定口座変更届

(地方)法務局平成　年第　号筆界特定手続について、平成　年　月　日付けで提出した保管金(提出番号第　号)につき、残額の還付のために指定した振込先口座を下記のとおり変更します。

記

1　変更事由

2　変更事項

	金融機関名	預金種別	口座番号	口座名義人の住所・氏名
旧	銀行 金庫 本店 支店	普通 当座 別段 通知	号	住所 (フリガナ) 氏名
新	銀行 金庫 本店 支店	普通 当座 別段 通知	号	住所 (フリガナ) 氏名

別紙第6号様式

平成　年

払渡等通知簿

送付月日	提出番号	手続番号	受領印	備考
・	第　号	平成　年第　号		
・	第　号	平成　年第　号		
・	第　号	平成　年第　号		
・	第　号	平成　年第　号		
・	第　号	平成　年第　号		
・	第　号	平成　年第　号		
・	第　号	平成　年第　号		
・	第　号	平成　年第　号		
・	第　号	平成　年第　号		
・	第　号	平成　年第　号		
・	第　号	平成　年第　号		
・	第　号	平成　年第　号		
・	第　号	平成　年第　号		
・	第　号	平成　年第　号		

11 筆界特定の手続に関する保管金の取扱いに関する規程

(平成18年1月6日法務省会訓第16号)

筆界特定の手続に関する保管金の取扱いに関する規程を次のように定める。

(趣旨)
第1条　法務局及び地方法務局における保管金の受入れ及び払渡しに関する事務で不動産登記法(平成16年法律第123号)第6章に定める筆界特定の手続に関するものについては、他の法令(法務局及び地方法務局会計事務章程(昭和24年5月31日付け会甲第3567号法務大臣訓令)を含む。)に定めるもののほか、この規程の定めるところにより処理しなければならない。

(定義)
第2条　この規程において「保管金」とは、筆界特定の手続に関し、不動産登記法第146条第1項の手続費用の概算額として、筆界特定の申請人(以下「申請人」という。)が同条第5項の規定に基づき予納する現金で、法務局及び地方法務局の歳入歳出外現金出納官吏(以下「出納官吏」という。)が保管するものをいう。

(取扱者)
第3条　保管金の受入れ及び払渡しに関する事務は、当該法務局又は地方法務局の筆界特定登記官(不動産登記法第125条の筆界特定登記官をいう。)が、この規程の定めるところにより取り扱うものとする。

(取扱上の注意)
第4条　筆界特定登記官は、前条の事務の取扱いを適正かつ迅速にするように注意しなければならない。

(受入れ)
第5条　筆界特定登記官は、申請人に保管金を提出させるときは、別に定める保管金提出書に記名押印して提出者に交付し、これに現金を添えて出納官吏に提出させなければならない。
2　前項の場合において、提出者に保管金を日本銀行に振り込ませるときは、筆界特定登記官は、保管金振込書を交付してこれをさせ、保管金提出書に保管金領収証書を添えて出納官吏に提出させなければならない。
3　筆界特定登記官は、他官庁から保管金の保管替を受ける場合には、出納官吏に対し、受入通知書(様式は、保管金提出書に準ずる。)により受入れの通知をしなければならない。

(提出済通知等)
第6条　出納官吏は、前条第1項又は第2項の規定により保管金の提出を受けたときは、提出者に対し、保管金受領証書を交付するとともに、筆界特定登記官に対し、別に定める保管票により提出済の通知をしなければならない。
2　出納官吏は、前条第3項の規定により保管金の保管替を受けたときは、筆界特定登記官に対し、保管票により受入済の通知をしなければならない。

(払渡通知等)
第7条　保管金の払渡し若しくは保管替をするとき、又は保管金が国庫に帰属したときは、筆界特定登記官は、出納官吏に対し、保管票によりその旨を通知しなければならない。

附　則

(施行期日)
この訓令は、平成18年1月20日から施行する。

12 筆界特定の申請における対象土地の価額の算定事務の取扱いについて（通知）

（平成17年12月26日法務省民二第2892号）

　不動産登記法等の一部を改正する法律（平成17年法律第29号）による改正後の不動産登記法（平成16年法律第123号）第131条第1項の規定による筆界特定の申請についての手数料は、対象土地（同法第123条第3号の対象土地をいう。以下同じ。）の価額として法務省令で定める方法により算定される額の合計額の2分の1に相当する額に、法務省令で定める割合を乗じて得た額を基礎として算出することとされ（不動産登記法等の一部を改正する法律の施行に伴う関係政令の整備に関する政令（平成17年政令第337号）による改正後の登記手数料令（昭和24年政令第140号）第4条の3第1項）、対象土地の価額は、地方税法（昭和25年法律第226号）第341条第9号に掲げる固定資産課税台帳に登録された価格（以下「台帳価格」という。）に基づいて算定することとされました（筆界特定申請手数料規則（平成17年法務省令第105号）第1条第1項）。

　これに伴い、筆界特定の申請の手数料の算定のために必要が生じた場合において、対象土地の所在地を管轄する登記所の登記官から市町村長に対し個別に台帳価格の通知の依頼をするときは、下記のとおりの取扱いによるものとしましたので、この旨貴管下登記官に周知方よろしくお取り計らい願います。

　なお、このことについては、総務省自治税務局固定資産税課長から各道府県総務部長及び東京都総務・主税局長に別添のとおり通知されていますので、申し添えます。

記

1　登記官は、別記様式の固定資産評価証明交付依頼書の所定の箇所に押印して、直接、市町村長に対し、固定資産評価証明書の交付を依頼すること。
2　筆界特定の申請人に対し固定資産評価証明交付依頼書を交付し、市町村に持参させる取扱いは認められないので留意すること。

固定資産評価証明交付依頼書

市区町村長　殿

手続番号	法務局 地方法務局　　　平成　年第　　号				
対象土地の所在地	地番	地積	所有者	備考	
		㎡			
		㎡			
		㎡			
		㎡			
摘要	上記筆界特定の手続の申請手数料を算出するため				

上記土地の評価証明書を交付願います。
　平成　年　月　日

法務局
地方法務局　　　　支局
　　　　　　　　　出張所　　　登記官㊞

13 不動産登記法改正における筆界特定制度の創設に伴う登記所からの通知請求の取扱いについて

（平成17年12月26日総税固第105号）

　不動産登記法等の一部を改正する法律（平成17年法律第29号）、不動産登記法等の一部を改正する法律の施行に伴う関係政令の整備に関する政令（平成17年政令第337号）、不動産登記法等の一部を改正する法律の施行に伴う関係省令の整備に関する省令（平成17年法務省令第106号）等が公布され、平成18年1月20日から施行されます。

　この改正において、筆界特定制度が創設され、筆界特定を申請した者に対する手数料が対象土地の価額を基礎として算出されることとされ、その価額は固定資産課税台帳に登録された価格に基づいて算定されることとなりました。

　これに伴い、今後、登記所より、その手数料算定のために、所定の様式（別添の法務省民事局民事第二課長通知参照）に登記官が押印のうえ、直接市町村長に対して固定資産評価証明書の交付依頼がなされますので、速やかに評価証明書を交付されますようお願いします。

　また、貴都道府県内の市町村に対してもこの旨ご連絡願います。

　なお、このことについては、法務省民事局民事第二課長から法務局民事行政部長及び地方法務局長に別添のとおり通知されていますので、申し添えます。

第3編
新不動産登記関係法令・参考資料

(1) 不動産登記法の改正についての要綱(骨子)……………………………… 484
(2) 衆議院附帯決議………………………………………………………………… 487
(3) 参議院附帯決議………………………………………………………………… 488
(4) 不動産登記法の施行に伴う関係法律の整備等に関する法律…………… 489
(5) 不動産登記法の施行に伴う関係法律の整備等に関する法律(抄)……… 491
(6) 不動産登記法の施行に伴う関係法律の整備等に関する
　　法律により改正された法律一覧………………………………………… 492
(7) 新たな土地境界確定制度の創設に関する要綱案………………………… 496
(8) 電子情報処理組織による登記事務処理の円滑化のための
　　措置等に関する法律……………………………………………………… 509
(9) 電子署名及び認証業務に関する法律(抜粋)……………………………… 512
(10) 民事訴訟法(抜粋)…………………………………………………………… 513
(11) 登記申請書のA4横書きの標準化について……………………………… 514
(12) 電子情報処理組織を使用する方法による申請の導入等に伴う
　　不動産登記法の改正に関する担当者骨子案…………………………… 515
(13) 電子情報処理組織を使用する方法による申請の導入等に伴う
　　不動産登記法の改正に関する担当者骨子案の補足説明……………… 517

1 不動産登記法の改正についての要綱(骨子)

平成十六年二月十日
法制審議会総会決定

第一　電子情報処理組織を使用する方法による申請の導入に伴う申請手続の改正について

(申請の方法及び受付)
一　登記の申請は、次に掲げる方法のいずれかにより、登記を申請する旨の情報(以下「申請情報」という。)及び添付情報を登記所に提供してするものとする。
　1　申請情報の内容を記載した書面(以下「申請書」という。)及び添付書面を登記所に提出する方法
　2　電子情報処理組織(登記所の使用に係る電子計算機と申請人又はその代理人の使用に係る電子計算機とを電気通信回線で接続した電子情報処理組織をいう。)を使用する方法
　　(注)権利に関する登記における登記権利者及び登記義務者の共同申請主義は、維持するものとする。
二　権利に関する登記の申請における申請人又はその代理人の出頭主義は、廃止するものとする。
三　申請書を登記所に提出する方法による申請と電子情報処理組織を使用する方法による申請とは、いずれも受付の順序に従って処理するものとする。
　　(注1)同一の不動産に関する前後が明らかでない数個の申請は、登記所に同時にされたものとみなすものとする。
　　(注2)申請書を提出する方法による申請と電子情報処理組織を使用する方法による申請とは、同一の受付システムにより受付を行うものとする。

(申請手続における本人確認)
　　(前注)電子情報処理組織を使用する方法による申請においては、印鑑及び印鑑証明書に代えて、電子署名及び電子証明書を利用するものとする。
四　登記済証の提出により登記名義人による申請であることを確認する現在の制度に代替するものとして、次のとおりの本人確認制度を設けるものとする。
　1　登記官は、登記完了時に、登記名義人となった者(申請人として登記を受ける者に限る。)に対し、その者を識別するための情報(以下「登記識別情報」という。)を通知するものとし、その者が次回の登記の申請人として登記を申請するときは、原則として、登記所に当該登記識別情報を提供しなければならないものとする。
　2　登記識別情報の通知を受けた登記名義人又はその代理人の請求により、当該登記識別情報は失効するものとする。
　3　登記識別情報の通知を受けた登記名義人又はその代理人は、手数料を納付して、当該登記識別情報が有効である旨の証明を請求することができるものとする。
　　(注1)1の申請人が登記識別情報の通知を希望しない旨の申出をしたときは、登記識別情報の通知は、行わないものとする。
　　(注2)登記識別情報の再通知は、行わないものとする。

（注3）登記が完了したことを通知する制度も設けるものとする。
五　登記名義人である申請人が登記識別情報を提供してすべき登記の申請において、その提供をすることができないときは、登記官は、直ちに申請を却下すべき事由がある場合を除き、申請人が当該申請の申請権限を有する登記名義人であることを確認するため、次の事前通知の手続を行うものとする。
　1　登記名義人に対し、事前通知を行い、通知後一定期間内に登記名義人から登記申請に間違いがない旨の申出がないときは、申請を却下するものとする。この場合において、事前通知は、登記名義人本人が確実に受領することができる方法によるものとする。
　2　所有権に関する登記の申請については、申請がされた日前一定期間内に登記名義人の住所について登記名義人の表示の変更の登記があるときは、1の事前通知のほか、当該登記名義人の登記上の前住所にあてて、登記の申請があった旨を通知するものとする。
　（注）保証書の制度は、廃止するものとする。
六　五の事前通知の手続を行うべき登記の申請を資格者（登記の申請の代理を業とすることができる者をいう。）が代理する場合において、登記官は、資格者である代理人から、申請人が当該申請の申請権限を有する登記名義人であることを確認した旨の具体的な情報の提供を受けたときは、当該情報の内容を審査しなければならないものとする。この場合において、登記官は、その内容が適切であると認めるときは、五1の事前通知を省略することができるものとする。申請人が申請書又は申請情報の内容を記録した電磁的記録（委任による代理人によって申請する場合にあっては、代理権限を証する書面又は代理権限を証する情報の内容を記録した電磁的記録）に公証人その他の認証権限を有する公務員の認証を受けた場合についても、同様とする。
　（注）資格者が登記権利者又は登記義務者のいずれを代理して申請しているかを問わないものとする。
七　登記官は、申請人となるべき者以外の者が申請人として申請していると疑うに足りる相当な理由があるときは、直ちに申請を却下すべき事由がある場合を除き、申請人又はその代理人に対し、出頭を求め質問をし、又は必要な情報の提供を求める方法により、申請人の申請の権限の有無を調査しなければならないものとする。この場合において、当事者が遠隔地に居住しているときその他相当と認めるときは、登記官は、他の登記所の登記官に調査の嘱託をすることができるものとする。
（権利に関する登記の申請における登記原因証明情報の提供）
八　権利に関する登記を申請するときは、登記原因を証する情報（以下「登記原因証明情報」という。）を提供しなければならないものとする。
　（注1）登記原因証明情報は、利害関係人において閲覧することができる登記記録の附属記録とする。
　（注2）登記原因を証する書面を申請書副本により代替する制度は、廃止するものとする。
（表示に関する登記の申請における添付情報）
九　表示に関する登記の申請を電子情報処理組織を使用する方法により行う場合において、添付情報の内容となるべき情報が書面で作成されているときは、申請人又はその代理人が原本と相違ない旨を明らかにした原本の写しに相当する情報を添付情報として提供することを認めるものとする。この場合においては、登記官は、原本の提示を求め、写しの正確性及び原本の内容を確認するものとする。
（電磁的記録で作成された添付情報）
十　申請と併せて提供すべき情報が電磁的記録で作成されているときは、申請書を提出する方法による申請においても、当該電磁的記録を申請書に添付することができるものとする。

（電子情報処理組織を使用する方法による登記事項証明書等の請求）
十一　電子情報処理組織を使用する方法により、登記事項証明書等の送付を請求することができるものとする。

第二　現代語化その他の改正について

一　片仮名書き・文語体の法文を、平仮名書き・口語体の法文に改めるとともに、法律に規定すべき事項を整理するものとする。
　　（注）登記申請手続の基本原則に関する事項、申請権を有する者又は申請義務を負う者に関する事項、登記すべき事項その他の登記制度の骨格に関する事項を法律事項とする。
二　登記簿並びに地図及び建物所在図は、電磁的記録に記録することを前提とした制度とし、これに伴う所要の改正を行うものとする。
三　不動産を特定するための番号（以下「不動産特定番号」という。）を登記事項とするものとする。
　　（注）申請書又は申請情報に不動産特定番号を記載し、又は記録した場合には、申請書又は申請情報の記載事項又は記録事項の一部を省略することができるものとする。
四　予告登記の制度を廃止するものとする。
五　登記官の過誤による登記を職権で更正する手続及び登記完了後にされた審査請求に理由があると認められる場合の是正手続を整備する。
　1　登記官の過誤による登記がされた場合において、登記上の利害関係人がいるときは、登記官は、当該利害関係人の承諾を得て、職権で登記を更正することができるものとする。
　2　登記官が審査請求に理由があると認めるときは、相当な手続により自ら是正するための処分をすることができるものとする。
六　その他、登記の申請に関する規定を整理する。

第三　新制度の実施について

一　電子情報処理組織を使用する方法による申請の制度（第一の一2、第一の三及び第一の九）、登記識別情報の通知及び提供に関する制度（第一の四）、電磁的記録で作成された添付情報の申請書への添付の制度（第一の十）並びに電子情報処理組織を使用する方法による登記事項証明書等の送付の請求の制度（第一の十一）は、法務大臣が指定した登記所から順次実施するものとする。なお、指定を受けていない登記所においては、指定されるまでの間、現在の登記済証の制度を適用するものとする。
二　一の指定を受けた登記所において、指定後も、現在の登記済証を添付して申請書を提出する方法による申請を行うことができるものとする。この場合において、登記完了時には、登記名義人になった者に登記識別情報を通知するものとする。
三　地図及び建物所在図の電子化の制度（第二の二）並びに不動産特定番号に関する制度（第二の三）は、一の指定とは別に、法務大臣が指定した登記所から順次実施するものとする。
四　権利に関する登記の出頭主義の廃止（第一の二）、事前通知制度及び資格者代理人の本人確認制度（第一の五及び第一の六）、登記官による本人確認調査（第一の七）、登記原因証明情報の提供の制度（第一の八）、予告登記制度の廃止（第二の四）並びに職権による登記の更正及び審査請求に理由がある場合の是正措置（第二の五）については、一及び三の指定の有無にかかわらず、すべての登記所において、実施するものとする。
五　その他、所要の経過措置を設けるものとする。

2 衆議院附帯決議

　政府は、本法の施行に当たり、次の事項について特段の配慮をすべきである。
一　本法については、オンライン申請手続が導入されることに鑑み、国民の不動産等に関する権利が一層保全されるよう適切な運用に努めること。
二　本法の施行に必要な政省令の制定及び施行に当たっては、専門資格者の団体から十分な意見聴取を行い、不動産の登記手続に関するこれまでの実務慣行を尊重し、本法の立法趣旨と適合するよう十分に配慮すること。
三　不動産取引及び代金決済については、登記手続と当事者間の代金決済が同時履行でき、関係者の電子署名・電子証明書の有効性検証が、資格者代理人において適切になされるよう、万全な基盤整備を行うこと。
四　オンライン申請に関する登記識別情報や電子署名などの情報が、個人のプライバシーに関する重要情報であることに鑑み、万全な情報管理体制を構築すること。
五　不動産の表示に関する登記申請については、利便性の向上と国民の負担軽減のため、資格者代理人が適切かつ効率的に活動できるよう、十分に配慮すること。
六　電子化による登記情報と地図情報の効果的な連携を実施するため、登記所備付地図等の一層の整備促進を図るとともに、十分な人的物的整備に努めること。
七　登記の真実性を確保するため、資格者代理人が作成した場合の登記原因証明情報には、その者の電子署名を付するなど、資格者代理人の権限と責任が明確化され、その専門的知見が充分活用されるよう検討すること。
八　不動産に関する国民の権利を保全し、取引の安全と円滑に資するという不動産登記制度の目的に照らし、本法の施行の状況について不断に検討を加え、改善の必要があるときは、速やかに所要の措置を講ずること。

3 参議院附帯決議

政府は、本法の施行に当たり、次の事項について特段の配慮をすべきである。
1 本法におけるオンライン申請手続の導入に当たっては、広く国民各層に周知徹底を図り、国民の不動産等に関する権利が一層保全されるよう適切な運用に努めるとともに、登記識別情報や電子署名などの情報が、個人の権利及びプライバシーにかかわる重要情報であることに鑑み、万全な情報管理体制を構築すること。
2 本法の施行に必要な政省令の制定に当たっては、専門資格者の団体から十分な意見聴取を行い、その専門的知見を十分活用し、本法の立法趣旨と適合するよう配慮すること。
3 オンライン申請においては、登記手続と当事者間の代金決済が同時履行できるよう、登記代理権不消滅の規定の実効性を確保し、関係者の電子署名・電子証明書の有効性検証の権限を資格者代理人に認める等、万全な基盤整備に努めること。
4 登記手続の適正かつ円滑な実施に資するため、オンライン申請においても、無資格者が業として行う登記申請行為を調査するための適切な措置を講ずること。
5 新たに導入される本人確認に関する登記官の調査権限の運用については、不動産取引及び登記手続等に支障を来さないよう、十分に配慮すること。
6 公示制度の信頼性を確保し、不動産取引の安全を図るため、登記原因証明情報の内容を長期保存することができるよう適切な措置を検討すること。
7 登記所備付地図の一層の整備促進を図り、そのための十分な人的物的整備に努めるとともに、それを利用する者にとってより利便性の高いものとするため、専門資格者の団体から十分な意見聴取を行い、そのあり方について検討すること。
8 表示に関する登記申請における添付書面及び事実関係を疎明する書面等の取扱いについては、登記官による審査の迅速性を確保し、国民の負担を軽減するため、資格者代理人の制度の活用を図ること。
9 不動産取引及び登記実務等の重要性にかんがみ、本法の施行の状況、今後の技術進捗等について常に注視するとともに、改善の必要性が生じたときは、速やかに所要の措置を講ずること。

4 不動産登記法の施行に伴う関係法律の整備等に関する法律

(平成16年6月18日公布　法律第124号)

　本法律は、不動産登記法の施行に伴い、公示催告手続ニ関スル法律ほか128の関係法律の規定の整備等をするとともに、所要の経過措置を定めようとするものです。

　どのように整備がされたかというと、改正不動産登記法は今までの「ブック庁」が原則であるのを「オンライン指定庁」を原則としましたので、今まで関係法律で「登記簿の謄本」とされていたのを「登記事項証明書」と変えたり、「記載」を「記録」と変えたりしました。全文を掲げるには紙面の関係で難しく、また全文を掲載する必要もないと思いますので一部のみを掲載し、どのように整備法が機能するかを見てみたいと思います。

　現行民法では抵当権の消滅請求に関し第383条第2項で「抵当不動産ニ関スル登記簿ノ謄本」を添付しなければならないと規定しております。
　しかし、改正不動産登記法により「登記簿の謄本」(旧法第21条)は「登記事項証明書」(新法第119条)となっておりますので、新法施行後においては本条による「登記簿の謄本」は添付できなくなってしまいますので、民法の当該部分で「登記簿の謄本」とされていたのを「登記事項証明書」と変えることとしました。
　同様に不動産に関する担保権の実行には民事執行法第181条第3号で「担保権の登記(仮登記を除く。)のされている登記簿の謄本」を添付することとされていますが(他にもありますが、登記簿の謄本が一般的です)、整備法第66条第3項により、同条文中「のされている登記簿の謄本」を「に関する登記事項証明書」というように改正されました。

現行関連法
登記簿の謄本

→

新法関連法
登記事項証明書

　さて、そうなると改正不動産登記法でも「ブック庁」が経過的に存在するのでその場合の「登記簿の謄本」はどうなるかという点ですが、この部分はブック庁ではコンピュータ処理していませんので、逆に登記事項証明書を登記簿の謄本としなければならないわけです。(改正不動産登記法附則第3条第4項、5項)

新不動産登記法
登記事項証明書

→

ブック庁
登記簿の謄本

　そして、その中間である、コンピュータ化しているがオンライン指定庁ではない「未指定庁」についてはどのようになるかというと、新法と同様ということになります。

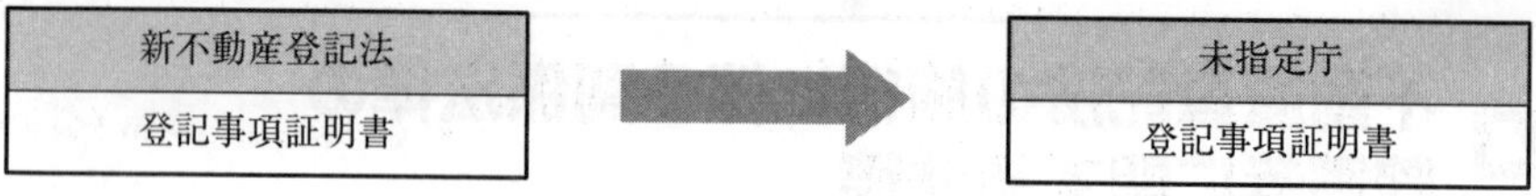

```
┌─────────────────────┐                    ┌─────────────────────┐
│    新不動産登記法    │         ➡          │      未指定庁        │
├─────────────────────┤                    ├─────────────────────┤
│    登記事項証明書    │                    │    登記事項証明書    │
└─────────────────────┘                    └─────────────────────┘
```

　そうなると、残る問題はブック庁において「登記簿の謄本」とされているものが新法で「登記事項証明書」を添付しなければならないとされている規定と逆に抵触してしまいますので、それを戻してあげなくてはならないわけです。その規定が改正不動産登記法附則第5条です。

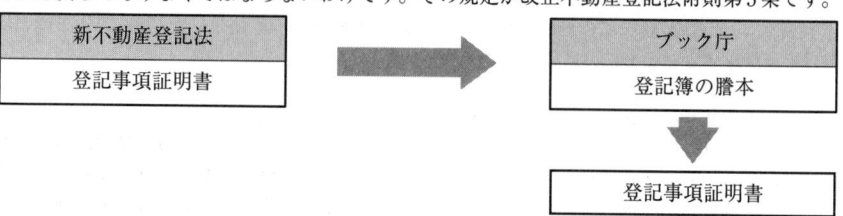

```
┌─────────────────────┐                    ┌─────────────────────┐
│    新不動産登記法    │         ➡          │      ブック庁        │
├─────────────────────┤                    ├─────────────────────┤
│    登記事項証明書    │                    │     登記簿の謄本     │
└─────────────────────┘                    └─────────────────────┘
                                                      ⬇
                                            ┌─────────────────────┐
                                            │    登記事項証明書    │
                                            └─────────────────────┘
```

　更に、今までに発行された「登記簿の謄本」を新法施行後に添付しようとした場合はどうなるかというと、改正不動産登記法附則第5条により、法律の施行前に交付された登記簿の謄本は登記事項証明書とみなすことで整合性をはかりました。

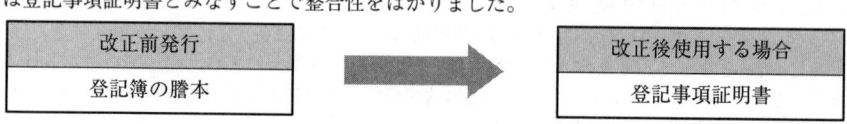

```
┌─────────────────────┐                    ┌─────────────────────┐
│     改正前発行       │         ➡          │   改正後使用する場合  │
├─────────────────────┤                    ├─────────────────────┤
│    登記簿の謄本      │                    │    登記事項証明書    │
└─────────────────────┘                    └─────────────────────┘
```

　上記のように不動産登記法の施行に伴う関係法律の整備等に関する法律と不動産登記法附則の規定により、「登記簿の謄本」が「登記事項証明書」として取り扱われ、関係法律が整合性を保つことになります。
　一つの言葉を変えるだけでも関係法律との整合性を持たせるためにいろいろな方策を採らなくてはならないことを考えると法律の改正とは大変な作業であることが分かります。

5 不動産登記法の施行に伴う関係法律の整備等に関する法律(抄)

(民法の一部改正)
第二条　民法(明治二十九年法律第八十九号)の一部を次のように改正する。
　　第三百八十三条第二号中「登記簿ノ謄本」を「登記事項証明書」に改める。

(民事執行法の一部改正)
第六十六条　民事執行法(昭和五十四年法律第四号)の一部を次のように改正する。
　　第四十八条第二項中「登記簿の謄本」を「登記事項証明書」に改める。
　　第八十二条第二項中「嘱託書を交付し」を「嘱託情報を提供し」に、「提出させ」を「提供させ」に、「、嘱託書」を「、その嘱託情報」に、「提出し」を「提供し」に改め、同条第三項中「嘱託書に売却許可決定の正本を添付し」を「その嘱託情報と併せて売却許可決定があつたことを証する情報を提供し」に改める。
　　第百六十四条第二項中「するには」を「する場合(次項に規定する場合を除く。)においては」に改め、同条中第五項を第六項とし、第四項を第五項とし、第三項を第四項とし、第二項の次に次の一項を加える。
　3　第一項の規定による嘱託をする場合において、不動産登記法(平成十六年法律第百二十三号)第十六条第二項(他の法令において準用する場合を含む。)において準用する同法第十八条の規定による嘱託をするときは、その嘱託情報と併せて転付命令若しくは譲渡命令があつたことを証する情報又は売却命令に基づく売却について執行官が作成した文書の内容を証する情報を提供しなければならない。
　　第百八十一条第一項第三号中「のされている登記簿の謄本」を「に関する登記事項証明書」に改める。
　　第百八十三条第一項第四号中「抹消されている登記簿の謄本」を「抹消に関する登記事項証明書」に改める。

6 不動産登記法の施行に伴う関係法律の整備等に関する法律により改正された法律一覧

不動産登記法の施行に伴う関係法律の整備等に関する法律により改正された法律一覧

　　一　　公示催告手続ニ関スル法律（明治二十三年法律第二十九号）
　　二　　民法（明治二十九年法律第八十九号）
　　三　　非訟事件手続法（明治三十一年法律第十四号）
　　四　　担保附社債信託法（明治三十八年法律第五十二号）
　　五　　鉄道抵当法（明治三十八年法律第五十三号）
　　六　　工場抵当法（明治三十八年法律第五十四号）
　　七　　公証人法（明治四十一年法律第五十三号）
　　八　　北海道国有未開地処分法（明治四十一年法律第五十七号）
　　九　　立木に関する法律（明治四十二年法律第二十二号）
　　十　　抵当証券法（昭和六年法律第十五号）
　　十一　農村負債整理組合法（昭和八年法律第二十一号）
　　十二　商工組合中央金庫法（昭和十一年法律第十四号）
　　十三　農業協同組合法（昭和二十二年法律第百三十二号）
　　十四　農業災害補償法（昭和二十二年法律第百八十五号）
　　十五　証券取引法（昭和二十三年法律第二十五号）
　　十六　公認会計士法（昭和二十三年法律百三号）
　　十七　弁護士法（昭和二十四年法律第二百五号）
　　十八　土地家屋調査士法（昭和二十五年法律第二百二十八号）
　　十九　行政書士法（昭和二十六年法律第四号）
　　二十　税理士法（昭和二十六年法律第二百三十七号）
　　二十一　割賦販売法（昭和三十六年法律第百五十九号）
　　二十二　社会保険労務士法（昭和四十三年法律第八十九号）
　　二十三　積立式宅地建物販売業法（昭和四十六年法律第百十一号）
　　二十四　不動産特定共同事業法（平成六年法律第七十七号）
　　二十五　金融業者の貸付業務のための社債の発行等に関する法律（平成十一年法律第三十二号）
　　二十六　弁理士法（平成十二年法律第四十九号）
　　二十七　著作権等管理事業法（平成十二年法律第百三十一号）
　　二十八　沖縄振興特別措置法（平成十四年法律第十四号）
　　二十九　印紙をもつてする歳入金納付に関する法律（昭和二十三年法律第百四十二号）
　　三十　損害保険料率算出団体に関する法律（昭和二十三年法律第百九十三号）
　　三十一　消費生活協同組合法（昭和二十三年法律第二百号）
　　三十二　水産業協同組合法（昭和二十三年法律第二百四十二号）
　　三十三　中小企業等協同組合法（昭和二十四年法律第百八十一号）
　　三十四　土地改良法（昭和二十四年法律第百九十五号）
　　三十五　司法書士法（昭和二十五年法律第百九十七号）
　　三十六　地方税法（昭和二十五年法律第二百二十六号）

三十七　商品取引所法（昭和二十五年法律第二百三十九号）
三十八　採石法（昭和二十五年法律第二百九十一号）
三十九　農業委員会等に関する法律（昭和二十六年法律第八十八号）
四十　宗教法人法（昭和二十六年法律第百二十六号）
四十一　港湾運送事業法（昭和二十六年法律第百六十一号）
四十二　国土調査法（昭和二十六年法律第百八十号）
四十三　道路運送法（昭和二十六年法律第百八十三号）
四十四　鉄道事業法（昭和六十一年法律第九十二号）
四十五　道路運送車両法（昭和二十六年法律第百八十五号）
四十六　投資信託及び投資法人に関する法律（昭和二十六年法律第百九十八号）
四十七　土地収用法（昭和二十六年法律第二百十九号）
四十八　日本道路公団法（昭和三十一年法律第六号）
四十九　首都高速道路公団法（昭和三十四年法律第百三十三号）
五十　阪神高速道路公団法（昭和三十七年法律第四十三号）
五十一　建物の区分所有等に関する法律（昭和三十七年法律第六十九号）
五十二　地方住宅供給公社法（昭和四十年法律第百二十四号）
五十三　石油公団法（昭和四十二年法律第九十九号）
五十四　公共用飛行場周辺における航空機騒音による障害の防止等に関する法律（昭和四十二年法律第百十号）
五十五　本州四国連絡橋公団法（昭和四十五年法律第八十一号）
五十六　地方道路公社法（昭和四十五年法律第八十二号）
五十七　公有地の拡大の推進に関する法律（昭和四十七年法律第六十六号）
五十八　幹線道路の沿道の整備に関する法律（昭和五十五年法律第三十四号）
五十九　農業経営基盤強化促進法（昭和五十五年法律第六十五号）
六十　広域臨海環境整備センター法（昭和五十六年法律第七十六号）
六十一　特定農山村地域における農林業等の活性化のための基盤整備の促進に関する法律（平成五年法律第七十二号）
六十二　電気通信回線による登記情報の提供に関する法律（平成十一年法律第二百二十六号）
六十三　マンションの建替えの円滑化等に関する法律（平成十四年法律第七十八号）
六十四　日本郵政公社法（平成十四年法律第九十七号）
六十五　独立行政法人農業者年金基金法（平成十四年法律第百二十七号）
六十六　独立行政法人緑資源機構法（平成十四年法律第百三十号）
六十七　独立行政法人新エネルギー・産業技術総合開発機構法（平成十四年法律第百四十五号）
六十八　独立行政法人中小企業基盤整備機構法（平成十四年法律第百四十七号）
六十九　独立行政法人鉄道建設・運輸施設整備支援機構法（平成十四年法律第百八十号）
七十　独立行政法人水資源機構法（平成十四年法律第百八十二号）
七十一　独立行政法人医薬品医療機器総合機構法（平成十四年法律第百九十二号）
七十二　独立行政法人環境再生保全機構法（平成十五年法律第四十三号）
七十三　独立行政法人都市再生機構法（平成十五年法律第百号）
七十四　地方独立行政法人法（平成十五年法律第百十八号）
七十五　信用金庫法（昭和二十六年法律第二百三十八号）
七十六　漁船損害等補償法（昭和二十七年法律第二十八号）
七十七　宅地建物取引業法（昭和二十七年法律第百七十六号）

七十八	道路交通事業抵当法（昭和二十七年法律第二百四号）
七十九	農地法（昭和二十七年法律第二百二十九号）
八十	酒税の保全及び酒類業組合等に関する法律（昭和二十八年法律第七号）
八十一	労働金庫法（昭和二十八年法律第二百二十七号）
八十二	土地区画整理法（昭和二十九年法律第百十九号）
八十三	首都圏の近郊整備地帯及び都市開発区域の整備に関する法律（昭和三十三年法律第九十八号）
八十四	新住宅市街地開発法（昭和三十八年法律第百三十四号）
八十五	近畿圏の近郊整備区域及び都市開発区域の整備及び開発に関する法律（昭和三十九年法律第百四十五号）
八十六	流通業務市街地の整備に関する法律（昭和四十一年法律第百十号）
八十七	新都市基盤整備法（昭和四十七年法律第八十六号）
八十八	租税特別措置法（昭和三十二年法律第二十六号）
八十九	所得税法（昭和四十年法律第三十三号）
九十	内国税の適正な課税の確保を図るための国外送金等に係る調書の提出等に関する法律（平成九年法律第百十号）
九十一	中小企業団体の組織に関する法律（昭和三十二年法律第百八十五号）
九十二	国税徴収法（昭和三十四年法律第百四十七号）
九十三	商業登記法（昭和三十八年法律第百二十五号）
九十四	入会林野等に係る権利関係の近代化の助長に関する法律（昭和四十一年法律第百二十六号）
九十五	登録免許税法（昭和四十二年法律第三十五号）
九十六	住民基本台帳法（昭和四十二年法律第八十一号）
九十七	観光施設財団抵当法（昭和四十三年法律第九十一号）
九十八	都市再開発法（昭和四十四年法律第三十八号）
九十九	外国証券業者に関する法律（昭和四十六年法律第五号）
百	預金保険法（昭和四十六年法律第三十四号）
百一	民事訴訟費用等に関する法律（昭和四十六年法律第四十号）
百二	民法の一部を改正する法律（昭和四十六年法律第九十九号）
百三	仮登記担保契約に関する法律（昭和五十三年法律第七十八号）
百四	職員団体等に対する法人格の付与に関する法律（昭和五十三年法律第八十号）
百五	民事執行法（昭和五十四年法律第四号）
百六	株券等の保管及び振替に関する法律（昭和五十九年法律第三十号）
百七	有価証券に係る投資顧問業の規制等に関する法律（昭和六十一年法律第七十四号）
百八	金融先物取引法（昭和六十三年法律第七十七号）
百九	電子情報処理組織による登記事務処理の円滑化のための措置等に関する法律（昭和六十年法律第三十三号）
百十	政党助成法（平成六年法律第五号）
百十一	登記特別会計法（昭和六十年法律第五十四号）
百十二	民事保全法（平成元年法律第九十一号）
百十三	保険業法（平成七年法律第百五号）
百十四	金融機関等の更生手続の特例等に関する法律（平成八年法律第九十五号）
百十五	密集市街地における防災街区の整備の促進に関する法律（平成九年法律第四十九号）
百十六	特定非営利活動促進法（平成十年法律第七号）

百十七　投資事業有限責任組合契約に関する法律（平成十年法律第九十号）
百十八　債権譲渡の対抗要件に関する民法の特例等に関する法律（平成十年法律第百四号）
百十九　資産の流動化に関する法律（平成十年法律第百五号）
百二十　金融機能の再生のための緊急措置に関する法律（平成十年法律第百三十二号）
百二十一　組織的な犯罪の処罰及び犯罪収益の規制等に関する法律（平成十一年法律第百三十六号）
百二十二　民事再生法（平成十一年法律第二百二十五号）
百二十三　破産法（平成十六年法律第七十五号）
百二十四　中間法人法（平成十三年法律第四十九号）
百二十五　社債等の振替に関する法律（平成十三年法律第七十五号）
百二十六　会社更生法（平成十四年法律第百五十四号）
百二十七　金融機関等の組織再編成の促進に関する特別措置法（平成十四年法律第百九十号）
百二十八　行政機関の保有する個人情報の保護に関する法律等の施行に伴う関係法律の整備等に関する法律（平成十五年法律第六十一号）
百二十九　特定目的会社による特定資産の流動化に関する法律等の一部を改正する法律（平成十二年法律第九十七号）附則第二条第一項の規定によりなおその効力を有するものとされる同法第一条の規定による改正前の特定目的会社による特定資産の流動化に関する法律

7 新たな土地境界確定制度の創設に関する要綱案

❶新たに土地境界確定制度の創設に関する要綱案

第1 目的
　この制度は、1筆の土地の区画を明確にするための登記官による境界確定に関する手続について定めることにより、国民の権利の保全を図り、もって取引の安全と円滑に資することを目的とするものとする。

第2 定義
1 境界
　この制度において、「境界」とは、相互に隣接する1筆の土地と他の土地との境を特定するための2以上の点及びこれらを結ぶ直線をいうものとする。
2 境界確定
　この制度において、「境界確定」とは、土地の境界が明らかでない場合において、この制度の定めるところにより法務局又は地方法務局の長の指定する登記官が境界を確定することをいうものとする。

第3 境界確定の主体
　境界確定は、関係土地（当該境界で相互に隣接する1筆の土地及び他の土地をいう。以下同じ。）の所在地を管轄する法務局若しくは地方法務局若しくはこれらの支局又はこれらの出張所の登記官（不動産登記法第12条）の中から境界確定を行う登記官として法務局又は地方法務局の長が指定する者（以下「境界確定登記官」という。）がするものとする。
　（注） 1 除斥の制度（不動産登記法第13条参照）を設けるものとする。
　　　　 2 管轄する法務局若しくは地方法務局若しくはこれらの支局又はこれらの出張所が複数存在する場合には、法務大臣又は法務局若しくは地方法務局の長が境界確定の手続を取り扱う法務局若しくは地方法務局若しくはこれらの支局又はこれらの出張所を指定するものとする。

第4 境界確定の手続
1 手続の開始
(1) 申請による手続の開始
　　土地の所有者（所有権の登記名義人若しくは表題部所有者又はこれらの者の相続人その他の一般承継人をいう。以下同じ。）は、当該土地の境界が明らかでない場合は、境界確定登記官に対し、境界確定の申請をすることができるものとする。
　（注） 1 「所有権の登記名義人」とは、所有権の登記がある土地の登記簿に所有者として記録されている者をいい、「表題部所有者」とは、所有権の登記がない土地の登記簿の表題部に所有者として記録されている者をいう。
　　　　 2 申請に際しては、申請に係る土地を特定するため、その位置及び形状を示さなければならないものとする。

　　　　3　申請に際しては、政令で定める額の手数料を納付しなければならないものとする。
　　　　4　当該境界が既に境界確定により明らかにされている場合や、手数料を納付しないで申請がされた場合等には、申請を却下することができるものとする。
　(2)　職権による手続の開始
　　　境界確定登記官は、土地の境界が明らかでない場合において、必要があると認めるときは、職権で、境界確定の手続を開始することができるものとする。
2　公告及び通知
　　境界確定登記官は、1(1)又は(2)により境界確定の手続を開始したときは、遅滞なく、その旨を公告し、かつ、関係土地の所有者（1点で隣接する土地の所有者を含む。以下同じ。）で知れているもの（1(1)の申請をした者を除く。）に対しその旨を通知しなければならないものとする。
　　（注）当該境界に係る土地が区分建物の敷地（建物の区分所有等に関する法律第2条第5項に規定する「建物の敷地」をいう。）であって区分所有者の共有に属する場合において、管理者が選任され、又は管理組合法人があるときは、当該管理者又は当該管理組合法人の理事（代表理事の定めがあるときは、代表理事）に通知すれば足りるものとする（後記4(2)も同様。）。
3　境界確定委員会（仮称）
　(1)　境界確定委員会への求意見
　　　1(1)又は(2)により境界確定の手続を開始したときは、境界確定登記官は、境界確定委員会に対し、当該境界確定についての意見を求めなければならないものとする。
　(2)　境界確定委員会の設置及び構成
　　ア　設置
　　　(ｱ)　法務局及び地方法務局に、境界確定委員会（以下「委員会」という。）を置くものとする。
　　　(ｲ)　委員会は、境界確定登記官の求めに応じて、境界確定について調査を行い、意見を述べるものとする。
　　　　（注）委員会は、固定的な組織ではなく、多数の委員を任命しておき、手続ごとにその中から担当の委員を指定して委員会を構成するものとする（委員は、非常勤とする。）。
　　イ　構成
　　　(ｱ)　委員会は、委員3人以上をもって構成する合議体とするものとする。
　　　(ｲ)　委員は、境界確定について必要な学識経験のある者のうちから、法務局又は地方法務局の長が任命し、手続ごとに指定するものとする。
　　　(ｳ)　委員会の事務を取り扱う組織を法務局及び地方法務局に置くものとし、これに委員会の調査を補助する調査官を置くものとする。
　　　　（注）委員は、弁護士、土地家屋調査士等の中から任命することが考えられる。
　(3)　境界確定委員会による調査
　　ア　委員会は、測量、実地調査、土地の所有者その他の関係人に対する資料の提出の求め及び質問その他境界確定に関し必要な調査を自ら行い、又は調査官に命じてその調査を行わせることができるものとする。この場合において、委員又は調査官は、必要な限度で、他人の土地に立ち入り、測量又は実地調査をすることができるものとする。
　　イ　委員会は、関係土地の所有者に対し、意見を述べ、又は資料を提出し、かつ、測量及び実地調査に立ち会う機会を与えなければならないものとする。

ウ　委員会は、必要があると認めるときは、関係行政機関の長又は関係地方公共団体の長に対し、必要な資料又は情報の提供、意見の陳述その他の協力を求めることができるものとする。
　　　エ　関係土地の所有者及び所有権以外の権利の登記名義人（関係土地の登記簿に用益物権、賃借権又は担保物権等の権利者として記録されている者をいう。）は、委員会に対し、境界確定につき、意見を述べ、又は資料を提出することができるものとする。
　　(4)　境界確定委員会による意見の提出
　　　　委員会は、(3)の調査を終えたときは、境界確定登記官に対し、境界確定についての意見を提出しなければならないものとする。
　　(5)　境界確定委員会による調停
　　　　委員会は、調査の結果、関係土地の所有者間に所有権に関する紛争が存することが明らかになったときは、当該紛争に関し調停をすることができるものとする。
　4　境界確定登記官による境界確定
　　(1)　境界確定
　　　ア　委員会による意見の提出があったときは、境界確定登記官は、遅滞なく、境界確定をしなければならないものとする。
　　　イ　境界確定は、委員会の意見を踏まえてしなければならないものとする。
　　　ウ　境界確定は、関係土地の状況、公図・地積測量図等の記載内容、登記簿の記録内容その他の事情を総合的に考慮してするものとする。
　　　（注）境界確定は、座標値を有する図面を添付し、理由を付した境界確定書（仮称）を作成してするものとする。
　　(2)　公告及び通知
　　　　境界確定登記官は、境界確定をしたときは、その旨を公告し、かつ、関係土地の所有者で知れているものに対しその旨を通知しなければならないものとする。
　　(3)　争訟の方法
　　　ア　境界確定の処分については、行政不服審査法による不服申立てをすることができないものとする。
　　　イ　境界確定の処分については、行政事件訴訟法の定めるところに従い、取消訴訟等の抗告訴訟を提起することができるものとする。
　　　（注）１　この制度の創設後は、現行の民事訴訟としての境界確定訴訟は提起することができないものとする。
　　　　　　　２　境界確定の処分に係る取消訴訟等の抗告訴訟の第一審の管轄裁判所は、当該境界に係る土地の所在地の地方裁判所とするものとする。
　5　登記事務との連携
　　(1)　登記簿及び地図に関する必要な措置
　　　　登記官は、境界確定がされたときは、遅滞なく、地積の更正、地図の訂正その他の関係土地の登記簿又は地図に関する必要な措置を執らなければならないものとする。
　　(2)　境界確定がされたことの公示
　　　　境界確定がされたこと及びその内容は、登記簿及び地図上で公示するものとする。
　6　境界標の設置義務
　　　　境界確定がされた場合において、境界標が存しないとき又は既存の境界標がその内容に合致しないときは、当該確定された境界で相互に隣接する土地の所有者は、その内容に合致する境界標を設置しなければならないものとする。

第5 その他
1 手続費用の負担
　　手続費用は、申請による手続開始の場合は当該申請の申請人が負担するものとし、職権による手続開始の場合は原則として国が負担するものとする。
　　（注）申請による手続開始の場合において、境界確定の処分をするまでの経緯等にかんがみ、申請人以外の者に手続費用を負担させるのが相当であるときは、申請人がその者から手続費用の償還を求めることができるものとする。
2 閲覧及び写しの交付
(1) 何人も、登記官に対し、手数料を納付して、境界確定書、これに添付された図面その他境界確定の手続において法務局若しくは地方法務局若しくはこれらの支局若しくはこれらの出張所（以下「法務局等」という。）に提出され、又は法務局等が作成した図面の閲覧又はその写しの交付を請求することができるものとする。
(2) 何人も、利害関係を有する部分に限り、登記官に対し、手数料を納付して、境界確定の手続において法務局等に提出され、又は法務局等が作成した文書その他の物件（(1)の図面を除く。）の閲覧を請求することができるものとする。
　　（注）(1)及び(2)の手数料の額は、物価の状況、実費その他一切の事情を考慮して政令で定めるものとする。
3 法務省令への委任
　　その他必要な事項は、法務省令で定めるものとする。

❷新たな土地境界確定制度の創設に関する要綱案に対する意見募集の実施結果について（報告）

1 第1 意見数79件
（土地家屋調査士（個人）及び関係団体34、司法書士（個人）及び関係団体14、弁護士団体3、行政書士2、不動産業関係団体5、金融機関関係団体2、大学関係5、官庁等2、その他の団体4、その他の個人8）

2 第2 意見の概要 ※意見は、主なものの要旨のみを取り上げています。

番号	要綱案	意見の概要
1	新たな土地境界確定制度の創設について	新しい土地境界確定制度を創設することについて基本的に賛成し、又は期待する等の意見が22件であった。また、より慎重な検討が必要であるとする意見が3件、新しい土地境界確定制度の創設に反対する意見が1件あった。
2	新たな土地境界確定制度の目的について（要綱案第1）	目的に「国民の権利の明確化」も加えるべき、「地籍の明確化」を目的とすべき、境界確定の目的を単に私権の対象としてのみ定義すべきではないとする意見があった。
3	「境界」の定義について（要綱案第2の1）	曲線等を含めた定義にすべき、境界と所有権界の相違を明確にすべき、所有権界と区別するため「筆界」とすべき、1点のみで隣接する土地についても境界があると考えるべきではないかとの意見があった。
4	「境界確定」の定義につい	土地家屋調査士が作成する地積測量図で確認された境界を明らかでない境界として扱うべきでなく、また、制度創設後においては表示登

番号	要綱案	意見の概要
	て（要綱案第2の2）	記の際に登記官や土地家屋調査士が確認した境界は確定した境界として扱うべきとの意見のほか、国有財産法等の他の制度に基づく境界確定との調整が必要との意見があった。 　境界確定の法的性質及び行政処分性については、賛成する意見、抗告訴訟で勝訴しても再度行政処分がされるのではかえって時間がかかるなどとする意見があった。
5	境界確定の主体について（要綱案第3）	境界認定について登記官として専門的知見を有する境界確定登記官が主体となることに賛成する意見のほか、境界確定登記官が主体となることを前提として、登記官の育成を十分する必要がある、任用基準を明確にして能力を担保する必要がある、境界確定登記官は合議制とすべき、すべての登記所に配置しても業務の停滞を招かないような人員・予算の手当てをすべき、境界確定登記官の権限内容が明確になっていないとの意見があった。 　他方、境界確定登記官が主体となることに疑問がある、境界確定登記官に指定された登記官が通常の表示登記事件を処理する場合には問題が生ずるのではないかとの意見があった。 　また、境界確定委員会が主体となるべき、（地方）法務局長が主体となるべき、担当局を法務省内に設置すべき、土地家屋調査士会も主体として含めるべき、第三者機関とすべきとの意見があった。このほか、調査官の意見を踏まえて境界確定登記官が処分した後の審査請求を境界確定委員会にする制度にすべきとの意見があった。
6	除斥制度について（要綱案第3（注）1）	除斥に加え、忌避や回避の制度を設けるべきとの意見があった。 　このほか、境界確定委員会の委員や調査官についても、除斥等の制度を設けるべきとの意見があった。
7	申請による手続の開始について（要綱案第4の1(1)）	(1)　手続を開始する要件について 　「明らかでない場合」の判断基準を明確にすべき、判決又は境界確定処分により確定されていない場合とすれば足りるのではないか、土地所有者間に境界についての同意が得られない場合とすべきではないか、紛争がある場合とすべきではないかとの意見があった。
		(2)　申請権者について 　申請権者として、用益権の登記名義人、担保権の登記名義人、借地上に登記した建物を有する借地権者、実体的所有者、未登記の土地の所有者、買受人等の特定承継人、公共事業者を加えるべきとの意見があった。 　また、共有者の一人についてどう考えるかとの意見があった。
		(3)　申請の却下について 　いわゆる地図混乱地域でも申請できるようにすべきとの意見、過大な負担を申請人に課すことは許されないなどの意見があった。 　このほか、特定することができない理由が「現地不存在」であれば、登記抹消手続と連動した制度を設けるべきとの意見があった。

番号	要綱案	意見の概要
		また、「当該境界が既に境界確定により明らかにされている場合」に却下することについては、事情によっては再請求を認めるべきとの意見があった。
8	職権による手続の開始について（要綱案第1の1(2)）	平成の地籍整備を推進するために有用であるとする賛成意見のほか、反対意見もあった。このほか、「必要があると認める」基準を明確にすべき、国土調査実施機関等から職権発動を促す申出ができるようにすべき、申請権を有しない利害関係人から職権発動を促す申出ができるかとの意見があった。
9	公告及び通知について（要綱案第1の2）	(1) 通知の相手方について 　関係土地の所有権以外の権利の登記名義人にも通知すべき、関係土地の担保権の登記名義人にも通知すべき、差押登記がされている場合は執行裁判所にも通知すべき、手続の開始時期等について申請人にも通知すべきとの意見があった。
		(2) 「知れているもの」について 　登記簿に記載されている者など通知対象者を具体的に例示列挙すべき、住所変更をしている者への通知方法を検討すべき、通知の法的効果を明確にすべきとの意見があったほか、住所変更の登記手続について出頭主義を廃止すべきとの意見があった。
		(3) 区分建物の敷地の共有者である区分所有者に対する通知の特則について 　通知の相手方を管理者とするのは合理的であるが、境界確認が処分行為であるとすると問題があるとの意見等があった。
		(4) 通知の方法について 　公告のほか登記もすべき、ホームページその他で掲示すべき、公告に当たってプライバシーの保護にも配慮すべきとの意見があった。
10	境界確定委員会への求意見について（要綱案第4の3(1)）	手続の透明性のために必要であるとする賛成意見があった。
11	境界確定委員会の設置及び構成について（要綱案第4の3(2)）	(1) 境界確定委員会の設置について 　専門家を関与させる手続は適切であるとする賛成意見のほか、法務局内ではなく独立組織とすべき、境界確定委員会の関与の性質が明確でないとの意見があった。 　また、境界確定委員会が設置されている法務局についての情報を開示すべき、境界確定委員会の開催日数を柔軟に確保できるように設定すべきとの意見があった。
		(2) 境界確定委員会の構成について 　手続ごとに境界確定委員会を構成することについて賛成、委員の人

番号	要綱案	意見の概要
		数については、事案に応じて増減可能な体制とすべき、3名より多い人数が望ましいとの意見があった。 　境界確定委員会の委員については、土地家屋調査士を委員とすることに賛成する意見のほか、司法書士、行政書士、不動産鑑定士、宅地建物取引業者、裁判所の公的鑑定人・専門調停委員・専門員の経験を有する者、歴史家、自然科学者、境界確定登記官を含めるべきとの意見があった。 　このほか、土地家屋調査士のみで構成すべき、弁護士及び土地家屋調査士は必ず委員とすべき、「地籍」に関心のない弁護士は委員とすべきでない、弁護士過疎地域では特定の弁護士に過重な負担がかからないよう配慮すべきとの意見があった。 　また、弁護士・司法書士等で構成する委員会と土地家屋調査士の関与を区別すべきとの意見があった。 　なお、委員の任命に当たっては、基準を明らかにすべき等の意見があった。 (3)　調査官について 　調査官には法務局職員を充てるべき、任用基準等を明らかにすべき等の意見があった。
12	境界確定委員会による調査について（要綱案第4の3(3)）	(1)　立入調査について 　立入権限、強制力等について明確な法的根拠・法整備が必要とする意見のほか、立入調査権は認めるべきでないとの意見があった。このほか、複数の委員による現地調査が必要、客観性担保のために調査測量は外部機関に依頼すべき、委員・調査官は身分証明書を携帯すべきとの意見があった。 　警察上の援助については、制度を設ける必要があるとの意見のほか、個別に所轄警察に要請すれば足りる、合理性に疑問があるとの意見があった。 (2)　関係土地の所有者の意見陳述等について 　意見陳述権は、登記名義人に限るべきとの意見のほか、実体的所有者にも認めるべき、境界で隣接する土地の所有者の権利は重くすべき、1点で隣接する土地の所有者にも認めることに賛成、事実上の影響を受ける土地の所有者については認めるべき、特定承継人にも意見陳述の機会を保障すべきとの意見があった。 　なお、共有の場合、一部の共有者のみの意見によって判断されることのないようにすべきとの意見があった。 (3)　関係行政機関等への協力依頼について 　賛成意見のほか、関係機関には義務を課し強制力のあるものとすべきとの意見があった。 (4)　関係土地の所有権以外の権利の登記名義人の意見陳述等について 　所有権以外の登記名義人に意見陳述権を認めることについては、賛

番号	要綱案	意見の概要
		成意見がある一方、権利濫用の懸念等から反対する意見もあった。このほか、対抗力のある借地権者にも意見陳述権を認めるべきとの意見、職権による手続開始の場合には、申請による場合に比べて十分な機会を保障すべき所有者と比べてどの程度参考とされるのか、証拠の評価方法が確立される必要があるとの意見があった。
13	境界確定委員会による意見の提出について（要綱案第4の3(4))	賛成意見のほか、結論に至る詳細な理由も内容とすべき、土地家屋調査士と弁護士の役割分担により実務者的な意見書とすべき、委員の意見が僅差で分かれる場合には上位の機関による協議の上決定した方がよいとの意見があった。
14	境界確定委員会による調停について（要綱案第4の3(5))	所有権の範囲等について調停による紛争解決の需要があることなどを理由とする賛成意見のほか、強制力を持つ調停制度とすべきとの意見があった。 他方、調停に反対する意見として、行政機関が所有権の紛争に関与すべきでないなどを理由とするもの、裁判所での調停又は民間型ADR機関を利用すべきとするもの、あっせんにとどめるべきとするものがあった。 このほか、所有権確認訴訟との関係を整理すべき、境界確定処分との関係を整理すべき、調停の対象となる紛争の範囲、手続、成立・不成立の効果等の法整備が必要、委員の選任に十分な配慮が必要、調停手続において分筆登記まで行うことができるようにすべき、境界確定委員会の委員は業として分筆・所有権移転登記を受託できないようにすべき、筆界の決定前に所有権の範囲に関する調停を前置すべきとの意見があった。また、合意による境界確定を認めているように見えるとの意見があった。
15	境界確定登記官による境界確定について（要綱案第4の4)	(1) 境界確定について 　境界確定委員会の意見に拘束力を持たせるべき、境界確定委員会の意見と境界確定登記官の意見が異なる場合には処分前に法務局長等が審議する制度も必要であるとの意見があった。 　また、境界確定の要件と判断過程については、境界確定登記官は合理的と認められるところで境界を確定し得る、裁量的に境界を形成するのではなく本来の境界がそこであるとする処分と構成すべき、裁量権は一定の制約が付されるべきとの意見があった。 　このほか、境界確定の基準時を明確にすべき、図面と現況を基本にすべき、公図にこだわるべきではない、公図を基本とすべきとの意見があった。 　また、境界確定登記官に「その他の事情」についての独自の調査権限はあるのかとの意見があった。 　さらに、境界確定の形式については、境界確定書に理由を付記することに賛成する意見のほか、GPS測量を実施し確定境界を座標管理すべき、世界測地系の座標とすべき、衛星通信などに基づく国土地理院

番号	要綱案	意見の概要
		の僻略図を取り込むべき、電子基準点を用いるべきとの意見があった。 　他方、基準点の配置状況を考慮すると費用負担が過大となる、国家座標に連結した座標値でも一定の誤差が生じるとの意見があった。
		(2) 公告及び通知について 　公告から一定期間経過後に処分の効力が生じる旨のみなし規定を設けるべき、所有権以外の登記名義人や境界確定委員会が意見を求めた関係者にも通知すべきとの意見があった。
		(3) 争訟方法について 　行政不服審査法による不服申立てについて、これを否定することに賛成意見のほか、これを認めるべきとする反対意見があった。 　また、境界確定処分に対する抗告訴訟については、適切であるとする賛成意見のほか、実体的所有者等の原告適格を明確にすべき、出訴期間はどうなるのか、違法とされる判断基準はどうなるのか、原処分を違法とする判決の効果はどうなるのか、原告以外の関係土地の所有者も手続に関与させるべき、国有地の所有者が国（境界確定登記官）を訴えられるのか、境界確定処分の記録を裁判所に提出すべきとの意見があった。 　境界確定訴訟の廃止については、種々の問題を抱える現在の境界確定訴訟を存続させる必要はないとする賛成意見のほか、所有権確認訴訟と一括審理が可能である等の理由により境界確定訴訟を存続させるべきとする反対意見、境界確定訴訟の前置制度として境界確定制度を位置付けるべきとする意見があった。 　さらに、抗告訴訟の管轄については、専属管轄とする必要はないとの反対意見のほか、抗告訴訟の在り方を踏まえ検討を要するとの意見、簡易裁判所にも管轄を認めるべきとの意見があった。
16	登記事務との連携について（要綱案第4の5）	(1) 登記簿及び地図に関する必要な措置並びに境界確定されたことの公示 　賛成意見のほか、地積更正は「必要がある場合」に限定すべき、地積に異動がなくても地積測量図を訂正すべきとの意見があった。 　このほか、地図訂正の時期を明確にすべき、登記は職権で行うのか、それとも申請義務を課すのか、費用負担はどうなるのかとの意見があった。 　また、登記簿及び地図にインデックス的な機能を持たせるのであれば、国土地理院の作成する高度な地図に基づく登記簿とすべきとの意見があった。
		(2) 境界標の設置義務について 　賛成意見のほか、境界確定登記官が設置すべき、境界確定登記官が設置し、費用も国で負担すべき、境界標の設置作業は土地家屋調査士が行うべきとの意見があった。 　このほか、実効性を確保すべき、境界標のき損について行政罰を設けるべきとの意見があった。

番号	要綱案	意見の概要
		また、確定した境界と境界標に食い違いがある場合の手続を設けるべき、確定後に合筆されたときは境界標を取り除いてもよいのかとの意見があった。
17	手続費用の負担について（要綱案第5の1）	境界確定の第一次的利益は申請人にあるから申請人に負担させるのが合理的である、境界確定の公益性から国が負担すべき、職権の場合に比べて申請の場合の申請人負担は不公平となる、国有地の場合は国が負担すべき、公共事業のために申請する場合は公共事業者が負担すべき、職権の場合に国の負担とすると個人の土地に国費を使用することになるとの意見があった。 このほか、法律扶助制度が必要との意見があった。手続費用の内訳について、境界確定訴訟の手数料とのバランスを考慮すべき、土地家屋調査士の一般事件の報酬とのバランスを考慮すべき、民間ADRの手数料とのバランスを考慮すべき、費用負担の算定基準を明確にすべき、費用の算定時期を明確にすべき、申請人の負担軽減を検討すべきとの意見があった。 また、測量費用を申請人が支払わない場合に手続はどうなるのかとの意見があった。 申請人以外の者から費用償還を求めることができることについては、実効性を確保すべき、算定基準を明確にすべき、申請人以外の者については費用の免除又は軽減の措置を講じるべき、費用負担処分に対する不服申立てについて検討すべき、民事上の損害賠償請求で行うべきものであるので、境界確定登記官等にここまでの裁量を認めるべきではないとの意見があった。
18	閲覧及び写しの交付について（要綱案第5の2）	賛成意見のほか、内部検討資料の公表も望ましい、閲覧を認める時期はいつかとの意見があった。
19	法務省令への委任（要綱案第5の3）	随時制度の見直しを行うべき、土地家屋調査士及び法曹関係者の意見を省令に反映すべきとの意見があった。
20	その他 要綱及び補足説明に記載されている事項以外に、次の意見があった。	(1) 境界確定手続の代理人として、土地家屋調査士、司法書士、簡易裁判所の代理業務の認定を受けた司法書士、土地家屋調査士と司法書士両者の資格を有する者、弁護士、行政書士、不動産鑑定士を認めるべき。
		(2) 境界確定の手続は、対審構造とすべき、審理を公開すべき、境界で隣接する土地の所有者の手続関与を広範囲に認めるべき。
		(3) 相隣地域内で複数の境界確定手続が開始された場合の手続相互間の調整を検討すべき。

番号	要綱案	意見の概要
		(4) 境界確定処分の効力の発生時期について規定を設けるべき。
		(5) 境界確定までの標準的な処理期間を明示すべき。
		(6) 濫訴防止のための措置を検討すべき。
		(7) 境界確定処分と所有権確認訴訟の連携、調整を検討すべき。
		(8) 境界確定処分に対する抗告訴訟と所有権確認訴訟が係属している場合の手続について検討すべき。
		(9) 他のADRとの関係を明確にすべき。
		(10) 予算を十分確保すべき。
		(11) 資料を収集、公開するなどして紛争の予防に努めるべき。
		(12) 17条地図の整備を早急に行うべき。
		(13) 新たな制度の広報に努めるべき。

3　第3　今後における意見の取扱い

　お寄せいただいた御意見は、今後、所要の法改正に当たり、参考資料として使用させていただきます。御協力ありがとうございました。

　以上のように筆界特定制度に関しては創設の際の要綱案に対し各界から様々な意見が寄せられ、本要綱案から法律案になるときには大きな修正がかかることになるが、その主なものとしては「境界」が「筆界」と変更されたり、筆界特定の効果について行政処分としての効力がないものとしたり、職権で筆界特定手続を開始することはできなくなったりするなどであるが、中でも聞き慣れない「筆界」という言葉や「所有権界」という言葉であろうと思われる。

❸平成17年3月22日の法務委員会の「筆界特定制度」についての質疑

　平成17年3月22日の法務委員会の質疑では、次のとおり答弁されている。

○井上（信）委員
　―中略―
　まず大臣にお聞きしたいんですけれども、この筆界特定制度を新たにつくるということの趣旨、目的、あるいは現在どんな状況にあって、こういったものをなぜつくらなければいけないのか。特に、現行でも境界確定訴訟といった制度がありますから、それとの関係も含めまして、どういった趣旨で今回の筆界特定制度に臨むのか、強い決意というものをぜひお聞かせいただきたいと思います。よろしくお願いいたします。

○南野国務大臣　御質問にお答え申し上げます。
　筆界特定制度は、土地の筆界の迅速かつ適正な特定を図り、筆界をめぐる紛争の予防及び早期解決に資するために、土地の所有権の登記名義人等の申請によりまして、筆界特定登記官が外部専門家の意見を踏まえて筆界を特定する制度でございます。
　現状におきましては、筆界をめぐる紛争を解決する手段といたしましては境界確定訴訟しかございませんが、境界確定訴訟は当事者から見れば、隣人を訴えたり、かつ、必要な証拠

資料はみずから収集してそれに充てなければならないという負担がございます。そういう意味で、簡易迅速に行政レベルで筆界を明らかにする制度といたしまして筆界特定制度を創設することといたしたものであります。

　筆界特定制度は、登記官が筆界の現地における位置についての判断を示すものですが、最終的に筆界を法的に確定する必要があるときは従来どおり境界確定訴訟によることといたしております。すんなりそれが展開できれば裁判に持ち込まなくてもいいのかなというふうにも思います。

○井上（信）委員　大臣のおっしゃるとおり、本当にそういった意味ではしっかりその区分けをしていって、両制度のよりいい点を国民の皆様に利用していただくということが大切かなというふうに思っております。

　私が思いますのは、あとは、経済的な負担が大きいでありますとか、あるいは訴訟ですからどうしても審理が長期間にわたってしまう。ですから、こういったことに関しても、今回の筆界特定制度であれば、その辺を考慮していただいて、ちゃんと活用しやすい制度にぜひしていただきたいというふうに思っております。

　そもそも、私が思いますのは、土地の境界をめぐる紛争ということであると、いわば私法的な所有権界の問題と、それから公法的な筆界、この問題が複雑に絡み合っている。実際上はこの筆界特定制度も所有権界に影響を及ぼすわけでありますから、そういう意味ではここの関係の整理というのが非常に難しいのかなということを思っております。

　伺うところによりますと、今回のこの法案作成の過程に当たりましても、パブリックコメントやいろいろな手続の中でその方針を変更したというふうに伺っております。

　例えば、境界確定を、職権で行うことではなくて、地権者の申請でやっていこうというように変更されたとか、あるいは、もともと行政処分と考えていたものを、そうではないということでその効力の問題についても変更した、そういったような話があるわけでありますけれども、こういった点について、一体どういう趣旨で前の案を今の案に変えたのか、その辺のところの御見解をお聞かせいただきたいと思います。

○寺田政府参考人　ただいまも大臣から申し上げましたとおり、この筆界の確定、裁判手続でいいますと境界の確定という言い方をしておりますが、については、かねてから非常に大きな問題だ、登記制度の中でスムーズにいかない問題の一つであるという認識を持っておりました。

　そこで、民間の方々、学者の方々を含めまして、この問題について一体どう対処するかということを検討したわけでございます。それが、今委員の御指摘にありました、平成十五年から十六年にかけての研究でありまして、その結果、基本的には行政処分でやったらどうかというお話、それでしかも職権もあり得る、そういう御提案があったわけであります。これがいわゆる土地境界の制度の創設に関する要綱案でございます。

　そもそもでございますけれども、先ほども話題に出ました裁判所の境界確定制度にいたしましても、本来的に、訴訟というよりは非訟事件に近い性質のものである、したがって、本来行政でなし得ないものではないという整理がされていたわけであります。そこで、最終的に、行政の責任においてやるという強い意見がこの要綱案において示されたわけであります。

　しかしながら、要綱案を発表いたしまして、平成十六年の六月から約一カ月、パブリックコメントという形でいろいろな方々の御意見を伺ったわけでありますが、その中には、非常にこの点について強い懐疑を示される御意見がございました。なるほど行政の責任でおやりになるのは一つの考えかもしれないけれども、境界確定訴訟を廃止していきなり全部行政でやってしまうということは、非常に、何といいますか、問題の解決として強くなり過ぎないかということであります。

具体的に申し上げると、結局、行政処分ということになりますと、その行政処分に至る過程でさまざま手続を踏んだ上で、しかしそれに異議があるということになると、行政訴訟ということになるわけであります。最終的に行政訴訟は裁判所で確定するわけでありますが、その間に、仮に処分ということになりますと、それが、問題があればその処分の取り消しということになるわけであります。そうすると再び、最初から線を引き直すという作業を、もう一度行政処分に立ち返ってやらなければならない、極端な場合にはぐるぐるぐるぐる回ってしまうというような危険があるのではないかということが実際的な問題としては挙げられます。
　また、職権で行うということも、必要性があることは、一方でそういう場面があろうことは認められるわけでありますけれども、しかし他方、圧倒的多数の場合には、実際には、今まで隣のうちとの間の紛争という形で処理されてきたものが、いわば寝た子を起こすような形で、自分が争うつもりもないのに、この点について、一体正しい線はどうなのかということで問題にされたあげく、結局、行政処分という形で決まってしまうというのは、全体のバランスからいってやや強過ぎるのではないか、もう少し、やはり紛争解決ということからスタートして、それで実績を積み上げた上でそういう強い形もとるべきではないかという御意見もあったわけであります。
　したがいまして、そういうような御意見を参照いたしまして、最終的には、現在の案に見られますように、職権ではなく当事者の申し立てによって手続を開始して、その効力も、本質的に、行政処分ということではなくて、結局は事実の発見という形での、証明力を高めるという形での効力を持つ手続という位置づけをしたわけでございます。

　―以下省略―

　以上のように新しく「筆界」という言葉が使われるようになるが、境界確定訴訟のように境界が不明な場合においても裁判所が職権で境界を創設することはできず、筆界特定制度においては前述の通り行政処分としての効力がないので、手続の違いを明確にするために境界と筆界という用語の使い分けでこうしているが、同じ境界に関する紛争解決手段と位置付けた場合には、①境界確定訴訟、②筆界特定制度、③調停手続き④民間紛争解決ADRの利用など選択肢が増えたことになる。
　しかし、境界確定訴訟と筆界特定制度を並立的に利用することができるとしても、行政処分たる効力のない筆界特定制度は境界確定訴訟が確定した場合には利用することはできず、先になされた筆界特定と内容の異なる境界確定訴訟が確定した場合にはその範囲において筆界特定は効力を失うこととなるが、法務局の職員をはじめ弁護士、司法書士、土地家屋調査士などの専門家が筆界特定委員として関与し、現場を調査測量し、当事者及び関係人の意見を聴取したうえでなされた筆界特定に反する境界確定訴訟の判決がされる可能性は極めて低く、訴訟上も筆界特定書は有力な資料になると思われる。

8 電子情報処理組織による登記事務処理の円滑化のための措置等に関する法律

電子情報処理組織による登記事務処理の円滑化のための措置等に関する法律
(昭和六十年五月一日法律第三十三号)
最終改正年月日:平成一六年六月一八日法律第一二四号

(趣旨)
第一条
　この法律は、最近における不動産登記、商業登記その他の登記の事務の処理の状況にかんがみ、電子情報処理組織の導入によるその処理の円滑化を図るための措置等につき必要な事項を定めるものとする。

(登記ファイルへの記録)
第二条
　法務大臣が指定する登記所においては、登記簿に記載されている事項を、法務省令で定めるところにより、登記ファイルに記録することができる。
2　前項の規定による記録は、電子情報処理組織によって行う。
3　第一項の指定は、告示してしなければならない。

(登記ファイルに記録されている事項を証明した書面)
第三条
　何人でも、手数料を納付して、登記官に対し、前条第一項の登記ファイルに記録されている事項の全部又は一部を証明した書面の交付を請求することができる。
2　何人でも、法務省令で定めるところにより、手数料のほか送付に要する費用を納付して、前項の書面の送付を請求することができる。
3　第一項の手数料の額は、物価の状況、同項の書面の交付に要する実費その他一切の事情を考慮して、政令で定める。
4　第一項の手数料の納付は、法務省令で定めるところにより、登記印紙をもつてしなければならない。ただし、行政手続等における情報通信の技術の利用に関する法律(平成十四年法律第百五十一号)第三条第一項の規定により同項に規定する電子情報処理組織を使用して第一項又は第二項の請求をするときは、法務省令で定めるところにより、現金をもつてすることができる。

第四条
　前条第一項の規定に基づいて交付された書面は、民法(明治二十九年法律第八十九号)、民事執行法(昭和五十四年法律第四号)その他の法令の規定の適用については、登記簿の謄本又は抄本とみなす。

(国の責務)
第五条
　国は、電子情報処理組織を用いて登記を行う制度その他の登記事務を迅速かつ適正に処理

する体制の確立に必要な施策を講じなければならない。
2　法務大臣は、前項の施策のうち重要なものを講ずるに当たっては、審議会等（国家行政組織法（昭和二十三年法律第百二十号）第八条に規定する機関をいう。）で政令で定めるものの意見を聴かなければならない。

（行政機関の保有する情報の公開に関する法律の適用除外）
第六条　登記ファイルについては、行政機関の保有する情報の公開に関する法律（平成十一年法律第四十二号）の規定は、適用しない。

（省令への委任）
第七条　この法律に定めるもののほか、第三条第一項の書面の交付に関する手続その他この法律の施行に関し必要な事項は、法務省令で定める。

附則
　この法律は、昭和六十年七月一日から施行する。

附則（昭和六〇年六月七日法律第五四号）抄
　（施行期日）
第一条　この法律は、昭和六十年七月一日から施行する。

　（登記印紙による納付の開始に伴う経過措置）
第八条　附則第三条の規定による改正後の民法施行法第八条第二項、附則第四条の規定による改正後の不動産登記法第二十一条第四項（同法第二十四条ノ二第三項及び他の法令の規定において準用する場合を含む。）、附則第五条の規定による改正後の抵当証券法第三条第五項（同法第二十二条において準用する場合を含む。）、附則第六条の規定による改正後の商業登記法第十三条第二項（他の法令の規定において準用する場合を含む。）又は附則第七条の規定による改正後の電子情報処理組織による登記事務処理の円滑化のための措置等に関する法律第三条第四項の規定にかかわらず、この法律の施行の日から二週間以内に手数料を納付するときは、収入印紙又は登記印紙をもつてすることができる。

附則（平成一一年五月一四日法律第四三号）抄
　（施行期日）
第一条　この法律は、行政機関の保有する情報の公開に関する法律（平成十一年法律第四十二号。以下「情報公開法」という。）の施行の日から施行する。

附則（平成一四年七月三一日法律第一〇〇号）
　（施行期日）
第一条　この法律は、民間事業者による信書の送達に関する法律（平成十四年法律第九十九号）の施

行の日から施行する。

附則（平成一四年一二月一三日法律第一五二号）抄
　（施行期日）
第一条
　この法律は、行政手続等における情報通信の技術の利用に関する法律（平成十四年法律第百五十一号）の施行の日から施行する。ただし、次の各号に掲げる規定は、当該各号に定める日から施行する。
　　三　第十一条（地方税法第百五十一条の改正規定、同条の次に一条を加える改正規定及び同法第百六十三条の改正規定に限る。）、第十九条（不動産登記法第二十一条第四項及び同法第百五十一条ノ三第七項にただし書を加える改正規定に限る。）、第二十一条（商業登記法第十三条第二項及び同法第百十三条の五第二項にただし書を加える改正規定に限る。）、第二十二条から第二十四条まで、第三十七条（関税法第九条の四の改正規定に限る。）、第三十八条、第四十四条（国税通則法第三十四条第一項の改正規定に限る。）、第四十五条、第四十八条（自動車重量税法第十条の次に一条を加える改正規定に限る。）、第五十二条、第六十九条及び第七十条の規定
　　　この法律の公布の日から起算して二年を超えない範囲内において政令で定める日

　（罰則に関する経過措置）
第四条
　この法律の施行前にした行為に対する罰則の適用については、なお従前の例による。

　（その他の経過措置の政令への委任）
第五条
　前三条に定めるもののほか、この法律の施行に関し必要な経過措置は、政令で定める。

附則（平成一五年五月三〇日法律第六一号）抄
　（施行期日）
第一条
　この法律は、行政機関の保有する個人情報の保護に関する法律の施行の日から施行する。

　（その他の経過措置の政令への委任）
第四条
　前二条に定めるもののほか、この法律の施行に関し必要な経過措置は、政令で定める。

附則（平成一六年六月一八日法律第一二四号）抄
　（施行期日）
第一条
　この法律は、新不動産登記法の施行の日から施行する。

　（経過措置）
第二条
　この法律の施行の日が行政機関の保有する個人情報の保護に関する法律の施行の日後である場合には、第五十二条のうち商業登記法第百十四条の三及び第百十七条から第百十九条までの改正規定中「第百十四条の三」とあるのは、「第百十四条の四」とする。

9 電子署名及び認証業務に関する法律(抜粋)

第2条　この法律において「電子署名」とは、電磁的記録（電子的方式、磁気的方式その他人の知覚によっては認識することができない方式で作られる記録であって、電子計算機による情報処理の用に供されるものをいう。以下同じ。）に記録することができる情報について行われる措置であって、次の要件のいずれにも該当するものをいう。
　一　当該情報が当該措置を行った者の作成に係るものであることを示すためのものであること。
　二　当該情報について改変が行われていないかどうかを確認することができるものであること。
2　この法律において「認証業務」とは、自らが行う電子署名についてその業務を利用する者（以下「利用者」という。）その他の者の求めに応じ、当該利用者が電子署名を行ったものであることを確認するために用いられる事項が当該利用者に係るものであることを証明する業務をいう。
3　この法律において「特定認証業務」とは、電子署名のうち、その方式に応じて本人だけが行うことができるものとして主務省令で定める基準に適合するものについて行われる認証業務をいう。

第3条　電磁的記録であって情報を表すために作成されたもの（公務員が職務上作成したものを除く。）は、当該電磁的記録に記録された情報について本人による電子署名（これを行うために必要な符号及び物件を適正に管理することにより、本人だけが行うことができることとなるものに限る。）が行われているときは、真正に成立したものと推定する。

10 民事訴訟法（抜粋）

第228条（文書の成立）
　文書は、その成立が真正であることを証明しなければならない。
2　文書は、その方式及び趣旨により公務員が職務上作成したものと認めるべきときは、真正に成立した公文書と推定する。
3　公文書の成立の真否について疑いがあるときは、裁判所は、職権で、当該官庁又は公署に照会をすることができる。
4　私文書は、本人又はその代理人の署名又は押印があるときは、真正に成立したものと推定する。
5　第二項及び第三項の規定は、外国の官庁又は公署の作成に係るものと認めるべき文書について準用する。

11 登記申請書のA4横書きの標準化について

法務省民事局民事第二課長→日本司法書士会連合会（依頼文書）

法務省民二第2647号
平成16年9月27日
（別紙）

登記申請書のA4横書きの標準化について

1　趣旨
　一般に使用されている用紙は、A4横書きのものが主流となっていること、登記申請書の添付書類についても、A4横書きのものが増えていること、申請人から登記申請書のA4横書き化の要望が多数寄せられていることなどにかんがみ、登記申請書についても、申請人の利便性の向上及び登記事務処理の効率化を図るため、A4横書きのものを標準の用紙として使用するものとする。

2　登記申請書に記載する文字
　登記申請書に金銭その他の物の数量、年月日及び番号を記載する場合には、「壱弐参拾」の文字を用いなければならないとされている（不動産登記法（明治32年）法律第24号）第77条第2項）が、新不動産登記法（平成16年法律第123号には同趣旨の規定はなく、これに基づく命令においてもこのような規定を設ける予定はないことを踏まえ、A4横書きの登記申請書に記載する文字については、アラビア数字を用いた場合であっても却下しない取扱いとする（例：債権額金1億2,150万円、利息3.5％等。）。

3　その他の留意事項
　(1)　登記申請書は、A4の用紙を縦置き・横書きとして使用し、用紙の裏面は使用しない。
　(2)　登記申請書が複数枚にわたる場合には、契印をしなければならない（不動産登記法施行細則（明治32年司法省令第11号）第39条）。
　(3)　登記申請書の副本に押印する登記済の印版は、従前のものを使用する（不動産登記事務取扱手続準則第70条、71条）
　(4)　登記申請書は、司法書士会又は地土地家屋調査士会との協議により、当分の間A4の用紙を右綴じするものとして差し支えない。

4　実施時期
　平成16年11月1日から実施する。

5　経過措置
　当分の間、従前の日本工業規格B列4番の用紙を使用して差し支えない。

6　その他
　登記申請書の様式例は、別添のとおりとする。
　＊　申請書様式省略
　＊　申請書様式の上欄には「オンライン庁における受付番号票を張り付ける箇所」、右上欄には「ブック庁における受付番号等押印欄」のスペースが設けられている。

12 電子情報処理組織を使用する方法による申請の導入等に伴う不動産登記法の改正に関する担当者骨子案

平成15年7月1日

電子情報処理組織を使用する方法による申請の導入等に伴う
不動産登記法の改正に関する担当者骨子案

法務省民事局民事第二課

第1　電子情報処理組織を使用する方法による申請の導入に伴う申請手続の見直し

（電子情報処理組織を使用する方法による申請と申請書を提出する方法による申請との関係）
1　電子情報処理組織（登記所の使用に係る電子計算機と申請人又はその代理人の使用に係る電子計算機とを電気通信回線で接続した電子情報処理組織をいう。）を使用する方法による申請は、申請書を提出する方法による申請と併存して、認めるものとする。
2　電子情報処理組織を使用する方法による申請と申請書を提出する方法による申請とは、いずれも受付の順序に従って処理するものとし、両者の前後は、各申請の受付の時点の先後によるものとする。

（申請手続の構造）
3　権利に関する登記の申請における出頭主義の制度は、廃止する。
　　（注）従来どおり、登記所の窓口に出頭して申請することは可能である。
4　権利に関する登記における共同申請主義は、維持する。
　　（注）表示に関する登記の申請構造には、変更はない。

（申請手続における本人確認）
　　（前注）電子情報処理組織を使用する方法による申請においては、印鑑及び印鑑証明書に代えて、電子署名及び電子証明書を利用することを前提とする。
5　登記名義人である申請人を確認するための現在の登記済証の提出制度に代替する制度を設ける。
(1)　登記完了時に、登記済証の交付制度に代替するものとして、登記名義人になった者を識別するための情報（以下「登記識別情報」という）を通知し、その。者が次回の登記の申請人として登記の申請をするときには、その者を識別するための情報として、登記所に登記識別情報を提供することを原則とする。
(2)　登記名義人又はその代理人の請求により、登記識別情報を失効させる制度を設ける。
(3)　登記名義人又はその代理人は、手数料を納付して、その登記識別情報が有効である旨の証明を請求することができるものとする。
　　（注）登記識別情報の再通知（再発行）は、行わない。
6　登記名義人である申請人が登記識別情報を提供してすべき申請において、その提供をすることができない場合は、登記官において登記名義人が申請人として申請していることを確認するための制度として、現在の事前通知を充実させた制度を用いるものとする。
　　また、資格者（登記の申請の代理を業とすることができる者をいう。）が申請人を代理して申請している場合において、資格者である代理人が本人を確認した旨の具体的な情報を提供したときは、登記官は、事前通知の手続を経ることなく、当該情報の審査結果に基づいて

本人確認をすることができるものとする。
　なお、保証書の制度は、廃止する。
7　登記官による申請人の確認についての審査は、申請人又はその代理人から提供された情報のみを対象として行うことを原則とするが、申請人となるべき者以外の者が申請人として申請していると疑うに足りる相当な理由があるときは、登記官は、申請人となるべき者が申請人として申請していることを確認するため、申請人又はその代理人に対し、出頭を求め質問をし、又は必要な情報の提供を求めることができるものとする。
　当事者が遠隔地に居住しているときその他相当と認めるときは、登記官は、他の登記所の登記官にこの審査を嘱託することができるものとする。
（表示に関する登記の申請における添付情報）
8　表示に関する登記の申請を電子情報処理組織を使用する方法により行う場合において、添付情報の内容となるべき情報が書面で作成されているときは、申請人又はその代理人が原本と相違ない旨を明らかにした原本の写しに相当する情報を添付情報として提供することを認めるものとする。この場合においては、登記官は、原本の提示を求め、写しの正確性と原本の内容を確認するものとする。
（権利に関する登記の申請における登記原因証明情報の提供）
9　登記原因を証する書面を申請書副本により代替する制度を廃止し、権利に関する登記の申請には、必ず登記官が登記原因を確認することができる具体的な情報（以下「登記原因証明情報」という。）の提供を必要とする制度とする。
10　登記原因証明情報は、利害関係人において閲覧することができる登記記録の附属記録とする。
（その他）
11　登記済証の交付制度に代替するものとして、申請人に対し、登記が完了した旨の通知をする制度を設ける。
12　同一の不動産に関する前後が明らかでない数個の申請は、登記所に同時に提供されたものとみなす制度を設ける。
13　電子情報処理組織を使用する方法により、登記事項証明書等の送付を請求することを認めるものとする。

第2　現代語化その他

1　片仮名書き・文語体の法文を、平仮名書き・口語体の法文に改める。
2　登記簿並びに地図及び建物所在図は、電磁的記録媒体に記録することを前提とした制度とし、これに伴う所要の改正を行うものとする。
3　不動産を特定するための番号（以下「不動産特定番号」という。）を登記事項とする。
　　（注）申請書又は申請情報に不動産特定番号を記載し、又は記録した場合には、申請書又は申請情報の記載事項又は記録事項の一部を省略できるものとする。
4　予告登記の制度を廃止する。
5　申請と併せて提供すべき情報が電磁的記録で作成されているときは、申請書を提出する方法による申請においても、当該電磁的記録に記録された情報の内容を記録した電磁的記録を申請書に添付することができるものとする。
6　登記官の過誤による登記を職権で更正する手続及び登記完了後にされた審査請求に理由があると認められる場合の是正手続を整備する。
7　その他、登記の申請に関する規定を整理する。

13 電子情報処理組織を使用する方法による申請の導入等に伴う不動産登記法の改正に関する担当者骨子案の補足説明

第1 はじめに

（骨子案の構成）

1 法務省民事局においては、平成一六年度中に不動産登記制度に電子情報処理組織を使用する方法による申請（以下「オンライン申請」という。）を導入することを前提として、不動産登記制度の見直し作業を行っている。その一環として、不動産登記申請のオンライン化を推進するための法制面及び技術面の調査研究を実施するため、財団法人民事法務協会に設けられたオンライン登記申請制度研究会において、その成果を取りまとめたオンライン登記申請制度研究会最終報告書（以下「研究会報告書」という。）（注）について、本年四月一日に公表し、一般に意見を募集した。

　骨子案の第1は、オンライン申請の導入に伴う検討事項に関するものであり、研究会報告書及びこれに対する意見募集の結果を踏まえ、法務省民事局の担当者において作成したものである。次に、骨子案の第2は、現代語化その他の事項に関するものであり、法務省民事局の担当者として、オンライン申請の導入に伴う今回の法令の改正において、併せて取り上げることを検討中の事項を列挙したものである。

　　（注）研究会報告書については、法務省のホームページ（http://www.moj.go.jp/PUBLIC/MINJI32/refer01.pdf）を参照されたい。

（不動産登記申請のオンライン化を行う理由）

2 行政手続の申請手続の電子化は、「行政情報化推進基本計画」（平成六年一二月二五日閣議決定。平成九年一二月二〇日改訂）をはじめとして、従来からの政府の方針として推進されてきた。特に「ミレニアム・プロジェクト（新しい千年紀プロジェクト）について」（平成一一年一二月一九日内閣総理大臣決定）においては、電子政府を実現するための政府認証基盤の整備が掲げられ、平成一三年一月二二日の高度情報通信ネットワーク社会推進戦略本部のe-Japan戦略では、「我が国が五年以内に世界最先端のIT国家になる」という目標を実現するため、「二〇〇三年までに、国が提供する実質的にすべての行政手続きをインターネット経由で可能とする」こととされている。

3 このような政府の方針に沿い、不動産登記制度についてオンライン申請を導入する趣旨は、これにより、登記事務の簡素化・効率化と国民の負担軽減を実現し、国民の利便性の向上を図るところにある。上記e-Japan戦略においても、電子政府の実現に当たっては、「行政の既存業務をそのままオンライン化するのではなく、IT化に向けた中長期にわたる計画的投資を行うとともに、業務改革、省庁横断的な類似業務・事業の整理及び制度・法令の見直し等を実施し、行政の簡素化・効率化、国民・事業者の負担の軽減を実現することが必要である」（Ⅱ．重点政策分野　3. 電子政府の実現　1基本的考え方）こととされている。したがって、不動産登記制度にオンライン申請を導入するに当たっても、これにより、オンライン申請の一般的メリット（登記所の窓口に行かずに即時に申請行為が可能であること）を実現することはもちろん、オンライン以外の方法により行われる申請を含め、不動産登記の手続全般について見直し、登記事務の簡素化・効率化及び利用者の負担軽減を図る必要がある。

第2　オンライン申請と窓口申請との関係

（二つの申請方法の併存）

4　登記事務の効率化という観点からは、複数の申請方法を併存させるよりも、オンライン申請に一本化する方が望ましい。複数の申請方法が併存するときは、各別の申請方法によりされた申請の受付の前後を確定するための仕組みが必要になるほか、複数の事務処理の手順が存在することになり、登記事務が複雑化するからである。しかし、オンライン申請を導入する趣旨は、国民にとって利便性を高めるためであり、多数の国民が利用する不動産登記手続について、その申請方法をオンライン申請に一本化し、申請書を管轄登記所に提出する方法による申請（以下「窓口申請」という。）を認めない制度とすることは、現時点では考えられない。したがって、オンライン申請のほか、窓口申請も併存して認めることとし、両者が併存することを前提とした制度とすべきである。そこで、骨子案においては、オンライン申請は、窓口申請と併存して、認めるものとしている（骨子案第1―1）。

（オンライン申請と窓口申請の受付）

5　登記は、登記官が申請を受け付けると、受付の処理をし（不動産登記法第四七条第一項参照）、その受付の順序に従い実行する（同法第四八条参照）。権利に関する登記は、登記の前後によって、登記された権利の順位が決まる構造になっている（同法第六条参照）。表示に関する登記においても、申請の受付順序に従い、登記を実行するという原則が適用される（同法第四八条参照）。このように登記が受付の順序に従って処理されるというのは登記制度の原則である。オンライン申請と窓口申請を併存させる場合においても、この原則を維持すべきである。すなわち、申請方法のいかんを問わず、申請情報又は申請書がそれぞれ登記官に到達した時点で、受付が行われ、それぞれ受け付けされた順序で登記が実行されるべきである。このような制度的要請を実現し、両者の受付の時間的先後を明確にするため、オンライン申請を導入する場合には、オンライン申請と窓口申請とは、同一の受付システムにより受付処理がされるようなシステムの構築をするのが相当である。

6　以上の考え方に基づき、骨子案においては、オンライン申請と窓口申請とは、いずれも受付の順序に従って処理するものとし、両者の前後は、各申請の受付の時点の先後によるものとしている（骨子案第1―2）。

（注）オンライン申請は、「法務省オンライン申請システム」に送信され、「オンライン登記申請配信・受付管理システム」を経由して、「登記所システム」に配信され申請の受付がされる。オンライン申請においては、登記所の開庁時間にかかわりなく、「法務省オンライン申請システム」に対する送信を行うことが可能であるが、登記所の閉庁時間後に「オンライン登記申請配信・受付管理システム」に配信された申請についての、「登記所システム」における受付の処理は、開庁時間の開始時に行われる。この場合において、オンライン申請は、開庁時間の開始直後においてされた窓口申請に先だって受付がされることになる。

第3　申請構造の見直し

（出頭主義の廃止）

7　オンライン申請は、申請人が登記所に赴くことなく申請を可能とする制度である。既に、「行政手続等における情報通信の技術の利用に関する法律の施行に伴う関係法律の整備等に関する法律」（平成一四年法律第一五二号）による改正後の不動産登記法第二六条第一項の規定においては、オンライン申請の場合においては、出頭主義の適用が排除されている（注）。

そこで、窓口申請においても、権利に関する登記について、この原則の適用を引き続き維持すべきかが問題となる。

(注)「行政手続等における情報通信の技術の利用に関する法律」(平成一四年法律第一五一号)の制定に伴い、技術的見地から必要最小限の改正がされたものであり、具体的なオンライン申請の導入については、現在検討中の不動産登記法等の改正によることになる。

8 不動産登記法が、権利に関する登記の申請について当事者又はその代理人が登記所に出頭してしなければならないという出頭主義を採用した理由として、対面により申請人が本人であることを確認することが挙げられることがある(ただし、現行法の立法過程において、出頭主義が導入された理由は必ずしも明らかでない。)。また、郵送申請を認めると受付順位の決定に不便を来すことや、即日補正の便宜を図ることが出頭主義の根拠とされることもある。

9 しかし、登記の真実性を確保するための本人確認は、出頭主義を維持すること以外の方法によっても可能である。また、受付順位の決定については、後記68のとおり、同一の不動産について前後が明らかでない数個の申請についての規律を設けることを前提にすると、順位の決定に不便を来すとはいえない(注)。さらに、補正の問題は、出頭主義を採るか否かにかかわらず、制度の運用の問題として考慮すべき問題である。そこで、オンライン申請の導入を契機に、申請人の負担を軽減する趣旨から、申請方式の問題としては、出頭主義を廃止することが相当である。

(注) 官公署の嘱託による登記については、権利に関する登記であっても、出頭主義は厳格に適用されていないのが現状である。

10 以上のような考え方に基づき、骨子案は、権利に関する登記の申請における出頭主義の制度を廃止するものとしている(骨子案第1―3)。結果として、窓口申請には、当事者又は代理人が登記所に出頭して申請書を提出する現行の方法のほか、使者が登記所に出頭して申請書を提出する方法又は郵送等により申請書を送付する方法(注)等が含まれることになる。

(注) 研究会報告書第3補足説明(4)においては、郵送申請を認めるかという論点について、両論が併記されていたが、骨子案は、出頭主義を廃止した結果、窓口申請の一つとして郵送申請も認められることになるという立場を採るものであり、郵送申請を独自の申請方式とする考え方は採っていない。したがって、窓口申請の受付の問題としては、登記所の窓口に到達した時点で順次受付をするという立場(研究会報告書第3補足説明(14)の乙2説)を採ることになる。

(共同申請主義)

11 次に、権利に関する登記の申請は、現行法上、登記権利者と登記義務者との共同申請によることとされている(不動産登記法第二六条)。この共同申請主義の根拠は、次のとおりと考えられる。すなわち、民法第一七七条が登記を物権変動の対抗要件と位置づけていることから、登記を申請するのか否かは、原則として当事者の自由といえる。したがって、登記権利者について、自ら関与せず登記が申請されるのは望ましくない。一方、登記名義人である登記義務者が自ら不利益を受ける登記について、登記申請人となって申請していることにより、登記の真実性を確保することができる。

12 このような根拠からすると、登記権利者が申請人になることは当然としても、真実性の担保の根幹にあるのは、登記義務者が当該登記申請について承諾しているということにあるはずである。したがって、この承諾が手続上明らかである限り、登記義務者を申請人とする論理的必然性はない。そこで、オンライン申請を導入するに当たり、登記権利者が登記義務者の承諾を得て単独申請をするという構造にするという考え方もあり得る。

13 しかし、権利に関する登記において、登記により利益を受ける者と不利益を受ける者が共

同で申請するという構造は、現行制度の基本的な仕組みである。共同申請構造は、出頭主義のもとでは、登記の申請をするためには登記権利者と登記義務者の双方が登記所に出頭しなければならないことを意味するが、出頭主義を廃止するのであれば、登記権利者及び登記義務者は、申請書又は申請情報に記名押印又は電子署名をしなければならないとしても、登記所に出頭する負担を負うことがなくなる。他方、単独申請構造のもとで登記義務者の承諾について押印や電子署名等が必要になることには変わりはない。そうであれば、出頭主義を廃止することを前提にすると、オンライン申請の導入によって、共同申請構造自体を変更する積極的な理由はない。

14　以上のような考え方に基づき、骨子案においては、権利に関する登記における共同申請主義は維持するものとしている（骨子案第1―4）。なお、表示に関する登記については、出頭主義は採られておらず、共同申請構造も採られていないので、申請構造について現行制度から変更はない。

第4　申請人の本人確認

（電子署名と電子証明書）

15　一般に、窓口申請においては、申請書に申請人が行った署名や印鑑（申請書又は委任状に押印された印影をいう。以下同じ。）により、その作成者を確認することができる。なぜなら、書面による手続においては、情報の作成者を示す情報とその本体となる情報とが一つの紙という媒体に不可分の形で固定され、同時に提供されるからである。オンライン申請には、窓口申請のような固定された媒体は存在しない。しかし、オンライン申請においても、窓口申請と同様に、申請情報の作成者を確認するための一般的な仕組みが必要であることはいうまでもない。現時点において、オンラインにおける本人の認証のために利用可能な制度としては、政府及び地方公共団体レベルにおいては、「電子署名に係る地方公共団体の認証業務に関する法律」（平成一四年法律第一五三号）に基づく公的個人認証制度や、「商業登記法」（昭和三八年法律第一二五号）に基づく印鑑提出者の電子署名の認証制度がある。また、「電子署名及び認証業務に関する法律」（平成一二年法律第一〇二号）に基づく主務大臣の認定を受けた認証業務による認証の制度もある。不動産登記のオンライン申請制度の導入に当たっては、政府認証基盤の枠組みの中で、これらの制度を利用することが前提になる。

16　そこで、骨子案においても、不動産登記申請のオンライン化にあっては、申請人を確認するため、電子署名及び電子証明書を利用することを前提としている（骨子案第1―5の前注）。

（登記済証の存在意義）

17　ところで、不動産登記申請の手続の特色の一つは、一般的な本人確認手段である印鑑及び印鑑証明書のほか、登記義務者である申請人を確認する登記手続固有の手段として、登記済証が用いられていることである。すなわち、登記済証は、登記完了時に登記権利者に交付される書面（不動産登記法第六〇条第一項）であり、登記記録上の登記名義人が登記義務者として申請人となるという申請構造のもとでは、登記義務者として申請人となる者は、過去に登記権利者として登記を受け、その際、登記済証を取得しているはずである。これを前提に、登記済証は、登記申請の原則的な添付書面とされている（同法第三五条第一項第三号）。そして、現行制度上、登記済証は、登記義務者の印鑑及び印鑑証明書に加えて要求される（所有権の登記名義人が登記義務者となる申請の場合）ことがあるほか、登記済証があるときは印鑑及び印鑑証明書は不要とされる（所有権以外の権利の登記名義人が登記義務者となる申請の場合）という形で、登記手続固有の本人確認手段となっている。

18　このような登記済証の提出は、あくまでも本人確認の手段であるから、登記済証の提出が

ない場合であっても、他の方法で本人確認をすることができれば、登記申請の手続としてはそれで足りるはずである。現行法上も、登記済証の提出がないときは、印鑑及び印鑑証明書並びに保証書の提出に加え、所有権に関する登記については事前通知の手続を経ることによって登記申請が認められている。オンライン申請においては、登記済証という書面自体を利用することはできなくなるから、オンライン申請の導入を契機に、登記申請手続上の本人確認手段としての登記済証を廃止することも考えられる（登記済証の登記完了を通知する機能については、別に通知制度を設ければよい。）。

19　しかし、仮に、すべての登記の申請について、印鑑及び印鑑証明書又は電子署名及び電子証明書だけで登記義務者の本人確認をすることとすると、少なくとも、所有権の登記名義人が登記義務者となる申請については、現行制度よりも、本人確認の水準が下がることになる。また、所有権に関する登記の申請について、仮に常に事前通知の手続を経ることとすると、現在よりも登記完了までに時間を要することになり、取引の迅速性を害するおそれがある。さらに、現実の社会において、登記済証が登記申請手続上の本人確認手段という制度上の存在意義にとどまらず、不動産取引当事者間において登記申請に必要な書類と引換えに代金決済をする場面で重要な役割を果たしていることも無視することはできない。したがって、オンライン申請導入後においても、登記済証の制度を完全に廃止するのではなく、登記済証の本人確認機能を代替することができる登記手続固有の制度を設けることとするのが相当である。

（登記識別情報）

20　以上に述べた考え方に基づき、オンライン申請後における不動産登記手続に固有の本人確認手段を検討すると、登記済証と同様、前回の登記申請において登記所が通知した登記名義人固有の識別情報（登記識別情報）を、当該登記名義人が登記義務者として申請する次回の登記申請において提供することを原則とするという方式を採用するのが最も適当である。なぜなら、前回の登記時点で取得した情報を適切に保管する限りは、その情報は登記名義人しか知り得ない情報であるから、当該情報の提供は、登記済証の提出と同様、登記申請手続において、登記名義人が申請をしていることを推認するための手段となり得るからである。すなわち、登記識別情報は、登記事項かつ登記名義人ごとに構成される情報であり、登記名義人のみに通知され、登記所の電子情報処理組織において当該登記事項かつ登記名義人と連動して管理されるものということになる。

21　このような登記識別情報の本質は、観念的な情報そのものであり、登記済証が、特定物としての物理的存在であったのとは異なる。仮に、ある特定物の固有の属性情報を登記識別情報として考えてみたとしても、それがオンラインで送信されることを前提とする以上、原理的には、媒体とは切り離された情報そのものが登記識別情報とならざるを得ない。また、登記識別情報を紙などの特定の物理的媒体に固定して通知する方法には、それに要する費用の問題を除外して考えても、次のような問題がある。

　① オンライン申請があったときも、オンラインで通知することができない。
　② オンライン申請により利用した後の媒体は、もはや登記申請に利用できないのに、外観は登記申請の前と後で変わりがないから、取引社会に混乱を招くおそれがある。
　③ 情報を媒体に埋め込む方法による場合でも、適切に保管しない限り、情報のみを盗み取られるおそれがある（情報を埋め込む方法として二次元バーコードを利用する場合でも、複写機で複写することにより情報のみを盗み取ることが可能である。）。
　④ 特定の媒体に固定する場合には、媒体自体の存続期間によって媒体の切替えという問題が生じるが、切替時に情報が不正に取得される可能性がある。
　⑤ 情報通信技術の進展状況からすると、特定の媒体に依拠する方法が将来にわたって利

用可能であるとの保証がない。

　これに対し、特定の媒体に固定せず、情報それ自体を利用する方法は、オンラインで通知が可能であり、特定の媒体がないので②のような混乱を生じるおそれもなく、④のような媒体の切替えという問題も制度上は存在せず、将来にわたって利用することが可能である。

22　以上のような考え方に基づき、骨子案においては、登記名義人になった者を識別するための情報である登記識別情報を通知し（その内容としては、例えば、登記事項かつ登記名義人ごとに英数字（AからZまで及び0から9まで）等の組合せによる登記識別記号とすることが考えられる。）、その者が次回の登記の申請人として登記の申請をするときには、その者を識別するための情報として、登記所に登記識別情報を提供することを原則とすることとしている（骨子案第1—5—(1)）。

（登記識別情報の管理）

23　登記識別情報は、登記所の電子情報処理組織において作成管理されるものであるから、その導入に当たっては、登記所側において、システム的にも人的にも、その情報の管理を厳重に行うことが大前提となる。また、登記名義人に対し通知された登記識別情報は、当該登記名義人が適切に管理することによって、初めて登記申請手続において、当該登記名義人を識別する情報としての意義を持つ（登記名義人は、登記識別情報の保管方法について、自ら最も適切な方法を選択し、保管することができる。）。そこで、登記識別情報の導入に当たっては、これを登記名義人に対し通知する際、その制度上の意義及び情報そのものとして適切に保管すべきことを、登記所として周知徹底するための方策を採る必要がある。なお、登記名義人が登記識別情報を保管する負担を望まない場合には、後記のとおり、登記識別情報の失効制度を利用することも可能である。

（登記識別情報の通知方法）

24　登記識別情報の通知は、通知の確実性の観点から、オンライン申請による手続にあっては暗号化技術を利用する方法により通知し、窓口申請による手続にあっては窓口において本人確認をした上で登記識別情報の内容を記載した書面を交付する方法によって行う。暗号化技術を利用する方法としては、例えば、オンライン申請をする際、登記権利者側があらかじめ暗号通信用に公開鍵と秘密鍵を作成し、作成した公開鍵に電子署名をした上、申請情報とともに登記所に送信しておく方法が考えられる。この場合には、登記識別情報は、登記所に送信された公開鍵により暗号化されて通知されるので、通知を受けた者は、自己の秘密鍵により復号化することになる（したがって、通知を受けた者は、公開鍵で暗号化された登記識別情報とこれを復号化する秘密鍵とを別々に保管することによって、保管の安全を期すことが可能となる。）。なお、オンライン申請による手続にあっても、登記識別情報の内容を記載した書面による通知を申請人が要望する場合には、これを交付する方法による通知も検討する必要がある。

（登記識別情報の通知の内容）

25　登記識別情報の通知の内容としては、例えば、次のようなものが考えられる。

```
            登記識別情報通知書

                      平成○年○月○日
                      ○○法務局登記官○○㊞

        次の登記の登記識別情報について、下記の
       とおり通知します。

        不動産の表示   ○市○町○番地

                （家屋番号○）

        不動産特定番号        ○○（注１）
        登記の目的          ○○
        受付番号（順位番号）    ○（○番）
        登記名義人の氏名又は名称  ○○
                   記
        登記識別情報
          174A23CBAX53G （注２）
```

　（注１）不動産特定番号については、第８―77参照
　（注２）登記識別情報の内容については、オンライン申請では登記権利者が作成した公開
　　　　鍵により暗号化し、窓口申請では目隠しシール（再貼付ができないもの）を付すこと
　　　　を検討している。

　（登記識別情報の提供を要する申請）
26　登記識別情報の提供を要する申請は、権利に関する登記を登記権利者及び登記義務者が共同して行う場合のほか、現行法において登記名義人の登記済証の提出を要する申請（不動産登記法第八一条ノ二第二項等）と同様とすべきである。したがって、表示に関する登記の申請についても、所有権の登記がある土地の合筆の登記等には、登記名義人の登記識別情報の提供を要することになる。

　（登記識別情報の失効請求）
27　登記識別情報は、情報それ自体であるから、登記済証のように、登記名義人が物理的に廃棄することはできない。また、登記識別情報は、登記申請を行うための申請人を確認するための原則的手段であるが、後記37のとおりの代替手段があるので、唯一の手段ではない。したがって、情報を盗み取られた可能性がある場合その他登記名義人が希望する場合には、これを利用した不正な登記申請を防止するために、登記識別情報を失効させる方法が申請人の負担軽減の観点から便宜である。

28　そこで、骨子案においても、登記名義人の請求により、登記識別情報を失効させる制度を設けるものとしている（骨子案第１―５―(2)）。この請求は、登記識別情報を失念した場合やこれを記録した媒体を紛失した場合等にも利用されるので、登記識別情報の提供を要件としないものとする。もっとも、登記名義人（又はその代理人）以外の者からの請求は認める

べきではないので、登記名義人による請求であることを、オンラインによる請求であれば電子署名及び電子証明書、請求書による請求であれば印鑑証明付きの印鑑で確認することとする。

29　なお、有効な登記識別情報の提供をして登記申請がされた場合において、その後に登記識別情報の失効請求がされたとしても、申請時点において申請人となるべき者が申請したものと認められる以上、登記申請の要件を欠くことにはならない。このような場合において、申請が却下されることがあるとすれば、他の情報と併せて、申請人となるべき者以外の者による申請であることが積極的に認められるときだけである。

（登記識別情報の有効証明）

30　登記識別情報は、登記所側の保有する登記識別情報に関する情報と照合して、初めて有効性を確認することができるものであるから、当事者は、その内容を見ただけでは、有効性を確認することができない。しかも、登記識別情報は、その内容を本人以外の者に開示すると、登記名義人を識別する機能が失われる。他方、上記のとおり、現在の不動産取引において、登記申請に必要な書類と引換えに代金決済を行うことが多く、この場合には、登記済証の外観からその有効性を推知しているものと思われる（ただし、最近、複写機の発達により、精巧な偽造の登記済証が作出される事例も散見される。）。このような実務を考慮し、登記申請を行おうとする登記名義人の請求に基づき、登記申請前に、特定の登記事項及び登記名義人との関係において、提供した登記識別情報が有効である旨の証明を行う（この場合にも、登記識別情報の内容は、有効証明の内容として開示されない。）制度を設けることにより、不動産取引における利用者の利便性を図ることとする。

（登記識別情報の有効証明の請求手続）

31　このような登記識別情報の有効証明は、この制度を利用して不正に登記識別情報を取得させることがないようにするため、当該登記識別情報を有する登記名義人（又はその代理人）に請求者を限定すべきである。そのため、証明請求には、当該登記名義人が有効性の証明を求める登記識別情報の提供が必要となるほか、オンラインによる請求であれば請求情報（又は委任による代理人については委任情報）に電子署名をし、併せて電子証明書の提供を要し、請求書による請求であれば請求書（又は委任による代理人については委任情報）に印鑑証明付きの印鑑を要するものとする。登記識別情報の有効証明は、登記名義人の便宜のために認めるものであるから、その実費等を手数料として徴収する。

32　以上のような考え方に基づき、骨子案は、登記名義人又はその代理人は、手数料を納付して、その登記識別情報が有効である旨の証明を請求することができるものとしている（骨子案第1—5—(3)）。

（登記識別情報の有効証明の内容）

33　登記識別情報の有効証明内容としては、例えば、次のようなものが考えられる。

```
              登記識別情報有効証明

                        平成○年○月○日
                        ○○法務局登記官○○㊞

    下記の登記について、請求者（○○）から
   平成○年○月○日付けの請求により提供され
   た登記識別情報は、有効であることを証明す
   る。
                   記

   不動産の所在   ○市○町○番地
   （家屋番号○）
     不動産特定番号        ○○
     登記の目的          ○○
     受付番号（順位番号）     ○○（○番）
     登記名義人の氏名又は名称   ○○
```

（登記識別情報の再通知を行わない理由）

34　現行の登記済証は、再発行が認められていない。そもそも、登記済証が、登記手続固有の本人確認手段として意義を有するのは、登記権利者として登記を受けた者が登記義務者として次回の登記申請をするという手続構造のもとで、登記済証が「前の登記手続の際にのみ発行される。」という他の身分証明書類にはない固有の論理的属性を有することにより、登記済証を提出した者が「前の登記手続の登記権利者であったこと」を直接証明する証拠としての機能を有するからである。登記済証の再発行を認めるということは、登記済証を一般の身分証明書類と同様のものとすることに等しい。再発行や新規発行により、登記済証はその固有の属性を失い、何らかの方法で本人確認さえすることができれば常に発行されるものになるからである。また、登記済証を再発行することは、不正取得の可能性を作るおそれもある。登記済証がなくても、登記申請は可能であり、登記の申請があった際に必要な本人確認を行えば足りる。

35　上記の点は、登記識別情報についても妥当する。すなわち、登記識別情報は、前回の登記申請時に登記名義人になった申請人に通知される情報であり、それ以外の場面で取得することはできないという点に一般の身分証明とは異なる独自の存在意義がある。確かに、登記識別情報の再通知を認めれば、あらかじめ再通知を得ておくことにより、事前通知の手続を経ることなく、登記申請をすることができるというメリットはある。しかし、他方で、これを認めた場合の不正取得のリスクを考えるならば、現行制度上登記済証の再発行が認められていないにもかかわらず、あえて（成りすまし事件発生のリスクを犯し）登記識別情報の再通知や新規通知の制度を新たに設ける必要はない。

36　以上のような考え方に基づき、骨子案においては、登記識別情報の再通知は、行わない（注）こととしている（骨子案第1−5−(3)注）。

　　（注）研究会報告書第3補足説明㉙においては、登記識別記号の再発行を認めるかについ

て、両論が併記されていた。骨子案は、再発行を認めないという立場を採るものである。したがって、新規発行に関する研究会報告書第3補足説明(30)についても、骨子案は消極の立場を採る。

（登記識別情報を提供できない申請における本人確認）

37　登記識別情報の提供を要する申請において、登記識別情報を提供することができない場合には、登記識別情報の提供に代わる本人確認手段を講ずる必要がある。この場合の本人確認手段は、以下に述べるとおり、登記名義人に対し、登記申請手続とは別の郵送という手段により、登記申請があった旨及び登記申請に間違いがない場合にはその旨の申出をすべき旨の通知をし、その申出がある場合に限り登記をする制度（以下「事前通知制度」という。）によることとする（注）。

　　（注）骨子案の立場は、所有権に関する登記の申請について、事前通知を行うが、対面審査を義務付けない立場である。研究会報告書第3、5においては、所有権に関する登記の申請にあっては、事前通知と対面審査を義務付けるべきであるとの提言がされている。しかし、研究会報告書においても、申請人の本人性に具体的な疑義が生じていない場合についても、必ず対面審査を義務付けることは、申請人の負担が重いとの指摘があった（研究会報告書第3補足説明(37)）。

　　　なお、受付順位の確保については、本人からの申出時ではなく、当初の申請の受付時点とする（研究会報告書第3補足説明(36)参照）。

（現行の事前通知制度の問題点と保証書の廃止）

38　現行制度においては、所有権に関する登記（所有権の登記がある土地の合筆等表示に関する登記にあって所有権の登記がされる場合も同様である。以下同じ。）の申請にあっては保証書の提出及び事前通知制度により、所有権に関する登記以外の登記の申請にあっては保証書の提出により、登記済証に代替する制度を採用している（不動産登記法第四四条、第四四条ノ二、第八一条ノ二第三項等）。しかし、保証書の制度については、その有用性には疑問も呈されており、匿名性の高い現代社会においては、将来的にわたり、有効に機能していくとは思われない。また、所有権に関する登記の申請における事前通知においても、原則として普通郵便により送付される上、登記名義人に成りすまして申請された住所移転についての登記名義人の表示の変更登記がされた場合には、変更後の住所に通知されるため、保証書を利用した不正登記申請事案が少なからず発生していた。

39　そこで、骨子案においては、これらの問題点を踏まえ、保証書制度を廃止する（骨子案第1—6なお書き）こととするが、同時に、事前通知制度を充実させた制度を用いるものとしている（骨子案第1—6前段）。

（事前通知制度の内容）

40　具体的には、事前通知は、本人が確実に受領することができる方法により通知するとともに、所有権に関する登記の申請については、当該登記申請の受付前の一定期間内（例えば六か月。その期間については、不正事案の実態を踏まえる必要があるので、現在検討中である。）の申請に基づき登記名義人の住所について表示の変更の登記がされていた場合には、変更前の登記記録上の住所地に対しても登記申請があった旨を通知することとする。

41　なお、事前通知の名あて人は、登記名義人本人になるのが原則である。もっとも、法定代理人によって申請している場合にはその法定代理人になるし、登記名義人が法人の場合には、代表者又は法令の規定により法人を代理することができる者（支配人等）によって申請しているときにはその者になる。

（資格者代理人による本人確認の制度的位置づけ）

42　現在、登記の申請は、多くの場合において、登記の申請の代理を業とすることができる者

（司法書士、土地家屋調査士及び弁護士。以下「資格者」という。）が申請人の代理人として行っているのが現実である。一般に、資格者は、品位保持義務を負い、登記申請を代理するときには、不実な登記を出現させないようにするという職責上の具体的な義務を負っている（司法書士法第二条、土地家屋調査士法第一条の二、弁護士法第一条及び第二条）。したがって、資格者が登記権利者側を代理する場合において、登記義務者について本人確認をすることは、依頼者に対する契約上の義務であると同時に、不実な登記の防止という職責上の義務である。また、資格者が登記義務者側を代理する場合にも、登記義務者として委任しようとする者が本人であることを確認をした上で、受任すべきことは、同様に職責上の義務である。登記申請に当たり、必ず資格者に申請代理を委任することを要求する資格者代理強制主義は、立法論として採ることはできないが、以上のような登記申請の現実と資格者の職責を前提とすると、資格者が代理人として行う登記申請の場合に、当該資格者が行った本人確認の結果について、制度上、一定の位置づけを与えることが考えられる（資格者の行った本人確認の結果を制度上認めたものとしては、韓国に例がある。）。現実の登記の申請の多くが資格者代理人によってされていることを踏まえると、資格者代理人による本人確認情報に制度上の地位を認めることは、申請人にとっても便宜にかなうと思われる。

43　そこで、骨子案においては、資格者が代理人として登記申請をしている場合において、登記名義人を確認したことについて具体的な情報を提供したときは、登記官は、事前通知の手続を経ることなく、当該情報を審査した結果に基づいて本人確認をすることができるものとしている（骨子案第1－6後段）。これは、資格者代理人によって具体的に本人確認がされ、その旨の情報の提供があった場合において、当該情報を信頼することができると認められるときは、登記官は、改めて事前通知（その実質は、登記官による書面質問制度である。）によって本人を確認する必要はないという趣旨である（ただし、所有権に関する登記における前住所への通知は、申請人として申請している者が登記名義人に成りすまして事前通知を不正に受領した場合においても、真の登記名義人に登記申請の事実を知らせ、登記所にその旨の申出をする機会を付与するものであるから、資格者代理人による情報の提供がある場合でも、省略することはできないと考えられる。）。したがって、資格者代理人による本人の確認に関する情報は、現行の保証書のように、単に登記名義人を確認した結果ではなく、登記名義人を確認した方法（面識を有している者か。面識を生じた経過は何か。面識を有しない場合に確認に使用した資料等は何か等）を具体的に明らかにして提供する必要がある。

44　このように、資格者代理人による本人確認情報に特別の地位を認めるのは、これらの者がその資格に由来する職責上の義務を負い、具体的に代理行為をするに当たり本人確認を正確に行うべき立場にあることを根拠とするものであるから、資格者が提供した情報に虚偽の情報が含まれているときは、当該資格者に対し、懲戒や刑罰などの制裁が課せられるべきことは当然である。

45　なお、申請情報又は委任情報を記載又は記録した書面又は電磁的記録に公証人その他認証権限を有する公務員（領事等）の認証を受けた場合も、登記官が認証に付された情報の内容を適切であると認めるときは、同様に、事前通知による本人確認手続を経ることを要しないと考えられる。

（登記官の本人確認の審査権限）

46　権利に関する登記の申請があった場合において、登記官の審査は、一般に、大量な登記事務を迅速かつ円滑に処理するため、申請人から提供された情報のみを対象として行うことになっている。登記官による申請人の本人確認の審査についても、申請人から提供された電子署名及び電子証明書又は印鑑証明付きの印鑑、登記識別情報又はこれに代替する事前通知等によって行うのが原則である。

47　しかし、現行制度上、出頭した申請人が登記名義人でないことが明らかであれば、当事者が出頭していないことを理由に申請を却下すべきものとされている。この場合の審査は、申請人として出頭した者が本人であるか否かを対面で確認する対人審査である。したがって、現行制度においても、理論上、申請人の本人確認については、登記官は、単に申請人から提供された申請書及び添付書面を対象とする審査以外に、対人審査をすることが認められていることになる。出頭主義を廃止した場合においては、出頭した者が申請人本人であるかを確認するという手続はなくなるから、登記官がおよそ対人審査をする余地がなくなるのかどうかが問題となる。しかし、例えば、申請人となるべき者以外の者が申請していると疑うに足りる相当な理由があるときにおいても、なお登記官は申請人から提供された情報のみによってしか審査できないという原則を形式的に適用し、登記を実行することが相当でないことは明らかである。

48　そこで、骨子案においては、出頭主義の廃止に伴い、登記官による申請人となるべき者が申請人として申請していることを審査するための権限の内容を明確化することとしている（骨子案第1－7前段）。また、この権限の行使の要件としては、申請人となるべき者以外の者が申請していると疑うに足りる理由があるだけでなく、その理由が相当であることを要求している。これは、申請人の本人確認は、申請人から提供された電子署名及び電子証明書又は印鑑証明付きの印鑑、登記識別情報又はこれに代替する事前通知等によって行うのが原則であるから、登記官の対人審査権は、これらの提供された情報及び手続によって申請人となるべき者が申請人として申請しているという外形がある場合においても、なお、疑うに足りる相当な事情があるという場合に行使する限定的な権限であるという趣旨である。

（具体例）
49　実際上、この審査権限を発動する場合としては、次のような場合が考えられる。
　①　ある登記事項及び登記名義人について、誤った登記識別情報を提供した登記申請や有効証明請求が多数回された後、申請があった場合
　②　誤った登記識別情報を提供してされた申請が却下される前に、正しい登記識別情報に補正された場合
　③　真実の登記名義人と称する者が自らの身分を明らかにする資料を提供した上、第三者による不正な登記申請がされた旨主張し、これを裏付ける資料（被害届等）を提供した場合
　④　所有権に関する登記申請について、転送不要で発送した登記記録上の前住所への通知が登記所に返送されなかった場合

（権限の内容）
50　この審査権限の行使は、申請人又はその代理人に対し、出頭を求め質問をし、又は必要な情報の提供を求めることに限られる。また、この権限は、申請人として申請している者が本人であること（法定代理人の場合には法定代理人本人であること）を確認するために認められるものであるので、登記申請時の申請意思の有効性やその翻意の有無等を対象とするものでないのも当然である。

51　この審査の結果、申請を却下するのは、登記官において申請の権限を有しない者の申請であるとの認定をすることができる場合に限られる（なお、オンライン申請制度の導入及び出頭主義の廃止に伴い、「当事者カ出頭セサルトキ」（不動産登記法第四九条第三号）に代わり、「事件が申請の権限を有しない者の申請によるとき」（商業登記法第二四条第四号参照）を却下事由とすることが考えられる。）。

（審査の嘱託）
52　この審査のために当事者の出頭が必要であると認められる場合において、当事者が遠隔地に居住しているとき等は、当事者に管轄登記所まで出頭を求めることは、相当でない。そこ

で、申請人の負担軽減の観点から、骨子案では、最寄りの登記所において審査を受けられるようにするため、登記官は、他の登記所の登記官にこの審査を嘱託できるものとしている（骨子案第1－7後段）。

第5 表示に関する登記の申請における添付情報

（添付書面の原本とオンライン申請）
53 現行法上、登記の申請書には、添付書面として各種の書面を提出する必要がある。一般に書面は、原本とその写しが区別され、ある事項を証明するために書面を提出する場合には、原本を提出するのが原則と解されている。なぜなら、写しである書面は写しの作成者の意思が介在するから、原本である書面に比べて証明力が劣ると考えられるからである。

　一方、オンライン申請においては、申請情報と併せて提供すべき情報（添付情報）が、書面によって作成されていたときは、当該書面そのものをオンラインで送信することは不可能であるから、オンラインにより送信することができるのは、書面の写しに相当する情報でしかないことになる。この場合にも、問題は提供される情報の証明力にあるから、写しに相当する情報であっても、もとの書面の作成者自身が写しである情報の内容を確認し、電子署名及び電子証明書を付したものであれば、オンライン申請における添付情報として、原本である書面そのものが提出された場合と同程度の証明力を認めることは可能であると考えられる。

（表示に関する登記の申請の添付書面）
54 ところで、表示に関する登記の申請には、現行法上、申請人の所有権を証する書面等図面以外の添付書面を申請書に添付しなければならない場合がある（不動産登記法第八〇条第二項等）。この場合において、所有権を証する書面として要求される書面には、例えば、建築基準法第六条の規定による確認及び同法第七条の規定による検査のあったことを証する書面、建築請負人又は敷地所有者の証明書、固定資産税の納付証明書等が含まれており、作成者が多岐にわたるのが通常である。これらの書面をオンライン申請に用いるに当たり、上記の考え方を適用すると、相当量の書面を電子化して、写しに相当する情報を作成し、かつ、もとの書面の作成者の電子署名及び電子証明書を付さなければならないことになる。これは、申請人にとっても負担となり、事実上、オンライン申請の利用を否定することにもなりかねない。

（表示に関する登記の申請構造とオンライン申請における原本の提出方法）
55 そもそも、表示に関する登記においては、権利に関する登記とは異なり、登記官の審査は申請人から提供された情報を対象とするものに限られておらず、登記官が実地に調査することによって、その真実性を担保する仕組みを採用している（不動産登記法第五〇条、第四九条第一〇号）。申請人の所有権を証明する必要がある申請の場合についても同様である。このように、表示に関する登記の申請においては登記官の調査によって最終的な真実性を担保する構造になっている。これを踏まえると、表示に関する登記の申請をオンラインで行う場合には、上記の観点から、申請情報と併せて提供すべき添付情報の要件を緩和することが考えられる。

56 すなわち、申請人又はその代理人が、原本である書面の内容と相違ない旨を明らかにして当該書面の写しに相当する情報を提供するときは、もとの書面の作成者の電子署名及び電子証明書を一律に要求するまでの必要はない。登記官は、常に、調査権の行使として、その原本である書面の提示を申請人又はその代理人に求め、写しの正確性と原本の内容を確認することができるからであり、また、確認すべきものだからである（ちなみに、表示に関する登

記の申請の大部分は、資格者代理人（土地家屋調査士）によって行われているのが実態であるから、原本である書面の写しに相当する情報の作成及び原本である書面の保管と提示は、資格者代理人によってされることが多いと思われる。）。

57 以上のような考え方に基づき、骨子案においては、表示に関する登記の申請を電子情報処理組織を使用する方法により行う場合において、添付情報の内容となるべき情報が書面で作成されているときには、申請人又はその代理人が原本の内容と相違ない旨明らかにした原本の写しに相当する情報を添付情報として認めるものとし、この場合においては、登記官が、調査権の行使により、原本の提示を求め、写しの正確性と原本の内容を確認するものとしている（骨子案第1―8）。

第6 権利に関する登記の申請における登記原因証明情報の提供

（登記原因の真実性の確保の必要性）

58 登記された不動産について新たに取引を行おうとする者は、登記上の登記名義人が真実の権利者であるか否か等（第三者が不正に成りすまして登記を申請した場合でないかどうか、真正な登記名義人の申請により所有権移転の登記申請をしたものの、原因契約に無効原因があったかどうか等）を調査するのが通常である。このような調査を行う際には、登記上の記録をまず参考にすることが想定される。登記原因の記載はそのような調査の手掛かりになる。したがって、登記は、権利変動の過程及び態様について、できるだけ正確に公示していることが望ましいことはいうまでもない。

また、登記原因によっては、登記の効力に差異があることがある。例えば、相続による所有権移転の登記は、対抗力を有しない。したがって、この観点からも、権利変動の態様を正確に公示する必要がある。

（現行制度）

59 現行制度は、登記の申請には、「登記原因ヲ証スル書面」（以下「登記原因証書」という。）の提出を必要としている（不動産登記法第三五条第一項第二号）。登記原因証書には、登記原因の確認資料として用いる機能のほか、これを利用して登記済証を作成するという機能がある。登記原因証書が最初から存在しない、又は提出することができないときは、その提出を要せず、登記済証作成用に申請書副本を提出する必要があるとされている（同法第四〇条）。

（登記原因証明情報の提供の必要性）

60 登記事務の効率化や申請人の負担軽減の観点からすると、オンライン申請制度の導入にあっては、現行制度が申請書副本による代替制度を認めている以上、登記原因の確認は共同申請構造における申請人の誠実性に依拠し、登記原因を確認する具体的な資料の提供は不要とすべきであるという考え方もあり得る。しかし、現行制度が申請書副本による代替を認めているのは、登記原因証書によって登記済証を作成するという機能に着目しているからである。登記済証に代えて登記識別情報を通知する制度のもとでは、登記原因証書の登記済証作成機能を考慮する必要はない。むしろ、上記のとおり、登記原因の真実性を確保することは、不動産取引にかかわる国民一般の利益のために必要な要請である。現行制度については、登記名義人の真実性に比べ、登記原因の真実性の程度は劣り、後に取引を行う者にとっては、不動産の権利関係を調査する際に支障があるとの指摘もある。そこで、新制度においては、登記申請に当たり登記原因を確認する具体的な資料の提供を必要とする制度とすることとする。

61 もっとも、登記申請に必ず契約書又は電子契約書を添付しなければならないと義務付けることは、民法で採用している意思主義（民法第一七六条）との整合性のほか、申請人に加重

な負担をかけ、不動産取引の迅速かつ円滑を図るという不動産登記制度の趣旨にも反するおそれがある。そこで、登記申請には、権利変動の原因となる具体的な法律要件事実に関する情報を必ず提供させることより、登記原因の真実性を確保するとともに、いわゆる処分証書に限定しないことにより、申請人の負担との調和を図ることとする。骨子案の立場も、このような考え方を前提にしている（骨子案第1―9）。

（登記原因証明情報の内容等）

62　登記原因証明情報の内容は、これにより登記原因となった物権変動の存在等を確認することができるものである必要がある。したがって、登記原因証明情報は、物権変動の要件事実に該当する具体的事実がその内容となるものでなければならない。

63　次に、その内容が真実であること（証明力）の確保についての考え方は、登記権利者と登記義務者との共同申請による場合と単独申請による場合とで、区別する必要がある。一般に、単独申請の場合には、登記の原因となる権利変動の当事者のうち一方が申請手続に関与していないのであるから、登記原因証明情報となるものは、申請人以外の者が作成した客観的な情報（公文書等）に原則として限定されるべきである。一方、共同申請の場合は、もともと登記申請の内容の真実性は、当該登記の申請によって利益を得る者と不利益を受ける者が共同で申請する仕組みにより、その限度で確保されているのにすぎないから、両当事者が物権変動の原因となる具体的な法律要件事実について合意していることを認定することができる限り、登記原因証明情報の提供があったものと認めることができると思われる（ただし、登記原因に第三者の許可や承諾を要するときは、当該第三者が作成した許可や承諾を証する情報が必要となることは、現行制度と同様である。）。

64　例えば、売買を原因とする所有権移転の登記においては、売買契約に基づき所有権が移転したことを明らかにする売買契約の発生原因事実を内容とする情報が提供される必要がある。この場合においては、売買代金に関する情報も登記原因証明情報の一部となる（ただし、具体的な売買代金額が明らかにされていない場合であっても、当事者間に売買契約が成立したことが認められる限り、登記原因証明情報が提供されていないことを理由に登記申請を却下することはできない。）。

（登記原因証明情報の開示）

65　登記原因証明情報として提供された情報は、登記記録の附属記録として登記所に保存される（骨子案第1―10）。登記簿の附属書類は、個人情報保護の観点から、利害関係がある部分に限り閲覧が認められている（不動産登記法第二一条第一項参照）ので、登記記録の附属記録として保存される登記原因証明情報の情報についても、利害関係がある者に限り、閲覧が認められるべきである。このように解しても、当該不動産について取引関係に入ろうとする者は、登記名義人の代理人として、その委任を受ければ、当該登記原因証明情報を閲覧することが可能である。

第7　その他

（登記完了通知の制度）

66　現在の登記済証は、次回の登記申請において登記名義人が申請していることを確認するために利用されるだけではなく、今回の申請人に対し、文字どおり、登記が済んだことを証明する機能を有している。すなわち、登記義務者には、申請書に添付した登記済証又は保証書を登記済証として還付し、登記権利者には、申請書に添付された登記原因証書又は申請書副本を登記済証として還付することにより、いずれの申請人も登記が完了したことを了知できる仕組みになっている（不動産登記法第六〇条）。したがって、オンライン登記申請制度の

導入後における登記手続においても、この登記の完了の事実を証明する機能を有する登記完了通知の制度を設けるのが相当である。

67　そこで、骨子案においては、登記完了通知の制度を設けるものとしている（骨子案第1—11）。なお、具体的な登記完了通知の方法としては、登記識別情報の通知をする場合には、登記が完了した旨の通知を兼ねることもあり得るほか、オンライン申請においては、「法務省オンライン申請システム」において処理状況を掲示する方法によることが考えられる。

（同時申請のみなし制度）
68　骨子案の立場では、権利に関する窓口申請について出頭主義を廃止する結果、窓口申請には、現行のような当事者又はその代理人が管轄登記所に出頭して申請書を提出する方法のほか、使者が管轄登記所に出頭して申請書を提出する方法や郵便等により申請書を管轄登記所に送付する方法を含むことになる。しかし、郵便等で申請書が管轄登記所に送付された場合等は、登記所窓口において、どの申請が先に登記官に到達したかが明らかでない場合がある。このような場合において、これらの申請のうち同一の不動産に関するものがあるときは、これらの申請を同時に到達したものとみなして扱うのが合理的である。

69　そこで、骨子案では、同一の不動産に関する登記所に提供された前後が明らかでない数個の申請は、登記所に同時に提供されたものとみなす制度を設けるものとしている（骨子案第1—12）。この場合には、申請に同一の受付番号を付することになる（不動産登記法第四七条第一項ただし書参照）ので、相互に矛盾する申請については、いずれの申請も却下されることになる。

（登記事項証明書等のオンラインによる送付の請求）
70　登記事項証明書等の送付について、請求書を提出する方法のほか、電子情報処理組織を使用する方法（オンライン）により請求することを認めるものとする（骨子案第1—13）。

第8　現代語化その他

（現代語化等）
71　現行の不動産登記法は、国民が広くかかわる不動産登記に関する基本的な法律であるにもかかわらず、明治三二年に制定された片仮名書き・文語体の法律であり、かつ、登記技術的な事項も法律事項とされているなど、一般に分かりにくいという指摘を受けていた。司法制度改革審議会意見書（平成一三年六月一二日）は、「我が国の基本的な法令の中には、民法の一部や商法など、依然として片仮名文語体や現代社会に適応しない用語を交えたもの、枝番号や条文引用の方法が著しく煩雑で不親切なものなどがあり、法律専門家以外には容易に理解できないものになっている。分かりやすい司法を実現するためには、司法判断の基礎となる法令（ルール）の内容自体を、国民にとって分かりやすいものとしなければならない。とりわけ基本的な法令は、広く国民や内外の利用者にとって、裁判規範としてのみならず行為規範としても、可能な限り分かりやすく、一般にも参照が容易で、予測可能性が高く、内外の社会経済情勢に即した適切なものとすべきである。」と提言している（同意見書一一一頁）。

72　そこで、オンライン申請の導入を契機に、不動産登記法の法文を現代語化する（骨子案第2—1）とともに、最近の立法例を参考にし、現行の不動産登記法に規定されている事項のうち、法律事項とそれ以外の事項との区分を見直すこととする。

（電磁的な登記簿等の本則化）
73　現行の不動産登記法は、昭和六三年の改正法（昭和六三年法律第八一号）による改正により、電子情報処理組織ニ依ル登記ニ関スル特例を設け、磁気ディスクをもって調製する登記

簿の制度を創設した（第四章ノ二）。本年六月一日現在、全国の七二二登記所のうち、四一〇庁が移行作業を終え、不動産登記の登記事務をコンピュータで処理しており、近い将来には、すべての登記所において登記事務をコンピュータで行うことになる予定である。したがって、現代語化する不動産登記法の全面的な改正にあっては、コンピュータ登記簿を前提とする規定を本則とし、紙の登記簿を前提とする規定は設けないこととする(紙の登記簿については、現行の不動産登記法の規定を適用する。)。登記事務をコンピュータ化する結果、登記申請に共同担保目録を添付させる制度については、申請人の負担を軽減する観点から、廃止するのが相当である。

74　また、地図についても、法務省民事局においては、平成元年における「地図整備の具体的推進方策」の構想から、地図のコンピュータ化を将来の地図整備の基軸として位置づけ、平成五年に導入された地籍調査の成果として送付される地図を管理・利用する地図管理システムをはじめとして、地図のコンピュータ処理化を推進してきた。もっとも、現在の地図管理システムは、地図の管理・書き入れを行うために、電子情報処理組織を利用するものにすぎない。現行の不動産登記法は、登記所に備え付ける法律上の「地図」が紙であることを前提として、その写しの交付制度等を設けているからである（不動産登記法第二一条）。しかし、電磁的記録そのものを地図として位置づけることにより、複写、編集等が容易であるという電子データのメリットを活用することが望ましい。また、現在は、紙の地図が原本とされるため、利用者の要望にかかわらず、地図管理システムにおいて作出される地図の写しも縮尺を変えることができないなどの問題もある。そこで、登記事務の効率化及び利用者の利便性の向上の観点から、地図も電磁的記録媒体に記録することを本則とすることが相当である。建物所在図についても、電子データのメリットを活用すべきことは、地図と同様である。その結果、地図又は建物所在図情報の開示制度についても、地図又は建物所在図に記載された事項の証明書を電磁的記録から編集して出力し、交付又は送付する制度に改めることになる（地図を電磁的記録により作成するときに用いたいわゆる原図については、別途、写しの交付若しくは送付、又は閲覧の制度を設ける。）。

75　なお、地積測量図や建物図面等の申請に添付すべき図面の情報は、地図又は建物所在図の書き入れ等に利用される情報であり、将来的には、電磁的記録媒体に記録された地図又は建物図面に関する情報と連携して開示することが考えられる。そこで、地積測量図等の提供が電子情報で提供されていない場合（この場合は、登記官が電子情報に変換することになる。）も含め、すべての地積測量図等の情報を、電磁的記録媒体に記録して保管するものとする。したがって、その開示方法についても、地積測量図等に記録された事項の証明書を電磁的記録から編集して出力し、交付又は送付する制度に改める。

76　以上の観点から、骨子案においては、登記簿並びに地図及び建物所在図は、電磁的記録媒体に記録することを前提とした制度とし、これに伴う所要の改正を行うものとしている（骨子案第2─2）。

（不動産特定番号）

77　現行の不動産登記法のもとでは、申請書には、不動産の所在の郡、市、区、町村、字及び地番のほか、土地であれば地目、地積を、建物であれば建物の種類、構造及び床面積、家屋番号等の記載を登記簿と同様に正確に記載することが求められている（不動産登記法第三六条）。しかし、特定の不動産に固有の不動産特定番号を登記事項とし、不動産特定番号により対象不動産を特定できるようにすることにより、申請情報作成における申請人の負担の軽減を図ることができる。登記事項証明書等の請求においても、不動産特定番号を利用することができることが利用者にとって便宜である。また、不動産特定番号を利用して登記処理事務を行うことができるようになることは、登記事務の効率化の観点からも有益である。

78　このような趣旨から、骨子案においては、不動産特定番号を登記事項とするものとしている（骨子案第2―3）。

（予告登記制度の廃止）

79　予告登記は、登記に公信力がないことを前提として、登記原因の無効又は取消しによる登記の抹消又は回復の訴えの提起があった場合において、新たに取引に入ろうとする善意の第三者を保護しようとする制度である。しかし、予告登記には、そもそも警告的な効力しかなく、かえって執行妨害に利用されるなど濫用されているため、予告登記の制度そのものを廃止すべきであるとする見解がある。この見解は、真実、登記原因の無効又は取消しにより自己の権利の回復のために訴えを提起する者は、処分禁止の仮処分をするはずであるから、仮処分の登記（結果として第三者に対する警告ともなる。）なしに予告登記だけがされるのは、予告登記の警告的機能を濫用する目的でされる訴えによることが多いという認識を前提としていると思われる。骨子案は、この見解の立場に立つものである（骨子案第2―4）。

（申請書に添付する電磁的記録）

80　申請に添付すべき情報が当初から電磁的記録で作成されている場合があることを踏まえ、骨子案においては、窓口申請において、当該電磁的記録に記録された情報の内容を記録した電磁的記録を申請書に添付することができるものとしている（骨子案第2―5、商業登記法第一九条の二参照）。

　　（注）なお、表示に関する登記の申請に添付すべき地積測量図等の図面については、前記75のとおり、登記所は電磁的記録媒体に記録して保管することになる。したがって、登記事務の効率化という観点からは、これらの図面は、窓口申請においても、電磁的記録により提出されることが望ましい。しかし、現時点において、制度として、これらの図面を電磁的記録により提出することを義務付けることは困難である。したがって、表示に関する登記の申請に添付すべき地積測量図及び建物図面等の提供方法については、当面は、他の添付情報と同様、電磁的記録で提出することも可能とする制度とした上で、将来検討すべき課題とする。

（職権更正及び審査請求の手続の合理化・簡素化）

81　現行の不動産登記法においては、登記官の錯誤・遺漏が登記官の過誤によるものである場合には、登記上利害関係を有する第三者があるときを除き、登記官は、遅滞なく（地方）法務局長の許可を得て登記の更正をしなければならない旨規定されている（不動産登記法第六四条第一項）。したがって、登記上利害関係を有する第三者がある場合には、その同意があるときであっても、登記官は登記の更正をすることができず、当事者が登記の更正を申請しなければならないという負担を負っていた。しかし、登記官に第三者の同意が明らかであれば、登記官の職権更正を否定する理由はないと思われる。そこで、申請人の負担軽減の観点から、登記官の過誤による登記の錯誤又は遺漏については、登記上利害関係を有する第三者がある場合であっても、その承諾があるときは、登記官は、登記の更正をすべきものとし、職権更正の手続を合理化する必要がある。

82　また、不動産登記法第一五四条第二項後段は、登記官の登記完了後は、審査請求に理由があると登記官が認める場合であっても、自ら相当な処分をすることはできず、審査請求ある旨の付記をして登記上の利害関係人に通知した上、監督法務局又は地方法務局長に事件を送付すべきことを規定している。この規定は、登記完了後は、およそ登記官が自ら相当な処分をすることができないという考え方に基づくものである。しかし、大正二年の改正法（大正二年法律第一八号）による改正により、不動産登記法第六四条及び第一四九条に相当する規定が新設され、登記完了後においても、登記官が職権で登記を更正し、又は抹消することができることとなった。したがって、大正二年改正後は、登記完了後であっても、登記官は、

これらの規定に従い職権で登記を更正し、又は抹消することができることになったのであるから、当初の立法趣旨は妥当しなくなったことになる。実質論としても、審査請求がない場合において、登記官が自ら登記を更正し、又は抹消する理由があると認めたときは、職権でその旨の登記をすることができるのに対し、審査請求の結果、その審査請求に理由があると認めたときは、自ら職権で登記を更正し、又は抹消することができず、上級行政庁に事件を送付しなければならないのはバランスを欠く。最近の立法例においても、不動産登記法第一五四条第二項のような制限は設けられていない（商業登記法第一一六条、後見登記等に関する法律（平成一一年法律第一五二号）第一四条第三項、債権譲渡の対抗要件に関する民法の特例等に関する法律（平成一〇年法律第一〇四号）第一四条第三項参照）。

83 以上の観点から、骨子案においては、登記官の過誤による登記を職権で更正する手続及び登記完了後に審査請求がされた場合において審査請求に理由があると認められるときの是正手続を簡素化して整備するものとしている（骨子案第2—6）。

（その他）

84 現行の不動産登記法の規定のうち、利用されていないもの（例えば、申請書に第三者の許可、同意又は承諾を証する書面を添付すべき場合において、第三者が申請書に署名捺印したことにより、その書面に代えることができる旨の規定（不動産登記法第四五条））等については、これを見直し、整理する（骨子案第2—7）。なお、根抵当権の元本の確定登記の単独申請については、担保執行法制及び倒産法制の見直しの動向を踏まえ、検討する。

―― 編著者略歴 ――――――――――――――――――――――――――

山田 猛司（やまだ　たけじ）

昭和34年1月栃木県生まれ。昭和60年司法書士試験合格、同61年開業。
司法書士（東京司法書士会世田谷支部所属）。平成3年～9年東京司法書士会新人研修講師、同3年～東京公共嘱託登記司法書士協会理事（現在副理事長）、同9年～11年東京司法書士会理事、同12年～13年東京司法書士会世田谷支部長・司法書士試験委員、同16年～東京経済大学現代法学部大学院非常勤講師。
主な著書に、「商業登記の基礎知識（共著自由国民社）」「東京都職員研修テキスト　不動産登記」「会社分割と根抵当権（東京司法書士協同組合）」「不動産登記はこう変わった！Q&A速報版（共著・セルバ出版）」「新不動産登記の改正実務Q&A（共著・セルバ出版）」など多数。

新不動産登記関係法令とその読み解き方

2005年4月19日　発行
2006年3月15日　改訂版

著　者　山田　猛司　　© Takeji Yamada

発行人　森　忠順

発行所　株式会社セルバ出版
　　　　〒113-0034
　　　　東京都文京区湯島1丁目12番6号 高関ビル3A
　　　　☎ 03 (5812) 1178　FAX 03 (5812) 1188
　　　　http://www.seluba.co.jp/

発　売　株式会社創英社/三省堂書店
　　　　〒101-0051
　　　　東京都千代田区神田神保町1丁目1番地
　　　　☎ 03 (3291) 2295　FAX 03 (3292) 7687

印刷・製本所　中和印刷株式会社

●乱丁・落丁の場合はお取り替えいたします。著作権法により無断転載、複製は禁止されています。
●本書の内容に関する質問はFAXでお願いします

Printed in JAPAN
ISBN4-901380-50-8